आधुनिक भारतीय नाट्य-विमर्श

आधुनिक भारतीय नाट्य-विमर्श

जयदेव तनेजा

राधाकृष्ण प्रकाशन

ISBN : 978-81-8361-391-0

आधुनिक भारतीय नाट्य-विमर्श

पहला संस्करण : 2010
दूसरा संस्करण : 2015

This book is printed on **Print on Demand** Technology : 2025

मूल्य : ₹995

प्रकाशक

राधाकृष्ण प्रकाशन प्राइवेट लिमिटेड
जी-17, जगतपुरी, दिल्ली-110 051

शाखाएँ : अशोक राजपथ, साइंस कॉलेज के सामने, पटना-800 006
पहली मंजिल, दरबारी बिल्डिंग, महात्मा गांधी मार्ग, प्रयागराज-211 001
1, अनमोल सोराबजी संतुक लेन, धोबी तलाव, मरीन लाइंस, मुम्बई-400 002
वेबसाइट : www.radhakrishnaprakashan.com
ई-मेल : info@radhakrishnaprakashan.com

AADHUNIK BHARATIYA NATYA-VIMARSH
by Jaidev Taneja

तारा
अगत्स्य
अर्जुन के लिए

हज़ार बार ज़माना इधर से गुज़रा है,
नई-नई सी है तेरी रहगुज़र फिर भी!

—फ़िराक गोरखपुरी

भूमिका

कुछ निर्देशकों के वर्चस्व के चलते नाटककार और नाट्यालेख एक बार फिर संकट में हैं। निर्देशक अब नाट्यालेख पर आधारित अथवा पूर्वाभ्यास-प्रक्रिया में बने प्रस्तुति-आलेख को वैकल्पिक नाट्यालेख की संज्ञा देकर नाटककार की मूल रचना को रंगकर्म से बेदखल करने पर उतारू है। ऐसा सोचना या कहना निर्देशक के बढ़े हुए अहंकार का सूचक है या फिर उसके हीनताबोध का प्रमाण। यह सच है कि निर्देशक नाटककार का गुलाम नहीं है, परन्तु सच यह भी है कि वह नाटककार का मालिक भी नहीं है। ये दोनों रचनात्मक सहकर्मी हैं। अपने समय के अनुसार निर्देशक नाट्यालेख का मंचीय अनुवाद/रूपान्तर करते समय नए मुहावरे और युगानुरूप नए बिम्बों का सृजन करता ही है। इस प्रक्रिया में यदि वह मूल आलेख की आत्मा एवं काया को ही अपनी इच्छानुसार बदल डालता है तो ऐसे वैकल्पिक नाट्यालेख बनाने का उसे नैतिक और कानूनी अधिकार नहीं है। ऐसी स्थिति में उसे स्वयं नाट्यालेख तैयार करना चाहिए और उसे अपना नाटक या प्रस्तुति-आलेख कहना चाहिए। हिन्दी रंगकर्म में ऐसे अनेक निर्देशकों के मौलिक नाट्यालेख मौजूद भी हैं।

हम जानते हैं कि कालान्तर में ऐसे प्रस्तुति-आलेख या वैकल्पिक आलेख फ़िल्मी-पटकथा की तरह ही निरर्थक हो जाते हैं। सदियों तक बची रहनेवाली चीज़ कालजयी नाट्यालेख ही होते हैं। इसलिए यह पुस्तक आधुनिक भारतीय नाटककारों और उनके महत्त्वपूर्ण नाट्यालेखों पर ही केन्द्रित है। आलोचकीय दृष्टि निश्चय ही साहित्य-रंगमंच सम्पृक्त रही है।

पुस्तक पाँच भागों में विभक्त है। पहले खंड में, समकालीन भारतीय परिप्रेक्ष्य में, नाटक के विविध रूपों, आधुनिकता तथा समाज और नाटक में स्त्री-विमर्श पर तीन सर्वेक्षण लेख हैं। दूसरे खंड में

संस्कृत, लोक और पारसी नाटकों के आधुनिक रंग-प्रयोगों तथा पाँच प्रतिनिधि हिन्दी नाटककारों के विशिष्ट महत्त्वपूर्ण पक्षों का विवेचन है। तीसरे खंड में कन्नड़, बांग्ला, ओड़िया और मराठी भाषाओं के पाँच प्रमुख नाटककारों की विशेष रंग-दृष्टि, रंग-सृष्टि, रचना-प्रक्रिया, रंग-यात्रा, योगदान और मूल्यांकन इत्यादि को विविध कोणों से जाँचने-परखने का प्रयास किया गया है। विजय तेन्दुलकर के पुनरावलोकन में उनकी रचनात्मकता के साथ-साथ वैचारिक जीवन-दृष्टि पर समग्रतः नज़र डाली गई है। महेश एल्कुंचवार की अन्तर्यात्रा पर भी शायद हिन्दी में सर्वप्रथम आलेख यहीं लिखा गया है। चौथे खंड में बहुमंचित प्रमुख आधुनिक भारतीय नाट्यालेखों के विविध रूपाकारों, सरोकारों, समस्याओं, शक्ति और सीमाओं की गम्भीर समीक्षा प्रस्तुत की गई है।

इस पुस्तक के पाँचवें अन्तिम खंड में इक्कीसवीं शताब्दी के साथ-साथ उभरे कई प्रतिभावान युवा नाटककारों की पहली बार चर्चा की जा रही है। मीरा कान्त, नादिरा ज़हीर बब्बर, शाहिद अनवर और मानव कौल के नाट्य-कर्म पर विशेष रूप से आलोचनात्मक दृष्टिपात किया गया है।

संस्कृत के शास्त्रीय नाट्य-काल से लेकर इक्कीसवीं सदी के प्रथम दशक तक के नाटककारों, नाटकों और रंग-प्रयोगों को समेटने के बावजूद यह पुस्तक मूलतः आधुनिक भारतीय नाटकों और नाट्य-प्रयोगों पर ही केन्द्रित है। आशा करता हूँ कि इस विषय के गम्भीर विद्यार्थियों, अध्यापकों, शोधार्थियों और रंगकर्मियों के लिए यह पुस्तक उपयोगी सिद्ध होगी।

—जयदेव तनेजा

बसन्त पंचमी
जनवरी, 2010

अनुक्रम

भूमिका 7

खंड-1

नाटक तेरे रूप अनेक 13
भारतीय नाटकों में आधुनिकता 26
आधुनिक समाज और नाटक में स्त्री 40

खंड-2

संस्कृत नाटक : समकालीन प्रयोग-परम्परा 55
लोक-नाट्य : आधुनिक रंग-प्रयोग 65
पारसी रंगमंच : समकालीन प्रासंगिकता 74
जयशंकर प्रसाद : अभिनेयता और प्रस्तुति-शैली 85
मोहन राकेश : रचना-प्रक्रिया 95
जगदीशचन्द्र माथुर : नाट्य-अवदान 103
भीष्म साहनी की रंग-दृष्टि 111
बी.एम. शाह : एक बहुआयामी रंग-व्यक्तित्व 119

खंड-3

आद्य रंगाचार्य का रंग-संसार 131
बादल सरकार की रंग-यात्रा 141
जे.पी. दास और ओड़िया नाटक 157

विजय तेन्दुलकर : पुनरावलोकन 171
महेश एल्कुंचवार की अन्तर्यात्रा 180

खंड-4

ध्रुवस्वामिनी : एक नया पाठ 191
अन्धायुग : आधुनिकता की चुनौती 199
लहरों के राजहंस : बुनियादी सरोकार 207
पगला घोड़ा : प्रेम की विडम्बना 219
इला : पौराणिक सन्दर्भ का बहुआयामी आधुनिक नाटक 232
कोमल गान्धार : पुरातन के नूतन संकेत 242
अग्नि और बरखा : जटिल सम्बन्धों के अन्तर्विरोध 247
गुलाम बादशाह-हस्तिनापुर : अतीत का उपपाठ 262

खंड-5

इक्कीसवीं सदी के नए नाटककार 271
मीरा कान्त 274
नादिरा ज़हीर बब्बर 288
शाहिद अनवर 294
मानव कौल 305

खंड-1

नाटक तेरे रूप अनेक
(रंगमंच, फ़िल्म, रेडियो और टेलीविज़न)

नाटक और रंगमंच सम्भवतः मनुष्य जाति का पहला और सदियों तक एकमात्र सशक्त एवं जीवन्त जन-माध्यम रहा है। बदलते हुए समय और समाज के साथ-साथ इसके स्वरूप एवं सरोकार भी लगातार बदलते रहे। प्राचीन काल में शास्त्रीय रंगमंच राज्याश्रित था और लोक-रंगमंच जनाश्रित। मध्यकाल में मुसलमान मुग़ल शासकों ने कलाओं के लगभग सभी रूपों का खूब विकास और विस्तार किया। परन्तु अपनी धार्मिक मान्यताओं और सांस्कृतिक वर्जनाओं-मर्यादाओं के कारण, रूपक एवं रंगकर्म को मूर्तिपूजा के समकक्ष मानकर, उन्होंने रंगमंच को पूरी तरह निराश्रित एवं उपेक्षित बना दिया। ऐसे संकट-काल में नाटक ने धर्म-स्थानों की शरण ली और लीला-नाटकों का धार्मिक स्वरूप ग्रहण कर लिया। अंग्रेजों के आगमन के साथ उनके शेक्सपिरियन नाटकों से प्रभाव ग्रहण कर हमारा नाटक व्यावसायिक **पारसी रंगमंच** के रूप में विकसित हुआ तो उसकी कलाहीनता की प्रतिक्रिया में गम्भीर एवं सुसंस्कृत शौकिया रंगकर्म की शुरुआत हुई। परन्तु जल्दी ही वह अपने काव्यात्मक-दार्शनिक तत्त्वों से समृद्ध होकर साहित्यिक या पाठ्यनाटक के रूप में बदल गया। स्वतन्त्रता आन्दोलन और बंगाल के अकाल ने **इप्टा** की जरूरत महसूस कराई और हमारा तत्कालीन रंगकर्म राजनीतिक विचारों से जुड़ गया। आज़ादी के बाद पारसी-व्यावसायिक थिएटर के मुकाबले यह सार्थक, गम्भीर एवं कलात्मक प्रोफ़ेशनल और शौकिया प्रयोगशील रंगकर्म के रूप में विकसित हुआ।

जब कोई रचना रूपक, दृश्य-काव्य या रंग-नाटक बनती है तो नाटक के चरित्रों का रूप धारण करनेवाले अभिनेता, समय, स्थान और परिवेश को रूपायित करनेवाले पार्श्वकर्मी तथा उसे देख-सुनकर आनन्दित या उत्तेजित होनेवाले सहृदय सामाजिक (दर्शक) उसके अपरिहार्य अंग बन जाते हैं। रंग-नाटक साहित्य एवं कला का समन्वित रूप होता है। वह पढ़ने के साथ-साथ खेलने और देखने की चीज़ बन जाता है। तमाम विद्याओं, कलाओं और शिल्पों के सहयोग से इसका स्थापत्य एवं स्वरूप समृद्ध होता है। सामूहिकता एवं सामाजिकता के तत्त्व इसे एक जनतान्त्रिक चरित्र प्रदान करते हैं।

हम जानते हैं कि समय और समाज के परिवर्तन से अभिव्यक्ति माध्यम और साहित्य एवं कलाओं के स्वरूप भी बदलते हैं। आधुनिक काल में विज्ञान ने अभूतपूर्व प्रगति की। नए-नए आविष्कार हुए। प्रिंटिंग प्रेस ने साहित्य को जनसुलभ बनाने और सूचना-संचार के माध्यम के रूप में अपार सफलता प्राप्त की। अख़बारों ने अफ़वाहों की जगह प्रामाणिक सूचनाओं पर बल दिया और हमारे स्वतन्त्रता-संग्राम में जनान्दोलन पैदा करने में अत्यन्त महत्त्वपूर्ण भूमिका निभाई। प्रेस-मीडिया किसी भी व्यक्ति, पार्टी और चीज़ को बनाने-मिटाने में आज भी एक निर्णायक हैसियत रखता है।

प्रिंटिंग प्रेस के बाद कैमरा या फ़िल्म विज्ञान का बहुत बड़ा चमत्कार सिद्ध हुआ। मोटे तौर से बीसवीं सदी के पहले दशक के मूक-फ़िल्मों के दौर में कथा-फ़िल्मों के निर्माण के साथ ही सिनेमा का नाटक से गहरा रिश्ता जुड़ा। यह सवाक् फ़िल्मों के कथ्य और शिल्प का प्रथम मूलस्रोत सिद्ध हुआ। अधिकांश आरम्भिक फ़िल्में अनेक पारसी नाटकों का लगभग ज्यों-का-त्यों फ़िल्मांकन भर थीं। चौथे दशक तक की कई फ़िल्में या तो नाटकों पर आधारित थीं या पारसी थिएटर की अतिनाटकीयता और अतिरंजना से प्रभावित थीं। भारतवर्ष में फ़िल्मों के आरम्भिक दौर के ल्यूमेरे ब्रदर्स और भटवेडकर इत्यादि के प्रयोगों को छोड़ दें तो 1913 में प्रदर्शित दादा साहेब फ़ाल्के की **राजा हरिश्चन्द्र** और 1931 में प्रदर्शित अर्देशीय एम. ईरानी की पहली सवाक् फ़िल्म **आलम आरा** के बाद जो परम्परा शुरू हुई उसमें **अछूत कन्या, औरत, किसान कन्या, तलाक, डॉ. कोटनीस की अमर कहानी, आदमी** इत्यादि के अलावा पारसी थियेटर के **पुंडलीक, शीरीं-फ़रहाद, लैला-मजनू, संत तुकाराम, शकुन्तला, धरती के लाल, यहूदी की बेटी** जैसे बहुसंख्य पारसी नाटकों को लगभग ज्यों-का-त्यों फ़िल्माया गया। 1946 में इब्सन के प्रसिद्ध नाटक 'डाल्स हाउस' को अच्युत रानाडे ने **गुड़िया का घर** नाम से फ़िल्माया। इस दौर में धीरेन्द्र गांगुली, देवकी बोस, पी.सी. बरुआ, नारायण हरि आप्टे, चन्दूलाल शाह, व्ही शान्ताराम, हिमांशु राय, सोहराब मोदी, एस. फत्ते लाल, चेतन आनन्द, महबूब ख़ान, ख़्वाज़ा अहमद अब्बास जैसे फ़िल्मकारों ने सिनेमा की मौलिक भाषा तलाशने और उसे मंचीय नाटक के मुहावरे से युक्त करने में महत्वपूर्ण योगदान दिया। यह अलग बात है कि बॉलीवुड की मुख्यधारा का सिनेमा आज भी लोकप्रियता के पारसी थियेटरवाले फ़ॉर्मूले से पूरी तरह मुक्त नहीं हो पाया है। इसलिए नाटक/रंगकर्म जैसे परम मानवीय लोक माध्यम का इलेक्ट्रॉनिक मीडिया से पहला रिश्ता फ़िल्मों से ही बना। इसलिए फ़िल्म-नाटक आज की कोई नई विधा नहीं है। फिर भी आज का फ़िल्म-निर्देशक जब अपनी किसी फ़िल्म के लिए कोई नाटक चुनता है तो वह देश-काल के नाटकवाले बन्धन तोड़कर दृश्यात्मकता, प्रभाव, अपनी दृष्टि, सोच और माध्यम की ज़रूरत के हिसाब से उसमें कुछ जोड़ता-घटाता है और कैमरे का लेंस, कोण और स्थान निर्धारित करता है। नाट्यालेख से फ़िल्म की पटकथा कितनी भिन्न हो

सकती है, इसका कुछ अनुमान आठवें दशक के बाद बनीं गोविन्द निहालानी की **पार्टी** (महेश एल्कुंचवार), **रुक्मावती की हवेली** (द हाउस ऑफ़ बर्नाडा अल्बा—लोर्का) और **देहम** (हारवेस्ट—मंजुला पद्मनाभन), सत्यजित रे की **गणशत्रु** (एनिमी ऑफ द पीपुल—इब्सन), अरुण कुकरेजा की **अष्टनायिका** (अपराजिता—नितीश सेन) इत्यादि और सत्तर के दशक में बनीं राजेन्द्र सिंह बेदी की **दस्तक** (नक्काले मकानी—बेदी), भीमसेन की **घरौंदा** (अनिकेत—शंकर शेष) तथा मणिकौल की पुरस्कृत-प्रशंसित किन्तु विवादित **आषाढ़ का एक दिन** (मोहन राकेश) जैसी रचनाओं की तुलना करने पर अंतर का अनुमान आसानी से लगाया जा सकता है। यह संयोग नहीं है कि नाटकों की अपेक्षा उपन्यासों-कहानियों पर बनी फ़िल्मों की संख्या बहुत अधिक है। नाटक के मुकाबले कथा-साहित्य निर्देशक को परिवर्तन की ज़्यादा सुविधा देता है। इसलिए सच्चाई तो यह है कि फ़िल्म-नाटक जैसी कोई विधा सिद्धान्ततः अब है ही नहीं। हाँ, परम नाटकीयता से भरपूर फ़िल्में प्रचुर संख्या में अवश्य देखी जा सकती हैं।

मनोरंजन और लोक-संचार के दो अन्य इलेक्ट्रॉनिक माध्यम हैं—**रेडियो** और **टेलीविजन**। इन दोनों ने ही अपने-अपने ढंग से लोकरंजन, शिक्षा और कभी-कभी विचारोत्तेजन के लिए नाटक का प्रयोग किया और इस प्रकार आधुनिक काल में रेडियो-नाटक और टेलीविजन-नाटक का उद्भव हुआ। जन-माध्यम की दृष्टि से फ़िल्म, रेडियो और टेलीविजन जैसे व्यापक एवं सशक्त माध्यमों ने रंगकर्म को काफी पीछे धकेल दिया। आज का नाटक अपनी अस्तित्व-रक्षा के लिए इन इलेक्ट्रॉनिक माध्यमों के नाटकों से टक्कर लेने की कोशिश कर रहा है।

अमरीका ने 1923 में **टेलीविजन** की शुरुआत की तो ठीक उसी वर्ष इंग्लैंड ने अपने बी.सी.सी. रेडियो का श्रीगणेश किया। अत्यन्त महँगा माध्यम होने के कारण, अन्य देशों में रेडियो के विस्तार एवं विकास के मुकाबले, टी.वी. की गति काफी धीमी रही। 1936 में बी.बी.सी. ने भी अपनी टेलीविजन सेवा आरम्भ की थी। परन्तु विश्वयुद्ध के कारण टी.वी. का विकास रेडियो से कम-से-कम दस-पन्द्रह वर्ष पिछड़ गया। भारतवर्ष में रेडियो का आगमन तीसरे दशक में ही हो गया था। परन्तु 16 दिसम्बर, 1937 को मद्रास के शौकिया रेडियो क्लबों को अपने में समाहित कर राष्ट्रीय स्तर पर 'ऑल इंडिया रेडियो' की स्थापना हुई। उर्दू और हिन्दी के अनेक नाटक-एकांकी लेखकों और साहित्यकारों का भरपूर सहयोग इसे आरम्भ से ही मिला। इस प्रकार रेडियो-नाटक के रूप में इस अन्धे-रंगमंच ने बड़ी जल्दी और तेजी से खूब उन्नति की। इस विधा और माध्यम से दूर-दूर तक श्रोताओं के घरों के भीतर पहुँचकर नाटक ने अभूतपूर्व लोकप्रियता प्राप्त की। इसके मुकाबले टलीविजन/दूरदर्शन का हमारा वास्तविक इतिहास मुश्किल से तीन-चार दशक पुराना ही है। कहने को तो प्रायोगिक स्तर पर दिल्ली में दूरदर्शन का जन्म 15 सितम्बर, 1959 को ही हो

गया था। परन्तु टी.वी. सेटों की कीमत आम भारतीय नागरिक के लिए काफी ज्यादा थी, इसका प्रसारण बहुत कम दूरी तक और बेहद कम समय के लिए होता था और सबसे बड़ी बात ये कि इसके कार्यक्रम अधिकतर नीरस और उबाऊ होते थे। इसलिए काफी समय तक टेजीविज़न भारत के उच्च या उच्च-मध्यवर्ग के लिए ऐश्वर्य-प्रदर्शन की चीज़ ही बना रहा। हमारे यहाँ इसका प्राथमिक उद्देश्य इसे सामुदायिक शिक्षा और विकास के माध्यम के रूप में विकसित करना था। परन्तु 1 जनवरी, 1976 से विज्ञापनों के आगमन के कारण इसमें देशी-विदेशी फ़िल्मों, गानों, खेलों, ख़बरों और नाटकों की प्रमुखता हो गई। 1982 का वर्ष भारतीय दूरदर्शन के लिए क्रान्तिकारी सिद्ध हुआ। 'एशियाड-82' की महत्त्वपूर्ण घटना के दौरान 15 अगस्त, 1982 को हमारा दूरदर्शन रंगीन हुआ और इसी वर्ष प्रायोजित कार्यक्रमों की भी शुरुआत हुई। जनोन्मुख से सरकारोन्मुख होते हुए यह माध्यम पूरी तरह सेठोन्मुख हो गया। इंसैट की सुविधा ने इसकी पहुँच को विस्तार दिया और उदारीकरण की अर्थव्यवस्था ने इसे अन्तर्राष्ट्रीय उत्पादकों के सम्मोहक विज्ञापनों द्वारा, विलास-वस्तुओं को और भी लुभावना बनाकर, इस माध्यम को पूरी तरह बाज़ारू बना दिया। मंचीय और रेडियो नाटकों के टीवीकरण तथा कथा साहित्य के इस माध्यम के अनुरूप रूपान्तरण किए जाने लगे। टी.वी. नाटक का कोई निजी रूप उभरा भी नहीं था कि टेली-फ़िल्मों और धारावाहिकों की लोकप्रियता ने उसे अजगर की तरह लील लिया। सामुदायिक की जगह यह व्यक्तिगत माध्यम बन गया और इसकी पहुँच अब निम्न-मध्यवर्ग ही नहीं बल्कि निम्नवर्ग तक भी हो गई। रंगीन टी.वी. सेट बेहद सस्ते दामों में उपलब्ध होने लगे। केबल के विविध चैनलों की प्रतियोगिता ने नाटकों, धारावाहिकों और टेली-फ़िल्मों के स्तर में गुणात्मक दृष्टि से आमूल-चूल परिवर्तन कर दिया। देखते-ही-देखते यह 'बोलनेवाला बहरा देवता' अपरिमित राक्षसी शक्ति से सम्पन्न हो गया। इस पर दिखाए गए 'तहलका-कांड' और कई स्टिंग ऑपरेशनों के प्रदर्शन ने इसकी उपयोगिता और विश्वसनीयता के साथ-साथ इसकी कमज़ोरियों और इसके खतरों को भी रेखांकित कर दिया।

अब हम यहाँ रेडियो-नाटक और टेलीविजन-नाटक के स्वरूप और उसकी शक्ति एवं सीमा की संक्षिप्त चर्चा करेंगे।

प्रथम विश्वयुद्ध के बाद एक शक्तिशाली जन-माध्यम के रूप में रेडियो का विश्वव्यापी विस्तार हुआ। सूचना-संचार के अतिरिक्त मनोरंजन और विशेषतः नाटक के लिए इसकी अपरिमित सम्भावनाओं को रेडियोवालों ने पहले ही भाँप लिया था। रेडियो से प्रसारित हो सकनेवाले किसी भी नाटक को सामान्यतः **रेडियो–नाटक** कहा जा सकता है। रंग-नाटक दृश्य-श्रव्य-काव्य है और रेडियो-नाटक केवल श्रव्य होने के कारण अन्धा-रंगमंच। अनेक ऐसे विषय, प्रसंग और दृश्य होते हैं जिन्हें मंच पर

दिखा पाना लगभग असम्भव होता है जबकि रेडियो पर संगीत या ध्वनियों के द्वारा अत्यन्त सहजता और सरलता से प्रस्तुत किए जा सकते हैं। रेडियो नाटक दृश्य-बन्ध, मंच- उपकरण, वस्त्राभूषण, रूप-विन्यास, छायालोक, भाव-भंगिमा, दृश्य-परिवर्तन और संकलन-त्रय जैसी ज़रूरतों या सीमाओं से पूरी तरह मुक्त होता है। रंग-नाटक को देखने के लिए प्रेक्षागृह तक जाना, टिकट (या पास) लेना और दर्शकों के समूह के साथ अँधेरे में चुपचाप देखना आवश्यक है। इसके विपरीत, रेडियो-नाटक घर के सदस्यों के साथ खाते-पीते और बातचीत करते या अकेले में बैठकर कुछ भी करते-सोचते हुए घर पर ही आराम से मुफ़्त में सुना जाता है। चेतन-अवचेतन के द्वन्द्व और मनोविश्लेषण की जटिल गुत्थियों से ग्रस्त विषयों को भी रेडियो प्रभावशीलता और सहजता से प्रस्तुत कर सकता है। स्वगत-कथन, गीत तथा विवरण भी इस माध्यम पर स्वाभाविक लगते हैं। स्पष्ट है कि नाटक के अन्य रूपों या माध्यमों के मुकाबले रेडियो-नाटक कम खर्चीला और बेहद लचीला माध्यम है। परन्तु इसकी यह सुविधापूर्ण सामर्थ्य ही इसकी सबसे बड़ी सीमा भी है। दृश्यात्मकता की तमाम विशेषताओं को इसे केवल शब्दों और ध्वनियों के द्वारा ही व्यक्त करना पड़ता है। इसलिए नाटककार और अभिनेता की ज़िम्मेदारी बहुत बढ़ जाती है। रेडियो- स्टेशन के स्टूडियो का माइक्रोफोन इतना संवेदनशील होता है कि अभिनेता की आह या कराह ही नहीं, साँस लेने की आवाज़ को भी बड़ी आसानी से पकड़ लेता है। अभिनेता के मुँह और माइक की दूरी काल के साथ-साथ स्थान के आयाम को भी सम्प्रेषित कर देती है।

रेडियो पूरी तरह एक श्रव्य माध्यम है। ध्वनि की जादूगरी है। अज्ञेय ने कहीं कहा है कि 'शब्द अधूरे हैं, क्योंकि वे उच्चारण माँगते हैं।' रेडियो शाब्दिक-भाषा को उसकी सम्पूर्णता प्रदान करता है। रेडियो नाटककार के लिए अत्यन्त आवश्यक है कि वह संवादों में ऐसी सुबोध और सहज सम्प्रेषणीय भाषा का प्रयोग करे जो श्रोता को घटनास्थल, वातावरण, कार्यव्यापार, चरित्रों एवं वस्तुओं के आकार-प्रकार तथा रूप-रंग आदि का परिचय तो दे ही, इसके अतिरिक्त उसके शब्दों में श्रोताओं की बिम्ब-निर्माण शक्ति अथवा कल्पनाशीलता को अबाध रूप से जाग्रत् करने की क्षमता भी हो।

नाटक के कथ्य को सम्पूर्ण और प्रभावशाली रूप में श्रोताओं तक पहुँचाने में संगीत और ध्वनि-प्रभावों का भी महत्त्वपूर्ण योगदान होता है। रेडियो-नाटक के आरम्भ का संगीत नाटक के कथ्य और पृष्ठभूमि को रेखांकित करता है। इसी प्रकार समाप्ति-संगीत परिपूर्णता का बोध कराता है। दृश्य/प्रसंग परिवर्तन के लिए भी संगीत या मौन का सार्थक उपयोग किया जा सकता है। किसी स्थिति अथवा मनःस्थिति को उभारने के लिए भी संगीत का रचनात्मक इस्तेमाल किया जाता है। संगीत के अतिरिक्त, ध्वनि-प्रभाव भी रेडियो-नाटक का अनिवार्य अंग है। ये दो

प्रकार के होते हैं। कुछ ध्वनि-प्रभाव तो नाटक की रिकॉर्डिंग या सीधे प्रसारण के समय स्टूडियो में तत्काल ही उत्पन्न किए जाते हैं, जो संवादों के साथ-साथ ही चलते हैं। दूसरे, कुछ विशेष ध्वनि-प्रभाव होते हैं, जैसे—वर्षा, तूफ़ान, समुद्र का गर्जन, बिजली की कड़क, पुल का टूटना, रेल, टेलीफोन, बन्दूक की गोली या बम-विस्फोट और पशु-पक्षियों इत्यादि की आवाजें। ये ध्वनि-प्रभाव पहले से ही रिकॉर्ड कर लिये जाते हैं और स्टूडियो में सहज उपलब्ध होते हैं। ध्वनि-प्रभाव परिवेश-निर्माण में भी सहायक होते हैं। ड्रामा प्रोड्यूसर मूल नाटक रिकॉर्ड हो चुकने के बाद, विशेष ध्वनि-प्रभावों को, यथास्थान जोड़ देता है। रेडियो नाटक के लिए नाटककार को रंग-निर्देशों के बजाय केवल ध्वनि-निर्देश ही देने होते हैं। संगीत और ध्वनि-प्रभाव निश्चय ही रेडियो नाटक के आवश्यक अंग हैं और उसकी प्रभावशीलता को बढ़ाते भी हैं, परन्तु इनका प्रयोग सिर्फ उतना ही करना चाहिए जितना जरूरी हो। इन्हें नाटक का अंग बनकर आना चाहिए, अलंकरण बनकर नहीं। रेडियो से प्रसारित होनेवाले नाट्यधर्मी प्रकारों में नाटक, कहानी-उपन्यास के रूपान्तर, एकालाप, भाव-नाट्य/गीत-नाट्य, रूपक/फ़ीचर, फैंटेसी और झलकियाँ प्रमुख हैं।

रेडियो-नाटक के उद्भव और विकास पर दृष्टिपात करें तो ज्ञात होगा कि फ़िल्मों की तरह रेडियो-नाटकों की शुरुआत भी रंग-नाटकों के प्रसारण से ही हुई। विश्व का रेडियो से प्रसारित होनेवाला पहला नाटक शेक्सपियर के **जूलियस सीज़र** का एक दृश्य था, जिसे बी.बी.सी. ने 16 फरवरी, 1923 को प्रसारित किया था। उसी के साथ शेक्सपियर के ही दो अन्य नाटकों के दृश्य भी प्रसारित किए गए थे। कहा जाता है कि इन नाट्य-दृश्यों के प्रसारण के समय रंग-निर्देशों को भी संवादों के बीच अलग से पढ़ दिया जाता था। भारत में रेडियो के विधिवत् प्रसारण का श्रीगणेश यद्यपि 23 जुलाई, 1927 को बम्बई में लॉर्ड इर्विन के हाथों हुआ था। परन्तु राष्ट्रीय स्तर पर आज जिसे हम 'ऑल इंडिया रेडियो' या 'आकाशवाणी' कहते हैं, इसे 8 जून, 1936 को शुरू किया गया। परन्तु रेडियो से नाटकों के प्रसारण का कार्य 'ऑल इंडिया रेडियो' की स्थापना से भी पहले हो चुका था। बांग्ला में पहला रेडियो नाटक 1928 में प्रसारित हुआ, जो पूरी तरह एक रंग-नाटक ही था। उस दौर के लगभग सभी रेडियो से प्रसारित नाटकों पर पारसी थिएटर की अतिरंजना-प्रधान शैली का प्रभाव साफ़ तौर से देखा जा सकता है। उदयशंकर भट्ट के अनुसार हिन्दी में रेडियो से प्रसारित होनेवाला पहला नाटक किसी बांग्ला रंग-नाटक का अनुवाद था, जिसे दिल्ली केन्द्र से 1936 में प्रसारित किया गया। परन्तु आचार्य चतुरसेन शास्त्री के अनुसार यह श्रेय उनके मौलिक हिन्दी नाटक **राधाकृष्ण** को मिलना चाहिए।

आज़ादी के पहले तक रेडियो पर हिन्दी के बजाय उर्दू लेखकों का प्रभुत्व छाया रहा। इम्तियाज़ अली ताज, सआदत हसन मंटो, कृश्न चन्दर, राजेन्द्र सिंह बेदी, उपेन्द्रनाथ

'अश्क' और अंसार नासरी जैसे उर्दू लेखक उस समय रेडियो के विकास में सक्रिय योगदान दे रहे थे। रेडियो के उस आरम्भिक दौर में रेडियो-नाटक के स्वतन्त्र एवं मौलिक शिल्प का विकास नहीं हो पाया। हिन्दी रंगमंच तो था नहीं, इसलिए हिन्दी-उर्दू के अधिकांश नाटककार ऐसे एकांकी लिख रहे थे, जो पाठ्यक्रमों में पढ़ाए जा सकें और मामूली हेर-फेर से रेडियो द्वारा भी सरलता से प्रसारित किए जा सकें। प्रकाशन के समय इन्हीं में रंग-निर्देश जोड़कर मंचीय एकांकियों का रूप दे दिया जाता था। इसलिए, उस दौर में विष्णु प्रभाकर, उपेन्द्रनाथ 'अश्क', उदयशंकर भट्ट और रामकुमार वर्मा जैसे हिन्दी लेखकों ने भी ऐसे एकांकी या नाटक लिखे जिन्हें मामूली परिवर्तन करके रेडियो और मंच दोनों माध्यमों पर प्रस्तुत किया जा सकता था। इसलिए, यह महज़ संयोग नहीं है कि जगदीशचन्द्र माथुर का **कोणार्क**, धर्मवीर भारती का **अन्धायुग** और मोहन राकेश का **आषाढ़ का एक दिन** जैसे आज के सुप्रतिष्ठित नाटक मंच पर उतरने से पहले रेडियो से सफलतापूर्वक प्रसारित हो चुके थे।

रेडियो-नाटक लिखनेवालों में विष्णु प्रभाकर, रेवती सरन शर्मा, प्रभाकर माचवे, चिरंजीत, भारत भूषण अग्रवाल, गिरिजा कुमार माथुर, उपेन्द्रनाथ 'अश्क', कणाद ऋषि भटनागर, धर्मवीर भारती, मोहन राकेश, अज्ञेय, सिद्ध नाथ कुमार, सत्येन्द्र शरत्, अमृतलाल नागर, मुद्राराक्षस, कृष्ण किशोर श्रीवास्तव, रामेश्वर सिंह काश्यप इत्यादि का प्रमुख स्थान है। छठे दशक से पहले चूँकि गम्भीर हिन्दी रंगमंच नहीं था, इसलिए चौथे और पाँचवें दशक के बीच ज़्यादातर नाटक या एकांकी प्रमुखतः रेडियो को दृष्टि में रखकर ही लिखे गए। परन्तु साहित्यिक-विधा के रूप में चूँकि रंग-नाटक की ही मान्यता थी और वही पाठ्यक्रमों में भी पढ़ाए जाते थे, इसलिए प्रकाशित कराते समय इन तमाम लेखकों ने यहाँ-वहाँ रंग-निर्देश जोड़कर इन रेडियो-नाटकों और विशेषतः एकांकियों को मंचीय नाटकों के रूप में ही छपवाया। यही कारण है कि ऐसी अनेक रचनाएँ न पूरी तरह रेडियो-नाटक रहीं और न पूरी तरह मंचीय नाटक ही बन पाईं। ये शिखंडी रचनाएँ होकर हास्यास्पद बन गईं।

भारत में ही नहीं, रेडियो-नाटकों के जन्मस्थान इंग्लैंड के बी.बी.सी. पर भी 1950 में प्रसारित **द गूंस शो** से पहले इस विधा की सम्पूर्ण शक्ति और सीमा का पूरा पता नहीं चल पाया। नाटकों का यह अन्धा ध्वनि-माध्यम मूलतः लेखक और उसकी प्रभावशाली स्थिति-निर्माण-शक्ति एवं भाषा-सामर्थ्य पर ही निर्भर करता है। इसलिए आज के नाटकों (मुख्यतः यथार्थवादी) के मुकाबले संस्कृत के शास्त्रीय नाटकों या एलिज़ाबेथियन और जैकोबियन नाटकों के अधिक अनुकूल पड़ता है। क्योंकि दृश्यत्व इनके संवादों के शब्दों में ही निहित होता है। मंच पर एक अच्छा अभिनेता किसी मूक चरित्र में भी अपनी उपस्थिति का जीवन्त दृश्य-अनुभव करा सकता है, जबकि रेडियो पर कलाकार सिर्फ एक आवाज़ भर होता है, इसलिए

उसकी मूक उपस्थिति यहाँ पूरी तरह अनुपस्थिति बनकर उसे अस्तित्वहीन बना देती है। लगभग यही स्थिति संवादों के बीच के मुखर मौन या विराम की भी है। इन तमाम सीमाओं के बावजूद यह भी सच है कि यदि कोई रेडियो नाटक अपने श्रोता की दिलचस्पी आद्यन्त बनाए रख सके और साथ ही उसकी कल्पनाशीलता को भी जाग्रत् कर सके तो वह विविध आकर्षक एवं नैन-रंजक तत्त्वों से समृद्ध किसी रंग-नाटक से भी अधिक आनन्ददायक/प्रभावशाली हो सकता है, क्योंकि इसकी रंगभूमि श्रोता के मन के भीतर है। रंग-नाटक के मुकाबले रेडियो-नाटक की पहुँच भी अतुलनीय स्तर तक ज़्यादा है। वह एक ही समय में एक साथ लाखों-करोड़ों लोगों तक पहुँच सकता है। भारत-पाकिस्तान की पहली लड़ाई के दौरान 1965 में चिरंजीत की कलम और दीनानाथ की आवाज़ ने मिलकर असंख्य श्रोताओं को **ढोल की पोल** का दीवाना बना दिया था। इससे अन्य माध्यमों के मुकाबले रेडियो-माध्यम की व्याप्ति एवं लोकप्रियता का अनुमान सहज ही लगाया जा सकता है।

कई वर्ष पहले एक संगोष्ठी में एक विद्वान ने प्रश्न किया था कि, "सिनेमा की माँ तो तकनीक है, लेकिन इसका बाप कौन है? क्या कोई जानता है?" तो ब.व. कारन्त ने तपाक से जवाब दिया था, "थिएटर। सिनेमा का बाप रंगमंच है।" इसी तर्क को थोड़ा विस्तार दें तो शायद यही बात 'बोलनेवाले बहरे देवता'—टेलीविजन के बारे में भी कही जा सकती है। आज इस अतिव्यापक एवं शक्तिशाली यन्त्र-माध्यम पर टेली-नाटक और सिनेमा ही नहीं दिखाया जाता बल्कि इस पर अब जो कुछ भी दिखाया जाता है वह सब नाटकमय और फ़िल्मी ही होता है—यहाँ तक कि समाचार और विज्ञापन भी। अतः कह सकते हैं कि टी.वी. ने रंगकर्म की अपरिमित सम्भावनाओं का विस्तार एवं दोहन किया है। एक दृष्टि से देखें तो, **टी.वी. धारावाहिकों और नाटकों को हिन्दी का व्यावसायिक रंगमंच भी माना जा सकता है।** इसने बहुसंख्यक मंच-कलाकारों को रोज़ी-रोटी और प्रसिद्धि दी है। इसलिए दूरदर्शन हिन्दी रंगकर्मियों के लिए वरदान सिद्ध हुआ है और एक भिन्न रूप में ही सही इसने रंगकर्म को लोकप्रिय बनाने और ज़िन्दा रखने में महत्त्वपूर्ण भूमिका निभाई है।

परन्तु इसी सिक्के का दूसरा पहलू यह भी है कि इसके सम्मोहन ने थिएटर से उसके अच्छे-अच्छे कलाकार ही नहीं, दर्शक (?) भी छीन लिये हैं। सरकारी सहायता प्राप्त या दो-एक छिटपुट अपवादों को छोड़ दें तो इस दूरदर्शन नामक दैत्य के कारण ही आज गम्भीर हिन्दी रंगकर्म करने और देखनेवाला कोई नहीं है। प्रेक्षागृह वीरान पड़े हैं। साठ और सत्तर के दशक में हिन्दी रंगकर्म ने जो मुट्ठी भर दर्शक जुटाए थे, आठवें-नौवें दशक में दूरदर्शन ने रंग-दर्शक को भी बिना खर्च घर पर ही नाटक दिखाकर तोड़ लिया। इसका एक कारण शायद गम्भीरता एवं सार्थकता के नाम पर दुरूह और लगभग असम्प्रेषणीय हो चले प्रयोगधर्मी हिन्दी रंगकर्म से दर्शक

का मोहभंग होना भी हो सकता है। इसलिए इलेक्ट्रॉनिक मीडिया आज के रंगकर्म के सामने एक बड़ी चुनौती बनकर खड़ा हो गया है।

जहाँ तक भारतवर्ष का सवाल है, यहाँ कई कारणों से **दूरदर्शन** का आगमन काफ़ी विलम्ब से हुआ। यूँ तो हमारे यहाँ 1 जनवरी, 1976 से जब टी.वी. पर विज्ञापन आरम्भ हुए तो फ़िल्माधारित मनोरंजक कार्यक्रमों के कारण यह माध्यम लोकप्रिय होना शुरू हो गया था। परन्तु यहाँ टी.वी. को वास्तव में जन-माध्यम बने अभी शायद तीन दशक भी पूरे नहीं हुए हैं। व्यावहारिक स्तर पर यहाँ दूरदर्शन की वास्तविक शुरुआत 15 अगस्त, 1982 से टी.वी. के रंगीन हो जाने के बाद से ही हुई। इसी समय सुविधा-सम्पन्न वर्ग ने अपने श्वेत-श्याम पुराने टी.वी. सेट बेचकर नए रंगीन सेट खरीदे। ये पुराने सेट इतने सस्ते हो गए कि देखते-ही-देखते केवल मध्य और निम्न-मध्य वर्ग ही नहीं बल्कि निम्न वर्ग की कई झुग्गी-झोंपड़ियों तक भी पहुँच गए। इसी समय से मनोरंजन के प्रायोजित कार्यक्रम शुरू हुए और भारत में विज्ञापन एवं उपभोक्ता संस्कृति का खुला आक्रमण हो गया। लगभग एक करोड़ व्यक्तिगत सेटों के मुकाबले सामुदायिक टी.वी. सेटों की संख्या एक हज़ार से भी कम रह गई। सामुदायिक की जगह यह पूरी तरह से व्यक्तिगत माध्यम बन गया। यही कारण है कि नाटक जैसा सामूहिक अभिव्यक्ति माध्यम जब टी.वी. से जुड़ा तो उसका प्रभाव जीवन्त रंगमंच के नाटकीय प्रभाव से भिन्न हो गया।

यूँ तो टेलीविजन पर प्रदर्शित होनेवाले किसी भी नाटक को टेली-प्ले या टेलीविजन-नाटक कहा जा सकता है। परन्तु वास्तव में टी.वी. नाटक का अर्थ है—टेलीविजन माध्यम की शक्ति और सीमा को ध्यान में रखकर लिखा और प्रदर्शित किया गया नाटक। विश्व भर में दूरदर्शन के आरम्भिक दौर में टेलीविजन से नाटक का सम्बन्ध कालजयी या महत्त्वपूर्ण समकालीन रंग-नाटकों से ही जुड़ा। शेक्सपियर के नाटक विश्व के अधिकांश देशों के टेलीविजन पर समान रूप से पसन्द किए गए। इंग्लैंड में तो शेक्सपियर के सम्पूर्ण 37 नाटक छोटे पर्दे पर दिखाए गए। 1978 से आरम्भ हुई यह टी.वी.-नाटक श्रृंखला वहाँ लगातार छः वर्षों तक चलती रही। इसी तरह फ्रांस में मौलियर, मैरीबॉक्स; ग्रीस में एरिस्ट्रोफेंस, यूपीडॉरस और जर्मनी में लैसिंग, हॉप्टमन और ब्रेख़्त जैसे जर्मन नाटककारों के साथ-साथ गोल्दोनी, स्ट्रिंडबर्ग, सिंज इत्यादि के नाटक भी बड़े उत्साह से दिखाए और देखे गए। भारत में भी टी.वी.-नाटक की शुरुआत 'आज का थिएटर' कार्यक्रम के अन्तर्गत समकालीन श्रेष्ठ रंग-नाटकों के प्रदर्शन से ही हुई। एक महीने में एक नाटक दिखाया जाता था, परन्तु दुर्भाग्य से वह योजना जल्दी ही बन्द कर दी गई। नाटकों का स्थान रंग-नाटक, कहानी-उपन्यास के टी.वी.-रूपान्तरों ने ले लिया। सबा ज़ैदी निर्देशित जयवन्त दलवी के **सन्ध्या छाया,** धर्मवीर भारती की कहानी की समीर मैत्रा कृत

प्रस्तुति **बन्द गली का आखिरी मकान,** चमन बग्गा निर्देशित असगर वजाहत के नाटक **इन्ना की आवाज़,** वेद सिन्हा निर्देशित मोहन राकेश के नाटक **आषाढ़ का एक दिन,** सबा ज़ैदी निर्देशित राही मासूम रज़ा की रचना **उदास चबूतरा,** गौरी शंकर रैणा निर्देशित रुद्र प्रसाद सेन गुप्त के **फुटबॉल,** अनवर अज़ीम के **खंडहर** तथा **ये पत्ते कब हरे होंगे** इत्यादि दूरदर्शन के चर्चित टैली-प्ले या नाटक रहे हैं।

इसके मुकाबले टैली-फ़िल्म एक अलग विधा है। इसकी पटकथा में एक्शन और दृश्यत्व पर संवाद की अपेक्षा अधिक बल रहता है। उदाहरण के तौर पर प्रेमचन्द की कहानी पर आधारित सत्यजित रे की **सद्गति** दूरदर्शन की पहली टैली-फ़िल्म थी। इसी प्रकार सबा ज़ैदी निर्देशित **ज़ेवर का डिब्बा** (प्रेमचन्द), वेद सिन्हा निर्देशित **बैसाखी** (कान्ति देव) गुलशन सचदेवा निर्देशित **तभी तो** (डी.एन. गोस्वामी), गौरी शंकर रैणा निर्देशित **भीगी धूप** (के.के. नायर) तथा **चीफ़ की दावत** (भीष्म साहनी), सरोज शर्मा निर्देशित **चौथी का जोड़ा** (इस्मत चुग़ताई), सुषमा माथुर निर्देशित **मिथुन** (राजेन्द्र सिंह बेदी) इत्यादि पिछले लगभग तीन दशक की प्रमुख टैली-फ़िल्में हैं। टेलीविजन माध्यम की इन दोनों विधाओं में रूपान्तर, संवाद और पटकथा लेखन में शैलेन्द्र की निर्णायक भूमिका रही है। ये इतिहास नहीं, कुछ उदाहरण मात्र हैं।

कालान्तर में इनके साथ-साथ सीरियलों के नाम से लोकप्रिय हो गई लघु-नाटकों की धारावाहिक शृंखला जिसने नाटक ही नहीं फ़िल्म जैसे शक्तिशाली माध्यम को भी चुनौती दे दी है। **हम लोग, बीबी नातियोंवाली, बुनियाद, रामायण, महाभारत** से होती हुई यह परम्परा आज के विविध चैनलों पर दिन-रात प्रदर्शित हो रहे बेशुमार धारावाहिकों तक आ पहुँची है। इस सन्दर्भ में एक दिलचस्प तथ्य यह भी है कि कुछ वर्ष पूर्व दूरदर्शन ने टी.वी. पर दुबारा नाटक दिखाने की योजना बनाई थी और विडम्बना यह है कि तब भी लगभग सभी रंग-नाटकों का ही चुनाव हुआ। ब्रेख़्त के जन्म-शताब्दी वर्ष के उपलक्ष्य में भी उसके छः नाटकों को टी.वी. पर दिखाने के लिए दूरदर्शन ने ब. व. कारन्त, अमाल अल्लाना, एम.के. रैना जैसे राष्ट्रीय ख्यातिप्राप्त कुशल निर्देशकों को निमन्त्रित किया। ज़ाहिर है ये सब भी मूलतः रंग-नाटक ही थे। पश्चिम में भी इस नाट्य-रूप का मौलिक विकास पाँचवें दशक के दौरान ही हो पाया और हमारे यहाँ तो इससे पहले कि एक अलग विधा के रूप में टी.वी.-नाटक लिखे और प्रस्तुत किए जाते—जैसा कि हम देख चुके हैं—उसने लघु-नाटकों की धारावाहिक शृंखला—सीरियल का रूप ले लिया। धारावाहिक का प्रत्येक प्रकरण अपने आपमें नाटक ही होता है, जिसकी अपनी ऐसी चरम-सीमा होती है, जो आगामी कड़ी के प्रति उत्सुकता और कुतूहल पैदा कर दर्शक को अतृप्त छोड़ देती है। अगला प्रकरण पिछली कड़ी के पात्रों और प्रसंगों को लेकर ही आगे बढ़ता है और दर्शक को एक अनिश्चित या अनन्तिम अन्त पर ले जाकर अगले प्रकरण

की प्रतीक्षा में जिज्ञासारत छोड़ देता है।

वैसे तो टी.वी.-नाटक या सीरियल का कोई भी विषय हो सकता है, परन्तु भारतीय परिवेश में उसकी एक बड़ी सीमा यह है कि ज्यादातर घरों में एक ही टी.वी. सेट होता है और परिवार के दो-तीन पीढ़ियों के छोटे-बड़े सभी सदस्य मिलकर उसे देखते हैं। जबकि फ़िल्में अपनी-अपनी रुचि एवं सुविधा के अनुसार अपनी निजता की रक्षा करते हुए प्रत्येक व्यक्ति अपने परिवार से अलग और अकेला भी देख सकता है। परन्तु टी.वी एक ऐसा सार्वजनिक माध्यम है, जिसे एक वक्त में सबके सामने और सबके साथ ही देखना पड़ता है। इसलिए इसका विषय ऐसा होना चाहिए जिसे परिवार के सभी सदस्य मिलकर निःसंकोच देख सकें। अब अपनी अलग-अलग विशेषताओं एवं कार्यक्रमों वाले अलग-अलग चैनलों की सुविधा ने विषय की इस सीमा को कुछ हद तक कम कर दिया है। अनेक घरों में एकाधिक टी.वी. सेट भी आ गए हैं। इसलिए वयस्क कार्यक्रम भी प्रदर्शित होने लगे हैं।

टी.वी.-नाटक चाहे मंच-प्रर्दशन की प्रस्तुति करे चाहे अपने स्टूडियो में अभिमंचित करे—अब वह हर हाल में रिकॉर्डेड ही होता है। आज माध्यम और रचना-प्रक्रिया की दृष्टि से टेलीविजन सिनेमा का लघु रूप-सा बन गया है। परन्तु आरम्भ में ऐसा नहीं था। फ़िल्म की शूटिंग जहाँ क्रमहीन टुकड़ों के रूप में, अभिनेताओं की डेट एवं टेक और री-टेक की सुविधा के साथ, अलग-अलग समय और स्थान पर प्रायः एक लम्बे अरसे में की जाती है एवं एडिटिंग-टेबल पर फ़िल्म, साउंड ट्रैक और डबिंग के साथ क्रमबद्ध होकर अपना अन्तिम रूप प्राप्त करती है। वहीं टी.वी.-नाटक को मंच पर या स्टूडियो में एक ही बार में लगातार तीन कैमरों की मदद से रिकॉर्ड किया जाता था। फ़िल्म की तरह काट-छाँट या सम्पादन की यहाँ कोई सुविधा नहीं होती थी। आउटडोर दृश्यों को, यदि वह अत्यधिक आवश्यक हों तो, पहले से शूट कर लिया जाता था और प्रसारण-प्रदर्शन के समय उन्हें भी, बिना किसी विराम या अन्तराल के, यथासमय मूल नाटक के साथ ही प्रदर्शित (ट्रांसमिट) कर दिया जाता था। 1958 में वीडियो-टेप के आगमन ने टी.वी. नाटक की इस रचना-प्रक्रिया को बदलकर सिनेमा के काफी निकट ला दिया। 1980 से हलके वज़न के कैमरों की बाज़ार में सहज उपलब्धि से नाटक की मंच या स्टूडियो-सीमाबद्धता भी टूट गई। अब टी.वी.-नाटक भी फ़िल्मों ही की तरह बहुविध तकनीक सुविधाओं से सम्पन्न हो गया और इसमें बहुविध इलेक्ट्रॉनिक विशेष-प्रभाव दिखाना भी सम्भव हो गया। टेली-नाटकों ही की तरह टेली-फ़िल्मों के भी प्रचलन ने अब दूरदर्शन और सिनेमा को और भी निकट ला दिया है। सत्यजित राय ने प्रेमचन्द की कहानी पर आधारित अपनी फ़िल्म **सद्गति,** श्याम बेनेगल ने पं. जवाहरलाल नेहरू की रचना **भारत एक खोज** और गोविन्द निहलानी ने भीष्म

साहनी के उपन्यास **तमस** को टेलीविजन के लिए ही बनाया था।

फ़िल्म और टेलीविजन के बड़े-छोटे पर्दों का आकार इन दोनों माध्यमों के कथ्य और शिल्प को भी प्रभावित करता है। सिनेमा-नाटक का कैमरा परिवेश की विराटता, कथानक की घटना-बहुलता और बहुसंख्य चरित्रों की विविधता को लांग-शॉट, मिड शॉट और क्लोज़अप के जरिए बड़ी व्यापकता, सूक्ष्मता एवं अन्तरंगता से प्रस्तुत करता है। इसके विपरीत, टेलीविजन-नाटक का कैमरा प्रायः लांग-शॉट नहीं लेता और चरित्रों तथा सारे घटनाक्रम को एक दूरी के साथ प्रस्तुत करता है। उसी दूरी के साथ जो किसी जीवन्त प्रस्तुति में मंच पर खड़े अभिनेता और दर्शक के बीच होती है। फ़िल्म हम ठीक रंगकर्म की तरह, टिकट खरीदकर, तैयार होकर, सिनेमा हॉल तक जाकर, अँधेरे प्रेक्षागृह में अन्य दर्शकों के साथ पूरी खामोशी और एकाग्रता से देखते हैं। जबकि टी.वी.-नाटक या धारावाहिक, ठीक रेडियो-नाटक की तरह अनौपचारिक रूप से घर के सदस्यों और रोशनी के बीच आते-जाते, खाते-पीते या गपशप करते हुए देखे जाते हैं। जब जी चाहे उसे बदल या बन्द कर सकते हैं। सिनेमा-टी.वी. के दर्शक के इस परिवेश और उसकी मानसिकता का यह अन्तर इनके नाटकों के प्रेक्षक के मन पर पड़नेवाले समग्र प्रभाव को भी बड़ी दूर तक प्रभावित या निर्धारित करता है। सम्प्रेषण की दृष्टि से रंग-नाटक (प्रदर्शन) और फ़िल्म-नाटक का प्रभाव जहाँ एकाग्र, सघन एवं तीव्र होता है, वहीं रेडियो और टी.वी.-नाटक का प्रभाव खंडित, उथला और क्षीण होता है।

हमने देखा है कि संस्कृत काल में रूपक के दस भेद होते थे, नाटक उनमें से एक था। आधुनिक काल तक आते-आते वे सब रूप मोटे तौर पर 'नाटक' शब्द में ही समाहित हो गए। जब इलेक्ट्रॉनिक मीडिया का विकास हुआ तो इस मूल (रंग) नाटक का स्वरूप भी नए माध्यम की शक्ति और सीमा के अनुसार बदला। तब भी नाटक शब्द के साथ माध्यम के नाम को विशेषण की तरह जोड़कर इसे फ़िल्म-नाटक, रेडियो-नाटक और टी.वी.-नाटक कहा जाने लगा। इन सभी नाट्य-रूपों की अपनी अलग-अलग विशेषताएँ हैं, किन्तु सबमें रूपकत्व और नाटकीयता का गुण समान रूप से अनिवार्यतः पाया जाता है। कलात्मकता, रचनात्मकता, गम्भीरता और श्रोता-प्रेक्षक पर पड़नेवाले प्रभाव इत्यादि की दृष्टि से रंग-नाटक ही सर्वाधिक जीवन्त एवं सशक्त अभिव्यक्ति माध्यम है। रेडियो और ध्वनि-नाटकों ने हिन्दी रंगमंच के अभाव के दौर में भी नाटक को ज़िन्दा रखने, शब्द-भाषा-ध्वनि की अधिकतम सम्भावनाओं की खोज करने और वाचिक-अभिनय को सर्वोच्च शिखर पर पहुँचाने की दृष्टि से हमारी नाट्य-परम्परा को महत्त्वपूर्ण योगदान दिया है। हमारे समकालीन रंगकर्म की उपलब्धि माने जानेवाले **कोणार्क**, **अन्धायुग** और **आषाढ़ का एक दिन** जैसे अनेक श्रेष्ठ नाटक पहले-पहल रेडियो से ही प्रस्तुत हुए थे। परन्तु टेलीविजन के आगमन ने रेडियो के अच्छे लेखक, कलाकार

और श्रोता अपनी ओर खींचकर रेडियो के अन्धे-रंगमंच को हाशिए पर डाल दिया और टेजीविजन का बहरा-रंगमंच नाटक या सीरियल के बीच आनेवाले सम्मोहक विज्ञापनों के अवरोध के कारण ही नहीं, घर के हलचल भरे माहौल और रिमोट से पल भर में उसे बन्द करने या चैनल बदलने की सुविधा के कारण भी रस या प्रभाव को खंडित करता रहता है। वह दर्शक को एकाग्र नाट्यानुभव का पूरा सन्तोष नहीं दे पाता। अपने छोटे पर्दे के कारण भी टेलीविजन नाटक के पात्रों एवं कार्य-व्यापार को ज़्यादातर टुकड़ों में ही दिखा पाता है। सिनेमा का बड़ा पर्दा, व्यापक आयाम, यथार्थवादी-शिल्प और भारी बजट भी, मूलतः कल्पनाशीलता पर आधारित और कई प्रकार की सीमाओं में आबद्ध नाटक के अनुकूल नहीं बैठता और यदि फ़िल्म के पर्दे पर आ भी जाता है तो वह नाटक नहीं रह पाता।

रेडियो चरित्रों को केवल आवाज़ों में बदल देता है, टेलीविजन उन्हें अत्यधिक छोटा और सिनेमा बेहद बड़ा बना देता है। इन आवाज़ों और छोटी-बड़ी अस्वाभाविक तस्वीरों के मुकाबले सिर्फ रंगमंच ही एक ऐसा माध्यम है, जो चरित्रों और चीजों को उनके वास्तविक आकार-प्रकार में जीवन्त रूप से पेश करता है। पर्दा उठने से पहले प्रेक्षागृह का अँधेरा दर्शक की नाट्य-प्रदर्शन के उपयुक्त मानसिकता तो बनाता ही है, समूह के बावजूद उसे अकेला भी बना देता है। जीवन्त अभिनेता के अभिनय की ऊर्जा एवं ऊष्मा दर्शकों को प्रभावित करती हैं और दर्शकों की चुम्बकीय तरंगें और प्रतिक्रियाएँ मंच पर उपस्थित कलाकारों को। इससे दर्शक और अभिनेता के बीच एक रहस्यमय-सा रिश्ता बन जाता है। रेडियो, टी.वी. और सिनेमा पूरी तरह यान्त्रिक माध्यम हैं, वे जीवित श्रोता-दर्शक से वैसा संवेदनशील एवं मानवीय सम्बन्ध नहीं बना पाते जैसा कि रंग-नाटक के अभिनेता और सामाजिक के बीच अनायास ही बन जाता है। यान्त्रिक माध्यमों का नाटक एक निश्चित प्रदर्शन में आबद्ध होकर एक प्रकार की अभिशप्त-अमरता पा लेता है, जबकि रंग-नाटक प्रदर्शन के साथ ही मरते रहने के बावजूद अनन्त पाठों एवं व्याख्याओं की सम्भावना के साथ युग-युगान्तर तक न केवल जीवित बना रहता है अपितु एक ही प्रस्तुति के प्रत्येक प्रदर्शन में नित-नूतन बनता रहकर सदैव जीवित-सौन्दर्य से अभिमंडित होता है। यह चिर-नूतनता और ताज़गी रंगकर्मी को भी मिलती है और प्रेक्षक को भी। यही वह जादू है जो दोनों पक्षों को एक सूत्र में बाँधता है, उनमें संवाद स्थापित करता है। यान्त्रिक-मीडिया के नाटक मनुष्य को व्यक्ति बनाते हैं जबकि रंगमंच उसे सामाजिक बना देता है। रंग-नाटक की यही वह प्राणशक्ति है जो उसे शक्तिशाली, ग्लैमरस, धन-यशदाता और व्यापक पहुँचवाले इलेक्ट्रॉनिक मीडिया की मारक चुनौती का मुकाबला करके सदैव जीवित रहने का वरदान देती है। शायद इसीलिए अनेक श्रेष्ठ अभिनेता इलेक्ट्रॉनिक माध्यमों के मुकाबले रंगमंच को मर्दाना-माध्यम कहते हैं।

भारतीय नाटकों में आधुनिकता

हिन्दी में *आधुनिक* और *आधुनिकता* शब्द का प्रयोग कई अर्थों में किया गया है। कहीं 'आधुनिकता' का अर्थ समय-सापेक्ष माना गया है तो कहीं उसका सम्बन्ध वर्तमान या समसामयिकता से जोड़ा गया है। किसी ने उसे *अतीत से अलग* या *नए* के रूप में स्वीकार कर प्रत्येक युग के अपने-अपने आधुनिक चरणों की चर्चा की है, तो किसी ने उसे विचारमूलक या दृष्टिकोणपरक मानकर प्रक्रिया के रूप में ग्रहण किया है। कोई उसे ऐतिहासिक चेतना से जोड़ता है तो कोई उसका अस्तित्व इतिहास के नकार में स्वीकार करता है। एक उसे परम्परा का विस्तार मानता है तो दूसरा परम्परा का सम्पूर्ण अस्वीकार। इससे हम इतना ही निष्कर्ष निकाल सकते हैं कि आधुनिकता कोई बनी-बनाई परिपाटी नहीं है; उसकी प्रकृति सूक्ष्म और संश्लिष्ट है तथा उसकी कोई स्थूल, पूर्व-निर्धारित और अपरिवर्तनीय परिभाषा नहीं है। *आधुनिकता* एक मिश्र धारणा है जिसका निर्माण अनेक तत्त्वों के सम्मिलन से हुआ है। मोटे तौर पर वैज्ञानिक प्रगति और उससे जुड़ी हुई तमाम बातों को हम *आधुनिकता* के अभिलक्षण मान सकते हैं, जैसे—औद्योगिकीकरण, साक्षरता, स्वतन्त्रता, नगरीकरण, जटिल अर्थव्यवस्था, स्त्री-पुरुष के समान अधिकार, जात-पाँत, ऊँच-नीच, छुआछूत का बहिष्कार इत्यादि। मैंने ऊपर कहा है कि ये सब और ऐसी ही तमाम और बातें आधुनिकता के 'अभिलक्षण' हैं। तब प्रश्न यह है कि स्वयं *आधुनिकता* क्या है? वास्तव में उपरोक्त सभी बातों का जो प्रभाव मनुष्य और उसके जीवन पर पड़ा है, पड़ रहा है और जीवन का जो एक नया स्वरूप उभरा है, वही आधुनिकता है। मनुष्य का स्वभाव, व्यवहार और चिन्तन इससे कहीं गहरे में प्रभावित हुए हैं और इसने मानव सम्बन्धों और मूल्यों के परिवर्तित स्वरूप-निर्धारण में महत्त्वपूर्ण भूमिका निभाई है। निस्सन्देह आधुनिकता का उद्भव विज्ञान का परिणाम है परन्तु कार्य-कारण दृष्टि से स्वयं विज्ञान, उद्योग और तकनीक वैज्ञानिक दृष्टि का परिणाम हैं। वैज्ञानिक दृष्टि का अर्थ है : निर्मम-निष्ठुर होकर सत्य की तलाश करने की ललक। सत्य के अनुसन्धान के लिए वैज्ञानिक दृष्टि सन्देहवादी और नास्तिक होने से भी नहीं हिचकिचाती। यहीं आकर आधुनिकता बुद्धिवाद से जुड़ जाती है और

मनोविश्लेषण, अस्तित्ववाद, विकासवाद, द्वन्द्वात्मक भौतिकवाद, अलगाववाद, एब्सर्ड आदि सब इसमें अन्तर्भुक्त हो जाते हैं। सम्भवतः इसीलिए अवचेतन, ग्रन्थियाँ, कुंठाएँ, अकेलापन, अजनबीपन, ऊब, विसंगति, सम्बन्धों की जटिलता, उदासी और सम्प्रेषणहीनता आदि को आधुनिकता के लक्षणों के रूप में माना जाता रहा है।

आधुनिकता का एक अन्य मूलभूत तत्त्व है अपने देश-काल के साथ जीवन्त एवं सचेतन सम्बन्ध; जीवित क्षण की गहरी तीव्रानुभूति, अपनी वर्तमान परिस्थितियों का पूर्ण स्वीकार और बिना किसी पूर्वाग्रह के अपने समय के मुहावरे में सामयिक औचित्य के साथ उसकी सहज कलात्मक अभिव्यक्ति और विवेचना।

इसलिए साहित्य के सन्दर्भ में आधुनिकता का सम्बन्ध विषय से न होकर उस दृष्टि से होता है जो उसे निरूपित करती है। जिस प्रकार प्रसिद्ध चित्रकार हुसैन के रामायण पर आधारित राम, सीता, हनुमान आदि पौराणिक पात्रों के चित्र अनाधुनिक या प्राचीन ऐतिहासिक चित्र नहीं कहलाते, ठीक उसी प्रकार इतिहास-पुराण की कथावस्तु या पुरातन पात्रों को लेकर आधुनिक दृष्टि से लिखा गया नाटक भी ऐतिहासिक-पौराणिक न होकर आधुनिक ही होता है।

इस दृष्टि से महाभारत के अट्ठारहवें दिन की सन्ध्या से लेकर प्रभास-तीर्थ में कृष्ण की मृत्यु के क्षण तक की पौराणिक कथा पर आधारित धर्मवीर भारती का काव्य-नाटक **अन्धायुग** स्वातन्त्र्योतर हिन्दी/भारतीय आधुनिक रंगकर्म का पहला महत्त्वपूर्ण साक्ष्य माना जा सकता है। द्वितीय विश्वयुद्ध और भारत-विभाजन से उत्पन्न मूल्यहन्ता और अभूतपूर्व संकटपूर्ण परिस्थितियों ने संवेदनशील रचनाकार मन को जिस तरह झकझोरा और विचलित किया उसकी सार्थक, सृजनात्मक और उत्तेजक अभिव्यक्ति इस नाटक में हुई। नाट्य-लेखन के स्तर पर निश्चय ही यह एक आधुनिक और नया रंग-प्रयोग था। सदियों से पाप और पुण्य के प्रतीक बन चुके कौरवों और पांडवों को धर्मवीर भारती ने पहली बार पूर्वाग्रहरहित वैज्ञानिक/वस्तुपरक दृष्टि से *मनुष्य* के रूप में एक ही तराजू पर रखकर तौलने का साहस किया था। उन्होंने नाटक के पहले अंक की पहली पंक्तियों में ही निष्पक्ष और स्पष्ट रूप से घोषणा कर दी कि–

> **टुकड़े-टुकड़े हो बिखर चुकी मर्यादा**
> **उसको दोनों ही पक्षों ने तोड़ा है**
> **पांडव ने कुछ कम कौरव ने कुछ ज़्यादा।**

यही नहीं, विष्णुपुराण के आधार पर नाटककार ने महाभारत के बाद आनेवाले समय और समाज का जो काल्पनिक चित्र प्रस्तुत किया है, कौन कह सकता है कि वह आधुनिक समय की कुरूप किन्तु वास्तविक तस्वीर नहीं है। भारती ने सितम्बर 1954

में ही कह दिया था कि–

सत्ता होगी उनकी
जिनकी पूँजी होगी।
जिनके नकली चेहरे होंगे
केवल उन्हें महत्त्व मिलेगा।
राजशक्तियाँ लोलुप होंगी,
जनता उनसे पीड़ित होकर
गहन गुफ़ाओं में छिप-छिपकर दिन काटेगी।
(गहन गुफ़ाएँ वे सचमुच की या अपने कुंठित अन्तर की)

मूल्यान्धता, मर्यादाहीनता, सत्तालोलुपता, चरित्रहीनता, बर्बरता, संशयग्रस्तता, घृणा, आत्मविकृति, आतंक, धुरीहीनता और सन्त्रास के घने अन्धकार के बीच मानव-भविष्य की रोशनी की तलाश इस रचना को आज की आधुनिकता से भी एक क़दम आगे ले जाती है। पात्रों का सूक्ष्म मनोवैज्ञानिक विश्लेषण, उनके व्यवहार के मूल कारणों की निष्पक्ष जाँच-पड़ताल, कुंठाओं और ग्रन्थियों की गहरी पहचान, ढहते व्यक्तियों, उलझते सम्बन्धों और टूटते विश्वासों के विश्वसनीय एवं प्रामाणिक चित्रण का मूलाधार भारती का आधुनिक दृष्टिकोण ही है। भारती ने महाभारत के सत्-असत् वर्गों में बँटे प्रतीकों को मानवीय धरातल पर उतारकर देखा-दिखाया है और उन एकायामी वर्ग-पात्रों को जटिल, संश्लिष्ट और त्रिआयामी व्यक्ति-पात्रों के रूप में कुशलतापूर्वक प्रस्तुत किया है। आधुनिक विद्वानों ने मानसिक प्रक्रिया के विश्लेषण को आधुनिक-नाटक की मूल शर्त माना है। इसलिए घटनाओं एवं चरित्रों के तटस्थ प्रस्तुतीकरण की इस दृष्टि से **अन्धायुग** आधुनिक हिन्दी नाटक की एक महत्त्वपूर्ण कृति है।

मिथक काल की आस्था और आधुनिक युग की शंका के बीच सेतु बनाते हुए **अन्धायुग** के पात्र हमें आस्था और शंका के उस असहनीय तनाव के चरम बिन्दु पर ले जाते हैं जहाँ अतीत, वर्तमान और भविष्य एक साथ मिलकर एक दर्पण की तरह हमें हमारा चेहरा दिखा देते हैं। यह साक्षात्कार और अनुभव ही **अन्धायुग** की विशिष्ट उपलब्धि है।

परन्तु छठे दशक के लगभग अन्त तक समकालीन हिन्दी रंगमंच उस स्तर को प्राप्त नहीं कर सका था, जहाँ पहुँचे बिना **अन्धायुग** जैसे विराट फलक के बहुआयामी आधुनिक नाटक के प्रभावशाली अभिमंचन की कल्पना भी नहीं की जा सकती। इसे इब्राहिम अलकाज़ी जैसे प्रतिभावान एवं कल्पनाशील रंग-शिल्पी की प्रतीक्षा थी। भारतीय रंगकर्म ने वह स्तर और व्यापक नवोन्मेष राष्ट्रीय नाट्य विद्यालय की स्थापना के बाद इब्राहिम अलकाज़ी के निदेशक बनने के बाद ही प्राप्त किया–

जब **आषाढ़ का एक दिन, अन्धायुग** और **तुग़लक,** जैसे गम्भीर, काव्यात्मक और बड़े नाटक मंच-सम्भव हुए। तभी **अन्धायुग** एक नाट्यालेख से आधुनिक हिन्दी/भारतीय रंगकर्म की महत्त्वपूर्ण उपलब्धि के रूप में स्थापित हुआ।

सातवें दशक का आरम्भ ही वह समय था जब छठे दशक के भारतीय पारिवारिक-सामाजिक मूल्यों एवं सम्बन्धों में हुए/हो रहे परिवर्तनों को विभिन्न भारतीय भाषाओं में एक साथ नाट्याभिव्यक्ति और राष्ट्रीय स्तर पर स्वीकृति मिली। हिन्दी में मोहन राकेश, बांग्ला में बादल सरकार, मराठी में विजय तेन्दुलकर, कन्नड़ में गिरीश कर्नाड और गुजराती में मधु राय जैसे आधुनिक नाटककारों का रंगमंच पर एक विस्फोट की तरह व्यापक हलचल भरा शुभागमन हुआ। हिन्दी नाट्यानुवादों एवं सफल अभिमंचनों के माध्यम से सभी प्रादेशिक भाषाओं का पारस्परिक साक्षात्कार हुआ और आदान-प्रदान की वह महत्त्वपूर्ण सांस्कृतिक प्रक्रिया आरम्भ हुई जिसने एक वैविध्यपूर्ण आधुनिक भारतीय रंग-परिदृश्य को रूपाकार प्रदान किया। गम्भीर, अर्थपूर्ण और प्रयोगधर्मी नए रंगकर्म की शुरुआत हुई। महानगरों से होती हुई यह आधुनिक रंग-चेतना क्रमशः बड़े शहरों और कस्बों तक फैलती गई।

डार्विन, फ्रायड, मार्क्स, गैलीलियो, नीत्शे, आइंस्टाइन, सार्त्र, कामू, बैकेट इत्यादि के अनुसन्धानों एवं सिद्धान्तों ने विश्व-चेतना को बदल दिया। मध्यकालीन मूल्यों-मान्यताओं से एक ही छलाँग लगाकर सहसा आधुनिकता की दहलीज़ पर पहुँच गई विश्व-चेतना से कई चीज़ें बनी-सँवरीं और टूट-बिखर भी गईं। कई आदर्श, सिद्धान्त और मानदंड खोखले और अर्थहीन सिद्ध होते गए। दुनिया बदल गई। लेकिन भारतीय व्यक्ति की मानसिकता तथा समाज-संरचना की प्रकृति बिलकुल वैसी नहीं थी जैसी मध्यकालीन यूरोप की थी। हमारी संस्कृति की जड़ें बहुत गहरी थीं और लम्बी गुलामी की कुंठाएँ भी अपनी जगह थीं। एक ओर नई भौतिक उन्नति और तकनीकी चकाचौंध का आकर्षण और दूसरी ओर गौरवपूर्ण प्राचीन इतिहास-संस्कृति का मोह। आकर्षण-विकर्षण की संशयग्रस्त मानसिकता में झिझकते हुए हम आधुनिकता की ओर बढ़े। हम मन और जीवन में उतनी जल्दी आधुनिक नहीं हो पाए जितने बुद्धि, साहित्य और कलाओं में हो गए। आज भी अपने सोच-विचार में हम जितने प्रगतिशील और आधुनिक प्रतीत होते हैं—व्यवहार और आचरण में नहीं हैं। हमारा समाज दो सीमान्तों पर एक साथ मौजूद है। एक ओर अत्याधुनिकता और दूसरी ओर एकदम रूढ़िग्रस्तता तथा आदिम अन्धविश्वास। इन दोनों सीमान्तों के बीच भारतीय समाज में इतने स्तर-भेद हैं कि कोई भी सामान्यीकरण करना और उससे कोई अन्तिम निष्कर्ष निकालना न सम्भव है, न उचित। फिर भी, एक सीमित प्रयास तो किया ही

जा सकता है।

नाटक की सैद्धान्तिक परिभाषा में न उलझें तो हम मोटे तौर से यह कह सकते हैं कि संकट के क्षणों में उद्‌घाटित होते मानवीय सम्बन्धों की अभिनय द्वारा जीवन्त हो सकनेवाली कलात्मक अभिव्यक्ति ही नाटक है। समय के साथ-साथ मानवीय मूल्यों और सम्बन्धों में भारी परिवर्तन हुआ और इन परिवर्तनों ने नाटक के कथानक, चरित्र और रंग-शिल्प को भी आमूल-चूल बदल दिया।

मानवीय सम्बन्ध मूलतः दो प्रकार के होते हैं—क्षैतिज तथा ऊर्ध्वाधर। सामन्तवादी एवं नौकरशाही व्यवस्था ऊर्ध्वाधर सम्बन्धों को जन्म देती है, और समाजवादी अथवा प्रजातान्त्रिक शासन व्यवस्था क्षैतिज सम्बन्धों को। व्याहारिक स्तर पर वास्तविकता चाहे जो भी हो, सैद्धान्तिक स्तर पर तो पूँजीवादी खुली अर्थव्यवस्था भी व्यक्ति स्वातन्त्र्य और क्षैतिज सम्बन्धों की ही पैरवी करती है। राजनीति, समाज और साहित्य का इतिहास वास्तव में ऊर्ध्वाधर सम्बन्धों के क्षैतिज सम्बन्धों में विकसित होने का इतिहास है और सत्तात्मक राज्यों, रियासतों, जमींदारियों एवं परिवारों का विघटन इसी प्रक्रिया का प्रमाण है।

व्यक्तिगत और पारिवारिक सम्बन्धों की दृष्टि से आधुनिकता का प्रत्यक्ष एवं गहरा प्रभाव मध्यवर्गीय परिवार और समाज के बदले अथवा निरन्तर बदल रहे मूल्यों पर पड़ा। संयुक्त परिवार के विघटन, सामन्तवादी व्यवस्था की टूटन, शिक्षा का प्रसार, नारी-स्वातन्त्र्य, व्यक्तिवाद और परिवर्तित हो रही अन्य परिस्थितियों ने भारतीय समाज एवं परिवार की मर्यादा और व्यवस्था को बदल दिया। साहित्य में सर्वगुणसम्पन्न, ईश्वरीय अंशयुक्त महान और उदात्त नायक का स्थान गुण-दोषयुक्त सामान्य चरित्रों ने ले लिया। सामान्य की असामान्यता और असामान्य की सामान्यता को प्रस्तुत किया जाने लगा। स्थापित और पूर्वपरिभाषित नैतिकता एवं रिश्तों को व्यक्तिगत—मनोविज्ञान की कसौटी के आधार पर विश्लेषित करने की प्रवृत्ति बल पकड़ने लगी। साठ-सत्तर के दशक में इस बदलाव को हिन्दी में मोहन राकेश के **आषाढ़ का एक दिन, आधे अधूरे,** बांग्ला में बादल सरकार के **एवम् इन्द्रजित, सारी रात,** मराठी में विजय तेन्दुकर के **ख़ामोश! अदालत ज़ारी है, गिद्ध,** कन्नड़ में गिरीश कारनाड के **ययाति, हयवदन** और गुजराती में मधु राय के **कुमार की छत पर, किसी एक फूल का नाम लो** जैसे नाटकों के माध्यम से लगभग एक साथ रेखांकित किया गया। इन आधुनिक नाटकों ने पारिवारिक सम्बन्धों के रूप-रंग ही नहीं, आधार भी बदल दिए। पति-पत्नी केवल पुरुष-स्त्री रह गए और पुरुष-स्त्री नर-मादा के मूल धरातल पर उतर आए। आठवें-नौवें दशक में प्रेम का स्थान प्रायः सेक्स ने ले लिया। घर-परिवार की सुदृढ़ बुनियाद ही हिल गई और इस संस्था से हटकर स्त्री-पुरुष के साथ-साथ रहने के विकल्प ढूँढ़े जाने लगे।

मोहन राकेश के नाटकों का मूल सरोकार बदलते परिवेश में 'घर' की तलाश ही था। अपने जीवन और नाटकों में वह ताउम्र पति-पत्नी सम्बन्धों के स्वस्थ एवं स्थायी समीकरण ढूँढ़ने की असफल कोशिश करते रहे।

स्त्री-पुरुष सम्बन्धों के बहुरंगी-बहुआयामी नाटक आधुनिक हिन्दी/भारतीय रंगकर्म की मुख्य धारा बन गए।

भारतीय परिवार और समाज में आधुनिकता का सबसे स्पष्ट और व्यापक प्रभाव स्त्री-पुरुष के परिभाषाविहीन देह-सम्बन्धों पर पड़ा है। इस क्षेत्र में पति-पत्नी के दाम्पत्य-सम्बन्धों के अतिरिक्त विवाह-पूर्व सम्बन्ध, विवाहेतर सम्बन्ध, सहजीवन, समलैंगिकता, तलाक और एकाकी जीवन स्त्री और पुरुष दोनों वर्गों में बड़ी तेज़ी से बढ़े हैं—बढ़ रहे हैं। व्यक्तिगत, पारिवारिक और सामाजिक जीवन तथा रिश्ते दिनोदिन कठिन और जटिल होते जा रहे हैं। टेक्नॉलोजी के विकास ने फन्तासियों को यथार्थ बना दिया है। सपने और सच का भेद लगभग मिटता जा रहा है। पारम्परिक नैतिकता और देह की पवित्रता बाबा आदम के ज़माने की बातें हो चली हैं। परिवार और समाज में पुरुष का वर्चस्व तो अनादिकाल से आज तक हमेशा बना ही रहा है। आधुनिक युग की अभूतपूर्व और सर्वाधिक महत्त्वपूर्ण विशेषता यह है कि स्वत्व, अधिकार, स्वतन्त्रता और व्यक्तिगत स्पेस के लिए सतत जागरूक, आत्मनिर्भर और संघर्षरत स्त्री भी खुलेआम इस मैदान में कूद पड़ी है। सेक्स के मामले में उसे कमज़ोर बनानेवाले ख़ासतौर से सदियों पुराने मर्यादा, वर्जना और निषेध के बन्धन उसने तोड़ दिए हैं। हमारे आज के समाज में स्त्री के सोच-विचार एवं व्यवहार में क्रमशः आ रहे इस बदलाव की स्पष्ट झलक भारत के सुप्रसिद्ध यौन शास्त्री और दाम्पत्य सम्बन्धों के विशेषज्ञ डॉ. डी. नारायण रेड्डी के इस आत्मानुभव में मिलती है—

"In 1982 My women clients would say a strict no to anything outside marriage. In 1992, the attitude was 'What's wrong if I did it?' By 2002, they were daring to explore."

इस सन्दर्भ में यह उल्लेखनीय सत्य है कि समाज में आनेवाले बदलावों की प्रवृत्ति बनने में जितना समय लगता है, साहित्य और कलाओं में उसके संकेत/प्रमाण कुछ पहले ही मिलने लगते हैं। रचनाकार का संवेदनशील मन सतह के नीचे चल रही यथार्थ की अव्यक्त हलचलों को ऊपर तक आने से पहले ही महसूस कर लेता है और अपनी रचनाओं में उन्हें व्यक्त कर देता है। सातवें-आठवें दशक के भारतीय नाटक इस सत्य को प्रमाणित करते हैं।

मोहन राकेश अपने नाटक **आधे-अधूरे** की सावित्री को एक जुझारू और आधुनिक कामकाजी स्त्री की नई भंगिमा प्रदान करते हैं। वह निठल्ले पति और बिगड़े

परिवार को सँभालती ही नहीं, अकेले दम चलाने का हौसला भी रखती है। वह चरित्रवान पत्नी की पारम्परिक छवि को तोड़कर घर के बाहर कई प्रेम-सम्बन्ध भी बनाती है, पति से बराबर की टक्कर भी लेती है और उसे छोड़कर अपनी नई दुनिया बनाने का सक्रिय प्रयास भी करती है। वह पति-पत्नी सम्बन्धों और परम्परागत पारिवारिक मूल्यों-मर्यादाओं की धज्जियाँ उड़ा देती है। परन्तु भारतीय समाज और परिवार में सावित्री जैसी तथाकथित दबंग और स्वतन्त्र स्त्री का एक दूसरा पहलू यह भी है कि वह गाहे-ब-गाहे न केवल पुरुष की हिंसा की शिकार भी बनती है, बल्कि सब कुछ के बावजूद, पति और परिवार के साथ ही रहने को विवश भी है। मोहन राकेश के जीवन, परिवेश और सोच की यह एक बड़ी सीमा थी कि वह पति-पत्नी के एक-दूसरे से अलग और घर से बाहर स्वतन्त्र रहने की कल्पना ही नहीं कर सकते थे। यही नहीं, अपनी तमाम स्वतन्त्र, आत्मनिर्भर और आक्रामक भंगिमाओं के बावजूद विजय तेन्दुलकर के लगभग सभी नाटकों की स्त्रियाँ भी पुरुष की क्रूर यौन-भावना और हिंसा को सहते रहने के लिए विवश, बाध्य या कि अभिशप्त दिखाई देती हैं।

आधे-अधूरे के बाद स्त्री-पुरुष के सम्बन्धों में आनेवाला खुलापन और बदलाव सुरेन्द्र वर्मा और रमेश बक्षी के नाटकों में साफ़ तौर पर दीख पड़ा। अब प्रेम का स्थान स्पष्टतः सेक्स ने ले लिया। इसका आक्रामक और चौंकानेवाला रूप यूँ तो सुरेन्द्र वर्मा के **द्रौपदी** में भी था किन्तु स्त्री को अपना निजी स्वातन्त्र्य और स्वायत्त व्यक्तित्व पहली बार सुरेन्द्र वर्मा के **सूर्य की अन्तिम किरण से सूर्य की पहली किरण तक** में शीलवती को ही प्राप्त हुआ। यहाँ भारतीय नारी के दोनों रूप एक साथ मौजूद हैं। एकनिष्ठ पतिव्रता पत्नी की तरह शीलवती अपने पति ओक्काक को उसकी नपुंसकता और अपनी अतृप्ति के बावजूद अनन्य भाव से चाहती है। परन्तु राज्य का उत्तराधिकारी पाने के लिए जब नियोग के द्वारा परपुरुष का वरण करने के लिए बाध्य होती है—तो नियम, नैतिकता और मर्यादा जैसे खोखले बन्धनों की गाँठ खोलकर वह पूरी तरह उन्मुक्त हो जाती है। आधुनिकता का सबसे बड़ा अभिशाप है—द्विधाविदीर्ण मानसिकता। इस विभाजित मानसिकता के कारण ही आज का व्यक्ति नितान्त व्यथित, असन्तुष्ट और अकेला है। व्यक्तिगत सुख की तलाश एक मृगतृष्णा है, जिसके पीछे वह अन्धा होकर भागा जा रहा है। इस अन्धी दौड़ के अन्त में अतृप्ति और व्यर्थता-बोध के अतिरिक्त कुछ भी हाथ नहीं लगता।

आज के खुले परिवेश एवं समाज में विवाह-संस्था को अप्रासंगिक और अपर्याप्त मानकर रमेश बक्षी ने अपने नाटक **देवयानी का कहना है** में विकल्प की तलाश में इस रिश्ते को परखनली में डालकर निर्ममता से जाँचने-परखने की कोशिश की। शीलवती की तरह देवयानी भी सार्वजनिक रूप से निस्संकोच घोषणा करती है कि,

"वन एपल इज नॉट इनफ फ़ॉर होल ऑफ़ द लाइफ, टेस्ट मोर।" वह साधन से सिर्फ इसलिए विवाह कर लेना चाहती है क्योंकि, "अविवाहित बिस्तरबाज़ी में ख़र्च अधिक है, डर ज़्यादा है।" इसलिए अविवाहित (?) देवयानी और साधन एक दिन एक साथ एक कमरे में रहने का निर्णय ले लेते हैं और अपने परिचितों-सम्बन्धियों से कहते हैं कि उन्होंने विवाह कर लिया है। पहले दिन वह लड़ते-झगड़ते हुए पति-पत्नी के परम्परागत स्वरूप से हटकर नर-नारी के परस्पर साथ रह सकने की किसी नई शर्त या किसी नए नामवाले नूतन सम्बन्ध की खोज का असफल प्रयास करते हैं। दूसरे दिन देवयानी एक वेश्या की तरह व्यवहार करके सम्बन्धों को परिभाषित या निर्धारित करने की नाकाम कोशिश करती है। और तीसरे दिन उसकी तमाम युक्तियों और कोशिशों के बावजूद उनके विवाह के उपलक्ष्य में दिया जानेवाला 'रिसेप्शन' उनका 'फ़ेयरवेल' बन जाता है।

महाभारत की पौराणिक कथा पर आधारित भीष्म साहनी का नाटक **माधवी** स्त्री-पुरुष के विडम्बनापूर्ण सम्बन्धों का आधुनिक नाटक है। पुरुष द्वारा अपनी स्वार्थपूर्ति के लिए स्त्री को इस्तेमाल करने की यह रोमांचक कथा थोड़े-बहुत हेर-फेर के साथ आदिम युग से आज तक किसी-न-किसी रूप में बार-बार दोहराई जाती रही है। परन्तु महत्त्वपूर्ण बात यह है कि भीष्म साहनी की यह आधुनिक माधवी अपने प्रिय/गालव का घोर स्वार्थी एवं आत्मसीमित रूप देखकर उसके सामने गिड़गिड़ाने या उसकी इच्छानुसार अनुष्ठान से पुनः कौमार्य प्राप्त करने के बजाय स्वयं ही उसे वहीं छोड़ विशाल दुनिया में अपनी सही जगह और पहचान ढूँढ़ने निकल पड़ती है। ठीक इसी तरह विजय तेन्दुलकर की जो स्त्री (वेणारे) छठे दशक के **ख़ामोश! अदालत ज़ारी है** में अपना विरोध/स्पष्टीकरण स्वगत में मन ही मन सोचकर चुप रह गई थी, वही स्त्री (सरिता) नौवें दशक में **कन्यादान** में विश्वासपूर्वक घोषित करती है कि "एक वो दिन भी आएगा, जब मेरा गुलाम बने रहना रुक जाएगा। मैं तब इस्तेमाल करके फेंक देनेवाली चीज़ नहीं रहूँगी काका साहब! मैं अपनी इच्छा से जिऊँगी और कोई भी मुझ पर अपना अधिकार नहीं जतला पाएगा। वह दिन जरूर आएगा। उस दिन की खातिर मुझे जो भी कीमत चुकानी पड़ेगी, मैं चुकाऊँगी।" कम बेशक हों, लेकिन यह कहना भी सही नहीं होगा कि सावित्री, शीलवती, कनक, देवयानी, माधवी, वेणारे, सरिता, शुभा (हस्तिनापुर) जैसी स्वतन्त्र और निर्भीक स्त्रियाँ आज के भारतीय समाज की कोई अपवाद या असामान्य चरित्र हैं। प्रेम, परिवार, मूल्य और मर्यादा के स्थान पर अब सेक्स, वैयक्तिकता, महत्त्वाकांक्षा और कैरियर अधिक महत्त्वपूर्ण हो गया है। एक सर्वेक्षण के अनुसार अब पुरुषों के मुक़ाबले स्त्रियाँ परिवार की अपेक्षा अपने काम (जॉब) से अधिक सन्तुष्टि एवं सुख प्राप्त करती हैं।

वर्जित यौन-सम्बन्धों में भी निरन्तर वृद्धि होती जा रही है। भारतीय नाट्य में यद्यपि इस विषय पर कम ही लिखा गया है। फिर भी, आधुनिक जीवन की इस प्रवृत्ति की नाटककारों ने उपेक्षा नहीं की है। लेस्बियन सम्बन्धों पर विजय तेन्दुलकर के **मीता की कहानी** और महेश एल्कुंचवार की **सोनाटा** उल्लेखनीय रचनाएँ हैं तो समलैंगिकता से सम्बन्धित केवल सूद के **मुर्गीख़ाना** और नन्दकिशोर आचार्य के राजनीतिक नाटक **जिल्ले सुब्हानी** की भी चर्चा की जा सकती है। डॉ. लक्ष्मीनारायण लाल के **सूर्यमुख** में कृष्ण की अन्तिम पत्नी वेनुरति और उनके पुत्र प्रद्युम्न के उद्दाम प्रेम का चित्रण हुआ है तो रामेश्वर प्रेम के इतिहास प्रसिद्ध सम्राट अशोक के जीवन के सान्ध्यकाल पर आधारित नाटक **अन्तरंग** में भी बूढ़े सम्राट की युवा पत्नी तिष्यरक्षिता और पुत्र कुणाल (माँ-बेटे) के निषिद्ध प्रेम सम्बन्धों को प्रस्तुत किया गया है।

भाई-बहन के वर्जित यौन सम्बन्धों की दृष्टि से गिरीश कारनाड के कन्नड़ नाटक **अंजु मल्लिगे** और महेश एल्कुंचवार के **वासना-कांड** उल्लेखनीय हैं। बादल सरकार के बांग्ला नाटक **एवम् इन्द्रजित** की मानसी इन्द्रजित की बहन भी है, प्रेयसी-प्रेरणा भी, शाश्वत नारी भी। विजय तेन्दुलकर के मराठी नाटक **गिद्ध** में रजनीनाथ और रमा देवर-भाभी हैं तो मधु राय के गुजराती नाटक **कुमार की छत पर** में भाभी निशा और उनके बेटे जैसे कुँवारे देवर के बीच अवैध यौन सम्बन्धों का खुला चित्रण किया गया है। तेन्दुलकर के ही **ख़ामोश! अदालत जारी है** की वेणारे का पहला प्रेम सम्बन्ध अपने मामा से होता है। महेश दात्तानी के नाटक **थर्टी डेज़ इन सैप्टैम्बर** में बाल यौन शोषण की त्रासद समस्या को अत्यन्त संवेदनशीलता और जीवन्तता से उठाया गया है। क्रूरता और अमानवीयता की हद तो यह है कि आठ वर्ष की मासूम उम्र में अपनी भानजी माला से दैहिक सम्बन्ध करनेवाले मामा के ऐसे ही नाजायज़ रिश्ते अपनी सगी बहन माला की माँ शान्ता से भी रहे हैं। मीराकान्त के **अन्त हाज़िर हो** में स्वयं पिता सगी बेटी का शोषण करता है। महेश एल्कुंचवार के **आत्मकथा** में राजाध्यक्ष और वासन्ती (जीजा-साली) के देह-सम्बन्धों से एक सन्तान का जन्म भी होता है। परन्तु नाटककार ने इस स्थिति का चित्रण स्वाभाविक परिस्थितियों में अत्यन्त मनोवैज्ञानिक विश्वसनीयता के साथ किया है। डॉ. सी.डी. सिद्धू के नाटक **इक्कीसवीं मंज़िल** में भी हरद्वारी लाल गोयल के अपनी साली अर्चना बंसल और नौकरानी केसरो के साथ अवैध दैहिक सम्बन्धों से पारिवारिक रिश्तों में आए उलझाव एवं दुर्भाग्य का दिलचस्प और नाटकीय प्रदर्शन किया गया है।

गिरीश कारनाड के **अग्नि और बरखा** में अरावसु की पत्नी विशाखा से उसका श्वसुर रैभ्य ज़बरदस्ती देह-सम्बन्ध बनाता है और देवर यवक्री के सामने वह

अपनी इच्छा से समर्पण करती है। पौराणिक कथा पर आधारित गिरीश कारनाड के **ययाति** और नन्द किशोर आचार्य के **देहान्तर** में तो सम्बन्धों की ऐसी विडम्बना तथा पेचीदगी है कि माँ-बेटे और श्वसुर-बहू के रिश्ते ही उलझते दिखाई देते हैं। आधुनिक व्यक्ति की यह बहुत बड़ी त्रासदी है कि वह सम्बन्धों को सहज-शुद्ध रूप में नहीं जी पाता। वह हर क्षण संशय, अनिश्चय, तनाव और विभाजित मानसिकता के मिलावटी रिश्तों को झेलने के लिए अभिशप्त है। **ययाति** द्वारा एक पल के निश्छल प्रेम की इच्छा ही आज के व्यक्ति की सबसे बड़ी मृग-मरीचिका है। नन्द किशोर आचार्य का **किमिदम् यक्षम्** तो कल्पना और यथार्थ के धूपछाँही ताने-बाने पर बेहद बारीक बुनावट में बुना होने के कारण स्त्री-पुरुष सम्बन्धों का जटिल किन्तु धुँधला-सा रूप प्रस्तुत करता है। यहाँ मूर्तिकार पिता की युवा बेटी से युवक (शिष्य) के विवाह-पूर्व दैहिक सम्बन्ध हैं। पिता युवक की हत्या करके बेटी से बलात्कार करता है। प्रोफ़ेसर सम्भवतः माँ के विवाहेतर सम्बन्धों का परिणाम है। गूँगी-बहरी युवती को धाय प्रोफ़ेसर की बहन बताती है। बहन-भाई के शारीरिक रिश्ते का अस्पष्ट-सा संकेत नाटक में है और गूँगी-बहरी की अन्धी-गूँगी-बहरी बेटी से नवागन्तुक पुरातत्त्ववेत्ता के सम्बन्धों का भी। अतीत के खंडहरों में दफ़न रिश्तों के इतिहास की लगभग असम्भव खोज का यह नाटक काफ़ी पेचीदा और रहस्यमय-सा प्रतीत होता है। आधुनिक जीवन में औरत-मर्द के बहुस्तरीय एवं बहुकोणीय तिलस्मी सम्बन्धों का दिलचस्प और उत्तेजक चित्रण गिरीश कारनाड, विजय तेन्दुलकर, महेश एल्कुंचवार, मोहन राकेश, सुरेन्द्र वर्मा, नन्द किशोर आचार्य, अनिल बर्वे, खानोलकर और सतीश आलेकर जैसे कई समकालीन नाटककारों की रचनाओं में पर्याप्त जीवन्तता और स्वाभाविकता के साथ किया गया है।

संशय, बुद्धिवाद और स्वानुभव से आत्म-ज्ञान की प्राप्ति के विषय में आधुनिक अस्तित्ववादी चिन्तक अनेक स्तरों पर गौतम बुद्ध के मूल-मन्त्र 'आत्म दीपो भव' के बहुत निकट पड़ते हैं। मानव अस्तित्व के सन्दर्भ में स्वतन्त्रता, वरण, अकेलापन, क्षणवाद, अजनबीयत और आत्महत्या जैसे बुनियादी सवालों को आत्म-साक्ष्य या भोगे हुए यथार्थ के धरातल पर हल करने का प्रयत्न करना अस्तित्ववाद का मूलाधार है। मोहन राकेश के नाटक **लहरों के राजहंस** में स्वीकृत सिद्धान्तों और बने-बनाए रास्तों पर चलने या दूसरों के विश्वास ओढ़कर जीने की बजाय अपनी निजी पगडंडी की तलाश पर बल दिया गया है। यह विचार अन्ततः व्यक्तिवाद को स्थापित करता है, जो आधुनिकता की एक बड़ी विशेषता है। इसी दृष्टि से यदि **लहरों के राजहंस** की आधुनिकता पर विचार करें तो हमें प्रतीत होता है कि बौद्धकालीन ऐतिहासिक परिवेश (जो स्वयं भी आधुनिकता के तमाम

अभिलक्षणों से भरा पड़ा है) में राकेश ने नन्द और सुन्दरी को जिस प्रकार से और जिस रूप में प्रस्तुत किया है वह पूर्णतः आधुनिक है। इसकी आधुनिकता का मूल रहस्य नाटक के ट्रीटमेंट और नाटककार के अपने वर्तमान से उसके गहरे कन्सर्न में छिपा है। नन्द का अन्तर्द्वन्द्व, तनाव, अकेलापन, संशय, उसकी अस्थिरता, व्याकुलता, घुटन और जीवन-जगत में उसकी आसक्ति—नन्द के चेहरे की एक-एक रग-रेखा, उसके उतार-चढ़ाव एवं तनाव आधुनिक मनुष्य की स्थिति और उसकी नियति का प्रामाणिक दस्तावेज़ हैं।

जीवन और मृत्यु के बीच का एक क्षण व्यक्ति के सारे मुखौटे उतारकर उसे अपने ही अस्तित्व और सत्य की वास्तविक पहचान कराता है। चरम संकट की स्थिति में आत्म-साक्षात्कार और आत्म-स्वीकार के अस्तित्ववादी नाटकों में मुद्राराक्षस का **सन्तोला** और मोहन राकेश का कमलेश्वर द्वारा पूरा किया गया अधूरा नाटक **पैर तले की ज़मीन** उल्लेखनीय रचनाएँ हैं। जीवन और जगत की तर्कहीनता एवं विसंगति को रेखांकित करनेवाली आधुनिक युग की एक अन्य प्रमुख प्रवृत्ति है—एब्सर्ड थिएटर। हिन्दी में एब्सर्ड/असंगत नाटकों की शुरुआत भुवनेश्वर के **ताँबे के कीड़े** से हुई थी। परन्तु इस रंग-शैली के अधिकांश नाटक छठे-सातवें दशक में ही लिखे-खेले गए। मणि मधुकर और मुद्राराक्षस ने अपने नाटकों में इसका रोचक उपयोग किया। परन्तु इसे पूरी तरह अपनानेवालों में विपिन अग्रवाल का नाम विशेष रूप से उल्लेखनीय है। बलराज पंडित का **पाँचवाँ सवार** आज की जिन्दगी की ऊब और घुटन के कुछ क्रमहीन चित्र प्रस्तुत करके एक कसैला स्वाद पैदा करने की कोशिश करता है। एब्सर्ड नाटकों से प्रभावित हिन्दी नाटकों में विपिन अग्रवाल के **तीन अपाहिज** के बाद **लोटन** का महत्त्वपूर्ण स्थान है। इस दृष्टि से काशीनाथ सिंह का **घोआस** भी उल्लेखनीय है। यह आज के ऊब भरे भयग्रस्त-निरर्थक जीवन की आन्तरिकता को उजागर करता है। रामेश्वर प्रेम का **अजातघर** साम्प्रदायिक दंगों के वातावरण में फँसे व्यक्तियों के भय और परस्पर मानवीय पहचान का नाटक है। बी.एम. शाह ने **शह ये मात** और **युद्धमन** में भी एब्सर्ड के तत्त्वों का दिलचस्प प्रयोग किया है।

भारतीय लोक नाटक और एब्सर्ड रंग पद्धति के रचनात्मक संयोग से एक नई शैली खोजने और अलग पहचान बनानेवाले नाटककार मणि मधुकर का नाम विशेष उल्लेखनीय है। उनका **रस गन्धर्व** लोक तत्त्वों के सहारे, यथार्थ और फैंटेसी के बीच से गुज़रते हुए, अन्याय के विरोध को सशक्त नाटकीय स्वर प्रदान करता है। भ्रष्ट व्यवस्था पर सभी कोणों से प्रहार करनेवाले यह नाटक अन्ततः सन्त्रस्त, कुंठित और आम आदमी की नपुंसक लड़ाई का सार्थक दस्तावेज़ बन जाता है। लोक शक्ति की पहचान मणि मधुकर के नाटकों में ख़ूब है—इसका सबूत है उनके नाटक—

नाटक पोलमपुर, बुलबुल सराय, दुलारी बाई तथा **बोलो बोधिवृक्ष**। ओड़िया नाटककारों पर इस नाट्य-शैली का विशेष प्रभाव पड़ा। मनोरंजन दास के **अरण्य फसल, काठ का घोड़ा,** जे.पी. दास के **असंगत नाटक,** मराठी में महेश एल्कुंचवार के **गार्बो, सुल्तान, होली** और **प्रतिबिम्ब,** सतीश आलेकर के **महानिर्वाण, बेगम बर्वे,** कन्नड़ में चन्द्रशेखर कम्बार के **अक्स तमाशा,** बांग्ला में बादल सरकार के **एवम् इन्द्रजित, पगला घोड़ा, अन्त नहीं,** मोहित चटर्जी के **गिनी पिग** जैसे अनेक भारतीय समकालीन नाटक बेशक पूरी तरह बैकेट, आयनेस्को, पिंटर जैसे सुप्रसिद्ध एब्सर्ड नाटककारों के नाटकों के रंग-शिल्प की समानता न कर पाएँ, लेकिन उपयोग तो उसी रंग-परम्परा का ही करते हैं। हिन्दी में कृष्ण बलदेव वैद के लगभग सभी नाटकों पर इसी शैली का प्रभाव है। **भूख आग है** की तरह इनकी सभी रचनाओं में आज के व्यक्ति के अन्तर्द्वन्द्व, अन्तर्विरोध और उसकी कुंठाओं, विसंगतियों तथा विकृतियों भरी अर्थहीन-बेतुकी ज़िन्दगी को एक नए अतार्किक से मुहावरे में व्यक्त करने की कोशिश की गई है।

आधुनिक भारतीय रंग शैली की तलाश में मूलधर्मी रंगकर्म पर बल दिया गया। इसमें लोक, पारम्परिक और संस्कृत नाट्य-शैलियों के सार्थक एवं जीवन रंग-तत्त्वों के रचनात्मक प्रयोग से समकालीन जीवन के जटिल अनुभवों को व्यक्त करने के बहुविध प्रयास किए गए। इस दृष्टि से गिरीश कारनाड के **हयवदन** तथा **नागमंडल,** विजय तेन्दुलकर के **घासीराम कोतवाल,** चन्द्रशेखर कम्बार के **जोकुमारस्वामी,** सर्वेश्वर दयाल सक्सेना के **बकरी** और मणि मधुकर के **नाटक पोलमपुर का** जैसे नाटकों एवं अनेक निर्देशकों द्वारा किए गए इनके बहुरंगी प्रस्तुतीकरण का आधुनिक भारतीय रंगमंच में विशेष महत्त्व है। मुख्यतः इसी क्षेत्र में आजीवन सृजनरत रहकर उल्लेखनीय रंगकर्म करनेवाले नाट्य-निर्देशकों में हबीब तनवीर, ब.व. कारन्त, कावलम नारायण पणिक्कर, रतन थियम, बंसी कौल, वामन केन्द्रे प्रमुख हैं। हबीब तनवीर ने **बहादुर कलारिन** और चन्द्रशेखर कम्बार ने **सिरी सम्पिगे** में पेचीदा मनोवैज्ञानिक ग्रन्थियों को रंगमंच पर अपनी मूलधर्मी शैलियों में बड़ी सफलता के साथ साकार किया है।

आधुनिक व्यक्ति की जटिल मानसिकता का एक अन्य महत्त्वपूर्ण सरोकार है—महत्त्वाकांक्षा और करियर। बहुराष्ट्रीय कम्पनियों की अन्धी प्रतियोगिता की तेज़ रफ़्तार में सबसे आगे निकल जाने की महत्त्वाकांक्षा में आज की पूरी युवा और प्रौढ़ होती पीढ़ी घर-परिवार, नैतिकता-मनुष्यता, सामाजिकता-राष्ट्रीयता इत्यादि की उपेक्षा करके केवल व्यक्तिगत सुख (?) और भौतिक सफलता के लिए पागल हो गई है। परन्तु आश्चर्यजनक तथ्य यह है कि समकालीन सम्पूर्ण भारतीय रंगकर्म में हमारे जीवन के इस पक्ष को सीधे उजागर करनेवाली कोई भी उल्लेखनीय नाट्य-रचना

सामने नहीं आई है। यूँ कामकाजी ज़िन्दगी के दबावों-तनावों की झलक हम मोहन राकेश के **आधे-अधूरे,** सुरेन्द्र वर्मा के **द्रौपदी,** मुद्राराक्षस के **योर्स फ़ेथफुली** (हिन्दी), जगन्नाथ प्रसाद दास के **सूर्यास्तक** (ओड़िया) और राजीव नायक के **इस कम्बख़्त साठे का क्या करें?** (मराठी) जैसे नाटकों में देखी जा सकती है। इसी विषय पर पूर्णतः केन्द्रित हिन्दी रंगकर्म की एकमात्र उल्लेखनीय प्रस्तुति है—**साँप सीढ़ी**। ये भी मूलतः नाटक न होकर अनुराग माथुर लिखित उपन्यास ही है। राष्ट्रीय नाट्य विद्यालय के छात्रों के लिए इसका नाट्य-रूपान्तर और निर्देशन मोहन महर्षि ने किया था।

आज के भारतीय समाज की बहुत बड़ी विडम्बना यह है कि हमारी पूरी जनसंख्या का एक बहुत छोटा हिस्सा ही तथाकथित आधुनिक हो पाया है। इस बहुत छोटे हिस्से का भी बहुत बड़ा हिस्सा केवल विचार, कथन और बाहरी स्तर पर ही आधुनिक हुआ है, संस्कार और व्यवहार के स्तर पर वह आज भी रूढ़िवादी ही है। सम्भवतः यही कारण है कि व्यक्तिगत स्वतन्त्रता और समाज के खुलेपन के साथ-साथ हमारे यहाँ बलात्कार और स्त्री-हिंसा का अनुपात भी लगातार बढ़ता गया है। यह हमारी दमित-कुंठित एवं बीमार मानसिकता का ही परिणाम है कि बलात्कार में अजनबी और बाहरी लोगों के मुक़ाबले परिचितों, रिश्तेदारों और घर के ही लोगों की संख्या चौंकाने की हद तक अधिक है। दिलचस्प तथ्य यह है कि कन्या-भ्रूणों की हत्या जैसे इस त्रासद मानवीय विषय पर हमारी किसी भी भाषा में कोई उल्लेखनीय नाटक नहीं लिखा गया। महेश दात्तानी के **तारा** में लड़की के मुक़ाबले लड़के को अधिक महत्त्व देने का मार्मिक चित्रण है तो प्रभाकर श्रोत्रिय के पौराणिक नाटक **इला** में पुत्री को, प्रकृति के विरुद्ध जाकर लिंग-परिवर्तन द्वारा, पुत्र बनाने की विडम्बनापूर्ण स्थिति और उसके दुष्परिणामों को नाटकीय रूप में प्रस्तुत किया गया है। इस पुरुष-प्रधान समाज में एक प्रतिभावान प्रखर नारी का अन्त भी इस त्रासदी को मीरा कान्त के नाटक **नेपथ्य-राग** में बड़ी जीवन्तता के साथ रेखांकित किया गया है।

आधुनिक सोच-विचार में धार्मिक-साम्प्रदायिक और जातिवादी आधार पर किसी भी प्रकार के भेदभाव का कोई स्थान नहीं है। परन्तु हमारे समाज की वास्तविक स्थिति, तमाम सुधारों और परिवर्तनों के दावों के बावजूद, अनेक कारणों से दिनोदिन बदतर ही होती जा रही है। प्रसन्नता की बात है कि हमारे कई नाटककारों ने इस अमानवीय समस्या पर कुछ महत्त्वपूर्ण और सार्थक नाटक लिखे हैं। इस दृष्टि से गिरीश कारनाड के **रक्त कल्याण,** विजय तेन्दुलकर के **कन्यादान,** महेश दात्तानी के **फ़ाइनल सोल्यूशंस** के अतिरिक्त हिन्दी में लक्ष्मीनारायण लाल के **एक सत्य हरिश्चन्द्र,** राकेश के **रामलीला,** कुसुम कुमार के

सुनो शेफ़ाली और स्वदेश दीपक के **कोर्ट मार्शल** जैसे सशक्त नाटकों ने साहित्य और रंगमंच दोनों स्तरों पर उत्तेजक प्रतिक्रियाओं को जन्म दिया है।

हमारे जीवन में जैसे-जैसे धार्मिकता और सामाजिकता घटती गई तथा व्यावसायिकता, व्यक्तिनिष्ठता और भौतिक सुख-सुविधाओं की निजी महत्त्वाकांक्षा बढ़ती गई, वैसे-वैसे आधुनिकता (!) आती गई। भारतीय सन्दर्भ में आधुनिकता की धारणा अनेक अन्तर्विरोधों से घिरी है और इसके उद्‌भव एवं विकास की प्रक्रिया अन्दर-बाहर के एक लम्बे संघर्ष से जुड़ी रही है, जो अब भी लगातार जारी है। परम्परा और संस्कारों की गहरी जकड़न, बहुमुखी नई परिस्थितियों के दबाव में संयुक्त परिवारों का विघटन और ग्राम्य एवं शहरी संस्कृतियों के टकराव से क्रमशः पैदा होनेवाले जीवन-मूल्यों में बदलाव आते गए। इन परिवर्तनों को मराठी नाटककार महेश एल्कुंचवार ने एक परिवार की तीन पीढ़ियों के जीवन-वृत्त के माध्यम से **विरासत, तालाब के पास खंडहर** और **युगान्त** नामक अपने तीन नाटकों की एक कड़ी में दिलचस्प शिल्प-कौशल एवं प्रभावशीलता से अभिव्यक्त किया है। समग्रतः यह नाट्य-त्रयी भारतीय व्यक्ति, परिवार और समाज के आधुनिक बनने के मनोविज्ञान, समाजशास्त्र, अर्थ-तन्त्र और विसंगतियों एवं अन्तर्विरोधों का जीवन्त नाटकीय इतिहास प्रस्तुत करती है।

विश्व भर में आज उत्तर-आधुनिकता का शोर है। परन्तु भारतीय समाज और साहित्य अभी आधुनिकता को भी पूरी तरह पचा नहीं पाया है। भूमंडलीकरण के इस दौर में सम्बन्धों और मूल्यों को लेकर एक हड़बड़ाहट, बौखलाहट और अराजकता की स्थिति है। यथार्थ कई रूपों-रंगों में कई धरातलों एवं स्तरों पर एक साथ मौजूद है। समकालीन हिन्दी/भारतीय नाटक भी फ़िलहाल जैसे खौलते पानी में फ़ैशन की तरह निरन्तर बदलते जीवन का आधुनिक चेहरा देखने और पहचानने की व्यग्र कोशिश भर कर रहा है।

आधुनिक समाज और नाटक में स्त्री

समाजशास्त्र की दृष्टि से यदि बीसवीं शताब्दी की सबसे बड़ी किसी उपलब्धि का नाम लेना हो तो वह निर्विवाद रूप से 'नारी जागरण' या स्त्री-स्वातन्त्र्य ही होगी। परन्तु इस बात से इनकार नहीं किया जा सकता कि एक खामोश या दबी-घुटी सिसकी से लेकर आक्रोश भरी विस्फोटक चीख के बीच स्त्री की एक पूरी दुनिया हमारे आज और समाज में एक साथ मौजूद है। दमन और स्वछन्दता के न मालूम कितने स्वर आधुनिक परिवेश में एक साथ सुने जा सकते हैं। पश्चिमी, पूर्वी और मुस्लिम देशों एवं संस्कृतियों में ही नहीं बल्कि किसी एक देश के महानगरों, शहरों, कस्बों, गाँवों और आदिवासी इलाकों की स्थिति में भी महत्त्वपूर्ण फ़र्क़ है। लेकिन देश-काल या समाज-भेद का कोई भी विभाजन ऐसा निर्णायक और निर्दोष नहीं है कि स्त्री की इस परस्पर विरोधी स्थिति का किसी प्रकार का भी सरलीकरण या सामान्यीकरण किया जा सके। आज स्त्री की वास्तविक स्थिति चरम गुलामी और परम आज़ादी के दो अतिवादों के बीच न जाने कितने रूपों, धरातलों और स्तरों पर एक साथ मौजूद है। जहाँ तक आधुनिक भारतीय समाज और साहित्य—विशेषतः रंगकर्म का सवाल है—स्त्री की स्थिति काफी जटिल और पेचीदा है।

यह सच है कि मातृसत्तात्मक समाजों में शक्ति-रूपा नारी का वर्चस्व और उच्च स्थान रहा है और इस तथ्य को भी नकारा नहीं जा सकता कि हर देश और काल में ऐसी स्त्रियों की एक लम्बी सूची बनाई जा सकती है जिन्होंने अपने सौन्दर्य, साहस, तेज, बुद्धि-विवेक, धैर्य और माधुर्य से पुरुष-सत्ता को पराजित किया है। आज के समय में तो नारी-उत्थान एवं प्रभुत्व को समाज के प्रायः प्रत्येक क्षेत्र में देखा जा सकता है। इस सबके बावजूद इस सत्य को नकारा नहीं जा सकता कि लगभग प्रत्येक देश-काल में सामान्य स्त्री की स्थिति दमित, शोषित और दोयम दर्जे के व्यक्ति की ही रही है। वह आमतौर से भोग-विलास और सन्तानोत्पत्ति की 'वस्तु' ही मानी जाती रही है। धर्म और विवाह जैसी संस्थाओं ने उसे नित नए और कठोर बन्धनों में जकड़कर पुरुष को स्वामी और स्त्री को दासी बनाए रखने का काम किया है। संयुक्त परिवार व्यवस्था ने नैतिकता और मर्यादा के नाम पर स्त्री का सर्वाधिक दमन और शोषण किया है। यही

कारण है कि मध्यकाल में नारी की इस दयनीय स्थिति के विरोध में आधुनिक काल की जागरूक, शिक्षित एवं आत्म-निर्भर स्त्री ने न केवल संयुक्त परिवार के ढाँचे को ही तोड़ दिया है बल्कि उस सामन्ती व्यवस्था से विद्रोह करके पुरुष के समान अधिकारों को पाने या छीनकर हासिल करने की लड़ाई भी छेड़ दी है।

यहाँ हम आधुनिक हिन्दी या कि भारतीय नाटकों में उभरी संघर्षरत स्त्री की उन विभिन्न छवियों को देखने-विश्लेषित करने की कोशिश करेंगे जिसमें हमारे समाज में स्त्री की बदलती हुई भूमिका के झूठे-सच्चे रूपों को आसानी से देखा जा सकता है। आत्म-निर्भरता, स्वतन्त्रता तथा निजी व्यक्तित्व के चमकते यथार्थ के नीचे की परतों के त्रासद एवं भयावह सच की स्याही को देखना एक मुश्किल लेकिन जरूरी काम है। स्त्री-विमर्श एक गम्भीर, संवेदनशील एवं बहुआयामी विषय है। दैहिक, मनोवैज्ञानिक, सामाजिक, धार्मिक, आर्थिक–स्त्री-विमर्श के कई पहलू हैं। स्वाभिमान, स्वावलम्बन और स्वतन्त्रता–स्त्री-विमर्श की केन्द्रीय धुरी है। समानता, सम्मान और न्याय की प्राप्ति और सभी प्रकार के शोषण से मुक्ति इसका नारा है। स्त्री-विमर्श एक संग्राम है जो रसोई, बिस्तर और ड्राइंग रूम की कैद से बाहर निकलने और समाज में अपनी निजी पहचान एवं जगह के लिए आज की स्त्री कई स्तरों पर लड़ रही है।

इस सन्दर्भ में विचारणीय प्रश्न यह भी है कि कहीं आज का स्त्री-विमर्श केवल देह-विमर्श के संकीर्ण दायरे में तो कैद होकर नहीं रह गया है? क्या स्त्री-मुक्ति का अर्थ पुरुष से शत्रुता और स्त्रीत्व से भी मुक्ति भर तो नहीं है? मुक्ति का सम्बन्ध जितना बाहर से है उतना ही, या शायद उससे भी ज़्यादा, अपने भीतर से है। स्वनिर्णय मूलभूत अधिकार है परन्तु यह महज़ एक सुविधा ही नहीं एक बड़ी चुनौती भी है, जो परिणाम भुगतने के साहस से जुड़ी है। इसका अर्थ स्वेच्छाचार एवं यौन-उन्मुक्तता ही नहीं है–यह स्त्री-सशक्तीकरण (शिक्षा, रोज़गार, स्वास्थ्य इत्यादि) जैसे व्यापक प्रश्न से जुड़ा है। अब विवेच्य विषय का स्पष्ट उद्देश्य यह होना चाहिए कि भारतीय नाटकों में स्त्री-विमर्श के ये सभी प्रश्न कहाँ और किस रूप में उठाए गए हैं?

हिन्दी के महान और महत्त्वपूर्ण नाटककार जयशंकर प्रसाद के नाटकों में नारी के दो रूप दिखाई देते हैं। पहला, जिसमें वह सुन्दरता, त्याग, दया, क्षमा, शील और समर्पण की प्रतिमूर्ति है और अपने इन्हीं गुणों से वह पुरुष को जीतती है। दूसरा, जिसमें वह महत्त्वाकांक्षा, अहंकार, काम-कुंठा और अधिकार-लालसा के कारण कुकृत्य करती है। इस दूसरे प्रकार की स्त्रियों को या तो पराजित होना पड़ता है या मरना पड़ता है। प्रसाद नारी के इस प्रथम रूप को ही उसका स्वस्थ, स्वाभाविक और प्रकृत रूप मानते हैं। परन्तु उनके अन्तिम नाटक **ध्रुवस्वामिनी** में पहली बार एक जाग्रत् नारी का नया रूप उभरकर सामने आता है। प्रसाद के प्रकृत नारी रूप में तो प्रेममयी-

त्यागमयी 'कोमा' यहाँ है ही; परन्तु दिलचस्प बात यह है कि ध्रुवस्वामिनी के बदले हुए रूप को भी उन्होंने सहज-स्वाभाविक रूप में ही स्वीकार किया है। यह शायद तत्कालीन समाज में नए नारी-जागरण, सुधार-आन्दोलनों तथा यथार्थवादी नाटकों के प्रभाव से स्त्री के लगातार बदल रहे रूप-रंग और चरित्र के कारण ही सम्भव हुआ होगा। यहाँ ध्रुवस्वामिनी स्वयं को उपहार की वस्तु समझे जाने का खुला विरोध करती है। वह अपने पति रामगुप्त की पारम्परिक पुरुष सत्ता और उसके पोषक धर्म को चुनौती देकर न केवल जबरन किए गए उस राक्षस-विवाह से मोक्ष (तलाक) प्राप्त करती है, बल्कि अपने प्रथम प्रेम चन्द्रगुप्त की प्रेरणा बनकर उसका वरण भी करती है। यह स्वतन्त्र, आत्माभिमानी और आत्मनिर्भर आधुनिक नारी का ही एक रूप है, जिसे प्रसाद ससम्मान स्वीकार करते हैं। परन्तु थोड़ा गहराई में जाकर देखें तो वह दीन-हीन होकर क्लीव पति रामगुप्त से पत्नी के अधिकार और स्त्रीत्व के सम्मान की भीख माँगती है और उपेक्षा तथा निराशा के वशीभूत होकर आत्महत्या का प्रयास भी करती है। वह अपने क्षुद्र-दुर्बल नारी जीवन के सम्मान को बचाने के लिए चन्द्रगुप्त को अपने जीवन की बाजी लगाने से मना भी करती है। शेष सब कुछ परिस्थितियों का खेल है। वह सिर्फ़ एक निर्बल-नपुंसक पुरुष (रामगुप्त) को छोड़कर एक दूसरे साहसी और वीर पुरुष (चन्द्रगुप्त) का आश्रय भर ग्रहण करती है। वास्तव में वह पुरुष-सत्ता का विरोध नहीं करती बल्कि प्रचलित व्यवस्था में एक संशोधनवादी लम्बी प्रक्रिया की शुरुआत भर करती है।

आज़ादी के बाद हमारे सामाजिक-राजनीतिक जीवन में स्त्री की बदलती हुई सक्रिय, सशक्त और महत्त्वपूर्ण भूमिका ने अपने दौर के नारी-चरित्रों में कुछ बुनियादी परिवर्तनों के संकेत दिए। भगवान कृष्ण को चुनौती देनेवाली **अन्धायुग** की गान्धारी अपने आपमें एक अनूठा चरित्र है। डॉ. लक्ष्मीनारायण लाल के **मादा कैक्टस** की सुजाता अपने पति अरविन्द से उपेक्षित और परित्यक्त होकर टूटने या मरने के बजाय अपनी गरिमा और पहचान अर्जित करती है। वह केवल लैक्चरर ही नहीं बनती बल्कि अरविन्द की चित्रकला की सटीक एवं प्रखर आलोचना करके उसके ह्रासमान कलाकार व्यक्तित्व को चुनौती देकर पराजित भी करती है। बिलकुल यही स्थिति विष्णु प्रभाकर के मनोवैज्ञानिक नाटक **डॉक्टर** में प्रतिशोधग्रन्थि से प्रेरित होकर मधु लक्ष्मी के डॉ. अनीता बनने की भी है।

लेकिन इसी दौर में मोहन राकेश का बहुप्रशंसित नाटक **आषाढ़ का एक दिन** भी छपा। इसमें महाकवि कालिदास की प्रेमिका मल्लिका फिर से पीछे लौटती हुई निष्ठावान, भावुक और त्याग की प्रतिमूर्ति-सी दिखाई देती है। जीवन के कटु और कठिन यथार्थ से आँखें मूँदकर 'भावना में भावना का वरण' करनेवाली यह अति संवेदनशील नारी प्रसाद की देवसेना और कोमा की याद ताज़ा कर देती है। पुरुष

से लगातार छली जाने के बावजूद वह उस पर अधिकार करने को आतुर प्रियंगुमंजरी बनना स्वीकार नहीं करती। वह समर्पण और सहनशीलता की प्रतिमूर्ति पारम्परिक आदर्शमयी नारी है। परन्तु राकेश के ही दूसरे नाटक **लहरों के राजहंस** की रूप-गर्विता सुन्दरी का चरित्र मल्लिका से एकदम भिन्न है। वह अपने अहंकार और अधिकार से पुरुष (नन्द) को बाँधती ही नहीं बल्कि अपने बन्धन में पूरी तरह जकड़े रहना भी चाहती है। लेकिन इस एकाधिकार के शिथिल होने की आशंका मात्र से वह इतनी आतंकित और क्रोधित हो जाती है कि अपने पति को अपमानित और हीन सिद्ध करके दुत्कार देने से भी गुरेज़ नहीं करती। यहाँ तक सुन्दरी का चरित्र रूप ठोस, सबल और विद्रोही है। परन्तु नन्द के चले जाने के बाद उसका टूटना और रोना न केवल उसकी भीतरी कमज़ोरी को ही उजागर करता है बल्कि यह भी सिद्ध कर देता है कि स्त्री चाहे कितनी भी आत्मसम्मानी, स्वतन्त्र और शक्तिशाली क्यों न हो पुरुष के सहारे के बिना वह अधूरी और निर्बल ही है। इसके विपरीत, राकेश अपने नाटक **आधे-अधूरे** की सावित्री को एक जुझारू और आधुनिक कामकाजी स्त्री की नई भंगिमा प्रदान करते हैं। वह निठल्ले पति और बिगड़े परिवार को सँभालती ही नहीं, अकेले दम चलाने का हौसला भी रखती है। वह चरित्रवान पत्नी की पारम्परिक छवि को तोड़कर घर के बाहर कई प्रेम-सम्बन्ध भी बनाती है, पति से बराबर की टक्कर भी लेती है और उसे छोड़कर अपनी नई दुनिया बनाने का सक्रिय प्रयास भी करती है। वह पति-पत्नी सम्बन्धों और परम्परागत पारिवारिक मूल्यों-मर्यादाओं की धज्जियाँ उड़ा देती है। परन्तु भारतीय समाज और परिवार में सावित्री जैसी तथाकथित दबंग और स्वतन्त्र स्त्री का एक दूसरा पहलू यह भी है कि वह गाहे-ब-गाहे न केवल पुरुष की हिंसा का शिकार बनती है बल्कि, सब कुछ के बावजूद, पति और परिवार के साथ ही रहने को विवश भी है। मोहन राकेश के जीवन, परिवेश और सोच की यह एक बड़ी सीमा थी कि वह पति-पत्नी के एक-दूसरे से अलग और घर से बाहर स्वतन्त्र रहने की कल्पना ही नहीं कर सकते थे। यही नहीं, अपनी तमाम स्वतन्त्र, आत्मनिर्भर और आक्रामक भंगिमाओं के बावजूद विजय तेन्दुलकर के लगभग सभी नाटकों की स्त्रियाँ भी पुरुष की क्रूर यौन-भावना और हिंसा को सहते रहने के लिए विवश, बाध्य या कि अभिशप्त दिखाई देती हैं।

आधे-अधूरे के बाद यानी सन् 1970 से भारतीय परिवार और समाज में पता नहीं स्त्री-पुरुष सम्बन्धों में कोई क्रान्तिकारी बुनियादी अन्तर आया या नहीं परन्तु सुरेन्द्र वर्मा और रमेश बक्षी के नाटकों में यह साफ तौर से दीख पड़ा। अब प्रेम का स्थान स्पष्टतः सेक्स ने ले लिया। इसका आक्रामक और चौंकानेवाला रूप यूँ तो सुरेन्द्र वर्मा के **द्रौपदी** में भी था किन्तु वहाँ कुल मिलाकर स्त्री पुरुष के भोग की

चीज़ ही थी। स्त्री को इस्तेमाल की वस्तु समझने का कुछ ऐसा ही रूप हम शंकर शेष के **रक्तबीज** में भी देख सकते हैं। स्त्री को अपना निजी स्वातन्त्र्य और स्वायत्त व्यक्तित्व पहली बार सुरेन्द्र वर्मा के **सूर्य की अन्तिम किरण से सूर्य की पहली किरण तक** में शीलवती को प्राप्त होता है। यहाँ भारतीय नारी के दोनों रूप एक साथ मौजूद हैं। एकनिष्ठ पतिव्रता पत्नी की तरह शीलवती अपने पति ओक्काक से उसकी नपुंसकता और अपनी अतृप्ति के बावजूद अनन्य भाव से उसी को चाहती है। परन्तु राज्य का उत्तराधिकारी पाने के लिए सत्ता नियोग के द्वारा जब उसे परपुरुष का वरण करने के लिए बाध्य करती है—तो नियम, नैतिकता और मर्यादा जैसे खोखले बन्धनों की गाँठ खोलकर वह पूरी तरह उन्मुक्त हो जाती है। वह मातृत्व के बजाय पुरुष के संयोग से प्राप्त होनेवाले अपूर्व सुख को ही नारी-देह की एकमात्र सार्थकता मानती है। इसके लिए वह विवाहेतर काम-सम्बन्धों के नए रास्ते खोज लेती है। वह आधुनिक (पश्चिमी) युग की अत्याधुनिक उन्मुक्त स्त्री की तरह साधिकार दृढ़ स्वर में अपने पति को समझाती है कि 'जब आत्मसन्तोष की अन्धी दौड़ हो—व्यक्तिगत सुख की खोज...तो जीवन बहुत जटिल होता है, ओक्काक...और उसकी माँगें भी उतनी ही उलझी हुईं...पूर्ति के लिए एक से अधिक व्यक्ति चाहिए...किसी से समाज में एक स्थान, किसी से भौतिक सुविधाएँ, किसी से भावना की तृप्ति...किसी से शरीर का सुख...।' शीलवती का यह आत्मकेन्द्रित देह-दर्शन परम्परा को पूरी तरह ध्वस्त करके स्त्री के लिए बहुपुरुषगामिता का राजमार्ग खोल देता है। सुरेन्द्र वर्मा के **शकुन्तला की अँगूठी** में भी शकुन्तला का अभिनय करनेवाली अभिनेत्री कनक दुष्यन्त की प्रौक्सी करनेवाले अभिनेता कुमार के धोखा देने पर न केवल बेहिचक गर्भपात करवा लेती है बल्कि कुमार से अपनी अँगूठी वापस लेकर मछुआरे की गौण भूमिका कर रहे उच्चपदाधिकारी सुदर्शन के हाथ में पहनाकर उससे तुरन्त विवाह करने को भी तैयार हो जाती है। स्त्री का शीलवती और कनक वाला रूप प्रशान्त दलवी के मराठी नाटक **चार चौघी** में भी देखा जा सकता है। स्त्री का यह परम विद्रोही तेवर एक अतिवाद से हटकर दूसरे अतिवाद को पकड़ने जैसा है। सदियों के दमन, अनाचार और शोषण का बदला लेनेवाली यह नई औरत मर्यादा, मूल्य, नैतिकता और व्यवस्था को मानो जड़ से ही उखाड़ फेंकना चाहती है। इसमें न्यायसम्मत समान अधिकारों पर खड़े घर-परिवार या स्त्री-पुरुष के बीच सन्तुलित सम्बन्धों की अपेक्षित तलाश की कोई आकांक्षा नहीं है।

यहाँ तक, किसी नाटककार ने आज के समय में लगभग अनुपयुक्त और लगातार अप्रासंगिक हो रही विवाह-संस्था पर सीधे-साधे प्रश्नचिह्न लगाने का साहस नहीं किया था। रमेश बक्षी के नाटक **देवयानी का कहना है** में शीलवती की तरह

देवयानी भी सार्वजनिक रूप से निस्संकोच घोषणा करती है कि, 'वन एपल इज़ नॉट इनफ़ फ़ॉर होल ऑफ़ द लाइफ़, टेस्ट मोर।' वह साधन से सिर्फ इसलिए विवाह कर लेना चाहती है क्योंकि, 'अविवाहित बिस्तरबाजी में खर्च अधिक है, डर ज़्यादा है।' यहाँ साधन के साथ अपने सम्बन्ध के असुविधाजनक और अग्राह्य रूप को देखकर देवयानी को अपने पुरुष/पति या घर की सुरक्षा को छोड़ देने में ज़रा भी हिचक नहीं होती। अपने अन्धकारमय अनिश्चित भविष्य के बावजूद वह साहसिकता और उग्रता के साथ पुरुष का साथ छोड़कर अकेली और निर्द्वन्द्व सड़क पर आ जाती है। यह कहना भी शायद सही नहीं होगा कि आज के भारतीय समाज में देवयानी कोई अपवाद या असामान्य चरित्र है। प्रेम और परिवार की जगह अब वैयक्तिकता, महत्त्वाकांक्षा और कैरियर अधिक महत्त्वपूर्ण होता जा रहा है। वर्जित यौन-सम्बन्धों का प्रवेश आज सभी क्षेत्रों में निर्बाध हो रहा है। इसके बावजूद इसमें भी कोई सन्देह नहीं कि ऐसी स्त्रियाँ उच्च या उच्च-मध्यवर्ग में भी अल्पसंख्यक ही मिलेंगी। सम्भव है, हमें इनका परिस्थितियों और मानसिकता का गहन-सूक्ष्म विश्लेषण और अन्तर्दृष्टिपूर्ण गम्भीर अध्ययन इनकी इस स्वच्छन्द स्थिति के दिलचस्प और चौंकानेवाले कारणों या निष्कर्षों तक ले जाए।

सामान्यतः ऐसा माना जाता है कि विवाह-संस्था का जन्म स्त्रियों की सुरक्षा और सामाजिक व्यवस्था को बनाए रखने के लिए हुआ था। परन्तु व्यावहारिक स्तर पर यह विधान स्त्री पर प्रभुत्व स्थापन, नियन्त्रण, छल-छद्म और भावनात्मक दमन-शोषण का ऐसा जाल बन गया जिससे निकल पाना स्त्री के लिए असम्भव हो गया। सभी धार्मिक विचारधाराएँ भी सदैव स्त्री-विरोधी ही रहीं। स्त्री-स्वातन्त्र्य के नाम पर जो विद्रोह हुआ, उससे परिवार का कोई विकल्प उभरकर नहीं आया। शुद्धता, नैतिकता और सतीत्व के मूल्य तो अवश्य नष्ट हुए, लेकिन उसका इस्तेमाल भी पुरुषों ने अपने ही हित में किया। स्त्री घर का कारागार तोड़कर बाहर निकली तो उस पर घर और बाहर दोनों का बोझ आ पड़ा। कई सर्वेक्षणों से पता चला कि पश्चिम हो या पूर्व स्त्री के प्रति किए जानेवाले हिंसाचार में भी कोई विशेष अन्तर नहीं आया। फ़र्क सिर्फ़ यही है कि वहाँ ये घटनाएँ खुलकर सामने लाई जाती हैं और यहाँ प्रायः घर के बन्द दरवाजों के पीछे चुपचाप छिपा दी जाती हैं। स्त्रियों की तथाकथित आत्म-निर्भरता और स्वतन्त्रता का सूक्ष्म विश्लेषण करते हुए प्रसिद्ध समाजशास्त्री केशव राव जाधव अपनी पुस्तक 'ऑन द पॉलिटिक्स ऑफ़ इल्यूजंस' में ठीक ही लिखते हैं कि "पुरुष विभिन्न संस्थाओं और संगठनों में अपना दबदबा, नियन्त्रण बनाए रखने और दूसरी औरतों पर आधिपत्य कायम रखने के लिए उन्हें (स्त्रियों को) पुरुषों की तरह व्यवहार करने को प्रेरित करते हैं। चूँकि नारीवादी आन्दोलन विवाह का कोई विकल्प सुझाने में सक्षम नहीं हो पाया है इसलिए पश्चिम

की नारीवादियों ने जहाँ इस संस्था के खिलाफ गुरिल्ला युद्ध जैसा कुछ छेड़ने का प्रयास किया वहीं अधिकांश भारतीय नारीवादियाँ एक भावनात्मक उलझन में जकड़ी हुई हैं। अपने पति और बच्चों के प्रति उनका रवैया दूसरी औरतों से बहुत अलग नहीं है। पर उनके नारे चाहे जितने क्रान्तिकारी रहे हों, पर (अब) वे पुरुष-प्रेरित मूल्यों को स्वीकार कर भावनात्मक अधीनता के वश में लगती हैं।''

पुरुष-प्रधान इस विवाह/परिवार व्यवस्था में स्त्री की वास्तविक स्थिति कमोबेश प्रत्येक देशकाल में 'नो एग्ज़िट' जैसी ही रही है। सच्चाई तो यही है कि–

जल के ऊपर हाल वही, जो जल की तह में हाल।
मछली बच के जाए कहाँ, अब जल ही सारा जाल॥

हम जानते हैं कि आज के इस उत्तर-आधुनिक युग में कुछ स्त्रियाँ पुरुषों को जीवन के लगभग प्रत्येक क्षेत्र में खुली चुनौती देती दिख रही हैं। उनकी प्रगति, स्वतन्त्रता एवं उपलब्धियों को अस्वीकार कर पाना असम्भव है। हम यह भी जानते हैं कि सन् 1991 को 'अन्तर्राष्ट्रीय बालिका वर्ष' घोषित किया गया था और सन् 2001 को 'महिला सशक्तीकरण वर्ष' के तौर पर मनाया गया। इस सबके बावजूद एक व्यापक और कटु सत्य यह भी है कि प्रभाकर श्रोत्रिय के महाभारतकालीन मिथकीय नाटक **इला** में प्रदर्शित, पुत्री के रूप में पैदा हुई इला को प्रकृति के विरुद्ध जाकर जबरदस्ती पुत्र सुद्‌युम्न बनाने की त्रासद घटना, सिर्फ अतीत की कोई विरल या विचित्र घटना मात्र नहीं है। स्त्री के पक्ष में बनाए गए बेशुमार नियमों और कानूनों के बावजूद कुछ एक पुराने सर्वेक्षण के अनुसार तथ्य यह है कि आज भी हमारे समाज में प्रतिवर्ष जन्म लेते ही 10,000 से अधिक कन्या शिशुओं को मार दिया जाता है और कन्या-भ्रूणों की हत्या की तो गणना कर पाना ही असम्भव है। यही कारण है कि 30 मार्च, 2001 को प्रकाशित हुए जनसंख्या के पुराने आँकड़ों के मुताबिक 1000 पुरुषों के मुकाबले स्त्रियों की संख्या सिर्फ 771 ही है। उल्लेखनीय है कि पिछले दिनों दिल्ली में मादा भ्रूण-हत्या के विरुद्ध धार्मिक नेताओं के एक राष्ट्रीय सम्मेलन का आयोजन किया गया। इसका उद्‌देश्य देश में लगातार घट रही महिलाओं की संख्या की समस्या के प्रति लोगों को जागरूक और संवेदनशील बनाना था। दिलचस्प बात यह है कि इसमें दिल्ली के स्वामी रामानन्द महाराज ने धर्म ही की आड़ लेकर स्पष्ट शब्दों में महिलाओं के पुनर्विवाह के अधिकार का विरोध किया। उन्होंने यह भी कहा कि यदि किसी विधवा के पतित होने का खतरा हो तो उसे पति के साथ सती हो जाना चाहिए। और यह स्थिति तो तब है जबकि भारतीय संविधान में स्त्री-पुरुष के बीच मौजूद भेदभाव को दूर करने के लिए सत्रह कड़े कानून विद्यमान हैं। इस सन्दर्भ में एक और विडम्बना यह भी है कि केवल धर्म ही नहीं स्वयं स्त्रियाँ भी स्त्री-विरोधी इस अमानवीय षड्‌यन्त्र में शामिल होती हैं। महेश

दातानी का बहुचर्चित नाटक **तारा** इसका एक प्रमुख और अच्छा उदाहरण है।

यही नहीं, हमारे तथाकथित आधुनिक, सभ्य, सुसंस्कृत और समता एवं न्याय पर आधारित प्रजातन्त्र में पुरुषों के मुकाबले स्त्रियों की व्यावहारिक एवं वास्तविक स्थिति का कुछ अनुमान कुछेक वर्ष पूर्व प्रख्यात संस्था 'साक्षी' द्वारा देश के 109 जजों से 'जेंडर एंड जजेज़, अ ज्यूडीशियल प्वाइंट ऑफ़ व्यू' विषय पर किए गए एक गहन और विस्तृत सर्वेक्षण की रिपोर्ट से भी लगाया जा सकता है। स्त्री-पुरुष के समान अधिकारों की घोषणा करनेवाले विश्व के इस सबसे बड़े जनतन्त्र में न्याय की सर्वोच्च सत्ता के सूत्रधारों के स्त्री सम्बन्धी विचारों के निष्कर्ष हतप्रभ कर देनेवाले हैं। उदाहरण के लिए 68% न्यायाधीशों का विचार है कि स्त्रियों के उत्तेजक वस्त्र पुरुषों को बलात्कार का खुला 'निमन्त्रण' देते हैं और ऐसे मामलों का मूल कारण हैं। 55% जज यह मानते हैं कि किसी भी यौन-शोषण के मामले में स्त्री के नैतिक चरित्र और पूर्व इतिहास का मूल्यांकन करना आवश्यक है— जबकि पुरुष के सन्दर्भ में इसकी कतई कोई जरूरत नहीं है। 48% की नज़र में कुछ मामलों में पति द्वारा पत्नी को पीटा जाना जायज़ है और 74% जजों की मान्यता है कि विवाह में हिंसाचार के बावजूद स्त्री का प्राथमिक कर्तव्य यह है कि वह इस व्यवस्था को बनाए रखे और परिवार की पूरी देखभाल करे।

इक्कीसवीं सदी के आरम्भ में जिस सभ्य, सुसंस्कृत और आधुनिक देश के न्यायाधीशों का स्त्री के प्रति ऐसा दृष्टिकोण हो वहाँ के सामान्य रूढ़िवादी पुरुष की मानसिकता का अनुमान लगाना बिलकुल मुश्किल नहीं है। यही वह बिन्दु है जहाँ से तेन्दुलकर के नाटकों में स्त्री-पुरुष के सम्बन्धों में प्रदर्शित यौनाचार और हिंसा के अतिरेक को सही सन्दर्भ में समझा जा सकता है। ऐसे समय और समाज में कतई अस्वाभाविक और अजीब नहीं लगता कि मध्य प्रदेश के लुहारपुरा की बाजार हाट में किसी आदिवासी **कमला** को सरेआम सिर्फ़ ढाई सौ रुपए में खरीदा या बेचा जा सकता है। चौंकानेवाली बात तो यह भी नहीं है कि तेन्दुलकर के इसी नाटक में दान-दहेज और तथाकथित मान-सम्मान के साथ एक सभ्य और सम्भ्रान्त परिवार में ब्याही गई सुशिक्षित और आधुनिक पत्नी सरिता की वास्तविक स्थिति भी गुलाम कमला से बिलकुल भिन्न नहीं है।

यहाँ भीष्म साहनी के बहुचर्चित नाटक **माधवी** का उल्लेख करना भी आवश्यक है। महाभारतकालीन पौराणिक परिवेश के इस नाटक में ययाति अपने महादानी होने की छवि को बनाए रखने के लिए चिर-कौमार्य एवं अनेक दिव्य-दुर्लभ गुणों से सम्पन्न अपनी अनिंद्य सुन्दरी बेटी माधवी को मुनिपुत्र गालव को दान में दे देता है। गालव सफेद शरीर और काले कानोंवाले आठ सौ विरल घोड़े गुरुदक्षिणा में देने की अव्यावहारिक-अतार्किक प्रतिज्ञा को पूरा करने के लिए उसे दो-दो सौ

अश्वमेधी घोड़ों के बदले क्रमशः अयोध्या, काशी और भोज नगर के निपूते राजाओं के रनिवास में चक्रवर्ती पुत्र पैदा करने के लिए भेज देता है। शेष दो सौ घोड़ों के लिए गालव को उसे अपने गुरु विश्वामित्र को सौंपने में भी संकोच नहीं होता। दो सौ घोड़ों के बदले माधवी के खरीदार राजा हर्यश्च के राज-ज्योतिषी द्वारा गालव और भरी सभा के सामने उसके अंगों-प्रत्यंगों की जाँच-परख करने का प्रसंग तो सचमुच दिल हिला देनेवाला है। राज-ज्योतिषी माधवी की पीठ, कमर, नाभि, जीभ, हथेली और उसके कपोलों, नेत्रों, केशों, दाँतों, हाथ-पैर की उँगलियों, तालू, होंठ, कंठ-स्वर और स्वभाव ही नहीं स्तनयुगल और नितम्बों तक को छू-छूकर और इनकी विशेषताएँ बताकर उसे चक्रवर्ती पुत्र उत्पन्न करने योग्य सिद्ध करता है, तभी राजा उसे खरीदता है। परन्तु माधवी की त्रासदी यहीं खत्म नहीं होती। विडम्बना तो यह है कि स्वयं गालव के गुरु ऋण चुकाने की इस प्रक्रिया में बूढ़ी हो चली माधवी को अन्त में स्वयं गालव ही स्वीकार करने में हिचकिचाने लगता है। गुरु की भोग्या कहकर एक ओर मर्यादा के नाम पर यदि उससे जान छुड़ाना चाहता है तो दूसरी ओर माधवी यदि अनुष्ठान से पुनः कौमार्य प्राप्त कर ले तो वह उसे पाने के लिए लालायित भी है। पुरुष द्वारा अपनी स्वार्थपूर्ति के लिए स्त्री को इस्तेमाल करने की यह रोमांचक कथा थोड़े-बहुत हेर-फेर के साथ आदिम युग से आज तक किसी-न-किसी रूप में बार-बार दोहराई जाती रही है। परन्तु महत्त्वपूर्ण बात यह है कि भीष्म साहनी की यह आधुनिक माधवी अपने प्रिय/गालव का यह घोर स्वार्थी एवं आत्मसीमित रूप देखकर स्वयं ही उसे वहीं छोड़ विशाल दुनिया में अपनी सही जगह और पहचान ढूँढ़ने निकल पड़ती है। ठीक इसी तरह विजय तेन्दुलकर की जो स्त्री (वेणारे) छठे दशक के **खामोश! अदालत जारी है** में अपना विरोध/स्पष्टीकरण स्वगत में मन-ही-मन सोचकर चुप रह गई थी, वही स्त्री (सरिता) नौवें दशक में **कन्यादान** में काका साहब से अधिकार और आवेशपूर्वक साफ-साफ यह सवाल पूछती है कि, "आदमी बड़ा होता है अगर, तो वो बड़ा आदमी क्यों नहीं होता? वो मालिक ही क्यों हो जाता है?" वह विश्वासपूर्वक घोषित करती है कि "एक वो दिन भी आएगा, जब मेरा गुलाम बने रहना रुक जाएगा। मैं तब इस्तेमाल करके फेंक देनेवाली चीज़ नहीं रहूँगी काका साहब। मैं अपनी इच्छा से जीऊँगी और कोई भी मुझ पर अपना अधिकार नहीं जतला पाएगा। वह दिन ज़रूर आएगा। उस दिन की खातिर मुझे जो भी कीमत चुकानी पड़ेगी, मैं चुकाऊँगी।" यह सच है कि इसके बाद पारम्परिक संस्कारों में आबद्ध सरिता अपने पराजित और नशे में धुत्त पति जयसिंह के जूते उतारती है। परन्तु इस सच को भी अनदेखा नहीं किया जाना चाहिए कि नाटक खत्म होने से ठीक पहले 'उसकी आँखें दूर देख रही हैं। उनमें अथाह शान्ति और मुँह पर निश्चय की चमक' है। वास्तव में स्त्री की आँखों का सपना और उसे सच

करने के लिए मुँह पर निश्चय की चमक ही वह मूलाधार है जिससे इस दुर्व्यवस्था के बदलने और स्त्री-पुरुष की सम्यक् समता पर आधारित किसी वास्तव में स्वस्थ, सन्तुलित और न्यायोचित समाज के आने की कल्पना हम कर सकते हैं। भविष्य का यही सपना इस दुनिया को बेहतर, सुन्दर और रहने योग्य बना सकता है।

जहाँ तक आधुनिक रंगकर्म में स्त्री की भूमिका और पहचान का सवाल है—यह एक महत्त्वपूर्ण तथ्य है कि स्त्री ने स्वयं नाटककार, निर्देशक, अभिनेता, पार्श्वकर्मी और समीक्षक-दर्शक बनकर रंगकर्म के प्रत्येक क्षेत्र में अपनी अलग जगह और प्रतिष्ठा प्राप्त की है। संवेदना, वैचारिकता और कल्पनाशीलता की दृष्टि से पुरुषों के मुकाबले स्त्रियों के रचनाकर्म में एक रूप-गुणात्मक अन्तर को साफ़ तौर पर देखा-पहचाना जा सकता है। शायद इसीलिए मुझे लगता है कि महिला नाटककारों द्वारा चित्रित स्त्री चरित्रों की जाँच-पड़ताल किए बिना यह आलेख पूरा नहीं हो सकता। इस सन्दर्भ में एक उल्लेखनीय तथ्य यह है कि संख्या की दृष्टि से हिन्दी में महिला नाटककारों की स्थिति अन्य भारतीय भाषाओं के मुकाबले बहुत अच्छी है। परन्तु आश्चर्य होता है यह देखकर कि पुरुष नाटककारों द्वारा चित्रित सावित्री (आधे-अधूरे), शीलवती (सूर्य की अन्तिम किरण से...), देवयानी (देवयानी का कहना है), माधवी (माधवी), गान्धारी (अन्धायुग, कोमल गान्धार) और शुभा (हस्तिनापुर*) जैसे उग्र दुःस्साहसी, आक्रामक और विद्रोही चरित्र किसी भी महिला नाटककार की कलम से चित्रित नहीं हुए हैं। उनकी स्त्रियाँ अपने क्रोध और विरोध में भी अपेक्षाकृत अधिक सहज, संयत, शालीन, संवेदनशील और मानवीय हैं। उदाहरण के तौर पर शान्ति मेहरोत्रा के **ठहरा हुआ पानी,** मन्नू भंडारी के **बिना दीवारों के घर**, मृदुला गर्ग के **एक और अजनबी,** मीरा कांत के **नेपथ्य राग** और मृणाल पांडे इत्यादि के किसी भी नाटक की स्त्रियों को देखा जा सकता है। इस सन्दर्भ में एक दिलचस्प तथ्य यह भी है कि इन्हीं महिला लेखकों के कथा साहित्य में मित्रो (मरजानी) जैसी कई दबंग, विद्रोही और दुस्साहसी स्त्रियों को चुनौतीपूर्ण रूप-रंग में साफ़ तौर से लक्षित किया जा सकता है।

इस सबके बावजूद कुछ नाटक हैं जो मुख्यतः स्त्री केन्द्रित हैं और उनकी लेखिकाओं ने उन्हें बड़ी संवेदनशीलता और कुशलता से चित्रित किया है। डॉ. कुसुम कुमार का **सुनो शेफ़ाली** इस दृष्टि से एक महत्त्वपूर्ण रचना है। हरिजन युवती शेफ़ाली एक आत्मसम्मानी और सुदृढ़ व्यक्तित्व वाली नायिका है जो सत्ताधारियों, समाज- सेवकों, पूँजीपतियों और भ्रष्टाचारियों के खिलाफ़ अकेले दम लड़ने का हौसला रखती है। वह प्रेम और उदारता के नाम पर उसका जातिवादी राजनीतिक इस्तेमाल करने को आतुर सत्यमेव दीक्षित जैसे घाघ नेता और उसके रीढ़हीन बेटे

बकुल के सामने चुनौती बनकर खड़ी हो जाती है। परन्तु अन्त में वही शेफ़ाली अपनी सारी पीड़ा, ग्लानि और विरोध-आक्रोश-भावना के बावजूद अपने प्रेमी बकुल के साथ अपनी छोटी बहन किरन के छलपूर्ण विवाह पर चुपचाप उन्हें क्यों और कैसे आशीर्वाद दे देती है—समझ में नहीं आता! ऐसा लगता है जैसे शेफ़ाली सिर्फ अपने आपको इस्तेमाल होने देने के विरुद्ध एक छोटी और निजी लड़ाई लड़ रही है। वह शोषण की ताकतों और उनके हथकंडों के खिलाफ कुछ कहने-करने के बजाय पलायन का रास्ता अपनाती है और निर्णायक क्षणों में एक आत्मघाती-सा मौन साध लेती है। नाटक एक पराजित, हताश और अन्धकारपूर्ण क्षण में शेफ़ाली को अकेला छोड़ समाप्त हो जाता है। यह पता नहीं लग पाता कि यहाँ लेखिका पुरुष के विरुद्ध स्त्री की निरीहता एवं अभिशप्त नियति को रेखांकित करना चाहती हैं या यह सिद्ध करना चाहती हैं कि अकेली लड़ाई चाहे वह कितनी भी ईमानदार, नैतिक और सच्ची हो समाज और व्यवस्था को तोड़ती नहीं स्वयं गरिमामय होते हुए भी टूट जाती है—अर्थहीन हो जाती है? इस बिन्दु पर यहाँ सर्वेश्वर दयाल सक्सेना के नाटक **लड़ाई** के नायक सत्यव्रत के त्रासद अन्त को भी याद किया जा सकता है।

इरपिन्दर पुरी/भाटिया का पुरुष-चरित्र-विहीन नाटक **बलमजी तुम आगे मैं पीछे** औरत की जिन्दगी को कई कोणों से देखने-दिखाने के लिए केन्द्रीय चरित्र पुष्पा के साथ-साथ लक्ष्मी, सरोज, पार्वती, कुसुम और खासकर धोबिन तथा नई पीढ़ी की साहसी वन्दना को भी पूरक या समान्तर चरित्रों के रूप में प्रयोग करता है। लेखिका का मूल विचार शायद 'करवा चौथ' की कथा के अनुष्ठानात्मक सन्दर्भ में धोखेबाज़ पति की अन्तहीन प्रतीक्षा करती मूर्ख पत्नी का मजाक उड़ाते हुए एक व्यंग्यात्मक प्रहसन लिखने का था, परन्तु कालान्तर में स्त्री के प्रति सहानुभूति हो जाने के कारण रचना का स्वरूप एवं तेवर बदल गया। नाटक सफल नहीं हो सका, परन्तु एक स्त्री द्वारा स्त्री-जीवन को बाहर-भीतर से देखने-दिखाने की ईमानदार कोशिश और सच्चाई के कारण एक उल्लेखनीय रचना अवश्य बन गया।

स्त्री की स्थिति और नियति तथा व्यापक मानवीय-सामाजिक सरोकारों से सम्बद्ध लगातार सार्थक नाट्य-लेखनरत रहने के कारण समकालीन हिन्दी रंग-परिदृश्य में लेखिका-निर्देशिका त्रिपुरारी शर्मा का विशिष्ट स्थान है। सामन्ती मूल्यों और परम्परागत रूढ़ियों का विरोध करते हुए अपने अधिकारों के लिए संघर्षरत औरत की कहानी को त्रिपुरारी ने अपने नाटक **बहू** का उद्देश्य बनाया। परन्तु नाटक में एकाग्रता और अन्विति की कमी है। **बहू** आरम्भ में एक आधुनिक एवं जागरूक विद्रोही स्त्री का नाटक है, मध्य में देह की माँगों के सामने एक कमज़ोर-बेबस औरत का और अन्त में लड़ाई का असली मोर्चा छोड़कर अपने पलायन को आभामंडित

करनेवाली नारी का। 'बहू' का विरोध, प्रतिशोध तथा संघर्ष केवल आवेशजन्य और क्षणिक है—इसीलिए दर्शक-पाठक को कहीं दूर या भीतर तक उद्वेलित नहीं कर पाता।

त्रिपुरारी शर्मा का नाटक **रेशमी रूमाल** आम हिन्दुस्तानी परिवारों में स्त्रियों की घुटन, कुंठा, पीड़ा और विडम्बना को उभारता है। मौजूदा पारिवारिक-सामाजिक ढाँचे में स्त्री जीवन की विसंगतियों को कई कोणों एवं स्तरों से देखने-दिखाने की कोशिश इस नाटक में की गई है। कढ़ाई, बुनाई, सिलाई, तीज-त्यौहार और लोकगीत, नारी जीवन को स्वस्थ और सन्तुलित बनाए रखनेवाले सुरक्षा-द्वार हैं। परिवेश एवं सम्बन्धों की घुटन और त्रासदी के रूप की दृष्टि से यह नाटक लोर्का के **द हाउस ऑफ़ बर्नाडा अल्बा** तथा मोहन राकेश के **आधे-अधूरे** की याद दिलाता है।

इस सन्दर्भ में त्रिपुरारी शर्मा के नाटक **सन् सत्तावन का किस्सा : अजीजुन निसा** का एक अलग और महत्त्वपूर्ण स्थान है। महिमामय इतिहास-पुरुषों से भरे सन् अट्ठारह सौ सत्तावन के गहरे अध्ययन और अनुसन्धान के बाद लेखिका ने कानपुर की एक ऐसी तवायफ़ को ढूँढ़ निकाला जो अपना कोठा छोड़ सिपाही बनकर आज़ादी की लड़ाई के मैदान में आ खड़ी हुई थी। अजीजुन का यह किस्सा ब्रिटिश सरकार के वफ़ादार सिपाही शमसुद्दीन के समर्पित प्यार के साथ-साथ उस समय के उन हालात पर भी रोशनी डालता है जिनकी वजह से मंगल पांडे की तरह न जाने कितने शमसुद्दीन जैसे आत्मसम्मानी और धर्मनिष्ठ सिपाहियों ने बग़ावत में अंग्रेजी सत्ता के खिलाफ़ बन्दूक उठा ली थी। तवायफ़ से सिपाही बनी और ख़ुद को पूरा सिपाही सिद्ध करने की हर सम्भव कोशिश के बावजूद जब अजीजुन अलीखान द्वारा पराजित होने के बाद सिर्फ इसलिए ज़िन्दा छोड़ दी जाती है कि वह एक औरत है—तो अजीजुन को बेहद अफसोस होता है कि वह पूरी तरह सिपाही नहीं बन सकी। बाजीराव और नाना साहब जैसे विख्यात चरित्रों के सामने अजीजुन निसा जैसी लगभग गुमनाम तवायफ़ को अपने नाटक का केन्द्रीय चरित्र बनाकर और यह सवाल उठाकर कि "क्या स्त्री केवल पुरुष बनकर ही स्वयं को प्रमाणित कर सकती है?" त्रिपुरारी शर्मा ने एक महत्त्वपूर्ण रचनात्मक काम किया है। अजीजुन का यह सवाल अपने अधिकार और अलग पहचान के लिए लड़ रही आज की प्रत्येक स्त्री के अस्तित्व का एक बुनियादी और ज़रूरी सवाल है। इस सवाल से सीधी मुठभेड़ किए बिना परिवार हो या समाज स्त्री और पुरुष की सही-सही जगह, भूमिका और महत्ता को रेखांकित नहीं किया जा सकता। प्रेमचन्द ने कहीं लिखा है कि पुरुष स्त्री के गुणों को अपनाकर देवता बन जाता है और स्त्री पुरुष के गुणों को अपनाकर राक्षसी बन जाती है। यह वक्तव्य आज कितना ही विवादास्पद या कि गलत ही क्यों न हो, भारतीय समाज के परम्परागत दृष्टिकोण का स्पष्ट संकेत तो करता ही है।

वैसे भी स्त्री का पुरुष बन जाना इस जटिल समस्या का कोई सम्यक् हल नहीं है। मीरा कान्त के नाटकों में आरम्भ से एक दमित, शोषित और बेबस स्त्री का त्रासद रूप ही दीखता रहा है। लेकिन अपने नाटक **उत्तर-प्रश्न** में उन्होंने यशोमती के रूप में एक संघर्षरत, जागरूक और पुरुष-सत्ता को चुनौती देने में समर्थ एक सबल चरित्र को बड़े साहस के साथ पेश किया है।

इस सन्दर्भ में उल्लेखनीय है कि स्त्री के 'वस्तु से व्यक्ति' बनने के लिए उसका सुशिक्षित, स्वतन्त्र, आत्मनिर्भर और जागरूक होना एक बुनियादी शर्त है। परन्तु विडम्बना यह है जैसे-जैसे स्त्री ने वह स्तर, रुतबा और स्थान पाया है वैसे ही वैसे पति-पत्नी में अहं और अधिकार की टकराहट भी तेजी से बढ़ी है। परिणामस्वरूप विवाह नामक संस्था और घर-परिवार की व्यवस्था के लिए विध्वंसक एवं विस्फोटक स्थितियों का अनुपात भी तेजी से बढ़ता गया है। पति-पत्नी के सम्बन्धों में आए और लगातार आ रहे ऐसे परिवर्तनों को मोहन राकेश और सुरेन्द्र वर्मा के नाटकों से लेकर आज के नए नाटककार अजय शुक्ल के **दूसरा अध्याय** तथा संजय चौहान के **किसी शाम यूँ ही** जैसे नाटकों में आसानी से देखा जा सकता है।

इस विषय में एक दुर्भाग्यपूर्ण सत्य यह भी है कि अपनी अशिक्षा और पिता, भाई, पति और पुत्र-पुरुष के किसी भी रूप पर निर्भरता की आजन्म विवशता के कारण जो स्त्री सदियों से दमित, शोषित और गुलाम बनी रही—आज वह आधुनिकता और आत्मनिर्भरता के नाम पर स्वेच्छा से 'वस्तु' बनने की स्थिति का वरण कर रही है। फ़िल्म, टी.वी., इंटरनेट, ग्लैमर पत्रिकाएँ, फैशन शो और विज्ञापन—मीडिया के किसी भी क्षेत्र एवं रूप में स्त्री की इस अल्पवस्त्रा अथवा निर्वस्त्रा सस्ती छवि को कहीं और कभी भी देखा जा सकता है। पहले जिस पुरुष को सत्ता, व्यवस्था, स्वामित्व और दमन, अत्याचार-शोषण का मूर्त रूप या प्रतीक माना जाता था, अब उसकी जगह पैसे ने ले ली है और उसके लिए केवल पुरुष ही नहीं बल्कि एक स्त्री भी दूसरी स्त्री का या स्वयं अपना इस्तेमाल करने में भी चूकती नहीं।

आधुनिकता के नाम पर आजन्म अकेले रहने, अविवाहित होकर भी साथ-साथ रहने, तलाक के बाद दूसरा-तीसरा विवाह करने, विवाहेतर सम्बन्ध रखने, स्वच्छन्द यौनाचार और समलैंगिकता (दोनो वर्गों में) इत्यादि जैसे तथाकथित अत्याधुनिक प्रयोग भी स्थायी, स्वस्थ आत्मीय, व्यवस्थित और सुरक्षित घर का कोई स्थायी एवं सही विकल्प नहीं दे पाए हैं और यह निश्चित है कि जब तक इस विवाह-संस्था का कोई सम्यक् विकल्प नहीं मिलता, परिवार और समाज में किसी नैतिक और न्यायसंगत व्यवस्था के बनने की कोई सम्भावना नहीं है। इस विषय की यही मूल समस्या और चुनौती है और दुर्भाग्य से समाज तथा रचना में किसी ने भी इससे सीधे टकराने की कोई गहन-गम्भीर एवं अर्थपूर्ण कोशिश नहीं की है।

खंड-2

संस्कृत नाटक : समकालीन प्रयोग-परम्परा

संस्कृत नाटक और रंगमंच की परम्परा विश्व की प्राचीनतम एवं समृद्ध परम्पराओं में से एक है। भरत के **नाट्यशास्त्र** जैसा रंगकर्म के सर्वांगीण विवेचन-विश्लेषण का सूक्ष्म और विशद ग्रन्थ शायद ही कोई और हो। महाकवि भास से लेकर शूद्रक, कालिदास, अश्वघोष, हर्षवर्द्धन, भवभूति, विशाखदत्त, भट्टनारायण, मुरारि और राजशेखर तक रंग-प्रयोगों की जो वैविध्यपूर्ण एवं सम्पन्न संस्कृत नाट्य-परम्परा अविरल चलती रही, वह राजनीतिक-सामाजिक कारणों से दसवीं शताब्दी तक आते-आते विच्छिन्न हो गई।

उन्नीसवीं सदी के पूर्वार्द्ध में अंग्रेज़ी थिएटर के प्रभाव से जब विभिन्न भारतीय भाषाओं में भारतीय रंगमंच को फिर से जीवित करने के प्रयास शुरू हुए तो ज़ाहिर है कि शेक्सपियर के अंग्रेज़ी नाटकों के अतिरिक्त हमारे पास संस्कृत के ही कुछ बचे हुए नाट्यालेख उपलब्ध थे। अतः यह बिलकुल अस्वाभाविक नहीं है कि बांग्ला, मराठी, कन्नड़, गुजराती, तमिल, तेलुगु और हिन्दी भाषाओं के आरम्भिक दौर में शेक्सपियर और संस्कृत नाटकों के अनुवाद या रूपान्तर ही अभिमंचित किए गए। इनके बाद मौलिक नाट्य-लेखन का दौर आया।

ऐतिहासिक दृष्टि से हम जानते हैं कि आधुनिक बांग्ला रंगमंच पर पहला उल्लेखनीय रंग-प्रयोग रूसी यात्री गैरासिम लेबदेब ने 27 नवम्बर, 1795 को जोडरेल के अंग्रेज़ी प्रहसन **द डिसगाइज़** के बांग्ला रूपान्तर **छद्मवेश** के रूप में किया था। परन्तु इसकी कोई परम्परा नहीं बन सकी। आधुनिक बांग्ला नाटक की परम्परा का वास्तविक श्रीगणेश 1831 में स्थापित 'हिन्दू थिएटर' से हुआ। इसने प्रसन्न कुमार टैगोर के गार्डन हाउस में 21 दिसम्बर, 1831 को भवभूति के संस्कृत नाटक **उत्तर रामचरित** के एच.एच. विल्सन कृत अंग्रेजी अनुवाद के साथ शेक्सपियर के **जूलियस सीज़र** के कुछ अंशों को भी अभिमंचित किया। 'विद्यातोषिणी थिएटर' ने 11 अप्रैल, 1857 को भट्ट नारायण के **वेणीसंहार** (अनु. राम नारायण तर्करत्न), काली प्रसन्न द्वारा अनूदित कालिदास के **विक्रमोर्वशी** और भवभूति के **मालती माधव** के बांग्ला रूप क्रमशः प्रस्तुत किए। 'बेलगाछिया थिएटर' ने पहली प्रस्तुति के रूप में श्रीहर्ष की रचना **रत्नावली** के रामनारायण तर्करत्न कृत बांग्ला अनुवाद को 31 जुलाई, 1858

को प्रदर्शित किया। 'पथुरिया घाट रंगमंच' ने 1859 में कालिदास के **मालविकाग्निमित्र** के यतीन्द्र मोहन टैगोर द्वारा किए अनुवाद को अभिमंचित किया तो 1890 में 'रॉयल बंगाल थिएटर' ने भी कालिदास के **शकुन्तला** को क्वीन विक्टोरिया के सामने प्रस्तुत कर सम्मान पाया।

मराठी में 'किर्लोस्कर नाटक मंडली' ने अपने नियमित व्यावसायिक रंगकर्म का श्रीगणेश 31 अक्टूबर, 1880 को प्रदर्शित कालिदास के **अभिज्ञान शांकुतलम्** के प्रस्तुतीकरण से किया। उन्नीसवीं सदी के अन्त में कन्नड़ के नए रंगान्दोलन की शुरुआत भी संस्कृत नाटकों के अनुवादों-रूपान्तरणों से ही हुई। हिन्दी में भारतेन्दु हरिश्चन्द्र ने संस्कृत के सुविख्यात **मुद्राराक्षस** के अतिरिक्त **धनंजय विजय, कर्पूर मंजरी** इत्यादि के अनुवाद और शेक्सपियर के 'मर्चेंट ऑफ़ वेनिस' के **दुर्लभ बंधु** के नाम से हिन्दी रूपान्तरण किए थे। **पारसी थिएटर** में भी संस्कृत नाटकों के हिन्दी-उर्दू अनुवादों या उनकी कहानियों के पुनर्लिखित रूपों को शेक्सपीरियन अथवा पारसी शैली में अभिमंचित किया गया। 'पृथ्वी थिएटर' ने अपनी पहली नाट्य-प्रस्तुति के रूप में 15 जनवरी, 1944 को बम्बई के ओपेरा हाउस में **शकुन्तला** का ही प्रदर्शन किया था। कलात्मक दृष्टि से पूरी तरह सफल न होने के बावजूद दर्शकों में लोकप्रिय होने के कारण इसके 212 प्रदर्शन किए गए थे। ध्यान देने योग्य तथ्य यह है कि इस दौर के अधिकांश लेखकों ने संस्कृत नाटकों की कहानियाँ लेकर उनका हिन्दुस्तानी/उर्दू पुनर्लेखन करके उन्हें शेक्सपीरियन या पारसी नाट्य-शैली में प्रदर्शित किया।

परन्तु स्वतन्त्रता के बाद जब संगीत नाटक अकादेमी की स्थापना हुई और राष्ट्रीय स्तर पर समकालीन भारतीय रंगकर्म की महत्त्वपूर्ण समस्याओं एवं नैजिक-मौलिक रंगशैली की तलाश को लेकर गम्भीर चिन्तन-मनन किया गया, तो अपनी जड़ों की खोज में हमारा ध्यान अपनी समृद्ध संस्कृत और लोक/पारम्परिक नाट्य-परम्परा की ओर गया। दसवीं शताब्दी के आसपास जो संस्कृत नाटक की जीवन्त नाट्य-परम्परा प्रायः समाप्त हो गई थी, उसका कोई जीवित रंग-रूप आधुनिक रंगकर्मी को प्रेरित-प्रोत्साहित करने के लिए उपलब्ध नहीं था। संस्कृत नाटक के अवशेष केरल के **कूडियाट्टम** जैसे अर्द्धशास्त्रीय या कुछ प्रादेशिक लोक-नाट्य रूपों में बचे रह गए थे। शास्त्रीय नाट्य-शैली को जानने के केवल दो ही साधन थे। एक, भरतमुनि का नाट्यशास्त्र और दूसरा, संस्कृत के नाट्यालेखों में ही निहित उसके स्थापत्य की खोज और प्रयोगों के माध्यम से सीधे-सीधे मुठभेड़ करके उसके रंग-शिल्प का अनुसन्धान।

पहला रास्ता अपेक्षाकृत अकादेमिक था, जिस पर संस्कृत और काव्य-शास्त्र के प्रकांड पंडितों ने चलकर एक-एक सूत्र एवं शब्द की सूक्ष्म और गहरी छानबीन करके

बहुमुखी विस्तृत व्याख्याएँ कीं। इससे हमने पाया कि संस्कृत की नाट्यधर्मी अभिनय शैली के अन्तर्गत भरतमुनि के **नाट्यशास्त्र** और आचार्य नन्दिकेश्वर के **अभिनय दर्पण** में अभिनेता के अंगों (सिर, हाथ, वक्ष, पार्श्व, कमर और पैर) उपांगों (आँखें, भौंहें, नाक, अधर, कपोल और चिबुक) तथा प्रत्यंगों (गर्दन, भुजाएँ, पीठ, पेट, जंघा इत्यादि) की मुद्राओं एवं गतियों का विस्तृत विवेचन किया गया है। आंगिक अभिनय के अन्तर्गत नौ प्रकार के शिर संचालन, आठ प्रकार की दृष्टि-भंगिमाओं और लगभग तीस प्रकार की हस्त-मुद्राओं का उल्लेख मिलता है। कटि, पार्श्व, ऊरु, जंघा तथा पाद द्वारा होनेवाले अभिनय के समीकरण को 'चारी' कहा गया है। पाद-संचार और हस्त-संचार के समन्वित प्रयोग से दृश्य-सौष्ठव की सृष्टि होती है। नृत्य-कला और नाट्य-कला दोनों में चारी का महत्त्वपूर्ण स्थान है। भरत के मतानुसार तो नाट्य की स्थिति ही चारी में होती है। नाट्यधर्मी शैली का यह शास्त्रीय रंग-विधान अत्यन्त जटिल एवं विस्तृत है।

संस्कृत नाट्यालेखों के भीतर से उसके स्थापत्य और रंग-प्रस्तुति के आन्तरिक रंगविधान को खोजने का प्रयास किया तो देखा कि संस्कृत नाट्य मूलतः शब्दाश्रित और अभिनेता-प्रधान है। यह उत्सवधर्मी-अनुष्ठानात्मक रंगमंच है जो नांदी पाठ, सूत्रधार, नट-नटी, स्वगत कथन, आकाशभाषित, जनान्तिक, विदूषक, वर्जित दृश्य, भरत-वाक्य जैसी अनेक नाट्य-रूढ़ियों से बँधा है। इसमें एक ही दृश्य में दो-तीन दृश्य एक साथ भी प्रस्तुत होते हैं। इसलिए अभिनय-स्थल दृश्य-बन्ध और स्थूल रंग उपकरणों से प्रदर्शित नहीं किए जा सकते। उन्हें सादे मंच पर कक्षा-विभाजन के माध्यम से ही दिखाया जा सकता है। यहाँ पश्चिमी नाटक की तरह काल, स्थान और कार्य की अन्विति के लिए कोई स्थान नहीं है। समग्र-प्रभाव की एकाग्रता और रस पर बल है। समय, स्थान और परिवेश का निर्देश यहाँ काव्य-शक्ति द्वारा किया जाता है और इस प्रकार रचनाकार अपने सहृदय प्रेक्षक की कल्पनाशीलता एवं ग्रहण-क्षमता पर पूरा भरोसा करता है।

जब भारतीय नाट्य-कर्म में नई रंग-चेतना का उदय हुआ और कुछ प्रबुद्ध विद्वानों एवं जागरूक रंगकर्मियों ने संस्कृत, पारम्परिक और लोक नाटकों के माध्यम से आधुनिक भारतीय रंग-शैली की गम्भीर तलाश शुरू की तो व्यावहारिक स्तर पर कई समस्याओं का सामना करना पड़ा। हमारे अधिकांश निर्देशक पश्चिमी नाट्य-शैलियों से प्रभावित थे और अभिनेता यथार्थवादी अभिनय पद्धति के अभ्यस्त थे। संस्कृत भाषा का शुद्ध उच्चारण करके उसकी लक्षणा-व्यंजना को प्रेक्षक तक सम्प्रेषित करने में समर्थ तथा अपने अंगों-उपांगों की बहुसंख्य मुद्राओं, अंगहार, करण और चारी जैसी सभी नट-क्रियाओं में प्रवीण कलाकारों का अभाव था। हमें उस अभिनेता-वर्ग की जरूरत थी, जो शास्त्रीय न सही, किन्तु नृत्य और गायन का

व्यावहारिक ज्ञान तथा अनुभव अवश्य रखता हो। इन नाटकों की प्रस्तुति के उपयुक्त रंगशालाएँ भी नहीं थीं और न ही ऐसा प्रेक्षक-वर्ग मौजूद था, जो उन सभी कलाओं- विधाओं का ज्ञाता होने के साथ-साथ उनका आस्वाद ग्रहण करने योग्य सहृदयता और संवेदनशीलता भी रखता हो। संस्कृत नाट्य-काल में अनधिकारी प्रेक्षक के लिए रंगशाला में प्रवेश पाना सम्भव नहीं था। वह विशिष्ट कला अभिरुचि और सौन्दर्यबोध युक्त सम्भ्रान्त वर्ग का रंगमंच था, जिसका समकालीन जनतान्त्रिक समय के आम आदमी के सर्वसुलभ रंगकर्म से तालमेल बैठाना लगभग असम्भव था।

संस्कृत अब सर्वसाधारण के बोलचाल की भाषा नहीं रह गई थी। इसलिए इन नाटकों के हिन्दी और अन्य प्रादेशिक भाषाओं में सम्यक् रंग-अनुवादों की ज़रूरत महसूस की गई। यह साधारण समस्या नहीं थी। अनुवाद में मूल नाटक की काव्य-गरिमा, संवेदनशीलता, बिम्बमयता और प्रभविष्णुता की पूर्णतः रक्षा करना उसकी बुनियादी शर्त है। उसमें आज के समय के बोलचाल की लय और मुहावरे का निर्वाह भी होना चाहिए। संस्कृत नाटककार ने गद्य और पद्य का साभिप्राय प्रयोग किया है। इसलिए अनुवादक को भी यथासम्भव ये भेद बनाए रखना चाहिए। संस्कृत नाटक के अनुवाद की अपेक्षाएँ कठिन हैं, सम्भवतः इसीलिए प्रायः कहा जाता है कि भाषा का श्रेष्ठ कवि ही एक सफल रचनात्मक अनुवाद कर सकता है। दुर्भाग्य से हिन्दी में ऐसे अच्छे अनुवाद कम ही हुए हैं। इसलिए प्रस्तुतीकरण से पहले संस्कृत नाटकों की प्रमुख समस्या थी/है—अनुवाद और सम्पादन।

संस्कृत नाटकों के हिन्दी अनुवाद की इस प्रक्रिया में मोहन राकेश जैसे प्रबुद्ध एवं श्रेष्ठ नाटककार ने अनुभव किया कि संस्कृत का समास-प्रधान रूप उस भाषा की अभिव्यंजना को बढ़ाने में जितना सहायक है, शायद उतना ही उसके सहज सम्प्रेषण में बाधक भी है। उस भाषा की आन्तरिक प्रकृति आज की भाषा से इतनी अलग है कि आज की किसी भी भाषा में उसका अनुवाद—कई-कई स्तरों पर—एक चुनौती बन जाता है। ऐसे में अनुवाद या तो मूल से काफी स्वतन्त्रता लेने लगता है या फिर मूल की संश्लिष्ट अभिव्यक्तियों को बिलकुल ही बचा जाता है। स्पष्ट है कि इस प्रकार के दोनों ही तरह के प्रयत्नों से समुचित और श्रेष्ठ नाट्यानुवाद सम्भव नहीं हो पाता। दोनों भाषाओं का प्रकृतिगत अन्तर और बोलचाल की लय का भेद अनुवाद की सबसे बड़ी समस्या है।

अनुवाद के साथ ही जुड़ी हुई दूसरी महत्त्वपूर्ण समस्या है—सम्पादन या संक्षिप्तीकरण की। आज के प्रेक्षक में समय और धैर्य की बहुत कमी है। वह डेढ़-दो घंटे से अधिक लम्बा नाटक नहीं देखना चाहता। इसलिए संक्षिप्तीकरण जरूरी हो जाता है। यह कार्य अनुवादक अथवा निर्देशक कोई भी कर सकता है। परन्तु उसे

इस बात का ध्यान अवश्य रखना चाहिए कि संस्कृत नाटककार का प्रमुख बल 'क्या' के कुतूहल के बजाय 'कैसे' की जिज्ञासा पर तथा कहानी के बजाय रस पर है। आलेख का सम्पादन करते समय हर हालत में रस-भंग की स्थिति से बचना ही चाहिए।

छठे दशक की समाप्ति से पहले ही शास्त्र और प्रयोग के बीच एक गम्भीर, सार्थक और रचनात्मक संवाद की जरूरत महसूस की गई। **नाट्य-शास्त्र** को रूढ़ सिद्धान्त विवेचन के बजाय नाट्य प्रदर्शन के व्यवहार और प्रयोग के युगानुरूप परिवर्तित एवं विकसित होनेवाले शास्त्र के रूप में स्वीकार किया गया। स्वयं भरत ने अपने ग्रन्थ में नाट्य-प्रयोग की अनेक विधियों का व्यापक, विस्तृत और लगभग सम्पूर्ण विवेचन-विश्लेषण करने के बावजूद अपने ग्रन्थ के अन्त में यह कहा है कि, "इसमें जो बातें कहने से बच गई हों या न कही जा सकी हों, उन्हें विद्वज्जन लोक में विद्यमान विषयों तथा व्यवहारों/कार्यों के अनुरूप, उनकी समस्त सम्भावनाओं सहित, अपने प्रयोग में समाविष्ट कर लें।" यह कथन स्वयं ही संस्कृत के शास्त्रीय नाट्य में समयानुकूल संशोधन, परिवर्तन और परिवर्धन के लिए प्रयोग की अनन्त सम्भावनाओं के द्वार खोल देता है।

विदेश से पश्चिमी रंगमंच का गहन प्रशिक्षण एवं व्यापक अनुभव पाने के बाद स्वदेश लौटकर हबीब तनवीर ने अपनी प्राचीन नाट्य-परम्परा को जानने-समझने और देशज रंगकर्म को विकसित करने की जरूरत महसूस की। उन्होंने शास्त्रीय और लोक-शैली को दो जलरुद्ध खंडों में विभाजित करके देखने की प्रचलित धारणा को नकार दिया। कमलादेवी चट्टोपाध्याय की अध्यक्षता में 'भारतीय नाट्य संघ' द्वारा पहली महत्त्वपूर्ण राष्ट्रीय नाट्य संगोष्ठी में अपने कुछ समानचेता निर्देशकों-आलोचकों के साथ मिलकर हबीब तनवीर ने उस समय के सर्वाधिक लोकप्रिय और प्रतिष्ठित रंगकर्मियों द्वारा व्यापक स्तर पर अपनाए गए/जा रहे यथार्थवादी रंगमंच के मुकाबले पारम्परिक भारतीय नाट्य-परम्परा की तलाश पर बल दिया तो, शेष लगभग सभी प्रतिभागियों ने इन्हें उस संगोष्ठी में जबरदस्ती आ गए 'हताश घुसपैठिए' कहा। परन्तु दिलचस्प तथ्य यह भी है कि भारत में यथार्थवादी आधुनिक रंगकर्म के गम्भीर पुरोधा, प्रखर चिन्तक और शीर्षस्थ रंगकर्मी इब्राहिम अलकाज़ी तक ने यह स्वीकार किया कि, "पारम्परिक नाट्य-रूपों की मूल बुनावट ही दर्शकों तक अर्थ सम्प्रेषित करने का एक आन्तरिक और अविभाज्य अंग है।" कालान्तर में अपने लम्बे और समृद्ध रंगानुभव के बाद ब.व. कारन्त भी इस निष्कर्ष पर पहुँचे थे कि, "शास्त्रीय परम्परा और व्याकरण कभी स्थायी नहीं हो सकते। इसके विपरीत लोक रंगमंच चूँकि जीवन्त रंगमंच है, इसलिए आज हमें वही प्रेरणा दे सकता है, न कि शास्त्रीय रंगमंच। शास्त्रीय रंग-परम्परा का प्रयोग हम केवल दार्शनिकता या सिद्धान्त के स्तर पर ही

कर सकते हैं।...आज जिन्हें हम शास्त्रीय या क्लासिकल नाटक कहते हैं, उनका आधार भी उस समय के प्रादेशिक लोक-नाट्य ही रहे होंगे।''

इसी प्रकार के चिन्तन ने संस्कृत नाटकों के अभिमंचन के नए रंग-बोध और अभिनव प्रयोगों का मार्ग प्रशस्त किया।

यूँ तो हिन्दी के पहले पेशेवर नाट्य-दल 'हिन्दुस्तानी थिएटर' का पहला प्रस्तुतीकरण भी कालिदास के **अभिज्ञान शाकुन्तलम्** का बेग़म ज़ैदी कृत हिन्दुस्तानी रूपान्तर **शकुन्तला** ही था, जिसे 1956-57 में मोनिका मिश्र ने निर्देशित किया था। परन्तु इस क्षेत्र में गम्भीर मौलिक प्रयोगों की शुरुआत हबीब तनवीर के निर्देशन में इसी नाट्य-संस्था द्वारा 1958 में प्रस्तुत शूद्रक के प्रसिद्ध नाटक **मृच्छकटिकम्** के बेग़म ज़ैदी द्वारा किए गए हिन्दी अनुवाद **मिट्टी की गाड़ी** से हुई। इसके लिए हबीब तनवीर रायपुर से 'नाचा' लोक-नाट्य के छह छत्तीसगढ़ी लोक-कलाकार चुनकर दिल्ली लाए। इनसे निम्नवर्ग के पात्रों की भूमिकाएँ कराई गईं। गणिका बसन्तसेना के लिए भरतनाट्यम की सुप्रसिद्ध नृत्यांगना रेखा रेवड़ी का चुनाव किया गया और सम्भ्रान्त वर्ग के अन्य पात्रों के रूप में उस समय के दिल्ली रंगमंच के श्याम बहादुर (चारुदत्त), राजिन्दर नाथ/केवल कपूर (मैत्रेय), शाम अरोड़ा (शकार) और स्वयं हबीब तनवीर (शर्विलिक) जैसे श्रेष्ठ शहरी कलाकारों को मंच पर उतारा गया। संगीत, नृत्य और मूकाभिनय के लिए लगभग छह महीने तक एक नृत्य-शिक्षक और एक संगीतज्ञ से कलाकारों को इन कलाओं की विधिवत् शिक्षा दिलवाई गई। परन्तु विशेषज्ञों की देख-रेख में एक लम्बे और कठिन पूर्वाभ्यास के बाद तैयार हुई इस प्रयोगधर्मी प्रस्तुति के लिए अन्ततः निर्देशक को यह निर्देश देना पड़ा कि सभी अभिनेता प्रदर्शन में **नाट्य-शास्त्र** का अनुकरण करने के बजाय ''अपने मन से ऐसी मुद्राओं का बेधड़क प्रयोग करें जो आसानी से (आज के) दर्शक की समझ में आ सकें।''

मिट्टी की गाड़ी के इस प्रदर्शन में प्रयोग और शिल्प की अलग-अलग कई विशेषताएँ थीं, परन्तु समग्रतः इसमें रूप और शैलीगत एकता का अभाव था। निर्देशक द्वारा इसे 'नई नौटंकी' कहना और चरित्रों को अजीबोगरीब वस्त्र-विन्यास में प्रस्तुत करना खासे विवाद का कारण बना। अभिनय, समूहन, गति-विन्यास, अभिनटन और दृश्य उपकरणों के प्रयोग में भी स्तर-भिन्नता और मिली-जुली शैलियों के कारण समग्र-प्रभाव और रसास्वादन में भी बाधा पहुँची। परन्तु इस प्रस्तुति की सबसे बड़ी सीमा इसका अनुवाद थी, जो शायद अंग्रेजी अनुवाद से किया गया था और मूल से न्याय नहीं करता था।

परन्तु यह एक प्रयोग था जिसका मूल उद्देश्य समयानुकूल एक नए मुहावरे की तलाश भर था। सफलता या असफलता इसके लिए बहुत महत्त्वपूर्ण नहीं थी।

इस प्रयोग का उल्लेखनीय परिणाम यह हुआ कि निर्देशक ने अपनी कमियों-गलतियों को पहचाना और उसके लिए आगे का रास्ता कुछ अधिक स्पष्ट हुआ। याद रखने लायक तथ्य यह है कि अपने इस तथाकथित असफल प्रयोग के कारण ही हबीब कालान्तर में **मिट्‌टी की गाड़ी** के छत्तीसगढ़ी और **मुद्राराक्षस** के अंग्रेजी तथा छत्तीसगढ़ी में सराहनीय ऐतिहासिक रंग-प्रयोग करने में सफल हुए। इनके अतिरिक्त इन्होंने **उत्तर रामचरितम्** (भवभूति), **दुर्योधन** (भासत्रयी), **भगवद्‌ज्जुकीयम्** (बोधायन) और **वेणीसंहार** (भट्‌ट नारायण) की प्रयोगशील एवं चर्चित प्रस्तुतियाँ भी कीं।

यूँ तो शान्ता गांधी राष्ट्रीय नाट्य विद्यालय के प्रशिक्षित कलाकारों के साथ 1966 में ही भास के नाटक **मध्यम व्यायोग** के पंचानन पाठक कृत हिन्दी अनुवाद का प्रशंसनीय प्रदर्शन कर चुकी थीं, परन्तु 1978 में कावलम् नारायण पणिक्कर निर्देशित इस नाटक की मलयालम की, संस्कृत के सर्वाधिक निकट शास्त्रीय एवं लोक नाट्य-शैलियों पर आधारित, मौलिक रंग-शैली की प्रस्तुति ने अपनी समग्र प्रभावशीलता के कारण राष्ट्रीय पहचान बनाई। इनकी प्रस्तुतियों में केरल के नृत्य, संगीत, नाट्य-रूप, अभिनटन के साथ-साथ लयबद्ध संवाद-निवेदन, नृत्यवत् गतियों, शैलीबद्ध कल्पनाशील अभिनय, भव्य अनुष्ठान-सृष्टि के रचनात्मक संयोग से जैसा सौन्दर्यबोधयुक्त सम्मोहक सहज सम्प्रेषण होता है—वह अपने आपमें अद्‌भुत एवं अनूठा है। भास पणिक्कर के प्रिय नाटककार हैं। इनके नाट्यालेखों में उपज एवं उद्‌भावना की अपरिमित सम्भावनाएँ हैं, जिन्हें निर्देशक अपने मौलिक, चाक्षुष और ध्वनि-बिम्बों से मूर्त कर देता है। पणिक्कर की अन्य नाट्य-प्रस्तुतियों में **शाकुन्तलम्, कर्णभारम्, दूत-वाक्यम्, उरूभंगम्** और **विक्रमोर्वशीयम्** विशेष रूप से प्रशंसनीय हैं। इन्होंने संस्कृत नाटकों को मलयालम के अतिरिक्त संस्कृत और हिन्दी में भी प्रस्तुत किया है। राष्ट्रीय नाट्य विद्यालय के रंगमंडल के साथ इन्होंने महेन्द्र विक्रम के **मत्तविलास** तथा छात्रों के साथ भास के **उरूभंग** और **स्वप्नवासवदत्ता** एवं **प्रतिज्ञा यौगन्धरायण** के संयुक्त रूप **स्वप्नकथा** को हिन्दी में पूरी सफलता से प्रस्तुत किया है।

कन्नड़ और अन्य भारतीय लोक नाट्य तत्त्वों के साथ अपने वैविध्यपूर्ण प्रभावी नाट्य-संगीत के कल्पनाशील मौलिक रंग-प्रयोगों के लिए देश भर में सुप्रसिद्ध रंगकर्मी ब.व. कारन्त ने 1971 में कन्नड़ में प्रस्तुत कालिदास के **अभिज्ञान शाकुन्तलम्** से लेकर 1997 में प्रस्तुत **रघुवंश** पर आधारित **अग्निवर्ण** तक संस्कृत रचनाओं के साथ हिन्दी, बुन्देली, मालवी, संस्कृत और मलयालम में एक लम्बी रंग-प्रयोग यात्रा तय की है। राष्ट्रीय नाट्य विद्यालय, दिल्ली के छात्रों के लिए इन्होंने **मुद्राराक्षस** (विशाखदत्त), **भगवद्‌ज्जुकीयम्** (बोधायन), **अविमारक** (भास), **विक्रमोर्वशीयम्** (कालिदास) निर्देशित

किए। कालिदास के **मालविकाग्निमित्रम्** को बुन्देली और शूद्रक के **गारा की गाड़ी** को मालवी में खेलकर ब.व. कारन्त (भारत भवन रंगमंडल, भोपाल) ने भी हबीब तनवीर की तरह ही लोक-रंग से शास्त्रीयता का एक नया रिश्ता बनाने के दिलचस्प प्रयोग किए। भास के **पंचरात्र** को कारन्त ने त्रिचूर जाकर मलयालम में निर्देशित किया था।

मणिपुर के प्रतिभावान रंगकर्मी रतन थियम ने अपने प्रदेश की युद्ध कलाओं, नृत्यमयी मनोरम गतियों, ऊर्जस्वित अभिनय, चमत्कारी प्रखर बिम्ब रचना, दृश्यों और मनःस्थितियों को सघन करते संगीत के साथ पश्चिमी रंग-तकनीक का कल्पनाशील सृजनात्मक सामंजस्य करके जो प्रबल बिम्ब-प्रधान मौलिक रंग-शैली विकसित की है, उसे राष्ट्रीय ही नहीं, अन्तरराष्ट्रीय स्तर पर भी प्रसिद्धि और मान्यता प्राप्त हुई है। अपने लिखे मौलिक नाटकों के अतिरिक्त इन्होंने देश-विदेश के अनेक क्लासिकल एवं श्रेष्ठ आधुनिक नाटकों के मणिपुरी अनुवादों को भी अपनी मन्त्र-मुग्धकारी निजी शैली में सफलता के साथ प्रस्तुत किया है। रतन थियम निर्देशित भास के **उरूभंगम्, कर्णभारम्** जैसे नाटक और कालिदास के **ऋतुसंहार** जैसी संस्कृत काव्य-रचना भी मंच पर प्रदर्शित होकर, शास्त्र और प्रयोग का भेद भूल, एक नई भारतीय नाट्य-परम्परा का सूत्रपात करती हैं। भाषा के अवरोध के बावजूद अन्य भाषा-भाषी प्रबुद्ध प्रेक्षकों के लिए प्रदर्शन से निष्पन्न होते रस को ग्रहण करने में कोई कठिनाई नहीं होती।

संस्कृत नाटक चूँकि राष्ट्रीय नाट्य विद्यालय के नियमित पाठ्यक्रम का अभिन्न अंग हैं, इसलिए कोई-न-कोई शास्त्रीय नाटक यहाँ प्रतिवर्ष होता ही है। द्वितीय वर्ष की छात्र-प्रस्तुतियों के लिए **उत्तररामचरित** (प्रसन्ना : नवम्बर, 91), **स्वप्नवासवदत्ता** (सानाख्या इबोतोम्बी : नवम्बर, 92), **मृच्छकटिक** (देवेन्द्र राज अंकुर : नवम्बर 93), **अविमारक** (ब.व. कारन्त : नवम्बर, 94), **त्रिधारा** (ऋता गांगुली कोठारी : नवम्बर, 95), **विक्रमोर्वशीयम्** (ब.व. कारन्त : अक्टूबर, 97), **मृच्छकटिकम्** (रॉबिन दास : अक्टूबर, 1998), **अभिशाप** (ऋता गांगुली कोठारी : दिसम्बर, 98), **स्वप्नकथा** (का.ना. पणिक्कर : नवम्बर, 99), **मत्तभगवदज्जुकमूविलास** (ब.व. कारन्त : अप्रैल, 2001), **अभिज्ञान शाकुन्तलम्** (कुमार वर्मा : अक्टूबर, 02), **मध्यमव्यायोग** (अंजला महर्षि : नवम्बर, 02), **मालविकाग्निमित्रम्** तथा **विक्रमोर्वशीयम्** (के.एस. राजेन्द्रन : नवम्बर, 2005 एवं 2007) जैसे चर्चित संस्कृत नाटक यहाँ हिन्दी में प्रस्तुत किए गए। इनके अतिरिक्त भी युवा से प्रौढ़ होती पीढ़ी के बंसी कौल और एम. के. रैना जैसे कई अन्य रंगकर्मियों ने भी संस्कृत नाटक के अभिमंचन की चुनौती के चलते कई छोटे-बड़े नाट्य-प्रयोग किए। देश के अन्य भागों में भी इस क्षेत्र में अनेक अभिनव रंग-प्रयोग हुए हैं।

संस्कृत नाटकों के अभिमंचन के आधुनिक मौलिक भारतीय रंग-शैली के लिए प्रतिबद्ध उज्जैन की 'कालिदास अकादमी' द्वारा आयोजित कई नाट्योत्सव काफी फलप्रद सिद्ध हुए। परन्तु इस सन्दर्भ में एक दिलचस्प और अनूठा प्रयोग प्रो. कमलेशदत्त त्रिपाठी ने अकादमी के अध्यक्ष बनने के साथ ही किया। इस प्रयोग के अन्तर्गत कालिदास के नाटक **विक्रमोर्वशीयम्** के उर्वशी के उत्कट विरह पर केन्द्रित पुरूरवा के लम्बे एकालाप वाले चौथे अंक को प्रस्तुत करने की चुनौती तीन निर्देशकों के सामने रखी गई। प्रो. कमलेशदत्त त्रिपाठी और कावलम् नारायण पणिक्कर ने अपनी प्रस्तुतियाँ संस्कृत में कीं और रतन थियम ने उसे अपनी मातृभाषा मणिपुरी में प्रदर्शित किया। प्रो. त्रिपाठी की प्रस्तुति में शब्दों के सही उच्चारण और भाषा के लाक्षणिक-व्यंजनात्मक अर्थों के स्पष्ट सम्प्रेषण पर बल था और दृश्यत्व अपेक्षाकृत कमजोर था। कावलम् नारायण पणिक्कर ने संवाद-निवेदन की स्वाभाविक, विश्वसनीय और प्रभावशाली लय खोजी। इन्होंने अपनी अभिव्यंजनापूर्ण कल्पनाशीलता के बल पर नृत्यमय गतियों और शास्त्राधारित मुद्राओं एवं चारी के बल पर प्रदर्शन को आकर्षक बना दिया। पुरूरवा की भूमिका निभानेवाले अभिनेता का अपने निष्प्रयासी, कल्पनाशील और स्वतःस्फूर्त अभिनय से क्रमशः पक्षी, पशु, बादल, वृक्ष, नदी इत्यादि बनने के बाद पुनः पुरूरवा बन जाना अद्भुत अनुभव था। उसके अभिनटन ने प्रेक्षकों को मन्त्र-मुग्ध कर दिया था। रतन थियम का प्रयोग प्रबल चाक्षुष बिम्बों और तकनीकी कौशल (विशेषतः छायालोक) से समृद्ध था। विरह की असह्य पीड़ा से सुध-बुध खोकर तड़पते-छटपटाते अभिनेता के मार्मिक अभिनय को करुण संगीत के प्रभाव से और भी भाव-प्रवण बना दिया था।

केवल अपने नएपन से चौंकाने के लिए किए गए कुछ फैशनेबुल और अराजक-अगम्भीर प्रयोग करने वाले ग़ैरज़िम्मेदार रंगकर्मियों को छोड़ दें तो हमारे सामने दो प्रमुख प्रयोग-धाराएँ शेष रह जाती हैं। पहली धारा के अन्तर्गत प्रो. कमलेश दत्त त्रिपाठी, गोवर्धन पांचाल, ऋता गांगुली और विजया मेहता जैसे रंगकर्मी आते हैं जो अधिकाधिक नाट्य-शास्त्र प्रतिपादित सैद्धान्तिक रंग-शैली में रँग कर अपने प्रयोग करना चाहते हैं। प्रामाणिकता की तलाश में ये प्राचीन परम्परा के पास जाते हैं और संस्कृत की नाट्यधर्मी शैली की प्रासंगिक मर्यादाओं, रूढ़ियों, युक्तियों और पद्धतियों के आधार पर अपने आधुनिक रंग-प्रयोग करते हैं। दूसरी धारा के अन्तर्गत हबीब तनवीर, कावलम् नारायण पणिक्कर, ब.व. कारन्त और रतन थियम जैसे मौलिक उद्भावनापूर्ण वे रंगकर्मी हैं जो अपने-अपने प्रदेश की जीवन्त लोक-शैलियों की परम्परा से आज के लिए सार्थक रंग-तत्त्वों का कल्पनाशील उपयोग करके स्वयं परम्परा का भी परिष्कार और शृंगार करते हैं। इन्होंने संस्कृत के शास्त्रीय रंगमंच, अतीत से वर्तमान तक निरन्तर गतिशील रहे आए पारम्परिक रंगमंच और आधुनिक

रंगमंच के बीच एक रचनात्मक एवं अर्थपूर्ण संवाद बनाने के मौलिक प्रयास किए हैं। अपने-अपने ढंग से ये सभी नाट्य-निर्देशक संस्कृत नाटक और उसके रंग-विधान को नया आयाम देकर आधुनिक भारतीय रंग-शैली/निजी मुहावरे की तलाश के महत्त्वपूर्ण सृजनात्मक प्रयास में लगे हैं।

इधर दिल्ली के हिन्दी रंगमंच पर भूमिकेश्वर सिंह ने अपने नाट्य-दल 'प्रतिभा सांस्कृतिक संस्थान' के साथ संस्कृत के सर्वाधिक नाटक प्रस्तुत किए हैं। भट्ट नारायण के **वेणीसंहार** और कालिदास के **ऋतुसंहार** तथा **मेघदूत** के अतिरिक्त भास के **दूतघटोत्कच, दूतवाक्यम्, पंचरात्र, उरूभंग** और **मध्यम व्यायोग** को भारत रत्न भार्गव के पद्यानुवादों में दिलचस्प शैली और अलंकृत रूप में प्रस्तुत करके इन्होंने अपनी अलग पहचान बनाई है। इसी तरह पहले राष्ट्रीय नाट्य विद्यालय के छात्रों के साथ और फिर रंगमंडल के साथ प्रसन्ना ने भवभूति के **उत्तररामचरित** को नए रूप-रंग और आस्वाद के साथ खेला। ये और ऐसे सभी मौलिक नाट्य-प्रयोग परम्परा को जिन्दा ही नहीं रखते बल्कि आज के लिए उसे प्रासंगिक भी बनाते हैं। ऐसे सार्थक और उल्लेखनीय नाट्य-प्रयोग ऐसे बहुसंख्य रंगकर्मियों ने देश भर में हिन्दी के साथ-साथ अपनी प्रादेशिक भाषाओं में भी किए हैं, जिनका उल्लेख इस लेख में नहीं हो पाया है।

रंगकर्म के बुनियादी विकास के लिए प्रयोग ही एकमात्र मार्ग है। किसी भी नए और मौलिक रंग-प्रयोग को हमें प्रत्यक्ष एवं तात्कालिक सफलता-असफलता के बजाय प्रयोग-दृष्टि की गम्भीरता और ईमानदारी तथा उपलब्धि की सम्भावना की कसौटी पर परखना चाहिए। हमें परम्परा के पहाड़ से वर्तमान की संजीवनी लानी होगी, जो हमारे भावी रंगकर्म की जीवनी-शक्ति बन सके। हम अपने आधुनिक रंगकर्म को अधिकाधिक सम्प्रेषणीय और समृद्ध बनाने के लिए भी उसमें पारम्परिक रंग-तत्त्वों का सार्थक, रचनात्मक एवं प्रभावशाली प्रयोग कर सकते हैं। यह भी एक तरीका हो सकता है जिससे हमारी परम्परा नई भी होगी और विकसित भी।

लोक-नाट्य : आधुनिक रंग-प्रयोग

भारतीय लोक-नाट्य परम्परा की प्राचीनता, विविधता, शक्ति और समृद्धि निर्विवाद है। आभिजात्य सौन्दर्य-बोधयुक्त नाट्यधर्मी नाटकों के शास्त्र-प्रणेता भरत मुनि ने भी नाट्य की मूल प्रेरणा और उसकी प्रामाणिकता की अन्तिम कसौटी लोक-जीवन, लोक-मानस और लोक-धर्म को स्वीकार करके 'लोक' के ही बुनियादी महत्त्व को रेखांकित किया है। वस्तुतः लोक-नाटक सामान्य जन (कलाकार) द्वारा, सामान्य जन (आम आदमी) के लिए, अभिनय के माध्यम से प्रस्तुत, सामान्य जीवन की सहज, स्वाभाविक, अनौपचारिक, नृत्य, गीत और संगीतमय—जीवन्त एवं लोकरंजक अभिव्यक्ति का नाम है।

भारतीय इतिहास के मध्ययुग में, जबकि शास्त्रीय नाट्य-परम्परा विच्छिन्न अथवा लुप्तप्राय-सी हो गई थी; हमारी बहुरूपी और बहुरंगी लोक-नाट्य परम्परा फिर भी अक्षुण्ण एवं प्राणवान बनी रही। हिन्दी क्षेत्र के रामलीला, रासलीला, नौटंकी, भगत, स्वाँग, नकल, भड़ैती, खयाल, माच, नाचा और बिदेसिया जैसे लोक-नाट्य-रूप किसी भी दृष्टि से बंगाल के जात्रा, कर्नाटक के यक्षगान, महाराष्ट्र के तमाशा और गुजरात के भवई जैसे अपेक्षाकृत बहुचर्चित एवं लोकप्रिय नाट्य-रूपों से हेय अथवा कम महत्त्वपूर्ण नहीं हैं। यह बात अलग है कि हमने अविलम्ब आधुनिक बनने की धुन में अपने इन बहुरंगी लोक-नाट्य-रूपों के संरक्षण और विकास की ओर विशेष ध्यान नहीं दिया। फिर भी, आधुनिक भारतीय नाटक और रंगमंच की सर्वाधिक उल्लेखनीय, महत्त्वपूर्ण एवं सार्थक उपलब्धियों के मूल में कहीं-न-कहीं इन लोक-नाट्य-रूपों या लोक-नाट्य-तत्त्वों के रचनात्मक उपयोग का निर्णायक योगदान अवश्य रहा है।

ऐतिहासिक दृष्टि से स्वतन्त्रता के बाद जब हमने हर क्षेत्र में अपने निजी और मौलिक स्वरूप की पहचान का प्रयत्न शुरू किया तो रंगमंच के क्षेत्र में भी भारतीय रंगमंच और नैजिक रंगदृष्टि की खोज शुरू हुई। परम्परा और प्रयोग के सार्थक सम्बन्ध सूत्रों के अन्वेषण और उनके आधुनिक उपयोग के सन्दर्भ में शास्त्रीय और व्यावहारिक—दोनों स्तरों पर देशव्यापी हलचल महसूस की गई।

बहुविध पाश्चात्य प्रभावों से आक्रान्त इस देश में उस समय के कुछ प्रबुद्ध एवं जागरूक कला मनीषियों ने आत्म-परिचय और आत्म-साक्षात्कार के लिए अपनी जमीन, अपनी मिट्टी और अपनी जड़ों से जुड़ने की आवश्यकता पर अत्यधिक बल दिया और रंगकर्म को भावुकतापूर्ण सतही यथार्थ या उथले मनोरंजन के सामान्य साधन के स्तर से ऊपर उठाकर इसे जीवन के गहन-गम्भीर एवं सूक्ष्म अनुभव को गहरे अर्थ-वैभव और काव्यात्मकता से युक्त करनेवाले एक जीवन्त एवं प्रभावशाली अभिव्यक्ति माध्यम के रूप में प्रतिष्ठित करने का आग्रह किया।

आत्मान्वेषण की इस प्रक्रिया में कुछ प्रतिभावान रंग-कर्मियों को संस्कृत की शास्त्रीय नाट्य-परम्परा की अपेक्षा लोक-रंग परम्परा से जुड़ना अधिक सहज और सार्थक प्रतीत हुआ। ब.व. कारन्त के अनुसार, ''हमारा लोक रंगमंच चूँकि जीवन्त रंगमंच है, इसलिए आज हमें वही प्रेरणा दे सकता है, न कि शास्त्रीय रंगमंच। शास्त्रीय रंग-परम्परा का प्रयोग हम केवल दार्शनिकता या सिद्धान्त के स्तर पर ही कर सकते हैं।'' इसके अतिरिक्त, ''हम कितने भी आधुनिक या शहरी क्यों न हो जाएँ, पर आज भी हमारी जड़ें गाँव में ही हैं, हमारी 'इंस्टिंक्टीविटी' का सम्बन्ध आज भी गाँव से ही है। इसलिए भारतीय रंगमंच की खोज में लोक रंगमंच से जुड़ना मुझे सही लगता है। भारतीय संगीत नृत्य की तरह यदि हमें रंगमंच की चर्चा करनी हो तो तमाशा, यक्षगान, भवई वगैरह के अलावा भला हम और किस भारतीय रंगमंच की बात कर सकते हैं?''

अतः यह स्पष्ट है कि आधुनिक काल के आरम्भिक दौर से लेकर आज तक अंग्रेजी और दूसरे पाश्चात्य नाट्य-प्रभावों से अत्यधिक प्रभावित होने के बावजूद हमारे रंगकर्म का एक महत्त्वपूर्ण हिस्सा अपने नाट्य-प्रयोगों के लिए, अपने वैविध्यपूर्ण एवं प्राणवान लोक-नाट्य-रूपों में प्रेरणा ग्रहण करता रहा है और कर भी रहा है। लोक-नाटक और हिन्दी नाट्य-प्रयोगों के पारस्परिक सम्बन्धों को हम आलेख (नाटककार) और प्रदर्शन (निर्देशक) के दो अलग-अलग धरातलों से देख सकते हैं। यह महज संयोग नहीं है कि मराठी (सीता स्वयंवर), बंगला (विद्या सुन्दर) और कन्नड़ (शाकुन्तल) जैसी अपेक्षाकृत रंग-समृद्ध भारतीय भाषाओं की तरह हिन्दी के उल्लेखनीय आरम्भिक नाटक भी किसी-न-किसी रूप में अपने पारम्परिक लोक-नाट्य-रूपों से ही प्रभावित थे। भारतेन्दु हरिश्चन्द्र के **अन्धेर नगरी, भारत दुर्दशा, चन्द्रावली** और **सत्य हरिश्चन्द्र** आदि अधिकांश नाट्य कृतियों में अपने परम्परागत और कुछ पाश्चात्य नाट्य-प्रकारों का रोचक सम्मिश्रण हुआ है।

छठे दशक के आरम्भ में जब हिन्दी रंगमंच एक नए आन्दोलन के रूप में उभरने लगा तो कुछ मौलिक और अर्थपूर्ण कर गुज़रने की आकांक्षा से नए हिन्दी नाटककारों

ने अपने नाटकों में लोक-नाट्य-तत्त्वों के रचनात्मक इस्तेमाल का मार्ग अपनाया। यूँ तो **अन्धा युग** में डॉ. धर्मवीर भारती और **मादा कैक्टस** में डॉ. लक्ष्मीनारायण लाल ने आरम्भ में ही एक भिन्न रूप में यह प्रयोग करके देखा था, परन्तु डॉ. लाल के परवर्ती नाटकों में इसका स्पष्ट रूप उभरकर सामने आया। डॉ. लाल मूलतः ग्राम एवं लोक-चेतना के रचनाकार हैं। यही कारण है कि कथा, गीत, संगीत, भाषा, रंग-रूप, मंच-विधान अथवा रंग-रूढ़ियों के मौलिक प्रयोग की दृष्टि से लोक-नाट्य परम्परा के किसी-न-किसी तत्त्व का प्रत्यक्ष अथवा परोक्ष प्रभाव **अन्धा कुआँ** से लेकर **गंगा माटी** और **पंच पुरुष** तक की लम्बी रंग-यात्रा में प्रायः सर्वत्र देखा जा सकता है। आरम्भिक यथार्थवादी एवं प्रयोगशील नाटकों से लेकर आज के लीला-नाटकों तक डॉ. लाल की नाट्य-उपलब्धि के सम्बन्ध में कैसा ही विवाद या संशय क्यों न हो, लोक-तत्त्वों के सर्जनात्मक उपयोग से हिन्दी नाटक को विकसित एवं समृद्ध करने की दृष्टि से उनका योगदान निश्चय ही उल्लेखनीय है। **एक सत्य हरिश्चन्द्र, सगुनपंछी, यक्ष प्रश्न, नरसिंह कथा, सबरंग-मोहभंग, गंगामाटी, पंच पुरुष** अपने-अपने स्तर से नई लोक-रंगधर्मिता की तलाश के नाटक हैं। यह सवाल दीगर है कि भाषा की अराजकता, कार्य-व्यापार में एकाग्रता की कमी, कमज़ोर कविता तथा रूप-बन्ध में अन्विति के अभाव के कारण प्रायः इनके अधिकांश नाटक समग्र-प्रभाव की दृष्टि से महत्त्वपूर्ण नहीं बन पाते।

मणि मधुकर के व्यक्तित्व एवं कृतित्व का प्रत्यक्ष सम्बन्ध राजस्थान की धरती और मिट्टी से रहा है, इसलिए यदि उनके **रस-गन्धर्व, बुलबुल सराय, खेला पोलमपुर, दुलारी बाई** इत्यादि में सुरध्यानी अथवा कुचामणि खयाल का सीधा प्रभाव दिखाई दे तो आश्चर्य नहीं करना चाहिए। मणि मधुकर हिन्दी के एक समर्थ रचनाकार हैं, परन्तु उनके नाटकों में शिल्पगत पुनरावृत्ति बहुत ज़्यादा है और लोक शैली में एब्सर्ड शैली के सम्मिश्रण के कारण उनके नाटक रोचक एवं उल्लेखनीय होने के बावजूद किसी बड़ी रचनात्मक उपलब्धि का संकेत नहीं देते और न ही लोक शैली के नाटकों में किसी विशिष्ट स्थान को प्राप्त कर पाते हैं। परन्तु लोक-तत्त्वों की व्यापक लोकप्रियता और रंगकर्मियों द्वारा उनकी सहज ग्रहणशीलता का इससे बड़ा प्रमाण क्या होगा कि मोहन राकेश की काव्यात्मक यथार्थवादी परम्परा के प्रमुख नाटककार सुरेन्द्र वर्मा का नाटक **छोटे सैयद बड़े सैयद** भी स्वयं को इनसे मुक्त नहीं रख पाता है। प्रभाकर श्रोत्रिय का **साँच कहूँ तो** और डॉ. शंकर शेष का **मायावी सरोवर** तो खैर इनका प्रकट प्रयोग करता ही है।

नौटंकी और पारसी शैली के कलात्मक संयोग पर आश्रित सर्वेश्वर दयाल सक्सेना का व्यंग्य नाटक **बकरी** जनचेतना को लोकभाषा और लोक-रूप के माध्यम से व्यक्त करनेवाला एक प्रमुख नाटक है, जो "आम आदमी की पीड़ा को आम

आदमी की जबान में आम आदमी के बीच'' ले जाने के महत् उद्देश्य से रचा गया है। सर्वेश्वर चूँकि मूलतः कवि थे और शब्द एवं छन्द के समर्थ-शिल्पी, इसलिए **बकरी** काव्य और छन्द के मोर्चे पर कहीं मात नहीं खाता। यह अलग बात है कि बतौर नाटक इसके उत्तरार्द्ध की शिथिलता या व्यंग्य की सपाटबयानी इसे कलात्मक दृष्टि से बहुत महत्त्वपूर्ण रचना के स्तर तक नहीं पहुँचने देती। फिर भी **बकरी** इस प्रकार के हिन्दी नाटकों और स्वयं सर्वेश्वर के ही **अब गरीबी हटाओ** से निश्चय ही एक बेहतर नाटक है।

लोक-शैली के हिन्दी नाटकों में विनोद रस्तोगी के पुरस्कृत नाटक **भगीरथ के बेटे** के बाद **नई लहर** तथा **एक था तोता : एक थी मैना,** मृणाल पांडे का **जो राम रचि राखा** के अतिरिक्त मुद्राराक्षस द्वारा गोगोल के एक नाटक के नौटंकी-रूपान्तर **आला अफसर** और उनके मौलिक नाटक **डाकू** का भी नाम लिया जाना आवश्यक है। राजनीतिक विसंगतियों तथा कुचक्रों का भंडाफोड़ कर व्यवस्था-विरोध को स्वर देनेवाले लचीले फॉर्म के अनेक नए व्यंग्य-नाटक किसी-न-किसी प्रकार लोक-नाट्य तत्त्वों का ही सहारा लेते हैं। इस दृष्टि से सुशीलकुमार सिंह के **सिंहासन खाली है,** शरद जोशी के **एक था गधा उर्फ अलादाद खाँ** तथा **अन्धों का हाथी,** शंकर शेष के **पोस्टर** तथा कुसुम कुमार के **रावण लीला** जैसे अन्य अनेक नाटक भी उल्लेखनीय हैं।

समकालीन हिन्दी रंगमंच के प्रसंग में यह एक रोचक तथ्य है कि लोक-नाट्य परम्परा ने हमारे नाटककारों के मुकाबले निर्देशकों और अन्य रंगकर्मियों को बहुत दूर तक और गहराई तक प्रभावित किया। एक ओर हमारे अनेक रंगकर्मी 'आधुनिक भारतीय रंगमंच' और 'निजी रंग शैली' की तलाश के कारण सीधे अपने परम्पराशील लोक-नाट्य रूपों की ओर उन्मुख हुए तो दूसरी ओर कुछ तथाकथित आधुनिक, फैशनेबुल और पाश्चात्य-प्रेमी नाट्य निर्देशक नृत्य, गीत, संगीत और अभिनय से युक्त ब्रेख्त के 'एपिक थिएटर' से अभिभूत होकर अपनी लोक-परम्परा की ओर मुड़े। कुछ ने ग्रोतोवस्की, कुछ ने शेखनर और कुछ ने बादल सरकार से प्रभावित होकर अपनी अब तक उपेक्षित किन्तु समृद्ध, शक्तिशाली, रंग-बिरंगी और अमित सम्भावनापूर्ण लोक-नाट्य परम्परा की ओर देखना और उसे स्वीकारना शुरू किया।

इस दृष्टि से, नए हिन्दी रंगान्दोलन के आरम्भिक दौर से आरम्भ करके उसी दिशा में अपने रंगकर्म को आज तक लगातार बढ़ाते चले जानेवाले हिन्दी रंगमंच के महत्त्वपूर्ण निर्देशकों में हबीब तनवीर का नाम और काम विशेष रूप से उल्लेखनीय है। 'नया थिएटर' के छत्तीसगढ़ी लोक-कलाकारों द्वारा उन्हीं की भाषा और उन्हीं के लोक-रूपों में प्रस्तुत छत्तीसगढ़ और राजस्थान की लोककथाओं का हबीब तनवीर द्वारा लिखित-निर्देशित नएं रूपों का सफल प्रदर्शन लोक तत्त्वों के सार्थक एवं

प्रासंगिक प्रयोगों की दृष्टि से बहुत महत्त्वपूर्ण है। **आगरा बाजार, मिट्टी की गाड़ी**, से आरम्भ करके **जमादारिन, कुश्तिया का चपरासी, इन्द्रलोक सभा** से होते हुए **गाँव का नाम ससुराल, मोर नाम दामाद, ठाकुर पृथ्वीपाल सिंह, बहादुर कलारिन, चरनदास चोर** और **हिरमा की अमर कहानी** की बहुचर्चित एवं प्रभावशाली प्रस्तुतियों तक हबीब तनवीर ने एक लम्बी रंग-यात्रा तय की है। 'चरनदास चोर' अवश्य ही हमारे समसामयिक हिन्दी रंग-मंच की एक निर्विवाद उपलब्धि है; जबकि **मिट्टी की गाड़ी** जैसे लोक-नाट्य प्रयोग कई बार सुसंस्कृत एवं आभिजात्य सौन्दर्य-बोधवाले प्रबुद्ध प्रेक्षकों के मन में अनेक प्रकार के प्रश्न एवं संशय पैदा करते हैं। (प्रख्यात फिल्म निर्देशक श्याम बेनेगल इन्हीं लोक-कलाकारों व स्मिता पाटिल तथा साधु मेहर को लेकर इसी कहानी पर आधारित बाल-फिल्म **चरनदास चोर** बना चुके हैं।)

शहरी प्रेक्षकों के लिए शहरी कलाकारों द्वारा लोक-शैली में लोक-नाटकों के प्रदर्शनों की दृष्टि से राष्ट्रीय नाट्य विद्यालय द्वारा शान्ता गांधी लिखित-निर्देशित भवई शैली का लोक नाटक **जसमा ओडन,** भरत दवे निर्देशित **मैना गुर्जरी,** शिवराम कारन्त निर्देशित यक्षगान शैली का नाटक **भीष्म विजय,** अनिल चौधरी निर्देशित नौटंकी **लैला-मजनू** तथा उषा बनर्जी के निर्देशन में प्रदर्शित तमाशा **सैंया भए कोतवाल** अत्यन्त लोकप्रिय एवं बहुप्रशंसित नाट्य प्रयोग रहे हैं। **अग्रदूत** द्वारा सन्नीधीर के निर्देशन में प्रस्तुत **होहोलिका** भी गुजरात के भवई लोक-नाटक का ही हिन्दी रूपान्तर था।

लोक-नाट्य रूपों और उनके तत्त्वों का सर्जनात्मक उपयोग करके लिखे और खेले गए अत्यन्त सफल एवं सार्थक आधुनिक भारतीय नाटकों में 'दिशान्तर' (दिल्ली) द्वारा ब.व. कारन्त एवं 'थिएटर यूनिट' (बम्बई) द्वारा सत्यदेव दुबे के निर्देशन में अभिमंचित गिरीश कारनाड के **हयवदन,** 'अभियान' द्वारा राजिन्दर नाथ निर्देशित विजय तेन्दुलकर के **घासीराम कोतवाल** तथा चन्द्रशेखर कम्बार के **जोकुमारस्वामी** के हिन्दी अनुवाद **तोता बोला** का समसामयिक हिन्दी रंगमंच में महत्त्वपूर्ण स्थान है।

प्रस्तुति-शैली के अनुरूप मूल आलेख को संशोधित, सम्पादित अथवा पुनर्लिखित रूप में पेश करनेवाली चर्चित रचनाओं में बंसी कौल निर्देशित नौटंकी **आला अफसर** तथा यक्षगान-शैली में प्रस्तुत के.वी. सुब्बण्णा निर्देशित **लोक शाकुन्तल** के अतिरिक्त के.एन. पन्निकर निर्देशित **उरूभंगम्** का विशेष स्थान है। इसमें कथकली, कूडियाट्टम तथा कलारी का रोचक एवं कल्पनाशील इस्तेमाल किया गया।

लोक-नाटक के तत्त्वों का आलेख एवं प्रदर्शन के दोनों स्तरों पर मिश्रित प्रयोग करनेवाले हिन्दी नाट्य प्रयोगों में भानु भारती के निर्देशन में प्रस्तुत **रस-गन्धर्व, चन्द्रमासिंह उर्फ चमकू** तथा **अब गरीबी हटाओ,** ज्योति देशपांडे, कविता नागपाल, अनिल चौधरी एवं एस.एस. सथ्यू निर्देशित **बकरी**, एम. के. रैना निर्देशित **मुक्त धारा,** बृजमोहन शाह

निर्देशित **त्रिशंकु, बुलबुल सराय,** दीपक केजरीवाल निर्देशित **तमाशा** और **बीजां तीजां,** रवि बास्वानी निर्देशित **यक्ष प्रश्न,** आर. एस. विकल और बंसी कौल के निर्देशन में अभिमंचित **एक था गधा,** राजिन्दर नाथ निर्देशित **नाटक पोलमपुर का, महानिर्वाण** तथा **और तोता बोला,** बंसी कौल निर्देशित **जो राम रचि राखा** आदि रंगमंच प्रस्तुतियाँ चर्चित एवं सराहनीय रही हैं। इस सन्दर्भ में राष्ट्रीय नाट्य विद्यालय द्वारा एम.के. रैना के निर्देशन में प्रस्तुत डॉ. लाल के नाटक **एक सत्य हरिश्चन्द्र** की चर्चा इस अर्थ में उपयोगी और जरूरी है कि इस प्रस्तुतीकरण में नौटंकी, सपेड़ा, जोगीड़ा तथा रामलीला और पारसी रंग-तत्त्वों के साथ-साथ अभिनय में रीतिबद्धता एवं यथार्थवादी अभिनय का बेमेल मिश्रण किया गया था, जिससे प्रदर्शन नैनरंजक और रोचक होने के बावजूद कोई सार्थक एवं कलात्मक अनुभव देने में सफल नहीं हो सका।

'लिटिल थिएटर ग्रुप' द्वारा सुब्बाराव के निर्देशन में प्रस्तुत डॉ. लाल का ही **सगुन पंछी** भी लगभग इन्हीं कारणों और कमज़ोर अभिनय-निर्देशन के कारण असफल रहा। बंसी कौल निर्देशित **वालपोनी** के रामेश्वर प्रेम कृत हिन्दी रूपान्तर **लोमड़ खाँ का वेश** भी लोक-तत्त्वों की अधपकी खिचड़ी सिद्ध हुआ। इस दृष्टि से एम.के. रैना, बंसी कौल और रतन थियम निर्देशित डॉ. धर्मवीर भारती के **अन्धायुग** में अनुष्ठानात्मक पारम्परिक नाट्य-शैलियों के विविध रंग-तत्त्वों का दिलचस्प एवं नाटकीय प्रयोग प्रशंसनीय था। इस वर्ग के प्रस्तुतीकरणों में ब.व. कारन्त निर्देशित भारतेन्दु के सदाबहार नाटक **अन्धेर नगरी** की प्रस्तुति विविध लोक-तत्त्वों के रचनात्मक उपयोग के कारण आधुनिक हिन्दी रंगमंच की एक विशिष्ट उपलब्धि बन गई।

यहाँ लोक-नाट्य तत्त्वों अथवा रूपों से सज्जित उन बहुचर्चित प्रस्तुतियों का उल्लेख करना भी जरूरी है, जिनके नाट्यालेखों की शैली और प्रकृति के विपरीत जाकर निर्देशकों ने उन्हें अपनी रुचि की लोक नाट्य-शैली अथवा लोक तत्त्वों से मिश्रित किसी भिन्न प्रदर्शन-पद्धति में प्रस्तुत किया। इस वर्ग में राष्ट्रीय नाट्य विद्यालय के रंगमंडल द्वारा ब.व. कारन्त निर्देशित शेक्सपियर के **मैकबेथ** के यक्षगान शैली के बहुचर्चित प्रदर्शन **बरनम वन** तथा अमाल अलाना के निर्देशन में प्रस्तुत मोहन राकेश के बहुमंचित यथार्थवादी नाटक **आधे-अधूरे** का विशेष स्थान है।

'मैकबेथ में यक्षगान' या 'यक्षगान में मैकबेथ' के विवाद को यदि हम छोड़ भी दें तो कारन्त के **बरनम वन** तथा **पगला राजा, तीन बेटियाँ** (किंगलियर) के प्रदर्शन विदेशी—नाटकों में देसी रंग-शैलियों के मौलिक एवं अभूतपूर्व प्रयोग की सर्जक-दृष्टि से जितने रचनात्मक और महत्त्वपूर्ण प्रतीत होते हैं, समग्र-प्रभाव और प्रेक्षक द्वारा ग्रहण किए जानेवाले नाट्यानुभव अथवा आस्वाद की दृष्टि से उतनी बड़ी उपलब्धि सिद्ध नहीं होते। लगभग यही स्थिति अमाल अल्लाना के कोरस

और गीत-संगीतमय **आधे-अधूरे** की भी है। ये प्रस्तुतियाँ निर्देशकों की मौलिक प्रतिभा, कल्पनाशीलता, तकनीकी कौशल तथा प्रभावी प्रदर्शनीयता के बावजूद कोई तीव्र, सघन एवं उत्तेजक प्रभाव उत्पन्न नहीं कर सकीं। नाट्यालेख और प्रदर्शन-शैली के बीच कलात्मक अन्विति का अभाव इस प्रकार की प्रस्तुतियों की सबसे बड़ी सीमा है।

लोकधर्मिता वाले इन तमाम नाट्य-प्रयोगों का एक नया प्रासंगिक, अर्थपूर्ण और आधुनिक आयाम है—**नुक्कड़ नाटक**। यूँ तो सामाजिक, राजनीतिक, समस्या-प्रधान, यथार्थवादी, मुक्ताकाशी सार्थक नाटकों की शुरुआत 'इप्टा' के जमाने में ही हो गई थी, परन्तु आज के नुक्कड़ नाटक कई दृष्टियों से उस परम्परा के करीब होने के बावजूद हमारे रंगकर्म की एक नई दिशा के द्योतक हैं। हिन्दी में इसका स्पष्ट प्रचलन यद्यपि बादल सरकार के 'तीसरे रंगमंच' के अन्तर्गत लिखे गए नए नाटक **जुलूस** के देशव्यापी प्रदर्शनों से ही हुआ, परन्तु कुछ जागरूक समीक्षक इसे ग्रोतोवस्की के 'पुअर थिएटर' का अनुकरण मानकर भी स्वयं को गौरवान्वित अनुभव करते हैं परन्तु सच्चाई यह कि हमारे नुक्कड़ नाटक की जड़ें कहीं बहुत गहरे में अपनी मिट्‌टी और अपनी समृद्ध लोक-नाट्य परम्परा से जुड़ी हैं। चारों ओर बैठे दर्शकों से सीधा संवाद और उनकी साझेदारी, सज्जाविहीन खुला रंगस्थल, अनौपचारिक प्रवेश-प्रस्थान, तकनीकी साधनों और प्रसाधनों का अभाव, व्यंग्य, परिहास, कटाक्ष, आक्रमण और सामाजिक-राजनीतिक कमेंट, आशु-संवाद रचना, गीत-संगीत का समावेश, स्थान, समय और कार्य की शास्त्रीय अन्वितियों से मुक्ति, नृत्यमूलक गतियाँ और अंग-चेष्टाएँ, सहज-सरल रूप-बन्ध और प्रखर-मुखर अतिरंजनापूर्ण अभिनय—न जाने नुक्कड़ नाटक की ऐसी कितनी विशेषताएँ, रंग-रूढ़ियाँ और रंगचर्याएँ हैं, जो प्रत्यक्षतः हमारे लोक अथवा पारम्परिक नाटकों से सम्बद्ध या प्रभावित हैं। दिल्ली में 'जन-नाट्य-मंच' और 'निशान्त', कर्नाटक में 'समुदाय', कलकत्ता में 'लिविंग थिएटर' और 'आंगनमंच', आन्ध्र प्रदेश में 'प्रजा नाट्य मंडली', बम्बई में 'जगार लोक नाट्य मंच' और 'प्रयोग', चंडीगढ़ में 'जनवादी रंगमंच', राजस्थान में 'संकल्प', 'त्रिवेणी' और 'रंगभारती', नैनीताल में 'युवा मंच' एवं 'एकायन', आज़मगढ़ में 'समानान्तर', भागलपुर में 'दिशा', जबलपुर में 'विवेचना', लखनऊ में 'कलम', आगरा में 'रंगकर्मी', रायपुर में 'हस्ताक्षर', 'अवन्तिका', 'रचना', 'सिलसिला' और पटना में 'अनागत', 'सर्जना', 'जनवादी कला एवं विचार मंच' तथा 'कला संगम' जैसी देश की बहुसंख्य उत्साही एवं समर्पित नाट्य-संस्थानों के साथ-साथ 'जन-नाट्य संघ' की भी अनेक संस्थाएँ नए साहस और दृष्टिकोण के साथ पुनः सक्रिय होकर अपनी लोक-नाट्य परम्परा के सार्थक उपयोग द्वारा लोक से जुड़कर नई लोक-चेतना के प्रचार और प्रसार की

दृष्टि से पर्याप्त लोकप्रिय हो रही हैं।

इस संक्षिप्त एवं सीमित सर्वेक्षण से इतना तो स्पष्ट ही है कि लोक-नाट्य तत्त्वों के रचनात्मक उपयोग की दृष्टि से आधुनिक हिन्दी रंगकर्म खासा वैविध्यपूर्ण और समृद्ध है। व्यापक परिप्रेक्ष्य में देखें तो हिन्दी ही क्यों सम्पूर्ण भारतीय रंगकर्म में जितना सार्थक और महत्त्वपूर्ण काम का.ना. पन्निक्कर, कन्हाईलाल, रतन थियम, सुब्बणा, बंसी कौल, भानु भारती और ब.व. कारन्त जैसे लोक-नाट्य परम्परा से जुड़े हमारे इन आधुनिक नाट्य-निर्देशकों ने किया है, उतना अन्यत्र कहीं भी, किसी भी क्षेत्र में सम्भव नहीं हो पाया है।

इस दृष्टिकोण से नौवें दशक के आरम्भ में संगीत नाटक अकादमी ने एक महत्त्वपूर्ण योजना बनाई। इसका उद्देश्य युवा निर्देशकों को भारत के मूलधर्मी रंगमंच की ओर आकृष्ट करना था। आर्थिक सहायता देकर अकादमी इन युवा निर्देशकों से ये अपेक्षा करती थी कि आधुनिक दृष्टि एवं संवेदना के साथ वे लोक/पारम्परिक भारतीय नाट्य रूपों, शैलियों, रूढ़ियों का अपनी प्रस्तुतियों में मौलिक एवं सार्थक प्रयोग करें। प्रतिवर्ष बहुसंख्य प्रयोग होने लगे। कुछ बेहद रचनात्मक एवं महत्त्वपूर्ण रंग-प्रयोग भी इस योजना के अन्तर्गत हुए। उदाहरण के लिए—रतन थियम के **चक्रव्यूह,** भानु भारती के **पशु गायत्री,** वामन केन्द्रे के **झुलवा,** जयश्री बी.के **लक्षपति राजाने कथे,** बंसी कौल के **खेल गुरु का,** उर्मिल कुमार थपलियाल के **हरिचन्दर की लड़ाई,** अलखनंदन के **चंदा बेड़नी,** अरुण पांडे के **ईसुरी,** प्रबीर गुहा के **अहल्या,** बलवंत ठाकुर के **बाबा जित्तो,** नीलम मानसिंह चौधरी के **राजा भर्तृहरि,** सतीश आनंद के **अमली** तथा एम. राजू, अरूमुद्यम, बिभाष चक्रवर्ती इत्यादि के नाट्य-प्रदर्शन इस योजना की चर्चित उपलब्धि रहे। परन्तु फ़ैशन और ग़ैर-ईमानदारी के चलते फ़ालतू और फूहड़ प्रयोग भी कम नहीं हुए। परिणाम यह हुआ कि योजना खत्म होते ही लोक-रंग की यह बाढ़ सूख गई और गिने-चुने गम्भीर और सृजनधर्मी रंगकर्मियों ने इस काम को ईमानदारी से बाद में भी किया/कर रहे हैं। हिन्दी क्षेत्र में लोक-नाटक करने की दृष्टि से पटना के संजय उपाध्याय विशेष उल्लेखनीय रंगकर्मी हैं, जिन्होंने इस क्षेत्र में **बिदेसिया, उगना रे मोरे कतय गेला, हीरा डोम, हरसिंगार** जैसे कई गम्भीर प्रयोग करके अपनी अलग पहचान बनाई है।

भारतीय कस्बों और शहरों की नई पीढ़ी का मुख गाँवों की ओर नहीं, महानगरों की ओर है। उसके लिए लोक-कलाएँ और लोक-नाटक कुछ समय के लिए जिज्ञासा, कुतूहल, फ़ैशन और मज़े की चीज हो सकते हैं, जीवन का अभिन्न अंग नहीं। इसलिए यह आवश्यक है कि आज हम लोक नाटक और उससे प्रभावित आधुनिक नाट्य-प्रयोगों की सीमाओं को भी समझें। मौलिक प्रयोगों के नाम पर विविध लोक-तत्त्वों की खिचड़ी पकाने का कोई लाभ नहीं है। हमें ऐसे सम्पूर्ण और सार्थक

प्रयोगों की ओर बढ़ना चाहिए जो आलेख एवं प्रस्तुति-शैली के सामंजस्य पर आधारित हों और सौन्दर्य-बोध एवं कलात्मक दृष्टि से रंगकर्मी तथा प्रेक्षक-समीक्षक को समान रूप से सन्तुष्ट कर सकें।

हमारे शहरी अभिनेता प्रायः नृत्य-गीत की दृष्टि से बहुत कमज़ोर होते हैं। यही नहीं, उनमें लोक कलाकारों की सी सहजतापूर्ण ऊर्जा एवं ऊष्मा का भी अभाव होता है। अधिकांश निर्देशक भी नृत्य और संगीत के ज्ञान से सामान्यतः रहित होने के कारण पूरी तरह संगीत-निर्देशक के मोहताज होते हैं। इन परिस्थितियों में कई प्रदर्शन प्रायः अर्थ की दृष्टि से अराजक, सौन्दर्य-बोध की दृष्टि से फूहड़ और प्रभावशीलता की दृष्टि से उबाऊ होकर रह जाते हैं।

ऐसी स्थिति में यदि हमें ईमानदारी से लोक-शैली के उपयोग द्वारा अपने आधुनिक रंगकर्म को समृद्ध एवं सार्थक करना है तो उनके मूल रूपों के प्रामाणिक एवं सम्पूर्ण ज्ञान के साथ-साथ हमें उनके रंग-तत्त्वों, व्यवहारों और कथा-प्रसंगों के साथ आज के नागरिक लोकाचार, सौन्दर्यबोध, अर्थ, मूल्य, बिम्ब एवं उसकी प्रकृति, जीवन लय और अपेक्षा का अर्थपूर्ण सामंजस्य बैठाना होगा। अपने प्रदर्शनों में हमें कथ्य और शिल्प की अविभाज्यता, आन्तरिक अन्विति तथा समग्रता पर बल देना होगा। हमें सावधान रहकर यह सोचना चाहिए कि लोकशैलियों की गैर-ज़िम्मेदाराना थोप-थाप और 'फ़ोकबाजी' का यह अन्धा शौक कहीं हमारे आधुनिक नाटक और रंगमंच को किसी बन्द गली के आखिरी छोर पर ले जाकर नितान्त असहाय और अकेला न छोड़ दे। हमें अपने मन-मस्तिष्क, भावतन्त्र और संवेदन को नए-पुराने या अपने-पराए का भेद भूलकर किसी भी सार्थक एवं प्रासंगिक प्रभाव को स्वीकारने के लिए सदैव जाग्रत् रखना चाहिए। अपने रंगकर्म को प्रगतिशील, जीवन्त एवं समृद्ध बनाने का यही एक उचित रास्ता है।

पारसी रंगमंच : समकालीन प्रासंगिकता

उन्नीसवीं शती के उत्तरार्द्ध से लेकर बीसवीं शती के पूर्वार्द्ध के लगभग तीन दशकों के बीच सारे हिन्दुस्तान को अपने चटक रंगों में रँग देनेवाले हिन्दी-उर्दू के सर्वाधिक लोकप्रिय, सफल और एकमात्र व्यावसायिक रंगमंच का नाम था—पारसी थिएटर। हिन्दी नाटक के इतिहास और शोध-ग्रन्थों में अधिकांश विद्वानों ने प्रायः एक स्वर में इसे सस्ता, भौंडा, अश्लील, बाजारू और अकलात्मक कहकर अस्वीकार करने का प्रयत्न किया है। इन नाटकों को 'साहित्यिक सुरुचि से अछूते, चरित्र-वैशिष्ट्यहीन और केवल कथाओं का जमघट मात्र' मानकर खारिज कर दिया गया। कहा जाता है कि 1875 में बम्बई की 'विक्टोरिया नाटक मंडली' द्वारा बनारस के नाचघर में प्रस्तुत नसरवानजी खानसाहेब 'आराम' लिखित संगीतक **शकुन्तला** के प्रदर्शन के दौरान भारतेन्दु हरिश्चन्द्र एवं कई नाट्य-प्रेमी विद्वान उठकर रंगशाला से बाहर चले गए थे। और यह भी सच है कि इसी थिएटर के 'घटिया' नाटकों से दुखी होकर प्रतिक्रियास्वरूप भारतेन्दु हरिश्चन्द्र और जयशंकर प्रसाद ने श्रेष्ठ साहित्यिक-सांस्कृतिक हिन्दी नाटक लिखे।

परन्तु इसी सिक्के का दूसरा पहलू यह भी है कि इसी थिएटर को 'अधम धन्धा' माननेवाले मोहनदास करमचन्द गांधी ने जब 1914 में **हरिश्चन्द्र** नाटक का प्रदर्शन देखा तो उसके प्रभाव ने उनके जीवन और सोच की दिशा ही बदल दी। **सूरदास** को देखकर लोकमान्य तिलक ने नाट्य-मंडली (सूर विजय नाटक समाज) के आश्रयदाताओं में अपना नाम लिखवा लिया। लवजी भाई मयाशंकर त्रिवेदी के अभिनय से प्रभावित होकर पं. मदन मोहन मालवीय ने उन्हें 'नाट्य कला-भूषण' की उपाधि से अलंकृत किया। कांग्रेस के 33वें अधिवेशन के समय इसी शैली के नाटक देखकर पं. मोतीलाल नेहरू ने उनकी मुक्त कंठ से प्रशंसा की। **गंगावतरण** में भगीरथ के अभिनय से अभिभूत होकर जयपुर के महाराजा ने अभिनेता के लिए दो सौ रुपए मासिक की आजीवन पेंशन तय कर दी। प्रसिद्ध कलाकार फ़िदा हुसैन को 1923 में **वीर अभिमन्यु** में उत्तरा की भूमिका के बाद 'प्रेमशंकर' नाम दिया गया तो 1945 में पुरी के शंकराचार्य ने उन्हें नरसी भक्त की यादगार भूमिका के बाद

'नरसी' का नाम दे दिया। नारायण राव राजहंस की अभिनय कला के प्रबल प्रशंसक लोकमान्य बाल गंगाधर तिलक ने ही उन्हें 'बालगन्धर्व' का नाम दिया था, जो आज भी इस कला के एक उच्च प्रतिमान के रूप में स्वीकार किए जाते हैं। कहा जाता है कि बालगन्धर्व की स्त्री भूमिकाओं में उनके बोलचाल, हावभाव, वस्त्राभूषणों और शृंगार इत्यादि से मुग्ध होकर उस समय के उच्च वर्ग की अभिजात महिलाएँ उनकी नकल किया करती थीं। गुजराती रंगमंच के लोकप्रिय अभिनेता जयशंकर भी सुन्दरी की प्रभावशाली नारी भूमिका से इतने जुड़े कि जीवन भर 'सुन्दरी' बनकर ही दर्शकों के दिलों पर राज करते रहे। अभिनीत चरित्र से अभिनेता के एकीकरण का इससे बड़ा उदाहरण क्या होगा कि सुप्रसिद्ध कलाकार और एक बहुत बड़ी पारसी थिएटर कंपनी के मालिक जमशेदजी मादन के भाई नसरभानजी मादन और पेस्टनजी मादन क्रमशः 'तहमीना' और 'पेशु' के चरित्रों को मंच पर जीवन्त करने के बाद 'नसरूतहमीना' और 'पेशूअवान' के नाम से ही जाने गए।

हम जानते हैं कि प्रत्येक युग का रंगमंच अपने समय और समाज की आवश्यकताओं से ही पैदा होता है। पारसी थिएटर का रंग-रूप और चरित्र भी अपने समय की ऐतिहासिक आवश्यकता से ही उपजा था। राष्ट्रीय चेतना, पुनरुत्थान की भावना, आर्यसमाजी तथा अन्य सुधारवादी सामाजिक-धार्मिक आन्दोलनों के कारण उस समय के दर्शक को अपने इतिहास-पुराण के गौरवपूर्ण आदर्श चरित्र और महान आख्यान देखना अच्छा लगता था। वह आजाद होने के सपने देखने और उन्हें सच कर दिखाने के जुनूनी देश-प्रेम और रोमान का समय था। औद्योगिकीकरण के कारण अपने गाँवों-कस्बों को छोड़कर शहरों में आए और लगातार आ रहे मजदूरों, कारीगरों और नौकरीपेशा बाबुओं को लौकिक प्रेम की आदर्शवादी और मनोरंजक कथाएँ आकर्षित करती थीं। इन्हीं कथाओं में कोई-न-कोई बड़ा सन्देश या उपदेश भी गुँथा होता था और निम्न स्तर की मानसिकतावाले दर्शकों के मनोरंजन के लिए अलग से हास्य-प्रधान प्रसंगों की योजना भी की जाती थी। इस 'ट्रांसफर' या 'कॉमिक' सीन का मुख्य कथानक से कोई सम्बन्ध नहीं होता था। नाच-गाने और चमत्कारिक दृश्य गुलामी के अन्याय, अत्याचार और गरीबी के दुख को, थोड़ी देर के लिए ही सही, भुलाने में सहायक होते थे।

रंग-शिल्प की दृष्टि से इन नाटकों ने विक्टोरियन-शेक्सपीरियन अंग्रेजी नाटकों (जिनके प्रदर्शन उस समय की विलायती नाट्य कम्पनियाँ यहाँ आकर करती थीं और जिनमें आम हिन्दुस्तानी का प्रवेश वर्जित था) में प्रयुक्त संरचना और त्रासदी की कुछ विशेषताओं में भारतीय संस्कृत और लोक (विशेषतः मराठी-गुजराती में) नाट्य-तत्त्वों का सम्मिश्रण करके एक ऐसा नाट्य-रूप तैयार किया था, जिसमें प्रत्येक वर्ग, स्तर

और मानसिकता के भारतीय दर्शक की रुचियों, अपेक्षाओं और आवश्यकताओं का पूरा ध्यान रखा गया था। पारसी थिएटर मुख्यतः अभिनेता केन्द्रित और दर्शक सापेक्ष रंगमंच था।

पारसी थिएटर में नाटककार-मुंशी प्रायः कम्पनी का वेतनभोगी अभिन्न सदस्य होता था, जिसे अपना लेखनकार्य कम्पनी मालिक के मन्तव्य या निर्देश के अनुसार ही करना पड़ता था। अधिकतर नाटक की तैयारी की जिम्मेदारी भी उसी के कन्धों पर होती थी। इन्होंने अपनी नाट्य-कथाएँ कई स्रोतों से ग्रहण की थीं। वे भारतीय इतिहास-पुराण के मूल कथा-प्रसंगों और चरित्रों को बिना ज्यादा छेड़छाड़ किए ज्यों-का-त्यों प्रस्तुत करने का प्रयत्न करते थे, जिससे कि पुराण, मिथक और परम्परा के सहज विश्वासी दर्शक के मन को किसी भी प्रकार की ठेस न लगे। यही स्थिति दन्तकथाओं और अफ़सानों के चरित्रों की भी थी। इस नाजुक मामले में वे कोई खतरा नहीं उठाते थे और दर्शकों की सहज स्वीकृति पा लेते थे। कथा और चरित्र-विधान की मौलिकता इन लेखकों ने प्रासंगिक कथाओं और हास्य-प्रसंगों की सृष्टि में प्रदर्शित की। उदाहरण के लिए नारायण प्रसाद 'बेताब' के **महाभारत** में चेता चमार और सती गोपी की उपकथा या राधेश्याम कथावाचक के **वीर अभिमन्यु** नाटक में राजा और सुन्दरी की उत्पाद्य कथाओं और चरित्रों में नाटककार की मौलिकता तथा कल्पनाशीलता को स्पष्ट देखा जा सकता है। कुछ नाटकों का आधार रोम और ईरान का इतिहास है, जिसे तत्कालीन भारतीय सामाजिक-राजनीतिक समस्याओं की पृष्ठभूमि में रखकर मनोरंजक रूप में अभिव्यक्त किया गया है। तीसरा प्रमुख स्रोत विदेशी और खासकर शेक्सपियर के नाटक हैं, जिन्हें हिन्दुस्तानी परिवेश में पूरे असर के साथ रूपान्तरित कर लिया गया था।

पारसी नाटकों के कथानक अधिकतर घटना-प्रधान और कार्यमूलक हैं। उनमें व्यक्तिगत प्रेम और कर्तव्य के बीच तीव्र संघर्ष का घात-प्रतिघात है, जिसे क्रमशः तीव्र एवं सघन बनाया गया है। संरचना पर भारतीय संस्कृत, लोक और शेक्सपियर की नाट्य शैली का प्रबल प्रभाव है। प्रमुख चरित्रों के बीच पहचान की गोपनीयता, छद्म अथवा ग़लतफ़हमी के चलते नाटककार तीव्र तनाव की सृष्टि करता है, जो अन्त में पूरी नाटकीयता के साथ विस्फोट की तरह चरम सीमा पर पहुँचकर फट पड़ता है। प्रायः दर्शक चरित्रों के वास्तविक रूप एवं सम्बन्धों से परिचित होता है, इसलिए वह चरित्रों के सामने सत्य के उद्घाटित होने के चरम नाटकीय क्षण की आतुर प्रतीक्षा में रहता है और पात्रों की प्रतिक्रियाओं के प्रति आद्यन्त कुतूहल से भरा रहता है। ऐसा लगता है जैसे आज के सफल टी.वी. धारावाहिकों के लेखकों-निर्देशकों ने दर्शकों को बाँधे रखने का फ़ॉर्मूला वहीं से लिया है।

प्रवेश प्रस्थान पर इन नाटकों में विशेष रूप से ध्यान रखा गया है। इन

नाटक-लेखकों ने प्रायः नायक और नायिका को एक विशेष नाट्य-परिस्थिति में प्रवेश कराया है, जो आश्चर्यजनक भी लगे और चमत्कारपूर्ण भी। प्रवेश के लिए पहले से समुचित भूमिका—विशेषकर ऐसा वातावरण बनाया गया है कि पात्र का अचानक आना अत्यन्त नाटकीय प्रतीत हो। पात्र जिस मनोभाव से आ रहा है उसके ठीक विपरीत परिवेश हो ताकि उसके मनोभाव में और भी तीव्रता और अतिनाटकीयता आ सके। जैसे, आगा हश्र कश्मीरी के नाटक **रुस्तम सोहराब** के पहले बाब (अंक) के दूसरे सीन (दृश्य) में जहाँ शाहे समनगान के दरबार में कनीज़ों का रक्स चल रहा होता है और इसके बाद जब वज़ीर अदब से बादशाह के रूबरू और साक़ी उमराएदरबार के सामने जामे-शराब पेश करते हैं, ठीक उसी वक्त रुस्तम गुस्से और जोश में दाखिल होता है। इसी प्रकार, प्रस्थान की दृष्टि से इस बात का ध्यान रखा गया है कि पात्र दृश्य में अपनी पूरी बात कहकर और प्रभाव की चरम सीमा पर, जिस मनोभाव में पात्र का प्रवेश हुआ था, उसके ठीक विपरीत मनोदशा में पहुँचकर प्रस्थान करे।

संवाद और उनकी भाषा का अभिन्न सम्बन्ध चरित्रों के स्वरूप से होता है। इन अतिरंजनापूर्ण चरित्रों की भाषा भी अतिरंजनापूर्ण और अलंकृत है। संवाद की दृष्टि से देखें तो ज्ञात होता है कि शब्दाडम्बर और अति-आवेश पर सम्पूर्ण संवाद विधान टिका होने के कारण इसमें जो कवित्व या शायरी होती थी, वह अपने रंगमंच की प्रकृति के अनुकूल एक ओर अलंकरण-प्रधान होती थी, दूसरी ओर वह व्यापारमूलक संवाद को हाथ-पैर चालन से और रंग-व्यापार से जोड़नेवाली होती थी। इन संवादों में भाषण, उपदेश, शायरी, कवित्व, सवाल-जवाब, चुटकुलेबाजी, हाज़िर-जवाबी, बातचीत, आकाशवाणी, जनान्तिक, सम्भाषण आदि न जाने कितने प्रकार की संवाद प्रविधियों के दर्शन होते हैं।

अभिनय की दृष्टि से संवाद बोलने की अनेक रूढ़ियाँ बन गई थीं और अभिनेता अपनी उन अदाओं के लिए ही पसन्द किए जाते थे। उर्दू, हिन्दी या हिन्दुस्तानी भाषा में लिखे गए इन पारसी नाटकों की सर्वाधिक महत्त्वपूर्ण विशेषता थी—अतिरंजना। घटनाओं के संयोजन, दृश्यों के आरम्भ और अन्त, चरित्रांकन, पात्रों के प्रवेश-प्रस्थान, भाषा, संवाद और अभिनय तक में इस विशेषता को साफ तौर से पहचाना जा सकता है। यथार्थ और स्वाभाविकता के बजाय यहाँ संयोग, चमत्कार, भावातिरेक, अतिनाटकीयता और अलंकृति पर ज़्यादा बल है। संवादों में एक बनावटी शान और गूँज-गरज पाई जाती है। पारसी थिएटर की जीवित किंवदन्ती बनकर सौ साल से भी अधिक उम्र तक स्वस्थ एवं सक्रिय रहे मास्टर फ़िदा हुसैन के अनुसार, "उस थिएटर में संवाद बोलने का जो दमदार अन्दाज था, उसमें 'चींटी जा रही है' जैसा संवाद भी चींटी को हाथी बना देता था—क्योंकि स्वभाव से ऊपर उठाकर बोलना

पड़ता था।" इस बुलन्द गरजदार अन्दाज़ेबयाँ की एक खास वजह यह भी थी कि उस समय न तो आज जैसी लाइट थी, न माइक ही थे। मेलों, नुमाइशों या मैदानों में टीन के शेडों या कपड़े की कनातों से बनाए गए खूब बड़े-बड़े मंचों—प्रेक्षागृहों की आखिरी पंक्ति तक बैठे दर्शक तक अतिरंजित हाव-भाव, हँसाने-रुलानेवाले भावुकतापूर्ण दृश्यों और ज़ोरदार आवाज़ के उतार-चढ़ाव से ही पहुँचा जा सकता था। गाना और रोना भी खुले गले और बुलन्द आवाज़ में ही होता था। लिपटवाँ चित्रित आकर्षक पर्दे पारसी नाटकों की एक अन्य विशेषता है। चरित्रांकन की दृष्टि से अतिरंजना-प्रधान और आश्चर्यचकित करनेवाले चरित्रों को और अधिक भावुकतापूर्ण और प्रभावशाली बनाने के लिए उन्हें चरमबिन्दु पर ही रोक दिया जाता था। इससे चरित्र और उसके अभिनेता की गहरी छाप दर्शकों के मन पर पड़ती थी और वे उसे प्रशंसात्मक भाव से याद रखते थे।

पारसियों द्वारा पैसा और शोहरत कमाने के इरादे से आरम्भ की गईं ज़्यादातर पारसी नाट्य-मंडलियों का जन्म बम्बई में हुआ। इनके नाम प्रायः अंग्रेजी में होते थे—विक्टोरिया, अल्फ्रेड, एल्फिंस्टन, कारोनेशन, अलेक्जेंड्रा और रॉयल नाटक कम्पनी इत्यादि। नाम के बाद 'ऑफ बॉम्बे' या 'बम्बई वाली' जोड़ दिया जाता था। बाद में कलकत्ता, मेरठ, कानपुर इत्यादि नगरों में जो नाट्य-मंडलियाँ बनीं, उनके नाम हिन्दी में रखे गए। ये कम्पनियाँ साल में करीब आठ-नौ महीने तक विभिन्न नगरों में घूम-घूमकर अपने नाट्य-प्रदर्शन करती थीं। गुजराती भाषा से शुरू होकर यह रंगमंच उर्दू-हिन्दी तक ही नहीं बल्कि मराठी, बांग्ला और अन्य प्रादेशिक भाषाओं तक भी पहुँचा। इनके नाटककार बहुभाषी होते थे और इनके नाम से पहले मुंशी या पंडित शब्द का प्रयोग किया जाता था। ये कम्पनी के बाकायदा मुलाज़िम होते थे और अपने उपनाम या तखल्लुस से ज़्यादा जाने जाते थे। जैसे नसरवानजी खानसाहेब 'आराम', आगा 'हश्र' कश्मीरी, राधेश्याम 'कथावाचक', नारायण प्रसाद 'बेताब', विनायक प्रसाद 'तालिब', मोहम्मद मियाँ 'रौनक', मेंहदी हसन 'अहसन' इत्यादि।

आरम्भ में मर्द ही औरतों की भूमिकाएँ करते थे। इन कलाकारों में वल्लभ केशव नायक, मास्टर मोहन, नर्मदाशंकर, फ़िदा हुसैन, मास्टर निसार, रामलाल वल्लभ और जगन्नाथ इत्यादि को विशेष प्रशंसा प्राप्त हुई। 1895 में पहली बार गुलज़ार और बिजली नामक दो तवायफें इस मंच पर आईं। इनके बाद तो फिर विभिन्न भाषाओं, प्रान्तों, धर्मों और जातियों की मेरी फ़ैंटम, गौहर, नाज़नीन, मुन्नीबाई, पुतली, गुलनार, ज़ोहरा, जहाँआरा कज्जन, सरस्वती बाई, लता बोस इत्यादि न जाने कितनी अभिनेत्रियों ने पारसी थिएटर की रौनक बढ़ाई। पुरुष भूमिकाएँ करनेवाले इस थिएटर के कलाकारों में कावसजी खटाऊ, नसरवानजी वाडिया, जहाँगीरजी,

पेस्टनजी खंभाता, सोराबजी ओग्रा, सोराबाज केरेवाला, फ़िदा हुसैन, लवजी, सोहराब मोदी जैसे न जाने कितने कलाकारों ने खूब ख्याति पाई।

इन नाटकों का आरम्भ 'हम्द' (प्रार्थना, मंगलाचरण) से और सुखमय अन्त भरतवाक्य जैसे मंगलगान से होता था। प्रत्येक दृश्य का एक अलग चरमोत्कर्ष होता था, जो आगामी दृश्य के कार्यव्यापार के प्रति दर्शक के मन में कुतूहल पैदा कर देता था। मंच और संवाद-अदायगी की यह विशिष्ट शैली ही वास्तव में पारसी रंगमंच की मुख्य पहचान थी। अभिनय और मुख्य नाट्य-कथा के अलावा कॉमिक सीन, चमत्कारपूर्ण दृश्य, तड़क-भड़कपूर्ण पोशाकें, मोहक गीत-नृत्य और सुन्दर पर्दे भी दर्शकों को आकर्षित करते थे।

समय के साथ परिस्थितियाँ बदलीं, सिनेमा का आगमन हुआ और धीरे-धीरे पारसी थिएटर के दिन भी लद गए। परन्तु अनेक बम्बइया फिल्मों और कस्बों तथा छोटे शहरों के रंगमंच में आज भी इसके अवशेष देखे जा सकते है। अक्टूबर 1992 में दिल्ली की साहित्य कला परिषद् ने पारसी थिएटर के वयोवृद्ध कलाकार मोहम्मद अहमद से विशेष आग्रह करके श्रीराम सेंटर में **इंसाफ़ उर्फ़ दिल्ली दरबार** नामक नाटक का प्रदर्शन करवाया था, जिससे उस थिएटर की वास्तविक झलक आज के दर्शक को मिली।

'भारत रंग महोत्सव 2004' के अन्तर्गत भी, दिल्ली की झुग्गी-झोंपड़ियों में रहकर उपेक्षा और बदहाली का नारकीय जीवन जीनेवाले पारसी थिएटर के कुछ बचे-खुचे, बूढ़े-बीमार कलाकारों को लेकर उन्हीं के परिवारों की नई पीढ़ी के साथ उन्हीं के अपने निर्देशक अहमद अंजुम देहलवी के निर्देशन में आगा हश्र कश्मीरी के पारसी नाटक **यहूदी की लड़की** को उसी पुरानी शैली, रूप-रंग और अन्दाज़ में पेश किया गया था। काफी दर्शक यह नाटक देखने आए। रोमन और यहूदी धर्म का नफ़रत भरा संघर्ष आज के साम्प्रदायिक एवं जातिवादी दंगों की याद दिलाकर समस्या को प्रासंगिक भी बनाता है।

इस सन्दर्भ में सुप्रसिद्ध नाट्य निर्देशक एवं समीक्षक देवेन्द्र राज अंकुर का यह कथन निश्चय ही महत्त्वपूर्ण और विचारणीय है कि "पारसी नाटकों के नाम पर जितने भी नाटकों से हमारा परिचय है, उनमें से कौन सा सस्ता, हलका और अश्लील है? वरन् गहराई से यदि उनका अध्ययन किया जाए तो वे भी उतने ही जटिल, संश्लिष्ट और सार्वकालिक प्रश्नों से जूझते नज़र आते हैं—आगा हश्र कश्मीरी के **रुस्तम सोहराब, वीर अभिमन्यु** और नारायण प्रसाद 'बेताब' के **महाभारत** जैसे नाटक अपने कथ्य में, संरचना में किसी भी आधुनिक भारतीय नाटक के समकक्ष रखे जा सकते हैं। हम शेक्सपियर के **किंग लियर** और **हैमलेट** की तो त्रासदियों के रूप में चर्चा करते नहीं अघाते, लेकिन उन्हीं नाटकों पर पूरी तरह से भारतीय परिवेश में रचित आगा

हश्र के **सफेद खून** और **खूनेनाहक** को बिना पढ़े ही खारिज कर देते हैं।" इस उद्धरण में तीन स्थापनाएँ की गई हैं। पहली यह कि हमारे परिचय क्षेत्र में आए नाटकों में से कौन सा पारसी नाटक सस्ता, हलका और अश्लील है? इस वक्तव्य की एक बड़ी सीमा व्यक्तिगत स्तर पर नाटकों की है। यदि सैकड़ों सस्ते, घटिया और अश्लील नाटकों में से तीन-चार नाटक चुनकर हम उनके आधार पर कोई सामान्यीकरण करते हैं तो वह कभी सही और पूरा नहीं होता। दूसरी बात यह कि यह हमेशा जरूरी नहीं होता कि सस्ता या हलकापन और अश्लीलता आलेख के स्तर पर ही प्रकट अथवा स्पष्ट हो—ज्यादातर तो इनकी पूरी अभिव्यक्ति प्रस्तुतीकरण पर ही निर्भर करती है। और हम जानते हैं कि व्यावसायिक थिएटर में पैसे की कमाई से सीधे जुड़े निर्देशक-अभिनेता और मालिक हर वर्ग से पैसा वसूलने और सबको सन्तुष्ट करने के लिए प्रदर्शन में ज्यादातर ऐसे आसान समाधान ढूँढ़ते ही हैं। समकालीन हिन्दी रंगमंच पर सार्थक, गम्भीर और प्रयोगशील समझा गया नाट्यालेख बम्बई के कमर्शियल रंगमंच पर पहुँचते ही व्यावसायिक रूप ग्रहण कर लेता है।

दूसरी स्थापना है कि **रुस्तम सोहराब, यहूदी की लड़की, सीता बनवास, भक्त प्रह्लाद, वीर अभिमन्यु** और **महाभारत** जैसे नाटक जटिल, संश्लिष्ट और सार्वकालिक प्रश्नों से जूझते हैं और उन्हें कथ्य एवं संरचना की दृष्टि से किसी भी आधुनिक भारतीय नाटक के समकक्ष रखा जा सकता है। मेरे विचार से यहाँ प्रयुक्त 'जटिल, संश्लिष्ट और सार्वकालिक' शब्दों का सम्भवतः ठीक वही अर्थ नहीं है, जो आज के सन्दर्भ में किया जाता है। बाहर के स्थूल स्तर पर उलझी हुई घटनाओं के चतुर संयोजन को मन के आन्तरिक-अवचेतन धरातल पर रहकर व्यक्ति के व्यवहार को अबूझ और आचरण को कई जाने-अनजाने रूपों में प्रभावित एवं संचालित करनेवाली कुंठाओं से उत्पन्न जटिलता और संश्लिष्टता का स्वरूप और अर्थ एक ही नहीं होता। कुतूहलपूर्ण एवं घुमावदार स्थितियों के नाटकीय संयोजन को ही 'जटिल और संश्लिष्ट' नहीं कहा जा सकता। अपवादस्वरूप दो-चार नाटकों को छोड़ दें (और दिलचस्प बात यह है कि वे पारसी रंगमंच पर कोई विशेष सफलता प्राप्त नहीं कर सके थे—वह जटिलता और संश्लिष्टता का समय ही नहीं था) तो शेष लगभग सभी नाटक सामान्यीकृत और सरलीकृत रूप में ही प्रस्तुत होते थे और कई अन्य बाहरी कारणों से दर्शकों की भरपूर स्वीकृति पा जाते थे। जैसे सोद्देश्यता, सार्वकालिकता, समकालीनता, प्रासंगिकता या सार्थकता की बात इन नाटकों के बारे में कही जाती है—यह सब गुण तो हमें, शायद कुछ बेहतर रूप में ही, 'पृथ्वी थिएटर' के नाटकों और घटिया बम्बइया फिल्मों में भी दिखाई देते हैं। लेकिन उन्हें हम आज के सन्दर्भ में श्रेष्ठ साहित्यिक और गम्भीर कलात्मक रचनाएँ स्वीकार नहीं करते। तीसरी

स्थापना के उत्तर में तो एक सीधा सा प्रश्न यही पूछा जा सकता है कि यदि **सफेद खून** और **खूने नाहक** सचमुच **किंगलियर** और **हैलमेट** की टक्कर की महान त्रासदियाँ हैं तो आधुनिक हिन्दी रंगमंच के पिछले लगभग पचास वर्षों में शेक्सपियर के ये नाटक तो बीसियों बार कई-कई निर्देशकों ने कई-कई बार मंचित किए जबकि हश्र के ये नाटक किसी भी उल्लेखनीय निर्देशक या नाटककार ने कभी नहीं किए। क्यों?

छठे दशक में व्यापक एवं गम्भीर विचार-विमर्श के बाद अनेक नाट्य-विशेषज्ञ, चिन्तक और रचनाकार इस निष्कर्ष पर पहुँचे की भारतीय रंगकर्म का जीवन एवं भविष्य 'मूलगामी रंगमंच' की तलाश से जुड़ा है। इसलिए हमें आधुनिक भारतीय नाट्य-शैली की खोज के लिए अपनी जड़ों से जुड़ना चाहिए और अपनी पारम्परिक एवं लोक भारतीय नाट्य-शैलियों के नए रचनात्मक उपयोग की दिशा में आगे बढ़ना चाहिए। केन्द्रीय संगीत नाटक अकादमी की कुछ महत्त्वाकांक्षी योजनाओं के तहत भारतीय लोक एवं पारम्परिक रंग-शैलियों के आधुनिक नाट्य-प्रयोगों को प्रेरित एवं प्रोत्साहित करने की दृष्टि से काफी उल्लेखनीय काम किया गया है। इसी तर्क से कुछ रंगकर्मियों का विचार है कि पारसी थिएटर को भी भारतीय रंगकर्म की मूल्यवान विरासत मानते हुए उसका पुनराविष्कार अथवा आधुनिक दृष्टि से परिष्कार किया जाना चाहिए। अनेक प्रबुद्ध एवं उत्साही निर्देशकों ने इस दिशा में गम्भीर रंग-प्रयोग भी किए। हबीब तनवीर जैसे वरिष्ठ एवं प्रयोगधर्मी रंगकर्मी ने 1960 में अपने 'नया थिएटर' के लोक एवं शहरी कलाकारों के मिले-जुले दल के साथ आगा हश्र कश्मीरी के **रुस्तम सोहराब** को नए ढंग से प्रस्तुत करके इस क्षेत्र में पहल की। थोड़े-थोड़े अन्तराल के बाद इसी नाटक को क्रमशः रंजीत कपूर, अनिल चौधरी और देवेन्द्र राज अंकुर ने भी अपने-अपने ढंग से अभिमंचित किया। **मशरिकी हूर** को बी.एम. शाह और हेमा सिंह ने दो-दो बार प्रस्तुत किया। **यहूदी की लड़की** को नादिरा जहीर बब्बर, हेमा सिंह और देवेन्द्र राज अंकुर ने नए ढंग से पेश करने की कोशिश की। **खूबसूरत बला** को भी क्रमशः बी.एम. शाह, हेमा सिंह और अंकुर ने प्रदर्शित किया। बी.एम. शाह के निर्देशन में **वीर अभिमन्यु** दो बार मंचित हुआ। **दिलफ़रोश** को रमेश मनचन्दा तथा अरविन्द गौड़ और **बिल्वमंगल** को रानी बलबीर कौर ने प्रस्तुत किया। दो-तीन अपवादों को छोड़ दें तो इनमें से अधिकतर प्रदर्शन उर्दू अकादमी या अन्य किसी सरकारी योजना के आग्रह पर किए गए या फिर राष्ट्रीय नाट्य विद्यालय के निर्धारित प्रशिक्षण पाठ्यक्रम के तहत। नाट्य विद्यालय की छात्र-प्रस्तुतियों को पारसी रंगमंच के शिखर कलाकार मास्टर फ़िदा हुसैन का पूरा और लम्बा रचनात्मक सहयोग भी प्राप्त हुआ। लेकिन इन तमाम रंग-प्रयोगों के बावजूद कोई ऐसी संश्लिष्ट प्रस्तुति-शैली नहीं खोजी जा सकी, जो उन

व्यावसायिक नाटकों को आज के दर्शकों के लिए सचमुच प्रासंगिक, सार्थक और गम्भीर नाट्यानुभव देने में समर्थ बना सके। ये प्रयोग आधा तीतर-आधा बटेर ही बने रहे।

इसके अनेक बुनियादी कारण हैं। सबसे पहला और महत्त्वपूर्ण कारण तो यही है कि पारसी थिएटर जिस समय, जीवन और परिस्थितियों की उपज था उनमें आज भारी परिवर्तन आ चुका है। आज के व्यक्ति की मानसिकता, उसकी जरूरत और अपेक्षा आमूल-चूल बदल गई है। मूल्य, आदर्श, विचार, सरोकार और सौन्दर्य-बोध बदल गए हैं। आज के आत्मकेन्द्रित, कुंठित, विविध प्रकार के दबावों, तनावों और आन्तरिक उलझावों से ग्रस्त व्यक्ति के दबे-घुटे और पेचीदा मनोभावों को सूक्ष्म एवं प्रभावशीलता के साथ व्यक्त करनेवाला मुहावरा बदल गया है। आज के जटिल सम्बन्धों और अर्द्ध-अनुभूत या अननुभूत-अस्पष्ट अनुभवों को पारसी थिएटर की अलंकृत-अतिरंजना पूर्ण भाषा और अतिनाटकीय शैली में अभिव्यक्त नहीं किया जा सकता। न आज की फुसफुसाहट, नाटकीय मौन और इशारों की बहुअर्थगर्भी संयत भाषा में बड़बोले और हाथ-पाँव मारकर चिल्लाते पारसी नाटकों को पेश ही किया जा सकता है। आज के मन्दगति से चलते तनावपूर्ण सघन और सारे विस्फोट को भीतर दबाए-छुपाए किन्तु ऊपर से शान्त दिखाई देते सुलगते ज्वालामुखी जैसे नाटकों के बीच पारसी नाटकों के किसी प्रसंग, चरित्र या दृश्य को, उस बनावटी अतिनाटकीय शैली को व्यंग्य-विद्रूप के लिए कंट्रास्ट के रूप में ही पेश किया जा सकता है। आज के यथार्थवादी स्वाभाविक जीवन-नाटक में पारसी शैली झूठ, बनावट और मज़ाक को ही उभारती है। समकालीन व्यक्ति को उसका हास्य एकदम फूहड़ और भदेस महसूस होता है। आज के जागरूक, बौद्धिक और तर्कशील व्यक्ति को उसके आरोपित-असंगत नाच-गाने और चमत्कार हास्यास्पद लगते हैं। कैसी विडम्बना है कि 1929 में 'न्यू अल्फ्रेड कम्पनी' के पारसी नाट्य-प्रदर्शनों में 'आदर्श, शिक्षा, पवित्रता, ओज' इत्यादि गुणों की भूरि-भूरि प्रशंसा करनेवाले समाजचेता जागरूक रचनाकार प्रेमचन्द्र को 1935 में ही लगने लगा था कि 'नए ड्रामा का ध्येय बदल गया है, वह मनोरंजन की वस्तु नहीं रहा। वह समाज का परिष्कार करना चाहता है।' प्रेमचन्द ने जीवन और नाटक में आ रहे क्रमशः बदलाव को तभी भाँप लिया था। आज के बदलावों की तो बात ही अलग है।

परन्तु सुविख्यात रंगकर्मी-समीक्षक हबीब तनवीर आज भी मानते हैं कि "पारसी थिएटर के दूसरे नाटकों को अगर आज स्टेज पर पेश करना है तो आधुनिक शैली में ही पेश करना होगा; वरना ये नाटक बेमानी साबित होंगे।" वीरेन्द्र नारायण इसी समस्या को दूसरे पहलू से देखते हुए सुझाव देते हैं कि, "आधुनिक समस्याओं पर

आधुनिक दृष्टि से उस शैली को ध्यान में रखकर, नाटक लिखना असम्भव नहीं है।" परन्तु वरिष्ठ रंगकर्मियों के ये दोनों समाधान रचनात्मकता की दृष्टि से दोषपूर्ण और अस्वाभाविक हैं। ये कथ्य और शैली को अलग-अलग मानकर चलते हैं। जबकि वास्तव में किसी श्रेष्ठ रचना एवं कलाकृति में कथ्य और शिल्प अभिन्न और अविभाज्य होते हैं। प्रत्येक कथ्य अपनी शैली को साथ लेकर ही आता है, उस पर कोई दूसरी मनचाही शैली आरोपित नहीं की जा सकती। किसी निर्माण में तो शायद ऐसा किया जा सकता है, लेकिन सृष्टि में बिलकुल नहीं। यूँ केवल प्रयोग के लिए प्रयोग करना एक बिलकुल अलग बात है।

पारसी थिएटर की समकालीन प्रासंगिकता एवं सार्थकता की राह की तीसरी महत्त्वपूर्ण समस्या है—अभिनेता। मंच पर चलती चींटी को हाथी बनाकर पेश करने में समर्थ पारसी रंगमंच का कलाकार एक व्यक्तित्व सम्पन्न, सम्पूर्ण और अपनी कला में प्रवीण अभिनेता होता था—नाचने, गाने, हँसने, रुलाने और युद्धकला और अन्य अनेक कलाओं में पूर्णतः प्रशिक्षित अभिनेता। वह बुलन्द आवाज़ और उसके नाटकीय उतार-चढ़ाव का जादूगर था। उसके विपरीत दो-चार अपवाद छोड़ दें तो सामान्यतः आज का प्रशिक्षित अभिनेता भी कद-काठी, आवाज़ और पूरी देह को अभिव्यक्ति का सशक्त माध्यम बना पाने की सामर्थ्य की दृष्टि से बच्चा-सा लगता है। समकालीन हिन्दी रंगकर्म के प्रतिभावान एवं प्रतिष्ठित नाट्य-संगीतकार स्व. पंचानन पाठक को पारसी थिएटर के **नरसी भगत** का संगीत सुनने के बाद यदि ऐसा लगा था कि, "हर दृष्टि से मेरा प्रयास बौना ही रहेगा" तो यह केवल विनम्रता नहीं थी। आज का कलाकार सुविधाभोगी हो गया है और हर मामले में शॉर्टकट तलाशता है। माइक्रोफोन, प्ले बैक, ऑर्केस्ट्रा प्रोजेक्टर, टेप-रिकॉर्डर इत्यादि के सहयोग के बिना वह प्रायः स्वयं को अधूरा और बेबस-सा महसूस करता है। ज़ाहिर है कि आज हमारे पास पारसी थिएटर जैसे उस शैली के सशक्त अभिनेता लगभग न के बराबर ही हैं। और विवशता यह है कि कालचक्र को चाहकर भी अब पीछे नहीं घुमाया जा सकता।

अभिनेता-केन्द्रित रंगकर्म को जब निर्देशक-केन्द्रित रंगमंच पर प्रस्तुत किया जाता है तो परिणाम हमेशा वही होता है, जो पारसी नाटकों के इन रंग-प्रयोगों का हुआ है। ऐसा लगता है जैसे इस क्षेत्र में किए गए ये सभी प्रयोग किसी आन्तरिक रचनात्मक जरूरत के तहत न होकर अपनी कमज़ोरी और असामर्थ्य पर पर्दा डालने की कोशिश भर हैं।

इस सबके बावजूद हेमा सिंह को यह लगता है कि, "पारसी रंगमंच के मूल तत्त्व भुला देने लायक नहीं हैं। उनमें रस है, रंजन है।" और रंजीत कपूर का यह विचार भी खासतौर से ध्यान देने लायक है कि, "यह शैली नाटकीय युक्तियों और अभिनय तत्त्वों आदि में आज भी बहुत कारगर हो सकती है। दरअसल मैं इसे प्रशिक्षण

में भी बहुत उपयोगी मानने लगा हूँ।"

परम्परा या विरासत के नाम पर पारसी थिएटर का पूरा पहाड़ कन्धों पर ढोकर चलने के बजाय उचित और जरूरी तो यही है कि हम उसके सार्थक रंग तत्त्वों की संजीवनी को ही तलाश करें। निश्चय ही उन नाटकों में रस और रंजन के तत्त्व महत्त्वपूर्ण हैं। भावुकता और हास्य के तत्त्व भी नाटक में सामान्य भारतीय दर्शक के लिए ग्राह्यता की दृष्टि से आवश्यक हैं। लेकिन समकालीन दर्शक की सुरुचि और उसके बदले हुए सौन्दर्य-बोध को ध्यान में रखते हुए उन्हें संयत और सुसंस्कृत बनाना होगा। आज कॉमिक सीन को मूल कथा का अभिन्न अंग बनाना होगा और उसे फूहड़पन से भी मुक्त करना आवश्यक होगा।

पारसी थिएटर की सर्वाधिक महत्त्वपूर्ण विशेषताएँ हैं—

- अभिनेता का सर्वांगीण एवं सघन प्रशिक्षण।
- शुद्ध उच्चारण और संवादों के उतार-चढ़ाव की लयपूर्ण अदायगी।
- शरीर की लचक और आवाज का खुलापन।
- तालीम या पूर्वाभ्यास के दौरान ही नहीं, जीवन में भी 'मिलिट्री कैम्प'-सा कठोर अनुशासन।
- संस्था के सभी कलाकारों के बीच परस्पर सम्मान, प्रेम, सहयोग और सौहार्दपूर्ण सहज मानवीय सम्बन्ध।
- पूरी तैयारी के साथ दर्शकों के समक्ष पेश होने की ज़िद और उन्हें पूरी तरह सन्तुष्ट करने की कोशिश।

इन सभी विशेषताओं के अतिरिक्त प्रदर्शन को अभिनेता-केन्द्रित बनाने और प्रोफ़ेशनल दृष्टिकोण अपनाने जैसी विशेषताओं से बहुत-कुछ सीखा जा सकता है। पारसी नाटकों को आज की रंगशैलियों-पद्धतियों से मिलाकर पेश करने या आधुनिक नाटकों में पारसी शैली के पूर्ण अथवा आंशिक प्रयोग से कुछ भी हासिल होनेवाला नहीं है। इस प्रकार के आधे-अधूरे संकर रंग-प्रयोग थोड़ी देर के लिए कुतूहल तो पैदा कर सकते हैं, पारसी थिएटर की समकालीन प्रासंगिकता और अर्थवत्ता सिद्ध नहीं कर सकते। यह सच है कि हिन्दी रंगकर्म जब भी व्यावसायिक बनने का प्रयत्न करेगा और देर-सबेर उसे यह प्रयत्न करना ही पड़ेगा—उसे पारसी थिएटर से बहुत-कुछ सीखना पड़ेगा।

जयशंकर प्रसाद : अभिनेयता और प्रस्तुति-शैली

महाकवि जयशंकर प्रसाद हिन्दी के सर्वाधिक विवादास्पद और चुनौतीपूर्ण नाटककार हैं। आधी शताब्दी से भी अधिक समय तक विश्वविद्यालयी नाट्य-समीक्षा और अनुसन्धान में उन्हें साहित्यिक दृष्टि से आधुनिक हिन्दी साहित्य का सर्वश्रेष्ठ महान एवं कालजयी रचनाकार मानने के साथ-साथ अनेक व्यावहारिक कठिनाइयों के कारण 'अरंगमंचीय' भी माना जाता रहा है। सच है कि गहन-गम्भीर ऐतिहासिक शोध पर आधारित उनके नाटकों का उद्देश्य भारतीय संस्कृति के उदात्त जीवन-मूल्यों की स्थापना, राष्ट्रीय अस्मिता की प्रतिष्ठा, सामाजिक चेतना की परिष्कृति और नव-जागरण का सन्देश देना है। परन्तु व्यापक कथा-फलक, बहुसंख्य चरित्रों, छोटे-छोटे दृश्यों, लम्बे-लम्बे स्वगत कथनों, आँधी, उल्कापात, समुद्र तट, निर्झर, व्याघ्र, युद्ध और बाढ़ जैसे कठिन दृश्यों तथा गीत, नृत्य और अलंकृत एवं काव्यात्मक भाषा जैसे अनेक व्यावहारिक मंचीय कारणों से उनके नाटकों को प्रायः 'अरंगमंचीय' भी सिद्ध किया जाता रहा है। ध्यान से देखें तो इस प्रकार के कमोबेश तमाम दोष कालजयी यूनानी और शेक्सपियर के नाटकों में ही नहीं **अन्धायुग', एवम् इन्द्रजित, तुग़लक, घासीराम कोतवाल, खामोश! अदालत जारी है, आषाढ़ का एक दिन** और **सूर्य की अन्तिम किरण से सूर्य की पहली किरण तक** जैसे उन अनेक भारतीय नाटकों में भी काफ़ी हद तक मौजूद हैं, जिन्हें न केवल समकालीन हिन्दी रंगमंच पर सफलतापूर्वक प्रस्तुत किया जा चुका है, बल्कि जिन्हें आज के हिन्दी रंगमंच की उपलब्धि भी स्वीकार किया गया है।

यदि रंगमंच की विश्वविद्यालयी कसौटी पर परखें तो निश्चय ही इन सभी रंग-नाटकों को पाठ्य और अरंगमंचीय सिद्ध किया जा सकता है। शायद यह भी एक कारण है कि सत्यदेव दुबे जैसे वरिष्ठ रंगकर्मी को ऐसा लगता है कि, 'जब तक जयशंकर प्रसाद को पाठ्यक्रमों में से नहीं निकाला जाता, जब तक उनके ऊपर लिखी डॉक्टरों की थीसिसों को जला नहीं दिया जाता, तब तक मंच हिन्दी का आगे नहीं आएगा।' वास्तव में किसी नाटक का मंच पर हो जाना या न हो पाना—हमेशा

सिर्फ आलेख की शक्ति और सीमा पर ही निर्भर नहीं करता—उसके अन्य अनेक कारण हो सकते हैं, होते हैं। इसलिए केवल इसी आधार पर उसकी रंगमंचीयता का निर्णय नहीं लिया जा सकता। बिना रूपान्तर या परिवर्तन किए अभिमंचन तो आजकल कविता, कहानी और उपन्यास का ही नहीं व्यंग्य-लेखों तक का हो जाता है। इसलिए मूल प्रश्न प्रसाद के नाटकों के मंच पर प्रस्तुत हो जाने भर का नहीं है, उनके सफल और प्रभावशाली प्रस्तुतीकरण का है। विचारणीय मुद्दा यह है कि शान्ता गांधी, ब.व. कारन्त, रामगोपाल बजाज और रॉबिन दास जैसे वरिष्ठ और प्रबुद्ध आधुनिक निर्देशकों, प्रशिक्षित अभिनेताओं और सुविधा-सम्पन्न रंगमंडलों के तकनीक-कुशल पार्श्वकर्मियों के रचनात्मक सहयोग के बावजूद प्रसाद के नाटक अपने प्रदर्शनों से वह प्रभाव पैदा क्यों नहीं कर पाए/पाते, जो उन्हें पढ़कर पैदा होता है?

इसमें कोई सन्देह नहीं कि प्रसाद का बहुआयामी-महाकाव्यात्मक कथ्य एकता, शान्ति, प्रेम, मैत्री, करुणा, मानव-मूल्य और जन-कल्याण का महत् उद्देश्य केवल आज के लिए ही नहीं, आनेवाले कल के लिए भी सार्थक एवं प्रासंगिक है। इनके नाटकों की तथाकथित व्यावहारिक समस्याओं को आधुनिक तकनीक-समृद्ध और कल्पनाशील रंगमंच ने लगभग दूर कर दिया है। देश, काल और कार्य की अन्विति का प्रश्न यथार्थवादी शैली के सामने खड़ा होता है—संस्कृत-रंगकर्म में तो यह कभी समस्या था ही नहीं! यूँ ध्वनि, प्रकाश और प्रतीकात्मकता के माध्यम से, आज कठिन या असम्भव समझे जानेवाले दृश्यों/प्रसंगों को भी मंच पर आसानी से प्रदर्शित किया जा सकता है। जहाँ तक छोटे-छोटे या अनावश्यक प्रसंगों, पात्रों, गीतों की अधिकता, आकस्मिक प्रवेश-प्रस्थान, एकाग्रता एवं गति का प्रश्न है, प्रबुद्ध निर्देशक कुशल-सतर्क सम्पादन द्वारा इसका समाधान कर सकते हैं। वीरेन्द्र नारायण, शान्ता गांधी, राम गोपाल बजाज, ब.व. कारन्त द्वारा किए गए **स्कन्दगुप्त** के सम्पादन मार्ग-दर्शन कर सकते हैं। विश्व के तमाम बड़े नाटकों के साथ प्रायः ऐसा किया भी जाता है। स्वयं प्रसाद द्वारा किया गया **चन्द्रगुप्त** का संक्षिप्त, संशोधित एवं सम्पादित **अभिनय चन्द्रगुप्त** इस प्रक्रिया के पक्ष में एक बड़ा तर्क माना जा सकता है। परन्तु इन तमाम तर्कों से अधिक महत्त्वपूर्ण एवं बुनियादी प्रश्न यह है कि अब तक **अभिनय चन्द्रगुप्त** का कोई भी उल्लेखनीय प्रस्तुतीकरण क्यों नहीं हुआ और हर बार **स्कन्दगुप्त** को भी नए सिरे से सम्पादित करने की जरूरत क्यों महसूस होती है? और इस प्रक्रिया के बावजूद प्रायः प्रस्तुति में अन्विन्ति एवं अपेक्षित प्रभान्विति क्यों नहीं आ पाती?

प्रसाद के प्रशंसक-प्रेमी नाट्य-पाठकों को इनके प्रदर्शनों से तृप्ति और सन्तुष्टि क्यों नहीं होती? इसका प्रमुख कारण शायद यह है कि मूल कथा से कटे और लगभग असम्बद्ध दृश्य भी अपने आपमें सम्पूर्ण हैं। विशुद्ध दार्शनिक/धार्मिक वाद-विवादपूर्ण प्रसंग या हास्योत्पादक दृश्य भी प्रसाद के व्यापक कथ्य में कुछ-न-कुछ जोड़ते अवश्य

हैं। निर्देशक एकाग्रता लाने के लिए यदि इन्हें पूरी तरह छोड़ते हैं तो कथ्य एकांगी हो जाता है और यदि कुछ काटते और कुछ रखते हैं तो अन्विति नहीं आ पाती। कुछ चरित्रों के विकास और आकस्मिक अन्त की समस्या के कारण यह गुत्थी और भी उलझ जाती है। जिन पात्रों का हृदय-परिवर्तन होता है, उनके पर्याप्य अन्तर्द्वन्द्व और ऊहापोह की कमी मनोवैज्ञानिक दृष्टि से पूरे चरित्रांकन को ही अस्वाभाविक एवं अविश्वसनीय सा बना देती है। प्रमुख चरित्र ठीक से प्रतिष्ठित भी नहीं हो पाते कि प्रसंग बदल जाते हैं और नए पात्रों के साथ कार्य-व्यापार कहीं और भटक जाता है। **स्कन्दगुप्त** के 33 दृश्यों में से नायक केवल 12 में दिखाई देता है। इसीलिए इसमें स्कन्दगुप्त के बजाय भटार्क और देवसेना के मुकाबले विजया अधिक प्रभावशाली हो जाते हैं। वैसे भी दुविधाग्रस्त एवं संवेदनशील स्कन्दगुप्त और करुणकोमल देवसेना के बरक्स भटार्क एवं विजया के चरित्रों में आक्रामकता के आधिक्य के कारण ऊर्जाजन्य प्रभावशीलता भी ज्यादा है। **जनमेजय का नागयज्ञ** के 23 दृश्यों में से जनमेजय केवल 6 में ही मंच पर उपस्थित होता है। रचनाकार का आदर्शवादी पूर्वाग्रह चरित्रों को उनकी आन्तरिक जरूरत और स्वाभाविक गति से स्वतः विकसित भी नहीं होने देता। जो चरित्र रचनाकार की इच्छा के विरुद्ध कुछ कहने-करने की सोचते हैं, उन्हें नाटककार आत्महत्या या हत्या के ज़रिए नाटक से ही हटा देता है।

परन्तु इन तमाम समस्याओं से बड़ी और बुनियादी समस्या है—प्रसाद के नाटकों की प्रस्तुति-शैली और भाषा। यह तो स्पष्ट ही है कि भरपूर विरोध के बावजूद प्रसाद का अपना रंग-शिल्प भी मूलतः पारसी थिएटर वाला ही है। यही कारण है कि राजिन्दर नाथ को लगता है कि "अगर फिल्में 10-20 साल बाद शुरू होतीं और पारसी थिएटर ज़िन्दा रहता तो प्रसाद के नाटक अवश्य खेले जाते।" और बंसी कौल का मानना है, "मैं प्रसाद के नाटकों को पारसी शैली में पर्दों के साथ खेलना चाहता हूँ।" परन्तु यह दृष्टि प्रसाद को अतीत की मृतप्राय चीज़ बना देती है जिसे आज केवल अकादमिक रूप में पढ़ा-पढ़ाया, खेला और देखा जा सकता है। इसका अर्थ यह हुआ कि प्रसाद के नाटकों में क्लासिक होने के गुण नहीं हैं और बदले हुए समय में स्वयं को न बदल पाने के कारण वे आज अप्रासंगिक हो गए हैं। इसके विपरीत तथ्य यह है कि नए रंगमंच ने कई महत्त्वपूर्ण पारसी नाटकों को भी पर्दोंवाले रंगमंच से बाहर निकालकर आज की नई रंग-शैली में पेश करने की महत्त्वपूर्ण कोशिश की है। प्रसाद के साथ भी इसी तरह अनेक उत्साही एवं कल्पनाशील निर्देशकों ने कई सार्थक और मौलिक प्रयोग किए हैं—जो आंशिक रूप से कई बार ध्यानाकर्षक भी रहे हैं। परन्तु यह तो लगभग निश्चित ही है कि इन्हें आज की यथार्थवादी शैली में

प्रस्तुत नहीं किया जा सकता। इनके लिए प्रयोगधर्मी नई रंग-शैली की तलाश करनी ही पड़ेगी। सम्भवतः यह शैली प्रतीकात्मक और काव्य-संगीताश्रित नाट्य-शैली होगी। यह प्रस्तुति-शैली नाट्य-धर्मी, लोकधर्मी, पारसी, शेक्सपीरियन और यथार्थ-अयथार्थवादी शैलियों के कल्पनाशील, रचनात्मक, सार्थक और प्रासंगिक रंग-तत्त्वों के संश्लेष से उद्भूत होगी। जिसके द्वारा प्रसाद के उद्दीप्त राष्ट्रीय गौरव के आवेश तथा रोमानी प्रेम के करुण-कोमल स्वरों को एक साथ पूरी स्वाभाविकता एवं प्रभावशीलता के साथ प्रस्तुत किया जा सके। पर्दों की जगह एकदम यथार्थवादी दृश्य-बन्ध अव्यावहारिक है और पूरी तरह सादा-सपाट मंच भी अतीत के भव्य ऐश्वर्य और सौन्दर्य-बोध को अभिव्यक्त नहीं कर सकता। इसलिए दृश्यांकन को सांकेतिक, प्रतीकात्मक, कलात्मक और सादगीपूर्ण बनाना होगा—जिससे वह आकर्षक, खुला, अर्थपूर्ण, व्यावहारिक और बहुआयामी प्रतीत हो। दर्शक की कल्पना को जाग्रत् कर सके। इसमें भारी-भरकम सामग्री और दृश्यानुसार हटाने-लगानेवाले मंच-उपकरणों से दृश्यान्तर में देर लगती है और कार्य-व्यापार का प्रवाह बाधित होता है जैसा कि राम गोपाल बजाज निर्देशित **स्कन्दगुप्त** में हुआ। ऊँचे-नीचे धरातलों, सीढ़ियों, चबूतरों, ढलानों, स्तम्भों और प्रतीकात्मक संरचनाओं से मंच को अभिव्यक्ति-सक्षम बनाया जा सकता है। चामत्कारिक दृश्यों के लिए भी इस दृश्य- बन्ध में जगह बनाई जा सकती है—जैसे ब.व. कारन्त ने **चन्द्रगुप्त** में एक गड्ढे और रॉबिन दास ने **स्कन्दगुप्त** में गुप्त दरवाजे तथा **जनमेजय का नागयज्ञ** में अचानक खुलनेवाली गुफा का सा प्रयोग किया था। वस्त्राभूषणों में प्रामाणिकता के साथ-साथ रंगीनी और तड़क-भड़क जरूरी है। इसके बिना प्रसाद के समृद्ध ऐतिहासिक-सांस्कृतिक परिवेश के ये नाटक प्रभावक्षीण हो जाते हैं। रॉबिन दास के **जनमेजय का नागयज्ञ** में मनसा द्वारा मन्त्रबल से प्रदर्शित दृश्य में कृष्ण और अर्जुन को साधारण रूप-रंग और परिधान में दिखाने के कारण भी वह प्रसंग पूरी तरह बेअसर और हास्यास्पद सा हो गया था। आवश्यकतानुसार संगीत एवं छायालोक की नाटकीयता तथा चामत्कारिकता भी प्रसाद के नाटकों के लिए आवश्यक है। अत्यधिक स्वाभाविकता का आग्रह इनके अनुकूल नहीं है।

दृश्य-बन्ध और परिधान के बारे में प्रसाद ने रंग-निर्देश नहीं दिए हैं और अभिनय, अन्य क्रियाकलापों, ध्वनि एवं प्रकाश-योजना के सम्बन्ध में भी काफी कम या अपर्याप्त निर्देश दिए हैं। परन्तु इनके आधार पर उनकी रंग-चेतना और उनके नाटकों की अभिनेयता का निर्णय नहीं किया जा सकता—शायद इसी कारण अधिकांश शोधकर्ताओं के निष्कर्ष इस सम्बन्ध में सही सिद्ध नहीं हुए। आज का निर्देशक नाटककार के रंग-निर्देशों को प्रायः स्वीकार नहीं करता और अब नया

नाटककार भी विस्तृत रंग-निर्देश देकर अभिनेता, निर्देशक और पार्श्वकर्मियों को बाँधना नहीं चाहता। इसलिए रंग-निर्देशों का कम होना या न होना आज के रंगकर्मियों के लिए कतई कोई समस्या नहीं है बल्कि इससे सुविधा ही होती है।

प्रसाद के नाटकों की सबसे बड़ी और मूल समस्या यह है कि उनके मुहावरे और संवेदना में भारी अन्तर है। पारसी शैली से प्रभावित उनका मुहावरा दृश्यत्व एवं अतिरंजना-प्रधान है और उनकी सूक्ष्म, गम्भीर तथा औदात्यपूर्ण संवेदनशीलता सादगी स्वाभाविकता और ध्वन्यात्मकता की माँग करती है। पाश्चात्य और भारतीय नाट्य-रूढ़ियों तथा संघर्ष और रस के बीच ऐसे सम्यक् और प्रभावशाली सन्तुलन-बिन्दु की तलाश में प्रसाद के नाटक झूलते से रह गए हैं। यही अन्तर्विरोध उनके नाटकों की सबसे बड़ी चुनौती है। प्रसाद ने इतिहास को संस्कृति से, तथ्य को सत्य से और बाह्य जगत को अन्तर्जगत से जोड़ने का प्रयत्न किया और इस प्रयत्न का माध्यम बनी कविता। इसीलिए उनके नाटकों की मूल लय कविता की है, जो नाटकीयता पर हावी हो गई है। शायद यह भी एक कारण है कि गीत और विशेषतः संगीत के माध्यम से **स्कन्दगुप्त** और **कामना** को मंच पर साकार करने की रचनात्मक कोशिश करनेवाले ब.व. कारन्त अन्य निर्देशकों की अपेक्षा अधिक सफल रहे हैं।

इसमें कोई सन्देह नहीं कि ऐतिहासिक-सांस्कृतिक तथा सामयिक-सामाजिक नाटकों की भाषा तथा संवाद-शैली में अन्तर होता है और होना भी चाहिए। प्रसाद के सांस्कृतिक धरातल और महाकाव्यात्मक आयाम को देखते हुए यह स्वाभाविक ही है कि उनकी भाषा संस्कृत की तत्सम शब्दावली से पूर्ण काव्यात्मक, सूक्ष्म, अनुभूतिप्रवण, गम्भीर और अलंकरण-प्रधान हो। अपने समकालीनों के साथ मिलकर महाकवि प्रसाद ने यह छायावादी भाषा बड़ी मेहनत और लगन से प्राप्त की थी। परन्तु वह काव्य और नाटक की माध्यमगत अपेक्षाओं में भेद नहीं कर सके। उनकी जटिल वाक्य-रचना प्रक्षेपण और सम्प्रेषण की दृष्टि से अभिनेता और दर्शक के लिए कई परेशानियाँ पैदा करती है। वाग्जाल में कथ्य खो जाता है और वाग्स्फीति के कारण संवादों की ऊर्जा और उनका लय-विधान एवं गति-प्रवाह अवरुद्ध हो जाता है। विशेषणों, अलंकारों और बिम्बों की भीड़ में क्रियाओं का पता ही नहीं चलता। गिनाने के लिए तो प्रसाद के नाटकों में अभिनयोपयुक्त श्रेष्ठ संवादों की कमी नहीं है। लेकिन संस्कृतनिष्ठ क्लिष्ट शब्दों, अति सूक्ष्म भावों, प्रतीकों-बिम्बों का अतिरेक कार्यव्यापार की गति में बाधक है। और सबसे ज्यादा तो संरचना की दृष्टि से उलझे हुए वाक्यों वाले लम्बे काव्यात्मक-स्वगत संवाद—अभिनेता और दर्शक—दोनों के लिए मुश्किल पैदा करते हैं जो कि उच्चारण, अभिनय और अर्थ-बोध—तीनों स्तरों पर होती है। **अजातशत्रु** का यह संवाद द्रष्टव्य है—

"अब मुझे अपने मुखचन्द्र को निर्निमेष देखने दो कि मैं एक अतीन्द्रिय जगत की नक्षत्रमालिनी निशा को प्रकाशित करनेवाले शरच्चन्द्र की कल्पना करता हुआ भावना की सीमा को लाँघ जाऊँ और तुम्हारा सुरभि-निश्वास मेरी कल्पना का आलिंगन करने लगे।"

मागन्धी को सम्बोधित इस प्रेमालाप में नाटकीयता उतनी नहीं है जितनी काव्यात्कमता। चालीस शब्दों के इस एक वाक्य को एक ही साँस में किसी अभिनेता के लिए सहजता एवं जीवन्तता से बोल पाना उतना ही कठिन है जितना किसी दर्शक के लिए इसके यौगिक बिम्ब-विधान में से इसके अर्थ को समझ पाना। यह सही है कि पारसी नाटकों या आज के **तुगलक** और **छोटे सैयद बड़े सैयद** जैसे नए नाटकों के संवादों में उर्दू के अनेक ऐसे शब्द आते हैं, जिनका अर्थ सामान्य हिन्दीभाषी दर्शक नहीं समझ पाता, फिर भी कोई उन पर क्लिष्टता का आरोप नहीं लगाता। क्यों? इसका सबसे बड़ा कारण यह है कि शब्द-विशेष का सही-सही अर्थ न जानने के बावजूद वहाँ पूरे वाक्य या संवाद का अर्थ समझने में कठिनाई नहीं होती। अभिनेता का हाव-भाव भी उसे समझाने में सहायक होता है। प्रसाद स्वयं भी मानते हैं कि कथाकलि के भावाभिनय की तरह श्रेष्ठ अभिनय द्वारा 'सुरुचिपूर्ण शब्दों को समझाने का काम' रंगमंच पर आसानी से किया जा सकता है। परन्तु समस्या यह है कि प्रसाद के शब्द-बहुल नाटकों में भावाभिनय का अपेक्षित अवकाश ही नहीं है। शब्दों और संवादों के बीच जरूरी मौन या अन्तराल की कमी है, जिसके कारण प्रसाद के नाटकों के अधिकांश अभिनेता कल्पनाशील कलाकार से ज्यादा शब्दवाही कुली मात्र नजर आते हैं। चार-छह पंक्तियों के एक ही वाक्यवाले संवाद को एक ही साँस में बोलने और मुख-सुख जैसी व्यावहारिक समस्याएँ भी अपनी जगह हैं ही। संवाद-लय चरित्रों की आन्तरिकता से उद्‌भूत नहीं है, इसीलिए एक पात्र के संवाद दूसरे पात्र को दे देने से कोई फ़र्क़ नहीं पड़ता। अनुभव और सम्बन्धों के बदलाव से आज की भाषा में संरचनात्मक स्तर पर ही नहीं, संवेदनात्मक स्तर पर भी काफी अन्तर आ गया है। इसका अन्दाज़, तेवर, मुहावरा, शब्द-भंडार सभी कुछ बदला है—बदल रहा है। यह भी एक प्रमुख कारण है कि प्रसाद के नाटकों की भाषा आज के अभिनेता को उत्तेजक एवं स्फूर्तिदायक और दर्शक को सहज-बोधगम्य नहीं लगती। दार्शनिक-धार्मिक बीज-शब्द और पारिभाषिक शब्दावली इस समस्या को और भी उलझा देती है।

प्रसाद का कथ्य उनकी भाषा से इतना अभिन्न और अविभाज्य है कि उसे बदला भी नहीं जा सकता। **स्कन्दगुप्त** में निर्देशक राम गोपाल बजाज की ऐसी कोशिश इसीलिए प्रसाद से न्याय नहीं कर सकी। संवादों की काट-छाँट, शब्दों की अदला- बदली या भाषा से किसी भी प्रकार की छेड़छाड़ प्रसाद को निश्चय ही प्रभावक्षीण बना देगी। इसलिए प्रसाद के नाटकों की केन्द्रीय समस्या और उनके

प्रस्तुतीकरण की वास्तविक चुनौती प्रस्तुति-शैली और उनकी भाषा ही हैं। आज की यथार्थवादी अभिनय पद्धति में प्रशिक्षित अभिनेता उनके पारिभाषिक शब्दों और काव्यात्मक संवादों को कूडियाट्टम् के कल्पनाशील अभिनेता की तरह व्याख्यायित करने में असमर्थ हैं तो दूसरी ओर हमारे लोक-कलाकार प्रसाद की आभिजात्य जटिल भाषा को वाचिक स्तर पर सफलता से प्रस्तुत नहीं कर सकते। सम्भवतः इन नाटकों के लिए सूत्रधार व्याख्याकार जैसे किसी ऐसे चरित्र की कल्पना करनी पड़ेगी जो प्रसाद के बीज-शब्दों और कठिन संवादों को बोलचाल की भाषा में समझाता चले।

इब्राहिम अल्काज़ी मानते हैं कि जयशंकर प्रसाद विशिष्ट शिक्षित समुदाय के रचनाकार हैं। उनके लिए खासतौर से अलग किस्म से प्रशिक्षित रंगकर्मियों की आवश्यकता होगी। शायद इन्हीं अपेक्षाओं के कारण ब.व. कारन्त, देवेन्द्र राज अंकुर और राम गोपाल बजाज जैसे रंगकर्मी प्रसाद नाट्य संस्थान/रंगमंडल की स्थापना पर बल देते रहे हैं—जहाँ इन नाटकों को करने के लिए विशेष प्रशिक्षण दिया जा सके और जहाँ केवल प्रसाद के नाटक ही अभिमंचित किए जाएँ—जैसा कि शेक्सपियर के सन्दर्भ में होता है। परन्तु सच तो यह है कि जब तक हिन्दी रंगकर्म को पुनः ब.व. कारन्त जैसा कल्पनाशील, साहसी, दृष्टि-सम्पन्न और मौलिक प्रतिभावान निर्देशक-अभिनेता नहीं मिलता तब तक नाटककार जयशंकर प्रसाद के गम्भीर अध्येता एवं वरिष्ठ नाट्य समीक्षक डॉ. सत्येन्द्र तनेजा का यह कथन सही है कि, "प्रसाद के नाटकों में आन्तरिक शक्ति है। उनमें जीवन और जगत की गहरी पकड़ है। उनमें इतिहास, संस्कृति और दर्शन का संगम है।" परन्तु गलत यह भी नहीं कि "प्रसाद के नाटकों में एक प्रकार की कृत्रिमता-सी है, जो शब्द, भाव और रंगमंच तीनों स्तर पर मिलती है। इसलिए प्रसाद के नाटकों में स्वतःस्फूर्ति एवं उत्साह नहीं है। इनको भेदकर प्रसाद को विश्वसनीय बनाना जरूरी है। केवल श्रद्धाभाव से कुछ सम्भव नहीं।" यही कारण है कि आज भी हम प्रसाद के नाटकों की वास्तविक मूल्यवत्ता, अभिनेयता और प्रासंगिकता के बारे में कोई सही और अन्तिम निर्णय नहीं ले सकते। अब समय आ गया है कि पूर्वाग्रह छोड़कर हम व्यापक स्तर पर प्रसाद की चुनौती को स्वीकारें। आखिर कितनी पीढ़ियाँ प्रसाद को 'भविष्य' का या फिर 'अतीत' का नाटककार कहकर स्वयं वर्तमान की रचनात्मक चुनौती और अपनी ऐतिहासिक ज़िम्मेदारी से बचती रहेंगी?

हम देख चुके हैं कि जयशंकर प्रसाद के नाटकों की अभिनेयता की मूल समस्या है—उनकी प्रकृति के अनुकूल प्रस्तुति-शैली की तलाश। इस समस्या और चुनौती का प्रत्यक्ष सामना करने और उसे गम्भीरता से समझने के लिए हम यहाँ उनके कुछ नाटकों के प्रस्तुतीकरणों का व्यावहारिक उदाहरण देना चाहेंगे।

यह तथ्य अपने आपमें कम आश्चर्यजनक और कम महत्त्वपूर्ण नहीं है कि

किसी हद तक **ध्रुवस्वामिनी** के एकमात्र अपवाद को छोड़कर, जब-जब प्रसाद के किसी भी नाटक का कहीं भी कोई नया मंच-प्रयोग होता है—उसे कुतूहल भरी आशा और आशंका से देखा जाता है। आत्मरक्षात्मक मुद्रा में कई रियायतें देते हुए उसकी समीक्षा की जाती है। प्रदर्शन-मूल्यों एवं प्रभावशीलता की दृष्टि से प्रस्तुतीकरण चाहे जैसा भी हो, उसके होने भर को ही हिन्दी रंगमंच के इतिहास की एक विशिष्ट घटना मान लिया जाता है। मेरा उद्देश्य यहाँ शान्ता गांधी, ब. व. कारन्त, राम गोपाल बजाज और रॉबिन दास जैसे प्रतिष्ठित एवं प्रतिभावान नाट्य-निर्देशकों के रंग-प्रयोगों के महत्त्व को ज़रा भी कम करना नहीं है। फिर भी, यह प्रश्न तो अपनी जगह है ही कि प्रसाद की रंगमंचीय सामर्थ्य और सीमाएँ वास्तव में क्या हैं?

आधुनिक हिन्दी साहित्य के कालजयी रचनाकार जयशंकर प्रसाद के नाटकों के महत्त्व और मूल्यांकन को लेकर विश्वविद्यालयी अध्यापकों/समीक्षकों तथा रंगकर्मियों के बीच आरम्भ से ही मतभेद रहा है। और जब कभी इनके नाटकों की 'अनभिनेयता' को लेकर ये दोनों वर्ग सहमत हुए भी तो उनके कारण बहुत दूर तक अलग-अलग थे। सन् 1960 के बाद जब नए हिन्दी रंगान्दोलन ने जड़ें जमानी शुरू कीं तो प्रसाद की अभिनेयता को लेकर फिर से विवाद शुरू हुआ। इस सन्दर्भ में एक सुखद संयोग (?) यह भी है कि हिन्दी और प्रसाद विरोधी कहे जानेवाले राष्ट्रीय नाट्य विद्यालय से सम्बद्ध कलाकारों ने ही प्रसाद के बड़े नाटकों को अभिमंचित करने की जोखिम भरी गम्भीर पहल की। 1965 में श्रीमती शान्ता गांधी ने जब **स्कन्दगुप्त** के कलकत्ता में प्रस्तुतीकरण की योजना बनाई और प्रसाद के मूल आलेख को सम्पादित-संशोधित किया तो पवित्रतावादी प्रसाद-प्रेमियों की ओर से काफी प्रतिवाद हुआ। इसके बाद 1972 में ब.व. कारन्त ने जब वाराणसी में **चन्द्रगुप्त** की रंग-शिविरीय प्रस्तुति करके इन नाटकों की मंचन-सम्भावनाओं और समस्याओं से सीधे टकराने की सार्थक कोशिश की तो प्रस्तुति-मूल्यों और रचना की आत्मा की रक्षा जैसे सवालों के बीच प्रस्तुति शैली की खोज के असली मुद्दे को उपेक्षित कर दिया गया। 1977 में **अभिनय चन्द्रगुप्त** के प्रकाशन ने इस क्षेत्र में व्याप्त कई पूर्वाग्रहों एवं भ्रमों को तोड़ा। 1934 में बनारस के 'रत्नाकर रसिक मंडल' के लिए जब प्रसाद स्वयं 'चन्द्रगुप्त' को काट-छाँटकर उसका मंचीय आलेख सहर्ष तैयार कर सकते हैं तो फिर आज उनके प्रेमियों को उनके नाटकों के प्रबुद्ध रंगकर्मियों द्वारा तैयार किए जानेवाले नाट्यालेखों पर आपत्ति क्यों हो? प्रसाद के **ध्रुवस्वामिनी** जैसे नाटक को लेकर तो कभी कोई समस्या थी ही नहीं। देश भर में उसे अनेक बार सफलतापूर्वक प्रदर्शित किया जा चुका था। समस्या थी तो उनके बड़े नाटकों को लेकर। इस दिशा में 1978 में राम गोपाल बजाज ने 'स्कन्दगुप्त' पर पुनः काम

किया। उन्होंने स्कन्दगुप्त के प्रेम-पक्ष और ब्राह्मण एवं बौद्ध के धर्म-विवाद को बनाए रखकर **स्कन्दगुप्त** के राष्ट्रीय पक्ष पर बल देकर उसे समकालीन प्रासंगिकता देने की कोशिश की। आलेख के सम्पादन/संशोधन में प्रसाद की अन्य कृतियों से भी कई गीतों को ग्रहण किया गया और स्कन्दगुप्त के कई गीत, पात्र और प्रसंग काट या छोड़ दिए गए। **चन्द्रगुप्त** के 'हिमाद्रि तुंग-शृंग से' को इस 'स्कन्दगुप्त' का आधार गीत बनाया गया। परन्तु राष्ट्रीय नाट्य विद्यालय के श्रेष्ठ एवं प्रशिक्षित कलाकारों के रचनात्मक सहयोग के बावजूद प्रदर्शन अपेक्षित प्रभाव पैदा नहीं कर सका। दृश्यान्तर के लिए बहुसंख्य मंच-उपकरणों के लाने-ले जाने और उन्हें हटाने-लगाने की प्रक्रिया ने प्रदर्शन की गति और दर्शक की मनःस्थिति को खंडित करने में निर्णायक भूमिका निभाई। लेकिन हिन्दी नाट्य-प्रेमी और नई चुनौतियों को स्वीकार करनेवाले सर्जक रंगकर्मियों ने हार नहीं मानी।

प्रस्तुति-शैली की दृष्टि से जयशंकर प्रसाद के नाटकों की सबसे बड़ी और महत्त्वपूर्ण समस्या यह है कि इन्हें संस्कृत, लोक-पारम्परिक, पारसी और यथार्थवादी इत्यादि तमाम उपलब्ध शैलियों में से किसी एक में सफलता के साथ प्रस्तुत नहीं किया जा सकता। असमर्थता और सीमा शायद प्रसाद के नाट्यालेखों की उतनी नहीं है जितनी उनके उपयुक्त मंच-शैली की खोज की। बांग्ला में रवीन्द्रनाथ टैगोर के नाटकों के लिए यह खोज प्रतिभावान निर्देशक-अभिनेता शम्भू मित्र ने की थी। उन्होंने ही रवीन्द्रनाथ के तथाकथित पाठ्य नाटकों को आधुनिक बांग्ला या कि भारतीय रंगमंच की महत्त्वपूर्ण उपलब्धि बनाया। हिन्दी में प्रसाद को मंच-सम्भव बनाने का यह कठिन रचनात्मक प्रयास ब.व. कारन्त ने किया।

प्रसाद ने अपने नाटकों के कथ्य को काव्य के मुहावरे में अभिव्यक्त किया है और ब.व. कारन्त ने उसे संगीत के मुहावरे में पकड़ने और प्रस्तुत करने की कोशिश की। कारन्त के 'नाट्य संगीत' में संवादों की लय और शब्द-ध्वनि भी शामिल थी। उन्होंने लम्बे समय तक इस दिशा में लगातार रंग-प्रयोग किए। वाराणसी में **चन्द्रगुप्त** और भोपाल में **विशाख** के लगभग असफल प्रयोगों के बाद उन्होंने मध्य प्रदेश रंगमंडल (भारत भवन, भोपाल) के मूलतः हिन्दीभाषी अभिनेताओं के साथ **स्कन्दगुप्त** की सघन तैयारी शुरू की। खुली, सांकेतिक और बहुआयामी दृश्य-बन्ध-परिकल्पना के लिए उन्होंने राष्ट्रीय नाट्य विद्यालय के प्रतिभावान मौलिक मंच-परिकल्पक रॉबिन दास का रचनात्मक सहयोग लिया। नाट्य-संगीत के विशेषज्ञ तो स्वयं कारन्त थे ही। गीत-संगीत को नाट्य-वस्तु के संयोजक तत्त्व के रूप में प्रयोग किया गया। प्रसाद के नाटकों के प्रस्तुतीकरण के लिए, एक नई शैली की खोज की दिशा में कारन्त का यह एक गम्भीर, सृजनात्मक और मौलिक प्रयास था। यह कारन्त के कल्पनाशील निर्देशन और प्रभावी नाट्य-संगीत का ही कमाल था कि भाषा, गीत-नृत्य-बहुमुखी कार्य-व्यापार

और त्वरित दृश्यान्तर जैसी दिक्कतों की ओर प्रदर्शन के दौरान ध्यान ही नहीं गया। इसे सफल बनाने में दृश्य-बन्ध और वेशभूषा परिकल्पक रॉबिन दास, युद्धकला निर्देशक झाड़ू राम यादव, प्रकाश-संयोजक सत्यव्रत राउत तथा जुल्फिकार अली जैसे गायक कलाकारों का योगदान भी कम महत्त्वपूर्ण नहीं था। कारन्त के इस महाकाव्यात्मक नाट्य-प्रयोग में हर स्तर पर एक लयात्मकता और सौन्दर्यमयता थी, जो प्रदर्शन को सिर्फ आकर्षक और रोचक ही नहीं बल्कि सार्थक और विचारोत्तेजक भी बनाती है।

प्रसाद के नाटकों की रंगमंचीयता के क्षेत्र में कारन्त ने निश्चय ही एक नई जमीन तोड़ी है। नाटक से अन्त को लेकर भी यदि कारन्त ने थोड़ी स्वतन्त्रता के साथ पुनर्विचार या बदलाव किया होता तो **स्कन्दगुप्त** अवश्य ही पूरी तरह से एक समकालीन नाट्यानुभव देने में समर्थ प्रदर्शन सिद्ध हो सकता था। लेकिन नाट्यकार और निर्देशक के अधिकार क्षेत्र का यह सवाल काफ़ी नाजुक और उलझा हुआ है। इसलिए आलेख की पवित्रता में विश्वास रखनेवाले प्रसाद-प्रेमी प्रेक्षक फ़िलहाल यदि इतना भी आसानी से पचा लें तो भविष्य के लिए इससे निश्चय ही प्रसाद के मंचन की कई सम्भावनाओं के नए द्वार खुल सकते हैं। **स्कन्दगुप्त** का यह प्रदर्शन अपनी सीमाओं और कमियों के बावजूद निश्चय ही ब.व. कारन्त और समसामयिक हिन्दी रंगमंच की एक उल्लेखनीय उपलब्धि स्वीकार किया गया। परन्तु कारन्त ने 'स्कन्दगुप्त' की इस सफलता को मंजिल मानने के बजाय एक लम्बी यात्रा का पड़ाव भर माना। इसके बाद दिल्ली में उन्होंने लेडी श्रीराम कॉलेज की छात्राओं के साथ प्रसाद के संगीतमय प्रतीक-नाटक **कामना** का भी प्रशंसनीय प्रस्तुतीकरण किया। कहा जाता है कि जयशंकर प्रसाद के नाटकों की अब तक 113 मंच-प्रस्तुतियाँ हो चुकी हैं। फिर भी यह कैसी विडम्बना है कि 1926 में प्रकाशित उनके नाटक **जनमेजय का नागयज्ञ** को 66 वर्ष बाद 1992 में मध्य प्रदेश रंगमंडल, भोपाल द्वारा पहली बार (रॉबिन दास के निर्देशन में) अभिमंचित किया गया। 29 अप्रैल, 1996 को रॉबिन दास ने ही जब इसे राष्ट्रीय नाट्य विद्यालय, दिल्ली के द्वितीय वर्ष के छात्रों के साथ अपने नवनिर्मित प्रेक्षागृह 'अभिमंच' में दुबारा प्रस्तुत किया तो प्रसाद की रंगमंचीयता एवं प्रासंगिकता की चर्चा फिर से होने लगी।

इसके बाद, दिल्ली की शौकिया नाट्य-संस्था 'शौर्य' ने 4 जून, 2004 को प्रसाद के **चन्द्रगुप्त** को नवरत्न गौतम के निर्देशन में 'कमानी' में 'हिन्दी अकादमी' के निमन्त्रण पर प्रस्तुत किया, तो इस कटी-छँटी और सामान्य सी प्रस्तुति को देखकर स्व. ब.व. कारन्त की याद एक बार फिर से ताज़ा हो आई। मृत्यु के काफी पहले से वह प्रसाद के **अजातशत्रु** को मंचित करने की गम्भीर योजना बना रहे थे। उन्हें पूरा विश्वास था कि यदि हम सही दिशा में अनवरत प्रयोग/प्रयास करते रहें तो हम निश्चय ही प्रसाद को मंच-सम्भव बनाने में सफल हो जाएँगे। देखें अब इस अधूरे किन्तु जरूरी काम को कौन-कब पूरा करता है?

मोहन राकेश : रचना-प्रक्रिया

मोहन राकेश एकान्तप्रिय व्यक्ति थे, लेकिन कभी अकेले नहीं रह सकते थे। औरत के बिना उनका गुजारा नहीं था, लेकिन औरत के साथ भी वह बहुत समय तक नहीं रह पाते थे। उन्हें कार, एअरकंडीश्नर, फोन और तमाम सुविधाओं से भरी समृद्ध जिन्दगी पसन्द थी, लेकिन लेखन के मूल्य पर उन्होंने कभी कोई सुविधा स्वीकार नहीं की—कभी कोई समझौता नहीं किया। कॉफी हाउस, बार, रेस्त्राँ और गोष्ठियों में वह छतफाड़ ठहाका लगाने और जी खोलकर हो-हल्ला करने में यकीन रखते थे, लेकिन लिखते वक्त उन्हें किसी व्यक्ति तो क्या डोर बेल, टेलीफोन की घंटी, कुकर की सीटी या नल से टपकती पानी की बूँद तक की आवाज़ बर्दाश्त नहीं होती थी। अकसर जुकाम से पीड़ित रहते थे, लेकिन सर्दी पसन्द थी और मौसम के गरमाते ही पहाड़ों की तरफ भागते थे। जिन्दगी भर वह घर की तलाश में भटकते रहे और जीवन भर उसे बना-बनाकर तोड़ने के लिए बदनाम रहे। यानी कुल मिलाकर मोहन राकेश एक विचित्र प्राणी थे, जिनके अन्तर्विरोधों का कोई ओर-छोर नहीं था। ऐसे व्यक्ति की रचना-प्रक्रिया को जानने-समझने की कोशिश करना किसी रहस्यमय संसार में भय और कुतूहल के साथ प्रवेश करने से कम दिलचस्प और रोमांचक नहीं है। मैं यह कोशिश उनकी अब तक छपी रचनाओं के अलावा उनकी अप्रकाशित दस डायरियों और पाँच फ़ाइलों की सामग्री के आधार पर कर रहा हूँ।

राकेश की इन डायरियों को छूते, खोलते और पढ़ते हुए अजीब सी अनुभूति होती है। झुरझुरी, संकोच, डर—जैसे बिना इजाज़त लिये आप किसी के अन्तःपुर में झाँकने-घुसने की नाजायज़ कोशिश कर रहे हों। पुराने-पीले-भूरे-भुरभुरे से पन्नों में वर्षों/दशकों से दुबके-छिपे शब्द जल्दी में घसीटी गई या अवचेतन से जूझते हुए लिखी गई टूटी-फूटी, बेतरतीब इबारत। अतीत की स्मृतियाँ, मन की उलझनें, आतुर कानों से सुनी ध्वनियाँ, बेचैन आँखों से देखी छवियाँ, प्राणों को झकझोर गई अनुभूतियाँ...कूट-शब्द...अबूझ पहेलियाँ—जैसे जुगनू की झिलमिलाती रोशनी को शब्दों में बाँध लेने की बेचैन कोशिश या जैसे हाथों से तुरन्त फिसल जाने को

आतुर किसी रेशमी, बारीक और फिसलती हुई अनजानी-सी चीज़ को पहचानने और पकड़ लेने की आतुरता।

लेकिन कई वर्षों तक इन डायरियों को बार-बार पढ़ते रहने के बावजूद 1944-45 की पहली डायरी में लिखित फिल्म-पटकथा **दिन ढले** को छोड़कर, पूरी तरह से कुछ भी पढ़ा नहीं जा सका। दरअसल, इन डायरियों में राकेश ने अपनी कई कहानियों और अनेक बीज-नाटकों, उपन्यासों, नाटकों, शब्द-प्रयोगों, लेखों, प्रतिक्रियाओं इत्यादि के प्वाइंट्स, नोट्स या रचनाओं के आरम्भिक आधे-अधूरे रफ़ ड्राफ्ट्स लिखे हैं। कहीं-कहीं अस्पष्ट और कूट-संकेतों जैसी भाषा भी दिखाई पड़ती है, जिसे केवल लेखक ही समझ सकता है। इन डायरियों को पढ़ते हुए मोहनजोदड़ो-हड़प्पा की लिपि को पढ़ने में लगे उन तमाम विद्वानों से हार्दिक सहानुभूति हुई जो न जाने कब से उसे पढ़ने की असफल कोशिशों के बावजूद अभी तक हताश नहीं हुए हैं। यह भी समझ में आने लगा कि कालान्तर में राकेश सीधा टाइपराइटर पर ही क्यों 'लिखने' लगे थे।

राकेश की रचना-प्रक्रिया का सर्वाधिक महत्त्वपूर्ण और बुनियादी सत्य यह है कि वह इसे किसी रहस्यमय अलौकिक शक्ति या प्रतिभा के स्फुरण के बजाय एक सचेतन प्रक्रिया मानते थे। उनकी दृष्टि में रचना अन्ततः एक कला है जिस पर निरन्तर अभ्यास से निपुणता और दक्षता पाई जा सकती है। राकेश की सम्पूर्ण रचना-प्रक्रिया शायद इसीलिए प्रमुखतः संशोधन, सम्पादन और परिवर्तन पर आधारित है। उनकी रचनाओं के कई-कई प्रारूप मिलने का भी यही कारण है। वह रचना को एक जीवित इकाई मानते थे, जो रचनाकार के साथ-साथ आजीवन 'ग्रो' करती रहती है।

राकेश की आरम्भिक कहानियों में जुमलेबाजी, साहित्यिक शब्दावली और अभिधात्मकता अधिक थी। इसीलिए बाद के संस्करणों में उनमें पर्याप्त संशोधन एवं परिवर्तन किया गया। 'धुँधला दीप', 'लक्ष्यहीन', 'मरुस्थल', 'एक आलोचना', 'वासना की छाया में' और 'काला रोजगार' जैसी कहानियाँ इसका प्रमाण हैं। **उसकी रोटी** के अन्त से बालो द्वारा सुच्चासिंह के लिए लाई गई रोटी को कुत्ते द्वारा खा लिये जाने के दृश्य से बनती नाटकीय चरम सीमा को हटाकर राकेश ने उनके सम्बन्धों को अधिक सहज और मानवीय बना दिया है। राकेश की फ़ाइलों में ऐसी अनेक रचनाएँ (विशेषतः एकांकी) मिली हैं, जिनके टंकित अथवा प्रकाशित रूप पर उन्होंने अपने हाथ से बेशुमार संशोधन किए हुए हैं। आमतौर से यह धारणा बनी हुई है कि राकेश अपने नाटकों के ही कई प्रारूप तैयार करते और प्रायः उन्हीं में ज़्यादा परिवर्तन-संशोधन करते थे। परन्तु वास्तविकता यह है कि यह उनकी प्रायः सभी रचनाओं के साथ हुआ है। उनके एक उपन्यास का उदाहरण द्रष्टव्य है।

बहुत पहले राकेश ने एक उपन्यास लिखा था—**स्याह और सफेद**। किन्हीं

कारणों से वह पूरा नहीं किया गया। उसी के उत्तरार्द्ध को बाद में **नीली रोशनी की बाँहें** शीर्षक से पुनः लिखा गया, जो 1962 में 'धर्मयुग' में धारावाहिक रूप में छपा। राकेश ने अपनी एक डायरी में इसकी पूरी कटिंग चिपका रखी हैं। कटिंग के दोनों ओर बचे रिक्त स्थानों पर उन्होंने अपने हाथ से पर्याप्त संशोधन भी कर रखे हैं। 'नीली रोशनी की बाँहें' का संशोधित रूप ही 1972 में **अन्तराल** के नाम से पुस्तकाकार प्रकाशित हुआ था। दिलचस्प बात यह है कि **अन्तराल** के अनेक अंश 'नीली रोशनी की बाँहें' के संशोधित रूप से भी भिन्न हैं। अतः स्पष्ट है कि **अन्तराल** का प्रकाशन-आलेख टाइप करते समय राकेश ने स्वयं द्वारा किए गए इस उपन्यास के संशोधित रूप में भी पुनः संशोधन किए थे। देखिए–

1. कुमार ने घड़ी की तरफ देखा और सामने का रजिस्टर बन्द कर दिया। (नीली रोशनी की बाँहें)
2. कुमार ने घड़ी की तरफ देखा और रजिस्टर बन्द कर दिया (वही : संशोधित रूप)
3. कुमार ने घड़ी में वक्त देखा और सामने के कागजों का पुलिन्दा उठाकर ट्रे में डाल दिया। (अन्तराल)

एक और उदाहरण द्रष्टव्य है–

1. "अच्छा!" कहकर दो उँगलियों से उसने नील की अँगुलियों को छुआ और चल दिया। (नीली रोशनी की बाँहें)
2. वही (कोई संशोधन नहीं)
3. नीलकान्त ने विदा लेने के लिए हाथ आगे बढ़ा दिया था। कुमार दो उँगलियाँ उसके हाथ से छुआकर आगे चल दिया। नीलकान्त से वह ठीक से हाथ कभी नहीं मिलाता था क्योंकि वह आदमी अपना हाथ मुरदा-सा दूसरे के हाथ में दे देता था, जिसे पकड़ने से हिलाकर छोड़ने तक की पूरी कोशिश दूसरे को ही करनी होती थी और हाथ मिलाने के काफी देर बाद तक एक छिपकली को छू लेने की सी बेचैनी महसूस होती रहती थी। (अन्तराल)

पहले उदाहरण में चूँकि कुमार को श्यामा से साढ़े पाँच बजे मिलना था, इसलिए कुमार का घड़ी की तरफ देखना भर काफी नहीं था, निश्चित रूप से वक्त देखना जरूरी था (जो पाँच बजकर सत्रह मिनट हो चुका था) इसीलिए वह अधूरे काम को ट्रे में डालकर कुर्सी से तुरन्त उठ खड़ा होता है। इस संशोधन से दफ्तर और काम का एक पूरा बिम्ब बनता है, बल्कि उसके 'मिलने' का महत्त्व भी रेखांकित होता है। दूसरे उदाहरण में राकेश ने 1962-63 में **नीली रोशनी की बाँहें** में कोई संशोधन नहीं किया था। लेकिन उनकी एक डायरी से पता चलता है कि छिपकली जैसे स्पर्शवाले एक व्यक्ति से उनकी मुलाकात बम्बई में 1964 में हुई थी। ज़ाहिर है कि

कालान्तर में **अन्तराल** को छपने के लिए देते वक्त बम्बई में मिले उस व्यक्ति के हाथ मिलाने की इस अजीब सी विशेषता को राकेश ने नीलकान्त के चरित्र में डालकर उसे एक यादगार विशिष्टता दे दी।

ज्ञानपीठ पुरस्कार विजेता साहित्यकार एम.टी. वासुदेवन नायर ने एक बार कहा था कि ''केवल स्वानुभवों के बल पर कोई भी साहित्यकार ज़िन्दगी भर रचना नहीं कर सकेगा। एक उपन्यास की रचना से ही स्वानुभवों का स्टॉक खत्म हो जाएगा। जब उसे आँखों देखी, कानों सुनी पर भी ध्यान देना पड़ेगा।'' मोहन राकेश ने यद्यपि जीवन भर प्रमुखतः आत्मकथात्मक साहित्य की रचना करके उक्त कथन के पूर्वार्द्ध को असत्य सिद्ध कर दिया है, फिर भी यह सत्य है कि 'आँखों देखी, कानों सुनी' के महत्त्व को भी उन्होंने कभी अस्वीकार नहीं किया। उनकी 1964 की एक डायरी के 'स्पॉट नोट्स' इसका सबसे बड़ा प्रमाण हैं। राकेश की आपबीती हो या जगबीती—वह हर नए एवं रोचक व्यक्ति, चेहरे, दृश्य, स्थान और प्रसंग-प्रकरण को नोट्स या प्वॉइंट्स के रूप में अपनी डायरी में दर्ज कर लेते थे। ये टिप्पणियाँ हिन्दी और अंग्रेजी दोनों ही भाषाओं में लिखी गई हैं। पूरी-अधूरी रचनाओं को छोड़ दें तो अनुपात की दृष्टि से राकेश नोट्स, प्वॉइंट्स और नाटकों की तैयारी के रेखांकनों इत्यादि के लिए लिखी गई टिप्पणियों में अंग्रेजी का प्रयोग अपेक्षाकृत ज़्यादा करते थे। दो डायरियाँ तो लगभग पूरी तरह अंग्रेजी में ही हैं। 1967-68 की एक डायरी में राकेश ने पन्द्रह कहानियों और उन्नीस बीज-नाटकों के नाम दिए हैं। इनके साथ कुछ प्वॉइंट्स और कहीं-कहीं रूपरेखाएँ भी दी गई हैं। एक बीज नाटक **वह जो नहीं था** के प्वॉइंट्स का नमूना देखिए—

वह जो नहीं था

सड़क पर का झगड़ा—तमाचा—वो लड़की और अन्दरूनी जिन्दगी—Artist बूढ़ा critic...

पति खामोश...पत्नी बोलती हुई...

इसी तरह पता नहीं कितने नाटक, कितने चरित्र, कितने चेहरे, कितने अनुभव, कितने दृश्य, कितनी कहानियाँ, कितनी घटनाएँ, कितनी भावनाएँ राकेश की डायरियों में बन्द हैं और दिमाग/अवचेतन में रहनेवाली रचना की इस कच्ची सामग्री के परिमाण का तो आज अनुमान लगाना भी मुश्किल है। कालान्तर में अनुकूल समय, परिवेश, सन्दर्भ और उत्प्रेरक प्रसंग मिलने पर डायरी या दिमाग में सँभालकर रखा गया यही कच्चा-माल राकेश की कल्पनाशीलता के साथ मिलकर एक श्रेष्ठ रचना का रूप ले लेता था। स्वयं राकेश के शब्दों में, ''जिस तरह 'सेलर' में शराब बरसों mature होती

रहती है, उसी तरह छोटी-छोटी घटनाएँ बरसों दिमाग में mature होती रहती हैं। उन्हें फिर लिपिबद्ध करने में पुरानी शराब का सा ही नशा हासिल होता है।''

यहाँ-वहाँ से पाए इन कथा-बीजों को मन की धरती पर रोपकर राकेश उन्हें बरसों सींचते रहते थे। अंकुरित होने पर उस पौधे को कागज पर प्रत्यारोपित कर देते थे और फिर क्रमशः उस पर फल-फूल उगाने और उसे काट-छाँटकर एक खूबसूरत वृक्ष की शक्ल में ढाल देते थे। **सौन्दरनन्द** से लिये गए नन्द, सुन्दरी, अलका और मैत्रेय के चरित्रों पर 1946-47 में लिखी एक अनाम ऐतिहासिक कहानी के क्रमशः **सुन्दरी, रात बीतने तक, लहरों के राजहंस** और 1968 में प्रकाशित उसके 'नए रूप' के बीस साल के लेखन इतिहास से तो हम परिचित हैं ही और हम यह भी जानते हैं कि इस 'नए रूप' को लिखने के बाद भी राकेश को लगा था कि ''अगले बीस वर्षों में और भी चार बार इसे चार तरह से लिखने का लोभ मन में आ सकता है...क्योंकि कोई भी रचना क्या ऐसी होती है कि व्यक्ति जीवन में कभी भी उसके रूप को निश्चित और अन्तिम मान सके?'' यही कारण है कि 1958 में प्रकाशित, सर्वश्रेष्ठ नाटक के रूप में संगीत नाटक अकादमी द्वारा पुरस्कृत और आधुनिक हिन्दी रंगकर्म की उत्कृष्ट उपलब्धि स्वीकार कर लिये गए अपने बहुमंचित नाटक **आषाढ़ का एक दिन** को भी उन्होंने विशिष्ट संस्करण के प्रकाशन के समय पुनः संशोधित किया था। उनके एकांकी **कलिंग विजय** के भी चार प्रारूप उपलब्ध हुए हैं, जो 1945 से लेकर 1957-58 तक लगातार बदला जाता रहा।

राकेश प्रायः उपन्यास के प्रत्येक अध्याय के बाद 'नोट्स एंड कमेंट्स' के लिए स्थान छोड़ते थे जिसमें आगामी अध्याय की रूपरेखा भी लिख लेते थे। 1954 की डायरी में बम्बई के परिवेश पर लिखे उनके अधूरे अप्रकाशित उपन्यास के चित्रकार हालदार; हरिवंश/हरवंश/हरबंस, कुमार, राज, पुष्पा जैसे चरित्रों में से कुछ नाम-चरित्र **अँधेरे बन्द कमरे** और **अन्तराल** में आ गए हैं। इसी डायरी में लिखित उनके उपन्यास **काँपता हुआ दरिया** के पूर्व रूप **जेहलम के माँझी/सौन्दर्य की खोज** की टिप्पणियों से उनके चरित्रांकन की प्रक्रिया पर भी थोड़ा प्रकाश पड़ता है। ऐसा लगता है जैसे राकेश अपने चरित्रों को प्रायः बिम्बों या प्रतीकों के रूप में देखते थे और उनके विकास के आदि और अन्त पहले से तय कर लेते थे। उदाहरण के रूप में **जेहलम के माँझी** की ये टिप्पणियाँ द्रष्टव्य हैं—

मैं

Begin (आरम्भ) शैशव की स्मृतियाँ/आज की खोज, श्रीनगर/चेहरे...

हाउस बोट...

End (अन्त) Quiet flows Jhelum

नूरा

राकेश की डायरी से—

जलियाँवाला बाग की तैयारी

Begin–जलती-बुझती लालटेन

End–हमको पाँच रुपया दो

मुहम्मद सिद्दीक

Begin–किचन के नीम-अँधेरे में आग की रोशनी

End–बेगम सोपुर जाने का प्रोग्राम बना रही है–मैं उसके साथ जाऊँगा। देखो आगे क्या निकलता है?

"मैं हारा हुआ जुआरी हूँ!"

Begin–जेहलम के वक्ष पर जाता हुआ शिकारा–बेगम का मौन-क्लोज़ अप :

End–मुफ़दीन![1] इत्यादि!

परन्तु **लहरों के राजहंस** में सुन्दरी के हाथों उसके अन्त को लेकर राकेश जिस तरह बेबस और पराजित से हो गए थे, उससे ऐसा लगता है कि रचनाकार ने पहले चाहे जो भी सोचा या तय किया हो, चरित्र अपना व्यक्तित्व पा चुकने के बाद अपनी नियति शायद स्वयं ही निर्धारित करता है।

राकेश अपने नाटकों के रंगमंचीय पहलुओं के प्रति कितने जागरूक एवं सचेत थे, इसका प्रमाण उनके **पैर तले की जमीन** के रेखांकनों और उनकी टिप्पणियों में देखा जा सकता है। 1969 की एक डायरी में **विजंस-1919** (जलियाँवाला बाग) के विस्तृत नोट्स हैं। जिसमें उन्होंने बाग के समस्त क्षेत्र को सात अभिनय क्षेत्रों में बाँटकर प्रेक्षक, अभिनेता, ध्वनि, प्रकाश और उस स्थान पर मौजूद कुआँ, दीवार, पेड़ इत्यादि तथा आसपास के घरों एवं उनके निवासियों के संसर्गों की दृष्टि से भी गम्भीर विचार किया है। संवाद, गीत, बिम्ब और समूहन इत्यादि पर ही नहीं, प्रदर्शन के तकनीकी, प्रबन्धन और प्रचारात्मक पक्षों के भी विस्तृत ब्यौरे उन्होंने दिए हैं।

राकेश की रचनाएँ उनके कथ्य की सच्चाई और ईमानदारी तथा शिल्पगत निपुणता से जीवन्त बनी हैं। इसके लिए उन्होंने ज़्यादातर अपने और अपनों के बारे में ही लिखा और अपने लिखे को लगातार माँजते और सजाते-सँवारते रहे। अपने बारे में तो ठीक है, लेकिन क्या अपनों के व्यक्तिगत अनुभव को रचना में सार्वजनिक बनाना एक तरह से उनके प्रति विश्वासघात ही नहीं है? यह एक व्यापक नैतिक प्रश्न है। लेकिन इस सन्दर्भ में राकेश का उत्तर एकदम स्पष्ट है। वह इस प्रश्न के उत्तर में प्रश्न पूछते हुए कहते हैं कि "अपनों के बारे में न लिखे आदमी, तो किसके बारे में लिखे? यह वैयक्तिक स्तर का विश्वासघात क्या कलागत ईमानदारी की अनिवार्य शर्त नहीं है?" यही कारण है कि राकेश की अधिकांश रचनाओं में उनका अपना और उनके अपनों का जीवन साफ़ तौर से पहचाना जा सकता है। इनके लेखन

1. सम्भवतः कोई कश्मीरी शब्द है जो ठीक से पढ़ा नहीं जा सका है।

पर टी.एस. इलियट का रचना और रचनाकार की दूरी वाला सिद्धान्त कतई लागू नहीं होता।

राकेश ने स्वयं अपनी एक डायरी में लिखा है कि वह दस पन्ने रद्द करके फिर एक पन्ना लिखते थे। फिर उसे सुधारकर किसी पत्रिका या रेडियो में रचना को प्रकाशन या प्रसारण के लिए भेजते थे। पुस्तकाकार छपवाने से पहले उसे फिर से संशोधित करते थे और यह संशोधन-प्रक्रिया संस्करण-दर-संस्करण चलती रहती थी। अधिकतर तो यह परिवर्तन शब्द अथवा भाषागत संशोधनों से ही जुड़े हैं। परन्तु चरित्रों, सम्बन्धों, संवादों, अभिप्रायों और संरचनात्मक दृष्टि से किए गए परिवर्तनों-संशोधनों की संख्या भी कम नहीं है। राकेश सम्पूर्णतावादी लेखक थे। वह जब तक अपनी रचना से सन्तुष्ट न हो जाएँ तब तक उसे सुधारते रहते थे और कैसी विडम्बना है कि वह अपनी किसी रचना से कभी भी पूरी तरह सन्तुष्ट नहीं हुए। इसलिए यह कहा जा सकता है कि राकेश एक मेहनती लेखक थे और उनकी रचना-प्रक्रिया वास्तव में एक अनन्त संशोधन-प्रक्रिया की ही पर्याय है।

उल्लेखनीय है कि अपनी रचनाओं की ही तरह राकेश ने अपने नाम का भी लगातार संशोधन किया है। उनके जन्म का नाम मदन मोहन गुगलानी था। 1946 तक वह मदन मोहन 'राकेश' के नाम से लिखते रहे और 1947 तक म. मोहन 'राकेश' के नाम से। 1949 में उन्होंने मदन को पूरी तरह छोड़ दिया और मोहन 'राकेश' बन गए। 1953-54 के बाद उन्होंने मोहन राकेश को अपनाया, जो आज तक चल रहा है और कभी-कभी संक्षिप्त होकर सिर्फ राकेश ही रह जाता है।

जगदीशचन्द्र माथुर : नाट्य-अवदान

बहुमुखी प्रतिभा के सृजनधर्मी व्यक्तित्व जगदीशचन्द्र माथुर के बहुआयामी रचनाकर्म और उनके महत्त्वपूर्ण अवदान की लगातार उपेक्षा की जाती रही है। आज तो हमारे बीच आई.ए.एस. लेखकों की भरमार है, किन्तु स्वतन्त्रता पूर्व के हिन्दी के वह सम्भवतः अकेले उल्लेखनीय प्रशासक-लेखक थे। उनका रचनाकर्म केवल काग़ज़ पर ही नहीं है, धरती पर और समाज की नवचेतना में भी जाग्रत् है। जगदीशचन्द्र माथुर 1941 में भारतीय प्रशासनिक सेवा में आए और बिहार के हाजीपुर अनुमंडल के एस.डी.ओ. नियुक्त किए गए। वहाँ से 23 मील की दूरी पर वैशाली थी। इतिहास के अनेक महान व्यक्तित्वों की यह जन्मभूमि, समृद्ध एवं वैभवशाली वैशाली उपेक्षित और धूल-धूसरित भग्नावशेष के रूप में भुलाई जा चुकी थी। वैशाली, नालन्दा, मिथिला और मगध का गौरवशाली सांस्कृतिक-ऐतिहासिक अतीत माथुर की शोधपरक सृजनधर्मी चेतना में हूक बनकर उठा। अपने कर्मशील सक्रिय जीवन के लगभग तीस वर्ष उन्होंने इन सांस्कृतिक तीर्थों के जीर्णोद्धार और पुनर्निर्माण के पुनीत यज्ञ में होम कर दिए। उन्हीं के प्रयासों से सदियों से सोया गौतम, महावीर, अशोक, चन्द्रगुप्त, चाणक्य, अम्बपाली का बिहार जैसे अँगड़ाई लेकर फिर से उठ खड़ा हुआ। वैशाली संघ की स्थापना और प्रतिवर्ष होनेवाले भव्य वैशाली महोत्सव की परिकल्पना भी उन्हीं की थी। छोटे किसानों के बीच 'सहयोगी योजना' का श्रीगणेश भी उन्होंने किया। 'हरित क्रान्ति' के लिए भरपूर काम किया। शिक्षा सचिव के रूप में वैशाली में 'प्राकृत शोध संस्थान', नालन्दा में 'बौद्ध पाली शोध संस्थान', पटना में 'बिहार राष्ट्रभाषा परिषद्', 'के. पी. जायसवाल शोध संस्थान', 'कला महाविद्यालय' दरभंगा में 'संस्कृत शोध संस्थान' तथा गुरुकुलों की आश्रम शैली के आदर्श प्रतिमान 'नेतरहाट विद्यालय' जैसी महत्त्वपूर्ण संस्थाओं की स्थापना उन्हीं की मूलधर्मी दृष्टि और सकारात्मक प्रशासनिक शक्ति का प्रमाण हैं। उन्होंने साक्षरता अभियान भी चलाया।

आकाशवाणी के महानिदेशक के तौर पर उन्होंने देश की सभी भाषाओं और कला-साहित्य की मूर्धन्य प्रतिभाओं को उससे जोड़ा। राष्ट्रीय साहित्यिक आदान-प्रदान

के अनेक कल्पनाशील कार्यक्रमों की शुरुआत की। 'बुद्ध जयन्ती' का अपूर्व आयोजन किया। ध्वनि-नाटक के क्षेत्र में अनूठे प्रयोगों की प्रेरणा दी। नैतिक-बोध इतना प्रबल कि कुर्सी सँभालते ही आदेश जारी किया कि 'मेरे यहाँ रहते जे.सी. माथुर की कोई रचना नहीं प्रसारित की जाएगी।' उनका प्रशासक कभी उनके मनुष्य पर हावी नहीं हो पाया।

जगदीशचन्द्र माथुर ने **दस तस्वीरें** और **जिन्होंने जीना जाना** जैसे संवेदनशील एवं जीवन्त रेखाचित्र लिखे तो **परम्पराशील नाट्य तथा प्राचीन भाषा नाट्य-संग्रह** जैसे श्रम-साध्य शोध ग्रन्थ भी प्रस्तुत किए। **वैशाली दिग्दर्शन** का सम्पादन किया। साहित्य से हटकर उन्होंने बहुजन सम्प्रेषण के *माध्यम* तथा *किसानों के लिए प्रौढ़ शिक्षा* जैसे अछूते जन-कल्याण के विषयों पर भी अपनी कलम चलाई। इन बहुसंख्य सांस्कृतिक, सामाजिक, शैक्षणिक और राष्ट्रीय नवनिर्माण के बुनियादी, सार्थक एवं रचनात्मक कार्यों के बीच उनकी साहित्य-साधना भी निरन्तर गतिशील रही।

आरम्भ से ही नाट्यकर्म के प्रति उनके मन में अदम्य आकर्षण था। रंगकर्म का प्रत्यक्ष एवं व्यावहारिक अनुभव लेकर वे नाट्य-लेखन के क्षेत्र में आए थे। उनके प्रयोगधर्मी रंग-व्यक्तित्व का क्रमशः विकास हुआ। स्कूल के आरम्भिक दिनों में उन्होंने **कृष्णार्जुन** नाटक में कृष्ण की केन्द्रीय भूमिका अभिनीत की। 12 वर्ष की आयु में **मूर्खेश्वर राजा** नामक प्रहसन लिखा जो *बालसखा* नामक पत्रिका में प्रकाशित हुआ। 14-15 वर्ष की उम्र में **लवकुश** और **शिवाजी** एकांकियों की रचना की जो मासिक *सेवा* में छपे। उसी समय हेनरी फ़ोर्ड के जीवन चरित पर आधारित **कैसाबलांका** भी लिखा गया। 19 वर्ष की आयु में इन्होंने **मेरी बाँसुरी** जैसा चर्चित एकांकी लिखा, जिसे म्योर हॉस्टल, इलाहाबाद के मंच पर प्रस्तुत भी किया। ये उस मंच पर होने वाला पहला हिन्दी नाटक था। ये *सरस्वती* में छपा और कालान्तर में इनके एकांकी-संग्रह में भी शामिल हुआ। 1937 से 1943 के बीच इन्होंने अनेक एकांकियों की रचना की जो **भोर का तारा** तथा **ओ मेरे सपने** नामक संग्रहों के रूप में प्रकाशित हुए। ये कथ्य एवं शिल्प की विविधता और काव्यात्मक संवेदना के कारण खूब लोकप्रिय और प्रशंसित हुए। इनसे जगदीशचन्द्र माथुर को हिन्दी के प्रमुख एवं महत्त्वपूर्ण एकांकीकार के रूप में प्रसिद्धि और प्रतिष्ठा प्राप्त हुई।

इस सम्पूर्ण रंगानुभव के बाद माथुर पूर्णकालिक नाट्य-लेखन की ओर प्रवृत्त हुए। प्रशासक के रूप में कुछ समय के लिए इनकी नियुक्ति उड़ीसा में हुई थी। इनका पुरातत्व, इतिहास और संस्कृति प्रेम इन्हें पुरी से 19 मील दूर समुद्र तट पर कोणार्क के सुप्रसिद्ध सूर्य मन्दिर के ध्वंसावशेष तक खींच ले गया। इतिहास, किंवदन्ती और सूर्य मन्दिर के खंडहरों के बीच इनकी उर्वर कल्पनाशक्ति के स्फुरण ने **कोणार्क** को

मूर्त कर दिया। इसके कुछ अंश 1946 में लिखे गए और 1949-50 में ये पूरा हुआ। 1951 में ये छपा; पहले रेडियो से प्रसारित हुआ और बाद में मंच पर अभिमंचित किया गया।

1959 में प्रकाशित नाटक **शारदीया** की रचना-प्रेरणा जगदीशचन्द्र माथुर को नागपुर म्यूज़ियम में देखी एक असाधारण धवल रंग की साड़ी से मिली। इसकी लम्बाई पाँच गज़ से कुछ अधिक और वज़न केवल पाँच तोला है। इसे मराठों और हैदराबाद के निज़ाम के बीच 1795 में हुए इतिहास-प्रसिद्ध खर्दा युद्ध में बन्दी बने एक अज्ञात व्यक्ति ने ग्वालियर किले के तहखाने में आजीवन कारावास का दंड भुगतते हुए बुना था। इतनी बारीक बुनाई के लिए बुनकर ने अपने अँगूठे के भीतरी नाखून में छेद करके उसे ढरकी की तरह इस्तेमाल किया था। लेखक ने ग्वालियर किले का वह भूगर्भस्थित कक्ष भी देखा और बाहर-भीतर के अँधेरे, अकेलेपन, घुटन और बेड़ियों में जकड़े उस कलाकार बन्दी तथा उसकी प्रेमिका की सजीव-साकार कल्पना कर डाली। इतिहास के प्रामाणिक चरित्रों और छल, कपट, षड्यन्त्र, संघर्षपूर्ण तथा वास्तविक नाटकीय घटनाओं के बीच नरसिंह राव एवं बायजाबाई की करुण-कोमल और उदात्त-प्रेम की कल्पित कहानी ने **शारदीया** नामक इस मार्मिक नाटक को जन्म दिया। माथुर ने इसके तीन दृश्य 1954 में लिखे जो 1955 में *कल्पना* में प्रकाशित और पटना रेडियो से प्रसारित हुए। 1959 में चार अन्य दृश्य लिखकर नाटककार ने इसे पूर्णकालिक नाटक का रूप देकर छपवाया।

वैदिक-पौराणिक साहित्य, पुरातत्व, इतिहास और लोक-जीवन से प्राप्त पृथु और अर्चि (पृथ्वी) तथा भारत के प्राचीनतम काल के अनेक पात्रों के माध्यम से जगदीशचन्द्र माथुर ने सर्वथा आधुनिक समय की समस्याओं, विसंगतियों और जटिलताओं को **पहला राजा** नामक एक अन्योक्ति-नाटक के रूप में प्रस्तुत किया। अतीत के पात्रों-प्रसंगों और परिवेश-परिस्थितियों के प्रतीकों के ज़रिए रचनाकार ने मनुष्य और प्राकृतिक साधनों के पारस्परिक सम्बन्धों समाज/समुदाय तथा राजसत्ता के रिश्तों की बुनियाद, मानवीय विकास और वर्णसंकरता के योगदान, महत्त्वाकांक्षी पुरुष में कर्म और काम के सहज सहअस्तित्व का प्रश्न जैसे मूलभूत सार्वकालिक सवालों से जूझने का कठिन प्रयत्न किया है। बहुत विस्तृत फलक का यह नाटक देश के पहले प्रधानमन्त्री पं. जवाहरलाल नेहरू के नवनिर्माण के स्वप्नों-प्रयत्नों तथा परिणामों के साथ-साथ एक ज़िम्मेदार एवं कर्मठ प्रशासक के रूप में लेखक के अपने अनुभवों और भोगे हुए यथार्थ को भी परोक्ष अभिव्यक्ति देता है। 1969 में छपे *'पहला राजा'* के बाद *रामचरितमानस* पर आधारित इनके **दशरथनन्दन** (1974) और **रघुकुल रीति** (मरणोपरान्त) नामक दो और नाटक भी

प्रकाशित हुए।

इनकी नाट्य-कला में विविध रंग-शैलियों के सार्थक तत्त्वों का रचनात्मक प्रयोग, काव्यात्मकता, भावावेश, तरलता, प्रगतिशील दृष्टिकोण, सामाजिक-सरोकार और रंग-शिल्प के मौलिक दिलचस्प प्रयोग प्रत्यक्षतः दिखाई पड़ते हैं। भारतीय रंग-परम्परा के साथ इन्होंने पश्चिमी त्रासद-तत्त्व का सुन्दर सामंजस्य भी किया है। इनकी रंग-चेतना का क्रमशः विकास हुआ है और वह निरन्तर परिपक्व एवं समृद्ध होती गई है।

जगदीशचन्द्र माथुर के अवदान की चर्चा करते समय दुर्भाग्य से या शायद जान-बूझकर हम उनकी नाट्य-दृष्टि के एक लगभग क्रान्तिकारी पक्ष की उपेक्षा कर देते हैं। हम जानते हैं कि संस्कृत के 'नाट्य' में रूपक/नाटक का आलेख एवं उसका प्रस्तुतीकरण अविभाज्य और अभिन्न थे। पारसी थिएटर में भी नाटककार थिएटर-कम्पनी का अंग ही होता था और अधिकतर निर्देशन की ज़िम्मेदारी भी सँभालता था या कम-से-कम उसकी तैयारी का ज़रूरी हिस्सेदार तो होता ही था। आधुनिक काल में भारतेन्दु हरिश्चन्द्र ने जब नए हिन्दी रंगकर्म की परम्परा का श्रीगणेश किया तो प्राचीन नाटक-रंगमंच समन्वित सम्यक् रंग-दृष्टि को ही अपनाया। 1883 में प्रकाशित अपने **नाटक** नामक सुप्रसिद्ध सिद्धान्तपरक लेख का पहला वाक्य था, ''नाटक शब्द का अर्थ है नट लोगों की क्रिया।...दृश्य-काव्य वह है जो कवि की वाणी को उसके हृदयगत आशय हाव-भाव सहित प्रत्यक्ष दिखला दे।'' भारतेन्दु की सम्पूर्ण रंग-सृष्टि इसी सत्य को प्रमाणित करती है। परन्तु जुलाई, 1937 में *हिन्दुस्तानी* में छपे जयशंकर प्रसाद के गम्भीर एवं सुचिन्तित लेख **रंगमंच** ने एक भ्रम के निवारण के प्रयास में एक दूसरा और अपेक्षाकृत अधिक घातक भ्रम पैदा कर दिया। उनका बहुउद्धृत वक्तव्य है–

''रंगमंच के सम्बन्ध में यह भारी भ्रम है कि नाटक रंगमंच के लिए लिखे जाएँ। प्रयत्न तो यह होना चाहिए कि नाटक के लिए रंगमंच हो, जो व्यावहारिक है।''

विश्व थिएटर का इतिहास साक्षी है कि प्रसाद की धारणा सिद्धान्ततः गलत नहीं थी। परन्तु तत्कालीन परिस्थितियों में इसने नाटक और रंगमंच में भेद का भ्रम पैदा कर दिया। नाटककार और रंगकर्मियों के बीच एक खाई बना दी और अहं की निरर्थक टकराहट को जन्म दिया। इस सम्बन्ध में वास्तविकता तो यह है कि बड़ा नाटककार अपने समय की रंग-रूढ़ियों से प्रत्यक्ष या अप्रत्यक्ष रूप से बँधा भी रहता है और उनका अतिक्रमण कर रंगमंच से आगे भी रहता है।

परन्तु भ्रमवश नाटक और रंगमंच में अलगाव उत्पन्न हो गया। रंगमंच से कटे गम्भीर-साहित्यिक नाटकों को पाठ्य-नाटक और रंगमंच से जुड़े हलके-फुलके नाटकों को रंग-नाटक कहा जाने लगा। 1950 में लिखित और 1951 में प्रकाशित **कोणार्क**

की भूमिका (परिचय) के अन्त में जगदीशचन्द्र माथुर ने नाटक और रंगमंच तथा पाठ्य-नाटक और रंग-नाटक की प्रचलित कृत्रिम खाई को पाटने की घोषणा करते हुए स्पष्ट कहा कि,

"मैंने जो कुछ लिखा है उस पर रंगमंच और नाट्य-लेखन के तजुर्बे की छाप है, शास्त्रीय-अध्ययन की नहीं। लेकिन शास्त्र के दामन पर तजुर्बे के दाग़ न पड़ें तो वह दामन नहीं, पताका बनकर रह जाएगा। हमें तो दामन की ज़रूरत है, पताका की नहीं।"

भारतेन्दु की रंग-दृष्टि, प्रसाद की काव्य-समृद्धि, संस्कृत और लोक-नाटक के सार्थक तत्त्वों और पश्चिम की उदात्त त्रासदी के रचनात्मक समन्वय से **कोणार्क** को एक प्रयोगधर्मी सम्पूर्ण नाट्य के रूप में रचा गया था। परन्तु तत्कालीन परिस्थितियों में गम्भीर हिन्दी रंगमंच के अभाव और सर्वप्रथम इसके रेडियो से प्रसारण के कारण, जल्दबाज़ी में इसे रेडियो-नाटक और जयशंकर प्रसाद के साहित्यिक पाठ्य-नाटकों के वर्ग में डाल दिया गया। यह नाटक और नाटककार दोनों के प्रति अन्याय था। हद तो ये है कि रेडियो से जुड़े रहे प्रबुद्ध समीक्षक, नाटककार और अधिकारी आज तक अपने भाषणों और लेखों में आग्रहपूर्वक वही सुना-सुनाया पुराना राग अलाप रहे हैं। मेरा दृढ़ विश्वास है कि इन तथाकथित विद्वानों में से किसी ने भी कभी **कोणार्क** को पढ़ा-देखा तक नहीं है। पहली बार रेडियो से प्रसारित होने के कारण ये रेडियोवाले धर्मवीर भारती और मोहन राकेश के **अन्धायुग** तथा **आषाढ़ का एक दिन** जैसे बहुमंचित श्रेष्ठ (रंग) नाटकों पर भी रेडियो-नाटकों का ठप्पा लगाकर अपने को गौरवान्वित महसूस करते हैं। इस सन्दर्भ में कुछ तथ्य विचारणीय हैं—

1. **कोणार्क** में एक भी स्त्री पात्र नहीं रखा गया, क्योंकि 1950-55 में हिन्दी रंगमंच पर महिला-कलाकारों का अभाव उसकी सबसे बड़ी व्यावहारिक समस्या थी। क्या रेडियो-नाटक या नाटककार के लिए नारी चरित्र कभी भी समस्या रहा है?
2. नाटककार भूमिका और निर्देशों में सर्वत्र दर्शकों और कहीं-कहीं पाठकों की बात तो करता है लेकिन श्रोताओं का उल्लेख कहीं भी नहीं है।
3. क्या कोई रेडियो नाटककार आलेख के साथ मंच-निर्देशों के अलावा दृश्य-बन्धों के रेखाचित्र भी देता है? क्या किसी रेडियो-नाटक में प्रकाश-व्यवस्था, वस्त्राभूषण, मंच पर अभिनेताओं के स्थान-परिवर्तन, पारसी थिएटर जैसे चित्रित पर्दों के निषेध जैसे रंग-निर्देशों की आवश्यकता होती है?

कोणार्क के नाटककार के कुछ अन्य निर्देश और सरोकार देखिए—

1. उपक्रम और उपसंहार में खंडहर की झलक दिखाने के लिए 'बैक प्रोजेक्शन टेकनीक' या कार्ड-बोर्ड से काटे हुए खंडहर के मॉडल से छायाकृति का प्रयोग

किया जा सकता है। यदि आपके पास साधन नहीं हैं तो एक गहरे नीले या काले पर्दे पर खरिया से खंडहर की रूपरेखा खींच दीजिए, उसी से काम चल जाएगा।

2. विशु के कक्ष की खिड़की से पूरा मन्दिर नहीं, उसका कुछ हिस्सा ही दीखता है। खिड़की के पीछे पर्दे पर चित्र खींचकर डाल दीजिए और उस पर प्रकाश फेंकिए। साधन न हों तो दिखाने की भी ज़रूरत नहीं।
3. नेपथ्य से विशु की आवाज़ और कुदाली चलने के स्वर में कुछ सम्बन्ध होना चाहिए। ठीक यही होगा कि विशु ही स्वयं कुदाली चलाए ताकि वह अपने शब्दों पर कुदाली की ध्वनि को हावी न होने दे।
4. निर्देशक और संयोजक यह समझ लें कि नाटक की सफलता सेटिंग और तड़क-भड़क पर इतनी निर्भर नहीं करती, जितनी अभिनय की उत्कृष्टता पर।
5. सिनेमा में जो चमत्कार स्वाभाविक जान पड़ते हैं, उनका नाटक में ज्यों-का-त्यों आरोप करना बेकार है। यहाँ तो संवाद और अभिनय की चमत्कार से अधिक महत्ता है और इसलिए उन्हीं पर विशेष ज़ोर डालना चाहिए।
6. मूर्ति कार्ड-बोर्ड की हो सकती है, लेकिन प्लास्टर ऑफ पेरिस की अधिक जँचेगी। कलकत्ते के पास कृष्णनगर के मूर्तिकार साधारण मिट्टी और भूसे से ही ऐसी मूर्तियाँ बनाते हैं। निराधार लटकने का आभास तार से लटकाकर दिया जा सकता है।
7. वेशभूषा के लिए अजन्ता, कोणार्क और भुवनेश्वर की मूर्तियों के चित्र देखे जा सकते हैं, जो पुरातत्व विभाग, नई दिल्ली में उपलब्ध हैं। डॉ. मोतीचन्द्र लिखित *प्राचीन भारतीय वेशभूषा* पुस्तक की सहायता भी ली जा सकती है।

रंगमंचीय कठिनाइयों एवं असुविधाओं को देखकर मूल-नाट्यालेख में संशोधन-परिवर्तन करने की स्वस्थ परम्परा का आरम्भ करने का श्रेय भी जगदीशचन्द्र माथुर को दिया जाना चाहिए। यह सच है कि जयशंकर प्रसाद ने भी अपने नाटक **चन्द्रगुप्त** का रंगमंचीय रूप **अभिनय चन्द्रगुप्त** के नाम से तैयार किया था। परन्तु वह संक्षिप्त पुनर्लिखित आलेख पारसी-रंगमंच के अनुकूल इतना भिन्न और खराब था कि आज तक उसे मंच पर प्रस्तुत करने का प्रयास किसी ने नहीं किया। उसे संशोधन-प्रक्रिया के अन्तर्गत नहीं माना जा सकता। हिन्दी में **कोणार्क** से आरम्भ हुई यह परम्परा मोहन राकेश और लक्ष्मीनारायण लाल से होती हुई आज के नवोदित नाटककारों तक चली आ रही है। **कोणार्क** के प्रकाशन के बाद हुए

उसके विविध मंचनों और रंगकर्मियों के अनुभवों से नाटककार ने जाना कि मूल आलेख के–

1. पहले अंक में विशु और सारिका की प्रेमपूर्ण पूर्वकथा का उद्‌घाटन पूरी स्पष्टता और नाटकीयता से नहीं होता।
2. तीसरे अंक में शय्या पर लेटे धर्मपद की बेबस-दुर्बल स्थिति तुरन्त बाद उसके पुनः युद्ध में कूद पड़ने की वीरोचित-साहसी छवि से मेल नहीं खाती। मंच पर वह विश्वसनीय और प्रभावशाली नहीं लगती।
3. उपक्रम और उपसंहार के शब्द नेपथ्य से गाए जाने के कारण दर्शकों तक ठीक से पहुँच नहीं पाते।

प्रथम संस्करण के छह पुनर्मुद्रणों के बाद 1961 में नाटककार ने उसमें अपेक्षित संशोधन-परिवर्तन किए। इसमें सूत्रधार और दोनों वाचिकाओं को उपक्रम, उपकथन और उपसंहार के पात्रों का रूप देकर वृन्दवार्तिक (कोरस) की तरह प्रयोग किया गया और नेपथ्य के बजाय उन्हें दर्शकों के सामने मंच पर प्रस्तुत किया गया। तीसरे अंक में मूर्ति गिरने के दृश्य को अधिक स्पष्ट तथा प्रभावशाली बनाया गया। इस बीच पुरातत्ववेत्ताओं को कोणार्क मन्दिर के ध्वंसावशेषों से प्राप्त नाट्‌याचार्य सौम्य श्रीदत्त की मूर्ति के आधार पर लेखक ने मूल संस्करण के विशु के मित्र एक कल्पित पात्र मुकुन्द के स्थान पर नए संस्करण में सौम्य श्रीदत्त को रखकर चरित्र को अधिक जीवन्त और नाटक को अधिक प्रामाणिक बना दिया।

हिन्दी रंगकर्म के सातवें-आठवें दशक में नाटककार को रंगमंच से व्यावहारिक स्तर पर जुड़ने और दोनों पक्षों को परस्पर रचनात्मक आदान-प्रदान करने की बात बड़े जोर-शोर से उठाई गई थी। नाटककार-निर्देशक के सार्थक संवाद की ज़रूरत आज भी महसूस की जाती है। इस प्रवृत्ति की पहल भी जगदीशचन्द्र माथुर बहुत पहले ही कर चुके थे। इस बात के लिखित प्रमाण मौजूद हैं कि लखनऊ के भातखंडे संगीत महाविद्यालय के प्रांगण में प्रस्तुत **भोर का तारा** के प्रदर्शन के लिए नाट्‌य-संस्था और उसके कलाकारों की सीमाओं को देखते हुए उन्होंने दृश्य संक्षिप्त किए थे, कई छन्दबद्ध पंक्तियों को गद्य में बदला था और नायक शेखर के एक लम्बे संवाद को सम्पादित भी किया था। इसी तरह इलाहाबाद के कला-सभागार में प्रदर्शित **कोणार्क** में धर्मपद के अन्तर्द्वन्द्ववाले महत्त्वपूर्ण दृश्य को कमज़ोर देखकर निर्देशक और अभिनेता से बातचीत करके उसे बेहतर बनाने का प्रयास किया था।

अपनी रचनाओं के प्रति उनमें कोई ग़लतफ़हमी या अतिरिक्त मोह नहीं था। उनका आत्मालोचक अच्छी तरह जानता था कि शौकिया मंडलियों के लिए **कोणार्क** जैसे नाटक का सफल अभिमंचन करना कठिन है। एक बार तो किसी समीक्षक के हिन्दी भाषा के अज्ञान पर आधारित निरर्थक और निराधार कटु आलोचना से आहत

होकर उन्होंने यहाँ तक कह दिया था कि, *"यदि कोई मंडली दिल्ली में कोणार्क का अभिनय करना चाहे तो मैं उसको सलाह दूँगा कि कोई और नाटक चुने। वास्तव में दिल्ली को हिन्दी-साहित्य तथा नाटकों का आदी होने में अभी थोड़ा समय लगेगा।"* परोक्ष रूप से यह कथन दिल्ली के तत्कालीन हिन्दी रंगमंच की अनुवादप्रियता तथा मौलिक हिन्दी नाटकों एवं भाषा के प्रति, संवेदनहीनता के प्रति एक गम्भीर नाटककार की ईमानदार प्रतिक्रिया भी है।

हिन्दी के आधुनिक नाट्यान्दोलन में जगदीशचन्द्र माथुर का योगदान केवल उनके तीन नाटकों के लेखन तक सीमित नहीं है। उनकी नाटक-रंगमंच समन्वित संश्लिष्ट-रंग-दृष्टि और समकालीन हिन्दी/भारतीय रंगकर्म की प्रगति तथा समृद्धि को लेकर उनके सरोकार और प्रयास भी अत्यन्त व्यापक एवं महत्त्वपूर्ण थे। अभी तक हिन्दी नाट्यालोचना एवं इतिहास में उनके बहुआयामी मूल्यवान अवदान का उचित मूल्यांकन नहीं किया गया है।

भीष्म साहनी की रंग-दृष्टि

स्वाभाविक-यथार्थपूर्ण चरित्रों की जीवन्त सृष्टि, मार्मिक क्षणों की सूक्ष्म पकड़, सहज नाटकीय प्रसंगों की अद्भुत समझ, गहन विडम्बनापूर्ण स्थितियों की अचूक पहचान, रोचक एवं कुतूहलपूर्ण घटनाक्रम की कुशल योजना और तनावपूर्ण मनःस्थितियों के मनोवैज्ञानिक विश्लेषण करने की तार्किक शक्ति जैसी नाट्य-लेखन के लिए सभी प्रमुख विशेषताएँ भीष्म साहनी के कथा साहित्य में आरम्भ से ही विद्यामन थीं। फिर भी, आश्चर्य होता है यह देखकर कि सोलह साल की उम्र में **नीली आँखें** जैसी 'हंस' में प्रकाशित हो सकने लायक कहानी लिखने के बावजूद भीष्म साहनी ने अपना पहला नाटक **हानूश** लिखने के लिए बासठ साल की उम्र तक इन्तज़ार क्यों किया?

यही नहीं, नाटक और रंगमंच के प्रति लगाव और आकर्षण भी उनमें बचपन से ही था, जो विभिन्न परिस्थितियों एवं रूपों में आजीवन बना रहा। अपने बड़े भाई बलराज साहनी के साथ बालपन में ही अभिनय करने का उल्लेख उन्होंने अपनी आत्मकथा में बड़े उत्साह से किया है। चौथी कक्षा में इन्होंने स्कूली नाटक **श्रवण कुमार** में नायक श्रवण की भूमिका निभाकर अपने नाट्य एवं अभिनय-प्रेम की विधिवत् शुरुआत भी कर दी थी। लाहौर में एम.ए. करते हुए अपने कॉलेज के नाट्य-दल के सक्रिय सदस्य के रूप में इन्होंने दो नाटकों में बूढ़ी स्त्रियों के किरदार भी सफलतापूर्वक निभाए थे। बंगाल अकाल के दिनों में रावलपिंडी में हुए 'इप्टा' के नाट्य-प्रदर्शन से इतने प्रभावित हुए कि ज़िन्दगी भर किसी-न-किसी रूप में 'इप्टा' से जुड़े रहे। भारत-विभाजन से पूर्व भीष्म अपने भाई बलराज से मिलने बम्बई गए तो इन्होंने 'इप्टा' के ख़्वाजा अहमद अब्बास लिखित और बलराज साहनी निर्देशित नाटक **ज़ुबैदा** में न केवल एक छोटी-सी भूमिका निबाही बल्कि रावलपिंडी लौटकर यह नाटक प्रस्तुत भी किया।

आर्नाल्ड रिडले के नाटक 'द घोस्ट ट्रेन' का **भूतगाड़ी** के नाम से भीष्म साहनी ने हिन्दुस्तानी अनुवाद करके रावलपिंडी के डी.ए.वी. कॉलेज के छात्रों के साथ उसका सराहनीय निर्देशन भी किया। भीष्म साहनी ने ख्वाजा अहमद अब्बास के सहयोग से इसी नाटक का भारतीय रूपान्तर भी किया, जो 1947 की सर्दियों में बम्बई 'इप्टा'

द्वारा अहमदाबाद में अखिल भारतीय इप्टा सम्मेलन में प्रदर्शित किया गया। इसमें बलराज साहनी, ख्वाज़ा अहमद अब्बास, प्रेम धवन और शौकत आज़मी जैसे चर्चित तथा कुशल कलाकारों के साथ भीष्म साहनी ने भी अभिनय किया था। उन्हीं दिनों जयन्त देसाई के (फ़िल्म) स्टूडियो में एक बांग्ला फिल्म की हिन्दी डबिंग में इन्होंने हीरो के संवादों की डबिंग भी की थी।

कालान्तर में अम्बाला के गांधी मेमोरियल नेशनल कॉलेज (छावनी) में अध्यापन करते हुए इन्होंने 'इप्टा' की शाखा की स्थापना की और किसी विदेशी नाटक के हिन्दुस्तानी रूपान्तर **सड़क के किनारे** का प्रस्तुतीकरण भी किया—यही नाटक उन दिनों बम्बई में 'इप्टा' द्वारा सफलतापूर्वक खेला जा रहा था। अम्बाला में दुर्घटनावश जब एक बार भीष्म साहनी के बायें बाजू की कोहनी टूट गई और वह इलाज कराने शिमला गए, तो कुछ साथियों के साथ मिलकर उन्हीं दिनों इन्होंने 'इप्टा' का बहुचर्चित नाटक **जादू की कुर्सी** वहीं तैयार किया और जिसके तीन प्रदर्शन भी शिमला में किए गए।

दिल्ली में रहते हुए भीष्म साहनी जननाट्य मंच के नुक्कड़ नाटकों और बाद में 'सहमत' के साथ सक्रिय रूप से जुड़े रहे। वह कुछ वर्षों तक राष्ट्रीय नाट्य विद्यालय के वाइस चेयरमैन के रूप में उसकी रंग-गतिविधियों में अर्थपूर्ण रचनात्मक भूमिका का निर्वाह भी करते रहे।

इस प्रकार स्पष्ट है कि रंगकर्म के साथ भीष्म साहनी का सम्बन्ध अभिनेता, अनुवादक एवं नाटककार के अतिरिक्त और भी कई रूपों में जीवन भर बना रहा। यही नहीं, उन्होंने टी.वी. नाटकों-सीरियलों के साथ-साथ कुछेक श्रेष्ठ कला फिल्मों में भी अभिनय किया। उन्हीं के साहित्य अकादमी पुरस्कार से सम्मानित उपन्यास **तमस** पर आधारित गोविन्द निहलानी के सुप्रसिद्ध सीरियल के अलावा गिरीश कारनाड के निर्देशन में प्रस्तुत एक ऐतिहासिक धारावाहिक में बहादुर शाह ज़फ़र की भूमिका भी आत्मविश्वास के साथ निभाई। **लिटिल बुद्धा** के अतिरिक्त सईद मिर्ज़ा की **मोहन जोशी हाज़िर हो** में प्रमुख भूमिका भी निभाई। अपर्णा सेन की **मिस्टर एंड मिसेज़ अय्यर** के संवेदनशील और प्रभावशाली स्वाभाविक अभिनय के कारण, गौण चरित्र होने के बावजूद, इन्हें दर्शकों-समीक्षकों की भरपूर प्रशंसा मिली। प्रबुद्ध फिल्मकार-निर्देशक अपर्णा सेन के अनुसार, "फ़िल्म (मिस्टर एंड मिसेज अय्यर) के उस दृश्य में जहाँ पूछा जाता है कि यहाँ मुसलमान कौन है और भीष्मजी उस व्यक्ति की ओर मुड़ते हैं, तो फ़िल्म में उस वक्त उनके चेहरे के भावों को देखकर आज भी मेरे रोंगटे खड़े हो जाते हैं।" इसी प्रकार फ़िल्म-निर्देशक सईद मिर्ज़ा का कथन है कि, " 'मोहन जोशी हाज़िर हो' में मोहन जोशी के किरदार के लिए भीष्म साहनीजी को छोड़कर दूसरा नाम मेरे दिमाग़ में भी नहीं

आया।''

इस लम्बी पृष्ठभूमि को प्रस्तुत करने का उद्देश्य केवल इतना ही है कि नाटककार बनने से पहले के एक रंगचेता रचनाकार-कलाकार के रूप में हम भीष्मजी से साक्षात्कार कर सकें। भीष्म साहनी कथाकार से नाटककार की भूमिका में संयोगवश या अचानक नहीं आ गए थे। नाटक और रंगमंच से उनका सम्पर्क-सम्बन्ध काफ़ी लम्बा था और उसके सैद्धान्तिक-व्यावहारिक रंगशिल्प का अध्ययन और अनुभव काफ़ी गहरा था। नाट्य-लेखन की दहलीज़ तक पहुँचने के लिए उन्होंने एक लम्बी रंग-यात्रा तय की थी। उनकी यह मान्यता बिलकुल उचित ही है कि, ''इसमें सन्देह नहीं कि मंचन-कला की जानकारी नाटक-लेखन में निश्चय ही सहायक होती है, पर तभी, जब वह उसकी सर्जनात्मक कल्पना को नई स्फूर्ति दे, न कि उसके मस्तिष्क का बोझ बन जाए।''

समीक्षात्मक दृष्टि से देखें तो **हानूश** (1977), **कबिरा खड़ा बजार में** (1981), **माधवी** (1984) और **मुआवज़े** (1993) जैसे नाटकों में भीष्म जी की रंगकला की जानकारी तथा समझ उनके लिए स्फूर्तिदायक और सहायक सिद्ध हुई है। इसके विपरीत, औरंगज़ेब के चरित्र पर आधारित **आलमगीर** और जलियाँवाला बाग़ के हत्याकांड पर केन्द्रित **रंग दे बसन्ती चोला** में ऐतिहासिक तथ्यों की भरमार ने सर्जनात्मक कल्पना के लिए ज़रा भी स्थान नहीं छोड़ा। यहाँ तथ्यों के भारी बोझ ने रचनात्मकता को सिर उठाने का भी मौका नहीं दिया। नाटककार के ही शब्दों में, ''इतिहास मेरे मस्तिष्क पर ऐसा हावी हो चुका था कि मेरी कल्पना को ही जैसे लकवा मार गया था।'' इसका दुष्परिणाम यह हुआ कि ये दोनों रचनाएँ वास्तव में रंग-नाटक न बनकर किसी रंग-अनुभव से रहित नौसिखिए लेखक की संवादबद्ध-कथाएँ मात्र बनकर रह गईं!

स्पष्ट है कि रंगकर्म के मायावी आकर्षण से बिंधे भीष्म साहनी एक अभिनेता, निर्देशक, व्यवस्थापक, अनुवादक, रूपान्तरकार, दर्शक और थिएटर एक्टीविस्ट के नाते रंगमंच से कमोबेश हमेशा ही जुड़े रहे। इसके बावजूद यह भी सच है कि 1976 में अपना पहला मौलिक नाटक **हानूश** लिखने से पहले तक उनके रचनात्मक लेखन का केन्द्र कहानी-उपन्यास ही रहा और उस क्षेत्र में उन्होंने खूब ख्याति, प्रतिष्ठा और लोकप्रियता भी अर्जित की। परन्तु जब नाट्य-लेखन के क्षेत्र में सक्रिय हुए तो **हानूश** को लेकर बड़े भाई और प्रबुद्ध रंगकर्मी बलराज साहनी की निराशाजनक प्रतिक्रिया और सुप्रसिद्ध नाट्य-निर्देशक इब्राहिम अल्काज़ी की उपेक्षा भी उन्हें हतोत्साहित नहीं कर सकी। यही नहीं, राजिन्दर नाथ के निर्देशन में 18-19 फरवरी, 1977 को दिल्ली के श्रीराम सेंटर में प्रदर्शित **हानूश** की सफल प्रस्तुति ने उन्हें इतना उत्साहित और प्रेरित किया कि अपने शेष जीवन में वह कथा-साहित्य के साथ-साथ लगातार नाटक

भी लिखते रहे। इसी बीच उन्होंने कारेल चैपक चेक नाटक **आर.यू.आर.** तथा चिंगेज़ आइतमातोव एवं कलताई मोहम्मेजानोव के रूसी नाटक **फूजीयामा** के हिन्दी अनुवाद के अतिरिक्त अपनी कुछ कहानियों के रेडियो और टी.वी. रूपान्तर भी किए और इनमें से कुछेक में उल्लेखनीय भूमिकाएँ भी निभाईं।

व्यक्ति के तौर पर भीष्म साहनी बेशक शान्त, विनम्र, कोमल, सरल और लगभग दब्बू स्वभाव के मितभाषी एवं मृदुभाषी इनसान थे। परन्तु सैद्धान्तिक और वैचारिक स्तर पर वह पूरी तरह अपनी आस्था तथा विश्वासों के प्रति सुदृढ़, ईमानदार, अटूट और संघर्षधर्मी ऊर्जा से स्पन्दित प्रतिबद्ध व्यक्ति थे। उनकी मार्क्सवाद और प्रगतिवाद, या व्यापक दृष्टि से कहें तो मानवतावाद में गहरी आस्था थी। न्याय, भाईचारे, समानता और सामान्य जन की सामूहिक संघर्ष शक्ति में उनका विश्वास था। दलित, दमित, शोषित और स्त्री के प्रति हार्दिक सहानुभूति थी और कारीगर, खिलाड़ी, कलाकार, याकि हुनरमन्द व्यक्ति के लिए उनके मन में बेहद इज़्ज़त और प्रशंसा के भाव रहते थे। भीष्मजी के ही शब्दों में, "हुनरमन्द लोगों में मुझे एक ख़ास तरह का बाँकपन नज़र आता, जिस पर मैं रीझ-रीझ जाता था। उनकी अपनी अदा होती, अपनी मस्ती होती, एक ख़ास तरह की नफ़ासत होती।" भीष्म साहनी में अद्‌भुत पर्यवेक्षण और ग्रहण शक्ति थी। वह धर्म, जाति, भाषा और ग़रीब-अमीर के भेदभाव से ऊपर उठकर सच्ची प्रतिभा को पहचानने वाली आँख और उसे सम्मान देने वाली गरिमा के साथ-साथ उससे प्रभावित होने वाली समझ एवं संवेदना भी रखते थे।

1960 में मास्को से प्राग की यात्रा के दौरान निर्मल वर्मा से हानूश की मध्ययुगीन घड़ी का किस्सा सुनकर कथाकार भीष्म साहनी को "अचानक लगा कि शायद नाटक के रूप में इसकी कहानी अधिक प्रभावशाली ढंग से बनाई जा सकती है।" और तब इन्होंने फिर से रंगकर्म की दुनिया से जुड़ने का निश्चय किया। उन्हीं के शब्दों में, "पहले मुझे निर्देशन का शौक था, खेलने का शौक था, पर अब यह सम्भव नहीं था। मुझे लगा कि वक्त अब निकल गया है।" इसलिए 1976 में लिखा गया अपना पहला पूर्णकालिक नाटक **हानूश** भीष्मजी ने राजिन्दर नाथ को खेलने के लिए दिया, जिसे 1977 में श्रीराम सेंटर द्वारा आयोजित एक 'राष्ट्रीय नाट्योत्सव' में 'अभियान' की ओर सें प्रस्तुत किया गया। इसमें विदेशी कथा, चरित्र और परिवेश के बावजूद एक सच्चे अन्वेषक, कलाकार/कारीगर के व्यक्तिगत, पारिवारिक और सामाजिक स्तर पर लक्ष्य प्राप्ति के लिए किए जाने वाले बहुमुखी संघर्ष और धार्मिक शक्तियों, व्यापारियों तथा सत्ताधारियों द्वारा उसकी उपलब्धि को अपने स्वार्थों के लिए इस्तेमाल करने की साज़िशों को बड़ी प्रभावशीलता के साथ अभिव्यक्ति मिली।

अपनी कला के बल पर सत्ता को चुनौती देते एक मामूली कुफ़्लसाज़ हानूश का आत्मसम्मान, आत्मविश्वास, निर्भीक योद्धा और भविष्यवेत्ता जैसा तेवर सचमुच अविस्मरणीय है। अपने शिष्य **जेकब** को भगाने और खुद बादशाह सलामत के ख़िलाफवर्जी करने के जुर्म में स्वयं को आश्वस्त भाव से समर्पित करते हुए हानूश कहता है कि—

''महाराज का हुक्म सिर-आँखों पर। मैं हाज़िर हूँ। घड़ी बन सकती है, घड़ी बन्द भी हो सकती है। घड़ी बनाने वाला अन्धा भी हो सकता है, मर भी सकता है। लेकिन यह बहुत बड़ी बात नहीं है। जेकब चला गया ताकि घड़ी का भेद ज़िन्दा रह सके, और यही सबसे बड़ी बात है।'' इस बिन्दु पर आकर यह नाटक ब्रेख्त के सुप्रसिद्ध नाटक **गैलीलियो** के नायक की याद दिलाने लगता है जहाँ किसी सत्यान्वेषी का सत्य और कलाकार की कला स्वयं अपने रचनाकार से भी बड़ी और महत्त्वपूर्ण हो जाती है।

सत्य, आस्था, समाज और मानवीयता के लिए सत्ता से हर कीमत पर टकरा जाने का यही अनोखा अन्दाज़ नाटककार को कबीर में भी दिखाई देता है। मध्ययुगीन भारतीय भक्ति आन्दोलन वाले युग और उसमें अक्खड़ और फक्कड़ सन्त कवि कबीर के व्यक्तित्व एवं कृतित्व की महत्त्वपूर्ण भूमिका से प्रभावित होकर लिखा गया भीष्मजी का दूसरा नाटक **कबिरा खड़ा बजार में** 1981 में अभिमंचित और प्रकाशित हुआ। एम.के. रैना के निर्देशन में 'प्रयोग' द्वारा प्रस्तुत इस नाटक में कबीर के समय की धर्मान्धता, अनाचार और तानाशाही के सामाजिक-धार्मिक एवं राजनीतिक सन्दर्भ में उनके निडर, प्रखर, अटूट सत्यान्वेषी और प्रगतिशील व्यक्तित्व को जीवन्तता से उभारा गया है। पुरुषप्रधान समाज में नारी की त्रासद स्थिति और नियति को रेखांकित करने के उद्देश्य से महाभारत की कथा पर आधारित **माधवी** 1984 में प्रस्तुत एवं प्रकाशित हुआ। साम्प्रदायिक दंगों के परिप्रेक्ष्य में समाज के अलग-अलग वर्गों की बेईमानी, धोखाधड़ी, तिजारती और तुच्छ स्वार्थों भरी मानसिकता, राजनीति, गुंडागर्दी और व्यापारी की मिलीभगत, गरीब और बेरोजगार व्यक्ति की बेबस विडम्बना, मूल्यहन्ता परिस्थितियों की अमानवीयता तथा इनसानी-रिश्तों की कोमलता एवं संवेदनहीनता को हास्य-व्यंग्य के ज़रिए पेश करने वाला भीष्मजी का नाटक **मुआवज़े** मूलतः पंजाबी में लिखा गया था। परन्तु 1992 में राष्ट्रीय नाट्य विद्यालय रंगमंडल ने एम.के. रैना के निर्देशन में इसका पहला प्रस्तुतीकरण हिन्दी में ही किया और 1993 में इसका प्रकाशन भी हिन्दी में ही हुआ। घोषित अपराधी जग्गू के राजनीतिक नेता चौध ारी जगन्नाथ बन जाने के बाद उसे पकड़ने के बजाय पुलिस का उसकी सुरक्षा में तैनात होना हास्यास्पद है। सरकारी मुआवज़े के सन्दर्भ में आज मंगलू और

दीनू जैसे गरीब व्यक्तियों का दंगे में मारा जाना—उनके परिवार के भविष्य की दृष्टि से बच जाने से बेहतर और लाभदायक है—नाटक का यह निष्कर्षात्मक तीखा व्यंग्य हमारी सामाजिक-राजनीतिक व्यवस्था की क्रूर विडम्बना पर एक तिलमिला देने वाली उत्तेजक टिप्पणी है। यह अलग बात है कि **हानूश, कबिरा खड़ा बजार में** और **माधवी** जैसे अतीतोन्मुखी सराहनीय नाटकों के मुकाबले भीष्म साहनी का समकालीन विडम्बनाओं पर आधारित यह (हास्य) व्यंग्य नाटक **मुआवज़े** भी उनका बहुचर्चित एवं बहुमंचित नाटक ही है।

भीष्म साहनी केवल कलम के सिपाही ही नहीं थे, सामाजिक-राजनीतिक एक्टीविस्ट भी थे। उनकी प्रतिक्रियाएँ संयत, किन्तु तीखी होती थीं। वक्त आने पर विरोध प्रदर्शन के लिए वह 'सहमत' (सफ़दर हाशमी मेमोरियल ट्रस्ट) के साथ सड़कों पर भी उतरे। अतः यह आकस्मिक नहीं है कि उनके चारों महत्त्वपूर्ण नाटकों के केन्द्रीय चरित्र—चाबी-मिस्त्री हानूश, जुलाहा कबीर, मुआवज़े के लालच में दंगे में मरने के लिए तैयार दीनू और उससे अपनी बेटियाँ ब्याहने को तत्पर तीन बाप तथा **माधवी** में पिता, प्रेमी, पति इत्यादि सभी पुरुषों द्वारा इस्तेमाल की चीज़ बनाकर छोड़ दी गई स्त्री—शोषित, वंचित और उपेक्षित वर्ग के ही व्यक्ति हैं, जो अपने-अपने स्तर पर मनुष्य की तरह जीने के लिए संघर्ष कर रहे हैं।

परन्तु भीष्म साहनी के कृतित्व की सबसे बड़ी उपलब्धि यह है कि उन्होंने अपनी विचारधारा को रचनाशीलता पर हावी नहीं होने दिया। स्वयं नाटककार स्वीकार करता है कि, ''अगर मेरे विचार मेरे सृजनात्मक व्यक्तित्व में खपकर आते हैं, और उनमें कोई ज़ोर-ज़बरदस्ती नहीं, तो अनुभव, विचार और जो देखा है ये सब घुल-मिलकर नाटककार को दिशा दिखाएँगे।...अगर विचारधारा (रचना में) खपकर आए, उसका अंग बनकर आए, उसी में से उभरकर आए, तो वह सार्थक होती है। मैं नाटक लिख रहा हूँ, कोई पैम्फ़लेट नहीं लिख रहा। नाटक लिखते हुए मैं नाटक की अपनी माँगों और कला से जुड़ा रहा हूँ। मैं कलम के माध्यम से अपनी बात कह रहा हूँ। उसकी मैं उपेक्षा नहीं कर सकता।'' सम्भवतः यही कारण है कि नाटककार की अपनी बात सबकी बात बनकर उभरती है और अपनी जीवन्तता एवं स्वाभाविकता भी बनाए रखती है। भीष्मजी के व्यक्तित्व और कृतित्व ने मार्क्सवाद को इस प्रकार आत्मसात् कर लिया कि विचार और रचनाशीलता मिलकर बिलकुल दूध-पानी हो गए। इनके नाटकों की संरचना मोटे तौर से यथार्थवादी ढाँचे के आसपास ही रहती है—यद्यपि कथ्य की माँग पर उन्होंने अन्य रंग-शैलियों की कुछेक सार्थक नाट्य-रूढ़ियों का प्रयोग भी किया है। इनके कथा-विन्यास में सरलता और चरित्रांकन में सहजता है। कथानक और चरित्रों का विकास परिस्थितियों एवं मनःस्थितियों के तनाव और संघर्ष से स्वयं होता चलता है।

संयोग, आकस्मिकता, वैचित्र्य और अतिरिक्त-नाटकीयता पैदा करने की कोशिश उन्होंने नहीं की। परिवेश और वातावरण की प्रामाणिकता के प्रति हमेशा सजग रहे। भाषा और संवाद उनके अपने व्यक्तित्व की तरह ही हमेशा आडम्बरहीन रहे। लेकिन मूलतः कथाकार होने के कारण भीष्मजी अपने नाटकों में शब्द-बहुलता एवं विस्तार से नहीं बच सके। भाषा की दृश्यात्मकता, नाटकीय काव्यात्मकता और पात्रानुकूल संवाद-लय की सृष्टि के प्रति लापरवाही, संरचना एवं स्थापत्यगत शिथिलता तथा निर्मम सम्पादन-कला की कमी—कुछ ऐसी दुर्बलताएँ हैं, जो उनके सशक्त कथ्य वाले इन नाटकों की सीमाएँ बन गई हैं।

समकालीन परिवेश, चरित्र और समस्याओं पर आधारित उनका हास्य-व्यंग्य नाटक **मुआवज़े** भी छोटे-छोटे दृश्य-परिवर्तनों तथा पैंतीस पात्रों के अलावा अनाथ बच्चों, बस्तीवालों और अन्य नागरिकों की भीड़ के कारण शौकिया नाट्य-दलों के लिए असुविधाजनक बन जाता है। यह देखकर सचमुच आश्चर्य होता है कि अपने समय के रंगकर्म के जीवन्त सम्पर्क में सतत बने रहने के बावजूद भीष्मजी अपने किसी भी नाटक में रंगद्वारी प्रेक्षागृह और पर्दों के प्रयोग से कभी मुक्त क्यों नहीं हो सके? यह अलग बात है कि अपने नाट्यालेखों की व्याख्या, चरित्रांकन, प्रस्तुति-परिकल्पना, सम्पादन और परिवर्तन इत्यादि की दृष्टि से वह अपने निर्देशकों के प्रति सदैव उदार रहे और उनकी रचनात्मक स्वतन्त्रता का हमेशा सम्मान करते रहे। हानूश की तरह वह भी पूरी ईमानदारी से यह मानकर चलते थे कि, ''एक बार जो चीज़ बन गई, वह मेरी कहाँ रही, वह (तो) सबकी हो गई।''

नाटककार-निर्देशक के परस्पर सम्बन्धों को लेकर उनकी दृष्टि बहुत साफ़ और सम्यक् थी। उन्होंने निःसंकोच स्वीकार किया है कि, ''यह विधा निर्देशक की है। वह मुझसे इस बारे में ज़्यादा जानता है कि किस ढंग से नाटक प्रभावशाली बनाकर पेश कर सकता है।'' भीष्मजी अपने नाटक के पूर्वाभ्यास में बैठकर नाटककार द्वारा निर्देशक को निर्देश या परामर्श दिए जाने को फिजूल ही नहीं बल्कि बदतमीज़ी भी मानते थे। **कबिरा खड़ा बजार में** के दृश्य-संयोजन, कबीर के अन्य कई पदों के समावेश तथा भाषा को लेकर निर्देशक एम.के. रैना ने आलेख में भारी परिवर्तन किए थे तो 'इप्टा' (पटना) तथा 'अनामिका' (कलकत्ता) के निर्देशकों के अनुरोध पर स्वयं भीष्मजी ने **माधवी** के कुछ प्रसंगों-दृश्यों को दुबारा भी लिखा था। निःसन्देह भीष्म साहनी का रचनाकार व्यक्तित्व उनके लेखकीय अहंकार से बहुत बड़ा था।

स्पष्ट है कि भीष्म साहनी आधुनिक हिन्दी रंग-परिदृश्य के एक प्रतिनिधि नाटककार और सक्रिय कार्यकर्ता थे। वह व्यक्ति, समाज, धर्म, संस्कृति, राजनीति और इतिहास के रिश्तों तथा अन्तर्विरोधों के लगभग वैज्ञानिक विश्लेषक थे।

जीवन में मार्क्सवादी भीष्मजी की वैचारिक प्रतिबद्धता साहित्य को छूते ही तरल होकर मानवतावादी बन जाती थी। दलित और शोषित वर्ग के प्रति उनके मन में अथाह करुणा और सहानुभूति थी। उनके नाटकों के लगभग सभी प्रमुख पात्र इसके गवाह हैं। उनकी रंग-दृष्टि आधुनिक थी, किन्तु बदलते फैशनों के साथ वह कभी नहीं बदले। प्रयोग के लिए प्रयोग के सिद्धान्त में उनकी कोई आस्था नहीं थी। सनातन और समकालीन समस्याओं एवं विसंगतियों पर उनकी गहरी पकड़ थी। विषय, समस्या, उद्देश्य और प्रभाव की दृष्टि से उनके नाटकों में रोचक वैविध्य है। आधुनिक हिन्दी नाट्य-लेखन और रंगकर्म के क्षेत्र में उन्होंने निश्चय ही अपनी अलग जगह और पहचान बनाई है। नाटककार के रूप में उनका योगदान महत्त्वपूर्ण है, परन्तु उनके नाटक मूलतः एक सशक्त कथाकार के नाटक ही हैं।

भारत की साझी संस्कृति के प्रतीक भीष्म साहनी एक बड़े लेखक और शायद उससे भी बड़े मनुष्य थे।

बी.एम. शाह : एक बहुआयामी रंग-व्यक्तित्व

रंगकर्म मुख्यतः दो प्रकार का होता है—ऊर्ध्वाधर और क्षैतिज। ऊर्ध्वाधर रंगकर्म कला की सूक्ष्मता, अलंकृति, भव्यता और सुन्दरता का मीनारी रंगकर्म है। ये विशिष्ट लोगों द्वारा विशिष्ट लोगों के लिए किया जाता है। इसे करनेवाले कलाकार कालजयी, महान और शिखर-पुरुष कहे जाते हैं। इन्हें संख्या और परिमाण की नहीं, केवल गुणवत्ता की चिन्ता होती है। ये अपने सीमित और निश्चित स्थान पर लगातार ऊँचे और ऊँचे उठते चले जाते हैं। ये कला की गहराई और ऊँचाई के कीर्तिमान बनाते हैं। पद, प्रसिद्धि, पुरस्कार, सम्मान और अलंकरण इनके आगे-पीछे घूमते हैं।

इसके विपरीत क्षैतिज रंगकर्म विस्तार और फैलाव का मैदानी रंगकर्म होता है। यह सामान्य कलाकारों द्वारा सामान्य लोगों के लिए किया जाता है। यह रंगकर्म के ताजमहल और कुतुबमीनार खड़े करने के बजाय रंगकर्म के शहर, कस्बे, बस्तियाँ और गाँव बसाने में विश्वास रखता है। बी.एम. शाह ज़मीनी आदमी थे और इसी प्रकार का मैदानी नाट्य-कर्म करते थे। शायर के इस कथन को वे शतप्रतिशत सही मानते थे कि—

अपना कहा खुद ही समझे तो क्या समझे,
मज़ा तो तब है जब हम कहें और दूसरा समझे।

यही कारण है कि शाह ने तुरन्त चर्चित और प्रसिद्ध होने के प्रचलित तमाम तरीकों और शॉर्टकट रास्तों को नकार दिया। उन्होंने क्लिष्ट एवं जटिल रंग-प्रयोग कभी नहीं किए। वे अपने दर्शक की रुचि, समझ और संवेदना पर भरोसा करते थे। वे उसकी अपेक्षा और आवश्यकता का सम्मान करते थे। शाह मनोरंजन और मकसद के कलात्मक संयोग में माहिर थे। वे फ़ैशन के साथ कभी नहीं बहे। लोक-रंग उस समय फ़ैशन में था, चर्चित और प्रसिद्ध होने का राजमार्ग था। वे हबीब तनवीर, ब.व. कारन्त, कावलम् नारायण पणिक्कर और रतन थियम के लोकधर्मी रंगकर्म के प्रशंसक भी थे। परन्तु अपने अनुभव से वह अच्छी तरह जानते-समझते थे कि हमारा समकालीन शहरी अभिनेता और दर्शक उसके उपयुक्त नहीं है। अधिकांश निर्देशकों की कच्ची-पक्की लोकधर्मी खिचड़ी उन्हें बेस्वाद और बेकार लगती थी। इसी कारण उन्होंने न तो कभी

ऐसा रंगकर्म किया, न उसे समर्थन दिया। 'लोक' में उनका भरपूर विश्वास था लेकिन आज के शहरी 'फ़ोक थिएटर' को वे अकसर मज़ाक में 'फ़ेक थिएटर' कहा करते थे। वे इस निरर्थक फ़ोकबाज़ी को 'हिन्दी रंगमंच के लिए ख़तरा' मानते थे।

अपनी मान्यताओं पर उन्हें पूरी आस्था थी। जो उन्हें मनोनुकूल और सही लगता था, वे वही करते थे। आलोचकों की उन्होंने कभी परवाह नहीं की। किसी भी देश-प्रदेश की भाषा के अच्छे नाटक को उन्होंने, बिना किसी पूर्वाग्रह के, अच्छी तरह प्रस्तुत करने का प्रयास किया। उस समय पारसी थिएटर को सर्वथा अप्रासंगिक, अछूत, फूहड़ एवं अश्लील माना जाता था और हास्य नाटकों को सतही और अर्थहीन। परन्तु बी.एम. शाह ने इनके मूल्य तथा महत्त्व को समझा और गले लगाया। रंगमंच में रंजक तत्त्वों की उन्होंने हमेशा हिमायत की और जहाँ भी ज़रूरी लगा उनका सार्थक और रचनात्मक प्रयोग किया।

बी.एम. शाह एक मौलिक नाटककार और अच्छे अनुवादक-रूपान्तरकार थे। पहाड़ी ग्राम परिवेश एवं जीवन पर आधारित **अलगोज़ा** उनका पहला पूर्णकालिक नाटक है। घटनाबहुल यह आंचलिक नाटक हिंसा और प्रतिशोध के मुकाबले शान्ति और प्रेम का सन्देश देता है। युद्ध की मानसिकता से उत्पन्न रक्तपात, विध्वंस, विनाश, घृणा और अमानवीयता के विरुद्ध ज़ोरदार आवाज़ उठाता उनका **युद्धमन** भी, परोक्ष रूप से ही सही, अन्ततः अहिंसा, शान्ति, प्रेम और सहअस्तित्व की ज़रूरत को ही रेखांकित करता है। **अलगोज़ा** और **युद्धमन** उद्देश्यपरक नाटक हैं, परन्तु रंग-शिल्प एवं संरचना की दृष्टि से शिथिल और कमज़ोर हैं। शाह का **शह ये मात** गम्भीर और दिलचस्प नाटक है। लेकिन कुतूहल और रोचकता की सृष्टि के लिए नाटककार ने जिस प्रकार इसे रहस्य-नाटक का रूप दिया है और जैसे केन्द्रीय चरित्र कप्तान में कई प्रवृत्तियों एवं विशेषताओं के संयोग से उसे जटिल बनाने का प्रयास किया है उससे इसकी गम्भीरता और मनोवैज्ञानिक अन्तर्दृष्टि क्षीण हो गई है। इसमें किसी हद तक स्वाभाविकता और विश्वसनीयता की कमी है और सबकुछ सायास संयोजित-सा लगता है। सम्भवतः यही कारण है कि स्वयं शाह को छोड़कर इन्हें किसी उल्लेखनीय नाट्य-दल या निर्देशक ने कभी अभिमंचित नहीं किया।[1]

नाटककार के रूप में शाह की एकमात्र महत्त्वपूर्ण रचना है—**त्रिशंकु**। यह प्रमुखतः पूर्वाभ्यासों के माध्यम से पूरा हुआ आलेख है। इसमें लेखक ने एक प्रकार के केंचुआ-शिल्प का प्रयोग किया है, जिससे नाटक में एक अद्भुत खुलापन और लचीलापन आ गया है, उपज की अपरिमित सम्भावनाएँ पैदा हो गई हैं। देश, काल, रुचि और उद्देश्य के अनुसार रंगकर्मी इसमें निःसंकोच मनचाहे परिवर्तन कर इसे सामयिक और उत्तेजक

1. उनके मरणोपरान्त 'पर्वतीय कला केन्द्र' द्वारा 'अलगोज़ा' और 'डुगडुगीवाला' द्वारा किए गए 'शह ये मात' के प्रस्तुतीकरण शाह के प्रेमी-मित्रों द्वारा श्रद्धांजलि स्वरूप ही किए गए हैं।

बना सकते हैं। नाटक और यथार्थ के अन्तर्सम्बन्धों के ज़रिए अपने समय और समाज की समस्याओं एवं विसंगतियों को तीव्रता से उद्घाटित करनेवाले इस व्यंग्य-नाटक ने अपने पहले ही अभिमंचन से ख़ासी हलचल पैदा कर दी थी।

त्रिशंकु युवा पीढ़ी के संघर्ष और दिग्भ्रमित एवं अस्पष्ट आक्रोश का तेज़, तुर्श और तल्ख नाटक है। **पोस्ट ग्रेजुएट** नामक एक लघु-नाटक के प्रस्तुति-आलेख के रूप में इसका आरम्भिक प्रारूप 1959 में लिखा गया और तब से अपने प्रकाशन वर्ष 1973 तक ही नहीं बल्कि आज तक इसे जितनी बार भी खेला गया, इसमें हमेशा कुछ-न-कुछ छूटता या जुड़ता चला गया। यह इस उपजधर्मी प्रयोगशील नाटक की खूबी भी है और कमी भी। नाटक, रंगस्थल, रंगकर्मियों और प्रेक्षकों के अन्योन्याश्रित मूल्यों, सम्बन्धों और आयामों को दृष्टि में रखकर लिखा गया यह लचीला नाटक अपने आज और समाज पर चहुँतरफा प्रहार करता है। यह सभी वर्गों की समस्याओं और विसंगतियों को समान रूप से उजागर करते हुए स्वयं को शिक्षित किन्तु बेरोजगार युवक की कुंठित, क्रुद्ध, बेबस और कन्फ्यूज़्ड स्थिति पर केन्द्रित कर लेता है। इसके लिए रचनाकार ने पौराणिक पात्र त्रिशंकु को रचना का केन्द्रीय नाट्य-बिम्ब बनाकर बड़ी सूझ-बूझ का परिचय दिया है। बुद्धिजीवी का 'समथिंग रांग समह्वेयर' को तकिया कलाम की तरह बार-बार बोलना आज की उलझी हुई अस्पष्ट सामाजिक-राजनीतिक स्थिति का रेखांकन करता है। परन्तु स्थितियों के प्रस्तुतीकरण में जितनी तीव्रता और विश्वसनीयता है उनके विवेचन-विश्लेषण में उतनी बारीकी और गहराई दिखाई नहीं देती।

'तुम क्या करना चाहते हो?' 'क्रान्ति?' 'कैसे?' 'यही तो नहीं मालूम।' 'कैसे क्या करूँ?' जैसे प्रश्नों से जूझता डिग्रीधारी युवक बहुत-कुछ करना चाहता है पर कहीं टिकने की जगह नहीं मिल पाती। उसे ऊँचे सपनों के बदले में केवल दुत्कार, फटकार, खीझ और निराशा ही मिलती है। नाटक के लेखक-निर्देशक को लोकरुचिवाले नाटक के तत्त्वों और पात्रों की तलाश करते-करते यह युवक मिल जाता है जो यूनिवर्सिटी और बेकारी के बीच त्रिशंकु सा लटका है। वह प्रत्येक वर्ग का होकर भी वर्गहीन है। उच्च, मध्य और निम्न वर्ग के लोग और बुद्धिजीवी नाटक के लिए अपने आपको प्रस्तुत करते हैं, परन्तु नाटक के दौरान एक-एक करके सबकी असलियत उघड़ती चली जाती है। पोस्टग्रेजुएट युवक दो-दो डिग्री लिये त्रिशंकु बना सबसे टकराता रहता है। अपने में सिमटे हुए, दूसरों से कटे हुए ये लोग आदर्श और यथार्थ की दुनिया का अन्तर बनाए रखना चाहते हैं और इन सबके सलीब ढोती है युवा पीढ़ी। सही और युगीन दर्द को अभिव्यक्ति देनेवाले पात्रों की तलाश का यह नाटक बृजमोहन शाह का सुन्दर प्रयोग है।

लोक नाट्य, शास्त्रीय, एब्सर्ड और ब्रेख्तियन शैलियों के रोचक सामंजस्य से

रचनाकार ने एक नई मौलिक रंग-शैली की तलाश का प्रयास किया है, जो 'टोटल थिएटर' की याद दिलाती है। समय के साथ प्रसंगों-सन्दर्भों के परिवर्तन की सुविधा, रंगला-रंगली के सार्थक प्रयोग, एक-एक कलाकार से कई-कई भूमिकाएँ कराने की युक्ति, दर्शकों की भागीदारी और प्रस्तुति-शैली की सादगी जैसे गुण रंगकर्म की दृष्टि से **त्रिशंकु** को एक सदाबहार नाटक बनाए रखते हैं। हिन्दी और अन्य भारतीय भाषाओं में अनुवाद करके इस बीच इस नाटक के बहुसंख्य प्रदर्शन किए जा चुके हैं।

इन मौलिक नाट्य-कृतियों के अतिरिक्त बी.एम. शाह ने हेराल्ड पिंटर के **केयर टेकर,** यूजीन आयनेस्को के **द चेयर्स,** ऑरवेल के **एनीमल फ़ॉर्म,** मौलियर के **बुर्जुआ जेंटिलमैन** (बूढ़ा अमीर आंशिक), **फ़ोर्स्ड मैरिज** (आ बैल मुझे मार), इंदिरा पार्थसारथी के **उदलगल पोईव पोर्थिव** (सच्चे-झूठे, कम्बल की परतें, मात्रभूतम) और लोर्का के **यर्मा** (राजुला) के अनुवाद एवं रूपान्तर भी किए—जो स्वयं उनके या अन्य निर्देशकों द्वारा प्रस्तुत किए गए। परन्तु इनमें से भी किसी नाट्यालेख को उन्होंने प्रकाशित नहीं करवाया।

बी.एम. शाह एक अनुशासनप्रिय, कल्पनाशील और सहज निर्देशक थे। नाटक तथा प्रेक्षक के बीच अनुवादक बनकर वे सेतु की भूमिका निभाते थे। कॉलेज के दिनों से ही अपनी अन्तःप्रेरणा और समझ के बल पर उन्होंने निर्देशन करना शुरू कर दिया था। दिल्ली के सेंट कोलम्बस स्कूल में अध्यापकी के दौरान भी उन्होंने कुछ नाटक निर्देशित किए। राष्ट्रीय नाट्य विद्यालय में रंगकर्म का विधिवत् प्रशिक्षण प्राप्त करने के बाद दिल्ली के 'रंगमंच', 'लिटिल थिएटर ग्रुप', 'दिशान्तर', 'यात्रिक', 'रंगकेतु', 'राष्ट्रीय नाट्य विद्यालय', 'श्रीराम सेंटर रंगमंडल', 'दिल्ली आर्ट थिएटर', 'भारतीय साहित्य परिषद्', 'मध्य प्रदेश रंगमंडल' और 'साहित्य कला परिषद रंगमंडल' के साथ उन्होंने अनेक नाटक प्रस्तुत किए। ग्वालियर के 'कलामन्दिर' और 'आर्टिस्ट कम्बाइन' के अतिरिक्त उन्होंने देश के लगभग सभी हिन्दीभाषी प्रदेशों और मद्रास तथा बेंगलूर में रंगशिविरों के अन्तर्गत भी बहुसंख्य नाटकों का कुशल निर्देशन किया। पं. राधेश्याम कथावाचक के **वीर अभिमन्यु** तथा **मशरिकी हूर,** आगा हश्र कश्मीरी के **खूबसूरत बला,** कार्लो गोल्दोनी के **सराय की मालकिन/तिरिया चरित** और **दो किश्तियों का सवार/नौकर शैतान मालिक हैरान** जैसे फ़ार्स तथा **अफ़सोस हम न होंगे, युवा अजब बूढ़े गजब** और **थंकू बाबा लोचनदास** जैसे हास्य नाटकों के सफल प्रदर्शनों से शाह को भरपूर प्रशंसा एवं लोकप्रियता मिली। **गोडो के इंतज़ार में** तथा **भगवद्ज्जुकीयम्** द्वारा उन्होंने एब्सर्ड और संस्कृत नाट्य-शैलियों पर अपने अधिकार का अच्छा परिचय दिया।

अपने चारों नाटकों के अलावा बी.एम. शाह ने मुद्राराक्षस के **योर्स फ़ेथफुली,** मणि मधुकर के **बुलबुल सराय,** गिरिराज किशोर के **प्रजा ही रहने दो** और नाग बोडस के **थंकू बाबा लोचनदास** जैसे नए और मौलिक हिन्दी नाटकों में विविध रंग-शैलियों तथा नाट्य-रूढ़ियों के सृजनात्मक उपयोग से कथ्य को धारदार और प्रदर्शनों को

प्रभावशाली बनाकर अपनी निर्देशकीय मौलिक प्रतिभा का प्रमाण दिया।

किसी नाटक की प्रस्तुति के लिए मूल बिम्ब, ब्लॉकिंग, समूहन और गति-विधान इत्यादि की परिकल्पना में वे किताबों और सिद्धान्तों के बजाय रोज़मर्रा की ज़िन्दगी और आसपास की दुनिया से ही प्रेरणा ग्रहण करते थे। **त्रिशंकु** की ब्लॉकिंग में मैच की रेडियो कमेंट्री और **गोदो के इंतज़ार में** के लिए सर्कस से प्रभाव लेकर उन्होंने इनकी प्रस्तुतियों को गतिशील और रोचक बनाया। **योर्स फ़ेथफुली** में मुखौटा-रूपसज्जा तथा शैलीबद्धता के माध्यम से दफ़्तरी जीवन की एकसरता, यान्त्रिकता और विडम्बना को उभारने में सफलता पाई। **त्रिशंकु** में भी मुखौटों का सार्थक प्रयोग किया। कृष्णा सोबती के बहुचर्चित उपन्यास **मित्रो मरजानी** को यथार्थवाद एवं स्वाभाविकता के नाटकीय प्रयोग से प्रस्तुति को जीवन्त बनाकर शाह ने, **लोअर डैप्थ्स** की ही तरह, अपनी निर्देशकीय सूझबूझ और क्षमता के बल पर दर्शकों-समीक्षकों को समान रूप से प्रभावित किया। हास्य और पारसी नाटकों में तो उन्होंने विशेषज्ञता ही प्राप्त की थी। 'एब्सर्ड' और 'कामेदिया-देल-आर्त' के तत्त्वों का भी वे भरपूर इस्तेमाल करते थे। आवश्यकता पड़ने पर लोक-रंग और प्रयोगधर्मिता से भी परहेज़ नहीं किया। 'पर्वतीय कला केन्द्र' के लिए निर्देशित गीत-नृत्य-संगीत प्रधान कुमाउँनी नाटकों की सफलता में भी उनका महत्त्वपूर्ण योगदान था। कलात्मक सादगी पर उन्हें गहरा विश्वास था। रंगमंच पर तकनीकी चमत्कारों के वे विरोधी थे। उन्हें सामान्य भारतीय दर्शक-समाज के सुख-दुख, हास्य-रुदन और उसकी भावुक मानसिकता का खुला प्रदर्शन करने-कराने में कोई शर्म महसूस नहीं होती थी। वह दर्शक पर बौद्धिकता, तार्किकता और विचारधारा थोपने के ख़िलाफ़ थे। मनोरंजन को वे रंगकर्म की पहली और ज़रूरी शर्त मानते थे। उनके द्वारा निर्देशित नाट्य-प्रस्तुतियों में इन विश्वासों एवं मान्यताओं को स्पष्टतः देखा जा सकता है।

बी.एम. शाह एक कुशल और सिद्धहस्त अभिनेता थे। उनके भीतर एक विदूषक बैठा था, जो अकसर उनके अभिनय में उभर आता था। उनमें ऊर्जा, फुर्ती और टाइमिंग ग़ज़ब की थी। भूमिका छोटी हो या बड़ी, मंच पर उनकी मौजूदगी को नज़रअन्दाज़ नहीं किया जा सकता था। जितेन्द्र कौशल के शब्दों में, 'शाह के रूप में छिपा चैपलिन का पात्र कई नाटकों में रूप बदलकर मंच पर उतरा करता था।'

बृजमोहन शाह स्वयं को मूलतः अभिनेता मानते थे। परन्तु यह विडम्बना ही है कि सात वर्ष की उम्र से बाल-कलाकार के रूप में अभिनय-जीवन की शुरुआत करके और कॉलेज के दिनों में **रुपय्या, पागल की डायरी, पोस्टग्रेजुएट** जैसे स्वलिखित अनेक एकांकियों में मुख्य भूमिका के लिए कई बार सर्वश्रेष्ठ अभिनेता का पुरस्कार जीतनेवाले इस जन्मजात अभिनेता को किसी बड़े निर्देशक के साथ कोई महत्त्वपूर्ण किरदार निभाने

का मौका नहीं मिला। राष्ट्रीय नाट्य विद्यालय में अध्ययन-अध्यापन के दौरान उन्होंने किसी नाटक में अभिनय नहीं किया। 'दिशान्तर' में भी ब.व. कारन्त निर्देशित आद्य रंगाचार्य के नाटक **कभी चित कभी पट** में नागरिक और ओम शिवपुरी निर्देशित सुरेन्द्र वर्मा के नाटक **द्रौपदी** में सफ़ेद नकाबवाला आदमी जैसे साधारण चरित्र ही उन्हें मिले। **तुग़लक** के भी बाद के प्रदर्शनों में ही विकल्प के रूप में उन्हें आज़म की भूमिका मिली, जिसे उन्होंने बखूबी निभाया। अभिनय की दृष्टि से उन्होंने मुख्यतः स्वलिखित एवं स्वनिर्देशित नाटकों में ही काम किया। **त्रिशंकु** में बुद्धिजीवी एवं थिएटरवाला, **अलगोज़ा** में आषाढ़ तथा **शह ये मात** में कप्तान के चरित्रों को उन्होंने बड़ी आत्मीयता एवं विश्वसनीयता के साथ साकार किया। 'लिटिल थिएटर ग्रुप' के लिए निर्देशित **तलछट** के लूका, **गोदो के इन्तज़ार में** के पोज़ों, **दो किश्तियों का सवार** के नौकर, **सराय की मालकिन** के बूढ़े मार्को तथा **प्रजा ही रहने दो** के शकुनी जैसे चरित्रों को शाह ने अपनी अभिनय प्रतिभा से जीवन्त कर दिया। संगीत नाटक अकादमी, दिल्ली द्वारा 'नेहरू शताब्दी नाट्य समारोह' में 'कला मन्दिर', ग्वालियर के लिए निर्देशित अपनी प्रस्तुति **सुनो जनमेजय** में अफ़सर के चरित्र को मंच पर साकार करके उन्होंने प्रबुद्ध प्रेक्षकों से पर्याप्त प्रशंसा पाई।

नौवें दशक में वह अकसर कहा करते थे, "बन्धु, अभिनय करने के लिए मन बहुत छटपटाता है, परन्तु कोई रोल ही नहीं देता। लगता है, नए निर्देशक मेरी सीनियोरिटी से डरते हैं और पुराने पता नहीं क्यों कुंठित या नाराज़ हैं।" अपने पट्ट शिष्य और प्रिय अभिनेता बनवारी तनेजा के आने के बाद से तो उन्होंने अपने नाटकों में भी काम करना लगभग छोड़ ही दिया था। एकाध अपवाद को छोड़कर फ़िल्मों में भी उन्हें कोई ख़ास भूमिका नहीं मिली। स्पष्ट है कि अभिनेता के रूप में शाह को कोई बड़ा अवसर नहीं मिला, इस बात को लेकर वह अन्त तक काफ़ी असन्तुष्ट और निराश रहे। ये सही है कि उनकी अभिनय-रेंज सीमित थी, उनकी देह, मुखाकृति एवं आवाज़ कुछ खास तरह के चरित्रों के लिए ही ज़्यादा अनुकूल थी। परन्तु उनकी ऊर्जा, चुस्ती-फुर्ती और कुशलता अद्‌भुत थी। अतः सब कुछ के बावजूद यह एक दुर्भाग्यपूर्ण तथ्य है कि समकालीन हिन्दी रंगमंच उनकी अभिनय-प्रतिभा का पूरा लाभ नहीं उठा सका।

रंग-कला में प्रशिक्षित बी.एम. शाह एक तकनीक-प्रवीण रंगकर्मी थे। 'लिटिल थिएटर ग्रुप' के साथ अपने आरम्भिक दौर के दौरान उन्होंने अनेक नाटकों में निर्देशक-अभिनेता के बजाय केवल पार्श्वकर्मी की भूमिका ही निभाई। कालान्तर में, अपने द्वारा निर्देशित अन्य नाटकों में भी उन्होंने कभी दृश्य-बन्ध, कभी प्रकाश-संयोजन, कभी वस्त्राभूषण, कभी ध्वनि-प्रभाव तो कभी रूप-सज्जा इत्यादि की परिकल्पना के अतिरिक्त स्टेज-मैनेजर एवं प्रबन्धन सम्बन्धी अनेक काम भी पूरी

तत्परता और कुशलता से किए। नाट्य-प्रस्तुति का कोई पक्ष ऐसा नहीं था जिसमें प्रत्यक्ष अथवा परोक्ष रूप से उनका हस्तक्षेप न होता हो।

हिन्दी रंगकर्म को विकसित, समृद्ध और लोकप्रिय बनाने के उद्देश्य से शाह ने नैनीताल में 1953 में एक नाट्य-संस्था बनाने के बाद सातवें दशक में दिल्ली में अपने कुछ उत्साही रंगकर्मी मित्रों के साथ मिलकर 'रंगमंच,' 'दिशान्तर' और 'रंगकेतु' नामक नाट्य-संस्थाओं की स्थापना भी की। राष्ट्रीय नाट्य विद्यालय और अनेक रंगशिविरों में उन्होंने बहुसंख्य युवाओं को रंग-दीक्षा देकर निष्ठावान, प्रबुद्ध, कुशल और उत्साही रंगकर्मियों की फौज-सी खड़ी कर दी। आज देश भर में उनकी प्रेरणा एवं शिक्षा-दीक्षा से अच्छे-चर्चित कलाकार बननेवाले उनके श्रद्धालु और प्रेमी शिष्यों की बहुत बड़ी संख्या है। वह एक लोकप्रिय और प्रबुद्ध प्राध्यापक थे।

राष्ट्रीय नाट्य विद्यालय के निदेशक के रूप में यद्यपि उनका कार्यकाल काफ़ी अवरोधों और संकटों भरा रहा फिर भी उन्होंने अपनी प्रबन्धन क्षमता और सहयोग-भावना से नाट्य विद्यालय की गरिमापूर्ण राष्ट्रीय छवि एवं प्रतिष्ठा को बचाए रखने की भरसक कोशिश की। अपने अन्तिम दिनों में वे 'भारतेन्दु नाट्य संस्थान' लखनऊ के निदेशक के रूप में उसे अपने सपनों के अनुकूल एक राष्ट्रीय स्तर के श्रेष्ठ एवं महत्त्वपूर्ण नाट्य प्रशिक्षण संस्थान बनाने के लिए जी-जान से जुटे थे, परन्तु समय ने उनका साथ नहीं दिया और आकस्मिक मृत्यु के कारण वह अपना सपना पूरा नहीं कर सके।

समकालीन हिन्दी रंगमंच में दर्शकों के अभाव को लेकर शाह बहुत बेचैन और चिन्तित रहते थे। उनकी दृष्टि में इस समस्या के लिए सामान्य दर्शकों के सिर के ऊपर से निकल जानेवाले दुरूह एवं नीरस रंग-प्रयोगों में लीन आत्ममुग्ध नाट्य-निर्देशक और पूर्वाग्रही एवं अज्ञानी नाट्य-समीक्षक समान रूप से ज़िम्मेदार हैं। वे रंगकर्म को आत्म-निर्भर और लोकप्रिय बनाने के लिए मनोरंजन को अत्यधिक महत्त्वपूर्ण कारक मानते थे। अपने नाट्य-प्रदर्शनों के ज़रिए उन्होंने इस दिशा में उल्लेखनीय रचनात्मक प्रयास भी किए। नाट्य-समीक्षा की दयनीय स्थिति को देखते हुए उन्होंने 'दिनमान', 'नटरंग', 'रंगमंच', 'मधुमती' और 'समकालीन भारतीय साहित्य' जैसी पत्रिकाओं में प्रस्तुति-समीक्षा के साथ-साथ रंगकर्म की विविध समस्याओं पर गम्भीर नाट्य-लेख भी लिखे। इनके माध्यम से हम उनके ईमानदार, सही और निर्भीक रंग-विमर्श का सहज साक्षात्कार कर सकते हैं।

बी.एम. शाह के बहुआयामी रंग-व्यक्तित्व के इन सभी सकारात्मक पक्षों के साथ कुछ ऐसे पहलू और सवाल भी हैं, जिन पर विचार किए बिना उनके मूल्यांकन और योगदान की चर्चा पूरी नहीं हो सकती। इस सन्दर्भ में सबसे पहला और महत्त्वपूर्ण तथ्य तो यही है कि उन्होंने अधिकतर स्वलिखित और अनूदित-रूपान्तरित नाटक ही किए। प्रश्न यह है कि अपनी लम्बी और सक्रिय रंग-यात्रा के दौरान

उन्होंने नए मौलिक हिन्दी नाटक केवल तीन-चार ही क्यों किए? क्या उनमें नई चुनौतियों से टकराने की रचनात्मक प्रतिभा, मेहनत करने की ताकत और असफल होने का खतरा उठाने की हिम्मत कम थी ? उन्होंने ज़्यादातर देशी-विदेशी पहले से किए-कराए या देखे-दिखाए नाटक ही क्यों किए ? दूसरी बात यह है कि उनकी नाट्य-प्रस्तुतियों के मुकाबले नाटकों की संख्या काफ़ी कम है। वह एक संस्था के साथ किए जा चुके नाटकों को ही नई संस्थाओं के साथ बार-बार क्यों दोहराते रहते थे ? देवेन्द्र राज अंकुर और जे.एन. कौशल पर विश्वास करें तो कह सकते हैं कि **त्रिशंकु** और **कंजूस** को तो उन्होंने 'सौ-सौ बार किया' था। कई नाटकों को उन्होंने अनेक संस्थाओं के साथ अनेक बार किया ही—एक ही नाटक को अलग-अलग नामों से भी किया। उदाहरण के लिए इंदिरा पार्थसारथी के तमिल नाटक के हिन्दी अनुवाद को एल.टी.जी. के साथ ही 1973 में **सच्चे-झूठे** और 1975 में **कम्बल की परतें** नाम से किया। इसी नाटक को 1980 में 'रंगकेतु' के साथ **हू किल्ड मातृभूतम** शीर्षक से फिर दोहराया गया। इसी प्रकार, गोल्दोनी के 'माइन होस्टेस' को दो बार **सराय की मालकिन** और एक बार **तिरिया चरित** के नाम से तो 'द सर्वेंट ऑफ़ टू मास्टर्स' को दो बार **दो किश्तियों का सवार** और एक बार **नौकर शैतान मालिक हैरान** के नाम से किया गया। राधेश्याम कथावाचक का **वीर अभिमन्यु** भी तीन बार हुआ। दो-दो बार किए जानेवाले नाटकों में आद्य रंगाचार्य का **सुनो जनमेजय,** गोर्की का **लोअर डेप्थ्स,** उत्पल दत्त का **छायानट,** राधेश्याम कथावाचक का **मशरिकी हूर,** आग़ा हश्र कश्मीरी का **खूबसूरत बला** और कृष्णा सोबती का **मित्रो मरजानी** शामिल हैं। स्पष्ट है कि इस प्रवृत्ति के पीछे 'सुविधा' के अतिरिक्त और कोई कारण नहीं है। यदि शाह ने इन नाटकों को दो-दो, तीन-तीन बार करने के बजाय नए नाटक किए होते तो उनके द्वारा निर्देशित नाटकों की सूची काफ़ी लम्बी होती तथा इससे हिन्दी रंगमंच और दर्शकों का भी भला होता।

समकालीन हिन्दी रंगकर्म की चर्चा करते समय बी.एम. शाह अकसर इस पर अनुवादों एवं रूपान्तरों पर निर्भर 'उधार का रंगमंच' होने का आरोप लगाया करते थे। परन्तु मूल प्रश्न तो यही है कि उन्होंने स्वयं क्या किया ? उनके द्वारा बार-बार किए जानेवाले नाटकों में उनके अपने **त्रिशंकु** और **युद्धमन** के अलावा कोई भी महत्त्वपूर्ण मौलिक हिन्दी नाटक क्यों नहीं है ? उनके निर्देशित अन्य नाटकों में भी टेनिसी विलियम्स के **ग्लास मिनेजरी** (काँच के खिलौने), नॉरमन बराश तथा कैरल मूर के **सैंड मी नो फ़्लावर्स** (अफ़सोस हम न होंगे), **एवरी अदर ईवनिंग** के मराठी रूपान्तर *पापा सांगा कुणाचे* के हिन्दी अनुवाद **कौन माता कौन पिता हमारे,** ब्रेख़्त के **थ्री पैनी ओपेरा** (दो कौड़ी का खेल) के अलावा विजय तेन्दुलकर के मराठी नाटक **सखाराम बाइंडर, गिद्ध, घासीराम कोतवाल,** मधुकर

तोरडमल के **युवा अजब बूढ़े ग़ज़ब**, आद्य रंगाचार्य के कन्नड़ नाटक **सुनो जनमेजय, स्वर्ग के तीन द्वार**, गिरीश कारनाड के **तुग़लक, हयवदन** और बादल सरकार के बांग्ला नाटक **जुलूस** इत्यादि जैसे भारतीय भाषाओं के अनूदित नाटकों ही की भरमार क्यों है? मौलिक हिन्दी नाटक तो आटे में नमक के बराबर भी नहीं हैं। शाह स्वयं जिस स्थिति और हैसियत में थे क्या वे नए नाटककारों और नाट्यालेखों की तलाश नहीं कर सकते थे ? क्या इन और ऐसे ही तमाम प्रश्नों का एकमात्र उत्तर शॉर्टकट और सुविधा ही नहीं है?

परन्तु बी.एम. शाह इन प्रश्नों का उत्तर प्रायः बड़े भोलेपन और मासूमियत से यह कहकर दिया करते थे कि, ''मैं तो भाड़े का थिएटर करता हूँ। संस्थावाले जो नाटक चाहते हैं, वही मुझे करने पड़ते हैं। मैं अपने मन का थिएटर तो कभी कर ही नहीं सका।'' उनकी इस विवशताजन्य सफ़ाई पर विश्वास करना मुश्किल है। इसका प्रमुख कारण यह है कि शाह जैसे कद-पदवाला सम्मानित एवं वरिष्ठ रंगकर्मी यदि चाहता तो अपनी शर्तें और पसन्द आसानी से मनवा सकता था। वे ताउम्र अच्छी-भली नौकरी करते रहे, फिर 'भाड़े का थिएटर' करने की क्या मजबूरी थी ? उनके मन के थिएटर का स्वरूप और रूप-रंग कैसा था?

किसी हद तक अपवादस्वरूप यह माना जा सकता है कि राष्ट्रीय नाट्य विद्यालय की छात्र-प्रस्तुतियों पर पाठ्य-क्रम का बन्धन और रंगशिविरों एवं अन्य संस्थाओं के लिए नाटक का चुनाव करते समय उपलब्ध कलाकारों की संख्या और क्षमता-प्रतिभा का प्रत्यक्ष दबाव होता है। परन्तु पाठ्यक्रम तो संस्कृत, यथार्थवादी, पारसी, लोक या एब्सर्ड का मोटा निर्देश ही देता है—उस धारा का कौन-सा नाटक करना है इसका निर्णय तो अन्ततः निर्देशक ही करता है। ऐसे अवसरों पर शाह ने पहले से किए हुए घिसे-पिटे नाटकों का चुनाव ही बार-बार क्यों किया—यह एक महत्त्वपूर्ण प्रश्न है। 'रंगमंच', 'दिशान्तर' और 'रंगकेतु' तो उनकी अपनी संस्थाएँ थीं और ग्वालियर की 'कला मन्दिर' भी उनकी गोद ली गई संस्था थी, राष्ट्रीय नाट्य विद्यालय में कुछ समय तक वे निदेशक भी रहे—इन संस्थाओं के साथ भी वे मनमर्ज़ी का थिएटर क्यों नहीं कर सके—ये बात आसानी से समझ में नहीं आती है। इस सवाल का भरोसे लायक जवाब देना भी मुश्किल है कि शाह ने अधिकतर कथ्य के मुकाबले शिल्प/शैली और किसी गहन-गम्भीर उद्देश्य की अपेक्षा मनोरंजन और लोकप्रियता को ही सर्वाधिक महत्त्व क्यों दिया?

इस सन्दर्भ में जो बात समझ में आती है वह यह है कि बी.एम. शाह निश्चय ही बहुमुखी रंग-प्रतिभा के एक उत्साही और प्रेरक व्यक्तित्व थे। मुद्राराक्षस के **योर्स फ़ेथफ़ुली,** मणि मधुकर के **बुलबुल सराय** और नाग बोडस के **थंकू बाबा लोचनदास** जैसी हिन्दी की मौलिक और नई रचनाओं को उन्होंने अपनी सर्जनात्मकता, सूझबूझ और मेहनत से प्रभावशाली नाट्य-प्रदर्शन बनाने में सफलता प्राप्त की। परन्तु जीवन भर अवसर मिलते

रहने के बावजूद वह अपनी कल्पनाशक्ति और रचनात्मक प्रतिभा का पूरा और सार्थक उपयोग नहीं कर सके। ये सही है कि दुबारा-तिबारा किए गए नाटकों में उन्होंने हर बार कुछ-न-कुछ नया करने का प्रयत्न अवश्य किया। परन्तु यह प्रयत्न और इसकी उपलब्धि इतनी बड़ी नहीं है कि उसका अलग से उल्लेख किया जाए। एक स्थान पर शाह ने स्वयं स्वीकार किया है कि, "मैं लगभग सौ नाटक कर चुका हूँ, मगर उनमें ज़्यादातर चालू नाटक ही हैं।" यक्ष-प्रश्न तो यही है कि "ऐसा क्यों है ?" नाटककार के रूप में उन्होंने अपने में निहित सम्भावनाओं का पूरा दोहन नहीं किया। उन्होंने तीन-चार मौलिक नाटक तथा कई एकांकी और भी लिखे थे। जिन्हें अन्तिम रूप देकर प्रकाशित कराया जा सकता था या शाह उन्हें स्वयं भी प्रस्तुत कर सकते थे। परन्तु ऐसा हुआ नहीं। क्यों?

इसमें कोई सन्देह नहीं कि तमाम पुरस्कारों, सम्मानों और उल्लेखनीय उपलब्धियों के बावजूद आज बी.एम. शाह के रंगकर्म की महत्ता एवं गुणवत्ता के सन्दर्भ में अनेक महत्त्वपूर्ण किन्तु अनुत्तरित प्रश्न मुँह बाए खड़े हैं। परन्तु उनके काम-काज का मूल्यांकन करते वक्त ये भी बेहद ज़रूरी है कि हम उनके अपने जीवन एवं समय की परिस्थितियों, ज़रूरतों और सीमाओं को भी ध्यान में रखें। वह हिन्दी रंगान्दोलन का आरम्भिक दौर था। विश्व-रंगमंच के परिप्रेक्ष्य में अपनी रंग-चेतना के क्षितिज को विस्तृत करने और उसके बहुरंगी संसार को जन-सामान्य के समक्ष उद्घाटित करने की आवश्यकता थी। रंगकर्म को समृद्ध एवं विकसित करने का एक पहलू उसे अधिकाधिक जन-प्रिय बनाने से भी जुड़ा था। बहुविध रंग-रूप, अनुभव और आस्वाद के नाटकों को नए-नए दर्शकों के सामने बार-बार पेश करने की ज़रूरत थी। अपनी व्यक्तिगत महान छवि बनाने और प्रतिष्ठा पा लेने की अन्धी दौड़ में शामिल होने के बजाय शाह ने हिन्दी रंगान्दोलन को गति, समृद्धि और लोकप्रियता प्रदान करने के लिए स्वयं को समर्पित कर दिया। निष्ठावान रंगकर्मियों को तैयार किया। अच्छे नाटकों के अधिकाधिक मनोरंजक प्रदर्शनों से एक बड़ा दर्शक-वर्ग बनाया। उन्होंने रंगकर्म के सभी क्षेत्रों में उल्लेखनीय कार्य किया। नाटककार, निर्देशक, अभिनेता, पार्श्वकर्मी, अध्यापक, समीक्षक और अति निष्ठावान एवं प्रबुद्ध रंगकर्मी से भी ज़्यादा बी.एम. शाह का योगदान एक चिर-उत्साही और रंग-प्रेरक व्यक्तित्व के रूप में है।

लगभग तीन दशक तक अपनी रचनात्मक रंग सक्रियता से हिन्दी के आधुनिक रंग-परिदृश्य को बहुविध प्रभावित करनेवाले निष्ठावान एवं समर्पित रंगकर्मी बी.एम. शाह के प्रशंसनीय और महत्त्वपूर्ण योगदान को निश्चय ही नकारा नहीं जा सकता। परन्तु इससे यह अफ़सोस कम नहीं होता कि अपनी बहुआयामी रंग-प्रतिभा और उसकी सम्भावनाओं को शाह बहुत बड़ी उपलब्धियों में प्रतिफलित नहीं कर सके। हमारी तरह शायद उनके मन में भी आखिर तक ये ख़लिश बनी रही होगी कि, 'बहुत निकले मेरे अरमान लेकिन फिर भी कम निकले।'

खंड-3

आद्य रंगाचार्य का रंग-संसार

भारतीय स्वभाव के पूर्णतः अनुरूप हिन्दी भाषा और रंगमंच का मूल चरित्र आरम्भ से ही उदार, ग्रहणशील एवं लचीला रहा है। यही कारण है कि अन्य भारतीय भाषाओं के जितने नाटक आज हिन्दी में उपलब्ध हैं उसके आधे भी शायद किसी दूसरी प्रादेशिक भाषा में नहीं हैं। समकालीन हिन्दी रंगमंच को समृद्ध करनेवाले मौलिक हिन्दी नाटकों की अपेक्षा बांग्ला, मराठी और कन्नड़ के बहुसंख्य आधुनिक नाटकों की भरमार की भी यही वजह है। आज भले ही हम नई पीढ़ी के कन्नड़भाषी नाटककार गिरीश कारनाड, चन्द्रशेखर कम्बार, लंकेश, प्रसन्ना इत्यादि के नाम और काम तक से अच्छी तरह परिचित हों, लेकिन 1964 में नेमिचन्द्र जैन तथा ब.व. कारन्त द्वारा अनूदित आद्य रंगाचार्य के नाटक **सुनो जनमेजय** से पहले कन्नड़ भाषा के किसी आधुनिक नाटक की कोई खास जानकारी हम हिन्दीभाषियों को नहीं थी। श्रीरंग के नाम से प्रसिद्ध बहुआयामी प्रतिभा के धनी आद्य रंगाचार्य ने 1920 में अपना पहला पूर्णकालिक नाटक लिखा था। 1963 में इन्हें केन्द्रीय संगीत नाटक अकादमी ने पुरस्कृत किया। आद्य रंगाचार्य ने लगभग पचास पूर्णकालिक नाटक, तेरह उपन्यास, बीस नाट्यालोचना और नाट्य-सिद्धान्त सम्बन्धी ग्रन्थ लिखे। इन्होंने एकांकी, आत्मकथा, जीवनी और यात्रा-संस्मरण लिखने के अलावा अनेक रचनाओं के अनुवाद भी किए। लन्दन में शिक्षाप्राप्त श्रीरंग पश्चिमी और भारतीय साहित्य, संस्कृति और विविध रंग-परम्पराओं के दिग्गज विद्वान थे। वह देश के स्वतन्त्रता संग्राम से भी जुड़े और आजीवन गांधीवादी बने रहे। अन्धकारपूर्ण समय और मूल्यहन्ता परिस्थितियों में हुए मोहभंग के बावजूद उन्होंने अपने आदर्शवादी, सुधारवादी और आशावादी जीवन-दर्शन को कभी नहीं छोड़ा। अपने प्रत्येक नाटक में कथ्य के साथ-साथ उन्होंने शिल्प के भी हमेशा नए-नए रंग प्रयोग किए।

1960 में लिखित **केलु, जनमेजय** (सुनो, जनमेजय) एक दिलचस्प ही नहीं उत्तेजक और महत्त्वपूर्ण रंग-प्रयोग था। इसमें तीन अंक और छह चरित्र हैं। ये परस्पर सम्बद्ध भी हैं और स्वतन्त्र भी। संस्कृत एवं लोक-नाटकों के सूत्रधार का मौलिक प्रयोग इसमें हुआ है। वह नाटक के पात्रों एवं स्थितियों को संचालित-निर्धारित करने

के साथ-साथ दर्शकों से संवाद स्थापित करके नाटककार के मन्तव्य को सीधे-सीधे प्रकट करने का काम भी करता है। एक पात्र की तरह नाटक में आद्यन्त अपनी भूमिका भी निभाता है। अपने रचना-काल के समय मंच पर दर्शकों की भागीदारी भी भारतीय नाट्य-जगत के लिए एक नई और चौंकानेवाली विशेषता थी। स्पेस का इतना कल्पनाशील और प्रभावशाली इस्तेमाल भी इससे पहले शायद नहीं किया गया था। नाटककार, निर्देशक, अभिनेता और दर्शक के संगत-विसंगत सम्बन्धों के विश्लेषण और प्रस्तुतीकरण में आद्य रंगाचार्य की गहरी रुचि थी। मंच और नेपथ्य को एक-साथ प्रस्तुत करना उनके नाटकों में चमत्कार सा लगता था।

सुनो जनमेजय को नाटककार ने 'अन्तरंग', 'बहिरंग' और 'रणरंग' नामक तीन अंकों में विभाजित किया है। ये तीनों रूप व्यक्ति के भी हैं और समाज के भी। 'अन्तरंग' में ही पात्रों की प्रतीकात्मकता भी स्पष्ट कर दी गई है। बूढ़ा अनुभव का युवक उत्साह का, युवती इच्छा/कामना की और मामूलीराम परिश्रम/कर्म का प्रतीक है। ये सब अपने-अपने गुणों/मूल्यों का बखान करके स्वयं को ही जीवन की उपलब्धि मानते हैं। लेकिन सूत्रधार उन्हें झूठा या गलत कहता है।

पहले अंक के ये कठपुतली जैसे पात्र 'बहिरंग' में दैनिक जीवन के सामान्य चरित्र बन जाते हैं। ये चारों पात्र नेता जी की संस्था 'नव-समाज-निर्माण-केन्द्र' के कर्मचारी हैं। बूढ़ा यहाँ का बॉस है क्योंकि वह नेता जी का बहनोई है और उसी काम की 'स्पेशल डिग्री' प्राप्त युवक एक क्लर्क। युवती स्टेनो है और मामूलीराम चपरासी। बूढ़ा अपने अनुभव की डींगें मारता है—न कुछ कर सकता है, न करवा सकता है। डिग्रीधारी युवक में सिवाय युवती को आकर्षित करने की फ़िज़ूल कोशिश के, आगे बढ़ने या कुछ पाने का कोई उत्साह नहीं है। कोई महत्त्वाकांक्षा नहीं है। युवती जो स्वयं इच्छा की प्रतीक है, अपनी इच्छा कहीं प्रकट ही नहीं करती। उसके बारे में मामूलीराम का यह कथन तीसरे अंक में बिलकुल सही लगता है कि, ''हट्टा-कट्टा मर्द, भरपेट खाना, मनचाहे गहने-कपड़े। जहाँ ये सब मिलें, वहीं चल दी औरत। भगवान ने ऐसा ही बनाया है औरत को।'' तीनों पुरुष उसकी ओर आकर्षित हैं। मगर गम्भीर प्रयत्न किसी में नहीं है। बाहर से बूढ़ा भीतर से जवान है और बाहर से जवान भीतर से बूढ़ा है। बाहर से निठल्ला मामूलीराम भीतर से सयाना है। केवल सुरक्षा और सम्पत्ति की इच्छुक युवती तो बाहर-भीतर से एक 'वस्तु' भर है, जिसे उसकी कीमत देकर कोई भी पा सकता है—हालाँकि नाटककार के अनुसार 'वह हजारों वर्षों के अनुभव से नारीत्व की मूर्ति बनी खड़ी है।' दूसरे अंक 'बहिरंग' और तीसरे अंक 'रणरंग' में कई वर्षों का अन्तराल है। मामूलीराम हेराफेरी से जमीन बेचकर मालिक बन गया है। युवती उसके चार बच्चों की सन्तुष्ट माँ बनकर सुखी है। बूढ़ा मालिक (मामूलीराम) का मुनीम और युवक मालिक के मकान बनाने में

बढ़ईगिरी कर रहा है। अन्त में नाटककार स्पष्ट करता है कि नेता अन्धा धृतराष्ट्र है और सूत्रधार उपदेशक विदुर है। असंगत-नाटक के कई तत्त्व यहाँ मौजूद हैं। पहेलीनुमा सूक्तियों और चुस्त-गम्भीर लगते संवादों, सूत्रधार-नेता के सम्बन्धों, रूढ़िमुक्त नाट्य विधान और अनेक रंग-युक्तियों के रोचक प्रयोग के कारण यह नाटक विशेष और महत्त्वपूर्ण प्रतीत होता है। परन्तु अनुभव, उत्साह, इच्छा और परिश्रम के प्रतीक पात्रों में न कोई संघर्ष है—न समन्वय। परिश्रम और कर्म का प्रतीक गैरमामूली मामूलीराम तो कामचोरी, धोखाधड़ी और बेईमानी का ही प्रतीक बन जाता है।

ऊँघनेवाले बूढ़े या प्रेम की डोर पकड़कर लटकनेवाले युवक सुरक्षित और सुखी गृहस्थ जीवन की सीधी लीक पकड़कर चलने की कामना करनेवाली युवती के मुँह से तीसरे अंक में 'धरती और बादल' जैसी रोमानी तथा काव्यात्मक बातें सुनना एकदम असंगत, अस्वाभाविक एवं अविश्वसनीय लगता है। कथ्य में अस्पष्टता है और वह एक छद्म-बौद्धिकता/वैचारिकता का आभास देता है।

एक अन्य कोण से देखें तो यह नाटक समकालीन भारतीय समाज, राजनीति और प्रयोगधर्मी—विशेषतः एब्सर्ड नाटक पर व्यंग्य है। राजनीति अन्धी है, समाज अराजक और नया नाटक बिना सिर-पैर का। सब कुछ मुखौटा और झूठ है। जो जैसा दिखता है, वह वास्तव में वैसा है नहीं। अनुभव, उत्साह, इच्छा और कर्म में कोई सम्बन्ध और तालमेल नहीं है। आधुनिक जीवन की इसी विसंगति को जयशंकर प्रसाद ने मनुष्य के दुख और विक्षोभ का कारण मानते हुए 'कामायनी' में कहा था कि—

ज्ञान दूर कुछ क्रिया भिन्न है, इच्छा क्यों हो पूरी मन की।
एक-दूसरे से न मिल सकें, यह विडम्बना है जीवन की।

ऐसे समाज द्वारा लिखवाया जानेवाला और ऐसे समाज पर लिखा जानेवाला नाटक भी ऊल-जलूल होगा ही। अन्धे धृतराष्ट्र को रास्ता दिखानेवाला सामान्य जन-समाज (जनमेजय) तो उसे दिशाहीन एवं पथभ्रष्ट करेगा ही। भविष्य केवल कपटी, धूर्त, धोखेबाजों और अनपढ़ों (मामूलीराम) का ही होगा। परन्तु क्या यह उद्देश्य गांधीवादी, सुधारवादी, आदर्शवादी आद्य रंगाचार्य जैसे आशावादी का हो सकता है? यदि नहीं, तो फिर इसका अर्थ और उद्देश्य क्या है? इसके हिन्दी-अनुवादक वरिष्ठ एवं प्रबुद्ध नाट्य-समीक्षक नेमि चन्द्र जैन थे, जिन्होंने इसके बारे में कहा था कि "अपनी विषय-वस्तु की गहनता, तीव्रता और समेट में, शैली की प्रखरता और तीक्ष्णता में और शिल्प की अपूर्व नवीनता, प्रयोगात्मकता और चमत्कारिता में निस्सन्देह अपने ढंग का अनूठा नाटक है।...**सुनो जनमेजय** भारतीय नाट्य साहित्य की श्रेष्ठतम उपलब्धियों में गिना जाएगा।" अनुवाद के तत्काल बाद

ही राष्ट्रीय नाट्य-विद्यालय में मोहन महर्षि ने इसे कुशल अभिनेताओं के साथ सफलतापूर्वक अभिमंचित कर दिया। बाद में इसी प्रस्तुति को 'दिशान्तर' की ओर से देश भर में दिखाया गया। मुम्बई में उसी समय सत्यदेव दुबे ने भी इसे प्रस्तुत किया—जिसकी पत्र-पत्रिकाओं में काफी प्रशंसा हुई। अतः श्रेष्ठ रंग-नाटक के रूप में यह स्वीकार कर लिया गया। सम्भवतः यही कारण है कि कालान्तर में इसके कथ्य की गम्भीर समीक्षा का प्रयत्न किसी ने नहीं किया। 'ओ अन्धे राजा, तुम्हें रहना ही है, ऐसा कहनेवाले, सभी लोग तुम्हें ठीक रास्ते पर लिये जा रहे हैं—जाओ।' सूत्रधार के इस भरत वाक्य के बाद 'चारों पात्र नेता का हाथ पकड़कर रंगमंच पार करते हैं और फिर पाँचों रंगमंच से प्रेक्षागृह में उतर जाते हैं।' अन्धे राजा की अमरता एक कटु सत्य/यथार्थ है। लेकिन प्राणहीन कठपुतली पात्रों और उन्हीं की प्रतिरूप प्रजा का उसे 'ठीक रास्ते' पर ले जाना—एक निराधार अन्धी उम्मीद का आरोपित अन्त है।

1964 में प्रकाशित 'सुनो जनमेजय' के अतिरिक्त आद्य रंगाचार्य के **शोक चक्र, रंग-भारत, स्वर्ग के तीन द्वार, मूक अभिशाप, प्रेम त्रिकोण** और **बदलते रिश्ते** के बी.आर. नारायण कृत हिन्दी अनुवाद 1980 के बाद छपे। यद्यपि **रंग-भारत** और **स्वर्ग के तीन द्वार** का हिन्दी अनुवाद ब.व. कारन्त क्रमशः 1969 एवं 1972 में कर चुके थे और इनके मंचन भी हो चुके थे। परन्तु अच्छे अनुवाद होने के बावजूद पुस्तक रूप में छपे नहीं थे। इनके ये नए अनुवाद करने और छपवाने में लगभग एक दशक बीत गया। इस बीच हिन्दी का सामाजिक-लोकप्रिय थिएटर खत्म हो गया और निर्देशक-केन्द्रित जो बौद्धिक प्रयोगधर्मी रंग-धारा सातवें-आठवें दशक में उभरी, उसके लिए श्रीरंग के ये नाटक बहुत आकर्षक एवं प्रासंगिक नहीं रह गए थे।

रचना अथवा प्रकाशन के काल-क्रम की दृष्टि से 1957 में लिखित **शोक चक्र** विवेच्य नाट्य-त्रयी में से पहला नाटक है। गांधी, गांधीवाद और गांधी युग से प्रत्यक्षतः जुड़े एवं गहराई तक उससे प्रभावित नाटककार ने इस नाटक में नोट और वोट की आधुनिक भ्रष्ट राजनीति पर तीखा प्रहार किया है। राजनीतिक स्वतन्त्रता, महात्मा गांधी की हत्या और मूल्यहन्ता व्यवस्था की पृष्ठभूमि में, लेखक के अनुसार, 'देश का चुनाव और स्थानीय नेताओं का सांस्कृतिक स्तर देखकर 'शोक चक्र' के नाम से यह नाटक मेरे मस्तिष्क में उभर आया।' यह नाटक गांधीवादी मूल्यों में आस्था रखनेवाले ईमानदार नायक जयराम तथा पार्टीबाज अवसरवादी हनुमन्तप्पा के आपसी संघर्ष की कहानी है। भ्रष्ट हनुमन्तप्पा तथा उसके स्वार्थी एवं बेईमान साथी अपने षड्यन्त्रपूर्ण अनैतिक हथकंडों और हिंसात्मक कारगुज़ारियों से जनप्रिय नेता जयराम को आहत और अकेला भले ही कर दें किन्तु निराश और पराजित नहीं कर पाते। यह नाटककार की अपनी अटूट आस्था का ही परिणाम है कि हनुमन्तप्पा की

विजय की प्रत्यक्ष सम्भावना के बावजूद नाटक के अन्त में 'वैष्णव जन तो तेने कहिए...।' जैसी गीत-पंक्तियों और जयराय की 'करुणापूर्ण दृष्टि' के सामने मन्त्र- मुग्ध होकर दर्शक स्वयं को पराजित और अकेला अनुभव करता है। चारों ओर की विपरीत परिस्थितियों एवं मूल्य-हत्याओं के चलते नैतिक और मानवीय मूल्यों की जीत की उम्मीद के विश्वास के साथ भ्रष्ट पार्टीवालों को **शोक चक्र** तथा ईमानदार व्यक्ति को **अशोक चक्र** की दहलीज़ तक ले जाना, थोड़ा-सा आरोपित लगने के बावजूद, कहीं-न-कहीं चरित्रों की मूल विडम्बना से जुड़ा है और 'काव्यगत-न्याय' के कारण परम्परित पाठक-दर्शक को कहीं आश्वस्त एवं सन्तुष्ट भी करता है। लेकिन इस नाटक की बुनियादी विसंगति है, उसके काल और परिवेश का बेमेल संयोजन। नाटक 15 अगस्त, 1947 की सुबह से शुरू होकर 30 जनवरी, 1948 की रात के समय-परिवेश में समाहित है। लेकिन उसके कथ्य में मौजूद नारे और वोट की विषाक्त राजनीति, मूल्यह्रास, भ्रष्टाचार और खुली सामाजिक गुंडागर्दी से उत्पन्न मोहभंग तथा अन्त में निराधार निष्ठा-विश्वास से भरा वातावरण 30 जनवरी, 1948 का नहीं, उसके आठ-दस वर्ष बाद का है। इसी प्रकार की एक गड़बड़ शाम के संवाद और रंगम्मा के चरित्र को लेकर भी है। पृष्ठ 76 पर शाम का संवाद है कि चोट लगने के कारण जयराम को 'अस्पताल ले गए हैं।' जबकि पृष्ठ 78 पर ही वह बताता है कि उन्हें 'पास के डॉक्टर के पास ले गए।' और 'घाव धोकर डॉक्टर अपनी कार में ही लेकर आ रहे हैं।' स्थान को लेकर भी नाटककार निश्चित नहीं है। उसी जगह को कहीं वह 'गाँव' कहता है और कहीं 'शहर'। गांधी भक्त जयराय की पत्नी रंगम्मा का चरित्र नाटक में आद्यन्त सभ्य-सम्भ्रान्त, सुशील, गरिमापूर्ण और ममतामयी (स्त्री माँ-पत्नी) का है। लेकिन पृष्ठ 84 पर जब वह उत्तेजित होकर हनुमन्तप्पा को "जा रे जा। राँड के। तू और तेरी पार्टी। उसे लेकर तू कुएँ में गिर।....पार्टी-पार्टी बके जा रहा है।" इत्यादि कहना उसके मूल चरित्र के अनुकूल नहीं लगता। नाटक तीन अंकों में विभक्त है। दूसरे अंक में दो दृश्य हैं और तीसरे में यद्यपि दृश्य संख्या का कहीं कोई उल्लेख नहीं किया गया किन्तु व्यवहारतः पृष्ठ 69 पर दृश्य-परिवर्तन है। जहाँ म्यूनिसिपैलिटी की छत और हनुमन्तप्पा, रामण्णा, भीमण्णा, शीनप्पा और सेक्रेटरी से हटकर कार्यव्यापार जयराय के मकान की छत पर गोविदप्पा, रंगम्मा, वेकण्णा और शाम वगैरह के बीच पहुँच जाता है। यथार्थवादी शैली के इस नाटक में दृश्य-बन्ध, अभिनय, ध्वनि, प्रकाश इत्यादि के व्यापक एवं विस्तृत रंग-निर्देश दिए गए हैं। संरचना सुगठित है, संवाद गतिशील और चरित्रांकन प्रायः विश्वसनीय। तनाव और संघर्ष की रोचकता आद्यन्त पाठक-दर्शक को बाँधे रहती है।

आठ अप्रैल से तेरह अप्रैल उन्नीस सौ तिरसठ के बीच लिखा गया **रंग-भारत** अतीत और वर्तमान के सतत बहते काल एवं चेतना प्रवाह की तरह अविभाज्य है और सम्भवतः इसीलिए नाटककार ने उसे अंकों या दृश्यों में विभाजित नहीं किया है। आज के धृतभैया और संयज भाई के महाभारतकालीन धृतराष्ट्र तथा संजय से नाम ध्वनि-साम्य के आधार पर पौराणिक एवं आधुनिक चरित्रों-प्रसंगों को रचनाकार ने एक-दूसरे में समोकर/पिरोकर अतीत के बहाने वर्तमान समय के यथार्थ और उसकी विषमताओं, विसंगतियों तथा विडम्बनाओं का चित्रण करने का प्रयास किया है। आद्य रंगाचार्य के शब्दों से, ''महाभारत की कथा तो केवल पृष्ठभूमि है। नाटक का विषय, विवेचन और वातावरण सभी कुछ आधुनिक है।'' इसके अतिरिक्त ''इस नाटक में एक महान ग्रन्थ पर परिहास नहीं, अति-मानव व्यक्तियों पर व्यंग्य नहीं, अपितु एक समग्र दृष्टि है। आज की परिस्थितियों में जीवन का मूल्यांकन करने का यत्न भर है।'' यह सच है कि कौरव-पांडव भी हमारे जैसे ही थे क्योंकि आज की तरह ''उन भाइयों ने भी आपस में झगड़ा किया, सत्ता के लालच में फँस गए, एक ने दूसरे को ठगा, गालियाँ दीं और फिर एक-दूसरे की पीठ थपथपाई।'' इसमें भी कोई सन्देह नहीं कि देश के विभाजन और राज्यों की बन्दर-बाँट के इस जलते हुए माहौल में धृतराष्ट्र का यह कथन अत्यन्त प्रासंगिक एवं अर्थपूर्ण लगता है कि ''प्रत्येक का अपना-अपना एक इन्द्रप्रस्थ, अपनी-अपनी एक राजधानी, अपना-अपना एक ताजमहल। भाग्य की बात यह है कि नदी, पहाड़, वन—इनको भी पांडवों ने अलग-अलग नहीं माँगा। नहीं तो आज के लोग यह भी सीख जाते। हमें भी एक गंगा चाहिए, हमें भी एक काशी चाहिए, हमें भी एक... ।'' नाटक का उद्देश्य ''जो नहीं भी है उसे भी है'' ...मानकर सुख प्राप्त करनेवाली आज के प्रचार युग की मुख्य विशेषता तथा प्रगति के झूठे दावों पर व्यंग्य करना भी है। द्वापर और कलियुग के कालगत भेद को मिटाने तथा भूतकाल की कहानी को आधुनिक नाटक बनाकर सुनाने की रंगयुक्ति को संगति प्रदान करने के लिए नाटककार ने दो बूढ़े चरित्रों का उपयोग किया है क्योंकि प्रायः ''बूढ़ा आदमी दोनों को मिला देता है पर यह भूल जाता है कि उसने उनको मिलाया है।'' कौरव-पांडवों में मतभेद और सत्ता-संघर्ष, द्रौपदी का चीर-हरण, दुर्योधन-चित्रसेन प्रसंग, यक्ष-धर्मराज प्रश्नोत्तर तथा पांडवों की वनवास से वापसी और राज्य में हिस्सेदारी की माँग जैसे महाभारत के पाँच प्रमुख प्रसंगों का इस्तेमाल **रंग भारत** में हुआ है और इन्हीं के माध्यम से आज के सामाजिक- राजनीतिक जीवन की समस्याओं का उद्घाटन किया गया है।

पात्रों के महाभारतकालीन नामों-चरित्रों के बावजूद, दो-एक प्रसंगों को छोड़कर प्रायः सभी जगह इन्हें आधुनिक वेशभूषा में ही रखा गया है। गाँव के बाहर 'पेड़ के

थाले' का अपरिवर्तनीय दृश्यबन्ध भी अत्यन्त साधारण और सुविधाजनक है। अनिर्दिष्ट दृश्य परिवर्तन भी केवल प्रकाश और ध्वनि प्रभावों से ही कराया गया है और उसमें भी यदि रोशनी की सुविधा न हो तो बीच में पर्दे के प्रयोग से भी काम चलाया जा सकता है। नाटक का रंग-शिल्प इतना लचीला है कि इसे रंगद्वारी या मुक्ताकाशी किसी भी मंच पर दिन में या रात में किसी भी समय आसानी से अभिमंचित किया जा सकता है। परन्तु फ्लैप का दावा कि "समीक्षकों ने इसे इस दशक के कन्नड़ साहित्य का श्रेष्ठतम नाटक स्वीकार किया है।" 1980 के हिन्दी अनुवाद में सही प्रतीत नहीं होता। द्रौपदी के चीर-हरण या यक्ष-धर्मराज के प्रश्नोत्तरों के प्रसंगों को छोड़कर कहीं भी कुछ नया या उत्तेजक नहीं है। चरित्रों और कथावस्तु में विकास तथा उठान का पूरी तरह अभाव है। एक ही सी बहस के माध्यम से एक ही धरातल पर चलते दृश्यात्मक-जिज्ञासा कथात्मक-कुतूहल और वैचारिक उत्तेजना से रहित इस संघर्षहीन सपाट नाटक में कहीं-कहीं शब्दों की कलाबाजी अथवा कुछेक चौंकानेवाली बौद्धिक उक्तियों के अलावा आज कुछ भी ध्यानाकर्षक प्रतीत नहीं होता। कई दृष्टियों से यह रचना डॉ. लक्ष्मीनारायण लाल के कई नाटकों की याद दिलाती है।

स्वर्ग की तीन ही द्वार तीन से सात फरवरी उन्नीस सौ सत्तर के बीच सिर्फ चार ही दिनों में लिखा गया नाटक है। समय के विस्तार की दृष्टि से नाटक मानव-जाति के लगभग सम्पूर्ण इतिहास को अपने में समेटे है। सत्ता या व्यवस्था का रूप चाहे कोई भी और कैसा भी हो, उसका काम जनता का शोषण करना है और हर काल एवं हाल में आम आदमी की नियति सिर्फ पिसना ही रही है। नाटककार बताता है कि आदिम कृषि-व्यवस्था, मध्यकालीन राज्य-सत्ता और आधुनिक प्रजातन्त्र में किस तरह क्रमशः धर्मगुरु-पंडे-पुजारी, राजा-मन्त्री-राजपुरोहित तथा नायक-नेता-पुलिस समयानुसार अपना रूप और रवैया बदलकर शोषण, अन्याय तथा अत्याचार के नए-नए तरीके ईजाद करते रहे हैं। राजनीति के अनैतिक चरित्र और उससे चिपकी विकृतियों की मूल आकृतियाँ एवं प्रवृत्तियाँ सदैव एक ही रही हैं।

यह नाटक तीन अंकों (द्वारों) में विभक्त है। तीनों अंक अलग-अलग तीन स्वतन्त्र एकांकियों की तरह भी हैं और कथ्य की समानता तथा 'बूढ़े अन्धे भिक्षुक' से जुड़कर यह एक पूर्णकालीन नाटक भी बन जाता है। दृश्यबन्ध सादा और सरल है। मंच के मध्य में एक चबूतरा-सा है, जिसके चारों ओर पाँच-पाँच सीढ़ियाँ हैं। पहले अंक में चबूतरे पर मन्दिर है, दूसरे में महल और तीसरे में सभा मंच—न्यूनतम परिवर्तन से तीनों अंकों की दृश्य-सज्जा का कुशल संयोजन नाटककार ने किया है। जीवन भर दुख, यातना, अन्याय और अत्याचार सहनेवाली जनता के पास इसके बाद मोक्ष और स्वर्ग के भुलावे के अलावा कोई चारा नहीं है।

इसलिए पहले अंक में अर्चक यज्ञ को, दूसरे में राजपुरोहित राजा के लिए मरने को और तीसरे में बुजुर्ग नायक के आज्ञा-पालन को स्वर्ग का द्वार बताकर प्रजा को लूटता है। शोषण के प्रतीक के रूप में रचनाकार ने स्त्री का तीनों अंकों में रोचक इस्तेमाल किया है। लेकिन ऐसा लगता है कि सन् 1970 तक देश की स्थिति और गांधीवादी विचारधारा की परिणति देखकर इस संवेदनशील अहिंसावादी लेखक का पूरी तरह से मोहभंग हो गया था। सम्भवतः इसीलिए यहाँ वह अन्यायपूर्ण क्रूर व्यवस्था को बदलने के लिए अहिंसा या हृदय-परिवर्तन का (कमज़ोर) हथियार छोड़कर हिंसा और विद्रोह का सहारा लेने लगता है। यह आकस्मिक नहीं है कि उसने विरोध और विद्रोह का यह क्रान्तिकारी कार्य स्त्री के हाथों ही कराया है।

पहली नजर में नाटक की रंग-योजना बेशक दिलचस्प और नाटकीय लगती है, लेकिन गहराई से देखने पर प्रतीत होता है कि रचनाकार ने एक जटिल समस्या को अतिसरलीकृत स्थितियों और भावुकतापूर्ण प्रसंगों-चरित्रों के द्वारा पेश करने की कोशिश की है। थोड़ी देर के बाद ही घटनाक्रम पुनरावृत्तिपूर्ण और चरित्रों का व्यवहार प्रहार पूर्वानुमानित सा लगने लगता है, जिसमें वैचारिक अथवा नाटकीय गहराई बहुत कम है। तीसरा अंक तो बहुत ही सतही और कमजोर है। **शोक चक्र** इस नाटक के तीसरे अंक का ही विस्तार जैसा लगता है। रंग-निर्देशों की अति देखकर अनुभव होता है कि जहाँ-तहाँ नाटककार पर उसका निर्देशक बुरी तरह हावी हो गया है।

मूक अभिशाप अपने मन में पड़ी पाप की छाया को लोक-सेवा से मिटाने की असफल कोशिश करते राय साहब की कहानी है। वह उनके बदले सात साल की जेल काटते, बचपन के निरपराध मित्र की बेटी को अपनी बहू और अपनी सम्पत्ति का वारिस बनाकर तथा जनता की भलाई के लिए स्कूल, लाइब्रेरी, अस्पताल, मन्दिर इत्यादि बनवाकर लोगों की नजर में देवता बन जाते हैं। परन्तु उनके अतीत और अन्तर्रात्मा में दबा पाप-बोध उनका पीछा नहीं छोड़ता। पाप का स्वीकार और उसका फल भोगे बिना उससे मुक्त होने का दूसरा कोई रास्ता नहीं है। उस पाप के 'मूक अभिशाप' का बोझ जीवन भर राय साहब को उठाना ही होगा—उसे छुपाए रखकर मुक्ति का कोई उपाय सम्भव नहीं है। इस अत्यन्त मनोवैज्ञानिक और गहन विषय को नाटककार ने पूरी कुशलता और सावधानी से प्रस्तुत किया है। रहस्य की अन्तर्धारा और स्वप्न तथा यथार्थ के धूप-छाँही वातावरण के कारण पाठक/दर्शक की जिज्ञासा अन्त तक बनी रहती है। बाहरी और भीतरी सत्य के गहरे अन्तर को पूरी नाटकीयता के साथ प्रस्तुत किया गया है। दिल्ली में 'दर्पण' की ओर से रवि शर्मा के निर्देशन में 'अभिशाप' के नाम से इसका एक दिलचस्प प्रस्तुतीकरण किया गया था।

कालिदास के **अभिज्ञान शकुन्तलम्** को समकालीन परिवेश और बदलती हुई

परिस्थितियों में नए ढंग से प्रस्तुत करने के रोचक प्रयास का नाम है—**प्रेम त्रिकोण**। यहाँ पति को सन्देह हो जाता है कि उसकी प्रेम-निशानी खोई नहीं है बल्कि शकुन्तला ने अपने पूर्व प्रेमी प्रोफेसर को दे दी है। सम्बन्ध-विच्छेद की सीमा पर पहुँचकर मामला एकदम उलट जाता है, क्योंकि अँगूठी अचानक घर में ही कहीं मिल जाती है और पति का शक दूर हो जाता है। परन्तु आज की शकुन्तला पति का घर छोड़कर तब तक के लिए अपने पिता के घर चली जाती है जब तक कि पति के मन में पत्नी के लिए वास्तविक प्रेम और अटूट विश्वास न पैदा हो जाए। यह भाग्याश्रित या संयोगाश्रित सुखद अन्त एक अटूट लेकिन भोले आशावाद का परिणाम है।

बदलते रिश्ते में रचनाकार ने नई और पुरानी पीढ़ी के सोच-विचार और आचार-व्यवहार के अन्तर को अत्यन्त मनोरंजक एवं प्रभावशाली रूप में अभिव्यक्ति दी है। एक लड़की के माध्यम से बाप और बेटे के बदलते रिश्तों की विडम्बना और लगातार परिवर्तित हो रहे सामाजिक मूल्यों की गम्भीर समस्या को नाटककार ने अत्यन्त सरलता, सहजता, रोचकता और हास-परिहास के साथ प्रस्तुत करने में पर्याप्त सफलता प्राप्त की है।

आद्य के इन सभी नाटकों को एक साथ देखने से ज्ञात होता है कि आद्य रंगाचार्य के नाटकों में विषय-वैविध्य उतना नहीं है जितना रूप वैविध्य है। वह समकालीन सामाजिक-राजनीतिक व्यवस्था के जागरूक किन्तु भावुक आलोचक हैं। जटिल समस्याओं के गहन-गम्भीर विश्लेषक वह भले न हों लेकिन उन्हें दिलचस्प शिल्प और सहज रंगमंचीय रूप में प्रस्तुत करना उनके बाएँ हाथ का खेल है। शब्दों से खेलने में भी वह माहिर हैं और प्रभावशाली संवाद-रचना में भी। भाषा पर उन्हें अच्छा अधिकार है। लेकिन बी.आर. नारायण का अनुवाद रचनात्मक कम है, शाब्दिक अधिक। कई स्थानों पर भाषा उलझी हुई और अटपटी सी लगती है। संवादों में प्रवाह और सहज नाटकीयता की कमी है। कन्नड़ और हिन्दी के भाषा-संस्कार का अन्तर इन अनुवादों की एक बड़ी सीमा है। इन छह नाटकों के मुकाबले अकेला **सुनो जनमेजय** कथ्य, रंगधर्मिता, भाषा-प्रयोग, शिल्प और अनुवाद—सभी दृष्टियों से एक बेहतर एवं महत्त्वपूर्ण नाटक है।

अधिकांश नाटकों का कथ्य बेशक गांधीवादी जीवन-दर्शन से प्रभावित रहा हो और बेशक इनकी सभी रचनाओं और जीवन के उद्‌देश्य की मूल धुरी 'राजनीतिक से अधिक सामाजिक और उससे भी अधिक आन्तरिक सुधार की आवश्यकता' का रेखांकन करना ही रहा हो परन्तु शैली और शिल्प की जितनी विविधता, प्रयोगात्मकता, नवीनता और मौलिकता इनके नाटकों में देखने को मिलती है, वह अन्य किसी भी भारतीय नाटककार की रचनाओं में दुर्लभ है।

आद्य रंगाचार्य का निश्चय ही आधुनिक कन्नड़ रंगकर्म को व्यापक, समृद्ध और लोकप्रिय बनाने में महत्त्वपूर्ण योगदान रहा है। कन्नड़ में अकेले ब.व. कारन्त ने ही श्रीरंग के 'रंग भारत', 'दारी यावदैया', बैकुंठा के, 'नी कीडे, ना बिडे', 'कत्तले बेड़क्कू', 'स्वगत सम्भाषणे', 'तीलीसो इल्ला मुलिगिसो', 'केलु जनमेजय', 'संजीवनी', 'सन्ध्याकाल' इत्यादि नाटकों को दिल्ली, बेंगलूर और मैसूर में अभिमंचित किया। इनमें से कुछेक को तो कन्नड़ में व्यावसायिक स्तर पर भी पर्याप्त सफलता मिली।

जहाँ तक हिन्दी रंगकर्म का प्रश्न है, इनके केवल तीन नाटक ही खेले गए। **सुनो जनमेजय** के अनुवादक नेमिचन्द्र जैन चूँकि राष्ट्रीय नाट्य विद्यालय में प्राध्यापक एवं वरिष्ठ समालोचक थे और ब.व. कारन्त—मोहन महर्षि तथा बी.एम. शाह के सहपाठी और मित्र थे। शायद इसीलिए यह नाटक मोहन महर्षि और बी. एम. शाह ने दो-दो बार निर्देशित किया। ब.व. कारन्त ने 'दिशान्तर' के लिए हिन्दी में **कभी चित कभी पट** प्रस्तुत किया तो वह बुरी तरह असफल सिद्ध हुआ। बी.एम. शाह ने भी 'दिशान्तर' के साथ ही श्रीरंग का **स्वर्ग के तीन द्वार** पेश किया तो उसकी प्रतिक्रिया सामान्यतः बस ठीक-ठाक स्तर की रही। कुल मिलाकर, आद्य रंगाचार्य के विस्तृत एवं व्यापक रंग-संसार ने हिन्दी के पाठकों-दर्शकों को कुछ खास प्रभावित नहीं किया। **सुनो जनमेजय** की सफलता और लोकप्रियता का प्रमुख कारण उसका अनूठा, उत्तेजक और उपज (इम्प्रोवाइज़ेशन) के लिए अति सम्भावनापूर्ण रंग-शिल्प ही अधिक रहा। किसी हद तक कथ्य की अस्पष्टता एवं दुर्बोधता भी प्रेक्षक को 'कोई बड़ी बात' कहने का आभास देकर आकर्षित करती है। शायद आद्य रंगाचार्य के आदर्शवादी, सुधारवादी, गांधीवादी दृष्टिकोण ने समकालीन प्रयोगधर्मी और कथ्य की दृष्टि से अपेक्षाकृत बोल्ड हिन्दी के निर्देशक-केन्द्रित रंगकर्म को प्रभावित नहीं किया। अन्य भारतीय भाषाओं के नई पीढ़ी के नाटककारों के साथ-साथ कन्नड़ के ही गिरीश कारनाड, चन्द्रशेखर कम्बार, लंकेश और प्रसन्ना जैसे नाटककार वरिष्ठ श्रीरंग के मुकाबले हिन्दी में अधिक ग्राह्य हुए। इसके बावजूद आधुनिक भारतीय और विशेषतः कन्नड़ रंगकर्म में आद्य रंगाचार्य के ऐतिहासिक महत्त्व, मूल्य एवं बहुविध योगदान को नकारा नहीं जा सकता।

बादल सरकार की रंग-यात्रा

इसमें कोई सन्देह नहीं कि बांग्ला आज की भारतीय रंग-समृद्ध भाषाओं में से एक अत्यन्त महत्त्वपूर्ण भाषा है। परन्तु ऐतिहासिक दृष्टि से चैतन्य महाप्रभु के वैष्णव-भक्ति-गीतों की अभिनयपरक नाटकीय अभिव्यक्ति से जन्म लेनेवाले **जात्रा** अथवा 'यात्रा' नामक लोक-नाट्य-रूप को यदि छोड़ दिया जाए तो बांग्ला नाटक और रंगमंच का इतिहास उन्नीसवीं सदी के मध्य से पीछे नहीं जाता। योगेन्द्र चन्द्रगुप्त लिखित **कीर्ति विलास** तथा ताराचरण के **भद्रार्जुन** और रामनारायण तर्करत्न रचित **कुलीन कुल सर्वस्व** एवं दीनबन्धु मित्र के प्रसिद्ध नाटक **नील दर्पण** से आरम्भ होकर गिरीश चन्द्र घोष के सामाजिक-व्यावसायिक रंगमंच तथा डी.एल. राय के **राणा प्रताप, दुर्गादास, नूरजहाँ, मेवाड़ पतन, शाहजहाँ** एवं **चन्द्रगुप्त** जैसे ऐतिहासिक नाटकों और कविवर रवीन्द्रनाथ ठाकुर कृत **राजा और रानी, विसर्जन, मालिनी, राजा, डाकघर, मुक्तधारा** तथा **रक्त करबी** जैसे काव्यात्मक प्रतीक नाटकों से होता हुआ बांग्ला नाटक और रंगमंच अपने समय के उस बदलते हुए खुरदरे और घिनौने यथार्थ से जा टकराया, जहाँ एक ओर द्वितीय विश्वयुद्ध के फलस्वरूप मुनाफ़ाखोरी और कालाबाजारी ने आम आदमी का जीना दूभर कर दिया था और दूसरी ओर बंगाल के कुख्यात अकाल ने नैतिकता और मानवीय मूल्यों को इंसानी लाशों के अम्बार के नीचे दफ़न कर दिया था। इसके अतिरिक्त साम्प्रदायिक दंगों में हुए कत्लेआम और आजादी के साथ आए विभाजन के अभिशाप और शरणार्थियों के सैलाब ने बंगाल के सामाजिक-आर्थिक ढाँचे तथा पारस्परिक सम्बन्धों के स्वरूप में आमूलचूल परिवर्तन कर दिया। अपने समय की इन जलती हुई सच्चाइयों और जीवन-मरण के बुनियादी सवालों को प्रखर एवं ईमानदार अभिव्यक्ति देने के इरादे से व्यावसायिक रंगमंच के मुकाबले जन-सामान्य के दुख-दर्द से जुड़े एक समानान्तर थिएटर की शुरुआत हुई। उस समय की तमाम जागरूक रंग प्रतिभाओं ने एकजुट होकर **भारतीय जन नाट्य संघ** (इप्टा) की नींव डाली और अपने सार्थक रंगकर्म के माध्यम से जनता को सचेत करने का बीड़ा उठाया। अकाल की पृष्ठभूमि पर आधारित विजन भट्टाचार्य के नाटक—**नवान्न** ने तहलका

मचा दिया। इसे नाटककार के साथ मिलकर शम्भु मित्रा ने निर्देशित किया था। कालान्तर में, मार्क्सवाद के प्रति दृढ़ आस्था होने के बावजूद 'इप्टा' से अलग होकर लगातार समर्पित एवं प्रतिबद्ध रंगकर्म करनेवालों में उत्पल दत्त और शम्भु मित्रा का नाम विशेष उल्लेखनीय है। उत्पल दत्त ने पहले 'लिटिल थिएटर ग्रुप' और बाद में 'पीपल्स लिटिल थिएटर' द्वारा प्रस्तुत **अंगार, फ़रारी फ़ौज, कल्लोल, टिनेर तलवार, टोटा, छायानट, दुःस्वप्नेर नगरी, तितूमीर** जैसे अपने मौलिक नाटकों तथा ब्रेख़्त, फ्रेडरिक वुल्फ और शेक्सपियर के अनेक नाटकों के बांग्ला रूपान्तरों/अनुवादों के भव्य प्रदर्शनों के माध्यम से अपने प्रतिश्रुत विचारों और सिद्धान्तों को जन-जन तक पहुँचाया। बाद में उत्पल दत्त ने धार्मिक और ग्रामीण जनता तक पहुँचने के लिए परम्परित लोक-नाट्य (जात्रा) का भी अपने मकसद के लिए प्रभावपूर्ण इस्तेमाल किया—**हिटलर, लेनिन, हो-ची मिन्ह** जैसे जात्रा-नाटक इसके प्रमाण हैं। इसके दूसरे सीमान्त पर इब्सन और रवीन्द्रनाथ ठाकुर के नाटकों के कलात्मक मंचन से शम्भु मित्रा और उनके नाट्य-दल 'बहुरूपी' ने बांग्ला रंगमंच को अपरिमित समृद्धि और अपूर्व प्रसिद्धि प्रदान की। इसी दौरान, अन्य अनेक नाटककार और नाट्य-दल अपने प्रयोगधर्मी रंगकार्य से बांग्ला रंगमंच के बहुआयामी विकास में अपना महत्त्वपूर्ण योगदान देते रहे हैं। समकालीन जीवन की अर्थहीनता और व्यक्ति के साथ उसके परिवेश के तनावपूर्ण अन्तर्सम्बन्धों के माध्यम से मानव-अस्तित्व के मूलभूत प्रश्नों के गम्भीर विश्लेषण और मौलिक एवं प्रभावपूर्ण रंग-शिल्प में उसके जीवन्त प्रस्तुतीकरण की दृष्टि से बादल सरकार का नाम और काम सर्वाधिक महत्त्वपूर्ण रहा है।

अपने आरम्भिक जीवन में बादल बाबू का रंगमंच से कोई प्रत्यक्ष सम्बन्ध नहीं रहा। बाद में वह एक कामदी-अभिनेता की हैसियत से एक छोटे से नाट्य दल से जुड़े। इसी समय इन्होंने कुछ कहानियों के नाट्य रूपान्तर भी किए। शौकिया रंगमंच के लिए लिखे गए इनके आरम्भिक नाटकों में **सोल्यूशन-एक्स** पहला उल्लेखनीय नाटक है। 1956 में लिखित यह नाटक 'मंकी बिज़नेस' नामक फिल्म से प्रभावित था। यही स्थिति 'स्केप गोट' नामक फिल्म पर आधारित इनके अपराध-नाटक **समवृत्त** की है।

आधुनिक—विशेषतः बंगाली-मध्यवर्गीय जीवन के बहुआयामी अन्तर्विरोधों, विसंगतियों-विडम्बनाओं और नैतिक-मानसिक संकटों की हल्की-फुल्की और गहन गम्भीर नाट्याभिव्यक्ति के साथ-साथ बादल सरकार ने आम आदमी के दुख-दर्द और उस पर होनेवाले बहुतरफा अन्याय एवं अत्याचार को भी बड़े सशक्त और प्रखर स्वरों/बिम्बों में प्रस्तुत किया है। बादल सरकार के वैविध्यपूर्ण बहुसंख्य नाटकों को हम स्पष्टतः तीन वर्गों में विभाजित कर सकते हैं—

1. निर्मल हास्य के हलके-फुलके मनोरंजक नाटक—'बड़ी बुआजी', 'सोल्यूशन एक्स', 'राम-श्याम-जदु', 'कवि कहानी', 'अबू हसन' और 'बल्लभपुर की रूपकथा' इत्यादि।
2. अस्तित्ववादी, एब्सर्ड दर्शन और मनोविज्ञान से प्रभावित गहन-गम्भीर एवं चिन्तन-प्रधान नाटक—'एवम् इन्द्रजित', 'बाकी इतिहास', 'पगला घोड़ा', 'सारी रात', 'शेष नहीं', और 'तीसवीं शताब्दी' (हिरोशिमा) इत्यादि।
3. मनोशारीरिक रंग-शैली में प्रस्तुत 'तीसरा रंगमंच' की तलाश के मंच-मुक्त जन-नाटक—'जुलूस', 'भोमा', 'सगीना महतो' 'स्पार्टाकस', 'बासी खबर' और 'प्रस्ताव' इत्यादि।

बादल सरकार के समकालीन बांग्ला नाटककारों में यद्यपि धनंजय वैरागी (रजनीगन्धा), मोहित-चटर्जी (गिनी पिग), अरुण मुखर्जी (मारीच संवाद), मनोज मित्र (बगिया बांछाराम की) और देबाशीष मजुमदार (ताम्रपत्र) जैसे पुरानी-नई पीढ़ी के कई रचनाकार गम्भीरता से नाट्य-लेखन कर रहे हैं और अन्य प्रादेशिक भारतीय भाषाओं में अनेक चर्चित एवं प्रतिष्ठित नाटककार भी मौजूद हैं। लेकिन 'चक्र', 'शताब्दी' और 'आंगन-मंच' जैसी अपनी नाट्य-संस्थाओं और **एवम् इन्द्रजित** जैसे नितान्त व्यक्तिवादी नाटकों से लेकर **भोमा** और **प्रस्ताव** जैसे आम आदमी के नाटकों तक जो विस्तार, वैविध्य और विकास बादल सरकार में देखने को मिलता है—वह अन्यत्र दुर्लभ है।

ग्रोतोवस्की और शेखनर के रंग-बीज को अपनी भारतीय मिट्टी में रोपकर बादल सरकार ने जो मौलिक तीसरे-रंगमंच का पौधा उगाया था, वह आज वट-वृक्ष की तरह मनोशारीरिक रंग-शैली के रूप में सम्पूर्ण भारतीय भाषाओं के रंगमंच पर अपना व्यापक प्रभुत्व जमाए हुए है।

आधुनिक भारतीय रंग-परिदृश्य में बादल सरकार का नाम और काम ऐतिहासिक महत्त्व और लगभग शाश्वत मूल्य का है। विदेश से भरपूर अध्ययन एवं अनुभव लेकर 1959 में जब वह वापस लौटे तो अभिनेता, नाटककार और निर्देशक के रूप में रंगमंच से सीधे जुड़ गए। 1959 में लिखित **बड़ी बुआजी** का अच्छा स्वागत हुआ। 1960 में अन्य उत्साही रंगकर्मियों के साथ मिलकर 'चक्र' नामक नाट्य संस्था की स्थापना की और उसके लिए नाटक लिखने लगे। इनका पहला गम्भीर, मौलिक और महत्त्वपूर्ण नाटक **एवम् इन्द्रजित** 1962 में लिखा गया। एक कविता को छोड़कर इसकी सभी कविताएँ 1957-59 के बीच लन्दन प्रवास के दौरान एक डायरी के रूप में लिखी गई थीं। बादल सरकार मानते हैं कि उन्होंने इसे एक नाटक के रूप में लिखा ही नहीं था। यही नहीं मित्रों द्वारा पसन्द किए जाने और 1965 में 'बहुरूपी' नामक बांग्ला नाट्य-पत्रिका में प्रकाशित होने तक भी उन्हें

इसकी मंचीयता का कतई विश्वास नहीं था। उन्होंने इसे एक निजी और वैयक्तिक रचना के रूप में स्वान्तः सुखाय ही लिखा था। प्रकाशन के तुरन्त बाद ही कलकत्ता की सुप्रसिद्ध बांग्ला नाट्य-संस्था 'शौभनिक' ने गोविन्द गंगोपाध्याय के निर्देशन में इसका अत्यन्त प्रभावशाली प्रदर्शन भी कर दिया। डॉ. प्रतिभा अग्रवाल कृत इसका हिन्दी अनुवाद 1969 में प्रकाशित हुआ। 'अनामिका' (कलकत्ता) द्वारा श्यामानन्द जालान के निर्देशन में, 'थिएटर यूनिट' (बम्बई) द्वारा सत्यदेव दुबे के निर्देशन में तथा 'दिशान्तर' (दिल्ली) द्वारा मोहन महर्षि के निर्देशन में इसके हिन्दी प्रस्तुतीकरणों ने **एवम् इन्द्रजित** को न केवल बंगाली के आधुनिक सर्वश्रेष्ठ नाटक के रूप में बल्कि आज के श्रेष्ठ भारतीय नाटक के रूप में राष्ट्रीय स्तर पर भी प्रतिष्ठित कर दिया। अब तक रंगमंच की दृष्टि से सक्रिय भारत की लगभग सभी प्रादेशिक-भाषाओं में इसके सफल मंचन किए जा चुके हैं।

1943 से 1957 तक बादल बाबू कविताएँ लिखते रहे हैं और जैसा कि हम पहले देख चुके हैं **एवम् इन्द्रजित** के महत्त्वपूर्ण काव्यांश भी नाटक से पूर्व निजी डायरी के तौर पर ही लिखे गए थे। अतः स्पष्ट है कि **एवम् इन्द्रजित** और बादल बाबू के बीच सामान्यतः रचना और रचनाकार के बीच पाए जानेवाले सम्बन्ध से अधिक गहरा, आन्तरिक तथा व्यापक सम्बन्ध होना चाहिए। इस सन्दर्भ में पूछे जाने पर नाटककार ने बेझिझक स्वीकार किया है कि, "Evang Indrajit is in a sense a personal play. While it would not be true to say that Indrajit is Badal Sircar, it would be futile to deny the affiliations it has with me. I had isolated a part of myself, almost in a scientific and philosophic manner, and exaggerated it to a point of intensity. Hence it does not express the whole of me or us, but retains an authentic connection with my personal history."[1]

जहाँ तक **एवम् इन्द्रजित** के प्रतिपाद्य और नाट्य-शिल्प का प्रश्न है—यह एक ऐसा प्रयोगधर्मी—संश्लिष्ट नाटक है, जिसका अध्ययन इस प्रकार के टुकड़ों और खानों में बाँटकर नहीं किया जा सकता। अन्य अनेक प्रतिभा-सम्पन्न कृतिकारों की तरह बादल सरकार भी कथ्य और शिल्प की अविभाज्यता पर बल देते हैं और मानते हैं कि उन्होंने कभी किसी फॉर्म विशेष को ध्यान में रखकर कुछ नहीं लिखा। मूलतः कथ्य ही सामने होता है—वही रचना के शिल्प को निर्धारित करता है। फिर भी यहाँ हम अध्ययन की सुविधा के लिए **एवम् इन्द्रजित** के प्रतिपाद्य और शिल्प-विधान की अलग-अलग चर्चा कर रहे हैं।

1. Sangeet Natak : 22 : p. 17

एवम् इन्द्रजित का रचनाकार स्वयं बौद्धिक मध्यम-वर्ग का व्यक्ति है और सम्भवतः इसीलिए अपने अनुभव-क्षेत्र की मर्यादा और प्रामाणिकता के आधार पर वह विशेषतः कलकत्ता के इस बड़े वर्ग और सामान्यतः समकालीन युवा वर्ग के सुख-दुख, आशा-आशंका तथा वास्तविकता और सपनों का जीवन्त चित्रण करना चाहता है—अमल, विमल, कमल एवं परिवेश और परिस्थितियों के दबाव से निर्मल बनते इन्द्रजित के माध्यम से वह आज के हमारे रोजमर्रा के एकरस और अनाटकीय जीवन के नाटक को पकड़ना चाहता है। वह फैशन के लिए मसीहाई अन्दाज में न तो आम आदमी का परोपकारी बनता है और न ही पहुँचे हुए सिद्ध-पुरुषों की तरह समस्या का बना-बनाया कोई निश्चित समाधान ही प्रस्तुत करता है। इस विषय में उसकी निर्भ्रान्त घोषणा है कि "मैंने कई नाटक लिखे हैं। मैं और बहुत से नाटक लिखना चाहता हूँ। पर....मैं दुखी-पीड़ित जन-साधारण की कहानी नहीं जानता। खेतों में काम करनेवाले किसानों को भी मैं नहीं पहचानता। साँप खेलानेवाले सँपेरे, संथाल, मुखिया, मछुआरे—इनमें से किसी से भी तो मेरा परिचय नहीं है। अपने चारों ओर मैं जिन्हें देखता हूँ उनमें न रूप, न रंग, न वस्तु। ये सब अनाटकीय हैं। ये तो अमल, विमल, कमल और इन्द्रजित हैं।...मैं अमल, विमल और इन्द्रजित हूँ।"

मध्यवर्गीय जीवन के इस अद्भुत चितेरे के लेखन में सन् सत्तर के बाद एक जबरदस्त मोड़ आया। **स्पार्टाकस, जुलूस, सगीना महतो, भोमा** वगैरह में—वह अब साफ तौर से आम आदमी और निम्न वर्ग के जीवन के प्रति अपने सरोकार और प्रतिबद्धता को सर्वोपरि महत्त्व का मानकर अपने पहले के नाटकों को महत्त्वहीन सा मानने लगा। उसके पूर्व संकेत भी हमें **एवम् इन्द्रजित** में ही मिल जाते हैं। आवर्तनपूर्ण मध्यवर्गीय जीवन के बने-बनाए ढर्रे के समानान्तर निम्न वर्ग के अस्तित्व-संघर्ष का यह चित्र भी तो हमें इसी नाटक में देखने को मिलता है—

"इधर फुटपाथ पर सात साल का एक लड़का हाथ में काठ का बक्स और गोद में साल भर के लड़के को लिये खड़ा रहता है। उधर फुटपाथ पर एक लड़की खड़ी रहती है, नाम है लीला।" ऐसा लगता है कि इस विवश, सर्वहारा और संघर्षरत वर्ग के साथ लेखक की सहानुभूति आरम्भ से ही रही है। कालान्तर में उस वर्ग से प्रत्यक्ष परिचय और सम्पर्क सम्बन्ध ने उसके चिन्तन और लेखन को प्रभावित कर दिया।

एवम् इन्द्रजित में एक बनी-बनाई सुनिश्चित रोचक कहानी और अद्भुत महान एवं नाटकोचित चरित्रों का अभाव है। इस अभाव की पूर्ति के लिए लेखक की वास्तविक जीवन से टकराहट और तलाश के बिन्दु से ही इस नाटक का आरम्भ होता है। बादल बाबू वास्तव में संवादों और स्थितियों के नाटककार हैं—कहानी कहने की कोशिश उन्होंने कभी नहीं की। वह स्वयं स्वीकार भी करते हैं कि अपने नाटक **कवि कहानी** के एक मात्र अपवाद को छोड़कर वह अपनी किसी

भी रचना में मौलिक कथा-सृष्टि कभी नहीं कर सके हैं। **एवम् इन्द्रजित** के कथानक और प्रतिपाद्य के सन्दर्भ में लेखक का विचार है कि,

अमल—प्लॉट क्या सोचा है?

लेखक—प्लॉट नहीं है।

विमल—ओहो, अच्छा थीम बतलाओ न।

लेखक—थीम?...माने यही हम लोग।

कमल—अच्छा, हम लोगों से मतलब?

लेखक—मतलब...माने तुम लोग, इन्द्रजित, मैं...

इन्द्रजित और लेखक तो जैसे एक ही व्यक्ति के दो अंश मात्र हैं। इन्द्रजित लेखक का वह अंश है जो वह चाहता है कि वह स्वयं हो या जैसा कि उसे होना चाहिए। यही कारण है कि वह उसे 'निर्मल' के रूप में कभी स्वीकार नहीं कर पाता। इस नाटक के मध्यवर्गीय संसार का विश्लेषण करते हुए बीज रूप में हम कह सकते हैं कि—"मृदुलता, कल्पना जगत, मानसिक शोरगुल, अवसरवादिता, डरपोकपना, नीच वृत्ति, छोटी-छोटी बातें—ये सांसारिक गुण-दोष"[1] **एवम् इन्द्रजित** का (और काफी हद तक **बाकी इतिहास** का भी) जीवन है।

विवेच्य नाटक का केन्द्रीय चरित्र इन्द्रजित अपने हमउम्र अमल, विमल, कमल से इस अर्थ में भिन्न है कि वह मध्यवर्गीय जीवन, चिन्तन और व्यवहार के परम्परागत दायरे तोड़कर अपनी आन्तरिकता के अनुकूल एक नई तरह की स्वाभाविक-नैसर्गिक जिन्दगी जीने के सपने देखता है। अमल, विमल, कमल यदि 'परम्परा' हैं तो इन्द्रजित 'प्रयोग' है। वह परम्परागत मान्यताओं, रूढ़ियों और आचरणों से विद्रोह करना चाहता है। वह इस चिर-परिचित भूगोल की दुनिया से कहीं दूर भाग जाना चाहता है, 'कहीं बहुत दूर। वहाँ क्या होगा, यह भी पता नहीं—जंगल, मरुभूमि, बर्फ का ढेर; कुछ पक्षी—पेंगुइन, आस्ट्रिच; कुछ जानवर—कंगारू, जगुवर; कुछ मनुष्य—बेदुइन, एस्किमो, माउरी।' वह अपनी परम्परित सामाजिक मर्यादा के विरुद्ध अपनी मौसेरी बहन 'मानसी' से प्रेम करता है और उससे विवाह करना चाहता है। वह अपने अन्य साथियों की तरह 'क्रिकेट, सिनेमा, राजनीति, साहित्य' पर बहस करने के बजाय 'लेखन की बातें, लोगों की बातें, भविष्य की बातें, तरह-तरह की इच्छा-अनिच्छा की बातें' करना चाहता है। वह उस व्यवस्था के निश्चय को नहीं मानना चाहता जिसके तहत एक 'सात साल के बच्चे को पॉलिश करनी पड़े और साथ ही गोद के भाई की देखरेख करनी पड़े।' परन्तु पहले अंक के अन्त तक इन्द्रजित नौकरी पाने के लिए पाँच इंटरव्यू देकर असफलता की मार से

---

1. धर्मयुग : 25 अक्तूबर, 1970 : पृ. 47 (विजय तेन्दुलकर)

इस आवर्तनपूर्ण जीवन और व्यक्तिहन्ता परिवेश के चंगुल में फँसने लगता है। परन्तु लेखक को इस धुँधलाती हुई क्षीण-सी प्रकाश-रेखा पर फिर भी कहीं विश्वास है, और उसी के बल पर वह कह पाता है कि—

'समाधि की जड़ता का यह नागपाश
है घेरे चारों ओर
वहीं पर मुझे जलाकर आग चिता की
करना है आलोक।'

दूसरे अंक में चित्रित है—दफ्तरी जीवन की नीरसता, रोजमर्रा की ज़िन्दगी की छोटी-छोटी ज़रूरतें, बातें, बहसें और टुच्चे सरोकार—यहीं इन्द्रजित भी अमल, विमल, कमल की भीड़ में शामिल हो गया है। परन्तु हम देखते हैं कि वहाँ रहकर भी अकेला होते ही वह अन्यमनस्क-सा हो जाता है—उस निरर्थक ढर्रे में रहकर भी कहीं जीवन का वास्तविक अर्थ खोजने के लिए परेशान दिखाई देता है। लेखक के शब्दों में 'हम लोग कौन हैं? हम लोग क्या हैं? हम लोग क्यों हैं?' जैसे जीवन के मूल प्रश्नों से वह भीतर ही भीतर टकरा रहा है। यह जानकर भी कि—

'मनुज एक खंडित अपूर्णता।
फिर भी मन क्यों बार-बार
है खोज रहा, है सोच रहा
उस पूर्ण मनुष्य की बात
आज भी?'

इसके बाद, अमल, विमल, कमल की शादी हो जाती है और वे लोग अपने-अपने ढंग से गृहस्थी की गाड़ी खींचने लगते हैं। इन्द्रजित एक बदलीवाली नौकरी पाकर भोपाल, बम्बई, जालन्धर, मेरठ और उदयपुर के चक्कर काटकर इस नतीजे पर पहुँचता है कि 'भूगोल के बाहर पृथ्वी नहीं है, कम-से-कम इस देश में तो नहीं ही।' उसका अनुमान है कि शायद विदेश में हो। मानसी ने भी नौकरी कर ली है और दोनों साल में एक बार कलकत्ता में आकर मिलते हैं। दोनों ने विवाह नहीं किया है। वर्तमान और भविष्य के प्रत्येक प्रश्न का इन्द्र के पास अब केवल एक ही उत्तर है—'पता नहीं।' इस अंक के अन्त में वह अपने विवेक, तर्क-वितर्क, स्वप्न और प्रयत्न सभी से ऊबकर थक गया है। अब उसकी यही आकांक्षा है कि—

'सूने निर्जन की छाया में
मुझे अकेला सोने दो बस।'

तीसरे अंक में अमल, विमल, कमल क्रमशः प्रमोशन, मकान और बिजनेस स्कीम के सहारे जी रहे हैं। इन्द्र विदेश से वापस लौट आया है। कलकत्ते में रहता है। उसने 'एक औरत' से विवाह भी कर लिया है। अपनी इस लम्बी जीवन-दौड़

के बाद उसने पाया है कि 'जो कुछ मिलने लायक था, सब पा चुका हूँ। और अब यह कटु सत्य अनुभव हो रहा है कि यह खारा पानी व्यर्थ रहा है।' जीवन के इस मोह-भंग की स्थिति इन्द्र को नितान्त अकेला और असहाय छोड़ जाती है। जीवन और जगत के विराट् अनुत्तरित प्रश्नों से मुँह मोड़कर जिन्दगी की छोटी-छोटी अर्थहीन समस्याओं में उलझे रहने से अधिक बेहूदा और क्या हो सकता है? जिस पर कभी कोई गाड़ी नहीं आती एक ऐसी रेल लाइन को पकड़कर मात्र अभ्यासवश चलते चले जाने का कोई अर्थ नहीं है। अस्तित्व की एब्सर्डिटी के इस मौलिक प्रश्न से जूझता हुआ इन्द्रजित अस्तित्ववादियों की तरह 'मृत्यु के वरण' या 'आत्महत्या' के सवाल से जा टकराता है। आस्था, विश्वास, भविष्य और अर्थ से रहित जीवन को लेकर कोई क्या करे? परन्तु लेखक के रूप में उपस्थित होकर नाटककार अन्ततः यह सन्देश देता है कि हम अभिशप्त सिसिफ़स की प्रेतात्मा हैं। इसलिए जीवन और भविष्य की निरर्थकता को जानने के बावजूद हमें जीना होगा क्योंकि हम लोगों के लिए तीर्थ नहीं है, केवल 'तीर्थयात्रा' ही हमारा कर्तव्य/धर्म है। बिना किसी भविष्य, मंजिल या उपलब्धि की आशा के, हमें निरन्तर चलते ही चलना है।

सुप्रसिद्ध निर्देशक इब्राहीम अल्काज़ी के शब्दों में, "यह नाट्य-कृति रचनात्मक व्यक्तित्ववाले इन्द्रजित के क्रमिक विघटीकरण से सम्बन्धित है, जिसका साक्षी बनता है लेखक। वह कला के माध्यम से यथार्थ को अभिव्यक्त करने के अपने प्रयत्न में पाता है कि समकालीन ज़िन्दगी अर्थहीन और नीरस है, मशीनी एवं फीकी और निरन्तरता की एकतानी लय तथा बासी आदतों की अटूट श्रृंखला में जकड़ी जाकर रह गई है।...अपने ठूँठ परिवेश के हमले का मुकाबला कोई भी व्यक्ति, जो अपनी सर्जनात्मक प्रतिभा के कारण सामान्य से पृथक् धरातल पर हो, सदा के लिए नहीं कर सकता। जल्दी या देर में उसे पराजय माननी ही होगी; रोज़मर्रा की ज़िन्दगी के अर्थहीन कार्यचक्र को अपनाना ही होगा; उसकी मानवीय भावनाएँ क्षरित होंगी, और प्रत्येक उस विचार और भावना को उसे गँवा बैठना होगा, जिन्होंने उसे विशिष्टता और अनन्यता प्रदान की थी। इन्द्रजित फिर से निर्मल बन जाता है, और उन्हीं ढाँचों में ढल जाता है जिनमें कि दूसरे ढले हुए हैं।"[1]

यहाँ तक पहुँचकर हमें यह एहसास होने लगता है कि नाटककार मध्यवर्ग के किसी सामान्य चरित्र को लेकर नाटक लिखने के बजाय वास्तव में एक विशिष्ट चरित्र की महान संघर्ष-कथा कहना चाहता था। यही कारण है कि अपने संघर्ष में टूटे हुए, अपने अनन्य चरित्र के विघटन को देखकर लेखक नाटक

1. आज के रंग नाटक : पृ. 19

लिखने का इरादा ही छोड़ देता है। स्पष्ट है कि **एवम् इन्द्रजित** तक व्यक्तिवादी नाटक है। परन्तु क्या यह बात कम महत्त्व की है कि इन्द्रजित निर्मल है नहीं, परिस्थितियों से लगातार लड़ते हुए वह निर्मल बना है। व्यक्ति को भीड़ या विशिष्ट को सामान्य बनानेवाली यह अदृश्य, क्रूर एवं अमानवीय प्रक्रिया क्या कम त्रासद है? **एवम् इन्द्रजित** का उद्देश्य इसी प्रक्रिया की त्रासदी का दिलचस्प नाटकीय प्रस्तुतीकरण करना है।

विवेच्य नाटक के मन्तव्य एवं उद्देश्य को लेकर इसके विभिन्न निर्देशकों ने रोचक प्रयोग किए हैं। 'शौभनिक' की प्रस्तुति में अभिनेता-निर्देशक गोविन्द गंगोपाध्याय ने विशुद्ध आशावादी दृष्टिकोण अपनाया और जीवन के स्वीकार को प्रभावपूर्ण ढंग से प्रस्तुत किया। इस प्रस्तुति की एक प्रमुख विशेषता यह थी कि इसमें 'मानसी' को इन्द्रजित की मौसेरी बहन नहीं बनाया गया। इस प्रकार विद्रोही इन्द्रजित के वैयक्तिक सम्बन्धों के धरातल पर चलनेवाले नैतिक संघर्ष को मंच पर भी प्रस्तुत करने का साहस यह बांग्ला प्रदर्शन नहीं दिखा सका। इसके दूसरे सीमान्त पर था 'दिशान्तर' के मोहन महर्षि का प्रस्तुतीकरण। इसमें आशा-विश्वास-आस्था से रहित पराजित इन्द्रजित के जीवन की एकमात्र संगति आत्महत्या में देखी गई। नाटक के अन्त में लेखक इन्द्रजित का गला घोंट देता है—मानो वह स्वयं हारकर आत्महत्या कर रहा हो। इस व्याख्या के लिए आलेख के अन्तिम कई पृष्ठ और पथ, यात्रा और तीर्थ के माध्यम से जीवन के स्वीकारवाली अन्तिम लम्बी कविता को भी छोड़ दिया गया। 'अनामिका' की प्रस्तुति में श्यामानन्द जालान ने अपनी व्याख्या में युवा-मन की घुटन और उसके अन्तर्द्वन्द्व को प्रमुखता दी। स्वयं अपना सलीब ढोते हुए व्यक्ति या सिसिफ़स की अभिशप्त प्रेतात्मा की निरर्थक चेष्टा से उत्पन्न पीड़ा ही इस प्रस्तुति का मुख्य स्वर रही। यहाँ जीवन का स्वीकार अत्यन्त विवशता भरा और बोझिल रहा। इन सबसे अलग हटकर 'थिएटर यूनिट' की प्रस्तुति को अभिनेता-निर्देशक सत्यदेव दुबे ने इन्द्रजित और मानसी के प्रेम-प्रसंग तथा भावनात्मक सम्बन्ध को प्रमुखता देकर जीवन की सार्थकता एवं निरर्थकता के मौलिक प्रश्न को गौण बना दिया। इन सब प्रस्तुतियों से अलग हटकर राष्ट्रीय नाट्य विद्यालय, नई दिल्ली के द्वितीय वर्ष के छात्रों द्वारा ब.व. कारन्त के निर्देशन में प्रस्तुत बादल बाबू के इस नाटक के बलराज पंडित द्वारा पुनर्लिखित आलेख **अमल, विमल, कमल, एवम्...!** की प्रस्तुति 'व्यक्ति' को 'भीड़' तथा गद्य को पद्यात्मक एवं संगीतमय बनाने की दृष्टि से दिलचस्प रही। 'वाणी ऑपेरा' के रूप में इस मुक्ताकाशी प्रदर्शन ने निश्चय ही **एवम् इन्द्रजित** के एकदम नये आयाम का उद्घाटन किया। इन अलग-अलग व्याख्याओं के विपरीत स्वयं नाटककार बादल सरकार इस नाटक को आशावादी या निराशावादी किसी भी स्वर के साथ समाप्त करने के पक्ष में नहीं है। उनका कहना है कि "जीवन में न आशा का प्रश्न है और न निराशा का,

हमारे सामने जीवन है, हमें जीना है, मानसी की प्रेरणा और इन्द्र का जीवित रहने का स्वीकार ऐसा ही आवेग-रहित स्वीकार है, सारी आशाओं-आकांक्षाओं, विषमताओं-विवशताओं से लड़-जूझकर थके हुए उस व्यक्ति का स्वीकार है, जो जीवन का कोई अर्थ नहीं ढूँढ़ पाता है, फिर भी सहज ही मरने का निर्णय नहीं कर पाता क्योंकि वह भी उतना ही तथ्यहीन लगता है।" परन्तु जीवन का यह 'आवेग रहित स्वीकार' या मुक्तहृदय निर्द्वन्द्व भाव से सतत (तीर्थ) यात्रा करते चलने की बात ठंडे मन-मस्तिष्क को पढ़ने पर जितनी आधुनिक, वैज्ञानिक और प्रभावपूर्ण लगती है, मंच पर अभिनय के माध्यम से शायद वैसी न लगे। बहुत सम्भव है स्वयं बादल बाबू के प्रदर्शन में केवल इसी कारण कई प्रेक्षकों-समीक्षकों को **एवम् इन्द्रजित** का अन्त प्रभावहीन प्रतीत हुआ हो। फिर भी, इसमें कोई सन्देह नहीं कि नाटककार का अपना दृष्टिकोण सचमुच राग-द्वेष और आवेग रहित वैज्ञानिक दृष्टिकोण है। इसी के तहत वह नाटक में अपने सर्वाधिक प्रिय इन्द्रजित के भावावेश तक का मज़ाक उड़ाने से भी बाज़ नहीं आता। उदाहरण द्रष्टव्य है—

इन्द्र—सो मालूम नहीं। कभी-कभी मन करता है सब छोड़-छाड़कर भाग जाऊँ।

लेखक—कहाँ?

इन्द्र—पता नहीं कहाँ। कहीं बहुत दूर। वहाँ क्या होगा यह भी पता नहीं—जंगल, मरुभूमि, बर्फ का ढेर; कुछ पक्षी—पेंगुइन, आस्ट्रिच; कुछ जानवर—कंगारू, जगुवर; कुछ मनुष्य—बेदुइन, एस्किमो, माउरी।

लेखक—सीधी-सी बात—सरल भूगोल परिचय—डी.पी.आई. द्वारा छठी श्रेणी के लिए निर्धारित।

लेखक मध्यवर्ग के व्यक्ति के मनोविज्ञान को भली-भाँति समझता है। मध्यवर्ग के व्यक्ति का चरित्र दोगला और विडम्बनापूर्ण होता है। वह चिन्तन और कथन के स्तर पर महाक्रान्तिकारी और विद्रोही हो सकता है परन्तु कर्म के धरातल पर आते ही उसका पसीना छूटने लगता है। यही कारण है कि लेखक से एक रुपए बारह आने लेकर हावड़ा स्टेशन से तुरन्त कहीं दूर भाग निकलने की बात सुनते ही इन्द्रजित को तुरन्त माँ और परीक्षा के एकदम सिर पर होने की बाद याद हो आती है। वर्ग चरित्र के इसी सत्य की ओर संकेत करते हुए मराठी के सुप्रसिद्ध नाटककार विजय तेन्दुलकर कहते हैं कि **एवम् इन्द्रजित** अथवा **बाकी इतिहास** के बुद्धिजीवी नायक पहले बुद्धिजीवी मध्यवर्गीय हैं, बाद में विशुद्ध मानव। उनके इन दोनों नाटकों के व्यक्तियों के पारस्परिक सम्बन्ध एक वर्ग की विशिष्टता और परम्परा ने पहले ही निश्चित कर दिए हैं। उन्हें विशुद्ध मानवीय नैसर्गिक स्वातन्त्र्य प्राप्त नहीं है। वे जकड़े हुए हैं।[1]

---

1. चार नाटकों का आईना और नाटककार बादल सरकार (धर्मयुग : 25 अक्टूबर, 1970, पृ. 47)

शेक्सपियर के हैमलेट की तरह बादल बाबू के इन्द्रजित का भी मूल प्रश्न है—'जिए या मरे?' जीवन का यदि कोई अर्थ और मूल्य नहीं है तो फिर जीने और मरने में फ़र्क़ ही क्या है? इस चिरन्तन किन्तु आज की तथाकथित वैज्ञानिक-उन्नति—विशेषतः अणु-बम संस्कृति के सन्दर्भ में और भी प्रासंगिक हो गए प्रश्न की दृष्टि से ही नहीं बल्कि जीवन-दर्शन और प्रतिपाद्य की दृष्टि से भी इस नाटक पर अस्तित्ववाद और एब्सर्ड चिन्तन का काफ़ी प्रभाव दिखाई देता है। स्वानुभूति और आत्मानुभव के माध्यम से जीवन के अर्थ और सत्य को तलाशने, आत्महत्या के विषय में गम्भीर दार्शनिक स्तर पर विचारने, चुनाव, वरण और स्वातन्त्र्य का प्रश्न तथा सिसिफ़स का सन्दर्भ इसके प्रत्यक्ष प्रमाण हैं।

एब्सर्ड चिन्तन का प्रभाव इस नाटक के प्रतिपाद्य पर ही नहीं बल्कि इसके फ़ॉर्म या नाट्य-शिल्प पर भी देखा जा सकता है। एब्सर्ड थिएटर के नाटक जिस प्रकार ऊलजलूल और असंगत कथ्य एवं शिल्प के माध्यम से हँसाते-हँसाते चुपचाप अपने गम्भीर आशयों से हमें अशान्त और उद्वेलित कर देते हैं—**एवम् इन्द्रजित** का समग्र-प्रभाव भी इसी प्रकार हास्यास्पदता के दायरे को लाँघता हुआ हमें बेचैनी, उदासी, परेशानी और गम्भीर सोच के क्षेत्र में ले जाता है। परन्तु **एवम् इन्द्रजित** पर विदेशी प्रभाव की चर्चा करते हुए हिन्दी के एक प्रबुद्ध नाटककार, अभिनेता, निर्देशक एवं नाट्य-समीक्षक ने आज से लगभग तीस वर्ष पूर्व यह भविष्यवाणी की थी कि, 'ऊब, खालीपन, एकाकीपन, समझने-समझाने की दुरूहता, आत्म परिचय के लिए बेचैनी व अस्थिरता, निरर्थकता, जीने-मरने की बेकली इत्यादि की बातें करना बतौर दिमाग़ी कसरत के तो भला लगता है परन्तु इनसे भारतीय रंग-लोक को भविष्य में कुछ उपलब्ध होगा, यह कहना कठिन है। क्योंकि यह भारतीय परिवेश व रंग-लोक से दूर की कौड़ी है जो तथाकथित पाश्चात्य दर्शन के साथ पिष्ट-पेषण है, भारतीय दर्शन में ठूँस-ठाँस है, अतः यहाँ के सामाजिक की रुचि और समझ से परे है। इस प्रकार के प्रयोग कुछेक तथाकथित बुद्धिजीवी श्रीमानों को खुश करें, तो करें, परन्तु यहाँ रंगमंच स्थापित मुश्किल से ही कर सकेंगे।[1] अब तक के इतिहास को देखते हुए यह भविष्यवाणी फ़िलहाल तो सत्य होती प्रतीत नहीं होती।

समकालीन जीवन की जटिलता और संश्लिष्ट अनुभव के उलझे हुए मनोजगत को देखते हुए नाटक और रंगमंच के क्षेत्र में ''आज यह चेतना निरन्तर बढ़ती जा रही है कि पुराने नाट्य-रूप ओछे पड़ गए हैं और अब ऐसे नए उपायों की खोज ज़रूरी है जिनके द्वारा इस नए विघटित मानव-व्यक्तित्व को, उसके विघटन के मूल कारणों को और उसके आस-पास की बदलती दुनिया से उसके

1. नटरंग : 14 : पृ. 48

सम्बन्ध को प्रक्षेपित किया जा सके।"[1] इस महत् उद्देश्य की सिद्धि के लिए बादल सरकार जैसे तन्त्र-कुशल नाटककार ने **एवम् इन्द्रजित** के नाट्य-शिल्प में भारतीय और पाश्चात्य, परम्परागत और आधुनिक, लोक और क्लासिक सभी रंग-शैलियों के सार्थक तत्त्वों का रचनात्मक प्रयोग किया है।

स्थूलतः यह अयथार्थवादी नाटक यथार्थवादी समस्या-नाटकों की पद्धति पर तीन अंकों में विभक्त है। प्रत्यक्षतः अंकों के बीच दृश्यों की योजना नहीं है किन्तु वास्तव में प्रत्येक अंक छोटे-बड़े कई प्रसंगों और दृश्यों के योग से बना है। लेखक सूत्रधार की हैसियत से विभिन्न दृश्यों को जोड़कर कार्यव्यापार को एकता प्रदान करता है। प्रायः सूत्रधार, मौसी या मानसी के एकाध संवाद या काव्यांश के माध्यम से सहज ही दृश्य परिवर्तित हो जाता है। कथन मात्र से देश, काल और दृश्य का परिवर्तन संस्कृत नाटकों की याद दिलाता है। परन्तु वस्तु-संरचना और कार्य-व्यापार के विकास की दृष्टि से न तो इसमें भारतीय कार्यावस्थाओं, संधियों और अर्थ-प्रकृतियों की योजना है और न ही पाश्चात्य नाट्य-शिल्प की संघर्ष और चरमोत्कर्ष वगैरह की स्थितियाँ हैं। सम्पूर्ण नाटक एक-ताल, एक-सम पर, बिना उठान के, चलता हुआ वहीं पर आकर समाप्त हो जाता है जहाँ से आरम्भ हुआ है या स्वयं नाटककार के शब्दों में कहें तो, "इस नाटक के आरम्भ और अन्त में अधिक अन्तर नहीं है। नाटक वृत्ताकार है।"

यथार्थवाद और वास्तविकता—भ्रम की भयानक जकड़ से रंग-बिम्बों की मुक्ति आधुनिक भारतीय रंगमंच को इस नाटक की एक उल्लेखनीय देन है। इसके रूप-बन्ध में एक अद्भुत खुलापन है जिसके कारण नाटककार नितान्त यथार्थवादी प्रसंगों को घोर अयथार्थवादी शिल्प के माध्यम से कुशलतापूर्वक प्रस्तुत कर सका है। नाटक और रंगमंच के परम्परित संकलन-त्रय के कठोर बन्धनों से मुक्त कर नाटककार ने दिक् और काल को नाटकीय तत्त्वों के समान इस्तेमाल करके अपनी रंग प्रतिभा का प्रमाण प्रस्तुत किया है। बिना किसी दृश्य-बन्ध के लेखक केवल कुछेक अपरिहार्य मंचोपकरणों के माध्यम से पूरे नाटक के मंचन की कल्पना कर लेता है। लगभग यही स्थिति अभिनेताओं की भी है। एकमात्र इन्द्रजित को छोड़कर सभी पात्र एक से अधिक भूमिकाओं का निर्वाह करते हैं। नाटककार को न तो उनके रूप-विन्यास की विशेष चिन्ता है और न ही वस्त्र-सज्जा की। उसकी दृष्टि में अभिनय ही सर्वोपरि है। सम्भवतः इस आरम्भिक नाटक के इसी तर्क का विकास कालान्तर में बादल बाबू के मनोशारीरिक-रंगमंच के रूप में होता है—जहाँ वह अभिनेता के शरीर को ही अभिव्यक्ति का एकमात्र माध्यम स्वीकार करते हैं। नाटक के आरम्भ में दर्शकों के बीच से अमल, विमल, कमल और इन्द्रजित को

1. आज के रंग नाटक : पृ. 24

मंच पर आने के लिए आमन्त्रित करना और लेखक अथवा सूत्रधार के रूप में अपनी भूमिका से निकलकर बार-बार दर्शकों को सीधे सम्बोधित करने लगना भी एक ऐसी विशेषता या नाट्य-रूढ़ि है जिसका गहरा और व्यापक प्रभाव बादल बाबू के रंगमंच और हमारे भारतीय नाट्य साहित्य पर—दर्शकों की भागीदारी या साझेदारी के नाम से—देखने में आता है। अपनी कल्पना से जन्मे पात्रों के बीच स्वयं लेखक का होना और उनमें पारस्परिक प्रत्यक्ष एवं जीवन्त सम्बन्ध की कल्पना के कारण ही नाटक में यथार्थ और भ्रान्ति के विविध स्तरों का अद्भुत रूपायन सम्भव हो सका है। डॉ. सुरेश अवस्थी के शब्दों में, 'नाटक के पात्र, उसकी घटनाएँ, संवाद एक साथ यथार्थ और कल्पना दोनों ही स्तरों पर संचरण करते हैं, और यह दो स्तरों का संचरण ही नाटक को ऐसी नाटकीयता और नई अर्थवत्ता प्रदान करता है। दोनों स्तर कभी समानान्तर दिखते हैं, कभी वे आपस में मिलते हैं, टकराते हैं और कभी उसकी अपनी प्रकृति मिट जाती है—कल्पना यथार्थ लगने लगती है, यथार्थ कल्पना और इन्हीं अत्यन्त जटिल नाटकीय प्रक्रियाओं के साथ नाटक आगे बढ़ता है।'[1]

अपने कथ्य को सघन बनाने, चरित्र अथवा नाट्य स्थिति पर कमेंट करने और दर्शक/पाठक को नाट्य-संसार के भ्रम-जाल से मुक्त होकर सोचने-विचारने का अवसर प्रदान करने के उद्देश्य से काव्य-तत्त्व का नाटकीय इस्तेमाल भी **एवम् इन्द्रजित** के नाट्य शिल्प की एक उल्लेखनीय विशेषता है। तीसरे अंक में इन्द्रजित के चरित्र में आनेवाले बदलाव और उसकी पराजित मनःस्थिति का बोध कराने के लिए उसके पात्रों का भी सुन्दर उपयोग लेखक ने किया है।

फिल्म और रेडियो माध्यमों में अत्यधिक प्रयोग में आनेवाली पूर्व-दीप्ति (फ़्लैश-बैक) तथा संयुक्त-दृश्यक्रम (मोंटाज)[2] जैसी आधुनिक शिल्प-विधियों का प्रयोग भी बादल बाबू ने बड़ी सूझ-बूझ के साथ किया है। दृश्य-परिवर्तन के लिए दृश्योदय (फ़ेड इन) एवं दृश्य-विलयन (फ़ेड आउट) का सहज प्रयोग यहाँ देखने को मिलता है। कॉलेज के प्रसंग में केवल रोल नम्बर थर्टी फोर कहकर कक्षा को प्रस्तुत करने में 'क्लोज़ अप' तकनीक का एक रंगमंचीय रूप भी सहज ही देखा जा सकता है। पृष्ठ चौवालीस के एक संवाद—"भूल गया था। इससे पहले थोड़ा सा और है" से लेकर "उधर...उस ओर, उन डालों के बीच एक गहरी सिन्दूरी रेखा।" में जिस सहज ढंग से रंगमंच के मायावी प्रभाव को तोड़कर दर्शकों को दृश्य की सीधी सूचना दी गई है और अन्यत्र भी सूत्रधार जैसे नाटक के कार्य-व्यापार

1. आज के रंग नाटक : पृ. 31
2. तीसरे अंक का आरम्भ तथा पृ. 94 पर अमल, कमल, विमल की परस्पर असम्बद्धकर बातें इसके अच्छे उदाहरण हैं।

से अलग हटकर दर्शकों से सीधे बात करने लगता है—ब्रेख्त की नाट्य-पद्धति से अनायास ही उसकी तुलना की जा सकती है।

जीवन के अभ्यास, आदत, पुनरावृत्ति, एकरसता और आवर्तन को प्रस्तुत करने के लिए नाटककार ने 'अमल, विमल, कमल एवं इन्द्रजित' तथा 'एक दो तीन' के गीत और वाद्य संगीत के साथ-साथ पात्रों को गोलाकार गतियों तथा 'निरन्तर घूमती हुई पृथ्वी (सृष्टि)', 'घूमता हुआ एक विराट् चक्का', 'चर्खी (नागर दोला), 'काम-काज का घूमता हुआ भारी चक्का', 'पहिया' जैसे बिम्बों का नाटकीय इस्तेमाल किया है। इस बिम्ब-विधान के प्रसंग में नाट्य समीक्षक कुँवरजी अग्रवाल का मत है कि ''वास्तव में (इस) नाटक का शिल्प-विधान मानसिक जगत की घटनाओं को मूर्त बिम्बों की शृंखला में रूपायित करता है जो दर्शकों को चिन्तन की प्रेरणा देते हैं और इस प्रकार इसकी वस्तु और शिल्प में प्रभावशाली अन्विति आ गई है।''[1]

जीवन की यान्त्रिकता को दिखाने के लिए पात्रों की कठपुतली की चाल, जीवन और नाटक के फर्क को बताने के लिए पात्रों के अतिनाटकीय या रीतिबद्ध व्यवहार तथा अनेक स्थानों पर मूकाभिनय का प्रयोग **एवम् इन्द्रजित** के नाट्य-शिल्प की कुछ अन्य विशेषताएँ हैं।

नाटक के गद्यमय संवादों की भाषा प्रवाहमय और बोलचाल की भाषा के काफी नज़दीक होने के कारण नाटक के कथ्य और पात्रों के चारित्र्य के अनुकूल है। कई जगह छोटे-बड़े अंग्रेज़ी के संवादों का भी औचित्य है। परन्तु कविताओं और काव्यांशों को, शायद मूल बांग्ला शब्दों के अधिक निकट रखने के उद्देश्य से या किसी अन्य ज्ञात-अज्ञात कारण से, संस्कृतनिष्ठ छायावादी भाषा में रखा गया है। यह भाषा न केवल अभिनेता और दर्शक के लिए ही समस्या खड़ी करती है बल्कि नाटक के प्रयोगधर्मी कथ्य की आत्मा के भी विपरीत पड़ती है।

विवेच्य नाटक की कथास्थितियों और इसके संवादों में 'एक ऐसी सहजता है और आशुभावन का वह तत्त्व है जो हमारे लोक और परम्परित नाट्य-रूपों का मूलाधार है।'[2] अलग-अलग कविताओं, घटनाओं और छोटे-छोटे जीवन-प्रसंगों को नाटककार ने इस खूबी से जुड़ा-अधजुड़ा-बेजुड़ा सा छोड़ दिया है कि उसे सम्पूर्ण और समग्र रूप देने में निर्देशक और अभिनेता के साथ-साथ दर्शक की कल्पनाशीलता का रचनात्मक सहयोग भी अनिवार्य हो गया है। नाटक हमें उकसाता है और हमसे एक जागरूक प्रेक्षक/पाठक के नाते एक साझेदारी और सर्जनात्मकता की माँग करता है।

---

1. नटरंग : 13 : पृ. 69
2. आज के रंग नाटक : पृ. 29

व्यंग्य का प्रयोग नाटककार ने अपने गैर-रोमानी दृष्टिकोण को प्रस्तुत करने के लिए भी किया है और शिल्प के एक उपकरण के रूप में भी। स्वयं बुद्धिजीवी होकर भी अपने वर्ग पर ही किया गया यह कटाक्ष पैना भी है और दिलचस्प भी– "...ये सब बुद्धिजीवी हैं, यद्यपि बुद्धि ही जीविका का साधन होती तो इनमें से अधिकांश भूखों मर गए होते। ये शिक्षित हैं–यदि डिग्री को शिक्षा माना जाए तो।" 'एक दो तीन' वाली कविता तथा 'सरल भूगोल परिचय' के प्रसंग इसके अन्य उदाहरण हैं। इसके अतिरिक्त अमल, विमल, कमल तथा इन्द्रजित की 'क्रिकेट, सिनेमा, फ़िज़िक्स, राजनीति, साहित्य' की चर्चा के सन्दर्भ में उसे निरर्थक-औपचारिक और फ़िज़ूल बताने के लिए मूँगफली पेश करना तथा तीसरे अंक के आरम्भ में ताश खेलते हुए स्वाधीनता, साम्राज्यवाद, पूँजीवाद, फ़ासिज्म, कम्यूनिज़्म, डेमोक्रेसी, डिक्टेटरशिप, आम जनता, व्यवस्था, अन्याय, प्रमोशन, क्वार्टर, बीमारी, मुन्ना के इम्तेहान में फेल होने या बाबूजी के गुज़र जाने की बातें करना समर्थ रंग-युक्तियाँ हैं।

विवाह के प्रसंग में शंखध्वनि और 'दम्पती-जम्पती-जायापति' के द्वारा अनुष्ठानात्मक वातावरण भी बनाया गया है और इस वाक्यांश को दृश्य परिवर्तन के लिए भी इस्तेमाल किया गया है। इसी प्रकार की नेपथ्य-ध्वनियों तथा प्रकाश-व्यवस्था के विभिन्न रूपों के प्रतिपाद्य को अधिक जीवन्त, समग्र और प्रभावपूर्ण ढंग से दर्शक/पाठक तक सम्प्रेषित करने का सफल प्रयास नाटककार ने किया है। अन्त में हम सुप्रसिद्ध अभिनेता निर्देशक और नाटककार सत्यदेव दुबे के शब्दों में यह कह सकते हैं कि, "What makes Badal Sircar the most representative among Indian playwrights is as much the authentiety of the characters and the milieu they come from as the dramatic form in which he accommodates and expresses practically all the major concerns, aspirations, and problems of the new rootless urban generation."[1]

एवम् इन्द्रजित के बाद **बाकी इतिहास, तीसवीं शताब्दी, सारी रात, शेष नहीं, पगला घोड़ा** जैसे गम्भीर व्यक्तिवादी नाटकों तथा **वल्लभपुर की रूपकथा, राम श्याम जदू, सोल्यूशन-एक्स, बड़ी बुआजी** जैसी हल्की-फुल्की हास्य नाट्य-रचनाओं से होते हुए नाटककार बादल सरकार **जुलूस, स्पार्टाकस, सगीना महतो** तथा **भोमा** जैसे सामाजिक-राजनीतिक सम्बद्धता एवं आम आदमी के दुख-दर्द के नाटकों तक आ पहुँचे हैं। 'नेहरू फेलोशिप' के दौरान इन्होंने जिस शहरी और ग्रामीण रंगमंच के संश्लेष से 'तीसरे रंगमंच' की सम्भावना पर काम किया था, कालान्तर में अपने नाट्य-दल 'शताब्दी' द्वारा 'आँगनमंच' में प्रस्तुत इनके नाटक उसकी उपलब्धि का

1. Enact., Nov. 71

स्पष्ट संकेत देते रहे हैं। बिना प्रेक्षागृह, मंच, दृश्य-बन्ध, जटिल प्रकाश एवं ध्वनि व्यवस्था और प्रचार के, केवल अभिनेता के शरीर और उसकी आवाज के माध्यम से, आम लोगों के बीच नाटक को सफलतापूर्वक प्रस्तुत कर देना बादल बाबू के ही साहस का काम है। सातवें-आठवें दशक में इस 'मनोशारीरिक' रंगमंच का प्रभाव सम्पूर्ण समकालीन भारतीय रंगमंच पर व्यापक रूप से देखने में आया था। बादल बाबू के व्यक्तित्व और कृतित्व का यह विकास भारतीय नाटक और रंगमंच के एक महत्त्वपूर्ण परिवर्तन का द्योतक है। यही कारण है कि आज बांग्ला नाट्य साहित्य में मोहित चट्टोपाध्याय, मनोज मित्र, अरुण मुखर्जी, देवाशीष मजुमदार जैसे अनेक समर्थ नाटककारों की उपस्थिति के बावजूद बादल सरकार के महत्त्व और मूल्य में अब भी कोई अन्तर नहीं आया है।

जे.पी. दास और ओड़िया नाटक

भारत की विविध प्रादेशिक भाषाओं के नाट्य/रंगकर्म को एक-दूसरे के निकट लाने और उन्हें आधुनिक भारतीय रंगमंच का व्यापक परिप्रेक्ष्य प्रदान करने में हिन्दी ने अत्यन्त महत्त्वपूर्ण भूमिका निभाई है। परन्तु बांग्ला, मराठी और कन्नड़ जैसी रंग-समृद्ध भाषाओं के मुकाबले ओड़िया का योगदान बहुत कम रहा है। पता नहीं ओड़िया में श्रेष्ठ नाटक लिखे ही कम गए या फिर किन्हीं कारणों से अनूदित नहीं हो सके। बहुत समय तक केवल मनोरंजन दास के **वनहंसी, अरण्य फसल** और **काठ का घोड़ा** जैसे तीन-चार नाटकों को छोड़कर कोई भी उल्लेखनीय ओड़िया नाटक हिन्दी में न तो छपा और न ही मंचित हुआ। इसीलिए मई, 1976 में दिल्ली की प्रमुख नाट्य-संस्था 'दिशान्तर' ने जब अचानक ओमपुरी को लेकर रामगोपाल बजाज के निर्देशन में ओड़िया के नाटककार, कवि और कथाशिल्पी जगन्नाथ प्रसाद दास के नाटक **सूर्यास्त** को प्रस्तुत किया तो हिन्दी रंगजगत में खासी हलचल-सी महसूस की गई।

अपने इस प्रथम नाटक **सूर्यास्त** में नाटककार ने तमाम सुख-सुविधाओं और मान-सम्मान के बावजूद अपनी निजता और अर्थवत्ता के लिए छटपटाते, जूझते-टूटते व्यक्ति की अन्तहीन त्रासदी को बड़ी काव्यात्मक भाषा और नाटकीय सूझ-बूझ के साथ प्रस्तुत किया।

मूलतः फरवरी, 1972 में लिखित दो अंकों में विभक्त इस प्रयोगधर्मी नाटक का मूल ओड़िया नाम था—**सूर्यास्त पुर्वरू**, जिसका हिन्दी अनुवाद है—**सूर्यास्त से पहले**। स्वयं रचनाकार ने हिन्दी में इसका नाम **शाम होने तक** रखा था। परन्तु 'दिशान्तर' के रंगकर्मियों को 'सूर्यास्त' अधिक संगत लगा और निर्देशन के दौरान रामगोपाल बजाज ने इसके अन्त में (विपर्यय ध्वनि के अच्छा लगने के कारण) 'क' जोड़कर मंचन के लिए इसका नाम **सूर्यास्तक** (जो शायद 'सूर्यास्त तक' का संक्षिप्त या मिश्र रूप भी है) रख दिया था। 1976 में ही पुस्तकाकार प्रकाशन के समय लेखक-प्रकाशक ने अन्य भाषाओं में अनुवाद की दृष्टि से सरल एवं स्पष्ट होने के कारण इसका नाम 'सूर्यास्त' ही रखा।

सूर्यास्त के नायक (?) दीपंकर को नाटककार ने सूत्रधार के रूप में भी प्रयोग किया है। अपने चालीसवें जन्म-दिन के अत्यन्त निर्णायक, नाजुक एवं महत्त्वपूर्ण मौके पर अपने जीवन की सफलता-असफलता का लेखा-जोखा करते हुए उसका आत्म-कथन और सम्बन्धित पात्रों (बॉस, संजय, पत्नी शीला और प्रेमिका सरोज) का अन्तरंग परिचय खासा दिलचस्प है। नाट्य-रूढ़ि के रूप में 'कोर्ट' का इस्तेमाल भी कथ्य के प्रभावशाली उद्घाटन में बेहद सहायक सिद्ध हुआ है। यह अलग बात है कि ओड़िया में सम्भवतः पहली बार प्रयोग किए गए इस नए शिल्प को हिन्दी के जागरूक पाठक-दर्शक मधु राय के गुजराती नाटक **किसी एक फूल का नाम लो** तथा विजय तेन्दुलकर के मराठी नाटक **शान्तता! कोर्ट चालू आहे** में इससे पहले ही देख चुके थे।

सूर्यास्त का केन्द्रीय चरित्र दीपंकर मूलतः आत्म-रति और आत्म-दया में डूबा अस्पष्ट व्यक्ति है। वह अपने परिवेश और सम्बन्धों से बौखलाया हुआ है। वह अपने वर्तमान से असन्तुष्ट और क्रुद्ध है किन्तु यह नहीं जानता कि वास्तव में अपने और दूसरों से चाहता क्या है? उसकी असमर्थता और निरर्थकता की छटपटाहट तथा उसकी निष्क्रियता और अकर्मण्यता में कोई सार्थक तालमेल नहीं बैठता। यह विडम्बना ही है कि अपने सतही एवं बनावटी जीवन से उकताया-ऊबा हुआ दीपंकर कई जगह स्वयं सतही और बनावटी लगने लगता है। परन्तु यदि हम याद रखें कि आरम्भ में उसके जीवन का एक बड़ा लक्ष्य थिएटर करना ही था—तो उसके चरित्र के इस (अति) नाटकीय स्तर और नाटक के शिल्प में एक कलात्मक अन्विति देखी जा सकती है। सारा का सारा नाटक यथार्थ और फैंटेसी की सीमा रेखा (अवचेतन) में रूपायित होता है।

समग्रतः देखने पर कहा जा सकता है कि स्त्री-पुरुष सम्बन्धों पर आधारित होने के बावजूद यह नाटक उससे आगे बढ़कर एक संवेदनशील व्यक्ति की निजी अस्मिता, आकांक्षा और अस्तित्व की वास्तविक अर्थवत्ता के जटिल मनोवैज्ञानिक प्रश्न को नाटकीय स्तर पर प्रस्तुत करने का दिलचस्प प्रयत्न करता है।

कवि-नाटककार जगन्नाथ प्रसाद दास के अनुसार, "हमारे समाज के सदियों से दलित और पीड़ित निम्न वर्ग के प्रति मेरी चिन्ता और सहानुभूति सदैव से रही है। मेरी धारणा है कि हम सबसे नीचे के आदमी के बारे में कभी गम्भीरता या ईमानदारी से नहीं सोचते, क्योंकि हम जानते हैं कि उसका उत्थान हमारे मूल्य पर होगा, इसलिए बड़ी-बड़ी बातों को करने के बावजूद उसके उत्थान के लिए कोई ठोस काम करना नहीं चाहते।" सम्भवतः यही कारण है कि स्त्री-पुरुष सम्बन्धोंवाले **सूर्यास्त** के ठीक बाद जे.पी. दास निचले और पिछड़े वर्ग के दलित-दमित जीवन की विसंगतियों और समाज के अन्य (मध्य-उच्च) वर्गों के साथ उसके सम्बन्धों की विडम्बना को अपने

नए नाटक **सबसे नीचे का आदमी** का आधार बनाते हैं। गांधी जी के 'एक अचूक तावीज़' से प्रेरित अन्त्योदय का यह नाटक यद्यपि जयप्रकाश नारायण के (बिहार) आन्दोलन के समय (1977) में लिखा और खेला गया था, परन्तु कालान्तर में मंडल-कमीशन को लेकर जनता दल की विवादास्पद भूमिका के सन्दर्भ में भी उतना ही प्रासंगिक और महत्त्वपूर्ण लगता रहा है।

जनमत को भेड़-चाल मानकर अपने इशारे पर उसे हाँकने और चलानेवाला सत्ताधारी पूँजीपति वर्ग (बाबू जी) संसार की अन्य भौतिक वस्तुओं की तरह साहित्य, कला और रंगमंच को भी हथियाए हुए है। वह अपनी इच्छा और आवश्यकता के हिसाब से, कभी-कभी नए फैशन की तरह, समाज के निचले/पिछड़े वर्ग का हिमायती और उद्धारक बनने का नाटक भी करता है। परन्तु जब वही दमित-दलित आदमी एक समूह के रूप में जागरूक होकर उठ खड़ा होता है और मनुष्य की तरह अपने जीने के मौलिक अधिकार के लिए संघर्ष करने को तैयार होता है तो यही पूँजीपति/सत्ताधारी वर्ग उसे मसल डालने के लिए कैसे-कैसे खेल खेलता है और मध्यम-वर्ग अपने निहित स्वार्थों के लिए कैसे उसके षड्यन्त्र का मोहरा बनता है—यह नाटक शोषण की इस सनातन-प्रक्रिया का दिलचस्प रूपायन करता है। दूसरों को विद्रोह के लिए भड़काने और नई चेतना पैदा करने के बावजूद स्वयं साड़ी, गाड़ी और बाड़ी (बँगले) के लालच में अहल्या बनी, बाबू जी के चंगुल में फँसी रहनेवाली मीना तो रखैल है ही। मौलिकता की रचनात्मक चुनौती स्वीकारने के बजाय शेक्सपियर के अनुवाद का निरापद और आसान रास्ता चुननेवाला बुद्धिजीवी-लेखक-प्रोफ़ेसर तथा विवश स्थिति में फँसी हुई प्रेमिका की मुक्ति का हल ढूँढ़ने के बजाय माँ-बाप की पसन्द की लड़की से शादी करने और नौकरी का कन्फर्मेशन पाने को अधिक महत्त्व देनेवाला युवक कुमार भी वास्तव में बाबू जी की 'रखैल' ही है। ये आक्रोश-विद्रोह की लम्बी-चौड़ी हवाई बातों के अलावा व्यवहारतः कुछ नहीं करते।

परन्तु इस क्रूर व्यवस्था और इसके नपुंसक परिवेश में एक ऐसा आदमी रामू भी है, जो पूरी वफ़ादारी के साथ अपने स्वामी की सेवा करता है। लेकिन अन्याय और अत्याचार की एक सीमा के बाद वह सीना तानकर और मुट्ठी बाँधकर उठ खड़ा होता है—क्योंकि उसे कुछ भी खोने का भय नहीं है—क्योंकि उसके पास खोने के लिए कुछ है ही नहीं। यही वह वर्ग है जिसे मार्क्स ने एक होकर निर्णायक लड़ाई लड़ने को कहा था। भले ही आज उसे बन्दर का नाच करने और मदारी का जम्बूरा बनने को विवश होना पड़ रहा हो। परन्तु मानव-जाति का भविष्य अब इसी के हाथों में है और इसके उदय/उत्थान के लिए कोई बाहर से नहीं आएगा—सारी प्रतीक्षा निरर्थक है—इसे स्वयं उठना और जूझना होगा। मध्यवर्गीय कुमार द्वारा मूँगफलियाँ

खाकर फेंका गया खाली लिफाफा ही दूसरे अंक के अन्त तक आते-आते सबसे नीचे के आदमी रामू के हाथों में पड़कर (श्याम बेनेगल की बहुचर्चित फिल्म 'अंकुर' के अन्त में एक बच्चे द्वारा जमींदार की हवेली पर फेंके गए छोटे से पत्थर की तरह) व्यवस्था-विरोध का एक सशक्त प्रतीक बन जाता है। परन्तु यह प्रतीक अपनी सम्पूर्ण सांकेतिकता और व्यंजनात्मकता के बावजूद सच्चे और पूरे विरोध को प्रदर्शित नहीं करता क्योंकि यह लिफ़ाफ़ा एक मज़ाक की तरह फूटता है। असली 'प्रोटैस्ट' तो तीसरे अंक के अन्त में बाहर से गोली चलने की आवाज़ से शुरू होता है। नाटक में समस्या का कोई निश्चित समाधान नहीं है। नाटककार के अनुसार, "उसे अन्त तक अनुत्तरित ही रहने दिया गया है। जैसे वह बन्द लिफाफा जिसमें बम भी हो सकता है और गुलदस्ता भी। ठीक 'लेडी एंड दि टाइगर' वाली कहानी की तरह जिसमें पता नहीं कि लेडी आएगी या टाइगर... ये सवाल दर्शक-पाठक और निर्देशक की सोच पर छोड़ दिया गया है।"

नाटक का तीसरा अंक चालाक पूँजीपति (वर्ग) द्वारा दलितों के इस संघर्ष को खत्म करने के लिए अपनाए जानेवाले विविध हथकंडों का चित्रण करता है। परन्तु अन्त में तमाम सामाजिक शक्तियों का ध्रुवीकरण होता है। प्रोफेसर और कुमार बाबू जी के पीछे मार्च करते हुए बाहर चले जाते हैं और मीना रामू/श्याम के साथ आकर खड़ी होती है।

सबसे नीचे का आदमी का शिल्प 'सूर्यास्त' की अपेक्षा अधिक सुगठित है। रचनाकार ने इस यथार्थवादी तीन अंकीय आलेख में 'नाटक में नाटक' की युक्ति का रोचक प्रयोग किया है। अहिल्या-सी मीना का राम के स्पर्श से सचेतन होना, राम और श्याम के अबूझ तादात्म्य और अन्त में लिफ़ाफ़े के रहस्यमय कुतूहल से नाटकीयता आद्यन्त बनी रहती है।

यद्यपि यह सच है कि गांधी-वाणी पढ़नेवाले रामू के हिंसक जुलूस का नायक होने से बहुत संगति नहीं बैठती। दूसरे अंक के बाद का नाटक उसका स्वाभाविक/अनिवार्य विकास नहीं लगता। तीसरे अंक में 'प्लान ऑफ़ एक्शन' के बाद से सारा नाटक लिफाफे के टाइम बम या छह बजे के सस्पेंस से बँधकर अपनी गम्भीरता काफी हद तक खो देता है। बाबू जी के चैपलिन और हिटलर की पोशाकें पहनकर मुखौटे बदलने में मोहित चटर्जी के **गिनीपिग** का स्मरण भी आता है। परन्तु इसमें शक नहीं कि इन तमाम विवादास्पद सीमाओं के बावजूद यह नाटक कुछ हास्य-व्यंग्यपूर्ण सन्दर्भों और दिलचस्प शिल्प प्रयोगों के कारण रोचक, कथ्य की तीव्रता एवं प्रासंगिकता के कारण उत्तेजक तथा दाम्पत्य सम्बन्धों के परिचित दायरे से बाहर निकलकर सामान्यजन के व्यापक सत्य और उसके सरोकारों से जुड़ने के कारण महत्त्वपूर्ण रचना बन गया है। दिल्ली में 'यवनिका'

द्वारा मनोज भटनागर निर्देशित इसके प्रदर्शन में पंकज कपूर (रामू) और बनवारी तनेजा (बाबूजी) जैसे कुशल अभिनेताओं ने अपने-अपने चरित्रों को और भी गहराई और विश्वसनीयता देकर नाटक को अधिक मनोरंजक एवं सार्थक बना दिया था।

इसके बाद डॉ. जगन्नाथ प्रसाद दास के दो एकांकी **अचानक** और **एक-दूसरे के लिए** प्रकाशित हुए। दोनों मध्यवर्गीय शहरी परिवेश और पात्रोंवाले एकांकी हैं। इनमें विवाह के सन्दर्भ में प्रेम और दहेज प्रथा जैसी ज्वलन्त समस्याओं को हास्य-व्यंग्य तथा विडम्बनापूर्ण स्थितियों के माध्यम से प्रस्तुत किया गया है।

सबसे नीचे का आदमी में प्रोफेसर-नाटककार एक स्थान पर स्वीकार करता है कि ''सबने कहा कि आधुनिक नाटककार होने के लिए एब्सर्ड नाटक लिखने पड़ेंगे। मैंने इसीलिए लिखे...।'' शायद तथाकथित 'आधुनिक नाटककार' बनने की दबी इच्छा ने ही जे.पी. दास को **असंगत नाटक** जैसा 'एक्सपेरिमेंटल', 'बेतुका एब्सर्ड' या 'अनाटक' लिखने की ओर प्रेरित किया होगा।

दूसरे विश्वयुद्ध के बाद यूरोप में जीवन की निस्सारता, निरर्थकता और तर्कहीनता को लेकर एब्सर्ड नाटकों की जो शुरुआत हुई उसने कथा-विन्यास, चरित्रांकन, भाषा-संवाद, सरंचना-शैली और प्रस्तुतीकरण इत्यादि की दृष्टि से नाटक के रूप, रंग, उद्देश्य और प्रभाव को आमूल-चूल बदल दिया। बैकेट, जेने, आयोनैस्को, पिंटर, आल्बी जैसे बहुचर्चित एवं विश्वविख्यात नाटककारों का प्रभाव भारतीय नाटक और रंगमंच पर न पड़ता, यह लगभग असम्भव ही था। जीवन और जगत के फूहड़पन, छिछलेपन और बेहूदेपन की विडम्बना को अतिरंजना और मज़ाक के हास्यास्पद स्तर तक खींचकर भीतर की त्रासदी और करुणा को बेढंगी परिस्थितियों और अविश्वसनीय-अजीब पात्रों तथा विश्रृंखलित संवादों के जरिए अपने मन्तव्य को अभिव्यक्त करने का प्रयास हिन्दी में तो 1946 में भुवनेश्वर के **ताँबे के कीड़े** से ही आरम्भ हो गया था। फिर सातवें दशक में विपिनकुमार अग्रवाल, लक्ष्मीकान्त वर्मा, शम्भूनाथ सिंह तथा सत्यव्रत सिन्हा जैसे रचनाकारों ने इस दिशा में पर्याप्त काम किया। परन्तु ओड़िया में मनोरंजनदास के बाद शायद जगन्नथ प्रसाद दास का यह असंगत नाटक ही इस 'नई' रंगशैली का एकमात्र उल्लेखनीय नाटक है। रचना में आए एक संवाद/अन्तर्साक्ष्य को प्रमाण मान लें तो इसका रचनाकाल 1979 के आसपास का होना चाहिए। यह वही समय है जब लगभग सभी भारतीय भाषाओं में असंगत या विसंगत नाटकों का बोलबाला था। ओड़िया में एब्सर्ड के लिए 'उद्भट' शब्द प्रचलित है। यही कारण है कि पहले पहल यह रचना ओड़िया में 'झंकार' नामक पत्रिका में **उद्भट** नाटक के नाम से ही छपी थी।

तमाम एब्सर्ड नाटकों की तरह कथानक एवं संवादों की अतार्किकता तथा पात्रों

की अयथार्थता के साथ-साथ जीवन की ऊब, निराशा, अन्तहीन प्रतीक्षा और निस्सारता वगैरह तो यहाँ भी है किन्तु इनके अलावा भी इसमें बहुत-कुछ है। इसका मूल मन्तव्य समय और वास्तविकता के जटिल सम्बन्धों को समझने-समझाने का है।

'काल' यानी समय और मृत्यु और इन्तज़ार का विषय लेखक को प्रारम्भ से ही सम्मोहित करता रहा है।

'समय' एक बहती हुई तरल-अमूर्त सत्ता (?) है, जो अतीत, वर्तमान और भविष्य को एक ही बिन्दु पर अपने में समेटे है या फिर सतत प्रवहमान है और चक्राकार गति से आगे बढ़ती हुई लगने के बावजूद पता नहीं कब और कैसे घूमकर फिर उसी (आरम्भिक) बिन्दु से जा मिलती है। उसे रोक सकने या लौटा लाने की बात तो हम कर सकते हैं, किन्तु वास्तव में वह हमारी सामर्थ्य से बाहर है। इस नाटक के बूढ़े के शब्दों में, "तू तो एक विराट्शून्य है।" लेकिन मूलतः यह 'काल', 'समय', 'वक्त' या 'टाइम' का बुनियादी और महत्त्वपूर्ण सवाल इतना अमूर्त और उलझा हुआ है कि पूर्व और पश्चिम के चिन्तक चिरन्तन काल से इसका चिन्तन करते रहकर भी आज तक किसी एक सर्वसम्मत निष्कर्ष पर नहीं पहुँच सके हैं।

जगन्नाथ प्रसाद दास ने इसी 'समय' के मूल-स्वरूप, स्वभाव, व्यवहार और प्रक्रिया को बारीकी से समझने और नाटकीय स्तर पर जगत और जीवन से इसके बहुविध रिश्ते को प्रस्तुत करने के लिए ही इस **असंगत नाटक** की रचना की है। जाहिर है कि इस प्रकार के गम्भीर-दार्शनिक/वैज्ञानिक सूक्ष्म विषय और उसके अबूझ विडम्बनापूर्ण चरित्र को पेश करने के लिए किसी अयथार्थ-से माध्यम का ही इस्तेमाल किया जा सकता था। इसीलिए इस नाटक का स्थान अनिश्चित-सा है। कभी रेलवे प्लेटफॉर्म, कभी एयरपोर्ट, कभी पार्टी-स्थल और कभी कुछ और जहाँ कुछ पात्र प्रतीक्षा कर सकें, मिल सकें, आ-जा सकें।

नाटक एक अधेड़ और बूढ़े की समय-चर्चा से आरम्भ होता है। फिर वहाँ घर छोड़कर भाग रही लड़की आती है जो प्लेटफ़ॉर्म पर प्रेमी और गाड़ी के आने का इन्तज़ार कर रही है। युवक आता है, जो लड़की का प्रेमी नहीं है। लड़की-एक का प्रतिरूप लड़की-दो आती है। घड़ी के चेहरेवाला आदमी फैंसी ड्रेस में होने की बात करने के बावजूद वास्तव में समय का ही प्रतीक है और त्रिकालदर्शी कैलेंडर भी उसी का एक आयाम प्रदर्शित करता है। अधेड़ नाटककार है और युवक उसका स्टेनो बन जाता है। आरम्भिक दृश्य की पुनरावृत्ति होती है। युवक नाटककार को सुझाव देता है कि अच्छा नाटक लिखने के लिए "घटनाओं को घटित करना होगा। जो लोग यहाँ आएँगे उन्हें लेकर घटनाचक्र की रचना करनी होगी।" इसके बाद जे.पी. दास नाटक के मूल असंगत ढाँचे के भीतर ही मनोरंजन के लिए सस्पेंस का अपना

आज़माया हुआ हथियार 'पिस्तौल' (जिसका उपयोग 'सूर्यास्त' तथा 'सबसे नीचे का आदमी' में भी किया गया है।) निकाल लेते हैं। चोर को पकड़नेवाला सन्दिग्ध-सा पुलिसमैन आ जाता है। 'कायाकल्प टैबलेट', 'जज साहब हैं?' जैसे संवादों की पुनरावृत्ति बार-बार होती है। एकरसता और समय की माप की उलझन से टकराते हुए नाटककार विष्णु और नारद की पुराण कथा के बहाने माया की व्याख्या भी कर देता है और मानवीय सम्बन्धों में समय के सापेक्षवादी रूप की ओर भी इशारा कर देता है। आइंस्टाइन को उद्धृत करके अधेड़ नाटककार काल की भौतिक सत्ता को नकारकर अतीत, वर्तमान और भविष्य के विभाजन को भ्रम के अतिरिक्त कुछ नहीं मानता। फिर वह सेंट अगस्टीन के एक वक्तव्य से समय को परिभाषित करने का प्रयत्न करता है। लड़कियाँ छोकरे को जबरदस्ती पकड़कर ले जाना चाहती हैं। पुलिस गोली चलाती है और घड़ीनुमा आदमी के जाने कहाँ से दौड़कर बीच में आ-जाने से घड़ी मर जाता है। दूसरे अंक/दृश्य के आरम्भ में मरा पड़ा घड़ीनुमा आदमी उठकर मुखौटा उतारता है और पता चलता है कि वह वास्तव में युवक ही है जो 'समय' (घड़ी) का अभिनय कर रहा था, जैसे कि शेष लोग। युवक और अधेड़ के बीच पहले एब्सर्ड नाटक और फिर समय को लेकर सैद्धान्तिक चर्चा होती है। इसके बाद फिर पहलेवाले दृश्य की पुनरावृत्ति होती है। 'समय की हत्या' के मामले की तहकीकात होती है। मुकदमा चलता है। हर कोई स्वयं को हत्यारा मानता है। नाटक को आगे बढ़ाने की कोई सही दिशा न देखकर और उसे 'एक ज़ोरदार क्लाइमेक्स' के साथ खत्म करने के इरादे से पहले अंक के अन्त को फिर से दोहरा दिया जाता है।

विवेच्य नाटक में युवक एक स्थान पर अधेड़/नाटककार से कहता है कि "मैं जानता हूँ। तुम एक पारम्परिक नाटककार हो, पर अभिनय कर रहे हो एक असंगत नाटककार का।" यही कारण है कि आयोनेस्को, अदामोव, जेने और बेके को पढ़ने और उन्हें आदर्श मानने के बावजूद **असंगत नाटक** वास्तव में पूरी तरह पश्चिमी तर्ज का एब्सर्ड नाटक न होकर भारतीय असंगत नाटक ही है। चूँकि नाटककार का गम्भीर मूल कथ्य केवल इसी शिल्प में व्यक्त हो सकता था इसीलिए उसने इसे अपनाया। परन्तु बीच-बीच में कई स्थल ऐसे हैं जहाँ संवाद योजना और स्थितियाँ बाकायदा यथार्थवादी नाटक के काफी नजदीक पहुँची हुई लगती हैं। नाटक में संवादों, प्रसंगों, स्थितियों और दृश्यों की पुनरावृत्ति काल के आवर्ती चरित्र को रेखांकित करती है। अतीत, वर्तमान भविष्य जैसे माला की तरह एक ही धागे में पिरोए हुए हैं। समय के सन्दर्भ में संसार की वास्तविकता अर्थहीन अथवा तर्कहीन सच्चाई है। वास्तविकता के समक्ष समय (घड़ी) जैसे मृत है किन्तु फिर भी जीवित—हँसता हुआ और हमें मुँह चिढ़ाता हुआ सा। समय (गणना) को निरर्थक-माया सिद्ध करने के लिए

लेखक ने विष्णु-नारद की पुराण-कथा का रोचक प्रयोग किया है। यहाँ समय अपने तीनों आयामों में एक साथ मौजूद है। जे.पी. दास का नया नाटक **सुन्दरदास** भी प्रकाशित-मंचित होकर चर्चा का विषय बना है। कथ्य और समस्या की दृष्टि से ये नाटक उल्लेखनीय है किन्तु शिल्प की दृष्टि से शिथिल।

मनोरंजन दास के नाटक **वनहंसी** के साथ ही प्राणबन्धु कर के लघु नाटक **श्वेत-पद्मा** का प्रकाशन भी हिन्दी में हुआ है। इन दोनों ओड़िया नाटकों का हिन्दी अनुवाद शंकर लाल पुरोहित ने किया है।

आधुनिक व्यक्ति के मन की जटिल मानसिकता और जीवन की उलझी हुई प्रकृति को बौद्धिक विश्लेषण और मनोवैज्ञानिक चिन्तन के आधार पर नए नाट्य-रूप एवं नूतन भंगिमा के साथ प्रस्तुत करने की दृष्टि से समकालीन ओड़िया नाटक और रंगमंच के क्षेत्र में मनोरंजन दास का नाम उनके चार नाटकों—**वनहंसी** (1968), **अरण्य फसल** (1970), **अमृतस्य पुत्र** (1974) तथा **काठघोड़ा** (1974) के कारण विशेष उल्लेखनीय है। इनमें से भी **वनहंसी** का जटिल वैचारिक कथ्य और विसंगत सा शिल्प यद्यपि केवल एक विशिष्ट बौद्धिक वर्ग को ही अपनी ओर आकृष्ट कर सकता है। फिर भी इस नाटक में परम्परा और आधुनिकता का रोचक समन्वय हुआ है। इसका प्रमुख उद्देश्य मनोरंजन और सामाजिक सरोकारों के साथ-साथ युग-यन्त्रणा के प्रखर चित्रण से पाठक-दर्शक के मन को उद्वेलित करना भी है।

वस्तु-संरचना की दृष्टि से **वनहंसी** तीन अंकों (दृश्यों) का मनोवैज्ञानिक नाटक है, परन्तु तीन अंकीय यथार्थवादी नाटकों के परम्परित कार्यावस्थाओं में बँधे-बँधाए व्यवस्थित नाट्य विधान—धारावाहिक कथानक, तर्कसंगत चरित्रांकन, शृंखलाबद्ध कथन-उपकथन, निश्चित देशकाल-परिवेश इत्यादि के विरुद्ध नाटककार ने यहाँ स्त्री-पुरुष सम्बन्धों की व्याख्या, पाप-पुण्य के विश्लेषण और जीवन के अर्थ एवं शान्ति की तलाश के उलझे हुए कथ्य को निरूपित करने के लिए भूत, वर्तमान और भविष्य के कृत्रिम काल विभाजन से आगे बढ़कर अपने पात्रों को समयहीनता अथवा शाश्वत/दिग्विहीन काल के एक वर्तमान बिन्दु पर खड़ा करके चौंकानेवाली एक तर्कातीत पद्धति से उनके मानसिक घटना-प्रवाह या सोच को दृश्य रूप में प्रस्तुत किया है।

घटनाओं के मूलतः मन के भीतर घटित होने के कारण नाटककार ने सादी प्रतीकात्मक मंच-सज्जा का विधान किया है। काली दीवारें, मंच पर दो स्टूल तथा पीछे की दीवार पर टँगी बिना मिनट-घंटे की सूइयों वाली एक दीवार घड़ी—बस। 'वर्तमान' को घड़ी के हिलते पेंडुलम, टिक...टिक की आवाज़ तथा साधारण आलोक-सम्पात के द्वारा प्रस्तुत किया गया है तो अतीत वर्तमान तथा भविष्य को एक ही सीधी रेखा में दिखाने के लिए घड़ी के रुक जाने तथा निष्प्रभ या हल्के नीले रंग के आलोक का इस्तेमाल किया गया है। पहले दृश्य में डॉ. प्रवीर चौधरी का

क्लीनिक है। उनकी प्रेमिका उषा के कार एक्सीडेंट में घायल पति सन्तोष शर्मा की मृत्यु ऑपरेशन के दौरान हो जाती है। डॉ. चौधरी और नर्स की बातचीत के बीच आश्चर्यजनक ढंग से (हाल ही में मर चुके) सन्तोष शर्मा का सशरीर आगमन होता है...फिर बातचीत...अतीत प्रसंग और तब अप्रत्याशित रूप से डॉक्टर और उषा का साक्षात्कार। उषा गर्भवती है। डॉ. प्रवीर कल्पना करते हैं कि उषा की बेटी बीस की हो चुकी है और उनका अपना पाँच वर्ष का लड़का पच्चीस का। उषा शान्ति की तलाश में डॉक्टर के साथ रहने के प्रस्ताव को ठुकराकर चली जाती है। दूसरा दृश्य—बीस वर्ष बाद का है। प्रवीर-उषा का प्रेम-प्रसंग राजीव-गीता के माध्यम से फिर दोहराया जाता है। उषा प्रवीर के पास लौटने का निश्चय करती है और गीता राजीव को छोड़कर चले जाने का। तीसरा दृश्य—पाँच वर्ष बाद—उसी क्लीनिक का है। पहले दृश्य की पुनरावृत्ति—बस चरित्र बदल गए हैं। अब डॉ. राजीव प्रेमिका गीता और उसके होनेवाले कार एक्सीडेंट में घायल पति अशोक राय है। डॉ. चौधरी, उषा और सन्तोष शर्मा तथा डॉ. राजीव गीता और अशोक राय के समन्वय-समीकरण और उन्हीं के बीच नर्स की रहस्यमय सी भूमिका। सम्बन्धों की बुनियाद, पाप-पुण्य का आधार, जीवन के सही अर्थों की तलाश... वगैरह-वगैरह का विश्लेषण-विवेचन। निष्कर्ष सूत्र—"शायद हम सब अस्पष्ट.... सब लक्ष्यहीन...सिर्फ खोजते फिरना ही जीवन का सार...जो चाहते हैं उसे पाते नहीं।"

"इतने शब्द, भाषा और बातों के होने पर भी कोई किसी को समझ नहीं सकता...कोई किसी को समझा नहीं सकता...गलतफहमियाँ हो जाती हैं...शान्ति नहीं मिलती..." और अन्ततः—

"घायल...लाचार...असहाय..." किन्तु फिर भी "जीना होगा...।" परन्तु मेरे विचार से उषा द्वारा प्रवीर को छोड़ जाने के परिणाम को यदि गीता के राजीव के साथ रहकर निकले परिणामों की समानता के माध्यम से यही निष्कर्ष निकलता तो शायद वह अधिक व्यापक और प्रभावशाली हो सकता था। मौजूदा हालात में यह नाटक सिर्फ प्रेमिका द्वारा प्रेमी को छोड़ जाने की सामान्य सी ट्रेजेडी का नाटक बनकर रह गया है। हिन्दी नाट्य-प्रेमियों को **वनहंसी** का फॉर्म डॉ. लाल के **व्यक्तिगत** और निष्कर्ष राकेश के **आधे-अधूरे** के नज़दीक लग सकता है।

संवाद प्रायः छोटे-छोटे, आधे-अधूरे और विचार-गर्भित हैं। अनुवाद की भाषा कहीं-कहीं अटपटी और अभिव्यक्ति अजीब—जैसे—"और क्या भी लिखती" या "मैं सकूँगी नर्स...." इत्यादि।

वनहंसी कथ्य और फॉर्म की दृष्टि से विशुद्ध प्रयोगवादी, मंचन की दृष्टि से दिलचस्प किन्तु सम्प्रेषण की दृष्टि से एक कठिन नाटक है।

'वनहंसी' के ठीक विपरीत, प्राणबन्धु कर का लघु-नाटक **श्वेत-पद्मा** एक सीधा और सरल नाटक है। लेखक की 1958 ई. में लिखित इसी शीर्षक की कहानी का यह दो दृश्योंवाला नाट्य-रूपान्तरण उसका सर्वश्रेष्ठ एकांकी माना जाता है। मनोविज्ञान के अध्यापक हेमकान्त की पत्नी श्वेत-पद्मा को अपने पति के स्वास्थ्य की चिन्ता किस प्रकार अति की सीमा पर पहुँचकर नाटकीय स्थितियों का निर्माण करती है और कैसे पति-पत्नी के स्वाभाविक सम्बन्धों के बीच विनोद, सुमन्त और मित्रा का सहज व्यवहार भी सन्देहजन्य तनाव पैदा करके नाटक को चरमसीमा पर ले जाता है—**श्वेत-पद्मा** में इसका रोचक प्रस्तुतीकरण हुआ है। मनोवैज्ञानिक कुंठा के विश्लेषण और उसके नाटकीय दृश्यांकन की प्रत्यक्ष सम्भावना का दोहन करके एकांकी को गहन-गम्भीर बनाने के बजाय नाटककार उसे केवल आमोद-विनोदपूर्ण एक सीधा-सरल, बोधगम्य पारिवारिक नाटक भर रहने देता है। कार्य-व्यापार और चरित्रों में आकर्षक वैविध्य है। चरम सीमा की प्रतिष्ठा भी बड़ी कुशलता से की गई है। किन्तु अन्त में श्वेत-पद्मा की आशंका और कुण्ठा का उद्घाटन सांकेतिक और अस्पष्ट रह जाने के कारण सम्पूर्ण प्रभाव बिखर जाता है। 'मुझे सकेंगे ना?', 'इतने गम्भीर कैसे हो बैठे?', 'चेष्टा की है—शक नहीं रही।' जैसे प्रयोग हिन्दी की प्रकृति के अनुकूल नहीं हैं।

शंकरलाल पुरोहित द्वारा ही अनूदित अक्षय कुमार मोहन्ती का नाटक **विक्रमादित्य का सिंहासन** तटस्थ दृष्टि से राजनीतिक चरित्रों का विश्लेषण करके उनके प्रत्यक्ष नकारात्मक तत्त्वों के साथ-साथ प्रच्छन्न रचनात्मक और आदर्श-तत्त्वों को उद्घाटित करने के उद्देश्य से लिखा गया नाटक है। नाटककार के अनुसार, "विलक्षण किस्म के एक अति आधुनिक राजनीतिज्ञ को केन्द्र में रखकर उसके साथ कुछ दूसरे-चरित्रों और उनसे जुड़े कुछ प्रसंगों-घटनाओं की कल्पना करके, इस प्रयोगधर्मी नाटक की रचना की गई है।" परन्तु रचना इस उद्देश्य/दावे को पूरा नहीं करती। मन्त्री का चरित्र न तो विलक्षण है और न ही प्रभावशाली। उसकी प्रेमिका (मन्दाकिनी) का प्रवेश नाटक के अन्त में होता है और उनके सम्बन्ध भी अस्पष्ट रह जाते हैं। क्षितीश एवं प्रवीर जैसे छात्रों-गुंडों को मूर्ख बनाकर चलता करने में जरूर मन्त्री की चतुराई दिखाई पड़ती है किन्तु 'मन्त्री पद छोड़ देने की इच्छा' पति-पत्नी में किसी गहरे आत्म-चिन्तन, द्वन्द्व या विचार से उत्पन्न नहीं होती। यह तथाकथित रचनात्मक और आदर्श तत्त्व (?) अपने बच्चे के खो जाने की आशंका से पैदा हुए क्षणिक भय का तात्कालिक परिणाम मात्र है। रहस्यमय प्रौढ़ का अन्ततः मन्त्री का पूर्व परिचित मुकुन्द बाबू निकलना और अपने गाँव में थाना खुलवाने की अनुमति माँगना तथा मन्त्री के बेटे लूज़ के अगवा होने की खलबली वगैरह से थोड़ी देर के लिए तनाव और कुतूहल की सृष्टि तो होती है, किन्तु उससे कोई बड़ा अभिप्राय

सिद्ध नहीं होता। कुल मिलाकर यह नाटक किसी राजनीतिज्ञ के न तो ऋणात्मक पक्ष को गहराई से प्रकट करता है और न ही उसके धनात्मक पक्ष को ईमानदारी से व्यक्त कर पाता है। यह एक रीढ़हीन सत्ताधारी का साधारण चित्र भर ही प्रस्तुत करता है।

व्यासकृत बहुप्रचलित 'महाभारत' से अलग हटकर उड़ीसा के जन-मानस में व्याप्त और सरला दास लिखित ओड़िया महाभारत के आद्य पर्व के कुछ दिलचस्प प्रसंगों, चरित्रों एवं प्रकरणों पर आधारित सत्यव्रत राऊत एवं राजेश जोशी कृत क्रमशः **झिमिट खेला** और **पासा** के नाम से नाट्य निर्देशक सत्यव्रत राऊत ने पहले ओड़िया और फिर हिन्दी में अभिमंचित किया।

यह नाटक ओड़िया महाभारत के उस प्रकरण पर आधारित है जिसमें पांडवों द्वारा अपमानित दुर्योधन अपने कलंकित जन्म का प्रतिशोध लेने के लिए गान्धार राज और उनके पुत्र शकुनि को धोखे से कारागार में बन्द कर देता है। दुर्योधन से अपने पिता की मृत्यु और अपने अपमान का बदला लेने के लिए ही शकुनि चालाकी से दुर्योधन का प्रधानमन्त्री बनकर पांडवों को जुए में हराता है और इस प्रकार महाभारत के युद्ध और परिणामतः दुर्योधन के अन्त का आरम्भ करता है।

यह एक रोचक तथ्य है कि महाभारत के कुख्यात मामाश्री शकुनि को उड़ीसा के लोक जीवन में सम्मान देकर नायक का दर्जा प्रदान किया गया है। पासा में नाटककार ने इसी शकुनि को केन्द्रीय चरित्र बनाकर, युद्ध और उसके दुष्परिणामों का ही नहीं बल्कि, महायुद्ध के मूल कारणों को विश्लेषित एवं रेखांकित करने का रचनात्मक प्रयास किया है। उड़ीसा की इस अत्यन्त कुतूहलपूर्ण एवं नाटकीय कथा को निर्देशक ने वहीं की जगप्रसिद्ध लोक नृत्य/नाट्य शैली 'छाऊ' में वहाँ के युद्ध कला-रूप 'पैका नृत्य' (पैका=सैनिक) तथा कथागायन, गीतिनाट्य और ब्रेख्त के अलगाव तत्त्व का सुन्दर सामंजस्य करके आक्रामक किन्तु मोहक रूप में पेश किया है।

पांडवों से जन्मजात ईर्ष्या-द्वेष रखनेवाला दुर्योधन जब कुरु-दरबार में उन्हें धर्मपुत्र, पवननन्दन, इन्द्रनन्दन और अश्विनीपुत्र कहकर अपमानित करता है तो कुन्ती उन्हें यह कहकर शान्त करा देती है कि शास्त्रसम्मत होने और महाराज पांडु की इच्छा से ही उसने और माद्री ने देवताओं के संसर्ग से उन्हें प्राप्त किया है। इसलिए इसमें लज्जा या अपमान की कोई बात नहीं है। परन्तु जब गुस्सैल भीम इतने से सन्तुष्ट नहीं होता तो कृष्ण पुनः ऐसा अवसर आने पर उसे दुर्योधन को 'गोलक (गूलर) पुत्र' कहकर अपना बदला ले लेने की सलाह देते हैं। राजसभा में भीम के मुँह से ऐसा सुनते ही दुर्योधन आग-बबूला होकर गान्धारी से इस 'गोलक पुत्र' शब्द का वास्तविक अर्थ पूछता है। माता गान्धारी उसे बताती है कि उसका जन्म एक

ऐसे नक्षत्र में हुआ था जिसके कारण विवाह के तत्काल बाद ही पति के मर जाने की आशंका थी। इसलिए उसका ब्याह पहले एक गूलर के पेड़ से कर दिया गया था। वह पेड़ ब्याह के बाद मर गया। तब बाद में उसका विवाह धृतराष्ट्र से हुआ था। अपनी माँ के पूर्व वैधव्य का यह रहस्य जानते ही दुर्योधन ने गान्धार नरेश को उसके पूरे खानदान सहित नष्ट करने के इरादे से छलपूर्वक, उन्हें लोहागिरी पर्वत के, इसी उद्देश्य के लिए खास तौर से बनवाए किले/कारागार में बन्दी बना दिया। गान्धार नरेश और चतुर शकुनि को छोड़कर शेष सभी (निन्यानबे) पुत्र धीरे-धीरे मर गए। शकुनि कौरवों और विशेषतः दुर्योधन से प्रतिशोध की आग में जलने लगा। तब मरने से पहले गान्धार नरेश ने अपने एकमात्र बचे पुत्र शकुनि से कहा कि 'तुम मेरे दाएँ हाथ की उँगलियों से पाँसे बनवाना और बाएँ हाथ की हड्डी से गुरिया। ये अजेय पाँसे होंगे और इनसे कोई नहीं जीत पाएगा।' उसने ऐसा ही किया और अपनी बुद्धिमत्ता तथा चालाकी से जेल-मुक्त होकर दुर्योधन का सम्मानित मन्त्री बन गया। इस प्रकार, अपने पिता की अस्थियों से बनाए गए पाँसों से उसने महाभारत के महासमर की बुनियाद रखी और कौरव-दुर्योधन का समूल नाश करके अपने पिता एवं भाइयों की मौत/हत्या का बदला लिया।

कौरवों-पांडवों के बाल्यकाल से लेकर महाभारत (युद्ध) की कुख्यात द्यूतक्रीड़ा तक फैले इस नाटक का मूल संघर्ष भीम-दुर्योधन, कृष्ण-बलराम और शकुनि-दुर्योधन के बीच बँटा होने से कार्य-व्यापार की मूल शक्ति एकाग्र नहीं रह पाती। नायकत्व का प्रश्न भी उलझा हुआ है। फल-प्राप्ति के आधार पर शकुनि को **पासा** का नायक या केन्द्रीय चरित्र माना जा सकता है किन्तु वह नाटक के अन्त से कुछ ही पहले मंच पर आता है और प्रमुख भूमिका नहीं निभाता। भीम मध्य तक छूट जाता है और कृष्ण तो उससे भी कुछ पहले। दुर्योधन तो आद्यन्त खलनायक ही है। इसलिए आलेख/प्रस्तुति में प्रभाव की अन्विति नहीं रह पाती। फिर भी, कथानक के नएपन और प्रभावशाली प्रस्तुति-शैली के कारण 'पासा' दर्शकों को बाँधे रखने में सफल हो जाता है।

ओड़िया के अधिकांश नाटककारों को अस्तित्ववाद, एब्सर्ड, समय (काल) की समस्या और अमूर्तन से विशेष लगाव रहा है। लेकिन विजय मिश्र द्वारा लिखित और राजेन्द्र प्रसाद मिश्र द्वारा हिन्दी में अनूदित **तट निरंजना** सांस्कृतिक परिवेश और पार्थिव-अपार्थिव की मौलिक एवं शाश्वत, किन्तु आज तक अनसुलझी जटिल समस्या का विचारोत्तेजक नाटक है। हिन्दी के सुरुचिसम्पन्न एवं विचारवान नाट्य-प्रेमी दर्शकों-पाठकों और नए एवं गम्भीर नाट्यलेखों की तलाश करते प्रबुद्ध रंगकर्मियों के लिए यह जानना रोचक होगा कि 'तट निरंजना' कई दृष्टियों से मोहन राकेश के परिचित नाटक **लहरों के राजहंस** की बार-बार याद दिलाता है। अतीत के माध्यम

से यह नाटक भी आज के व्यक्ति की अस्थिरता, दुविधा और अनिश्चितता को रेखांकित करता है। अपनी इन्हीं गहन-गम्भीर समस्याओं और रोचक विशेषताओं के कारण ही हिन्दी रंगमंच पर इसका अपूर्व स्वागत हुआ है।

नीललोहित एक सहज जिज्ञासु मन है, जो इच्छामती रूपी पार्थिवता और आनन्द/बुद्ध रूपी अपार्थिवता के बीच संशयग्रस्त होकर भटक रहा है। स्त्री-पुरुष सम्बन्धों की व्याख्या यहाँ दो रूपों में दिखाई देती है। एक, नीललोहित और इच्छामती के स्तर पर—जहाँ पुरुष स्त्री-प्रेम के लौकिक धरातल को छोड़कर बुद्ध या संघ को समर्पित हो जाता है और अन्त में स्वयं को ठगा गया सा महसूस करता है। दूसरे स्तर पर गौतम बुद्ध तथा गोपा (पत्नी यशोधरा), सुजाता और इच्छामती के सम्बन्ध के रूप में है जहाँ गौतम इनका सामना करने के बजाय बचकर पलायन कर जाते हैं और अन्ततः स्वयं को पराजित अनुभव करते हैं। प्रत्येक स्त्री, लालसा और भौतिकता की प्रतीक इच्छामती का यह चिरन्तन प्रश्न अन्त तक अनुत्तरित ही रहता है कि 'किसकी कामना? कामना क्यों?' और 'वह क्या है जो दुख से भी स्वर्णतर है?' वह कामना और दुख का निषेध करनेवाले गौतम को चुनौती देकर कहती है, 'कामना मृत्यु की तरह सत्य है, शरीर की तरह संचरणशील है और दुख की तरह महान है।' गौतम के संघ और मोक्ष/निर्वाण की स्थिति उसकी नज़र में एकदम व्यर्थ और निरर्थक है; क्योंकि यहाँ युद्ध करने के लिए न तो अहंकार है और न ही परीक्षा देने के लिए दुख। इच्छामती के संवादों में कामाध्यात्म की स्पष्ट व्याख्या है।

विडम्बना का दूसरा महत्त्वपूर्ण स्तर यह है कि परम्परा से प्राप्त सत्य को अस्वीकार करके जिस गौतम बुद्ध ने आत्म-साक्षात्कार और आत्मानुभव पर बल देकर जीवन के सत्य को सतत बहती निरंजना या चेतना के प्रवाह के रूप में देखा था; वही गौतम बुद्ध लिपिबद्धता और संघ के अंकुश में कुछ इस तरह फँस गए कि उन्हें लगने लगा कि 'आज गौतम तथागत के बन्दीगृह में बन्दी है, असहाय है।' उनकी छाया उनसे बहुत बड़ी हो गई। मूर्तिभंजक गौतम बुद्ध स्वयं एक मूर्ति बनकर रह गए। नियम के सामने नियामक और सत्ता के सामने स्वयं सत्ताधारी कितना बौना और बेबस हो जाता है—इसका अत्यन्त नाटकीय एवं प्रभावशाली चित्रण **तट निरंजना** में देखने को मिलता है।

अपने चिर अशान्त, चिर अस्थिर एवं चिर जिज्ञासु मन को लेकर गौतम जब नए प्रश्नों और नए अनुभवों से गुजरते हुए अपने नवोपलब्ध सत्य का दान अपने पुत्र राहुल को यह कहकर देते हैं कि 'जिस मार्ग पर तुम्हें चलना है उस मार्ग का आविष्कार तुम स्वयं करो।' तो आनन्द और संघ के समक्ष अस्तित्व का संकट आ खड़ा होता है। इस घोषणा के साथ कि 'धर्म और संघ के कल्याण के लिए, सोए

हुए मानव को जगाने के लिए तथा श्रमण भिक्षु और अर्हतों की आत्मशुद्धि के लिए प्रभु शाक्य सिंह ने आज से मौन व्रत धारण कर लिया है।' गौतम को जबरदस्ती चिर-मौन बना दिया जाता है। मृत्यु से पहले गौतम आनन्द को अपना यह अन्तिम सन्देश लिपिबद्ध करने को कहते हैं कि 'अन्तिम सत्य जैसी कोई चीज़ नहीं है। मनुष्य के क्रमिक विकास की तरह सत्य एक समय से दूसरे समय तक विकसित है।...मैं अन्तिम बुद्ध नहीं हूँ। मनुष्य की इच्छा और कामनाएँ बुद्ध को पुनः लाएँगी। कामनाओं का विनाश नहीं है इसलिए दुखों का भी विनाश नहीं है।' परन्तु आनन्द इस आदेश को लिपिबद्ध नहीं करता और तथागत तथा संघ के बारे में पूर्व-प्रचारित बातों को ही दुहराकर 'संघ' के महत्त्व की यथास्थिति बनाए रखता है। छह दृश्यों में विभक्त इस नाटक में नाटककार ने कल्पना और यथार्थ तथा अतीत और वर्तमान के नाटकीय संयोग एवं अन्य अनेक दिलचस्प रंग-युक्तियों का सार्थक प्रयोग किया है। अतीत के सांस्कृतिक परिवेश की स्थापना के लिए नाटककार ने संस्कृत के तत्सम शब्दों से बनी काव्यात्मक; लेकिन इसके बावजूद तनाव वहन करनेवाली रंग-भाषा का इस्तेमाल किया है। संवादों की लय में आधुनिक जीवन की लय भाषा को दुर्बोध अथवा क्लिष्ट बनने से रोकती है। रंग-शिल्प की दृष्टि से नाटक रोचक है। अनुवाद की भाषा भी जीवन्त, सुसंस्कृत एवं प्रवहमान है।

ओड़िया नाट्य-साहित्य के इन नए प्रयोगधर्मी विविध नाटकों के हिन्दी अनुवादों ने निश्चय ही समकालीन हिन्दी रंगकर्म को समृद्ध किया है।

विजय तेन्दुलकर : पुनरावलोकन

आधुनिक भारतीय रंगकर्म को नया रूपाकार, जीवन्त मुहावरा और समकालीन अनुभव के प्रभावशाली नाटकों से व्यापकता एवं समृद्धि देकर अस्सी वर्ष की उम्र में विजय तेन्दुलकर चले गए। उन्होंने नाटक, एकांकी, लेख, टी.वी. धारावाहिक और उपन्यास लिखे, कहानियाँ और फिल्में भी लिखीं। **रजनी** अपने समय का उद्देश्यपूर्ण एवं अत्यन्त लोकप्रिय सीरियल था और **निशान्त, मन्थन, आक्रोश, अर्द्धसत्य** जैसी तेन्दुलकर की फिल्मों ने समान्तर हिन्दी सिनेमा को नई पहचान और प्रतिष्ठा दिलाई थी। वह फिल्म और टी.वी. जैसे व्यापक तथा शक्तिशाली माध्यमों की प्रभावशीलता से भी परिचित थे। इसके बावजूद उन्हें नाट्य-लेखन और रंगमंच का माध्यम ही पसन्द था। बहुत पहले एक बार उन्होंने इसका कारण बताते हुए कहा था कि "मैं रंगमंच में स्वयं को अधिक सन्तुष्ट अनुभव करता हूँ क्योंकि यहाँ सब कुछ मैं तय करता हूँ। नाटककार सर्वोपरि है...मैं अपने निर्देशक चुन सकता हूँ, अपने अभिनेता चुन सकता हूँ। यदि मैं चाहूँ तो हर चीज को नियन्त्रित कर सकता हूँ।...मुझसे पूछे बिना (मेरे नाटक में) कोई ज़रा-सा परिवर्तन नहीं कर सकता।" ज़ाहिर है टी.वी. और सिनेमा में लेखक को अभिव्यक्ति की यह स्वतन्त्रता और उसके सम्प्रेषण पर ऐसा एकाधिकार नहीं है। तेन्दुलकर अपने रचनाकार के लिए पूरी स्वतन्त्रता चाहते थे तो उसकी जिम्मेदारी भी लेते थे और परिणाम भुगतने के लिए हमेशा तैयार भी रहते थे। उनके प्रतिष्ठित-विवादाग्रस्त एवं उत्कृष्ट रचनाकार के सामने उनका प्रखर वैचारिक और अटूट व्यक्तित्व प्रायः परोक्ष में ही दबा-छुपा रहा। यहाँ हम उनके व्यक्तित्व एवं कृतित्व की एक साथ चर्चा कर रहे हैं।

विजय तेन्दुलकर अदम्य साहसी, निर्भय और अपने अनुभव की सच्ची ईमानदार प्रस्तुति के लिए प्रतिबद्ध रचनाकार थे। उन्होंने अपने नाटक दर्शकों को खुश करने के लिए नहीं, बल्कि उन्हें आईना दिखाकर विक्षुब्ध करने, सोचने और प्रतिक्रिया करने पर बाध्य करने के लिए ही लिखे थे। यह अनायास और आकस्मिक नहीं था कि **गिद्ध, सखाराम बाइंडर** और **बेबी** के लेखक को लोगों ने कुंठित, विकृत और मूल्यहन्ता मानसिकता का विक्षिप्त व्यक्ति कहा। **घासीराम कोतवाल** पर पुणे के ब्राह्मणों ने

विरोध प्रकट किया, शिवसैनिकों ने नाना फड़नवीस के चरित्र-हनन का आरोप लगाकर हंगामा किया। **कमला** से पत्रकार और बुद्धिजीवी नाराज़ हुए। **कन्यादान** ने दलितों और प्रगतिशीलों में तेन्दुलकर के प्रति आक्रोश पैदा किया। अपने अनेक नाटकों के लिए उन्हें हमेशा समाज के किसी न किसी वर्ग, सम्प्रदाय या समूह के मुखर प्रतिरोध, सेंसर बोर्ड के प्रतिबन्ध और अदालती मुकदमों का सामना करना पड़ा। वे अपनी अभिव्यक्ति की स्वतन्त्रता के लिए डटकर लड़ते और जीतते रहे। उन्होंने सदैव सत्ता-व्यवस्था का विरोध किया।

विजय तेन्दुलकर स्वभाव से शान्त, शालीन और संवेदनशील थे। वे मृदुभाषी थे और मितभाषी भी। वे धैर्यवान और एकाग्र श्रोता थे। उन्हें देख-सुनकर यह अन्दाज़ा लगाना बेहद मुश्किल था कि वे इतने हिंस्र एवं असंस्कृत चरित्रों के स्रष्टा और ऐसे आक्रामक नाटकों के लेखक भी हो सकते हैं। वह अकसर कहते थे—"ये नाटक मैंने नहीं लिखे, यह मुझसे लिखे गए हैं। इनके चरित्र मेरे पास आते हैं, अपनी भाषा में अपनी बात कहते हैं। मैं सिर्फ उन्हें ध्यान से सुनता हूँ और उनके संवादों को उसी तरह लिखता जाता हूँ।" उन्होंने अपने सभी नाटक बीसवीं सदी के खत्म होने से पहले ही लिख लिये थे। इस सन्दर्भ में पूछे जाने पर उनका जवाब होता था—"अब नाटक मेरे पास नहीं आता, मैं कैसे लिखूँ कोई नया नाटक?" और सचमुच इस बीच उन्होंने उपन्यास तो लिखे, लेकिन पिछले लगभग दस-बारह वर्षों में कोई नाटक नहीं लिखा। पत्नी, बेटी और बेटे की आकस्मिक मृत्यु ने उन्हें निश्चय ही भीतर से तोड़कर बेहद अकेला कर दिया होगा। लेकिन अपने दुख को उन्होंने कभी किसी के साथ नहीं बाँटा, उसे कभी कहीं प्रकट भी नहीं होने दिया। नीलकंठ की तरह सारा विष चुपचाप पी गए और बाहर सब कुछ पहले की तरह ज्यों-का-त्यों अपनी गति से चलता रहा।

तेन्दुलकर राजनीति और राजनीतिज्ञों के बदलते चरित्र से अत्यन्त आहत और दुखी थे। उनके उपन्यास **कादम्बरी** के दोनों भाग सत्ता और राजनीति के अपराधीकरण के भयावह परिणामों और त्रासकारी आशंकाओं पर केन्द्रित थे। अपने तीसरे उपन्यास के लिए वह काफी समय से समकालीन राजनीति के तीन बड़े और चर्चित नेताओं की मानसिकता का गहरा अध्ययन और सूक्ष्म विश्लेषण कर रहे थे। वह साम्प्रदायिक और तानाशाही प्रवृत्ति के पनपने और उसके लोकप्रिय होने के कारणों की बारीक छानबीन करने के साथ-साथ उसके स्रोत की खोज में भी लगे थे। उनका मानना था कि वह एक व्यक्तिगत उपन्यास होगा। इसका लेखन उनकी अपनी सोच को ठीक से समझने का माध्यम भर है। इसलिए उन्हें लगता था कि सम्भव है वह उसे अधूरा ही छोड़ दें। और यदि वह पूरा हो भी जाए तो हो सकता है कि वह उसे प्रकाशित ही न कराएँ। इक्कीसवीं सदी के आरम्भिक दौर में विजय

तेन्दुलकर जैसा गम्भीर चिन्तक, प्रखर बुद्धिजीवी, सचेत सामाजिक पर्यवेक्षक और सतर्क राजनीति-आलोचक, रूपकों और मुहावरों से अलग हटकर, किस दिशा में क्या सोच रहा था? उसकी सोच किन चिन्ताओं और खतरों की तरफ इशारा कर रही थी? ये बेहद जरूरी सवाल हैं।

अपने लेखन के साथ-साथ तेन्दुलकर सामाजिक, राजनीतिक और कला-साहित्य के मुद्दों एवं ज्वलन्त समस्याओं पर अपने साक्षात्कारों और संगोष्ठियों-सभाओं में भी प्रतिक्रियाएँ स्पष्ट और बेलाग शब्दों में व्यक्त करते थे। अपनी राय और सोच को बयान करने में वह कभी झिझके-डरे नहीं। उन्होंने अपनी प्रतिष्ठित रचनाकार की छवि की लोकप्रियता पर आँच आने की भी कभी परवाह नहीं की और न गुंडागर्दी से कभी घबराए। तेन्दुलकर प्रसिद्ध लेखक आर्थर कोएस्लर से सहमत थे कि मनुष्य के दिमाग में जन्मजात हिंसा होती है, बस वह कई बार उग्र रूप धारण कर लेती है। मानवीय परिस्थिति में ही कुछ विसंगति है। हमें मानव जाति और समाज के बारे में नए सिरे से सोचना और बहुत गम्भीरता से विचार करना पड़ेगा। रथ-यात्रा और बाबरी मस्जिद के ध्वंस पर उन्होंने अपना विरोध प्रबल ढंग से जताया था। बम्बई के बम-विस्फोट और आतंकवाद की भी उन्होंने जमकर भर्त्सना की थी। दलितों पर होनेवाले अन्याय और अत्याचार की निन्दा वह जीवन भर करते रहे। एम.एफ. हुसैन और तसलीमा नसरीन की अभिव्यक्ति की स्वतन्त्रता का पक्ष उन्होंने खुलकर लिया। गुजरात दंगों से वह इतने आहत और उत्तेजित हो उठे थे कि मुम्बई की एक जनसभा में उन्होंने यह तक कह डाला कि "अगर मुझे पिस्तौल मिल जाए तो मैं नरेन्द्र मोदी को गोली मार दूँ।" हिंसा और उसके विभिन्न पहलुओं पर गहन, गम्भीर और विस्तृत शोध करने और उसके कारणों तथा परिणामों के विशेषज्ञ बुद्धिजीवी का इस तरह स्वयं हिंस्र हो उठना कोई सामान्य बात नहीं है। वह एक जिम्मेदार नागरिक और अन्तर्दृष्टि सम्पन्न गहरे चिन्तक थे। उनके लिए मनुष्यता और नैतिक-मूल्य सर्वोपरि थे। नैतिकता को वह मनुष्य की आत्मा से जोड़कर देखते थे, इसके लिए किसी शास्त्र की गवाही और पारम्परिक-प्रचलित नियमों-मानदंडों को वे जरूरी नहीं मानते थे।

पारिवारिक सम्बन्धों से लेकर राष्ट्रीय-अन्तर्राष्ट्रीय रिश्तों तक अनादि काल से चल रहे सत्ता-संघर्ष के सभी रूपों एवं स्तरों को वह अच्छी तरह जानते-समझते थे। राजनीति में टेक्नोलॉजी, मैनेजमेंट और बाज़ारवाद के दखल से वह बेहद चिन्तित थे। मतदाता को 'क्लाइंट' मानकर और देश के प्रधानमन्त्री को 'प्रोडक्ट' बनाकर बेचना वह गलत ही नहीं मनुष्य और मनुष्यता के भविष्य के लिए एक भयंकर खतरा समझते थे। वह अकसर कहते थे कि भारतवर्ष एक अत्यन्त प्राचीन सभ्यता, संस्कृति और समृद्ध परम्पराओं (रूढ़ियाँ) वाला देश है—हमें बाज़ारवाद के पोषक अमेरिका की नकल नहीं करनी चाहिए।

समाज और राजनीति के इस सतत पतन की प्रक्रिया में प्रतिरोध के लिए वह सत्ता के शक्तिशाली एवं प्रबुद्ध प्रतिपक्ष की निर्णायक भूमिका और जिम्मेदारी मानते थे। उनका विचार था कि साहित्यकार-कलाकार और बुद्धिजीवी सिर्फ गलत पर उँगली रख सकते हैं और सही का संकेत दे सकते हैं। वे परिवर्तन और क्रान्ति नहीं ला सकते। वे अपार शक्तिशाली और भ्रष्ट-व्यवस्था की प्रतिरोधी-शक्ति न हैं और न बन सकते हैं। अन्ततः यह उत्तरदायित्व राजनीतिज्ञों का ही है—जिनसे फिलहाल कोई उम्मीद नज़र नहीं आती। पैसेवाले और पैसेवाले होते जा रहे हैं, ताकतवर और ताकतवर। आम आदमी गरीबी, बेरोज़गारी और महँगाई से और नीचे जा रहा है। अगर आप इसे देश का विकास कहते हैं तो कहिए—मगर ये सच नहीं है।

विजय तेन्दुलकर टी.वी. को रचनात्मकता विहीन और फिल्म को निर्देशक का माध्यम मानते थे। वे स्वयं मूलतः और अन्ततः नाटककार थे। नाट्य-लेखन में ही उन्हें सन्तुष्टि और सार्थकता का अनुभव होता था। विजय तेन्दुलकर न आदर्शवादी थे, न भावुक आशावादी लेकिन रंगकर्म के भविष्य के प्रति उनके मन में अटूट विश्वास था।

विजय तेन्दुलकर केवल लेखक ही नहीं थे। वह एक गम्भीर और अत्यधिक संवेदनशील नाट्य-प्रेक्षक भी थे। 19 मई, 1997 को एक साक्षात्कार के दौरान जब उनसे यह प्रश्न किया गया कि "यदि मृत्यु से ठीक पहले आपसे कोई पूछे कि आपके जीवन के दो सर्वाधिक आनन्ददायक और अविस्मरणीय अनुभव कौन से थे, तो आप क्या कहेंगे?" बिना एक पल सोचे विजय तेन्दुलकर ने उत्तर दिया था—"पहला वह जब मैंने शम्भु मित्रा को मंच पर अभिनय करते देखा था और दूसरा...अभी कुछ कह नहीं सकता।" परन्तु कैसी विडम्बना है कि 19 मई, 2008 को पुणे के प्रयाग अस्पताल में सुबह के लगभग 8 बजे विजय तेन्दुलकर से किसी ने यह प्रश्न नहीं पूछा, जब वह अन्तिम साँस ले रहे थे। इससे भी बड़ी विडम्बना यह है कि पूछे जाने पर भी वह निरुत्तर ही रहते, क्योंकि महीनों से वह निर्वाक् हो गए थे और अन्तिम रात से तो कोमा में ही चले गए थे।

विजय तेन्दुलकर का व्यक्तित्व एक बर्फ ढके ज्वालामुखी की तरह था। बाहर से देखने पर वह अत्यन्त शान्त, सौम्य, मृदुभाषी और अत्यन्त सहज-सरल दिखते थे, लेकिन भीतर से फौलाद और उबलते लावे की तरह थे। उनकी आँखें शान्त, तरल और संवेदनशील थीं, लेकिन दृष्टि इतनी तेज़ और पैनी कि भीतर तक उतर जाए और दूर तक सब कुछ देख ले। बौद्धिक प्रखरता, विवेक और अन्तर्दृष्टि से वह सभी तरह के छल-छद्म, अन्तर्विरोध और पाखंड के रेशे-रेशे को चीर-फाड़कर विश्लेषित कर सकते थे। उनके लेखन का एक-एक शब्द ही नहीं, शब्दों, वाक्यों और संवादों के बीच का मौन, कॉमा और पूर्ण-विराम तक इसके प्रमाण हैं। उन्होंने अपनी समझ स्कूल और किताबों से नहीं जीवन और समाज के वास्तविक और ठोस अनुभवों से पाई थी।

वह हमारे समाज के सतर्क पर्यवेक्षक और हमारी आत्माओं के सजग प्रहरी थे। उनका चिन्तन और रचना-कर्म यथार्थ और उसके भीतर के सच को देखता-दिखाता है। तेन्दुलकर का लेखन बहुविध एवं बहुआयामी है। उन्होंने 27 पूर्णकालिक नाटक, 25 एकांकी, 17 बाल-नाटक, हिन्दी-मराठी की 18 फिल्मों की पटकथाएँ, दो (या शायद तीन) उपन्यास और अनेक लेख तथा कहानियाँ लिखीं। मोहन राकेश के **आधे-अधूरे** और गिरीश कारनाड के **तुगलक** के मराठी अनुवाद भी उन्होंने किए थे।

विजय तेन्दुलकर केवल मराठी के ही नहीं, बल्कि एक अत्यन्त महत्त्वपूर्ण और तन्त्र-कुशल भारतीय नाटककार थे। राष्ट्रीय नाटककारों के रूप में प्रख्यात हिन्दी के मोहन राकेश की 1972 में आकस्मिक मृत्यु हो गई, बांग्ला के बादल सरकार ने अपने मनोशारीरिक तीसरे रंगमंच से जुड़ने के बाद 1975 के आसपास नाट्य लेखन लगभग बन्द कर दिया और कन्नड़ के गिरीश कारनाड आरम्भ से ही पाँच-सात वर्षों में पुराण, इतिहास और लोक-कथाओं पर आधारित एकाध नाटक लिखनेवाले, 'अल्पप्रसू नाटककार' ही रहे हैं। अकेले विजय तेंदुलकर ही थे जो लगभग पाँच दशकों तक भारतीय समाज की ज्वलन्त समस्याओं, चुनौतियों और प्रतिपल बदलती मध्यवर्ग की जटिल विसंगतियों-विडंबनाओं को परत-दर-परत नंगा करनेवाले वैविध्यपूर्ण कथ्य और नए मौलिक रंग-शिल्प के उद्वेलित-उत्तेजित करनेवाले आक्रामक नाटक लगातार लिखते रहे।

व्यक्तिगत, पारिवारिक, सामाजिक, राजनीतिक, राष्ट्रीय स्तर हमेशा मौजूद रहे सत्ता-संघर्ष को विजय तेन्दुलकर ने स्त्री-पुरुष सम्बन्धों के माध्यम से सेक्स और हिंसा के मुहावरे में प्रस्तुत किया। उन्हें हमेशा इस बात का अफसोस रहा कि अधिकतर उनके नाटकों को देह के स्थूल स्तर पर ही क्यों ग्रहण किया गया? अभिधा से आगे बढ़कर उनके नाटकों के गहरे-गम्भीर मन्तव्यों और व्यापक सरोकारों की ओर लोगों का ध्यान क्यों नहीं गया?

हिंसा तेन्दुलकर के किसी नाटक का थीम नहीं है, फिर भी यह उनके अधिकांश नाटकों में किसी न किसी रूप में या स्तर पर मौजूद रही है। हिंसा को वह बहुत असली और बुनियादी चीज़ मानते थे। पूर्णतः हिंसा रहित किसी ज़िन्दा इंसान की वह कल्पना नहीं कर पाते थे। नाटक में हिंसा का रूप और स्तर उसके चरित्रों के स्वरूप, उनके वर्ग, परिवेश और पृष्ठभूमि से निर्धारित होता है। नेहरू फेलोशिप के दौरान हिंसा पर गहन शोध करते हुए उन्होंने पाया कि सेक्स और हिंसा में गहरा आन्तरिक रिश्ता है। सेक्स सामाजिक हिंसा का ही एक पहलू है और कभी-कभी तो जातिगत हिंसा का मूलाधार ही सेक्स होता है। इसे छोड़कर किसी भी व्यक्ति के चरित्र और उसके आचरण को पूरी तरह समझा नहीं जा सकता।

विजय तेन्दुलकर की इसी मान्यता और धारणा के सन्दर्भ में ही हम उनके नाटकों को विवेचित-विश्लेषित कर सकते हैं। **शान्तता! कोर्ट चालू आहे** के पात्र

मध्यवर्ग के पढ़े-लिखे और 'सभ्य' व्यक्ति हैं—छद्म और शालीनता उनकी मजबूरी है। इसलिए अपनी शिकार बेणारे के प्रति उनकी मानसिक-वाचिक हिंसा में क्रूरता का एक अपेक्षाकृत सूक्ष्म और सम्भ्रान्त रूप दिखाई पड़ता है। एक ओर यह नाटक मध्य-वर्ग की दमित वासनाओं, वर्जनाओं और कुंठाओं से उत्पन्न होनेवाली हिंसा के दायरे में जाने-अनजाने आ फँसी एक स्त्री की पीड़ा, छटपटाहट और यातना को उत्तेजक रूप में पेश करता है तो दूसरी ओर हमारे समाज में विविध स्तरों पर मौजूद पाखंड, ढोंग और दोगलेपन को भी बड़ी तीव्रता से उजागर करता है। एक आधुनिक और स्वतन्त्र व्यक्तित्ववाली स्त्री के प्रति पुरुष-समाज की क्रूरता एवं प्रतिहिंसा को हास्य-व्यंग्य और करुणा के माध्यम से व्यक्त करनेवाला यह नाटक निस्सन्देह आधुनिक भारतीय रंगकर्म की एक महत्त्वपूर्ण कृति है।

इसके विपरीत **गिद्ध, सखाराम बाइंडर, घासीराम कोतवाल** और **बेबी** जैसे नाटकों में यह हिंसा गाली-गलौजवाली वाचिक हिंसा से आगे बढ़कर शारीरिक स्तर पर आ गई है। स्त्री पात्रों के प्रति यह खुली और आक्रामक हिंसा जिस नंगी भाषा तथा प्रकट चर्या-क्रिया से व्यक्त की गई है—वह दर्शक-पाठक को झकझोरती ही नहीं बल्कि हतप्रभ और स्तब्ध भी कर देती है। यही हिंसा **कन्यादान** में जातिगत रूप लेकर ज्योति के प्रति अरुण आठवले के सभी स्तरों पर मुखर उग्र, आक्रामक और क्रूर व्यवहार में भी दिखाई देती है। इस सबके पीछे वास्तव में मूल संघर्ष प्रतिशोध और प्रभुत्व का ही है। **बेबी** की नायिका को अकेला, कमजोर और निरुपाय करने के लिए साक्षात् आतंक शिवप्पा उसके भाई रग्घू को पागल सिद्ध करके रास्ते से हटा देता है और निस्सहाय-निरीह बेबी से बलात्कार कर अपनी रखैल बना लेता है। वह उसके पालतू कुतिया की तरह भौं-भौं करने, चौपाए की तरह चक्कर काटने, तलवे चाटने और घुड़कने से ही सन्तुष्ट नहीं होता बल्कि उसे जबरदस्ती शराब पिलाकर असामान्य-अमानुषिक यन्त्रणाएँ भी देता है। नारी से स्त्री, औरत और सिर्फ मादा बनकर रह जाने की यह यात्रा—सभ्यता और विकास के नाम पर मानव-समाज के एक गहरे कलंक को रेखांकित करती है। यह कुत्सित-क्रूर मानसिकता किसी वर्ग विशेष की बपौती नहीं है। **सखाराम, बेबी, कमला** में निम्न वर्ग के पात्र हैं। **गिद्ध, खामोश** और **कन्यादान** में मध्य वर्ग के और **घासीराम** के नाना इत्यादि उच्च वर्ग के परन्तु स्तर और रूप की भिन्नता के बावजूद (गाली-गलौज, मारपीट से हत्या तक) हिंसा-क्रूरता सभी में समान रूप से मौजूद है। **खामोश** में बगैर विवाह के मातृत्व के अपराध में बेणारे के भ्रूण की हत्या का निर्णय लिया गया है, **गिद्ध** में रमाकान्त अपनी बहन रमा का पेट फाड़कर उसका बच्चा गिरा देता है, **कन्यादान** का अरुण भी गर्भवती पत्नी ज्योति के पेट पर क्रूर वहशी की तरह लात मारता है और **घासीराम** का कामुक-कपटी नाना मन भर जाने पर ललिता गौरी को चन्द्रा दाई के घर दफन

करवा देता है। **सखाराम** भी सिर उठाती चम्पा का यही हश्र करता है। तेन्दुलकर का पुरुष स्त्री के विरोध को कभी किसी रूप में बर्दाश्त नहीं करता और विवाह-संस्था, सामाजिक मर्यादा, धर्म और नैतिकता के नाम पर उसे ध्वस्त कर देता है।

तेन्दुलकर की नारी-चेतना और आधुनिकता को समझने के लिए **सखाराम बाइंडर** एक दिलचस्प नाटक है। यहाँ भक्तिभाव वाली धर्मभीरु, संवेदनशील और पति को (यहाँ सखाराम को भी) परमेश्वर मानकर पूजनेवाली, बेबस, कमजोर और निरीह लक्ष्मी तथा तन-मन से उग्र, रौब चलानेवाली सबल और आग की लपट सी उत्तप्त चम्पा को नाटककार ने परम्पराशील बनाम आधुनिक स्त्रियों की तरह आमने-सामने ला खड़ा किया है। अपनी मर्दानगी और रंडी की तरह निरावृत्त सच्ची जिन्दगी का ढिंढोरा पीटनेवाला सखाराम उसी की जमीन पर उसे चुनौती देती चम्पा को क्षण भर भी बर्दाश्त नहीं कर पाता और उसे मारकर लक्ष्मी की मदद से चुपचाप घर में ही गाड़ देता है। यह सच है कि स्त्री चाहे भोली-भाली लक्ष्मी हो या उग्र-चालाक चम्पा—उसके सामने घर से बाहर निकलकर दस जानवरों से अपने को नुचवाने से बचने के लिए हर हाल में चुपचाप घर के भीतर रहकर एक पुरुष पति की पाशविकता एवं क्रूरता सहते रहने के अलावा (फ़िलहाल) कोई दूसरा विकल्प नहीं है। **कमला** और **कन्यादान** के अन्त भी इसी निष्कर्ष की ओर इशारा करते हैं।

तेन्दुलकर के इन बहुचर्चित-बहुमंचित नाटकों से ही नहीं, बल्कि उनके कुछ कम-चर्चित और अपेक्षाकृत हल्के-फुल्के नाटकों में भी हिंसा, सेक्स और स्त्री की दयनीय स्थिति का कमोबेश यही रूप दिखाई पड़ता है। उदाहरण के लिए **अमीर** इनका आरम्भिक या शायद पहला उल्लेखनीय नाटक है। इसमें **खामोश! अदालत जारी है** की तरह कुँआरी माँ की समस्या उठाई गई है। परन्तु इसकी नायिका मथुरा इसे बेणारे की तरह हँसी-खुशी झेलने की बजाय घुट-घुटकर मरने लगती है। इसके चरित्रहीन, रंडीबाज, जुआरी, असभ्य और पशुवत् दिखाई पड़ते नायक श्रीधर में सखाराम और अरुण आठवले (कन्यादान) के पूर्व संकेत साफ-साफ देखे जा सकते हैं। अपने अमीर एवं सम्भ्रान्त खानदान की प्रतिष्ठा और आत्मसम्मान के लिए हालात से मजबूर होकर, अपने तथाकथित पति श्रीधर को गोली मार देने के लिए तत्पर मथुरा अन्त में उसके अन्याय, अत्याचार और अपमान सहने के लिए, अपने बव्वे के साथ, निरीह बनकर चुपचाप उसके पीछ-पीछे चली जाती है। **एक जिद्दी लड़की** और **अंजी** प्रत्यक्षतः नारी-प्रधान नाटक हैं। 'एक जिद्दी लड़की' की सुशिक्षित, संस्कारवान, सच्ची, साहसी और जिद्दी नायिका मीनाक्षी जान-बूझकर एक स्वार्थी, ढोंगी और भ्रष्ट परिवार की बहू भी बन जाती है। वह परिवार और व्यापार को अपने ढंग से सुधारने और चलाने का अधिकार भी पा जाती है। लेकिन अन्त में उसके दादा (श्वसुर) यही घोषणा करते हैं कि "बहू, जो घर मैंने तुम्हारे कब्जे में दिया

था उसे मैं वापस अपने कब्जे में लेता हूँ...बहू अब घर मेरे हिसाब से चलेगा—मतलब जो भी बातें तय होंगी उन्हें तुम्हें मानना ही होगा।'' वह अपनी पत्नी जमुना को भी यह निश्चित आदेश देते हैं कि ''तुम्हारा सब काम चूल्हे के पास, समझी? जाओ, जाओ अन्दर—साले घर में तौर-तरीके तो रह ही नहीं गए हैं।'' ज़ाहिर है व्यवस्था की मशीन नहीं बदलती, पुर्ज़े को ही बदलना पड़ता है। **खामोश** की बेणारे की तरह **अंजी** की अंजली भी आत्मनिर्भर और स्वतन्त्र स्त्री प्रतीत होती है। परन्तु वास्तव में उनका अविवाहित और स्वतन्त्र होना, उनका चुनाव नहीं मजबूरी है। अपने-अपने कारणों से दोनों विवाह के लिए उत्सुक ही नहीं आतुर भी हैं। उन्तीस साल की कुँआरी अंजली भागवत नामधारी गुंडे से बलात्कृत होती है, जो कुकर्म के बाद उसके मुँह पर थूककर अपने कपड़े पहनकर ऐसे चला जाता है, जैसे कोई वास्ता ही नहीं हो। अंजी के अकेले और कुँआरेपन की असह्य पीड़ा का कुछ अनुमान इस बात से लगाया जा सकता है कि मौत की-सी व्यथा देनेवाले इस अनचाहे अनुभव से अन्ततः वह प्रसन्न और सुखी ही होती है, क्योंकि बाप के भय और नैतिकता-मर्यादा के कारण वह स्वयं तो इसे कभी प्राप्त कर ही नहीं सकती थी। स्त्री की दीन-हीन, दलित और बेबस दशा का इससे त्रासद रूप और क्या हो सकता है? **पंछी ऐसे आते हैं** की नायिका सरस्वती उर्फ सरू भी, शादी के लिए उसे देखने आए लड़कों से बार-बार अस्वीकृत एवं अपमानित होकर, निराशा और हीनता-ग्रन्थि से टूट जाती है। अरुण उसमें आशा, अपेक्षा और आत्मविश्वास जगाता है। परन्तु अन्त में किसी भी ज़िम्मेदारी से बचने के लिए निजी स्वतन्त्रता के नाम पर उसे अकेली और असहाय स्थिति में छोड़कर भाग खड़ा होता है। **जात ही पूछो साधु की** की नायिका भी सत्ताधारी काका के आदेश से महज एक निर्जीव कठपुतली मात्र बनकर रह जाती है और अपने प्रेम का गला घोंटकर पारिवारिक व्यवस्था की बलि चढ़ा दी जाती है। तभी नेपथ्य से 'ढोर गँवार सूद्र पसु नारी' के स्वर सुनाई देने लगते हैं। यह 'अन्त' हमारे आधुनिक परिवार एवं समाज में स्त्री की मौजूदा स्थिति पर तथाकथित सारी आधुनिकता, स्वतन्त्रता और नारी शक्ति के बावजूद एक तीखा कटाक्ष ही नहीं, नाटककार का सशक्त कमेंट भी है।

मराठी नाटक और रंगमंच के लिए तेन्दुलकर का सबसे बड़ा योगदान उनकी नाट्यभाषा है, जिसे वह पहली बार किताबी बनावटी भाषा से निकालकर चरित्र की अपनी स्वाभाविक बोलचाल की जीने की भाषा के निकट ले आए। यह भाषा इतनी सच्ची, अचूक, अशिष्ट और आक्रामक है कि पारम्परिक नाटक देखने का अभ्यस्त-तथाकथित सभ्य, सम्भ्रान्त और शालीन दर्शक इस सच्ची नंगी भाषा के निर्मम प्रहार को झेल नहीं पाता और इन नाटकों को अभद्र और अश्लील कहकर अपनी सुरुचि, सुसंस्कृति और ओढ़ी हुई नाजुक नैतिकता के शीलभंग हो जाने

के चरम संकट को टालता है। तेन्दुलकर की निर्भय-अटूट ईमानदारी के सामने दर्शक स्वयं को निहत्था, असहाय और असुरक्षित महसूस करता है। इसलिए डरकर वह संस्कृति और परम्परा की मर्यादा, नैतिकता और मध्ययुगीन मूल्यों की ढाल के पीछे छिपकर इन सच्चे नाटकों के खिलाफ विवाद खड़े करता है, मुकदमे चलाता है और उन्हें प्रतिबन्धित तक करवा देता है।

आज इक्कीसवीं सदी के प्रथम दशक के अन्त के समय हम छठे-सातवें दशक के भारतीय समाज में **गिद्ध, सखाराम बाइंडर, बेबी** और **घासीराम कोतवाल** को मंच पर साकार करनेवालों के दुस्साहस और उन्हें देखनेवालों की तिलमिलाहट भरी प्रतिक्रिया का अन्दाज़ा नहीं लगा सकते। 30 मई, 1970 को मुम्बई के तेजपाल हॉल में **गिधाड़े** के प्रदर्शन के कारण लेखक विजय तेन्दुलकर, अभिनेता-निर्देशक श्रीराम लागू और प्रस्तोता सत्यदेव दुबे को डेढ़ साल तक सेंसर बोर्ड से युद्ध करना पड़ा था और महाराष्ट्र की स्थिति गिरीश कारनाड के शब्दों में ऐसी हो गई थी—'जैसे किसी शान्त मनुष्यों से भरे बाजार में अचानक बम फट गया हो।' फिर तो तेन्दुलकर के प्रायः हर नए नाटक के प्रदर्शन के साथ विवाद, हंगामा, विरोध, प्रतिबन्ध और अन्ततः मुकदमा लड़कर जीतना जैसे उनके नाटकों की अनिवार्य प्रक्रिया ही बन गई थी। तेन्दुलकर इस स्थिति के अभ्यस्त हो गए थे और अविचलित बने रहते थे। वह शायद बहुत पहले ही मान चुके थे यदि आपका लेखक अच्छी या बुरी प्रतिक्रिया पैदा नहीं करता, विक्षुब्ध नहीं करता तो ऐसे लेखन का कोई अर्थ नहीं है। उनका लेखन स्वयं आज और समाज की आलोचना है और वह अपनी आलोचना को दावत देता है।

आधुनिक मराठी/भारतीय रंगकर्म को तेन्दुलकर का सबसे बड़ा योगदान उसे 'तुलसी-वृन्दावन' वाली अस्वाभाविक सतही मानसिकता से निकालकर वयस्क और यथार्थवादी बनाना है। इसका दर्शक अब गंगाजल से आँखें धोकर नहीं आता बल्कि अपना मुखौटाविहीन वास्तविक चेहरा देखने की हिम्मत के साथ आता है।

विजय तेन्दुलकर स्वयं तो बड़े व्यक्तित्व और महान रचनाकार थे ही, उनमें दूसरों को प्रेरित करने की भी अद्भुत प्रतिभा थी। उनके बाद की पीढ़ी के महेश एल्कुंचवार और सतीश आलेकर जैसे प्रतिष्ठित वरिष्ठ नाटककार ही नहीं अन्य रचनाकार भी उनके प्रभाव और सहयोग को निःसंकोच स्वीकार करते हैं। आज हम विजय तेन्दुलकर के अपने बीच होने/रहने का सही अर्थ और उनके चले जाने का पूरा मतलब नहीं समझ पा रहे हैं। लेकिन आनेवाले समय में इतिहास जब आजादी के बाद के लगभग आधी सदी के भारतीय और मराठी रंगमंच के इस गम्भीर, सार्थक और बहुआयामी प्रयोगधर्मी दौर का मूल्यांकन करेगा तो हम स्वयं पर सचमुच गर्व करेंगे कि हमने उन्हें देखा, सुना, समझा और महसूस किया था। हम एक इतिहास-पुरुष के साक्षी और साथी रहे हैं।

महेश एल्कुंचवार की अन्तर्यात्रा

विजय तेन्दुलकर के बाद महेश एल्कुंचवार मराठी के ऐसे नाटककार हैं, जिन्हें हिन्दी और अन्य भारतीय भाषाओं में भी उतना ही प्यार और सम्मान मिला है जितना कि उनकी मातृभाषा में। इनकी सृजन-यात्रा 1970 में इनके प्रथम एकांकी **सुल्तान** के प्रकाशन और मंचन से हुई। इसके बाद 1973 में **गार्बो** और 1975 में **वासनाकांड** के प्रकाशन-मंचन से इन्हें विलक्षण प्रतिभा का नया मौलिक नाटककार स्वीकार कर लिया गया। 1981 में **पार्टी** तथा 1985 में **होली** से रंगमंच के साथ-साथ इन्हें फ़िल्म माध्यम से भी पहचान और प्रतिष्ठा मिली। आरम्भ से ही इनका रचनात्मक सम्बन्ध पुणे की सर्वाधिक सक्रिय, सम्मानित और प्रयोगधर्मी-प्रोफ़ेशनल नाट्य-संस्था 'रंगायन' के साथ हो गया। विजया मेहता, श्रीराम लागू, विजय तेन्दुलकर, अरविन्द एवं सुलभा देशपांडे जैसे सुप्रसिद्ध रंगकर्मी 'रंगायन' से जुड़े थे।

गार्बो, वासनाकांड, होली, आरक्त क्षण यद्यपि 1980 के आसपास हिन्दी में अभिमंचित होकर पर्याप्त चर्चा और विवाद का कारण बन चुके थे। पुस्तकाकार रूप में इनके अनुवाद 1985 में ही छपे। **वाडा चिरेबन्दी** इनका पहला नाटक था, जो 1987 में मराठी और हिन्दी में लगभग साथ-साथ अभिमंचित हुआ। विजया मेहता के अलावा पं. सत्यदेव दुबे एकमात्र ऐसे रंगकर्मी हैं, जिन्होंने महेश एल्कुंचवार के नाटकों को मराठी और हिन्दी दोनों भाषाओं में सफलतापूर्वक अभिमंचित किया है। **वाड़ा चिरेबन्दी** को मराठी में विजया मेहता ने मुम्बई में किया तो उसके तुरन्त बाद सत्यदेव दुबे ने **विरासत** के नाम से राष्ट्रीय नाट्य विद्यालय रंगमंडल के साथ इसे दिल्ली में अभिमंचित कर दिया।

अपने आरम्भिक नाटकों में महेश एल्कुंचवार एक उग्र और आक्रामक आधुनिक नाटककार माने गए। इन्होंने एब्सर्ड, अभिव्यंजनावादी, प्रतीकवादी, प्रकृतवादी और यथार्थवादी नाट्य-शैलियों में अपने प्रयोग किए। सेक्स और विशेषतः वर्जित स्त्री-पुरुष सम्बन्धों को लेकर इनके आरम्भिक नाटकों ने तीव्र प्रतिक्रिया एवं उत्तेजना पैदा की। भारतीय रंगकर्म में इनका आगमन धमाके की तरह हुआ।

अपने आरम्भिक आक्रामक नाटकों के द्वारा इन्होंने मानव-मन के भीतर चलनेवाले चेतन-अवचेतन के सूक्ष्म-द्वन्द्व और पारम्परिक नैतिक एवं मानवीय मूल्यों में आनेवाले बदलाव को बड़ी गम्भीरता, गहनता और तीव्रता की नाटकीय अभिव्यक्ति दी। इससे ये पर्याप्त चर्चा तथा विवाद का कारण भी बने। **वाड़ा चिरेबन्दी, प्रतिबिम्ब** तथा **आत्मकथा** से पहले महेश एल्कुंचवार स्त्री-पुरुष के यौन सम्बन्धों को निर्भीकता से विश्लेषित करनेवाले साहसिक युवा नाटककार ही माने जाते थे। परन्तु 'वाड़ा चिरेबन्दी' से नाटककार ने परिवार के अपेक्षाकृत व्यापक फलक और बड़े सामाजिक सरोकारों से टकराने का जो सर्जनात्मक-सार्थक प्रयत्न किया—उससे उसे राष्ट्रीय स्तर पर एक परिपक्व और गम्भीर रचनाकार के रूप में पहचान और प्रतिष्ठा प्राप्त हुई है। 'संगीत नाटक अकादमी' का पुरस्कार ही नहीं 'सरस्वती सम्मान' भी इसका प्रमाण है।

वाड़ा चिरेबन्दी नाटककार के आत्मानुभव की अत्यन्त सटीक एवं जीवन्त अभिव्यक्ति है। परिवेश, भाषा और अनुभव की प्रामाणिकता इस नाटक की एक बड़ी शक्ति है। सम्भवतः यही कारण है कि नाटककार ने अपने गाँव की वास्तविक हवेली (उसके घर और उसके परिवेश को देखने के बाद ही निर्देशक विजया मेहता को नाटक के दृश्य-बन्ध और उसकी आत्मा का सही तथा सीधा साक्षात्कार हुआ।) और उसके परिवेश का चित्रण इस नाटक में किया है।

वाड़ा चिरेबन्दी विदर्भ के एक छोटे से देहात धरण में स्थित देशपांडे परिवार की पुश्तैनी हवेली और उसमें एक साथ मौजूद चार पुश्तों के बाहरी-भीतरी संघर्ष एवं परिस्थितिजन्य बदलाव की रोचक कहानी है। इसके बहाने यह नाटक संयुक्त भारतीय परिवारों के समय-परिवर्तन के साथ टूटने-बिखरने और फिर भी एक सूक्ष्म स्तर पर अपनी जड़ों की ओर खिंचने के विविधतापूर्ण जटिल कारणों की बारीक छानबीन करता है।

ग्यारह पात्रोंवाला यह नाटक दो अंकों में विभक्त है। पहले अंक में तीन दृश्य हैं और दूसरे में कोई नहीं। दृश्य-बन्ध में बरामदे और आँगन के अलावा 'अ' (शय्याघर) और 'ब' (बैठक) नामक दो प्रमुख कमरे हैं। बीचवाले कमरे के पीछे कई कमरे होने का आभास होता है। देशपांडे परिवार की भीतरी जर्जर हालत को खस्ताहाल खानदानी हवेली और उसमें रखा टूटा-फूटा सामान अच्छी तरह व्यक्त कर देता है। नाटककार के अनुसार, "बरामदे में पुरानी, टूटने को आई अलग-अलग किस्म की कुर्सियाँ रखी हैं। झूला भी लटक रहा है। जमीन पर पुराना जाजिम बिछा हुआ है और लुंज-पुंज मसनद पड़े हुए हैं।"

महेश एल्कुंचवार के बहुप्रशंसित नाटक **विरासत** (वाड़ा चिरेबन्दी) का आरम्भ परिवार के मुखिया व्यंकटेश की मृत्यु के पाँचवें दिन की रात के साढ़े दस बजे से होता है। बम्बई में रहनेवाले बेटे सुधीर और उसकी पत्नी अंजलि के आगमन से मृत्यु

सम्बन्धी औपचारिक जानकारी, परिस्थिति, दुख इत्यादि की बातचीत से पूर्व घटनाक्रम का उद्‌घाटन होता है। पारिवारिक सम्पत्ति के बँटवारे और तात्कालिक खर्चों को लेकर क्रमशः पारस्परिक रिश्तों की कलई खुलती है और मानवीय मूल्यों के अवमूल्यन एवं विघटन का पर्दाफाश होता है। दो पीढ़ियों की खींचतान और अपने-अपने सुखों के सन्दर्भ में पैतृक प्रतिष्ठा के प्रश्न के अलग-अलग समाधान सामने आते हैं। बीती हुई पीढ़ी असहाय-सी मूक-दर्शक बनी रहती है। भास्कर द्वारा चोरी से खानदानी गहनों के डिब्बे को खोलकर पत्नी को जबरदस्ती जेवर पहनाने का प्रसंग पहले ओछा और घोर स्वार्थपूर्ण लगता है। लेकिन बाद में मन्त्राभिषिक्त-सी पत्नी वाहिनी (भाभी) जब उन्हीं आभूषणों के स्पर्श से स्वयं को अपने पूर्वजों और परम्परा से जुड़ी अनुभव करती है तो वही प्रसंग अत्यन्त मार्मिक बन जाता है। इस मार्मिक प्रसंग को मंच पर जीवन्त बनाने में मराठी में गिरिजा कतदरे और हिन्दी में उत्तरा बावकर जैसी अनुभवी एवं कुशल अभिनेत्रियों ने निर्णायक भूमिका निभाई। रंजू का मास्टर साहब से प्रेम-प्रसंग और उनके साथ घर से धन-दौलत लेकर भाग जाना कथानक को एक नया आयाम और मोड़ देता है। अपने देशपांडे खानदान की इज्जत-आबरू के लिए सुधीर का उसे बमुश्किल-तमाम ढूँढ़कर ले आना सबको जैसे फिर से एक अदृश्य सूत्र से आपस में बाँधने लगता है। शहरी और देहाती जिन्दगी के अन्तर भी रचनाकार ने बड़ी बारीकी और खूबसूरती से उभारे हैं। घर की प्रतिष्ठा के प्रतीक बने कबाड़-से ट्रैक्टर का सन्दर्भ बदलती हुई आर्थिक व्यवस्था एवं दृष्टि का संकेत देता है। दुःख और मृत्यु के आतंककारी बिम्ब लेखक को बचपन से लगातार प्रभावित करते आ रहे हैं। शायद यही कारण है कि यहाँ भी उसने मौतवाले घर के बाहरी और भीतरी बोझिल वातावरण को बड़ी प्रभावशीलता से चित्रित किया है।

चरित्रों में पर्याप्त रोचकता और विविधता है। नब्बे बरस की अन्धी-बहरी दादी के चरित्र और उसके एक ही संवाद की, एक घंटी की तरह सन्नाटा चीरती आवाज में, पुनरावृत्ति का नाटकीय इस्तेमाल लेखक ने किया है। जीवन के अन्ध-कूप में बन्द इस बेबस बुढ़िया का बेहद बढ़िया रूपायन नाटक में किया गया है। अपने आज से बेखबर रहकर पुरानी रूढ़ियों में ठेठ देहाती जीवन जीते भास्कर तथा भाभी के समान्तर मध्यवर्गीय बम्बइया जिन्दगी की विडम्बनाओं में फँसे सुधीर और अंजलि के चरित्र अच्छा वैषम्य उपस्थित करते हैं। शहर जाकर कॉलेज में पढ़ने और आत्म-निर्भर बनने की कुंठा (महत्त्वाकांक्षा) मन में लिये अविवाहित अधेड़ प्रभा, कोल्हू के बैल की तरह घर के कामकाज में दिन-रात जुते रहनेवाले चन्दू, बम्बई जाने के लिए उत्सुक और आतुर पराग, धोखेबाज छैला मास्साब के फिल्मी प्रेम में फँसकर पुश्तैनी सोने के साथ घर से भागने और लुटकर लौट आनेवाली किशोरी रंजू के

चरित्रों की एकता और विभिन्नता को इस नाटक में बड़ी कुशलता से रेखांकित किया गया है। सत्तर वर्षीय आई (अम्मा) का चरित्र भी काफी महत्त्वपूर्ण और आकर्षक है। चन्दू और प्रभा के लिए उनकी चिन्ता में उत्तरदायित्वपूर्ण ममत्व है। बाप के आखिरी खर्च के लिए जब बेटे बगलें झाँकते हैं तो अम्मा (आई) ही अपने हिस्से की ज़मीन बेच देने का फैसला करती हैं। पुरानी पीढ़ी की अम्मा (आई) का दृष्टिकोण नई पीढ़ीवालों के मुकाबले अधिक आधुनिक और प्रगतिशील दिखाई पड़ता है।

विरासत का अन्त अंजली और सुधीर के प्रस्थान के साथ होता है। परन्तु मंच से प्रकाश लुप्त हो जाने के बाद 'एक प्रकाश खंड दीवार से चिपकी बैठी माँ पर पड़ता है। धीरे-धीरे माँ भी दादी जैसी दिखने लगती हैं।' एक की जगह दूसरी पीढ़ी द्वारा उसी जगह पर आ जाना गतिशील कालचक्र के निरन्तर चलते जाने और परिवार तथा समाज में आनेवाले अलक्षित परिवर्तनों का भी प्रतीक है। अँधेरे के साथ-साथ बुलडोजर की धड़धड़ाहट का बढ़ते जाना केवल हवेली और उसके निवासियों के लिए ही नहीं, पारिवारिक-सामाजिक व्यवस्था एवं मूल्यों के टूटने-ढहने को भी रेखांकित करता है।

कालान्तर में नाटककार ने इस नाटक के दो अंश और लिखे। दूसरे खंड का नाम है **तालाब के पास खंडहर** और तीसरे का **युगान्त**। इस नाट्य-त्रयी की सबसे बड़ी विशेषता है कि तीनों खंड एक साथ मिलकर एक सामन्ती संयुक्त परिवार की तीन/चार पीढ़ियों के बहाने पूरी भारतीय सामाजिक-व्यवस्था के टूटने-बदलने की महाकथा कहती है और इन तीनों खंडों को तीन अपने आपमें सम्पूर्ण अलग-अलग नाटकों के रूप में भी पढ़ा-देखा जा सकता है।

दूसरे खंड में पराग परिवार का मुखिया बन गया है। रंजू की शादी हो गई है। प्रभा अपनी कुंठित-दमित कामनाओं के दबाव-तनाव से घुटकर मर जाती है। पराग खेतों-जंगलों से चोरी से सागौन के पेड़ कटवाकर ट्रकों में बाहर भेज देता है। वह जानता है कि गलत काम कर रहा है। सारे घर की पूरी जिम्मेदारी अब उसी के कन्धों पर है। देशपांडे परिवार की आन-बान-शान के प्रतीक बने पड़े पुराने ट्रैक्टर को उसने बेचकर ट्रक और मोटर खरीद ली है। वह अब गाँव का पराग सेठ बन गया है। उसकी रखैल मैना के बावजूद धैर्यवान और आत्मसम्मानी पत्नी नन्दिनी केवल अपने प्रेम और सहिष्णुता के बल पर उसे सँभाले हुए है। जायदाद के बँटवारे पर कुछ विवाद होता है। लेकिन नई पीढ़ी—पराग और विदेश से डॉक्टर बनकर आए अभय—अपनी समझ-बूझ से उसे सुलझा लेती है। पराग को पुलिस पकड़कर ले जाती है। चन्दू अपने 'तालाब' की पुकार पर घर छोड़कर पता नहीं कहाँ चला जाता है, प्रभा तो मर ही चुकी है।

तीसरे खंड का शीर्षक है—**युगान्त**। आजी की मृत्यु का समाचार पाकर अभय वर्षों बाद विदेश से गाँव लौटा है। यहाँ आठ साल से अकाल पड़ा है। एक बूँद वर्षा नहीं हुई। पराग जेल से छूटकर आया तो पिता की अस्थियाँ लेकर काशी चला गया। वहाँ भिखारियों की भीड़ में उसने चन्दू काका को पहचान लिया और आग्रहपूर्वक घर वापस ले आया। जीवन भर तालाब से सम्मोहित रहा चन्दू सूखे तालाब में ही मृत पाया जाता है।

यूँ तो **युगान्त** में एक वास्तविक तालाब भी है, जहाँ जादू सी चाँदनी छिटकी रहती है और जहाँ एकान्त में आत्मालाप करने और शान्ति पाने के लिए गाहे-ब-गाहे हर कोई जाता है या जाना चाहता है। इस तालाब की याद अमेरिका गए डॉक्टर अभय को भी 'दूसरे खंड' में वापस गाँव में खींच लाती है। इसी हवेली का बेटा चन्दू भी है। अशिक्षित, गँवार, उपेक्षित और नौकर की तरह दिन-रात खटनेवाले चन्दू को भी वह तालाब निरन्तर बुलाता है। उसे उससे वैसा ही प्यार है जैसा पानी को पानी से होता है—'फूटा कुम्भ जल जलहिं समाना, बाहर-भीतर पानी।' यह तालाब 'आसमान जैसा शान्त, चाँदनी जैसा पवित्र, पानी से लबालब भरा हुआ...अपने में डूबा हुआ आनन्दमग्न।' यहाँ आकर यह तालाब स्थूल नहीं रहता, सूक्ष्म होकर भीतर चला जाता है। मान-सरोवर बन जाता है। आध्यात्मिक तलाश का अन्तिम विश्राम स्थल है यह तालाब। परन्तु देवता-पुरुष जैसा चन्दू या हम जब उसे बाहर से पा लेना चाहते हैं तो 'पानी में पड़ी चाँदनी को मुट्ठी में पकड़ने की कोशिश करते हैं, लेकिन वह नष्ट हो जाती है और बचता है गीला हाथ।' चन्दू भी उसे ढूँढ़ते-ढूँढ़ते अन्ततः काशी में भिखारियों की कतार तक जा पहुँचता है और घर लौटता है—खाली हाथ।

विरासत में ट्रैक्टर है और है लालटेन की मद्धिम रोशनी, **तालाब के पास खंडहर** में तालाब है और बिजली आ चुकी है—जंगल कट रहे हैं और बढ़ रहा है भ्रष्टाचार। तीसरे खंड **युगान्त** में इसी औद्योगिक क्रान्ति, तकनीकी उन्नति और भौतिक-भोगवादी सभ्यता के परिणाम का चित्रण है। यहीं आकर यह महाकाव्यात्मक नाटक भविष्योन्मुखी हो जाता है। मानव जाति और सभ्यता की एक आतंकित कर देनेवाली त्रासद नियति—जिसका प्रतीक है—खंडहर, अकाल, सूखा, ग्लोबल वार्मिंग, तालाब और रेत ही रेत। जहाँ अब 'पेड़ नहीं, पत्ते नहीं, केवल पाँव जलानेवाली गरम पीली धूल। ऊपर खुली भट्ठी की तरह जलता आकाश। जहाँ तक आँख जाती, दरारों में फटी ज़मीन।' यह दृश्य केवल बाहर का ही नहीं, भीतर का भी है। संस्कृति, भावना, सम्बन्ध, नैतिक मूल्य, आध्यात्मिकता—यानी पूरी मनुष्यता ही बंजर हो जानेवाली है। आज का भविष्य यही सिहरा देनेवाला कल है। नाटककार के अनुसार इस युग का युगान्त यही है।

युगान्त के आख़िर में अस्तित्व, मृत्यु, भविष्य, नियति जैसे मौलिक दार्शनिक प्रश्नों पर गम्भीर और गहरा विचार-विमर्श है। नाटकीय दृष्टि से ये रचनाकार की अपनी मानसिक ऊहापोह है, जिसे नाटक में पिरोया नहीं जा सका है और केवल शब्दों में कहा गया है।

लेकिन महत्त्वपूर्ण प्रश्न यह है कि यदि नियति पूर्व-निर्धारित है और कुछ भी करने से अपने या दूसरों के जीवन में कुछ भी फ़र्क़ पड़नेवाला नहीं है—तो यह बेहद निराशावादी दृष्टि है, जो व्यक्ति को निष्क्रिय और कर्महीन बना देती है। नाटक में प्रभा, चन्दू और अभय केवल तीन ही सर्वाधिक चेतन, बौद्धिक और संवेदनशील चरित्र हैं और तीनों परिवार या परम्परा के नाम पर अपने पीछे कुछ भी छोड़कर जानेवाले नहीं हैं? तब क्या विरासत के रूप में बच्चे पैदा करना और अपने पीछे छोड़ जाना ही जीवन की मंजिल और सार्थकता है? मृत्यु अटल है तो क्या अपने वंश को पीछे छोड़कर इसे सचमुच पराजित किया जा सकता है? क्या यह रूप-रंगहीन वीरान दरिद्री धरण गाँव को सृष्टि का प्रतीक माना जाना चाहिए? क्या पराए या बाहरी होने का बोध मिटाया जा सकता है? ये नाटक के कुछ ज़रूरी प्रश्न हैं।

लेकिन इस निराशा का एक दूसरा पक्ष भी है नाटक में। यदि यह सच है कि 'अपना रेगिस्तान हम खुद ही तैयार करते हैं।' तो फिर इससे डरना या भागना क्यों? नन्दिनी का कथन एक विकल्प देता है, "वर्तमान का समय किस प्रकार बिताया जाए, यही देखना चाहिए। अपने हाथ में अपनी एक ही चीज़ है और वह है धैर्य!" इस धैर्य का अर्थ निष्क्रियता नहीं, बल्कि कल के लिए एक उम्मीद है। जब तक पराग अपने पड़ोसियों से प्रेम करता रहेगा, परस्पर सहयोग बना रहेगा, जब तक पराग मैना को खाना देने जाने का साहस जुटाता रहेगा, जब तक नन्दिनी और पराग का बेटा दौड़कर बाहर के दरवाजे पर आकर अभय को जाते हुए देखता रहेगा तब तक निराश होने की ज़रूरत नहीं है। काल-चक्र अपनी गति से चलता ही रहेगा। फिर वर्षा होगी, फिर तालाब लबालब भर जाएगा, फिर अमृत सी चाँदनी छिटकेगी, फिर धरती हरी-भरी होगी, जीवन फिर लौटेगा। जीवन का यह बार-बार लौटना ही वास्तव में मृत्यु की पराजय है।

विरासत के बाद महेश एल्कुंचवार के दो नए नाटक प्रकाशित और अभिमंचित हुए हैं—**प्रतिबिम्ब** और **आत्मकथा**। **प्रतिबिम्ब** एक प्रतीकात्मक नाटक है जिसमें महानगरीय मध्यवर्ग की विसंगतियों-विडम्बनाओं का दिलचस्प चित्रण किया गया है। आज के आपाधापीपूर्ण अतिव्यस्त जीवन में व्यक्ति अपनी निजता और पहचान खोकर विशाल जनसमूह का एक नगण्य एवं उपेक्षित अंश बनता जा रहा है। इस स्थिति को दिखाने के लिए नाटककार ने दर्पण का सहारा लिया

है, जिसमें से 'वह'; का प्रतिबिम्ब गायब हो गया है। नाटक के नायक 'वह' (डंठल बाबू) को लगता है कि, "कितने दिन...साल बीत गए? भूल गई है मेरी देह, पावस की बूँदों का परस क्या होता है। नहीं जानता हूँ आज कि फूल की गन्ध क्या होती है, कैसी होती है। भरपूर सिंकी रोटी की सोंधी-सोंधी महक, झील पर उतराती चाँदनी, बच्चों की हँसी की गूँज, अँधेरे में बेताब होकर जुड़ जानेवाले गीले अधर...ये सब चीज़ें पास हैं, जैसे कॉपी में टँकी मरी हुई तितलियाँ। धीरे-धीरे वे भी भुस हो जाएँगी।" अपनापन और प्रेम खो चुके हैं। कुंठित मन की बन्द पड़ी खिड़की के कब्जा-दस्ता सब जंग खा चुके हैं। इसलिए मन के भीतर अब सिर्फ सीलन भरा अँधेरा और मरघटवाला सन्नाटा ही शेष बचा है। बाहर-भीतर के अन्धकार का यह क्षण ही आत्मज्ञान, ब्रह्मज्ञान और साक्षात्कार का क्षण है।

एक सुबह सोकर उठते ही नाटक के केन्द्रीय चरित्र पेइंगगेस्ट 'वह' को एहसास होता है कि उसका प्रतिबिम्ब कहीं खो गया है। कुंठित मकान मालकिन औरत/चाची, उसका वामपन्थी मित्र झंडाबाबू और उससे भावुक प्रेम करनेवाली दफ्तर की सहकर्मी लड़की (झाड़ू) अपने-अपने ढंग से उसे तसल्ली देते हैं कि प्रतिबिम्ब इतना महत्त्वपूर्ण नहीं है, उसके खो जाने पर भी व्यक्ति बड़े मजे से अपना जीवन-यापन कर सकता है। परन्तु अपनी पहचान खो जाने से डर के आतंकित और निराश 'वह' अन्त में पाँचवीं मंजिल से कूदकर आत्महत्या कर लेता है।

नाटक प्रतीकात्मक है। खिड़की 'वह' के मन का प्रतीक है जिससे सभी पात्र उसके मन में आते-जाते हैं। टेलीफोन, कॉलबेल, घड़ी का अलार्म और रेडियो की आवाजों के शोर, खेल/नाटक, गीत, फ़िल्मी कलाकारों के नामों तथा व्यक्तिवाद बनाम प्रगतिवाद की बहस (डंडाबाबू-झंडाबाबू) का नाटककार ने पर्याप्त रोचक इस्तेमाल किया है। संरचना में एक प्रकार का लचीलापन है, जो कार्यव्यापार को लगातार प्रवहमान बनाए रखता है। हाँ, आज तक सिर्फ 'शुद्ध यथार्थवादी' नाटक लिखने का दावा करनेवाले महेश एल्कुंचवार का यह नाटक उनकी प्रतिज्ञा पर खरा नहीं उतरता और गैर-यथार्थवादी रंग-युक्ति को नाट्य-शिल्प की रीढ़ की तरह प्रयोग करता है।

महेश एल्कुंचवार जटिल मानवीय सम्बन्धों की गुत्थियों का गहरा विवेचन-विश्लेषण करनेवाले तन्त्र-कुशल और समर्थ नाटककार हैं। आदर्श और यथार्थ के द्वन्द्व तथा एक लेखक के व्यक्तिगत और रचनाओं में व्यक्त उसके जीवन के सत्य-असत्य की दिलचस्प खोजबीन करता इनका नाटक **आत्मकथा** एक प्रभावशाली रंग-नाटक है। अलग-अलग व्यक्तियों की दृष्टि से उनके अपने सच के अलग-अलग पहलू या रूप दिखाने के लिहाज से यह रचना कहीं

कुरोसोवा की विश्वविख्यात जापानी फिल्म **रशोमन** से भी प्रभावित दिखाई देती है। इस नाटक का केन्द्रीय चरित्र है अठहत्तर वर्षीय अखिल भारतीय ख्यातिप्राप्त लेखक अनन्तराव राजाध्यक्ष। इनके साहित्य पर शोध करते-करते युवा प्रज्ञा अब उनकी आत्मकथा में उलझ गई है। लगभग तीस वर्ष पहले गांधीवादी नैतिकता, प्रतिबद्धता और आदर्शों से जुड़े लेखक राजाध्यक्ष ने अपनी पत्नी उत्तरा और उससे बीस साल छोटी उसकी बहन वासन्ती के प्रेम-त्रिकोण में उलझकर जो सामाजिक कलंक और कटु अनुभव पाया था, उसी का स्पष्टीकरण देने और स्वयं को निर्दोष सिद्ध करने के लिए तब उसने 'कोहरे में उलझी राह' नामक उपन्यास लिखा था। औरत-मर्द के रिश्तों के तिलिस्म के अलावा यह नाटक राजाध्यक्ष के बहाने से स्वतन्त्रता आन्दोलन में पुलिस की लाठियाँ खाकर जेल जानेवाले सच्चे आदर्शवादी के आजादी के बाद अपने संघर्ष तथा त्याग की कीमत के रूप में विविध पुरस्कार और सम्मान बटोरने तथा इमरजेंसी काल में पूरी तरह समझौतावादी बन जानेवाले रचनाकारों पर भी तीखा व्यंग्य करता है। वह सम्बन्धों की विश्वसनीयता तथा प्रामाणिकता को 'कला के स्वायत्त जगत' में ही खोजने का अतिरिक्त आग्रह करनेवाले रचनाकारों के झूठ को बेपर्दा करने से भी नहीं चूकता।

संरचना की दृष्टि से नाटक को अंकों या दृश्यों में विभाजित नहीं किया गया है। मंच को 'अ', 'ब', और 'क' नामक तीन हिस्सों में बाँटा गया है, जहाँ छायालोक के ज़रिए अलग-अलग पात्रोंवाले दृश्य प्रदर्शित होते हैं। इस युक्ति से नाटक के कार्यव्यापार का प्रवाह निरन्तर बना रहता है। टेलीफोन का अत्यन्त दिलचस्प और सार्थक उपयोग नाटककार ने किया है। पृष्ठ 97-98 पर 'हिचकी' प्रसंग से दो दृश्यों को बड़ी खूबसूरती से जोड़ा गया है। यूँ ही, या किसी के याद करने पर हिचकी आना सामान्य-सी बात है परन्तु 'आत्मकथा' में इसका दिलचस्प एवं नाटकीय प्रयोग हुआ है। यह एक श्रेष्ठ रंग-नाटक है जो मराठी, हिन्दी और अंग्रेज़ी मंच पर अपनी सफलता सिद्ध भी कर चुका है। **प्रतिबिम्ब** और **आत्मकथा**, इन दोनों मराठी नाटकों का हिन्दी अनुवाद बसन्त देव ने किया है, जो हमेशा की तरह अत्यन्त रचनात्मक और जीवन्त है। भाषा और संवाद मूल का-सा आस्वाद प्रदान करते हैं।

2002 में आए मराठी नाटक **सोनाटा** के बाद 2003 में महेश एल्कुंचवार के तीन नाटक क्रमशः प्रकाशित हुए—**वासांसि जीर्णानि, धर्मपुत्र** और **क्षितिज पर्यन्त समुद्र**। 'सोनाटा' अंग्रेजी में तथा 'वासांसि जीर्णानि' और 'धर्मपुत्र' हिन्दी में दिल्ली रंगमंच पर भी प्रदर्शित हो चुके हैं। लेकिन **प्रतिबिम्ब** और **आत्मकथा** के बाद इनका कोई नाटक अब तक हिन्दी में प्रकाशित नहीं हुआ है।

रंग-दृष्टि और सृष्टि की दृष्टि से महेश एल्कुंचवार कुछ अलग किस्म के हठीले नाटककार हैं। ये मणिकौल और कुमार शाहनी जैसे घोर व्यक्तिवादी फिल्मकारों

की तरह अपनी रचना के लिए दर्शक और सम्प्रेषण को ज़रूरी नहीं मानते। ये अपनी नाट्य-कृति को अपने व्यक्तित्व के विकास और आत्म-साक्षात्कार का माध्यम मानते हैं। रंगमंच पर सफलतापूर्वक अभिमंचित हो चुकने के बावजूद यह अपने नाटकों को मूलतः शब्दाश्रित साहित्यिक नाटक मानने के पक्ष में हैं। दिलचस्प तथ्य यह है कि मुख्यतः शब्दाश्रित होने के बावजूद इनके नाटक शाब्दिक अथवा शब्द-बहुल नहीं हैं। सादगी और प्रतीकात्मकता, मितव्ययिता और मौन इनके नाटकों के मूलाधार हैं। महेश बड़ी सतर्कता एवं सूक्ष्मता से शब्दों और पंक्तियों के बीच नाटक के उपपाठ को रचते हैं। ये अपने निर्देशक और अभिनेता से यह बुनियादी अपेक्षा करते हैं कि वे नाट्यालेख के भीतर समाहित उपपाठ/उपपाठों को समझें और अपनी अभिव्यक्तिक्षम देह एवं वाणी के द्वारा सशक्त रूप से उसे व्यक्त करें। ये प्रस्तुति को उपकरणों एवं अलंकरणों से सजाने और मनोरंजक बनाने के विरुद्ध हैं। ये तथ्य के मुकाबले सत्य पर बल देते हैं।

महेश एल्कुंचवार अपने बचपन एवं किशोरावस्था के प्रभावशाली स्वानुभवों को कभी भूल नहीं पाए। उनकी छाया मृत्यु-बोध, अन्धकार, अस्तित्व, नियति जैसे अनुत्तरित-जटिल प्रश्नों के रूप में इनके नाटकों पर सदैव मँडराती रहती है। नाट्य-लेखन इनके लिए निजी आध्यात्मिकता की खोज है। इनके इस गम्भीर कथ्य के साथ उसका शिल्प अपने आप रूपाकार ग्रहण करता है। यही कारण है कि इनके रचना-संसार में कथ्य और शिल्प का अद्‍भुत वैविध्य दिखाई पड़ता है। महेश का बचपन चाहे गाँव में बीता हो लेकिन उनके रचनाकार के संस्कार पूरी तरह शहरी/महानगरीय मध्य-वर्ग के हैं।

महेश एल्कुंचवार किसी भी राजनीतिक, सामाजिक, धार्मिक, साम्प्रदायिक या साहित्यिक विचारधारा से स्वयं को प्रतिबद्ध नहीं पाते और अपनी स्वतन्त्र एवं ईमानदार अभिव्यक्ति के पक्षधर हैं।

खंड-4

ध्रुवस्वामिनी : एक नया पाठ

(जयशंकर प्रसाद के नाम एक खुला पत्र)

विषय : 'ध्रुवस्वामिनी' के रामगुप्त के प्रति नाटककार का अन्याय

परम आदरणीय प्रसादजी,

इसमें कोई सन्देह नहीं कि आप हिन्दी के शीर्षस्थ कवि, महान नाटककार, गम्भीर संस्कृति-चिन्तक और भारतीय प्राचीन इतिहास के महत्त्वपूर्ण अनुसन्धाता रहे हैं। जटिल मानव-सम्बन्धों, सनातन जीवन-मूल्यों और इतिहास-पुराण का सहारा लेने के बावजूद, आपने आधुनिक/समकालीन समस्याओं, संकटों और सरोकारों की गहरी एवं सूक्ष्म जाँच-पड़ताल अपनी रचनाओं में की है। आपकी कृतियों की सार्थकता, महत्ता और समकालीन प्रासंगिकता आज भी कम नहीं हुई है।

आपके बड़े फलक के **स्कन्दगुप्त, चन्द्रगुप्त, जनमेजय का नागयज्ञ** और **अजातशत्रु** जैसे नाटक आज भी रंगकर्मियों के लिए चुनौती बने हुए हैं। इनके मुकाबले **ध्रुवस्वामिनी** को नाट्य-समीक्षकों एवं रंगकर्मियों ने कथानक, चरित्रांकन और रंग-शिल्प की दृष्टि से अधिक सुगठित, सन्तुलित तथा नारी-विमर्श के लिहाज़ से आधुनिक सफल नाटक माना है। यह आपका सर्वाधिक प्रदर्शित एवं प्रशंसित नाटक है। मैं पिछले लगभग चार दशकों से इसे पढ़ता-पढ़ाता और देखता रहा हूँ। परन्तु मेरे मन में इसे लेकर आज भी कई प्रश्न बने हुए हैं। आपने इसे एक यथार्थवादी समस्या-नाटक के रंग-शिल्प में लिखने का प्रयत्न किया है, लेकिन इस शैली की स्वाभाविकता और तार्किकता इसमें नहीं आ पाई है। इसके तीनों केन्द्रीय चरित्र बनावटी और कठपुतली मात्र हैं। आपने कथावस्तु और चरित्रों के पूर्व-पक्ष की पूर्णतः उपेक्षा की है। यही कारण है कि उनका व्यक्तित्व अस्वाभाविक लगता है और उनके कथन, क्रियाकलाप और सोच-विचार अतार्किक तथा कारणविहीन प्रतीत होते हैं। खासतौर से लगता है कि रामगुप्त के प्रति आपके मन में पूर्वाग्रह है और उसके प्रति आपने आरम्भ से अन्त तक घोर अन्याय किया है। आपका नाटक अनेक बुनियादी

सवालों का कोई जवाब नहीं देता। इतिहास बेशक चुप हो, लेकिन रचना को तो समुचित एवं विश्वसनीय उत्तर देना ही चाहिए।

आदरणीय प्रसादजी, इतिहास का सामान्य विद्यार्थी भी यह तथ्य जानता है कि गुप्त-साम्राज्य शासन की सुविधा के लिए अनेक 'देशों' (प्रान्तों) में विभाजित था जिसका शासक 'उपरिक महाराज' या 'गोप्ता' कहलाता था। प्रान्त 'विषयों' (ज़िलों) में बँटा होता था। विषय के अध्यक्ष को 'विषयपति' या 'तन्नियुक्तक' कहा जाता था। उसकी सहायता के लिए स्थानीय प्रतिनिधियों की एक समिति गठित की जाती थी। राजा निरंकुश नहीं होता था। वह 'अमात्य परिषद' की मन्त्रणा, सहमति और सहायता से शासन करता था। ऐसी सुगठित और अपनी आत्मा में लगभग प्रजातान्त्रिक व्यवस्था में क्या आपके नाटक के रामगुप्त जैसा मूर्ख, शराबी, नपुंसक और पतित व्यक्ति अपने प्रतापी पिता की लिखित एवं घोषित इच्छा के विरुद्ध केवल एक अमात्य (शिखर-स्वामी) को अपनी ओर मिलाकर सत्ता हथिया सकता है? आपके रामगुप्त को हमेशा लगता है कि पुरोहित, अमात्य और सेनापति इत्यादि छिपा हुआ विद्रोह भाव रखते हैं। वह इनके मुँह पर इन्हें पाखंडी, विद्रोही और कुत्ता तक कहता है। यदि ये दोनों बातें सही हैं तो अमात्य परिषद कभी भी चन्द्रगुप्त के मुकाबले रामगुप्त को राजा नहीं बनने देती। बड़े बेटे के उत्तराधिकार के नियम को स्वयं समुद्रगुप्त ने भी तोड़ा था तो फिर इस बार ऐसा क्यों नहीं हुआ? इसके दो ही तर्कसंगत उत्तर हो सकते हैं। एक तो यही कि अमात्य परिषद शासन के प्रति उदासीन, निर्लिप्त, अक्षम और विवश थी—जिसका कोई विश्वसनीय कारण दिखाई नहीं देता। समुद्रगुप्त विक्रमादित्य जैसे तेजस्वी और शक्तिशाली सम्राट के तुरन्त बाद ऐसा होना सम्भव नहीं लगता। दूसरा कारण यह हो सकता है कि वास्तव में रामगुप्त इतना कायर, नपुंसक, मद्यप और पतित नहीं था जितना कि इस नाटक में आपने उसे दिखाया है। ध्रुवदेवी वास्तव में चन्द्रगुप्त की वाग्दत्ता नहीं बल्कि समुद्रगुप्त के बाद होनेवाले राजा की वाग्दत्ता थी। इसलिए रामगुप्त ने सत्ता प्राप्त करने के साथ ध्रुवदेवी से विवाह करना भी अपना वैध अधिकार समझा तो इसमें अनैतिक या गलत क्या है? चन्द्रगुप्त समेत किसी ने इसका विरोध भी नहीं किया। क्यों?

प्रसाद जी, क्या आपके नायक चन्द्रगुप्त का यह कहना कि उसने मर्यादा, महत्त्व और शालीनता की खातिर राजदंड और ध्रुवस्वामिनी पर मिला हुआ अधिकार भी अपनी इच्छा से छोड़ दिया—शत-प्रतिशत झूठ नहीं है? उसका शील वास्तव में कपट है और उसकी विनय कायरता। उसमें साहस, महत्त्वाकांक्षा, आत्मविश्वास और अपने अधिकार के लिए लड़ने की शक्ति ही नहीं है। वह तो पूरी तरह निष्क्रिय, उदासीन और पुसंत्वहीन व्यक्ति है। उसकी तटस्थता और निर्लिप्तता सत्ता की लड़ाई में अपना

अस्तित्व बचाए रखने का ढोंग मात्र है। वह अच्छी तरह जानता है कि ऐसी ही परिस्थितियों में उसके पिता ने सत्ता प्राप्त करने और निष्कंटक बने रहने के लिए अपने भाइयों की हत्या कर दी थी। वह यदि कोई दुस्साहस करता तो उसका भी वही हश्र होता। इसीलिए वह निरीह, विनीत और चुप बना रहा। उसे तो आपने जबरदस्ती नायक बनाने की कोशिश की और इसी कारण रामगुप्त के साथ अन्याय भी किया। यदि चन्द्रगुप्त सचमुच वीर, बुद्धिमान और साहसी होता तो वह अपने अधिकार को यूँ ही नहीं छोड़ देता। वह गुप्त-साम्राज्य की विशाल सेना के साथ शकराज पर स्वयं आक्रमण करने का प्रस्ताव रखता। रामगुप्त और शिखर-स्वामी के कहने मात्र से न स्त्री-वेश धारण करता और न अपनी इच्छा के विरुद्ध ध्रुवस्वामिनी को साथ लेकर शक-दुर्ग में जाने को तैयार होता। बौना तो हिजड़े के बारे में पहले ही कहा चुका था कि 'युद्ध के डर से पुरुष होकर भी (वह) स्त्री बन गया है।' यह व्यंग्य-बाण तो आपने रामगुप्त पर चलवाया था। परन्तु चन्द्रगुप्त के स्त्री-वेश में शकराज को धोखे से मारने के कारण वास्तव में यह आपके तथाकथित नायक को जा लगा। पूरे नाटक में भीरु चन्द्रगुप्त केवल ध्रुवस्वामिनी के सामने ही अचानक शेर बन जाता है। अपने महान त्याग, पौरुष और आदर्शों की बड़ी-बड़ी बातें करता है। **देवीचन्द्रगुप्तम्** का बहुगुण-सम्पन्न नायक चन्द्रगुप्त शकराज के पास जाने से पहले बेताल-साधना करके शत्रु पर विजय पाने के लिए शक्ति प्राप्त करता है। परन्तु आपका चन्द्रगुप्त, जो स्वयं अपनी ही दृष्टि में, नायक तो क्या एक पुरुष भी नहीं है—बिना किसी योजना के—स्त्री वेश में पल भर में शकराज को मार देता है। क्या यह स्वाभाविक या विश्वसनीय है? एक विचारणीय और विवादास्पद प्रश्न यह भी है—जैसा कि मजुमदार जैसे इतिहासकार भी मानते हैं कि केवल शकराज को ही नहीं बल्कि देश भर के राजाओं को हरानेवाली समुद्रगुप्त विक्रमादित्य की विशाल, शक्तिशाली, अनुशासित और अपराजेय सेना के साथ रामगुप्त शकराज से पराजित कैसे हो सकता है? यही नहीं, वह शकराज की घोर अपमानजनक शर्त को चुपचाप स्वीकार कैसे कर सकता है? क्या रामगुप्त को केवल मूर्ख और नपुंसक कहने भर से इस कठिन प्रश्न का सही उत्तर दिया जा सकता है?

प्रसाद जी, आपने अपने नाटक के रामगुप्त को खलनायक तो क्या फूहड़ विदूषक से भी गया-गुज़रा बना दिया है। वह मूर्ख ही नहीं, मन्द-बुद्धि, असामान्य और मानसिक रूप से विकलांग दिखाया गया है। संवादों के साथ उसकी भंगिमाएँ और क्रियाएँ तो उसे समुद्रगुप्त विक्रमादित्य का पुत्र, राजा, पुरुष और पति तो क्या, एक दयनीय और भयाक्रान्त सामान्य मनुष्य भी नहीं रहने देतीं। आप स्वयं देखिए—कुबड़े, बौने और हिजड़े की घृणित एवं व्यंग्यात्मक नाटक लीला देखकर रामगुप्त क्रुद्ध या लज्जित होने के बजाय "ठठाकर हँसता है।" शिखर-स्वामी के संकेत पर उनके भाग जाने के बाद अबोध बच्चों की तरह ताली पीटता हुआ हँसने

लगता है और दासी द्वारा मदिरा-पात्र लाने पर ‘‘प्रसन्नता से आँखें फाड़कर शिखर की ओर अपना हाथ बढ़ा देता है।’’ वह शकराज की असंगत, अशिष्ट और अपमानजनक सन्धि-माँगों और अपनी पराजित स्थिति जानने-समझने के बावजूद अज्ञानी, नासमझ और भोला बनकर ध्रुवस्वामिनी के सामने शिखर स्वामी से कहता है, ‘‘वह बर्बर शकराज क्या चाहता है? मैं आक्रमण न करूँ—इतना ही तो? जाने दो, युद्ध कोई अच्छी बात नहीं।’’ शिखर-स्वामी द्वारा ध्रुवस्वामिनी और सामन्तों की स्त्रियाँ माँगने की शकराज की माँग सुनकर उसकी प्रतिक्रिया है—‘‘(निःश्वास लेकर) ठीक है, जब उसके पास सामन्त हैं, तब उन लोगों के लिए भी स्त्रियाँ चाहिए।’’ ध्रुवस्वामिनी ‘स्त्री-सम्प्रदान’ को लेकर रामगुप्त और पूरे साम्राज्य को लज्जित एवं अपमानित करती है तो रामगुप्त ‘‘(झेंपकर हँसता हुआ) हें-हें-हें, बताइए अमात्य जी!’’ कहकर चुप हो जाता है। विवाह के समय अग्नि की साक्षी में सुख-दुख में साथ न छोड़ने और रक्षा करने की प्रतिज्ञा के सन्दर्भ में तो रामगुप्त से चारों ओर देखकर यह कहलवाना कि ‘‘किसने की है—कोई बोलता क्यों नहीं?’’ तथा ‘‘रामगुप्त ने ऐसी कोई प्रतिज्ञा न की होगी। मैं तो उस दिन द्राक्षासव में डुबकी लगा रहा था। पुरोहितों ने न जाने क्या-क्या पढ़ा दिया होगा! उन सब बातों का बोझ मेरे सिर पर! (सिर हिलाकर) कदापि नहीं!’’ प्रसाद जी, रामगुप्त के प्रति यह आपकी घृणा, निष्ठुरता और क्रूरता की पराकाष्ठा ही दिखाई देती है। यही नहीं, ध्रुवस्वामिनी के शिखर-स्वामी से यह कहने पर कि ‘‘आर्य समुद्रगुप्त के पुत्र को पहचानने में तुमने भूल तो नहीं की? सिंहासन पर भ्रम से किसी दूसरे को तो नहीं बैठा दिया?’’ के उत्तर में भी रामगुप्त आश्चर्य से केवल ‘‘क्या? क्या? क्या?’’ ही कह पाता है और ध्रुवस्वामिनी से अकेले रहकर बात करने के बजाय वह घबराकर शिखर-स्वामी और दासियों के साथ ही भाग जाना चाहता है। क्रोध में आत्महत्या के लिए ध्रुवस्वामिनी द्वारा कृपाण निकालने पर भी आत्मरक्षा या ध्रुवस्वामिनी को रोकने का प्रयत्न करने के बजाय रामगुप्त का भयभीत होकर पीछे हटते हुए यह कहना कि ‘‘तो क्या तुम मेरी हत्या करोगी?’’ और ‘‘हत्या! हत्या! दौड़ो-दौड़ो!’’ कहते हुए वहाँ से भाग खड़े होना बिलकुल अविश्वसनीय और झूठा लगता है।

आपने रामगुप्त को हीन और घृणित सिद्ध करने के लिए नाटक के विभिन्न चरित्रों से उसके लिए बार-बार मद्यप, क्लीव, पतित, अनार्य, कलुषित, मूर्ख, पाखंडी, क्षीव, धूर्त और न जाने ऐसे कितने ही शब्दों का प्रयोग करवाया है। परन्तु प्रश्न यह है कि क्या कोई व्यक्ति ‘मूर्ख’ और ‘धूर्त’ एक साथ हो सकता है? हाँ, कोई धूर्त दूसरों को मूर्ख अवश्य बना सकता है या फिर स्वयं मूर्ख बनने का अभिनय कर सकता है। **ध्रुवस्वामिनी** के रामगुप्त को ऐसा धूर्त माना जा सकता है जो स्वयं मूर्ख होने का अभिनय करके दूसरों को मूर्ख बनाता है। इस चरित्र में एक सचेतन

शुतुरमुर्ग बनने की पूरी गुंजाइश थी। यदि ऐसा होता तो रामगुप्त का चरित्र अत्यन्त नाटकीय, पेचीदा, स्वाभाविक और दिलचस्प बन जाता। उसका खलनायकत्व भी अधिक उभरता। लेकिन आपने उसके इस दोहरेपन का कोई स्पष्ट संकेत नाटक में नहीं दिया और उसके सपाट इकहरेपन को ही हास्यास्पद बनाकर रेखांकित किया। इस नाटक की तमाम प्रस्तुतियाँ और समीक्षाएँ भी इसी सत्य को सिद्ध करती हैं।

परन्तु साहित्य और कलाओं के क्षेत्र में कई बार ऐसा होता है कि रचना रचनाकार की चेतन रचना-प्रक्रिया या सोच से अलग हटकर स्वतः अपने रचना-सत्य की सृष्टि कर/करा लेती है। इस नाटक में भी सम्भवतः ऐसा ही कुछ हुआ है। आपकी सोच और इतिहास का तो पता नहीं लेकिन स्वयं इस नाटक में ही एक-दो प्रसंग ऐसे आ गए हैं जहाँ रामगुप्त समझदार, दूरदर्शी, आत्मविश्वासी, बौद्धिक दृष्टि से प्रखर एवं चतुर कूटनीतिज्ञ दिखाई देता है। कुछ उदाहरण ध्यान देने लायक हैं—

शिखर-स्वामी का यह संवाद कि "मेघ-संकुल आकाश की तरह जिसका भविष्य घिरा हो, उसकी बुद्धि को तो बिजली के समान चमकना ही चाहिए।" केवल रामगुप्त की झूठी प्रशंसा या चापलूसी नहीं है और न रामगुप्त का अपने बारे में यह विचार आत्मश्लाघा मात्र है कि "जिसकी भुजाओं में बल न हो, उसके मस्तिष्क में तो कुछ होना ही चाहिए न!" रामगुप्त जानता है या उसे सन्देह है कि ध्रुवस्वामिनी उससे घृणा और चन्द्रगुप्त से प्रेम करती है। उसे यह भी पता है कि उसके सहसा राजदंड ग्रहण कर लेने से पुरोहित, अमात्य और सेनापति लोग उसके प्रति छिपा हुआ विद्रोह-भाव रखते हैं। मन-ही-मन उसे इस बात की आशंका है कि ध्रुवस्वामिनी और चन्द्रगुप्त इन आन्तरिक विरोधी शक्तियों के साथ मिलकर कभी भी उसे रास्ते से हटा सकते हैं। इसीलिए वह लगातार ध्रुवस्वामिनी तथा चन्द्रगुप्त के प्रति सचेत रहता है और उनके मन की भावनाओं एवं गतिविधियों की जासूसी करवाता रहता है।

अपने व्यक्तित्व तथा पौरुष के बारे में रामगुप्त को कोई गलतफहमी नहीं है। फिर भी उसने स्वयं शकराज से युद्ध छेड़ा है। लगभग पराजित है और चारों ओर से शत्रु द्वारा घेर लिया गया है। इसके बावजूद वह गम्भीर, चिन्तित और भयभीत नहीं है। बल्कि उसका विश्वास है कि "यही गिरिपथ सब झगड़ों (ध्रुवस्वामिनी-चन्द्रगुप्त, पुरोहित, अमात्य, सेनापति इत्यादि सभी आन्तरिक विरोधी शक्तियों) का अन्तिम निर्णय करेगा।"

अपने घिरे होने की सूचना पाकर और शकराज की अभद्र-अपमानजनक सन्धि-शर्तें सुनकर न वह चौंकता है, न परेशान होता है; क्योंकि रामगुप्त को तो इस परिस्थिति की "सम्भावना पहले से भी थी।" इस संवाद में रेखांकित करने योग्य

यह बात है कि आप जैसे महाकवि ने 'आशंका' के बजाय 'सम्भावना' शब्द का अर्थपूर्ण प्रयोग ही किया होगा। यह स्थिति आकस्मिक या असम्भावित नहीं बल्कि रामगुप्त की सोच-समझकर बनाई गई योजना का ही परिणाम है। रामगुप्त अपने एकमात्र और सहयोगी शिखर-स्वामी को बताता भी है कि "तुम तो जानते हो कि मेरी इस विजय-यात्रा का कोई गुप्त उद्देश्य है—उसकी सफलता भी सामने दिखाई पड़ रही है। हाँ, थोड़ा-सा साहस चाहिए।" और रामगुप्त सचमुच मानता है कि "उस गुप्त उद्देश्य की पूर्ति के लिए शक-दूत सन्धि के लिए जो प्रमाण चाहता हो, उसे अस्वीकार न करना चाहिए। ऐसा करने में इस संकट के बहाने जितनी विरोधी प्रकृति के लोग हैं, उस सबको हम लोग सहज में ही हटा सकेंगे।" वह एक ही तीर से कई शिकार करना चाहता है। वह उपस्थित संकट और वर्तमान विघ्न-बाधाओं का कूटनीतिक समाधान करने का स्पष्ट संकेत करते हुए कहता है कि "अमात्य, तुम्हारी राजनीतिज्ञता इसी में है कि भीतर और बाहर के सब शत्रु एक ही चाल में परास्त हों।" ऐसे बुद्धिमान और दूरदर्शी अद्भुत योजनाकार रामगुप्त को आप जब विक्षिप्त, मन्दबुद्धि और हास्यास्पद बचकाने रूप में प्रस्तुत करते हैं तो चरित्रांकन की विसंगति और अस्वाभाविकता उभरकर स्पष्ट प्रकट होने लगती है।

यह चरित्र अत्यन्त नाटकीय और दिलचस्प हो सकता था यदि आपने यह दिखाया होता कि रामगुप्त एक सोची-समझी योजना एवं चाल के तहत दूसरों को मूर्ख और असावधान बनाने के लिए जान-बूझकर ऐसी बचकाना बातें और हास्यास्पद व्यवहार कर रहा है। परन्तु आप तो रामगुप्त को फूहड़ विदूषक और पागल खलनायक ही बनाने पर तुले थे। इसलिए आपने उसकी इन तर्कसंगत तमाम बातों को नाटक में उस जगह और इस तरह रखा कि आज तक उसके इस पक्ष पर किसी नाट्य-निर्देशक और समीक्षक का ध्यान ही नहीं गया। इस प्रसंग से ठीक पहले और बाद में दिखाई गई ऊट-पटाँग हरकतों और अनर्गल बचकाना बातों पर ही सबका ध्यान केन्द्रित होकर रह जाता है। उसकी यही एकायामी छवि आद्यन्त नाटक में मौजूद रहती है। क्यों?

आपके ही समकालीन अनेक रचनाकार इतिहास-पुराण के कई उपेक्षित और लांछित चरित्रों को आधुनिक मनोविज्ञान एवं मानवीय संवेदना के साथ प्रस्तुत करके उन्हें अतीत के अन्याय एवं कलंक से मुक्त कर रहे थे। इसके विपरीत आपने रामगुप्त जैसे इतिहास तक के अज्ञात/अल्पज्ञात भूले-बिसरे चरित्र को ढूँढ़-ढाँढ़कर, अपने प्रयोजन की सिद्धि के लिए, ऐसे चित्रित किया कि आनेवाली पीढ़ियों की दृष्टि में वह एक घृणित, कलंकित, पतित, नपुंसक और अमानुष के रूप में ही याद किया जाता रहे। आपने उसे ऐसा महामूर्ख, मानसिक रूप से विकलांग और हास्यास्पद चरित्र बना दिया कि कालान्तर में रामकुमार वर्मा ने **कृपाण की धार** जैसा एकांकी लिखते

हुए उस चरित्र के बारे में दुबारा सोचने की भी ज़रूरत नहीं समझी।

यही नहीं, रामगुप्त का सबसे बड़ा दुर्भाग्य तो यह है कि आधे-अधूरे **देवी-चन्द्रगुप्तम्** और आपके इस कल्पनाश्रित नाटक को ही प्रामाणिक इतिहास मानकर इधर के अनेक इतिहास-लेखकों ने भी इसे ज्यों-का-त्यों अपनी पुस्तकों में शामिल कर लिया है। अब तक किसी नाट्य-निर्देशक और अभिनेता ने भी इसके प्रति कोई सहानुभूति नहीं दिखाई। वे सब रामगुप्त को एकायामी सपाट रूप में ही प्रस्तुत करके सन्तुष्ट होते रहे। आपके **स्कन्दगुप्त, चन्द्रगुप्त** और **जनमेजय का नागयज्ञ** जैसे बड़े नाटकों को तो सम्पादित-परिवर्तित करके चरित्रों, घटनाओं और उद्देश्यों की नई व्याख्याएँ करने की रचनात्मक कोशिशें भी की गईं, परन्तु सर्वाधिक मंचित इस नाटक को अपने रंग-शिल्प में गठा हुआ तीन दृश्यों का एक सम्पूर्ण रंगमंचीय सफल नाट्यालेख मानकर प्रायः ज्यों-का-त्यों ही प्रदर्शित किया जाता रहा।

4 मई, 1933 को पारसी थिएटर काल में अभिमंचित वाराणसी की भारतेन्दु नाट्य मंडली, 1938 में सीताराम चतुर्वेदी, 1951 में बालकृष्ण दास और 1960 में प्रस्तुत शिवकुमार शास्त्री के प्रदर्शनों से तो ख़ैर किसी नएपन की उम्मीद की ही नहीं जा सकती थी। कॉलेजों-विश्वविद्यालयों की छात्र-प्रस्तुतियों से भी मौलिकता की कोई सम्भावना नहीं थी। 1962 में एफ.सी. माथुर और 1968 में भानुशंकर मेहता का बल भी परिवेश-परिधान-आभूषण की भव्यता-मोहकता और ध्रुवस्वामिनी की आधुनिकता (?) उभारने पर ही रहा। चरित्रों के अन्तर्विरोधों और बारीक ब्यौरों पर किसी का ध्यान नहीं गया। परन्तु विडम्बना तो यह है कि नई रंग-चेतना से युक्त प्रशिक्षित, प्रबुद्ध एवं कल्पनाशील रंगकर्मियों ने भी इसके चरित्र के विषय में कुछ भी नया या तर्कसंगत सोच-विचार नहीं किया। रामगोपाल बजाज ने नारी-स्वातन्त्र्य के प्रचलित विमर्श के बजाय विवाह-संस्था की प्रकृति को ही विश्लेषित करने का प्रयत्न किया। देवेन्द्र राज अंकुर ने विवाह-मोक्ष-पुनर्विवाह की मूल समस्या से हटकर नारी की स्वतन्त्र अस्मिता के प्रश्न पर ज्यादा ध्यान दिया। प्रस्तुति के अन्त में रघुवीर सहाय से विशेष रूप से लिखवाए एकालाप में ध्रुवस्वामिनी चन्द्रगुप्त को भी स्वीकार न करके सबसे यह प्रासंगिक और ज्वलन्त प्रश्न पूछती है कि "इस सबके बीच मैं कहाँ हूँ?" यह संवाद यद्यपि इसी नाटक का है, लेकिन नाट्य-प्रवाह में लक्षित नहीं होता। निर्देशक ने इसे मूल स्थान से हटाकर अन्त में रखा और अपने समय की नई नारी-चेतना को रेखांकित कर दिया, परन्तु आलेख में प्रस्तुत चन्द्रगुप्त-ध्रुवस्वामिनी के पूर्वराग, प्रेम-सम्बन्ध और कार्य-व्यापार से इसकी संगति नहीं बैठती और अन्त में ध्रुवस्वामिनी की यह अत्याधुनिक भंगिमा इतिहास और नाटक की मूल संवेदना पर थोपी हुई लगती है।

अरुण कुकरेजा ने मनोविश्लेषण का सहारा लेकर रामगुप्त को शारीरिक रूप से

सचमुच नपुंसक मानकर अपनी प्रस्तुति में ध्रुवस्वामिनी को अतृप्त यौन-क्षुधा से तप्त और उद्दाम काम-वासना से पीड़ित स्त्री बना दिया। वह रामगुप्त के बजाय चन्द्रगुप्त के अनुभूतिपूर्ण और पौरुषमय आलिंगन में सन्तुष्टि और तृप्ति प्राप्त करती है, परन्तु यह उसके मन का पूर्वाग्रह मात्र है क्योंकि रामगुप्त को तो उसने अब तक छुआ भी नहीं है—उससे कभी बात तक नहीं की है। गिरीश रस्तोगी और रबिजिता गोगोई स्वयं नारी होने के कारण ध्रुवस्वामिनी की व्यथा को ही अधिक समझ पाती हैं। उसी के प्रति संवदेनशील होकर ये दोनों निर्देशिका भी सारी समस्याओं के लिए अकेले रामगुप्त को ही दोषी और जिम्मेदार ठहराती हैं। यह सच है कि कभी-कभी प्रतिभावान अभिनेता नाटककार के बन्धन और निर्देशक की व्याख्या के बावजूद अपनी कल्पनाशीलता एवं रंग-कुशलता से निर्जीव चरित्र में कुछेक वांछित रंग और मांसलता भरकर उसे मंच पर जीवन्त करने में सफल हो जाते हैं, परन्तु दुर्भाग्य से केशवराम टंडन (भारतेन्दु नाट्य मंडली, बनारस : 1933) से लेकर ऋषिकेश जोशी (राष्ट्रीय नाट्य विद्यालय रंगमंडल, दिल्ली : 1997) तक रामगुप्त को आज तक कोई ऐसा संवदेनशील और प्रभावशाली अभिनेता नहीं मिला जो इसकी विडम्बना, पीड़ा, राजनीतिक कूट-चातुरी और संशयग्रस्त असुरक्षित भविष्य की चिन्ता को सहानुभूति से समझकर कुशलता से मंच पर प्रस्तुत कर पाता। वह हमेशा सतही खल-विदूषक ही बना रहा।

अपने महान रचनाकारों के प्रति आदर-सम्मान का भाव तो होना ही चाहिए। यह ज़रूरी भी है और प्रशंसनीय भी। परन्तु जब वह पूजा-भाव में बदल जाता है—ख़ासतौर से किसी नाट्यालेख के मामले में—तो वह रंगकर्मी की कल्पनाशक्ति और आलोचक की समीक्षा-दृष्टि को बाधित करता है। आपके शब्दों, वाक्यों और संवादों की संरचना को बदलना तो ख़ैर आसान और शायद उचित भी नहीं है परन्तु रंग-निर्देशों से छूट लेना तो निर्देशक का अधिकार है और आजकल तो यह बेहद आम बात हो गई है। हमारे रंगकर्मी यदि इतना सा साहस **ध्रुवस्वामिनी** की प्रस्तुति में भी कर सकें तो, मेरा विश्वास है कि, रामगुप्त के चरित्र को विश्वसनीय, मानवीय और जीवन्त बनाया जा सकता है। पिछले लगभग पचहत्तर सालों से यह अन्याय होता आ रहा है। आप कहेंगे कि ये रंगकर्मियों का काम है। सही है, लेकिन इस अन्याय के मूल में क्या आपके आलेख और चरित्रांकन की निर्णायक भूमिका नहीं है? आपने तो अपने नाटक में उसे इस घृणास्पद रूप में अमर करके उससे मरने का नैसर्गिक और मौलिक अधिकार भी छीन लिया है। क्या आप इस अन्याय के गम्भीर उत्तरदायित्व से स्वयं को पूरी तरह मुक्त कर सकते हैं?

विनीत

जयदेव तनेजा

165, नेहरू अपार्टमेंट्स, आउटर रिंग रोड, नई दिल्ली 110019

अन्धायुग : आधुनिकता की चुनौती

मुक्तिबोध ने अपनी 'डायरी' में लिखा है कि, "मेरा अपना विचार है कि जिस भ्रष्टाचार, अवसरवादिता और अनाचार से हमारा समाज व्यथित है, उसका सूत्रपात बुजुर्गों ने किया। स्वाधीनता-प्राप्ति के उपरान्त भारत में दिल्ली से लेकर प्रान्तीय राजधानियों तक भ्रष्टाचार और अवसरवादिता के जो दृश्य दिखाई दिए उनमें बुजुर्गों का बहुत बड़ा हाथ है। अगर हमारे बुजुर्गों पर नए तरुणों की श्रद्धा नहीं रही तो इसका कारण यह नहीं है कि वे अनास्थावादी हैं वरन् यह है कि हमारे बुजुर्ग श्रद्धास्पद नहीं रहे। और अगर हमारे युवक अनास्थावादी हैं, तो भी कोई बुराई नहीं है, क्योंकि अनास्था का जन्म आस्था ही से होता है। अनास्था आस्था की पुत्री है। फर्क यह है कि आज के पहले दर्शकों के सामने रंगमंच पर आस्था नाटक खेला करती थी और अनास्था नेपथ्य में सूत्र-संचालन करती थी तो आजकल रंगमंच पर अनास्था नाटक करती है और आस्था नेपथ्य में बैठकर चुपचाप सूत्र-संचालन करती है।" यह उद्धरण **अन्धायुग** के कथ्य, वैचारिक धरातल, समकालीन प्रासंगिकता और चरित्रांकन सम्बन्धी अनेक आक्षेपों, प्रश्नों और शंकाओं का परोक्ष, किन्तु सटीक उत्तर है।

हिन्दी नाटक के इतिहास में जयशंकर प्रसाद के **करुणालय** से लेकर आज तक काव्य-नाटक की एक लम्बी परम्परा है। परन्तु काव्य-नाटक को ठीक-ठीक परिभाषित करने, उसकी शक्ति और सीमा, उपलब्धि और सम्भावना को रेखांकित करने तथा इस विधा की नाट्यात्मक क्षमता एवं काव्यात्मक सामर्थ्य को प्रदर्शित करके क्षेष्ठ नाटक का प्रतिमान स्थापित करने में जो योगदान डॉ. धर्मवीर भारती के **अन्धायुग** ने दिया है, वह इसे केवल हिन्दी नाटक ही नहीं, बल्कि सम्पूर्ण आधुनिक हिन्दी साहित्य की अत्यन्त महत्त्वपूर्ण कृति सिद्ध करने के लिए पर्याप्त है। आचार्य नन्द दुलारे बाजपेयी के मतानुसार, 'हिन्दी के क्षेत्र में यह कार्य उसी भूमिका का है जिस भूमिका का कार्य टी. एस. इलियट के 'मरडर इन द कैथेड्रल' नामक कृति का है।' हिन्दी रंगमंच के उद्भव, विकास, प्रयोग-समृद्धि और उपलब्धि की दृष्टि से **अन्धायुग** निःसंदेह एक आधुनिक क्लासिक है।

महाभारत के अट्ठारहवें दिन की सन्ध्या से लेकर प्रभास तीर्थ में श्रीकृष्ण की

मृत्यु के क्षण तक की उन तमाम प्रासंगिक एवं महत्त्वपूर्ण घटनाओं को भारती ने लगभग ज्यों-का-त्यों स्वीकार कर लिया है, जो महाभारत के शल्य पर्व, सौप्तिक पर्व, स्त्री पर्व, शांति पर्व, आश्रमवासिक पर्व तथा मौसल पर्व में आई हैं। प्रहरी, वृद्ध-याचक आदि गौण पात्रों को छोड़ दें तो एकमात्र युयुत्सु के अतिरिक्त किसी भी चरित्र में नाटककार ने बाह्य रूप से कोई मौलिक और बड़ा परिवर्तन नहीं किया है। प्रस्तुति-दृष्टि या ट्रीटमेंट का भेद ही **महाभारत** और **अन्धायुग** के सम्प्रेष्य में अन्तर ले आता है। **महाभारत** के पात्रों के प्रत्येक कृत्य का 'क्योंकि' धर्म की दृष्टि से पूर्व-नियोजित है, जबकि **अन्धायुग** के पात्रों का 'क्योंकि' उनकी मानवीयता में छिपा है और मनोविज्ञान पर आधारित होने के कारण आज अधिक विश्वसनीय, स्वाभाविक और आधुनिक प्रतीत होता है।

संरचना-शिल्प की दृष्टि से **अन्धायुग** 'स्थापना' और 'समापन' के अतिरिक्त एक 'अंतराल', और पाँच अंकों में विभाजित रचना है। इनके प्रतीकात्मक नाम भी दिए गए हैं, जैसे—कौरव-नगरी, पशु का उदय, अश्वत्थामा का अर्द्धसत्य, पंख, पहिए और पट्टियाँ, गान्धारी का शाप, विजय : एक क्रमिक आत्महत्या, और प्रभु की मृत्यु। घटनाओं, स्थितियों और पात्रों की मनःस्थितियों पर कमेंट करने के लिए दो प्रहरी हैं तथा नेपथ्य के कार्यकलाप की सूचना देने, दृश्य-बन्ध या देश-काल का संकेत देने, वातावरण को सघन बनाने और कहीं-कहीं नाटक की प्रतीकात्मकता को स्पष्ट करने अथवा दृश्यान्तर के उद्देश्य से कथा-गायन की भी योजना की गई है। पारसी, एब्सर्ड, लोक और शास्त्रीय रंग-परम्परा के अद्भुत संयोग से रचनाकार ने अपने इस नाटक के रूप को उपलब्ध किया है—जो वक्ता-श्रोता शैली में होने के कारण हमारी महाकाव्यीय परम्परा के भी निकट प्रतीत होता है। इसके शिल्प-प्रयोग के सम्बन्ध में नेमिचन्द्र जैन का विचार है कि, "पूर्वालोकन और समानान्तर कार्य-व्यापार का संयोजन, कार्यस्थल में अन्तःपुर और वनपथ के बीच सहज और अबाध परिवर्तन, कथावस्तु के उद्घाटन और सूत्रान्वयन के लिए कथा-गायन का उपयोग, प्रहरियों और वृद्ध-याचक के माध्यम से कार्य-व्यापार पर निरन्तर टिप्पणी के साथ स्थिति में नए आयामों का उद्घाटन और उनका समक्षीकरण, स्थापना और समापन की प्राचीन नाट्य-रूढ़ियों का नया उपयोग आदि अनेक शिल्पगत विशिष्टताएँ हिन्दी नाटक के लिए नया पथ-निर्देश करती हैं।"

प्रतीकात्मक शीर्षकों की तरह ही डॉ. भारती ने **अन्धायुग** के प्रत्येक पात्र को मूल्यान्धता के किसी-न-किसी रूप, स्तर या पक्ष—दैहिक, मानसिक, नैतिक और अध्यात्मिक—के प्रतीक रूप में प्रस्तुत किया है। आशा, विश्वास, आस्था और मर्यादा के मोरपंख तथा रक्तरंगी अन्धी घृणा और पाशविक प्रतिशोध-भावनारूपी

कौए के कटे काले पंख के बीच मानवीयता के न जाने कितने रूप-रंग इस रचना में बिखरे पड़े हैं। धृतराष्ट्र दैहिक अन्धतावश, गान्धारी जड़ पुत्र-मोह के कारण, अश्वत्थामा बर्बर प्रतिशोध और अन्धी घृणा के कारण, संजय अपनी तटस्थ निष्क्रियता के कारण, युधिष्ठिर अर्द्ध-सत्य की संशय-ग्रस्तता और युयुत्सु स्वनिर्णयहीनतावश सत्य का साक्षात्कार करने में असमर्थ हैं। जन-सामान्य के प्रतीक प्रहरियों की कल्पित निर्लिप्तता और श्रीकृष्ण की आचरणगत मर्यादाहीनता भी उसी अन्धता के ही प्रतिरूप हैं जिसके सामने शिव, सत्य और सुन्दर का कोमलतम रूप तक हार गया था। वह द्वापर युग भले ही बीत गया हो, परन्तु उसका 'अन्धापन' आज भी जीवित है। और इसी अन्धेपन का महाभारत काल से लेकर आज तक न केवल ज्यों का त्यों चले आना बल्कि और अधिक गहराकर जन-मानस में पैठ जाना—इस रचना को समसामयिक संगति प्रदान करता है।

अन्धायुग का उद्देश्य प्रत्येक महायुद्ध के उपरान्त पैदा हो जानेवाली विकृतियों, असंगतियों, विघटित आस्थाओं और मूल्यहन्ता परिस्थितियों की विचलित कर देनेवाली जीवन्त अभिव्यक्ति करना है। मूलतः यह एक युद्धविरोधी नाटक है। परन्तु हमारे समकालीन सन्दर्भ में यह देश के विभाजन और उसके बाद की त्रासदी का संकेत भी देता है। यह वैयक्तिक संवेदन को चरम-सत्य मान लेने की व्यापक त्रासदी का चित्रण करता है। इसमें मनुष्य को भेड़ या कठपुतली बना देनेवाले उस प्रत्येक चिन्तन, सिद्धान्त, आस्था, धर्म अथवा तथाकथित युग-पुरुष के ढोंग और खोखल का पर्दाफाश करके व्यक्ति की मनुष्यता, जिम्मेदारी, अस्मिता, रचनात्मकता और प्रेम- भावना की प्रतिष्ठा का सार्थक प्रयत्न किया गया है।

यह एक महत्त्वपूर्ण सत्य है कि अतीतोन्मुखी होने के बावजूद 'अन्धायुग' पूर्णतः एक समकालीन और आधुनिक नाट्य-रचना है। पुराण के आईने में यह आज और आनेवाले कल का अक्स दिखाती है। स्वयं नाटककार धर्मवीर भारती के शब्दों में—

उस दिन जो अन्धायुग अवतरित हुआ जग पर
बीतता नहीं रह-रहकर दोहराता है।

अन्धायुग के 'युद्धोपरान्त' से आज का युद्धोपरान्त ही ध्वनित होता है। द्वितीय विश्वयुद्ध के बाद अपने अनिश्चित और अन्धकारपूर्ण भविष्य से सम्पूर्ण मानव-जाति संत्रस्त एवं भयभीत हो उठी। उस आतंक ने उसका नैतिक-बोध छीन लिया। मर्यादा, आदर्श, दायित्व, मानव-मूल्य खोखले शब्द मात्र रह गए। डॉ. धर्मवीर भारती जैसा संवेदनशील रचनाकार इस स्थिति से तटस्थ नहीं रह सका और उसने युद्ध एवं युद्धोत्तर जीवन-जगत को 'वस्तु' बनाकर **अन्धायुग** जैसी युद्ध-विरोधी जीवन्त नाट्य-कृति की रचना कर डाली।

अन्धायुग के पात्रों का सूक्ष्म मनोवैज्ञानिक विश्लेषण, उनके आचरण के मूल कारणों की निष्पक्ष जाँच-पड़ताल, उलझते सम्बन्धों और टूटते व्यक्तित्वों के विश्वसनीय एवं प्रामाणिक चित्रण का मूलाधार भारती का आधुनिक दृष्टिकोण ही है। अन्ततः मानव और मानव-मूल्यों की प्रतिष्ठा ही वास्तविक आधुनिकता है। **अन्धायुग** के पात्रों के द्वन्द्व, संशय, प्रश्न, दबाव और तनाव उन्हें आधुनिक व्यक्ति के निकट ले आते हैं। टी.एस. इलियट, नीत्शे, अस्तित्ववाद और ईसाइयत का कमोबेश प्रभाव भी इस पर है ही। परन्तु इस सन्दर्भ में उल्लेखनीय है कि बुद्धि और हृदय के संघर्ष में अपने अन्तिम चरण में भारती का बौद्धिक-वैज्ञानिक दृष्टिकोण उनके वैष्णव आस्तिक मन के सामने हार जाता है। युयुत्सु के ज्वलन्त प्रश्नों को अनुत्तरित छोड़कर अन्त में सायास भागवत के रंग का आरोपण रचना की आधुनिकता को ठेस पहुँचाता है।

अन्धायुग और उसके रचनाकार का यह तथाकथित अन्तर्विरोध मूलतः कृष्ण के जटिल चरित्र से जुड़ा है। यहाँ कृष्ण इतिहास के नियन्ता और मानव नियति तो हैं ही स्वयं 'मानव' भी हैं। यह उनका पारम्परिक दिव्य आभा-मंडल-हीन व्यक्ति रूप ही है जिसके चलते आरम्भ में रचनाकार उन्हें अन्यायी, मर्यादा-हीन, निकम्मी-धुरी और वंचक तक कहने का साहस कर लेता है। प्रभु और मानव के ये दोनों रूप आपस में एक रहस्यमय ढंग से कृष्ण के चरित्र में कुछ इस प्रकार अन्तर्भुक्त हो जाते हैं कि सम्पूर्ण अनास्था और विरोध के बावजूद अश्वत्थामा और गान्धारी जैसे प्रबल चरित्र भी अन्ततः उसके समक्ष नत-मस्तक होने को विवश हैं। कृष्ण के माध्यम से आस्थावान कवि-नाटककार ने मानव के गौरव की प्रतिष्ठा भी की है और मानव के लिए आगामी सोपान तक पहुँचने का मार्ग भी आलोकित किया है।

यह एक दिलचस्प तथ्य है कि कृष्ण का यह दोहरा रूप, मंच पर कृष्ण के प्रत्यक्षतः आद्यन्त अनुपस्थित होने के बावजूद, नाटक में हर पल मौजूद है—कहीं विभिन्न पात्रों के संवादों और उनकी प्रतिक्रियाओं के माध्यम से, कहीं वंदना और कथागायन द्वारा, कहीं रथ की घंटियों में, कहीं कृष्ण-छाया और कृष्ण-ध्वनि के रूप में, कहीं नेपथ्य में बलराम से वार्तालाप द्वारा और कहीं वंशी की तान तथा गिरते हुए मोर-पंख के माध्यम से। अपने मौजूदा रूप में कृष्ण **अन्धायुग** के केन्द्रीय चरित्र हैं और नाटक के शेष सभी पात्र सौर-मंडल के ग्रहों की तरह इसी सूर्य के इर्द-गिर्द घूम रहे हैं। परन्तु यह कैसी त्रासद विडम्बना है कि अनास्था, अविश्वास, हिंसा, प्रतिशोध, अधिकार-लिप्सा और घृणा से ओत-प्रोत 'अन्धायुग' के भयावह वातावरण में, गान्धारी के शाप को सहज स्वीकार करके, अकेले कृष्ण ही हैं जो मानवीय प्रतिक्रिया का संकेत देते हैं और अन्ततः उन्हीं को पशुवत् मरना पड़ता है।

अनास्था, संशय, घृणा, विद्रोह, प्रतिशोध और ध्वंस की नरकाग्नि से गुज़रकर अन्ततः आस्था, विश्वास, प्रेम और कृष्णार्पण के सृजन-बिन्दु तक पहुँचकर जीवन के सार-तत्त्व को रेखांकित करता भारती का अश्वत्थामा सचमुच **अन्धायुग** की एक महत्त्वपूर्ण उपलब्धि है। और यही क्यों अपने सौ पुत्रों को खो देने की असह्य पीड़ा से छटपटाती-बिलबिलाती, कृशकाय-तपस्विनी, कृष्ण की मर्यादाहीनता एवं अनीति के प्रति कटुता, आक्रोश तथा घृणा के तीखे ज़हर में बुझी, और अन्ततः कृष्ण को दिए शाप के अग्निकुंड की प्रथम समिधा बन जल जानेवाली, गान्धारी का चरित्र भी उससे कम प्रभावशाली नहीं है।

अन्धायुग के युयुत्सु को इसके पौराणिक चरित्र से भिन्न रूप में चित्रित करने के प्रयास में भारती ने उसे सत्य के लिए व्याकुल, त्रासद एवं अभिशप्त नियतिवाले आधुनिक बुद्धिजीवी के समकक्ष ला खड़ा किया है। नाटककार युयुत्सु के भीतरी संसार में पैठकर मानवीय सम्बन्धों और संवेदना के धरातल से युद्ध की विभीषिका का उत्तेजक उद्‌घाटन करता है। वह आधुनिक व्यक्ति के विभ्रमों का भी प्रतीक है, जिसकी अन्तिम परिणति जर्जर होना ही है। युयुत्सु के जीवन की सबसे बड़ी विडम्बना यह है कि युद्ध में अपने हाथ-पैर खोने के बजाय वह अपनी आस्था और निष्ठा खो बैठा है। वह निरन्तर उपेक्षा, घृणा, अपमान, व्यंग्य और तिरस्कार की मानसिक यन्त्रणा भोगता हुआ आत्महत्या में अपने अन्तहीन तनाव एवं संघर्ष का अन्त ढूँढ़ता है। पूरी रचना में यही एक ऐसा चरित्र है जो रचनाकार की तमाम कोशिश के बावजूद, प्रेत बनकर भी, समापन तक में कृष्ण के सामने झुकने से इनकार करता है और अन्त तक अनास्था तथा अविश्वास की आग में सुलगता रहता है। मानव-भविष्य के बारे में युयुत्सु के संगत और जलते हुए प्रश्न अन्त तक अनुत्तरित ही रह जाते हैं। युयुत्सु का त्रासद मोह-भंग, बेबस (नाटकीय) मौन, गूँगापन, आत्महनन और भटकता प्रेत रूप दर्शक-पाठक को भीतर तक विचलित कर देता है।

संघर्ष, द्वन्द्व और तनाव **अन्धायुग** के पात्रों में बारूद की तरह भरा है। अट्‌ठारह दिनों के भीषण संग्राम ने व्यक्ति की आन्तरिकता में ऐसा भूकम्प ला दिया है कि न केवल वह स्वयं आमूल-चूल हिल गया है बल्कि अपने आप और दूसरों से उसके रिश्ते भी बुरी तरह उलझ गए हैं। पूर्णविराम की तरह सुदृढ़ अडिग विश्वास कसमसाकर प्रश्न-वाचक चिह्न या आश्चर्य-अविश्वास से भरे विस्मय-बोधक चिह्न में बदल गए हैं। अस्तित्व की सार्थकता तलाशता दंशित-आत्मघाती युयुत्सु, प्रतिशोध, बर्बरता और घृणा के मार्ग से लम्बी त्रासद यात्रा के बाद आस्था और शांति के स्तर तक पहुँचता नर-पशु अश्वत्थामा, अपने ही शाप की अग्नि में प्रथम समिधा बन जलकर जीवन भर के अँधेरे भटकाव को रेखांकित करती ममतान्ध पाषाणी गान्धारी, आस्था-अनास्था के बीच गोते खाता शंकालु विदुर, जीवन के अर्थ

खोजता-पश्चात्ताप करता—निष्क्रिय-तटस्थ संजय, अपनी सीमाओं में छटपटाते और सत्य को अग्निमाला की तरह धारण करते जन्मान्ध धृतराष्ट्र, विजय को तिल-तिल कर फलीभूत होनेवाला आत्मघात माननेवाले चिन्तातुर युधिष्ठिर और प्रभु के अन्तिम शब्द दोहराते वृद्ध-जर्जर व्याध (जरा, वृद्ध याचक, ज्योतिषी, वृद्ध) जैसे पात्रों के बीच पाठक-दर्शक को ऐसा अनुभव होता है जैसे वह सदियों पुराने ऐसे खँडहरों के बीच पहुँच गया है, जहाँ दीख पड़ते हैं—ठोस लाल पत्थरों के दहकते काले पड़ते ढूह, अधटूटी मीनारें, विकृत चेहरों के जंगल-सी उखड़ी-बदरंग दीवारें, गुम्बदों में चमगादड़ों के पंखों की फड़फड़ाहट, अभिशप्त-वीरान से सीलन भरे अँधेरे तहखाने और अन्ततः भग्न झरोखों से फूटता हुआ आज के नए युग का स्वर्णिम आलोक।

इसका वस्तु-संघटन तथा रंग-शिल्प 'महाभारत' की कथा-शैली और वक्ता-श्रोता पद्धति से प्रभावित है। पर्दों के विधान को देखकर इसे पारसी-शैली से भी पूरी तरह मुक्त नहीं कहा जा सकता। 'कथा गायन' यूनानी कोरस की याद दिलाता है तो 'प्रहरी' और वृद्ध याचक' का इस्तेमाल रचनाकार ने कई जगह ब्रेख्त की तरह भावी घटना या प्रसंग का पूर्व-संकेत देकर दर्शक को मानसिक रूप से तैयार या प्रतिक्रिया करने के लिए किया है। प्रहरियों के संवादों में 'एब्सर्ड थिएटर' की झलक देखी जा सकती है तो उलूक-कौए वाले प्रसंग में लोक रंगमंच की। कहीं सम और कहीं विषम प्रभाववाले दृश्यों की समानान्तर योजना की गई है तो कहीं अनेक छोटे-छोटे दृश्यों के कोलाज से एक समन्वित प्रभाव उत्पन्न किया गया है। नाट्य-विडम्बना एवं प्रतीकों का बहुविध प्रयोग **अन्धायुग** की वस्तु-संरचना की एक अन्य विशेषता है। कुल मिलाकर, इसमें विभिन्न नाट्य-परम्पराओं के सार्थक तत्त्वों को लेकर एक अभिनव मिश्र-प्रयोग हुआ है, जो रचनाकार की मौलिकता एवं प्रतिभा का प्रमाण है। परन्तु रंगमंचीय कार्य-व्यापार की कसावट और दर्शक की रुचि की दृष्टि से गान्धारी के शाप के बाद का नाटक अपेक्षाकृत शिथिल और कम रोचक है। कृष्ण का विरोध करनेवाली मूल शक्ति के रूप में नायकत्व का प्रश्न भी अश्वत्थामा और गान्धारी के बीच उलझ जाने से समग्र-प्रभाव को भी कुछ-न-कुछ क्षति पहुँचती ही है। यह अलग बात है कि रचनाकार के जीवन-दर्शन और मन्तव्य की पूर्ण अभिव्यक्ति के लिए उत्तरार्द्ध के ये अंश उत्तेजक एवं प्रभावशाली पूर्वार्द्ध से भी अधिक महत्त्वपूर्ण हैं।

शब्द-भंडार की दृष्टि से भारती ने संस्कृत और उर्दू के तत्सम, तद्भव, देशज तथा सहवर्ती, सम-तुकान्त एवं द्वित्वपूर्ण शब्दों का रचनात्मक उपयोग किया है। **अन्धायुग** की भाषा में काव्यात्मकता और नाटकीयता, व्यंजनात्मकता और अभिधात्मकता, आलंकारिक बिम्बमयता और बोलचाल की तीव्र सपाट बयानी का

रोचक सामंजस्य देखने को मिलता है। इसमें अतीत और वर्तमान के रंग को समान शक्ति से अभिव्यक्त करने की विरल क्षमता भी देखने को मिलती है। अलंकार, प्रतीक और नए किस्म के मौलिक बिम्ब-विधान से इसकी भाषा समृद्ध हुई है।

अन्धायुग के पात्रों के संवाद तकनीकी या ऊपरी दृष्टि से कितने ही दोषपूर्ण क्यों न लगें, अपनी मूल प्रकृति और नाटकीयता में वह असरदार हैं। छन्दात्मक लय, नाटकीय कथन और अर्थ पर आग्रह ही इन संवादों की प्रमुख विशेषताएँ हैं। यहाँ चरित्र के मिजाज और उसके बोलने के अन्दाज़ में अद्भुत एकता दिखाई देती है। अश्वत्थामा और कृष्ण के चरित्र का अन्तर, बिना शब्दार्थ जाने भी, महज़ उनके संवादों के शब्द-चयन, लय-विधान, ध्वन्यात्मकता और टोन के आधार पर उन्हें पढ़-सुनकर ही जाना जा सकता है। संवादों में क्रमबद्धता, तत्परता, चुस्ती और प्रभावोत्पादकता लाने के लिए पारम्परिक 'कथोद्घात' का प्रयोग भी अनेक स्थानों पर किया गया है। नाट्यगर्भी मौन और मुक्त-छन्द का अत्यन्त सृजनात्मक उपयोग यहाँ देखने को मिलता है। सभी प्रकार के मूल्यों के नकार के प्रतीक काले और हिंसा के प्रतीक लाल रंग का सर्वाधिक इस्तेमाल भी 'अन्धायुग' के कथ्य को रेखांकित करने और समग्र-प्रभाव को गहराने में सहायक सिद्ध हुआ है।

अन्धायुग की रंगमंचीयता का प्रश्न काफ़ी जटिल किन्तु महत्त्वपूर्ण है। भारतीय रंग-दृष्टि की खोज करते हुए भारती ने इसमें वस्तु-संग्रही यथार्थवादी दृश्य-बन्ध के स्थान पर दृश्य-निरूपण और वातावरण की सजीव अभिव्यक्ति के लिए अपनी लोक-नाट्य-परम्परा से कथा-गायन की पद्धति का स्वीकार किया है। संवाद मुक्त छन्द में हैं। किन्तु कहीं-कहीं पात्रों और स्थितियों की आवश्यकता के अनुसार पद्य का आभास देनेवाले सानुप्रास गद्य का भी प्रयोग किया गया है। रूप-बन्ध की दृष्टि से नाटककार ने पर्दोंवाले पारसी मंच-विधान की योजना की है। परन्तु तड़क-भड़क के बजाय उसका बल यहाँ मंच के सहज-सरल, साफ-सुथरे और सादे स्वरूप पर ही है। इसी रूप-बन्ध (बॉक्स) और मंच-विधान को सामने रखकर मंच निर्देश और प्रवेश-प्रस्थान की योजना की गई है। परन्तु प्रयोगशील रचनाकार ने इस बात का भी ध्यान रखा है कि मंच-विधान को थोड़ा बदलकर इसे खुले मंचवाले लोक-नाट्य में भी परिवर्तित किया जा सके और अधिक कल्पनाशील निर्देशक इसके रंगमंच को प्रतीकात्मक भी बना सकें। नाटक में 'स्थापना', 'समापन' और 'अन्तराल' की योजना **अन्धायुग** के एक नए नाट्य-रूप की सृष्टि में सहायक होती है। रूप-बन्ध के इस लचीले-प्रयोगधर्मी स्वरूप के कारण ही इसे रंगद्वारी और मुक्ताकाशी मंचों पर समान सफलता से प्रस्तुत करना सम्भव हुआ है और इसकी अन्तर्निहित शैलीगत अमित सम्भावनाओं के आधार

पर ही इसे विविध भारतीय भाषाओं एवं रंगशैलियों में पूरी प्रभविष्णुता के साथ मंचित किया जा सका है। आज किसी भी रंगकर्मी के लिए अपनी रंग-दक्षता और प्रतिभा को परखने की कसौटी एवं चुनौती बन गया है—**अन्धायुग**।

पुराणकाल में हमारी आध्यात्मिक और विचारात्मक संस्कृति ने हमें समय के यथार्थ से काटकर नैतिक रूप से विकलांग और अन्धा बना दिया था। और आज की भौतिकवादी इन्द्रियपरक पश्चिमी संस्कृति तथा आणविक अस्त्रों की अन्धी होड़ भी हमें बर्डेव के शब्दों में 'डार्क इरा' तथा पित्रिम सारोकिन के शब्दों में 'काली रात' की ओर दुर्निवार गति से घसीटे लिये जा रही है। ऐसे चरम अस्तित्व-संकट के समय **अन्धायुग** की प्रासंगिकता और अर्थवत्ता घटने के बजाय कई-कई गुना और भी बढ़ जाती है।

लहरों के राजहंस : बुनियादी सरोकार

अपने केवल तीन या साढ़े तीन नाटकों के द्वारा आधुनिक भारतीय नाटक और रंगमंच के क्षेत्र में एक विशिष्ट एवं महत्त्वपूर्ण स्थान बना लेनेवाले मोहन राकेश का व्यक्तित्व और कृतित्व स्त्री-पुरुष सम्बन्धों की जटिलता को सूक्ष्मता, गहनता और समग्रता से जाँचने-परखने की प्रयोगशाला-सा बना रहा है। यही कारण है कि नाटक चाहे अतीत के प्रसंग-पात्र-परिवेश का भ्रम पैदा करनेवाले **आषाढ़ का एक दिन** या **लहरों के राजहंस** हों चाहे समकालीन घटनाक्रम, चरित्र और देश-काल से सम्बन्धित **आधे-अधूरे** या **पैर तले की ज़मीन**—राकेश का बुनियादी सरोकार 'घर' और उसे बनाने या तोड़नेवाले मूल घटकों के आपसी रिश्तों की बुनियाद की तलाश ही रहा है। जीवन्त नाट्य-भाषा और आज के जीवन से जुड़ी संवाद-लय की खोज तथा उपलब्धि और रंग-शिल्प के कुछ अन्य उल्लेखनीय प्रयोगों को इसके मूल सरोकारों के अनिवार्य अंग के रूप में ही देखा जा सकता है। यहाँ हम **लहरों के राजहंस** के विशेष सन्दर्भ में नाटककार मोहन राकेश के इन बुनियादी जीवन एवं कला सरोकारों के साथ-साथ पार्थिव-अपार्थिव के द्वन्द्व की भी चर्चा कर रहे हैं।

अश्वघोष के **सौन्दरनन्द** से एक उद्विग्न उत्तेजित क्षण तथा संशयग्रस्त व्यक्ति के विशिष्ट-मूड को ग्रहण करके मोहन राकेश ने **लहरों के राजहंस** में नन्द और सुन्दरी की कथा का आश्रय लेकर आधुनिक व्यक्ति की द्विधा-विदीर्ण मानसिकता के नाटकीय चित्रण के साथ-साथ स्त्री-पुरुष सम्बन्धों की सामान्य नियति की तलाश का गम्भीर प्रयास किया है। **आषाढ़ का एक दिन** की तरह परिवेश और पात्रों की दृष्टि से अतीतोन्मुखी होने के बावजूद यह भी ऐतिहासिक नाटक नहीं है। रचनाकार के अनुसार, "मैंने इस इतिहास-कथा का उपयोग इसलिए किया क्योंकि इस कथा के माध्यम से विशेष प्रकार की व्याख्या प्रस्तुत की जा सकती थी"[1]। यह नाटक रस, आनन्द और समाधिस्तता का नहीं, द्वन्द्व, तनाव और उद्वेग का नाटक है। सुन्दरी के गलत या सही, अपने निश्चित विश्वास हैं। परन्तु उसके यही अडिग अटूट विश्वास उसे तोड़कर अन्ततः द्वन्द्व के दाहक अनुभव तक ले जाते हैं। दूसरी ओर

1. मोहन राकेश : सहित्यिक और सांस्कृतिक दृष्टि (एक महत्त्वपूर्ण भेंट : कार्लो कपोलो), पृ. 165

नन्द की कोई निश्चित आस्था नहीं है। वह प्रारम्भ से अन्त तक संशयग्रस्त है। सुन्दरी के पार्थिव और गौतम बुद्ध के अपार्थिव निश्चित विश्वासों के बीच से अपना निजी विश्वास तलाशता हुआ नन्द भी अन्त में तनाव और संघर्ष के बिन्दु पर ही जा पहुँचता है। सुन्दरी प्रतिबद्धता के माध्यम से और नन्द अप्रतिबद्धता के रास्ते से न चाहते हुए भी द्वन्द्व के उसी खौलते हुए बिन्दु पर आ मिलते हैं और भीषण विस्फोटक की भाँति फटकर बिखर जाते हैं।

सन् छियालीस-सैंतालीस में लिखी गई एक 'अनाम ऐतिहासिक कहानी' से लेकर **सुन्दरी** नामक रेडियो नाटक और **रात बीतने तक** नामक रंग अथवा रेडियो एकांकी से होते हुए दो अप्रैल से लकर बारह अप्रैल, उन्नीस सौ तिरसठ के बीच लिखित और 1963 में ही प्रकाशित—**लहरों के राजहंस** के प्रथम संस्करण और जुलाई सन् छियासठ में 'अनामिका' (कलकत्ता) के रंगकर्मियों के साथ काम करते हुए अन्ततः सत्रह अगस्त को नए रूप में लिखित और सितम्बर छियासठ में पुनर्लिखित एवं सन् अड़सठ में प्रकाशित इस नाटक के नए संशोधित रूप की लम्बी सृजन-यात्रा का विस्तृत और रोचक उल्लेख नाटककार ने स्वयं 'नाटक का यह परिवर्तित रूप' नामक भूमिका में किया है।

तीन अंक और 'नन्द के भवन में सुन्दरी के कक्ष' के एक ही (बॉक्स) दृश्य-बन्धवाले इस नाटक का, संरचना और शिल्प के स्तर से आधुनिक हिन्दी नाटकों में अपना विशिष्ट एवं निश्चित स्थान है, क्योंकि "यह नाटक एक विशेष रचनापद्धति और शिल्प-विधान के अनुसार एक सुगठित और तर्क-संगत रूप-बन्ध (structure) का निर्माण करता है।[1] संकलन-त्रय (जिसके कठिन बन्धन से अधिकांश आधुनिक नाटककारों ने मुक्ति पा ली है) का पालन राकेश अपने नाटकों में कई महत्त्वपूर्ण नाटकीय दृश्यों को सूच्य बना देने के मूल्य पर भी हमेशा करते रहे हैं। थोड़े से तकनीकी चमत्कार के द्वारा दृश्य-बन्ध को लचीला बनाकर वह नन्द की दीक्षा के चरम नाटकीय क्षण को आसानी से मंच पर प्रदर्शित कर सकते थे। परन्तु उन्होंने अनेक वैचारिक और व्यावहारिक कारणों से यह सुविधा अस्वीकार करके अपनी रचना को सरल और सहज रूप प्रदान करना अधिक पसन्द किया। इस नाटक में अँधेरे से 'धम्मं शरणं गच्छामि' के प्रभावपूर्ण, धीर-गम्भीर समवेत स्वर के साथ कामोत्सव की तैयारी के समारोहपूर्ण भव्य दृश्य-संयोजन के वैषम्य से बुद्ध के परोक्ष और सुन्दरी के प्रत्यक्ष प्रभाव का रेखांकन किया गया है। पहले ही संवाद द्वारा नाटककार नन्द के राजभवन में होनेवाले ऐतिहासिक विराट् कामोत्सव और उसके प्रति सुन्दरी की अतिरिक्त अनुरक्ति संकेतित करके एक ओर राजसी वैभव तथा

---

1. लहरों के राजहंस : (नौवाँ संस्करण, सितम्बर, 1973) डॉ. सुरेश अवस्थी की भूमिका : पृ. 12

ऐतिहासिक भव्य वातावरण का सुन्दर दृश्य प्रस्तुत करता है तो दूसरी ओर महोत्सव के महत्त्व, उसके स्तर और प्रभाव को भी कुशलता से व्यक्त कर देता है। 'उद्घाटन' के अन्तर्गत नाटक के द्वन्द्व का संकेत देने के बाद रचनाकार अलका-सुन्दरी और श्यामांग के माध्यम से सुन्दरी के रूप-गर्व, दर्प और प्रभावपूर्ण व्यक्तित्व को स्थापित करता है। एक भिन्न धरातल पर वह अलका-श्यामांग के सात्त्विक, शान्त और समर्पित प्रणय को नन्द-सुन्दरी के अधिकार, आवेशपूर्ण, मुखर-उद्दाम प्रेम के वैषम्य और विकल्प के रूप में उपस्थित करके रंगमंच के माध्यम पर अपनी पकड़ और इसके व्याकरण की अच्छी समझ का पुष्ट प्रमाण भी दे देता है।

प्रथम अंक के आरम्भिक अंश में नाटककार ने सुन्दरी की अनेक गर्वोक्तियों का उपयोग 'नाट्य विडम्बना' के पूर्वाभास के रूप में अत्यन्त कुशलता से किया है। इस नाटक की लम्बी सृजन-यात्रा में इसकी परिकल्पना एवं संरचना, भाषा और संवेदना चाहे जितनी बार भी बदली हो सुन्दरी का यशोधरा के प्रति अलका से कहा गया एक संवाद कभी नहीं बदला। सुन्दरी की यह एक ऐसी गर्वोक्ति है जो बाद में एक विडम्बना बनकर स्वयं उसी को आहत करती है। यह बहुउद्धृत संवाद है—"नारी का आकर्षण पुरुष को पुरुष बनाता है, तो उसका अपकर्षण उसे गौतम बुद्ध बना देता है।" यह एक अर्द्ध-सत्य है जो स्त्री-पुरुष सम्बन्धों की जटिलता का केवल एक पहलू ही व्यक्त करता है। राकेश बड़ी सावधानी और सतर्कता से सुन्दरी के चरित्र की प्रतिष्ठा हो चुकने पर नन्द का प्रवेश कराते हैं। नन्द के अन्तर्मन के प्रतीक श्यामांग से भली-भाँति परिचित दर्शक नन्द को देखते ही उसके अन्तर्द्वन्द्व को पहचान लेता है। प्रथम अंक में नाटक का **उद्घाटन** सरल, द्रुत, बहुआयामी और स्पष्ट है। इस अंक की एकमात्र शिल्पगत दुर्बलता है—श्यामांग का चरित्र। नन्द के अन्तर्मन का प्रतीक बनाने की प्रक्रिया में लेखक इसकी स्वाभाविक जीवन्तता और मांसलता की रक्षा नहीं कर सका है।

दूसरे अंक के आरम्भ में श्यामांग के नेपथ्य कथन के साथ मंच पर नन्द की क्रियाओं और मुखमुद्राओं का सामंजस्य करके राकेश ने नाटकीय सूझ-बूझ का परिचय दिया है। यहीं नन्द के एकालाप से उसके संवेदनशील व्यक्तित्व और गम्भीर अन्तर्द्वन्द्व को प्रत्यक्षतः उद्घाटित किया गया है। सम्भवतः सुन्दरी जैसे आक्रामक एवं प्रखर चरित्र की अनुपस्थिति में ही नन्द का अन्तर्मुखी जटिल व्यक्तित्व स्थापित हो सकता था। सुन्दरी के जागते ही नर-नारी सम्बन्धों का यह नाटक जैसे फिर से अपनी मूल गति को पकड़ लेता है। इसमें मूलतः पति-पत्नी के रूप में प्रेमी नन्द और रूपवती सुन्दरी के पारस्परिक मुग्ध-मधुर अन्तरंग सम्बन्धों का रमणीय प्रस्तुतीकरण हुआ है। परन्तु बीच-बीच में भिक्षुओं के समवेत स्वर से, दर्पण के टूटने, अक्षत-निर्जीव मृग के प्रसंग,

हवा, कबूतरों और खुटक बढ़ैया की आवाज़ से नन्द के चौंकने तथा इसी प्रकार के अन्य व्यवहारों से बाहर से स्थिर किन्तु भीतर से उद्विग्न नन्द के सम्पूर्ण व्यक्तित्व की झलक प्रबुद्ध दर्शक पा जाता है। नन्द के सुन्दरी के प्रति गहरे सम्मोहन और साथ ही गौतम बुद्ध के प्रति उत्कट मोह के कारण नन्द के भीतर चल रहे भीषण द्वन्द्व का चित्रण इस अंक में कलात्मकता के साथ किया गया है।

नाटक का अन्तिम अंक और अन्त अत्यन्त महत्त्वपूर्ण होते हैं—और राकेश इस नाटक के इसी अंश को लेकर सबसे अधिक परेशान रहे हैं। राकेश के अन्य नाटकों की तरह इस नाटक के इस अंक की अधिकांश महत्त्वपूर्ण एवं निर्णायक घटनाएँ भी नेपथ्य में ही घटित होती हैं। उनका दृश्य के बजाय सूच्य होना संरचना की दृष्टि से एक बड़ी कमज़ोरी है। नन्द और बुद्ध के साक्षात्कार की घटना भी पहले श्वेतांग और अलका के बीच, फिर आनन्द और नन्द के बीच, इसके बाद नन्द के एकालाप में तथा अन्त में नन्द और सुन्दरी के बीच बार-बार दोहराए जाने के कारण अपना वांछित प्रभाव खो बैठती है। यही कारण है कि यहाँ केशमुंडित नन्द का मंच पर प्रवेश अपनी प्रभविष्णुता एवं नाटकीयता खोकर हास्यास्पद-सा बन जाता है। इस अंश को शिथिल करने में नन्द के लम्बे-लम्बे संवाद और एकालाप भी पर्याप्त योग देते हैं। यहाँ तक आते-आते यह चुस्तदुरुस्त नाटक वर्णनात्मक और शिथिल हो जाता है। यह दोष यहीं नहीं राकेश के शेष दोनों नाटकों और अपेक्षाकृत सफल एवं चर्चित अन्य समकालीन भारतीय नाटकों में भी इसी तरह मौजूद है। इस नाटक की सारी सफलता और श्रेष्ठता के बावजूद यह सच है कि नाटककार अपने कथ्य को नाटक की मूल संरचना में आन्तरिकता से पिरोने और नाटकीय रूप से अभिव्यक्त करने में पूर्णतः सफल नहीं हो सका है।

वस्तु-संरचना और शिल्प की दृष्टि से "एक दृश्यबन्धीय नाट्यरचना में कथानक की गति बनाए रखना बहुत कठिन होता है। इस कठिनाई को हल करने के लिए 'राकेश' ने रंगमंच पर पात्रों को बराबर बदलते रहकर कथा-स्थितियों को परस्पर जोड़ा है। पात्रों का एक दल एक स्थिति उत्पन्न करता है, तब तक उनमें से कुछ पात्र मंच से चले जाते हैं और उनके स्थान पर कुछ नए पात्र आ जाते हैं जो मंच पर पहले से रह गए पात्रों के साथ मिलकर पहलेवाली कथास्थिति को आगे ले जाते हैं।"[1] इस प्रकार नई-नई कथा स्थितियाँ उत्पन्न होती रहती हैं और पहलेवाली स्थितियों की शृंखला से नई-नई कड़ियाँ जुड़ती जाती हैं। इन्हीं कड़ियों के माध्यम से कथानक को गति प्राप्त होती है।

लहरों के राजहंस में राकेश ने एक ही बात को प्रतीक, बिम्ब, संकेत, सन्दर्भ संवाद और क्रिया के माध्यम से बार-बार दोहरा-तिहराकर प्रस्तुत करने का प्रयत्न

1. नया प्रतीक (राकेश के नाटक : कुछ अन्तःसूत्र : जगदीश शर्मा) मई 1975 : पृ. 77

किया है। यह युक्ति रचना की शक्ति भी है और एक बड़ी सीमा भी।

नाटक का प्रधान पात्र है—नन्द, जिसे नाटककार ने एक संशयग्रस्त व्यक्ति—एक प्रश्नचिह्न के रूप में चित्रित किया है। राकेश के ही शब्दों में, "नन्द का ऐतिहासिक रूप जो भी हो, मेरे लिए वह एक ऐसे मन का प्रतीक है, जो निरन्तर अपने अन्तर्द्वन्द्व से पीड़ित है। वह जीवन को उसकी समग्रता में जानना और जीना चाहता है—इसलिए बुद्ध और सुन्दरी दोनों की जीवन-दृष्टियाँ उसके लिए एकांगी हैं, वह जिस आसक्ति में जीता है, वह आसक्ति उसके लिए छलना या भ्रान्ति नहीं, अपने अस्तित्व-बोध की अनिवार्यता है परन्तु उस आसक्ति में जीकर वह जितना अधूरा है, उससे बचकर भी अपने को उतना ही अधूरा अनुभव करता है; और क्योंकि अपने अधूरेपन को भी स्वीकार नहीं कर पाता, इसलिए अन्त तक उसकी छटपटाहट ज्यों की त्यों बनी रहती है। यह परिणतिहीन परिणति उसके जीवन की विडम्बना भी है, सच्चाई भी।"[1]

नाटककार की इच्छा के विरुद्ध **आषाढ़ का एक दिन** की मल्लिका और **आधे अधूरे** की सावित्री की तरह यहाँ भी सुन्दरी ही नाटक का केन्द्रीय चरित्र बन गई है। कामोत्सव के आयोजन में व्यस्त सुन्दरी का दर्प, रूप-गर्व, यशोधरा के प्रति उसके व्यंग्य और अपने सौन्दर्य के सम्मोहन एवं प्रेम पर अटूट विश्वास की चमकीली, भड़कीली, नुकीली रंग-रेखाओं के समक्ष नन्द बहुत दबा-घुटा और असहाय सा प्रतीत होता है। और नन्द ही क्यों नाट्य-सृजन के दौरान, नाटककार और परिचालक दोनों उस चरित्र के हाथों पराजित होने के लिए विवश थे।[2] संवाद-संख्या और भूमिका की लम्बाई की दृष्टि से भी सुन्दरी ही इस नाटक की प्रमुख पात्र है। तीनों अंकों में स्वगतकथन के रूप में सुन्दरी केवल दो संवाद बोलती है, जो उसके पार्थिव के प्रतीकत्व एवं बहिर्मुखी व्यक्ति-रूप के पूर्णतः अनुरूप है।

श्यामांग एक विवादास्पद किन्तु महत्त्वपूर्ण चरित्र है। श्यामांग यदि अन्तर्मुखी व्यक्ति है तो श्वेतांग बहिर्मुखी। इनके इस मूलभूत अन्तर को शब्द और अर्थ के स्तर से ही नहीं राकेश ने वाक्य-संरचना के धरातल से भी अत्यन्त कुशलता से पेश किया है। पहले अंक में श्यामांग कुल 11 संवाद बोलता है जिनमें से केवल तीन वाक्यों की रचना निश्चयात्मक और सीधी है; शेष 8 संवादों में वह 15 प्रश्न पूछता है और उनमें 19 स्थानों पर डॉट्स का प्रयोग हुआ है। इसके विपरीत श्वेतांग के श्यामांग के साथ कुल 10 संवाद हैं जिसमें से केवल एक संवाद, "तुम्हें मुझसे ईर्ष्या होती है? क्यों?" ही प्रश्न-वाचक है। वह भी वास्तव में श्यामांग के पहले

1. राष्ट्रीय नाट्य विद्यालय प्रस्तुत 'लहरों के राजहंस' के परिचय-पत्र में प्रकाशित 'लेखक का वक्तव्य' से उद्धृत
2. लहरों के राजहंस (नाटक यह परिवर्तित रूप : मोहन राकेश), पृ. 36

संवाद की पुनरावृत्ति मात्र है। श्वेतांग के संवादों में अपनी ओर से एक भी प्रश्न नहीं है। राकेश की संवाद-योजना और नाट्य-भाषा की यह एक बड़ी उपलब्धि मानी जा सकती है कि रचनाकार आयु, व्यवसाय, पद और बहुत दूर तक समान चारित्र्यवाले दो पात्रों के आन्तरिक अन्तर को केवल संवाद-लय एवं ध्वन्यात्मकता के द्वारा ही रेखांकित करने में सफल हो जाता है।

सुन्दरी की दासी-सखी अलका के चरित्र में संकोच, विनम्रता, व्यवहार-कुशलता, सेवा-भाव, शालीनता, सहानुभूति, पीड़ा, प्रणय की आकुल उत्सुकता और द्वन्द्व के साथ एक शान्त लय और स्थिरता विद्यमान है। भिक्षु आनन्द में सहजता, दृढ़ता और आत्म-विश्वास है। इसका उपयोग नाटककार ने नन्द के साथ आए बुद्ध के प्रभाव के रूप में किया है। कुछ महत्त्वपूर्ण घटनाओं की सूचना देने के लिए श्यामांग और आर्य मैत्रेय तथा वातावरण की स्थापना के लिए नीहारिका, शेफ़ालिका, बीजगुप्त, नागदास एवं मन्दारक जैसे गौण और संक्षिप्त चरित्रों की सृष्टि की गई है।

यूँ तो **लहरों के राजहंस** में राकेश ने मनोविज्ञान (विशेषतः मनोविश्लेषण) और दर्शन-शास्त्र (विशेषतः अस्तित्ववाद) की अनेक धारणाओं का भी बहुविध, व्यापक, सूक्ष्म और रोचक उपयोग किया है परन्तु नाट्य-विडम्बना और प्रतीकात्मकता की दृष्टि से राकेश का यह नाटक विशेष रूप से उल्लेखनीय है। **लहरों के राजहंस** के संवादों में नाट्य-विडम्बना भरी पड़ी है, जो नाटक में आगे आनेवाली घटनाओं को और भी रोचक और प्रभावपूर्ण बनाकर उनकी नाटकीयता में वृद्धि करती है। उदाहरण के लिए पहले अंक में अलका से कहा गया सुन्दरी का यह संवाद—"हाँ, रात के अन्तिम पहर तक भोज, आपानक और नृत्य! वर्षों तक याद बनी रहनी चाहिए लोगों के मन में..." परन्तु इस गर्वोक्ति की विडम्बना हमें तब पता चलती है जब कामोत्सव के लिए एक भी अतिथि नहीं आता और अंक के अन्त में सुन्दरी की समस्त आशाएँ धूल-धूसरित हो जाती हैं। इसी प्रकार, दूसरे अंक में नन्द का यह विश्वासपूर्ण कथन "...सोने के लिए क्या और रातें नहीं आएँगी?" और तीसरे अंक के अन्त तक पहुँचते-पहुँचते यह वाक्य अपनी भीतर की व्यंग्यात्मकता, विडम्बना और कटु वास्तविकता को प्रकट करने लगता है, जब सचमुच उस प्रकार सोने के लिए नन्द के जीवन में कोई रात नहीं रह जाती। निस्सन्देह इस प्रकार के वाचिक व्यंग्य के उदाहरणों से यह नाटक भरा पड़ा है। परन्तु राकेश का महत्त्व इस बात में है कि उन्होंने स्थितिगत व्यंग्य को उभारने के लिए इस युक्ति का प्रयोग अत्यधिक व्यापक और संश्लिष्ट रूप में किया है। यह छोटी-छोटी यत्र-तत्र बिखरी हुई नाट्य-विडम्बनाएँ मिलकर अन्ततः नाटक के तीनों प्रमुख पात्रों—नन्द, सुन्दरी और बुद्ध के व्यक्तित्व और उनकी नियति की विडम्बना का रूप ले लेती हैं।

एक धरातल से प्रस्तुत नाटक भोग-अभोग या पार्थिव-अपार्थिव के संघर्ष का नाटक है। यह संघर्ष यहाँ सुन्दरी और गौतमबुद्ध की विपरीत जीवन-दृष्टियों के माध्यम से अभिव्यक्त हुआ है। जिस प्रकार **आषाढ़ का एक दिन** में कालिदास और विलोम के बीच जय-पराजय की कसौटी मल्लिका है उसी प्रकार **लहरों के राजहंस** में सुन्दरी और गौतम बुद्ध के बीच हो रहे संघर्ष में जय-पराजय का प्रमाण वे दोनों स्वयं नहीं हैं, यहाँ इसकी कसौटी नन्द है। इसलिए इस नाटक का मूल द्वन्द्व सुन्दरी, नन्द और गौतम बुद्ध के तीन कोणों में उलझा हुआ है। यह अद्‌भुत नाटकीय विडम्बना है कि ये तीनों व्यक्ति अलग-अलग जीतकर भी हार जाते हैं।

लहरों के राजहंस राकेश का प्रतीक-बहुल नाटक है। प्रत्येक घटना, स्थिति, मनःस्थिति के साथ या उससे पहले संकेतात्मक रूप में लेखक एक न एक प्रतीक प्रस्तुत कर देता है। नामकरण से लेकर चरित्र-सृष्टि, कथा-अभिप्राय, दृश्यांकन, संवाद-योजना और मूल संवदेना तक प्रतीकात्मक हैं।

दर्शक की दृष्टि से **लहरों के राजहंस** का ऐतिहासिक राजसी आकर्षक वातावरण और झूला, मत्स्याकार आसन, मदिरा-कोष्ठ, शृंगार कोष्ठ, पुरुष मूर्ति और स्त्री मूर्तिवाले दीपाधार, गवाक्ष, साज-सज्जा में कामोत्सव के स्पर्श आदि से युक्त वैभवपूर्ण, रमणीय एवं भव्य दृश्य-बन्ध एक अच्छा 'स्पेक्टेकल' प्रस्तुत करता है और दर्शक को अभिभूत कर लेता है। अँधेरे में नेपथ्य से सुनाई देता 'धम्मं शरणं गच्छामि...' का स्वर तथा मंच पर रात उतरने के समय का आभास देती प्रकाश-योजना अद्‌भुत प्रभाव डालती है और दर्शक-पाठक की कल्पना को बाँधकर वर्तमान से अतीत की ओर बड़े मायावी ढंग से ले जाती है। कामोत्सव की असफलता से उत्पन्न निराशा और खीज में सुन्दरी किस तरह उत्तेजित होकर आवेशपूर्ण आक्रामक व्यवहार करती है उसका आभास भी नाटककार ने इस दूसरे अंक में दृश्य-बन्ध के उपकरणों की अस्त-व्यस्तता (झूले में बिछावन अस्त-व्यस्त है, दो-एक तकिए नीचे इधर-उधर पड़े हैं, चबूतरे पर तथा आस-पास कुछ टूटी हुई फूल-मालाएँ बिखरी हैं, एक मदिरा-पात्र नीचे औंधा पड़ा है) मात्र से दे दिया है। दृश्य-बन्ध का यह रूप मानो मौन रहकर भी नन्द-सुन्दरी के पारस्परिक सम्बन्धों के बीच होनेवाली उथल-पुथल को चुपचाप बता देता है।

अपने अन्तिम दिनों में राकेश नाटककार द्वारा विस्तृत रंग-निर्देश दिए जाने के पक्ष में नहीं रहे थे; वह निर्देशक और विशेषतः अभिनेता को इस दृष्टि से स्वतन्त्रता देने के समर्थक हो गए थे। लेकिन इस दृष्टि से 1963 में प्रकाशित इस नाटक के पहले और 1968 में छपे नए संस्करण में रंग-निर्देशों का अध्ययन ये रोचक तथ्य सामने लाता है। नए संस्करण में दृश्य-बन्ध के निर्देशों में 3 पंक्तियों (27 शब्द) की वृद्धि हुई है जबकि प्रकाश, ध्वनि और अभिनय सम्बन्धी निर्देशों में क्रमशः 7, 6 और 60 पंक्तियों तथा 70, 43, एवं 1328 शब्दों को कम कर दिया गया है। अतः

स्पष्ट है कि आलेख को नए रूप में लिखते समय राकेश ने कुल 70 पंक्तियाँ और 1441 शब्दों के निर्देश काट दिए हैं। मंच-सज्जा और अभिनय सम्बन्धी सभी प्रकार के हैं रंग-निर्देश, किन्तु उनमें पात्रों के वस्त्र-विन्यास और उनकी रूप-परिकल्पना का उल्लेख कहीं नहीं है। उन्हें निर्देशकों की सूझबूझ और कल्पना पर छोड़ दिया गया है। राकेश ने रंग-निर्देशों को अत्यन्त सतर्क होकर नियोजित किया है। उनके सार्थक नाटकीय प्रयोग का एक उदाहरण हमें तब देखने को मिलता है जब सुन्दरी अलका-श्यामांग के परस्पर सम्बन्ध पर विचार करती है। अन्तर्द्वन्द्व के क्षणों में नाटककार सुन्दरी को 'झूले के पास रुकने' और निर्णय के क्षणों में 'झूले के पास से हटने' का निर्देश देकर अपनी रंगमंच सम्बन्धी सूझबूझ का प्रत्यक्ष परिचय देता है।

नाटक का सम्पूर्ण दृश्य कार्य-व्यापार सुन्दरी के कक्ष में ही प्रस्तुत करके नाटककार ने एक ओर यदि वस्तुधर्मी यथार्थवादी ठोस दृश्य-बन्ध को बदलने की प्रस्तुतकर्ता की व्यावहारिक कठिनाई और असुविधा को दूर कर दिया है तो दूसरी ओर नाटक के प्रभाव को तीव्र और अनवरत पैना बनाए रखने के लिए स्थान-अन्विति को भी बनाए रखा है। स्थान के साथ-साथ काल और कार्य की अन्विति का भी पूर्णतः निर्वाह करके राकेश ने इस नाटक को एकांकी की सी तीव्रता और एकाग्रता प्रदान कर दी है।

यद्यपि अपने अन्तिम दिनों में राकेश रंगमंच पर दृश्य की अपेक्षा श्रव्य या शब्द पर अधिक बल देने लगे थे फिर भी उनके नाटक मात्र 'शाब्दिक संरचनाएँ' ही नहीं हैं, उनमें दृश्य और श्रव्य का नाटकीय समन्वय देखने को मिलता है।

मोहन राकेश की जटिल संश्लिष्ट नाट्य-भाषा पात्रों और स्थितियों से स्पष्टतः जुड़ी होकर, चरित्रों के देशकाल का भ्रम बनाए रखकर भी, बोलने के ढंग, सच्ची लगनेवाली स्वतःस्फूर्त लय और विश्वसनीयता के कारण अतीत और वर्तमान को एक साथ प्रस्तुत कर देती है। यह शब्द और क्रिया, ध्वनि और मुद्रा के सम्यक् समन्वय से उत्पन्न होकर कथ्य को नाटकीय और जीवन्त रूप में सम्प्रेषणीय बनाती है। इसमें साहित्यिकता-काव्यात्मकता और नाटकीयता-रंगमंचीयता का अद्भुत सम्मिश्रण राकेश के अन्य नाटकों की तरह **लहरों के राजहंस** की भाषा में भी है। पात्रों के 'प्रवेश' और 'प्रस्थान' और अंक के आरम्भ-अन्त पर भी राकेश ने बहुत ध्यान दिया है। पहले अंक के अन्त में अतिथियों के आगमन की प्रतीक्षा का यह नाटकीय बिम्ब द्रष्टव्य है—

"बाहर से पैरों का शब्द : नन्द सामने के द्वार की ओर बढ़ जाता है, मैत्रेय भरा चषक होंठों के पास रोके प्रतीक्षा करता है, सुन्दरी आँखों में अनिश्चय का भाव लिये गवाक्ष की ओर देख रही है।" सम्पूर्ण काल और जीवन जैसे प्रतीक्षा के इस आकुल

क्षण में थम गया है। यह बिम्ब अनायास ही पहले अंक की समस्त व्यथा-कथा को रेखांकित कर जाता है। विवेच्य नाटक में, अनेक नाटकीय स्थलों पर 'मौन' या 'निःशब्दता' का प्रभावपूर्ण प्रयोग किया गया है। राकेश मानते हैं कि "शब्दों के बीच की निःशब्दता अपने में नाटकीय तनाव को वहन करने के कारण बहुत सार्थक हो सकती है।" ऐसी ही तनावपूर्ण सार्थक निःशब्दता का उदाहरण हमें **लहरों के राजहंस** के दूसरे अंक में उस समय मिलता है जब हाँफती हुई अलका नन्द और सुन्दरी को गौतम बुद्ध के द्वार पर आने और उपेक्षित लौट जाने की सूचना देती है। तब "पल भर दोनों में से कोई नहीं बोलता।" यहाँ यह पल भर का मौन कितना नाटकीय, तनावपूर्ण और अर्थगर्भी है, इसका अनुमान उस सीमा तक सम्भवतः वे लोग नहीं लगा पाएँगे, जिन्होंने कभी मंच पर इस जीवन्त-मुखर मौन की उपस्थिति का अनुभव नहीं किया है।

नाटककार की रंगमंचीय जानकारी और सूझबूझ का एक और प्रमाण यह है कि दृश्य-बन्ध योजना एवं सजावट में वह न केवल देशकाल एवं सौन्दर्य-बोध का परिचय देता है अपितु मंच पर रखी गई प्रत्येक वस्तु का पात्र-स्थिति के अनुकूल नाटकीय प्रयोग करना भी नहीं भूलता। दीपाधारों का उपयोग नाटक में नौ स्थानों पर किया गया है। (नन्द द्वारा छह बार तथा सुन्दरी और अलका द्वारा क्रमशः दो और एक बार) पहले अंक के अन्त में मैत्रेय के प्रस्थान के बाद नन्द का पुरुष दीपाधार की ओर एकटक देखना नन्द के अन्तःकरण को, उसकी कामना और विवशता को एक क्षण में उद्भासित कर देता है। इसी प्रकार नाटककार ने **लहरों के राजहंस** में मदिराकोष्ठ, शृंगार-कोष्ठ, मत्स्याकार आसन, झूले और चबूतरे का क्रमशः 11, 15, 7, 15 और 7 बार उपयोग करवाया है। मंच के उपकरणों का इतना सुचिन्तित, सार्थक और नाटकीय उपयोग हमें हिन्दी के कम ही नाटकों में देखने को मिलता है।

इस नाटक में मोहन राकेश ने छायालोक के विषय में विशेष निर्देश नहीं दिए हैं। नाटक का आरम्भ 'अन्धकार' से होता है, फिर तीनों अंकों में क्रमशः रात उतरने का समय, रात का अन्तिम पहर-दीपाधार का प्रकाश, फिर प्रभात; और रात्रि-बीच का पहर कहकर प्रकाश-व्यवस्था का स्थूल संकेत दे दिया गया है। इसके विपरीत ध्वनि के विषय में राकेश ने विस्तृत निर्देश दिए हैं और उसका वैविध्यपूर्ण नाटकीय उपयोग भी किया है। ध्वनियों में—'धम्मं शरणं गच्छामि', हंसों का स्वर, पंखों की फड़फड़ाहट, पानी में पत्थर फेंकने के शब्द, हंसों का आहत क्रन्दन, बाहर से पैरों का शब्द, प्रभात की शंखध्वनि, हवा का शब्द, कबूतरों का गुटरगूँ, खटक-बढ़ैया की आवाज़, दूर से किसी के दौड़ते आने का शब्द इत्यादि का प्रभावपूर्ण प्रयोग हुआ है।

विवेच्य नाटक के संवादों को लगभग सभी रंगकर्मियों और नाट्य-समीक्षकों ने एक स्वर से हिन्दी नाटक की उपलब्धि घोषित किया है। संवादों का पात्रों के अनुकूल होना केवल कुछेक शब्दों के चुनाव तक ही सीमित नहीं है बल्कि संवादों में शब्दों के स्थान, वाक्य-रचना के स्वरूप, लय, टोन, ध्वनि, लहज़ा इत्यादि अनेक बातों पर निर्भर करता है। स्वगत-कथन और एकालाप के विषय में यह बात और भी स्पष्ट हो जाती है। उदाहरणार्थ, **लहरों के राजहंस** में सर्वाधिक स्वगत बोलनेवाला पात्र नन्द ही है। वह छह संवादों में 112 पंक्तियाँ स्वगत/एकालाप बोलता है तो श्यामांग (स्वगत/नेपथ्य) 29 पंक्तियाँ। चारित्रिक दृष्टि से ये दोनों पात्र अन्तर्मुखी और तीव्र अन्तर्द्वन्द्व से पीड़ित हैं। इनके विपरीत सुन्दरी अपनी कुल 659 पंक्तियों में से केवल 17 पंक्तियाँ (2 संवादों में) ही स्वगत बोलती है। श्वेतांग, मैत्रेय, शशांक और आनन्द जैसे पात्र अपनी भूमिका की दृष्टि से अपने अन्तर्द्वन्द्व को खो चुके हैं; वे समन्वित और स्थिर पात्र हैं इसलिए उनके स्वगत भाषण का प्रश्न ही नहीं उठता। इसके अतिरिक्त नन्द के लम्बे एकालापों में भी नाटककार ने नीरसता और एकरसता को तोड़ने के लिए पात्र के बदलते 'मूड' के साथ-साथ संवाद की लय में परिवर्तन किया है। ऐसे संवादों में अभिनेता के लिए अपनी अभिनय-क्षमता के प्रदर्शन का पर्याप्त अवसर दिया गया है। एक ही संवाद में कई मनःस्थितियाँ हैं और मंच की त्रिआयामिता तथा दृश्य-बन्ध-सामग्री का वैविध्यपूर्ण नाटकीय उपयोग इसकी रंगमंचीयता का एक और आयाम प्रस्तुत करता है।

प्रेक्षागृह की दृष्टि से **लहरों के राजहंस** का तीव्र अन्तर्द्वन्द्वपूर्ण कथ्य आपस में जूझते-टकराते हुए पात्र, वस्तु-धर्मी यथार्थवादी दृश्य-बन्ध, नाट्यालेख में समाहित नाटक का रूप-बन्ध और नाट्य-रूढ़ियों का स्वरूप, अपनी आन्तरिक अपेक्षाओं में बन्द प्रेक्षागृह की माँग करते हैं। इसे **आषाढ़ का एक दिन** या **अन्धायुग** की भाँति बन्द के साथ-साथ खुले या मुक्ताकाशी मंच पर भी सफलतापूर्वक प्रस्तुत कर सकना सम्भव नहीं है, क्योंकि मुक्ताकाशी प्रेक्षागृह इसके मूल द्वन्द्व को छितरा देगा और इसकी प्रभावान्विति को खंडित कर देगा।

रंगमंचीय दृष्टि से किसी भी नाट्य-प्रदर्शन का अपरिहार्य तत्त्व है—दर्शक। मोहन राकेश के सभी नाटक आम दर्शक की नहीं, एक विशिष्ट दर्शक की अपेक्षा रखते हैं। **लहरों के राजहंस** का मूल संस्कार 'शहरी' है। वैसे इस नाटक का कथ्य भी इस संस्कार के नितान्त अनुकूल बैठता है। इसमें लोक-नाटक की सी व्यापकता और सामान्य अपील नहीं है। स्वयं मोहन राकेश का मूल संस्कार भी शहरी ही था, इसलिए उन्होंने फैशन या किसी अन्य प्रलोभनवश अपने या अपने नाटकों पर कोई बाह्य आरोपण (लोक-शैली इत्यादि का) स्वीकार नहीं किया।

'लहरों के राजहंस' की संवेदना और उसका शिल्प आधुनिक है इसीलिए वह एक आधुनिक—केवल समसामयिक नहीं—प्रबुद्ध दर्शक की माँग करता है।

लहरों के राजहंस आधुनिक प्रेक्षक को सम्बोधित नाटक है। इसलिए इसके पात्रों की बेचैनी, छटपहाट और त्रासदी, चरित्रों के अन्तर्द्वन्द्व की गहराई और अर्थवत्ता, इनकी तलाश का अर्थ, इनके टकराते और बदलते हुए सम्बन्धों की कसक और टूटन वे सब महसूस कर सकते हैं जो इस सदी के इस आधुनिक दौर को इसकी तमाम असंगतियों, विडम्बनाओं और प्रश्नाकुलताओं को अपने रक्त-मांस पर झेल रहे हैं।

रंगमंचीय दृष्टि से, पहले श्यामांग-अलका का प्रेम-प्रसंग और बाद में श्यामांग का प्रतीक मात्र रह जाना, और नेपथ्य से आते उसके उलझे संवाद इस पात्र को अस्पष्ट बनाते हैं। दूसरे अंक में सुन्दरी के इशारों पर नाचते और तीसरे अंक के आक्रामक नन्द में सामंजस्य बैठाकर विश्वसनीय स्वाभाविक अभिनय करना किसी भी अभिनेता के लिए चुनौती है। तीसरे अंक में नन्द के केश-मुंडन प्रसंग की बार-बार दी गई पूर्व सूचना भिक्षु-वेशी नन्द के प्रत्यागमन के नाटकीय प्रभाव को क्षीण करके नन्द की मंच पर उपस्थिति को हास्यास्पद बना देती है। तीसरे अंक के सैद्धान्तिक-दार्शनिक से लगनेवाले संवाद नाटक में पिरोए हुए न होकर नाटक पर आरोपित प्रतीत होते हैं। तीसरा अंक संरचना की दृष्टि से शिथिल है। यह एक प्रतीक-बहुल नाटक है और अनेक प्रतीक ऐसे हैं जिनको तर्कसंगत तथा स्पष्ट निर्भ्रान्त नहीं कहा जा सकता; राकेश स्त्री-पुरुष सम्बन्धों में तटस्थ दृष्टिकोण नहीं रख सके हैं—इत्यादि कुछेक दोष ऐसे हैं जो मंचन के समय सचमुच समस्या बन जाते हैं परन्तु प्रतिभावान निर्देशक और सृजनधर्मी कल्पनाशील अभिनेता इन समस्याओं के अपने-अपने समाधान ढूँढ़ निकालते हैं।

यह सच है कि **लहरों के राजहंस** के जिन दोषों का उल्लेख बार-बार और नए-नए शब्दों में अधिकतर पढ़ने-सुनने को मिलता है, उनमें से अधिकांश का सम्बन्ध नाटक के पुराने रूप से है। परन्तु असत्य यह भी नहीं है कि राकेश की सतत एवं भरपूर रचनात्मक कोशिशों के बावजूद इसके नए रूप में भी केवल नाटक की रूप-बन्ध सम्बन्धी कुछ दुर्बलताएँ ही दूर की जा सकीं और तीसरे अंक की परिणति को पूरी तरह अनिवार्य और विस्फोटक नहीं बनाया जा सका है।

अतः स्पष्ट है कि यह नाटक एक सीमित अर्थ में ही हिन्दी नाटक की एक नई उपलब्धि बन सका है। अपनी तमाम गम्भीरता, साहित्यिक श्रेष्ठता, भाषा-संवाद सम्बन्धी जीवन्तता और समस्या की रोचक प्रासंगिकता इत्यादि के बावजूद रंगमंचीयता की दृष्टि से **लहरों के राजहंस** को एक पूर्णतः सफल एवं लोकप्रिय नाटक नहीं कहा जा सकता। जयशंकर प्रसाद के नाटकों की तरह यह भी प्रदर्शन

के बजाय पढ़ने में ही अधिक प्रभावित करता है। **आषाढ़ का एक दिन** तथा **आधे-अधूरे** के बहुभाषी अनेक प्राणवान अभिमंचनों के विपरीत **लहरों के राजहंस** के अब तक हुए लगभग 20 प्रस्तुतीकरणों का होना और उनमें से एक का भी पूर्णतः सफल एवं प्रभावशाली न हो पाना इस निष्कर्ष का प्रत्यक्ष एवं प्रबल प्रमाण है।

आज के इस भौतिकवादी युग में पार्थिव/देह का तिरस्कार करके सीधे आत्मा/अपार्थिव तक पहुँच जाना सहज सम्भव नहीं है। नन्द की आकांक्षा पृथ्वी पर खड़े रहकर आकाश को छूने की है। सुन्दरी और बुद्ध के संयोग से वह तीसरे–अपेक्षाकृत अधिक मानवीय–मध्यम मार्ग की तलाश करना चाहता है। आधुनिक समय और समाज में कामाध्यात्म ही आज के व्यक्ति का प्रासंगिक सरोकार हो सकता है।

पगला घोड़ा : प्रेम की विडम्बना

एवम् इन्द्रजीत, बाकी इतिहास, तीसवीं शताब्दी जैसे गम्भीर और मनोवैज्ञानिक चिन्तन-प्रधान नाटकों की तरह 1968 के आस-पास लिखित, 1969 में हिन्दी में अभिमंचित और 1974 में प्रकाशित **पगला घोड़ा** में भी बादल सरकार का मूल सरोकार मध्यवर्गीय शहरी व्यक्ति के जीवन के अन्तर्विरोधों, मृत्यु और आत्महत्या जैसे उलझे हुए सवालों तथा (व्यक्तिगत अथवा सामूहिक) अपराध-बोध से कुंठित मन की बारीक विश्लेषणपरक नाट्याभिव्यक्ति करना रहा है। संवेदना के स्तर पर बादल सरकार अपने गम्भीर बौद्धिक-दार्शनिक तेवर के बावजूद मूलतः एक रोमानी रचनाकार हैं। उनकी इस गहरी रूमानियत के सबसे ज्यादा और प्रत्यक्ष दर्शन 'पगला घोड़ा' में ही होते हैं। बादल सरकार स्वयं अपने इस नाटक को **प्रेमेर मिष्टि गल्पो** यानी एक मीठी प्रेम कहानी मानते हैं और इस सृष्टि में भला 'प्रेम' से अधिक रोमांटिक चीज़ और क्या हो सकती है?

क्राले के अनुसार, ''प्रेम की परिभाषा उतनी ही कठिन है जितनी कि जीवन की परिभाषा है।'' प्रेम एक व्यापक और जटिल आवेग है। इसकी व्यापकता का अनुमान इस बात से ही लगाया जा सकता है कि सभी कालजयी रचनाओं का मूलाधार किसी-न-किसी रूप में प्रेम ही है। हमारे यहाँ 'शृंगार' को रसराज कहा गया और प्राचीन पेस्वासियों की भाषा 'किचुआ' में मूने (प्रेम) के 600 रूप मौजूद हैं। मनोवैज्ञानिक दृष्टि से आनन्द और यन्त्रणा को अपने में एक साथ समाहित करनेवाला यह संयुक्त-आवेग वास्तव में जीवन की प्रधान परिचालक शक्ति और ऊर्जा का ही पर्याय है। यही कारण है कि **पगला घोड़ा** के चारों नारी चरित्र इसके अभाव में जीवन से ही मुँह मोड़ लेते हैं। 'पगला घोड़ा' की मूल संवेदना कस्बाई (बंगाली) व्यक्ति की भावुक मानसिकता (मिनमिन-मिनमिन भद्र प्रेम) और पलायनवादी प्रवृत्ति के विविध रूपों की त्रासदी को अपने में समेटे है। शरच्चन्द्र के उपन्यासों के रोमानी प्रेमियों की तरह बादल सरकार के इस नाटक के पुरुष चरित्र भी कटु यथार्थ का सामना करने में स्वयं को असमर्थ पाते हैं। संयोग से, अलग-अलग कारणों के बावजूद, चारों पुरुष पात्र अकेले हैं और अपेक्षाकृत अधिक साहसी होने

के बावजूद चारों प्रेमिकाएँ आत्महत्या कर चुकी हैं। इनके जीवन-इतिहास को देखकर इब्सन का यह कथन पूरी तरह सही प्रतीत होता है कि, ''किसी भी शब्द में आज के दिन इतना झूठ और बेईमानी नहीं भरी है जितना कि 'प्रेम'—इस छोटे से शब्द में।'' 'पगला घोड़ा' के दो चरित्रों के शब्दों में कहें तो—

सातू : (सोचकर) मतलब—प्रेम बेवकूफ लोग ही करते हैं?

शशि : नहीं...प्रेम करके लोग बेवकूफ बन जाते हैं।

परन्तु फिर भी जीवन को तहस-नहस कर देनेवाले इस प्रेम रूपी पगला घोड़ा का इन्तज़ार जीवन भर सभी को रहता है।

लड़की की लाश जलने के इन्तज़ार में वक्त काटने के लिए ताश खेलते चारों पुरुष पात्रों के इर्द-गिर्द मँडराती लड़की द्वारा ताश के पत्तों में साहब-बीबी के 'पेयर' को 'पगला घोड़ा' की कविता के 'जोड़ा' और 'बीवी' के सन्दर्भों से जोड़कर नाटककार ने इसे बड़ी खूबसूरती और सार्थकता के साथ इस्तेमाल किया है—

आम का पत्ता जोड़ा-जोड़ा
मारा चाबुक दौड़ा घोड़ा
छोड़ रास्ता खड़ी हो बीबी
आता है यह पगला घोड़ा
पगला घोड़ा...

बादल सरकार ने बांग्ला के इस लोकप्रिय बाल-गीत में आए **पगला घोड़ा** का शीर्षक में ही नहीं बल्कि नाटक के कथ्य और मूल चरित्र को उद्घाटित करने में भी एक प्रतीक की तरह अत्यन्त रोचक और नाटकीय प्रयोग किया है। 'घोड़ा' कला (जैसे एम.एफ. हुसैन के सुविख्यात चित्र में) विज्ञान (जैसे 'हॉर्स-पावर' शब्द में) और साहित्य की बहुसंख्य रचनाओं तथा लोक-जीवन की बेशुमार अभिव्यक्तियों में 'शक्ति' या 'ऊर्जा' के समर्थ प्रतीक के रूप में प्राचीन काल से इस्तेमाल होता रहा है। जीवन शक्ति या ऊर्जा के उन्मत्त और अनियन्त्रित रूप 'प्रेम' को 'पगला घोड़ा' कहना वास्तव में इस परिचित शब्द का व्यंजनापूर्ण एवं सार्थक प्रयोग ही कहा जाएगा।

पगला घोड़ा का मूल कथ्य और इसकी संवेदना मानव जीवन में प्रेम की व्यापकता (कार्तिक के मूल प्लेटॉनिक प्रेम से लेकर सातू के मांसल दैहिक प्रेम तक), अर्थवत्ता और उसके अभाव की प्राणशून्य कर देनेवाली भयावह रिक्तता को नाटकीय अभिव्यक्ति देना है। मनुष्य अपने आधे-अधूरे जीवन को पूरा करने, उसे सार्थक करने और आनन्द से भर देने के लिए प्रेम करता है। कम-से-कम उसकी अपेक्षा और आशा तो यही होती है। वह कल्पना के आकाश में अबाध विचरण करने की आकांक्षा करता है। परन्तु जल्दी ही कटु यथार्थ की वास्तविकता, स्वार्थ-भावना, व्यक्तिगत अहंकार, सामाजिक मर्यादाओं के बन्धन एवं भय और कभी-कभी सूक्ष्म मनोवैज्ञानिक स्तर पर

प्रेम-भावना में अन्तर्निहित विरोध ही कल्पना के पंख काट देते हैं। उन्माद और उत्साह ठंडा पड़ जाता है। सामाजिकता, नैतिकता, मर्यादा अथवा विवेक (समझदारी-दुनियादारी) के नाम पर व्यक्ति विवशता-कायरतावश या जानबूझकर व्यक्तिगत हितसाधन के लिए पलायन कर जाता है। मोह-भंग की इस त्रासद प्रक्रिया में दूसरे व्यक्ति की आशा-आस्था ही नहीं टूटती बल्कि कभी-कभी तो जीने की इच्छा तक मर जाती है।

बादल सरकार ने इस नाटक में चार पुरुष पात्रों और एक स्त्री के चार रूपों के माध्यम से जीवन के इस विडम्बनापूर्ण करुण सत्य को अत्यन्त प्रभावशाली ढंग से रूपायित करने का प्रयत्न किया है। नाटक में प्रस्तुत चारों लड़कियाँ पुरुषों की उपेक्षा और कायरता के कारण आत्महत्या करती हैं। चारों पुरुष भी उन्हें खोकर स्वयं को अभावग्रस्त और दुखी महसूस करते हैं। परन्तु प्रश्न यह है कि प्रेम यदि एक भूल है, पागलपन है जो अन्ततः दुख का कारण बनता है तो क्या इसलिए उसे करना ही नहीं चाहिए? जयशंकर प्रसाद के प्रसिद्ध नाटक **ध्रुवस्वामिनी** की कोमा भी कभी इसी शाश्वत प्रश्न से टकराई थी और उसने अपने आपको उत्तर देते हुए कहा था, "हो पागलपन, भूल हो, दुख मिले, प्रेम करने की एक ऋतु होती है। उसमें चूकना, सोच-समझकर चलना, दोनों बराबर हैं। सुना है दोनों ही संसार के चतुरों की दृष्टि में मूर्ख बनते हैं।" प्रेम के अभावजन्य एकाकीपन से त्रस्त **पगला घोड़ा** की लड़की आत्महत्या कर लेती है और शेष तीन लड़कियाँ इस मृगतृष्णा जैसे प्रेम को पाकर भी अन्ततः इसी परिणति को प्राप्त होती हैं। तो फिर क्या स्वयं जीवन का अन्त ही इन तमाम दुखों और कष्टों से मुक्ति का एकमात्र साधन नहीं है? शायद ऐसे ही बुनियादी प्रश्नों से जूझते हुए वरण की स्वतन्त्रता के लिए अस्तित्ववादी चिन्तक आत्महत्या के प्रश्न से जा टकराए थे। परन्तु अपने अन्य पाठकों के तरह बादल सरकार यहाँ भी मृत्यु के मुकाबले जीवन का ही पक्ष लेते हैं। आत्महत्या का इरादा छोड़ विष से भरे गिलास को फैलाते हुए नाटक के अन्त में, और पहले भी कई बार आया, कार्तिक का यह संवाद कि, "ज़िन्दा रहने पर ही सब कुछ सम्भव हो सकता है।" बादल सरकार के जीवन-दर्शन और नाटक के उद्‌देश्य को स्पष्टतः रेखांकित करता है।

बादल सरकार वास्तव में स्थितियों और संवादों के नाटककार हैं—मौलिक कथा सर्जक नहीं। सम्भवतः यही कारण है कि अत्यन्त रोचक, महत्त्वपूर्ण और सार्थक होने के बावजूद कथा-परिकल्पना की दृष्टि से **पगला घोड़ा** बहुत स्वाभाविक और विश्वसनीय प्रतीत नहीं होता। अलग-अलग वर्ग, स्वभाव और परिस्थितियों के बावजूद नाटक में प्रस्तुत चारों प्रेमी-युगलों में से चारों लड़कियों का आत्महत्या करना कतई तर्कसंगत और विश्वसनीय नहीं है। इन चारों का यहाँ एक साथ होना यदि संयोग भी है तो इसे 'दुर्लभ संयोग' ही कहा जाएगा। इस सन्दर्भ में ब्रेंडर मैथ्यूज़ ने

अपनी प्रसिद्ध पुस्तक 'अ स्टडी ऑफ़ ड्रामा' में 'संरचना-पद्धति' की चर्चा करते हुए कथा के स्वाभाविक या कृत्रिम आधार के सम्बन्ध में सार्से की एक दिलचस्प खोज का उल्लेख करते हुए कहा है कि, "दर्शकवृन्द कथा के उद्घाटन में तो नितान्त असम्भव प्रतीत होनेवाली स्थिति को भी स्वीकार कर लेंगे, वे तो ऐसे जुड़वाँ भाइयों का अस्तित्व मान लेंगे जिनकी पत्नियाँ भी उन्हें पहचान नहीं पातीं (जैसे 'कॉमेडी ऑफ़ एरर्स' में), अथवा लेखक के इस कथन को भी अमान्य नहीं करेंगे कि एक घुमक्कड़ अंग्रेज़ की शक्ल-सूरत पूर्ण रूप से सम्राट से मिलती है (जैसे 'प्रिज़नर ऑफ़ ज़ेंडा' में)। वे शान्ति से बैठकर प्रतीक्षा करेंगे कि आगे क्या होता है, और लेखक को वह जितनी छूट चाहे, दे देंगे; परन्तु वे यह देखेंगे कि नाटक में वह उस छूट का उपयोग किस प्रकार करता है। यदि इस प्रकार की ज़बर्दस्ती लाई हुई स्थिति पर आधारित नाटक दर्शकों को रोचक लगता है, और कथा के आगे बढ़ने पर उनको उसमें लीन रखता है तो इसके कृत्रिम आधार को भूल जाएँगे और उन्हें शिकायत करने का अवकाश नहीं रहेगा।" वास्तव में यही कारण कि 'पगला घोड़ा' का दर्शक- पाठक नाटक के इस 'कृत्रिम आधार' की ओर ध्यान नहीं देता कि, "तुम सबका किस्सा एक जैसा ही है—सबका एक जैसा किस्सा मिलकर एकरूप हो जाएगा।" व्यवहारतः भला यह कैसे सम्भव है कि रचना के अलग-अलग चारों पात्रों का ही नहीं बल्कि नाटक के असंख्य दर्शकों-पाठकों का 'किस्सा' भी एक जैसा ही हो? सभी नारी पात्रों की आत्महत्यावाली आरोपित परिणति और नाटककार के इस सामान्यीकृत निष्कर्ष को भी तार्किक दृष्टि से स्वीकार कर पाना आसान नहीं है कि, "प्रेम की आग में जले बिना लड़कियों के लिए जीवन का कोई अर्थ ही नहीं रह जाता।" यह सच है कि पुरुष की अपेक्षा स्त्री अधिक भावुक होती है और असफल प्रेम के कारण आत्महत्या करनेवालों में भी लड़कियों का अनुपात प्रायः अधिक होता है। परन्तु नाटककार द्वारा इस अनुपात को शून्य के मुकाबले शत प्रतिशत सिद्ध करना किसी भी दृष्टि से तथ्याश्रित नहीं कहा जा सकता। मनोवैज्ञानिक दृष्टि से प्रेम की असफलता व्यक्ति (पुरुष और स्त्री दोनों) को कुंठित करती है और इस कुंठा की अनिवार्य परिणति स्त्रियों में आत्महत्या ही हो, यह सत्य नहीं है। कम-से-कम इक्कीसवीं सदी की दहलीज़ पर खड़े सभ्य मानव-समाज में जीवन के लक्ष्य, अर्थ और उद्देश्य को लेकर स्त्री-पुरुष में इतना भेद मानना व्यावहारिक और न्यायोचित प्रतीत नहीं होता। परन्तु इस एक बात के अलावा चरित्रांकन और रंग-शिल्प के स्तर पर नाटककार ने मनोविज्ञान/मनोविश्लेषण का इतना सूक्ष्म, गहरा और रचनात्मक प्रयोग रचना में किया है कि आधार की इस ज़बर्दस्ती की ओर हमारा ध्यान ही नहीं आता।

नाटककार स्वयं भी यह अच्छी तरह जानता और मानता है कि नाटक में प्रस्तुत

चारों कहानियों की मूलभूत समानता, रोचकता और कुतूहल की दृष्टि से नाट्य-कथा की इतनी बड़ी सीमा है कि उनकी कहानी, ''एक साथ सब सुनने से शायद उतनी अच्छी न लगे।'' इसलिए उसने कथा-वस्तु और संरचना के धरातल पर पूर्वदीप्ति (फ़्लैशबैक) पद्धति का सहारा लेकर कहानियों को टुकड़ों-टुकड़ों में बाँटकर इस कलात्मक एवं प्रभावशाली रूप में प्रस्तुत किया कि दर्शक-पाठक की रुचि उसमें आद्यन्त बनी रहती है और वह मोहन राकेश के बहुचर्चित नाटक **'आधे-अधूरे'** ही की तरह यहाँ भी स्वाभाविकता एवं तार्किकता की ओर अधिक ध्यान नहीं देता। यही नहीं, लगभग एक ही समय में लिखे गए बादल सरकार और मोहन राकेश के स्त्री-पुरुष सम्बन्धों के इन दोनों नाटकों में और भी कई समानताएँ हैं। बादल सरकार वर्ग, रूप, स्वभाव और परिस्थितियों की बाहरी प्रकट भिन्नता के बावजूद स्त्री की भीतरी शाश्वत एकता को रेखांकित करते हैं तो मोहन राकेश पुरुष के अलग-अलग मुखौटों के अन्दर के एक ही चेहरे पर बल देते हैं। बादल बाबू ने एक ही अभिनेत्री से चारों नारी भूमिकाएँ करवाने की योजना की है तो राकेश ने यही चुनौती अपने अभिनेता के सामने रखी है। वस्तु-संरचना के स्तर पर दोनों नाटकों की एक बड़ी सीमा यह है कि एक-आध कथा प्रसंग को घटाने या बढ़ाने से रचना के मूल सम्प्रेक्ष्य/निष्कर्ष में कोई बुनियादी फ़र्क़ नहीं पड़ता। परन्तु कथ्य और शिल्प (एक ही कलाकार द्वारा विभिन्न चरित्र अभिनीत करने की रंगयुक्ति) की यह अन्विति इन दोनों नाटकों की प्रबल शक्ति और उपलब्धि भी है।

पगला घोड़ा की कथावस्तु श्मशान में एक युवा लड़की का दाहसंस्कार करने आए चार पुरुषों की आपसी बातचीत पर आधारित है। चिता पर जलती लड़की को, नारी के चिरन्तन रूप में, एक प्रत्यक्ष पात्र की तरह मंच पर साकार प्रस्तुत किया है—यद्यपि अन्य चारों पात्रों को उसकी अनुभूति नहीं होती। अपने जीवन में एक पागल की विवाहिता और एक नपुंसक ऐयाश (मालिक बाबू) के मन-बहलाव का साधन रह चुकी इस लड़की ने कभी किसी का प्रेम न पा सकने की पीड़ा को सहने में असमर्थ होकर, और इसी कारण जीवन को अर्थहीन मानकर, आत्महत्या की है। यह लड़की शराब से शिथिल-चेतन हुए चारों आदमियों के आस-पास मँडराती है और उन्हें वर्तमान छोड़कर अपने-अपने अतीत में झाँकने को विवश करती है। प्रत्यक्षतः इस लड़की की आत्महत्या के कारणों की छानबीन करते हुए वह अपनी चेतना में जीवन के उन प्रेम-प्रसंगों को जीने लगते हैं जिनमें उनकी कायरता, उपेक्षा और अहम्मन्यता के कारण उनकी प्रेमिकाओं को विवश होकर आत्महत्या करनी पड़ी थी। नाटककार ने शशि-मालती, हिमाद्रि मिलि और सातू-लक्ष्मी के बीते हुए प्रेम-प्रसंगों को मंच पर वर्तमान में साकार कराने के लिए इसी एक लड़की से पुरुषों की प्रेमिकाओं

की भूमिका भी कराई है। एक ही लड़की की बार-बार कभी उच्च वर्ग की आधुनिका मिलि, कभी मध्यमवर्ग की आदर्शवादी पढ़ी-लिखी मालती और कभी निम्नवर्ग की अनपढ़-गँवार किन्तु आत्मसम्मानी और अनन्य-प्रेमिका लक्ष्मी बनकर आना और पुरुष के अहंकार अथवा कायरतापूर्ण स्वार्थ से टकराकर आत्महत्या के लिए विवश होना...आदिकाल से लेकर आज तक अलग-अलग रूपों में पुरुष द्वारा स्त्री के शोषण की बेबस स्थिति का जीवन्त रेखांकन कर देता है। लड़की का पागल लड़के से विवाह और फिर कुलक्षणी कहकर उसका परित्याग तथा अपाहिज-बेबस बूढ़े पिता की मदद के बहाने लड़की का मलिक बाबू द्वारा इस्तेमाल भी नारी-शोषण का ही एक अन्य पहलू है। नाटककार के शब्दों में, ''लड़की का एकमात्र दोष यह था कि वह लड़की थी।'' परन्तु लड़की मानती है कि प्रेम में पीड़ा पाकर मर जाना भी जीवन को सार्थकता देता है। किसी के मन के खालीपन को भर देना ही महत्त्वपूर्ण है। प्रेम में जुड़ाकर जलने में भी कोई कष्ट नहीं है। मालती, मिलि और लक्ष्मी इसीलिए भाग्यवान थीं कि वे प्रेम पाकर और प्रेम देकर मरीं। इसीलिए यह लड़की अन्त तक पगला घोड़ा को कोसती है कि वह सब कुछ तहस-नहस करने उसके जीवन में भी क्यों नहीं आया? जब कार्तिक की मोचीवाली कहानी के माध्यम से इस सत्य का उद्घाटन होता है कि वह सात साल तक इसी लड़की से मूक-प्रेम करता रहा है तो वह तड़पकर चीत्कार कर उठती है कि, ''मुझे चिता से उतार लाओ। अभी भी जलकर राख नहीं हुई हूँ—अभी भी जल रही हूँ—उतार लाओ—पगला घोड़ा। मुझे लौटा लाओ, मुझे उतार लाओ, पगला घोड़ा।'' प्रेम की झलक मात्र ही उसमें जीवन के प्रति अदम्य लालसा पैदा कर देती है। परन्तु जीवन को तो वह स्वयं ही निराशा और जल्दबाज़ी में समाप्त कर चुकी है। इसी बिन्दु पर नाटककार अपने जीवन-दर्शन और उद्देश्य को स्पष्टतः रेखांकित करते हुए कहता है कि, ''ज़िन्दा रहने पर ही सब-कुछ सम्भव हो सकता है।'' और कार्तिक कम्पाउंडर आत्महत्या का इरादा छोड़ ज़हर भरे गिलास को धीरे-धीरे ज़मीन पर फैलाकर खाली कर देता है। इस प्रकार, **पगला घोड़ा** अन्ततः आत्महत्या और मृत्यु के बहाने से स्वयं जीवन ही की नाट्य-कथा बन जाता है। यद्यपि अन्त से पहले भी कई जगह रचनाकार ने जीवन के प्रति अपनी इस आस्था को दोहराते हुए कहा है कि—

ज़िन्दगी से मौत कभी अच्छी नहीं होती।
ज़िन्दा रहने से अच्छा और कुछ भी नहीं है।
मौत को देखने पर ही शायद ज़िन्दगी को देखा जा सकता है।

परन्तु **बाकी इतिहास** की तरह यहाँ भी नाटक के अन्त में प्रमुख चरित्र द्वारा अचानक जीवन का यह आग्रह काफी कुछ आरोपित-सा लगता है।

श्मशान, रात का समय, बगल में चिता पर धू-धू जलता एक शव और कुत्ते के रोने की आवाज़ के परिवेश और ताश, शराब तथा प्रेम-कहानियों से भरे कथ्य के विरोध/वैषम्य से नाटककार ने अद्‌भुत नाटकीयता पैदा की है। कहानियों को तोड़ने और जोड़ने के लिए मनोविज्ञान के साहचर्य (एसोसिएशन) नियम का अत्यन्त कौशलपूर्ण प्रयोग यहाँ हुआ है। सातू के संवाद में आए 'खाते-पीते' शब्द में से 'पीते' को पकड़कर कार्तिक पीने के लिए बोतल निकालने की बात कहता है। कुत्ते के रोने की आवाज़ सातू को लक्ष्मी के कुत्ते भुलुआ की स्मृति से बार-बार अतीत में ले जाती है। शराब पीते ही शशि का सिर भारी होने लगता है और मन में उमड़ता-घुमड़ता मालती-प्रसंग मुखर हो उठता है। कार्तिक के सामान्य से प्रश्न "क्या वैसी कोई चीज़ आपको नहीं मिली?" तथा सातू के एकदम साधारण उत्तर, "कहाँ मिली?" में अनायास आ गए 'मिली' शब्द से हिमाद्री को अपनी प्रेमिका 'मिलि' की याद आ जाना एकदम स्वाभाविक ही है। लड़की के 'आसमान के उस रंग' को ताश के रंग से भी ऐसे ही जोड़ा गया है।

प्रथम अंक के आरम्भिक हिस्से में 'उद्‌घाटन' के अन्तर्गत नाटककार ने बड़ी सूझ-बूझ और चतुराई से अपने सभी पुरुष चरित्रों की प्रमुख विशेषताओं का संकेत दे दिया है। सारी नारी जाति का प्रतिनिधित्व करती लड़की को इसलिए अनाम ही रहने दिया है और उसकी जीवन-कथा को सारे नाटक को बाँधनेवाले केन्द्रीय-सूत्र की तरह इस्तेमाल किया गया है। नर-नारी का प्रेम मानव जीवन की अत्यन्त महत्त्वपूर्ण किन्तु करुण-कोमल और रहस्यमयी व्यक्तिगत भावना है। भारतीय समाज की मर्यादा इस रहस्य को गुप्त रखने पर विवश करती है। यह गोपनीयता और विवशता व्यक्ति को अपनी तीव्र एवं उद्‌दाम प्रेम-भावनाओं के 'दमन' (मनोवैज्ञानिक अर्थ में) के लिए बाध्य करती है। चेतन और अवचेतन संघर्ष की यह बाध्यता प्रेमी को कुंठित बनाती है। जीवित और स्वस्थ बने रहने के लिए इन दमित भावनाओं की अभिव्यक्ति अनिवार्य है। यह अभिव्यक्ति स्वप्नों के माध्यम से होती है या फिर सम्मोहन जैसी स्थिति में चेतन के सेंसर के शिथिल पड़ जाने पर। साहचर्य और निरापद अन्तरंग-आत्मीयता का सहज वातावरण इसमें सहायक होते हैं। **पगला घोड़ा** में बादल सरकार ने ताश, शराब और विशिष्ट वातावरण के माध्यम से इस मनोवैज्ञानिक प्रक्रिया को बड़ी कुशलता से सम्भव बनाया है। शराब का प्रभाव इस नाटक के दमित-कुंठित चरित्रों के मन से चेतन का अंकुश ढीला कर उन्हें खुलने का अवसर देता है और वह अपने सहज मौलिक रूप में दर्शकों-पाठकों के समक्ष बेपर्दा होते चले जाते हैं।

जीत के सुख के लोभ से परिचालित पोस्टमास्टर शशि किसी 'आदर्श-वादर्श' के कारण नहीं बल्कि अपने अफसर मलिक बाबू को खुश रखने के व्यावहारिक

स्वार्थ से प्रेरित होकर लड़की के दाह-संस्कार में शामिल हुआ है। आठ साल पहले इसने पटना की एक लड़की से शादी की थी, जो दो साल बाद ही इसे छोड़कर भाग गई। परन्तु उसका मन वास्तव में दस साल सात महीने पहले के मालती से हुए अपने असफल प्रेम-सम्बन्ध के पश्चात्ताप से भरा है। अपनी प्रेमिका मालती का विवाह इसने तथाकथित 'चरित्र', 'आदर्श' और 'त्याग' के नाम पर अपने मित्र एवं फुफेरे भाई प्रदीप से करा दिया था। अपने प्रेमी की कायरतापूर्ण उपेक्षा और पति की क्रूरता से दुखी होकर मालती ने साल भर के अन्दर ही मिट्टी का तेल डालकर खुद को जलाकर मार डाला था। परिणामस्वरूप आदर्श, चरित्र और जीत जैसे शब्दों से शशि का पूरी तरह मोहभंग हो जाता है और अब वह प्रेम को श्मशान और श्मशान को ही प्रेम मानने लगा है।

पन्द्रह साल की उम्र में घर से भागकर घुमक्कड़ी जीवन बितानेवाले इक्यावन वर्षीय ठेकेदार सातू के अनुसार, ''दुनिया में ऐसा कोई भी काम नहीं जो मैंने न किया हो, ऐसा कुछ भी नहीं जो मैंने न देखा-जाना हो।'' कोई भी निषेध न माननेवाले, रोग रहित मज़बूत शरीर के मालिक सातू की ब्याह किए बिना ही सबकुछ पा लेनेवाली व्यस्त किन्तु रंगीन ज़िन्दगी में भी लक्ष्मी/लक्ष्मी की मौत काँटे की तरह लगातार चुभ रही है। परन्तु गुंडों के छुरे-चाकू की परवाह न कर लक्ष्मी को उनसे बचानेवाला सातू समाज के भय से नहीं लड़ सका। लक्ष्मी इसे पति से भी ज्यादा मानती थी और सातू को भी लगता था कि, ''तुझे छोड़कर मेरा गुज़ारा कैसे होगा?'' परन्तु लक्ष्मी के लाख मना करने के बावजूद लोगों के डर से सातू उसे निर्ममतापूर्वक अपने एक घर-परिवारवाले मित्र बड़े ठेकेदार माधव बाबू के घर नौकरी पर रखवा देता है, जहाँ वह ज़बर्दस्ती उनके एक अन्य मित्र की भेंट चढ़ा दी जाती है। प्रेम में तिरस्कृत लक्ष्मी का अन्त आसनसोल ज़िले के एक शहर के बदनाम मुहल्ले के एक कोठे पर टी.बी. और एक अन्य 'ख़ास बीमारी' से लड़ते हुए होती है। संयोग से, उसी कोठे के दूसरे कमरे में अपनी वासना शान्त करता सातू लक्ष्मी के दाह-संस्कार में शामिल होता है और लोगों के आग्रह पर उसे आग भी देता है। लक्ष्मी का प्रिय कुत्ता भुलुवा (जिसे सातू बेहद नफरत करता था) अन्त तक न केवल उसके साथ ही रहता है बल्कि उसके दाह-संस्कार के साथ ही अपने प्राण भी त्याग देता है। एक कुत्ते के मुकाबले हीन सिद्ध होने की कुंठा और लक्ष्मी की मृत्यु के अनुताप से वह आज भी स्वयं को मुक्त नहीं कर पाया है।

तीसेक साल की उम्रवाला स्कूल टीचर हिमाद्री लोगों की नज़र में आदर्शवादी है। परन्तु वह स्वयं मानता है कि, ''स्कूल टीचर का कोई सिद्धान्त न भी हो तो भी उसे खोल तो ओढ़ना ही पड़ता है।'' परन्तु शराब से घोर घृणा करनेवाला हिमाद्री मिलि से अपने प्रथम प्रेम की याद और उसकी आत्महत्या के दायित्व-बोध की

विह्वल पीड़ा से आक्रान्त होकर यहाँ श्मशान में नीट शराब पी जाता है। अपने शराब पीने से उसे मिलि के शराब पीकर तेज़ कार चलाने और पेड़ से टकराकर मर जाने की त्रासद घटना का स्मरण हो आता है। निम्न मध्यमवर्गीय हिमाद्री उच्चवर्गीय मिस मिलि राय के भाई को ट्यूशन पढ़ाता था। हिमाद्री और मिलि में प्रेम हुआ और स्वयं को अपने प्रेमी की इच्छाओं के अनुरूप ढालने की प्रक्रिया में मिलि ने टेनिस, स्वीमिंग, ड्राइविंग, पार्टी, पिकनिक वगैरह सब छोड़ दिया। परन्तु दो सालों तक लगातार बहुत कोशिश करने के बावजूद दोनों के बीच का वर्ग-भेद एवं सामाजिक-आर्थिक अन्तर पूरी तरह मिट नहीं सका। मिलि द्वारा अपनी घनिष्ठ-मित्र डॉली की बर्थ-डे पार्टी में एकाध ड्रिंक लेने की बात पर हठी, दुराग्रही और किसी हद तक अहंकारी हिमाद्री उसे अपमानित कर सदैव के लिए सम्बन्ध-विच्छेद कर लेता है। उसके प्रेम-पाश में बुरी तरह जकड़ी बेबस मिलि दीन-हीन बनकर उसे समझाने और मनाने के तमाम असफल प्रयासों के बाद ढेर सारी शराब पीकर तेज़ कार चलाते हुए एक्सीडेंट मारकर आत्महत्या कर लेती है।

कमज़ोर आँखों और जोड़ों के दर्द का मारा उनचास वर्षीय 'बाह्मन का बेटा' कार्तिक साठ से अधिक उम्र का (बूढ़ा) दिखाई देता है। पिछले छब्बीस साल से कम्पाउंडरी कर रहा है। बाहर से काफी बातूनी और मज़ाकिया-सा लगने के बावजूद भीतर से वह एकदम बेचारा और अकेला है। शराब को 'श्मशान काली का दिव्य प्रसाद' माननेवाला कार्तिक बताता है कि उसे तो सिर्फ 'विलायती का नशा' ही इस मुर्दनी में खींच लाया है। वह शराब पीने का अभ्यस्त है, इसलिए सबसे ज्यादा पीने के बाद भी वह नशे में नहीं आता और अपनी 'मूक-प्रेम-कहानी' को सचेत रहकर 'मोची की कहानी' के छद्म रूप में सुनाता है। वह सात साल तक अनाम लड़की से मन-ही-मन अपार प्रेम करता रहा किन्तु उम्र के अन्तर, सामाजिक भय और अपनी साहस-हीनता के कारण कभी व्यक्त नहीं कर सका। आत्महत्या के लिए लड़की के ज़हर माँगने आने पर वह उसे कई तरह से जीवन का मूल्य समझाता है किन्तु उसके न मानने पर सात दिन बाद आने को कहता है। इसी बीच लड़की आत्महत्या कर लेती है। कार्तिक जिसे जीवन में कुछ नहीं मिला और जिसने मिलने की आशा में ही सारा जीवन काट दिया है—लड़की की मृत्यु से भीतर तक आन्दोलित-उद्वेलित हो उठता है। पूरी तरह आशारहित होकर नाटक के अन्त में वह ज़हर खाकर मरने का इरादा करता है परन्तु 'ज़िन्दा रहने पर सबकुछ सम्भव हो सकता है' का जीवन-दर्शन उसे बचा लेता है।

मालती, मिलि और लक्ष्मी की विविध भूमिकाएँ करनेवाली—सम्पूर्ण नारी जाति की प्रतीक—युवा अनाग लड़की एक ऐरो ग़रीब बाप की बेटी है जिसने पचास की उम्र में एक सोलह साल की लड़की से शादी की थी। लकवा के शिकार शय्याग्रस्त

बेबस बाप के अलावा इस लड़की का संसार में और कोई नहीं था। पच्छिम की खिड़की से दिखनेवाले सतरंगे आकाश को देखती और प्रेम मिलने की उम्मीद में मस्त रहती इस बेसहारा-निर्धन लड़की का विवाह एक पागल लड़के से कर दिया जाता है जो विवाह-संस्कार के बाद ही छुपकर कहीं भाग जाता है। ससुराल के अपमान, तिरस्कार और झूठे लांछनों से दुखी होकर वह घर वापस लौटती है। तो उसके असहाय बूढ़े-बीमार बाप पर एहसान करने के एवज़ में नपुंसक मलिक बाबू उसे हल्के-फुल्के मन-बहलाव के साधन के रूप में इस्तेमाल करता है। प्रेम की उत्कट लालसा से भरी किन्तु उसे कभी भी पा जाने की सम्भावना की परछाईं से भी दूर यह लड़की जीवन को पूर्णतः निरर्थक समझ, कार्तिक कम्पाउंडर के काफी समझाने के बावजूद अन्ततः फाँसी लगाकर आत्महत्या कर लेती है। और चिता पूरी तरह जल चुकने के अन्तिम क्षणों में कार्तिक के मूक-प्रेम का संकेत पाकर जीवन की अदम्य आकांक्षा से छटपटाते हुए खत्म हो जाती है।

बादल सरकार ने स्पष्टतः चरित्रांकन में मनोविज्ञान/मनोविश्लेषण का गहरा प्रयोग किया है। 'गलतियों का मनोविज्ञान' भी इसका एक प्रमुख अंग है। सिग्मंड फ्रायड के अनुसार, "जिस प्रवृत्ति को बाहर आने से रोका गया है, वह उसकी इच्छा के विरुद्ध बल लगाती है और मुँह से निकलती है—या तो वह वक्ता द्वारा प्रकट किए जा रहे आशय की अभिव्यक्ति को बदलकर या उसमें मिलकर या स्वयं उसके स्थान पर आकर प्रकट होती है।" अवचेतन की दमित भावनाओं के ज़ोर और चेतन पर शराब के प्रभाव के कारण **पगला घोड़ा** के चरित्र असली बात को छिपाने और बताने के द्वन्द्व में कई जगह बोलने की ग़लतियाँ करते हैं जिनसे उनके व्यक्तित्व को समझने में महत्त्वपूर्ण सहायता मिलती है। उदाहरण के तौर पर कार्तिक का यह संवाद द्रष्टव्य है—"जितने लोग आते थे उनमें इस लड़की को ही...माने इस लड़की का ही वह इन्तज़ार किया करता था।" यहाँ वास्तविक शब्द 'प्रेम' को मुँह से निकलने से पहले ही साहसहीन कम्पाउंडर ने सुधारकर निरापद शब्द 'इन्तज़ार' में बदल दिया है। इसी प्रकार शशि के इस संवाद में कि, "लड़की यह अच्छी तरह समझ गई कि प्रदी...माने मेरे साथ ब्याह करके उसका जीवन नष्ट हो जाएगा...।" या सातू के इस वाक्य में कि, "एक कुत्ता था...रोज़ हमारे यहाँ—माने मेरे यहाँ...आता था।" में शशि द्वारा प्रदीप की जगह स्वयं को रखकर सवाल पूछने और सातू द्वारा अपने घर में लक्ष्मी की उपस्थिति (शारीरिक-सम्बन्ध) को छुपाने का रहस्य बोलने के रेखांकित शब्द बड़े भोलेपन से खोल देते हैं।

संवाद इस नाटक की प्रभावशीलता का एक प्रमुख तत्त्व है। चरित्रों के शारीरिक-मानसिक और परिस्थितिगत भेद को रचनाकार ने व्यवहार और कथोपकथन की विशिष्ट-शैली द्वारा बड़ी विश्वसनीयता से स्थापित किया है। चारों

पुरुष पात्र समय-असमय हँसते हैं लेकिन नाटककार ने चारों की हँसी के फर्क का स्पष्ट निर्देश भी गाहे-ब-गाहे आलेख में किया है। कार्तिक का तकिया-कलाम की तरह बार-बार 'तारा तारा...काली ब्रह्ममई माँ' की गुहार लगाना उसे फौरन बाकी सबसे एक अलग पहचान दे देता है। यही बात निम्नवर्ग की अपढ़-गँवार लक्ष्मी के संवादों के ग्राम्य-स्पर्श के बारे में भी कही जा सकती है। मार्मिकता, विदग्धता, हास्य-व्यंग्य, विडम्बना और प्रभावशीलता इन संवादों की प्रमुख विशेषताएँ हैं। भाषा में सहज प्रवाहमयता है। बोलचाल के शब्दों और मुहावरों का प्रयोग भाषा को नई चमक प्रदान करता है। यहाँ वह चरित्र की आन्तरिकता से जुड़कर एक अलग ही असर पैदा करता है। जैसे—पैसेवाले, व्यवहारिक और खेले-खाए दुनियादार आदमी सातू के मुँह से 'बावन तोले पाव रत्ती', 'चक्कर में पड़ना', 'सोलह आने खरी', 'न घर का न घाट का' तथा 'एक ही थैली के चट्टे-बट्टे' जैसे मुहावरों का प्रयोग केवल भाषा और संवाद ही नहीं उसके चरित्रांकन का भी एक महत्त्वपूर्ण पहलू है। इसी प्रकार 'चूल्हे में जाना' तथा 'ज़बानी जमा-खर्च' पोस्टमास्टर शशि के अपने जीवन से जुड़ी अभिव्यक्तियाँ हैं तो 'मिट्टी का माधो' और 'गाँठ का पैसा' सीधे तथा निर्धन कार्तिक की ज़िन्दगी का सच है।

रंग-शिल्प की दृष्टि से **पगला घोड़ा** एक अनूठी रचना है। मृत लड़की का जलती चिता से उठकर आना और जीवित व्यक्तियों से छेड़छाड़ करके उन्हें मन के अवचेतन में दबी-घुटी स्मृतियों को याद करने के लिए प्रेरित करना, अतीत के क्षणों को वर्तमान में जीते इन पात्रों के लिए उनकी प्रेमिकाएँ बनना, अतीत और वर्तमान की काल-विभाजक सीमाओं को मिटा देना—एक ऐसी अद्भुत रंग-युक्ति है, जो नाटक को यथार्थ से हटाकर अयथार्थ या फैंटेसी की दुनिया में ले जाती है। एक ही कलाकारों से चारों चरित्र कराने की यह योजना केवल अभिनेत्री के लिए एक चुनौती ही प्रस्तुत नहीं करती बल्कि नारी की सामान्यीकृत चिरन्तन त्रासद नियति को रेखांकित करने में भी निर्णायक भूमिका निभाती है। कथ्य और शिल्प की यह अन्विति इस नाटक के शिल्प की सबसे बड़ी विशेषता है।

नाटक के प्रभाव को बनाने और गहराने के लिए रचनाकार ने पूर्वदीप्ति (फ़्लैश बैक) और स्थिरीकरण (फ्रीज़िंग) जैसी तकनीकों के साथ-साथ प्रकाश और अन्धकार, कुत्ते की रोने की आवाज़, सातू के अट्टहास, लड़की की हँसी के ध्वनि-प्रभाव और नाटकीय मौन का अत्यन्त सार्थक एवं कल्पनाशील उपयोग किया है। शाब्दिक संवाद को दृश्य-बिम्ब में रूपान्तरित करने की कला में भी बादल बाबू को महारत हासिल है। उदाहरण के तौर पर, ताश खेलते हुए बाज़ी जीत जाने के बाद सातू का कथन है, "चलिए, काली झंडी हो गई।" और ठीक इसी के साथ लेखक का निर्देश है,

"दर्शकों की ओर (लड़की की) पीठ है जिस पर खुले बाल लहरा रहे हैं।" और इसके साथ ही साथ अपनी बात पूरी करते हुए कहता है, "काली झंडी।" स्पष्ट है कि युवा लड़की की पीठ पर लहराते काले बाल यहाँ दर्शकों के लिए काली झंडी का दृश्य-रूप ही बन जाते हैं। इसी प्रसंग में लड़की का नाटक से अलग हटकर सीधे दर्शकों को सम्बोधित करते हुए यह कहना कि, "ये दुख भुलाना चाह रहे हैं? शराब के नशे में?" ब्रेख्त के 'अलगाव' की याद दिला देता है। ताश की गड्डी के फेंटने को कई जगह चरित्रों के अन्तर्द्वन्द्व और भावनाओं की उठापटक से भी बड़ी चतुराई से जोड़ा गया है।

कस्बे के बाहर श्मशान के एक ही दृश्य-बन्ध पर अभिनीत होनेवाला यह दो अंकों का नाटक—यथार्थवादी, प्रतीकात्मक या सांकेतिक—किसी भी प्रकार की दृश्य-सज्जा के साथ किया जा सकता है। श्यामानन्द जालान (अनामिका, कलकत्ता) की प्रस्तुति में दृश्य-बन्ध परिकल्पक खालिद चौधरी ने नाटककार के निर्देशानुसार मंच-सज्जा में एक जर्जर से कमरे के ढाँचे, सूने पेड़ के तने, लकड़ियों के गट्ठर, घड़े और स्टूल वगैरह का इस्तेमाल किया था। इसके विपरीत, टी.पी. जैन (अभियान, दिल्ली) की प्रस्तुति में सूरज घई ने मंच पर एक अजीबोगरीब उलझावपूर्ण सी प्रतीकात्मक संरचना बनाई थी, जिसके पीछे से आती-जाती लड़की पात्रों की चेतना के विविध स्तरों से आती-जाती प्रतीत होती थी।

अभिमंचन की दृष्टि से प्रयोगधर्मी, **पगला घोड़ा** आसान नाटक नहीं है। श्मशान के भयावह आतंक और कोमल-करुण प्रेम-प्रंसगों की रोमानियत में निर्देशकीय सन्तुलन के साथ-साथ यह नाटक चार चरित्र निभानेवाली अभिनेत्री और पल-पल बदलते प्रकाश-अन्धकार, अतीत-वर्तमान तथा वास्तव-अवास्तव के जटिल खेल को पूरी सावधानी, सतर्कता एवं सफलता से प्रस्तुत करनेवाले प्रशिक्षित-प्रवीण तकनीशियन के सामने भी एक कठिन चुनौती उपस्थित करता है। निर्देशक, अभिनेता या पार्श्वकर्मी की ज़रा-सी असावधानी भी नाटक के सघन एवं तनावपूर्ण प्रभाव को खंडित कर प्रदर्शन को हास्यास्पद बना सकती है।

ऐतिहासिक दृष्टि से यह आधुनिक हिन्दी रंगमंच के लिए गौरव की बात है कि इस बांग्ला नाटक को सर्वप्रथम समृद्ध बांग्ला-रंगमंच के बजाय प्रयोगधर्मी हिन्दी रंगमंच पर ही अभिमंचित किया गया। सितम्बर 1969 में दिल्ली की महत्त्वपूर्ण नाट्य-संस्था 'अभियान' द्वारा टी.पी. जैन निर्देशित इसके सफल प्रस्तुतीकरणों के बाद ही इसे 'थिएटर यूनिट', बम्बई द्वारा सत्यदेव दूबे तथा 'अनामिका' कलकत्ता द्वारा श्यामानन्द जालान के निर्देशन में प्रस्तुत किया गया। बांग्ला में इसका प्रथम मंचन 1971 में कलकत्ता की सुविख्यात नाट्य-संस्था 'बहुरूपी' द्वारा आधुनिक भारतीय रंगकर्म के शिखर-पुरुष शम्भु मित्र के निर्देशन में हुआ। कालान्तर में देश भर के अनेक

प्रतिभावान नाट्य-निर्देशकों ने अपने-अपने ढंग से इसके प्रस्तुतीकरण किए जिनमें से सर्वाधिक उल्लेखनीय प्रस्तुतीकरण राष्ट्रीय नाट्य विद्यालय, रंगमंडल (दिल्ली) का है जिसे जून, 1988 को अतिथि-निर्देशक सत्यदेव दुबे के निर्देशन में खेला गया।

'अभियान' के प्रस्तुतीकरण में टी.पी. जैन ने अपराध-बोधजन्य मानसिक उद्वेलन और भयावह विपरीत परिस्थितियों के बावजूद जीवित बने रहने की भावना पर बल दिया तो श्यामानन्द जालान ने 'अनामिका' की प्रस्तुति में नाटक के प्रेम-पक्ष और पश्चात्ताप को उभारा। श्यामानन्द जालान के अनुसार, "नाटक वास्तव में प्रेम-कहानी है—एक नहीं चार। और मैंने अपने प्रस्तुतीकरण में नाटक के उसी पक्ष पर ज़ोर दिया। श्मशान के बीभत्स संकेतों को बिलकुल दबाकर मैंने रूमानियत को ही उभारा, प्यार की रूमानियत, विरह की असह्य यन्त्रणा की रूमानियत। दृश्य-बन्ध, आलोक, अभिनय सभी में नाटक की मूलभूत रूमानियत को व्यक्त करने का हमारा प्रयास था।"

पगला घोड़ा की बांग्ला प्रस्तुति में शम्भु मित्र ने चारों लड़कियों की भूमिका चार अलग-अलग अभिनेत्रियों से कराई और प्रेम के मांसल शारीरिक पक्ष को उभारने के लिए आलेख में कुछ मामूली परिवर्तन भी किया। राष्ट्रीय नाट्य विद्यालय, रंगमंडल की प्रस्तुति में सत्यदेव दुबे ने भी चारों नारी चरित्रों के लिए अलग-अलग कलाकारों का प्रयोग किया। अनाम लड़की की प्रमुख भूमिका करनेवाली अभिनेत्री को, समस्त नारी-जाति का प्रतिनिधि बनाने के लिए, आधे मुखौटे में रखा और उससे शैलीकृत अभिनय कराया। यद्यपि परिवेश की बीभत्सता के लिए दृश्य-बन्ध को पूरी तरह काला बनाया गया और वातावरण में मृत्यु के आतंक तथा प्रेम के माधुर्य के लिए प्रकाश-व्यवस्था में लाल, नीले तथा हल्के पीले रंगों का इस्तेमाल किया गया। फिर भी, प्रदर्शन में उनका बल श्मशान की भयावहता तथा पुरुष पात्रों के अपराध-बोध को रेखांकित करने के बजाय प्रेम की मधुरता एवं जीवन के प्रति आस्था की भावना को पुष्ट करने पर ही रहा। 'चार कहार मिलि मोरी डोलिया उठाए' को पार्श्व-संगीत का अंग बनाकर शाश्वत नारी की चिरन्तन त्रासदी को मुखरित करने का प्रयास भी सार्थक रहा।

समकालीन हिन्दी/भारतीय रंगकर्म के अत्यन्त चर्चित और प्रमुख अभिनेता-निर्देशक सत्यदेव दुबे के अनुसार, 'पगला घोड़ा' सिक्सटीज़ की शायद सबसे अच्छी 'थिएट्रीकल' कृति है। 'थिएट्रीकल' शब्द अच्छे अर्थों में इस्तेमाल कर रहा हूँ। यह वह गुण है जो अच्छे नाट्य-लेखन को आच्छादित किए रहता है।"[1] यह नाटक निश्चय ही बांग्ला/भारतीय नाटक और रंगमंच की एक महत्त्वपूर्ण उपलब्धि है।

---

1. राष्ट्रीय नाट्य विद्यालय, रंगमंडल की 'पगला घोड़ा' की प्रस्तुति की स्मारिका में प्रकाशित 'निर्देशकीय' से उद्धृत।

इला : पौराणिक सन्दर्भ का बहुआयामी आधुनिक नाटक

परकाया-प्रवेश और देहान्तर के चमत्कारी प्रसंग से उत्पन्न नाटकीय विडम्बना का प्रयोग भारतीय साहित्य की अनेक भाषाओं एवं विधाओं में प्राचीन काल से ही होता रहा है। संस्कृत में बोधायन के **भगवद्ज्जुकीयम्** से लेकर कन्नड़ में गिरीश कारनाड के **ययाति** और हिन्दी में नन्द किशोर आचार्य के **देहान्तर** जैसे बहुमंचित एवं बहुचर्चित नाटक समकालीन रंगकर्म की उल्लेखनीय कृतियाँ और प्रस्तुतियाँ रही हैं। परन्तु एक ही मिथक, कथा-बीज या घटना-प्रसंग से प्रेरित होने के बावजूद दो रचनाकार किस प्रकार अपनी दृष्टि, प्रतिभा और कल्पनाशीलता के बल पर दो बिलकुल भिन्न रूपाकारों, उद्देश्यों, सरोकारों और आयामोंवाली रंग-कृतियों की सृष्टि कर सकते हैं—करते हैं; असगर वजाहत के **वीरगति** तथा मृणाल पांडे के **जो राम रचि राखा** की तरह इसका अत्यन्त महत्त्वपूर्ण उदाहरण हम शंकर शेष के **अरे मायावी सरोवर** और प्रभाकर श्रोत्रिय के **इला** के रूप में भी देख सकते हैं।

सन्दर्भ के रूप में पहले शंकर शेष के **अरे मायावी सरोवर** पर दृष्टिपात किया जाए।

महाभारत के एक छोटे-से कथा-प्रसंग से प्रेरित सूत्रधार गायकवृन्द, गीत-संगीत, नृत्य और मुखौटों के इस्तेमाल से फैंटेसीनुमा रूप में बँधा यह नाटक कई अंकों या दृश्यों में विभाजित होने के बजाय अनवरत चलता है और इसका मध्यान्तर ही इसे पूर्वार्द्ध और उत्तरार्द्ध जैसे मंचनोपयोगी व्यावहारिक हिस्सों में बाँट देता है। कथ्य के स्तर पर यह नाटक चेतना नगर के राजा, इल्वलु, उसकी रानी सुजाता और ब्रह्मर्षि ध्यानस्वरूप के माध्यम से एक भिन्न स्तर पर स्त्री-पुरुष सम्बन्धों के विश्लेषण और विवेचन का नाटक है।

जीवन में करने को कुछ भी नया न होने की उबाऊ मनःस्थिति में उलझा राजा और अपनी सौ सन्तानों तथा अतिव्यस्त दिनचर्या के कारण पल भर भी फुर्सत न पाने की स्थिति में फँसी रानी दोनों—सुख, शान्ति और रोचक तथा नए जीवन-अनुभव की तलाश में महानदी के तट पर स्थित शबरी नारायण की तीर्थ-यात्रा पर निकल पड़ते हैं। रास्ते में विचित्र और ऐंद्रजालिक कन्दन वन के एक मायावी सरोवर

में राजा स्नान करने की प्रक्रिया में स्त्री बन जाता है। इस बदली हुई विषम एवं अद्‌भुत परिस्थिति को सुलझाने में असमर्थ रानी वापस अपने राज्य को लौट जाती है और कामिनी बना राजा अपनी यात्रा को जारी रखते हुए ब्रह्मर्षि ध्यानस्वरूप की प्रेमिका, पत्नी और उसके बच्चे की माँ बनकर नारी-जीवन के सम्पूर्ण अनुभव-चक्र का वैविध्यपूर्ण आस्वाद लेकर अपने जीवन से तृप्त और सन्तुष्ट हो जाता है। ऋषि और स्त्री बने राजा के बीच अपने पुत्र कुमार के 'ऋषि पुत्र' या 'राजपुत्र' स्वरूप को लेकर विवाद छिड़ जाता है। तभी इल्वलु और सुजाता का पुत्र अंशुमाली दिग्विजय पर निकलता है। माँ की शह पर कुमार उसे पकड़ लेता है और उलझावपूर्ण सम्बन्धों की वास्तविकता तथा अधिकार के प्रश्न को लेकर बहस होने लगती है। महाराज इन्द्र प्रकट होकर इल्वलु को पुनः पुरुष रूप प्रदान करके 'पुनर्मूषको भव' की पुरानी प्रक्रिया द्वारा सारी समस्याओं का सहज समाधान कर देते हैं। अन्त में इन्द्र के आग्रह पर राजा पुरुष और स्त्री जीवन के अपने अनुभव बताते हुए 'रहस्योद्‌घाटन' करता है कि स्त्री के जीवन को मैंने ज्यादा सार्थक, सृजनशील और समर्पण भरा पाया जबकि 'पुरुष की भूमिका ज्यादातर उपभोक्ता' की है। स्त्री एक सत्य है और पुरुष केवल एक व्यवस्था। शास्त्रीय, लोक, एब्सर्ड और समकालीन प्रयोगशील नाट्‌य-तत्त्वों के संयोग से उद्‌भूत शंकर शेष का यह नाटक रोचक शिल्प और नाटकीय घटनाक्रम के बावजूद मनोरंजन और स्त्री-पुरुष सम्बन्धों के एकायामी सामान्य स्तर से आगे नहीं बढ़ पाता और न ही विश्लेषण के धरातल से कहीं गहरे उतरता है।

इसके विपरीत प्रभाकर श्रोत्रिय का नाटक **इला** कई दृष्टियों से अधिक आधुनिक, प्रासंगिक, गम्भीर और बहुआयामी महत्त्वपूर्ण कृति है।

यहाँ रचनाकार का मूल उद्‌देश्य स्त्री-पुरुष की अन्तर्द्वन्द्वग्रस्त विभाजित मानसिकता, सम्बन्धों की रहस्यमय जटिलता तथा विडम्बना, रोचक एवं उत्तेजक स्थितियों का चित्रण करना मात्र नहीं है। वह अहंकारग्रस्त मनुष्य द्वारा अपनी अतार्किक और निरंकुश इच्छाओं की पूर्ति के लिए प्राकृतिक नियमों एवं प्रकृति की रहस्यमय शक्तियों पर अपने नियन्त्रण, स्वामित्व और अबाध एकाधिकार के लिए की गई कुचेष्टाओं, विडम्बनाओं, असंगतियों तथा उनके अप्रत्याशित त्रासद परिणामों को रेखांकित करना चाहता है। वह भ्रष्ट राजनीतिक व्यवस्था, रूढ़िग्रस्त-अन्धविश्वासी समाज, प्रकृति पर विजय प्राप्त करने का दम्भ, सत्ता द्वारा तथाकथित 'धर्म' के मानवताविरोधी इस्तेमाल जैसी घातक प्रवृत्तियों पर भी गहरा और सीधा प्रहार करता है। पितृसत्तात्मक समाज, राजनीतिक सामन्ती व्यवस्था, रूढ़ धार्मिक विश्वास और स्त्री के मुकाबले पुरुष का जीवन के हर क्षेत्र में जो प्राधान्य एवं वर्चस्व अनादि काल से आज तक चला आ रहा है। उसने स्त्री के मान-सम्मान, अधिकार-स्थान ही नहीं,

उसके अस्तित्व तक को जितना महत्त्वहीन अवांछित, उपेक्षित और नगण्य बना दिया, उसका प्रत्यक्ष प्रमाण हम तथाकथित सभ्य सुसंस्कृत और समान अधिकारों की घोषणा करनेवाले प्रजातान्त्रिक आधुनिक समाज में भी हर तरफ हर वक्त देख सकते हैं। नारी को देवी और पूज्य माननेवाली सभ्यता और संस्कृतिवाले देश-समाज में नारी अस्तित्व को समूल नष्ट करने को तत्पर पुरुष-समाज के दोगलेपन का तो पर्दाफाश यह नाटक करता ही है, प्रकृति द्वारा उसके प्रति विद्रोह से उत्पन्न होनेवाले अकल्पनीय भीषण परिणामों के प्रति भी हमें सचेत और सावधान करता है।

वास्तव में, **इला** मानव समाज के अस्तित्व और भविष्य से जुड़ी एक बुनियादी, व्यापक एवं ज्वलन्त समस्या को पुराण कथा से उठाकर न केवल वर्तमान समय के लिए प्रासंगिक बनाता है, बल्कि भविष्य तक पूरी तीव्रता और सार्थकता के साथ खींचकर भी ले जाता है। मिथक प्रयोग की इस रासायनिक संश्लिष्ट प्रक्रिया में नाटक की मूल संवेदना काल की बनावटी सीमाएँ तोड़कर एक निरन्तर प्रवाह की तरह अपनी स्वाभाविक गति से बढ़ती चली जाती है। इसमें न तो मिथक पर आधुनिकता का आरोपण किया गया है और न ही नई संवेदना की अभिव्यक्ति के लिए उसका 'इस्तेमाल' हुआ है। यहाँ मिथक और आधुनिकता परस्पर संश्लिष्ट होकर एक-दूसरे में परिव्याप्त हो गए हैं।

अशिक्षित और असभ्य आदिवासियों-जनजातियों द्वारा परम्परा के नाम पर अनेक नवजात कन्या-शिशुओं की नृशंस हत्या का मामला हो या सुशिक्षित और सभ्य-सुसंस्कृत शहरियों द्वारा आधुनिकता के नाम पर जन्म-पूर्व लिंग सम्बन्धी जाँच के बाद असंख्य कन्या-भ्रूणों की अहिंसक (?) हत्या—निर्विवाद रूप से एक क्रूर एवं अमानवीय कृत्य है। परन्तु हाल ही में विकसित शल्य क्रिया द्वारा लिंग-परिवर्तन को व्यावहारिक स्तर पर सम्भव बनाकर वैज्ञानिकों-चिकित्सकों ने मनुष्य के लिए जो वैधानिक, व्यक्तिगत, सामाजिक और व्यापक मानवीय समस्याएँ पैदा की हैं, वे निकट भविष्य में जींस इंजीनियरिंग द्वारा अजन्मे शिशुओं के लिंग परिवर्तन से, उत्पन्न होनेवाले नैतिक, मनोवैज्ञानिक, समाजशास्त्रीय और सांस्कृतिक-मानवीय मूल्यों के जटिल प्रश्नों के सामने शायद कुछ भी न हों। यही वह बिन्दु है, जहाँ से अपने भीतर स्त्री-पुरुष की परस्पर अतिवादी प्रवृत्तियों (प्रकृतियों-विकृतियों) के भयावह अन्तर्विरोधों की त्रासदी को एक साथ झेलती मनु-श्रद्धा की सन्तान की पौराणिक कथा पर आधारित, प्रभाकर श्रोत्रिय का नाटक **इला** अतीत से भविष्य तक फैली एक शाश्वत ज्वलन्त समस्या का अत्यन्त समकालीन सार्थक और उल्लेखनीय दस्तावेज़ बन जाता है।

यह नाटक श्रीमद्भागवत के नवम स्कन्ध के पहले अध्याय की उस परम नाटकीय कथा पर आधारित है, जिसके अनुसार विवस्वान (सूर्य) और संज्ञा के पुत्र

मनु ने पुत्र प्राप्ति के लिए आचार्य वशिष्ठ से 'पुत्रकामेष्टि' यज्ञ करवाया। परन्तु पत्नी श्रद्धा की तीव्र आन्तरिक इच्छा के कारण (मनु की कामना के विपरीत) इला नामक कन्या का जन्म हो गया। असन्तुष्ट, रुष्ट, एवं दुखी मनु की प्रार्थना और आज्ञा पर अपनी इच्छा के विपरीत गुरु वशिष्ठ ने अपने तपोबल के प्रभाव और श्रीहरि के वरदान से पुत्री 'इला' को पुत्र 'सुद्युम्न' बना दिया। एक दिन शिकार करते हुए सुद्युम्न संयोगवश उस (शरवण) वन में पहुँच गया, जहाँ शिवजी के शाप के कारण कोई भी पुरुष प्रवेश करने पर स्त्री बन जाता था। पुरुष सुद्युम्न फिर से स्त्री इला बन गया। इला की भेंट, बृहस्पति की पत्नी तारा और चन्द्रमा के जारज पुत्र बुध से हुई। दोनों ने पति-पत्नी बनकर पुत्र पुरूरवा को जन्म दिया। इसके बाद इला ने कुलगुरु वशिष्ठ का स्मरण किया। उन्होंने उसे पुनः पुरुष रूप में बदलने के लिए भगवान शंकर की स्तुति की। अपने वचन से बँधे शंकर ने उसे एक माह पुरुष और एक माह स्त्री बने रहने का वरदान (!) दिया। प्रजा न ऐसे राजा से सन्तुष्ट हो सकती थी, न उसका राजा होना सार्थक हो सकता था। सुद्युम्न के तीन पुत्र हुए जिन्हें उसने तीन प्रदेशों का राज्यभार सौंप दिया। वृद्ध होने पर वह अपने इला रूप से उत्पन्न पुत्र, पुरूरवा का राज्याभिषेक करके स्वयं तपस्या करने वन में चला गया। किंचित् परिवर्तन के साथ यही कथा वाल्मीकि रामायण के उत्तरकांड तथा महापुराण में भी मिलती है।

इस कथा को लेखक ने आधुनिक दृष्टि, सर्जना और भाषा दी है। भगवान की स्तुति और उनके वरदान-शाप के पौराणिक आधार को छोड़कर नाटककार ने लिंग-परिवर्तन के लिए जींस-हारमोंस को प्रभावित करनेवाली आधुनिक (अस्पष्ट-रहस्यमय, किन्तु असह्य यन्त्रणादायक) रासायनिक प्रक्रिया का सहारा लिया है। स्त्री-पुरुष के अबूझ सम्बन्ध, स्वभाव और मनोविज्ञान को स्वतः समझने-समझाने के लिए इससे पहले भी अनेक नाटक लिखे और खेले गए। परन्तु 'इला' का उद्‌देश्य और आयाम इन सबसे अलग, गम्भीर और व्यापक है। यहाँ स्त्री-पुरुष सम्बन्ध को व्यक्तिगत कुंठाओं और समस्याओं के स्तर से ऊपर उठाकर मानवीय, सामाजिक और धार्मिक-राजनीतिक सन्दर्भ में प्रस्तुत किया गया है। यहाँ प्रमुख चरित्र मनु की मूल चिन्ता यह है कि 'पुत्रकामेष्टि यज्ञ' का विपरीत परिणाम देखकर धर्म-कर्म से जनसाधारण की आस्था उठ जाएगी और उसकी राजसत्ता किसी रेत के महल की तरह पल भर में ढह जाएगी। अपने इस व्यक्तिगत संकट को 'जनहित' का नाम देकर मनु राजगुरु वशिष्ठ के माध्यम से अपनी पुत्री को पुत्र बना देने जैसा प्रकृति विरोधी भयंकर कुकृत्य कर डालते हैं। परिणाम यह होता है कि पृथ्वी जैसी धीरजवाली, कामधेनु की भाँति लोक कल्याणकारी, ब्राह्मी जैसी बुद्धिगती और कुल देवता सूर्य की भाँति तेजस्वनी कन्या 'इला' की जगह मनु को प्राप्त होता है—स्त्रैण, कायर

और पिलपिला उत्तराधिकारी आधा-अधूरा पुरुष-पुत्र सुद्युम्न।

अन्तस्तल के करुण-कोमल और संवेदनशील स्त्रीत्व को सहेजे अपूर्ण-असमग्र पुरुष सुद्युम्न, देह और बोध के अन्तःसंघर्ष को झेलते रहने के लिए अभिशप्त है। वह बेटे, राजकुमार, शासक पति और पिता की सभी भूमिकाओं में आधा-अधूरा और असफल बना रहता है। वह इला के अपने मूल प्रकृत नारी रूप में चन्द्र और बृहस्पति की पत्नी से उत्पन्न बुध से प्रेम और परिणय करके तथा पुरूरवा की माँ बनकर ही सम्पूर्ण एवं सन्तुष्ट हो पाता है। इसका दोहरा चरित्र आद्यन्त अन्तर्द्वन्द्व, तनाव और विसंगति से भरा है और किसी भी बड़े अभिनेता के लिए कठिन चुनौती के साथ-साथ एक ऐसी कसौटी भी है, जिस पर खरा उतरने के बाद ही वह अपनी प्रतिभा को प्रमाणित कर सकता है। इसके उलझे व्यक्तित्व की आन्तरिक गुत्थियों और अन्तर्विरोधों को मंच पर रेखांकित करने के लिए ही नाटककार ने दूसरे अंक के दूसरे दृश्य में और चौथे अंक के दूसरे और चौथे दृश्यों में मुकदमों और सुद्युम्न के अजीबोगरीब फैसलों का चित्रण किया है। धनराज की पत्नी और मणिधर द्वारा बलात्कृता (वृद्धा की बेटी) स्त्री के बेटेवाले मामले में, इला को सुद्युम्न बनाने (अर्थात वध प्रसंग के पूर्वदीप्ति वाले दृश्य के माध्यम से) सामाजिक नैतिकता, स्त्री के प्रति घोर अन्याय और सन्तान की वैधता-अवैधता के प्रश्न के साथ लेखक ने स्वस्थ सुद्युम्न के न्याय एवं नीतिप्रिय पक्ष को भी उभारा है। इससे जैसे वह अपनी और बुध की माँ के प्रति पुरुष समाज द्वारा किए गए अन्याय एवं अत्याचार का ही प्रतिशोध लेता है।

मनु में सत्ताधारी के निरंकुश दर्प भरे शासक रूप के दर्शन होते हैं तो सुद्युम्न की पत्नी सुमति में स्त्री-देह से पौरुष को ढोती महत्त्वाकांक्षी, किन्तु कुंठित आधुनिक नारी दिखाई देती है। वशिष्ठ इस नाटक के विशिष्ट पात्र हैं। ऋषि होने के नाते एक ओर उनमें आध्यात्मिक शक्ति नीर-क्षीर विवेक, दूरदृष्टि तथा तटस्थता है तो राज्याश्रित होने के कारण क्षुद्रता, भय, कुंठा और दासत्व की समझौतावादी ढुलमुल प्रवृत्ति भी है। वशिष्ठ की पत्नी अरुन्धती, उनका शिष्य विद्याधर और शेष पात्र गौण एवं पूरक मात्र हैं। चरित्रांकन की दृष्टि से वशिष्ठ को आधुनिक बुद्धिजीवी, वैज्ञानिक और कलाकार का प्रतीक बनाकर नाटककार ने समकालीन राज्याश्रित प्रतिभाओं की विसंगतियों-विडम्बनाओं को उभारा है तो आत्मस्वीकार और पश्चात्ताप के बाद वशिष्ठ को पुनः ऋषि के गौरवपूर्ण स्थान पर प्रतिष्ठित करके भारतीय संस्कृति की रक्षा भी की है। सुद्युम्न और वशिष्ठ जैसे जटिल पात्रों का कुशल चरित्रांकन रचनाकार की उल्लेखनीय उपलब्धि है।

स्त्री को आद्याशक्ति माननेवाले इस महान देश का इतिहास हमें बताता है कि व्यवहारतः उसे एक वस्तु से अधिक कभी कुछ नहीं समझा गया। इसीलिए

इस नाटक की श्रद्धा को लगता है कि 'स्त्री नहीं हूँ मैं, हविष्यान्न हूँ...मात्र हविष्यान्न।' परन्तु महत्त्वपूर्ण बात यह है कि अपने पति की इच्छा का साधन बनने के बावजूद श्रद्धा यह प्रतिज्ञा करती है कि वह 'दुबारा माँ नहीं बनेगी, वह राजवंश के छल को, अपने रक्त से नहीं पालेगी।' उसकी यह विद्रोहपूर्ण चुनौती और पुरूरवा के राज्याभिषेक के माध्यम से लिया गया उसका प्रतिशोध श्रद्धा के व्यक्तित्व और चरित्र को एक नई गरिमा, समग्रता तथा आभा प्रदान करता है।

भारतीय पुराण का 'अर्द्धनारीश्वर' हो या ग्रीक गाथा का 'हर्माफ्रोडाइट'—कल तक जिसे हम केवल कपोल कल्पना, मिथक या रूपक मात्र मानते थे, उन्हें आधुनिक शल्यक्रिया, तकनीक और चिकित्सा माध्यम ने एक वास्तविकता में बदल दिया है। मनोवैज्ञानिक दृष्टि से स्त्री में पुरुष तत्त्व से रहित स्त्री, हीनता और पिलपिलेपन से ग्रस्त मिट्टी का एक सुन्दर लोंदा मात्र होती है। इसी तरह स्त्री तत्त्व से रहित पुरुष अहंकार, क्रूरता और संवेदनहीनता का पुतला एक राक्षस मात्र होता है। परन्तु सुद्युम्न की विडम्बना और त्रासदी यह है कि उसके पुरुष में स्त्री तत्त्व का संयोजन नहीं, हस्तक्षेप है। उसके स्त्री तत्त्व में पुरुष का सहयोग नहीं अवरोध है। सूर्यवंश और चन्द्रवंश के विरोधी प्रभावों के कारण ही वह पुरुष होकर स्त्रैण है और स्त्री होकर पुरुषाचारी है। स्त्री-पुरुष की युद्धभूमि का यह बिन्दु चेतन-अवचेतन का द्वन्द्व बनकर आधुनिक व्यक्ति के दबाव, तनाव और संशय के रूप में प्रकट होता है।

इला स्त्री-पुरुष के बीच लिंग-भेद की राजनीति करनेवाली व्यवस्था की अन्धी महत्त्वाकांक्षा से उत्पन्न विसंगतियों एवं विडम्बनाओं को उद्‌घाटित करने के साथ समग्र मनुष्य की तलाश का नाटक भी है। इसकी मूल समस्या प्रकृति पर एकाधिकार करके उसे अपनी इच्छा और योजना के अनुकूल नियन्त्रित एवं परिचालित करने के प्रयत्नों के दुष्परिणामों को रेखांकित करना है। स्त्री-पुरुष सम्बन्धों की जटिल एब्सर्डिटी और पुरुषप्रधान समाज में स्त्री की नियति भी इसी समस्या के अभिन्न अंग हैं। वशिष्ठ को वैज्ञानिक, बुद्धिजीवी, कलाकार और अन्याय एवं विकृति को नियन्त्रित करनेवाली प्रतिभा का प्रतीक बनाकर उसे कुंठित और निस्तेज करनेवाले राज्याश्रय के मारक दुष्प्रभाव को भी नाटककार ने बड़ी गहराई और पीड़ा के साथ चित्रित किया है। अरुंधती से कहे गए वशिष्ठ के ये शब्द किसी भी स्वतन्त्र, विवेकवान, आत्मसम्मानी और संवेदनशील व्यक्ति को आमूलचूल हिला सकते हैं : 'राज्याश्रित होकर राज्यान्न पर पलती हुई शब्द, मन्त्र या साधना वास्तव में अन्न नहीं खाती, मोह, मद मत्सर और लोभ को ही खाती है। मैं तड़प उठता हूँ, जब देखता हूँ कि सत्ता के स्पर्श से बहुत कुंठित और बौना हो गया हूँ। मैं शुद्ध ऋषि तक नहीं रहा देवि!' परन्तु इससे भी बड़ा दुर्भाग्य तो यह है कि हमारे समय के बुद्धिजीवी में ऐसे आत्मसाक्षात्कार और आत्मस्वीकार का

साहस और नैतिक बल भी नहीं है।

स्पष्ट है कि **इला** पुरुष सत्ता और शक्ति द्वारा प्रकृति-स्त्री पर अनादि काल से आज तक विविध रूपों एवं स्तरों पर किए जानेवाले बलात्कार और अन्याय-अत्याचार की उत्तेजक कहानी है। सत्ता और सत्य के बीच की विसंगतियों का दिलचस्प चित्रण यहाँ हुआ है। यह स्थिति की विडम्बना और प्रकृति के प्रतिशोध का नाटक है।

नाटक की कथा चार अंकों में विभक्त है। पहले अंक में 'पूर्वरंग' के अलावा आठ दृश्य हैं। दूसरे में 'प्रवेशक' के अतिरिक्त चार और तीसरे में छह दृश्य हैं। चौथा अंक पाँच दृश्यों में बँटा है। नाटक का उद्देश्य चूँकि स्त्री-पुरुष के लिंग भेद पर आधारित सनातन असमानता के विरुद्ध उनके 'मनुष्य' रूप की प्रतिष्ठा करना है, इसीलिए नाटककार ने 'पूर्वरंग' में ही 'पुरुषवेश' में स्त्री प्रतिवाचक की रोचक एवं अर्थपूर्ण परिकल्पना करके अपनी रचना के मूल उद्देश्य, कथ्य और केन्द्रीय पात्र की चारित्रिक विडम्बना का प्रत्यक्ष और प्रबल संकेत दे दिया है। पारम्परिक लोकवेश में वाचक-प्रतिवाचक की उपस्थिति संस्कृत नाट्य शिल्प से तो जुड़ती है, पुराण-कथा को आज के समय और समाज से जोड़ती भी है।

तीसरे अंक का पहला दृश्य शरवण वन में सुद्युम्न के इला बन जाने का चित्रण करता है। देह और मन के रहस्यमय सूक्ष्म सत्य का बहुत सुन्दर प्रस्तुतीकरण यहाँ हुआ है। व्यक्तित्वान्तरण को पुराणसम्मत 'दैवी चमत्कार' मानने की बजाय नाटककार की आधुनिक दृष्टि ने उसे दुर्लभ वनस्पतियों के रूप, रस, गन्ध, स्पर्श और स्वाद के रासायनिक प्रभाव से जोड़ दिया है। सुद्युम्न का सुमेरु के दाएँ से बाएँ और फिर दाएँ ठीक मथानीवाली प्रक्रिया में पाँच बार घूमना वास्तव में पंच तत्त्वों के क्रमशः अनुपात-परिवर्तन का प्रतीक है। परन्तु इसके बावजूद दृश्यात्मकता की दृष्टि से इसे मंच पर स्वाभाविक और रोचक रूप में प्रस्तुत करके दर्शक की गम्भीरता एवं संलग्नता को बनाए रख पाना किसी बड़े अभिनेता के लिए भी कठिन चुनौती सिद्ध हो सकता है। चौथे अंक का अन्तिम पाँचवाँ दृश्य सुद्युम्न के आत्मानुभव पर आधारित उसके अनुभूति/भाव दर्शन अथवा अन्तर्विरोधी त्रासद व्यक्तित्व के जीवन सत्य का महत्त्वपूर्ण उद्घाटन करता है। परन्तु गिरीश कारनाड के **तुग़लक,** विजय तेंदुलकर के **ख़ामोश अदालत जारी है!,** मोहन राकेश के **लहरों के राजहंस** और **आधे अधूरे** जैसे श्रेष्ठ बहुमंचित और राष्ट्रीय स्तर पर प्रतिष्ठित नाटकों के अन्तिम अंकों-दृश्यों की तरह यह भी शाब्दिक होकर रह गया है और नाटक के कार्य- व्यापार में पिरोया हुआ नहीं लगता। फिर भी, समग्र मनुष्य पुरूरवा से राज्याभिषेक के संकेत के साथ मानव जाति के मंगलमय एवं आशापूर्ण भविष्य के नाटक का अन्त संस्कृत नाट्य परम्परा और सर्वकल्याणकारी

भरत-वाक्य का स्मरण अवश्य करा देता है।

नाटककार का भाषिक अधिकार और संस्कार इस नाटक की एक अन्य प्रमुख विशेषता है। वाचक-प्रतिवाचक के संवादों में बोलचाल की हल्की-फुल्की भाषा है तो पुराणकालीन शेष पात्रों के लिए संस्कृतनिष्ठ, काव्यात्मक और उदात्त भाषा का प्रवाहमय प्रयोग भी किया गया है। अपने व्यक्तित्व के उच्च स्तर से निचले धरातल पर उतरकर व्यवहार करनेवाले चरित्रों के प्रसंगानुकूल संवादों में ग्राम्य-चलताऊ शब्दों के प्रयोग से भी रचनाकार ने गुरेज़ नहीं किया है।

हास्य, वाग्वैदग्ध्य, रोमांस और संवदेनशीलता की दृष्टि से तीसरे अंक का दूसरा दृश्य अत्यन्त आकर्षक है। इसी अंक के चौथे दृश्य में इला की काल-मानस यात्रा और पाँचवें दृश्य में इला की यातना, दुविधा तथा विडम्बनापूर्ण-विसंगत स्थिति का अत्यन्त प्रभावशाली चित्रण किया गया है। चौथे अंक के तीसरे दृश्य में अरुंधती-वशिष्ठ संवाद के माध्यम से लेखक ने ऋषि-बुद्धिजीवी की विवशता एवं विडम्बना और सुद्युम्न के असन्तुलित व्यक्तित्व के कारणों, प्रभावों तथा परिणामों का गम्भीर विश्लेषण प्रस्तुत किया है। संवादों में मुहावरों का अच्छा प्रयोग हुआ है। गहरे अध्ययन, चिन्तन-मनन और वैविध्यपूर्ण आत्मानुभव से प्राप्त जीवन सत्य को रचनाकार ने अनेक संवादों में सूक्ति-वाक्यों के रूप में प्रस्तुत किया है जो बौद्धिकता तथा आध्यात्मिकता का अनूठा आयाम नाटक में जोड़ता है। नाटकीय काव्य एवं आलंकारिकता का गुण रंग-भाषा को समृद्ध बनाता है। इला की भाषा साहित्यिक संस्कार-पार्श्वध्वनियों, छायाकृतियों, नृत्यमय गतियों, सूक्ष्म भाव-भंगिमाओं, संगीत, छायालोक, मुद्रा और अर्थगर्भी नाटकीय मौन के संश्लेष से ऐसी बहुस्तरीय एवं अत्यन्त अभिव्यंजनाक्षम नाट्य भाषा की सृष्टि करता है, जो पाठ्य और प्रदर्शन के दोनों धरातलों पर समान रूप से प्रभावशाली सिद्ध होती है।

यहाँ सामान्य और साधारण से दिखते संवाद भी निर्देशक-अभिनेता की कल्पनाशीलता को उत्प्रेरित करके अनेक अर्थों, व्याख्याओं और अभिव्यक्ति संकेतों की अपार सम्भावनाओं के द्वार खोल देते हैं। मनु के प्रति श्रद्धा का यह कथन द्रष्टव्य है—'प्रयत्न कीजिए, सम्भव है, आपके नाक-कान से ही उत्तराधिकारी टपक पड़े।' इसमें पुरुष निर्मित विचित्र पुराण प्रसंगों और पात्रों की खिल्ली उड़ाई गई है। पत्नी श्रद्धा की उपेक्षा कर अपनी साधना से अपने आप से ही उत्तराधिकारी प्राप्त करने के लिए संकल्पित मनु की महत्त्वाकांक्षा पर तीखा व्यंग्य किया गया है। अभिनेता चाहे तो मनु का मज़ाक उड़ाकर दर्शकों को कॉमिक रिलीफ भी दे सकता है। इससे बेबस और उपेक्षित स्त्री की मर्मांतक पीड़ा भी उभारी जा सकती है और स्त्री के प्रति पुरुष के क्रूर अमानवीय व्यवहार के विरुद्ध आहत और क्रुद्ध

श्रद्धा (स्त्री) की घनीभूत घृणा का भयंकर विस्फोट भी व्यक्त किया जा सकता है।

पार्श्व-संगीत आदि के पर्याप्त रंग-संकेत देने के बावजूद नाटककार ने संगीत-निर्देशक की अपनी परिकल्पना के लिए काफी अवकाश छोड़ा है।

नाट्य-शिल्प की दृष्टि से रचना को रोचक, अर्थपूर्ण, नाटकीय और रंग-समृद्ध बनाने के लिए नाटककार ने अनेक आकर्षक प्रयोग किए हैं: वस्तु संरचना कुतूहलपूर्ण एवं सुगठित है और भाषा बहुरंगी बहुस्तरीय—व्यंजनात्मकता और अभिनयात्मकता इसकी प्रमुख विशेषताएँ हैं। नाट्य वृत्तियों के साथ वाचिक, आंगिक आहार्य और सात्त्विक अभिनय का सहगुंफन, अभिनेताओं को अपनी अभिनय प्रतिभा के समुचित प्रदर्शन का पूरा अवसर देता है। अंक एक के 'पूर्वरंग' और अंक दो के 'प्रवेशक' में वाचक-प्रतिवाचक की योजना कथा-बीज का संकेत देने तथा अतीत को वर्तमान से जोड़ने का ज़रूरी काम करती है। दर्शकों को सीधे सम्बोधन की युक्ति ब्रेख्तियन अलगाव से, भावना में बहते प्रेक्षक को सोचने पर बाध्य करती है। पद्यात्मक संवाद, चमत्कार, छाया-नाटक, पूर्वदीप्ति और स्वप्न जैसे दृश्य-श्रव्य तत्त्वों से सम्पन्न करने के कारण नाटक विलक्षण समग्र-प्रभाव तथा आस्वाद उत्पन्न करता है। महत्त्वपूर्ण तथ्य यह है कि यह नाटक केवल निर्देशक और अभिनेता को ही नहीं बल्कि सभी पार्श्वकर्मियों के लिए भी अपनी सूझ-बूझ, कल्पनाशीलता, कलाकौशल और तकनीक प्रदर्शन का भरपूर अवसर प्रदान करता है। **इला** टोटल थिएटर है और प्रबुद्ध एवं सामान्य सभी प्रेक्षकों को सम्पूर्ण और समृद्ध रंगानुभव देने में समर्थ है।

यह नाट्य-कथा पुरूरवा के राज्याभिषेक पर समाप्त होकर वंशोन्माद और वंशाधिकार के विरुद्ध विद्रोह को रेखांकित करके विकृति पर प्रकृति की अन्तिम विजय का जयघोष करती है। अन्तर्द्वन्द्व और तनाव के ताने-बाने में बुनी इस कथा का यह सुखद अन्त, प्रसादान्त से अलग होते हुए भी, किसी-न-किसी रूप में भारतीय और पाश्चात्य रंगशिल्प के सामंजस्य की ओर तो इशारा करता ही है। यही नहीं, मनुष्य के प्रकृत रूप-रंग नैसर्गिक स्वभाव एवं रोचक वैविध्य के साथ खिलवाड़ करके उसकी अद्वितीयता नष्ट करने पर तुले वैज्ञानिकों-राजनीतिज्ञों के लिए यह नाटक एक गम्भीर और ज़रूरी चेतावनी भी है। साहित्यिक कृति के रूप में ही नहीं, रंग-नाटक की दृष्टि से भी **इला** एक महत्त्वपूर्ण, सार्थक और उत्तेजक रचना है। अपने प्रस्तुतीकरणों से उसने अपनी सफलता को प्रमाणित किया है।

पुरुष में स्त्री तत्त्व और स्त्री में पुरुष तत्त्व के स्वाभाविक-सन्तुलित विलय के बिना मानव जीवन के प्रकृत सुर-ताल की लय टूट गई तो प्रलय आ जाएगी। मनुष्यों के अस्तित्व और भविष्य की बुनियादी समस्याओं और उनके त्रासद परिणामों को अद्भुत काव्यात्मक नाटकीयता के साथ रेखांकित करनेवाला डॉ. प्रभाकर श्रोत्रिय

का नाटक 'इला' सम्भवतः हिन्दी का ही नहीं, बल्कि समस्त भारतीय भाषाओं का भी पहला मौलिक, महत्त्वपूर्ण और जीवन्त नाटक है। निश्चय ही राष्ट्रीय रंग-परिदृश्य पर यह स्वयं को स्थापित और प्रतिष्ठित करेगा।

अलग-अलग निर्देशकों ने **इला** के कुछ अच्छे प्रस्तुतीकरण किए हैं। इसे 'भारत रंग महोत्सव' में भी प्रदर्शित किया जा चुका है। परन्तु इसके महाकाव्यात्मक विस्तार और बहुआयामी कथ्य के समग्र प्रभाव के जीवन्त साक्षात्कार के लिए इसे अब भी किसी कल्पनाशील बड़े निर्देशक और प्रोफ़ेशनल नाट्य-दल की प्रतीक्षा है।

कोमल गान्धार : पुरातन के नूतन संकेत

रंगमंच, फ़िल्म, दूरदर्शन, रेडियो और विश्वविद्यालयी पाठ्य-क्रम में समान रूप से लोकप्रिय हुए शंकर शेष और उनके नाटक आधुनिक हिन्दी रंगकर्म की प्रमुख उपलब्धि हैं। चार उपन्यास, तीन शोध-प्रबन्ध और कई सफल फ़िल्मों के पटकथा-संवाद लिखने के बावजूद डॉ. शंकर शेष मूलतः नाटककार ही थे। उन्हीं के शब्दों में, ''नाटक लिखने से पहले मैं कल्पना चक्षुओं से उसे पूरा देखता हूँ। कल्पना के भव्य मंच पर एक अकेले दर्शक के सम्मुख होते नाटक का जो सुख मुझे मिलता है वह वर्णनातीत है। इसलिए अन्य किसी विधा की ओर कभी ध्यान नहीं गया।'' यही कारण है कि इक्कीस पूर्णकालिक गंभीर नाटक, दो बाल नाटक, सात एकांकी लिखने और चार नाट्यानुवाद करनेवाले इस रंगधर्मी रचनाकार ने व्यापक स्तर पर देश के छोटे-बड़े बहुसंख्यक नाट्य-दलों एवं रंगकर्मियों को अपनी ओर आकृष्ट किया। **बिन बाती के दीप, पोस्टर, फंदी, आधी रात के बाद, कालजयी, चेहरे** इत्यादि देश भर में कई बार खेले गए इनके प्रमुख नाट्यालेख हैं।

हिन्दी के अनेक श्रेष्ठ आधुनिक नाटककारों की तरह डॉ. शंकर शेष भी अपने वर्तमान को समझने के लिए बार-बार अतीत की ओर लौटते रहे हैं। **नई सभ्यता नए नमूने, खजुराहो का शिल्पी, एक और द्रोणाचार्य, अरे! मायावी सरोवर, रक्तबीज** और **राक्षस** में इतिहास-पुराण के प्रसंगों, चरित्रों या नाम-सन्दर्भों को अपने नाटकों में सफलतापूर्वक इस्तेमाल कर चुकने के बाद 1979 में 'कोमल गान्धार' के लिए वह एक बार फिर महाभारत की शरण में नए। **कोमल गान्धार** महाभारत के पौराणिक परिदृश्य में पुरुष द्वारा नारी के शोषण की सनातन परम्परा और उसके विरुद्ध एक नारी के निजी विद्रोह की त्रासदी का मार्मिक चित्रण करता है। भीष्म विवाह को व्यक्तिगत/पारिवारिक/सामाजिक/धार्मिक सम्बन्ध के स्थान पर केवल एक राजनीतिक सम्बन्ध मानकर, सत्यवती, अम्बा, अम्बिका और अम्बालिका की अगली कड़ी के रूप में गान्धारी का विवाह धृतराष्ट्र से करा देते हैं। भावात्मक सवालों के राजनीतिक समाधान करनेवाले भीष्म के लिए इस विवाह का अर्थ है केवल–'दो शरीर और एक कर्मकांड'; क्योंकि सिर्फ इस माध्यम से कौरव–उत्तराधिकारी प्राप्त किया जा

सकता है। परन्तु इस षड्यंत्र और अन्याय के विरुद्ध गान्धारी का विरोध-विद्रोह ऐसे भयानक व्यक्तिगत और सार्वजनिक परिणामों तक ले जाता है, जिनकी कल्पना तक भीष्म ने नहीं की थी।

नाटक का आरम्भ एक ऐसी विवाह-यात्रा से होता है जो शव-यात्रा की तरह उदास और मौन है। गान्धारी को उसके होनेवाले पति धृतराष्ट्र की जन्मांधता के विषय में कुछ भी नहीं बताया जाता। उसकी तस्वीर तक नहीं दिखाई जाती। इस षड्यंत्र में धृतराष्ट्र और शकुनि को छोड़कर लगभग सभी लोग शामिल हैं। संवेदनशील और भावुक गान्धारी को जब इस सत्य का पता चलता है कि उसे 'राज रक्त से जन्मे एक शरीर से ज्यादा कुछ नहीं माना गया' तो वह इस्तेमाल की इस राजनीति से तिलमिला उठती है। वह आजन्म अपनी आँखों पर पट्टी बाँधे रखने की सार्वजनिक घोषणा करके इस विश्वासघात, धोखे और अन्याय का बदला लेती है। उसकी घृणा, कटुता और प्रतिशोध की आग उसे महासती और पतिव्रता का गौरव तो दिला देती है, सबको बौना और अपराधी भी बना देती है, लेकिन वह यह नहीं जानती कि इस सार्वजनिक प्रतिज्ञा के शाप और उसके नारकीय दुष्परिणामों से वह स्वयं भी नहीं बच सकती। वह नहीं जानती कि घृणा से जन्मी उसकी प्रतिमा लोगों के लिए आदर्श बन जाएगी। वह निरपराध धृतराष्ट्र को भी क्षमा नहीं कर पाती। वह पति के अतिशय आत्मीय आग्रह के बावजूद अपनी पट्टी नहीं खोलती। विवाह हो जाने के बावजूद गान्धारी और धृतराष्ट्र के बीच जमा हुआ बर्फ का पहाड़ नहीं पिघल पाता। गान्धारी की उपेक्षा एवं तिरस्कार धृतराष्ट्र को एक दासी के निकट ले जाते हैं। उधर रोगी पांडु के लिए भीष्म कुन्ती ही नहीं माद्री की व्यवस्था भी करा देते हैं। परन्तु सब निष्फल।

पांडु अपनी दोनों पत्नियों के साथ राज्य त्यागकर तपस्या के बहाने नियोग द्वारा पुत्र प्राप्त करने के उद्देश्य से वन में चले जाते हैं। अपनी बहन के हितों की रक्षा के लिए हस्तिनापुर में ही रुक गए शकुनि की सलाह पर धृतराष्ट्र पांडु से पहले राज्य का उत्तराधिकारी पाने के लिए गान्धारी के ठंडे व्यवहार, कटुता, जड़ता और घृणा की उपेक्षा कर अपने पति होने के अधिकार का उपयोग करते हैं। वह गान्धारी से पट्टी खोलकर अपने व्यक्तिगत जीवन में एक नई शुरुआत करने का आग्रहपूर्ण अनुरोध भी करते हैं। परन्तु गान्धारी का प्रचंड अहं आड़े आ जाता है। वह समर्पण तो करती है लेकिन पट्टी को नहीं खोलती। यहीं से आगे चलती है तिरस्कार और कड़वाहट से उत्पन्न घृणा की सन्तानों की परम्परा। बेटा होने पर गान्धारी उसे देखना चाहती है लेकिन अब धृतराष्ट्र जान-बूझकर पट्टी खोलने को नहीं कहते। उधर वन में माद्री के साथ संग करते हुए पांडु की मृत्यु हो जाती है। माद्री पति के साथ सती होती है और कुन्ती अपने और माद्री के बच्चों को लेकर नगर में लौट आती है।

उत्तराधिकार का प्रश्न बुरी तरह उलझ जाता है। परन्तु गान्धारी किसी भी कीमत पर हारने को तैयार नहीं है।

उत्तरार्द्ध का आरम्भ गान्धारी-धृतराष्ट्र संवाद से होता है। कौरव संपूर्ण राज्य ले चुके हैं। पांडव सिर्फ़ पाँच गाँव लेकर भी संतुष्ट होने को तैयार हैं। लेकिन माता-पिता की घृणा और तिरस्कार की उद्दंड संतान दुर्योधन को यह स्वीकार नहीं है। धृतराष्ट्र गान्धारी की जड़ महानता के मुकाबले कुन्ती की ममत्वपूर्ण भूमिका की प्रशंसा करते हैं। दृश्यान्तर के साथ ही संजय के संवाद से युद्ध में कौरवों की अन्तिम पराजय का समाचार मिलता है। संजय गान्धारी और धृतराष्ट्र को मरणासन्न दुर्योधन के पास ले जाता है। दुर्योधन माँ की भूमिका और ज़िम्मेदारी को लेकर गान्धारी तथा कुन्ती की तुलना करता है। उसका यह निष्कर्ष कि 'हमें तो माँ-बाप ने केवल अस्तित्व दिया, हमारी रचना नहीं की।' नाटक को पुराण-काल से खींचकर आज की नई पीढ़ी तक ले आता है। दुर्योधन के सन्दर्भ में गान्धारी स्वीकार करती है कि अपने जवान बेटे को प्रत्यक्ष देखने के मोह के एक क्षण में उसने सबसे छुपकर एक बार अपनी पट्टी खोली थी। पत्नीत्व से मातृत्व के सबल होने के उन क्षणों के लिए वह स्वयं को अपराधिनी मानती हैं। लेकिन धृतराष्ट्र इस उदाहरण को गान्धारी के स्त्री होने का प्रमाण मानकर उसे निरपराध ही नहीं बल्कि उसके आतंकपूर्ण महासतीत्व से अधिक अर्थपूर्ण मानते हैं। इन भावुक क्षणों में गान्धारी अब पट्टी खोलने की इच्छा व्यक्त करती है, परन्तु धृतराष्ट्र विजेता पांडवों के सामने उसे छोटा, अविश्वसनीय और साधारण होते हुए नहीं देख सकते। अपने अन्तिम दिनों में वे राजमहल छोड़कर कहीं वन-आश्रम में जाना चाहते हैं तो उन अन्धों की देखभाल और सेवा के लिए कुन्ती तथा विदुर भी उनके साथ जाते हैं। वहाँ धृतराष्ट्र और गान्धारी अपने अतीत का विश्लेषण करके पाते हैं कि हर अनर्थ के पीछे कहीं-न-कहीं उन दोनों का अहं ही था और उन्होंने जीने की एक ऐसी नकारात्मक परम्परा को जन्म दिया है, जिसमें शरीर पास आते रहने के बाद भी मन की दूरियाँ बनाए रखी जाती हैं। जीवन के अन्तिम क्षणों में वे दोनों एक-दूसरे से जुड़ते हैं, परस्पर साक्षात्कार करते हैं। गान्धारी पट्टी खोल देती है। वह धृतराष्ट्र का हाथ पकड़कर उन्हें उसी वन की ओर ले जाती है जिधर कुन्ती और विदुर गए हैं। दूर जंगल में आग लगी है। कुन्ती का हाथ विदुर के हाथ में है। आग फैलती जाती है और गान्धारी तथा धृतराष्ट्र उस 'मरने लायक आदर्श स्थिति' में लगातार आगे बढ़ते जाते हैं।

संरचना की दृष्टि से **कोमल गान्धार** दो भागों में विभक्त है। पहला पूर्वार्द्ध—जिसका शीर्षक नहीं दिया गया और दूसरा—उत्तरार्द्ध। पूर्वार्द्ध में गान्धारी के विवाह से लेकर सन्तानोत्पत्ति और उत्तराधिकार के उलझे हुए प्रश्न का चित्रण है तो

उत्तरार्द्ध में मन के स्तर पर एक-दूसरे से उदासीन पति-पत्नी और उनकी ममत्वहीन उपेक्षित सन्तान के मनोविज्ञान एवं दुष्परिणामों का चित्रण किया गया है। यहीं गान्धारी और धृतराष्ट्र के एक-दूसरे को पहचानने तथा कुन्ती और विदुर के एक-दूसरे से मिलकर स्वेच्छा से दावाग्नि में उन सबके आत्मदाह का संकेत भी है। नाटक का कथा-फलक बहुत विस्तृत है। परन्तु मंच-सज्जा और दृश्यों का उल्लेख न करके नाटककार ने केवल छायालोक के माध्यम से ही दृश्यान्तर किया है और इस प्रकार कई छोटे-छोटे दृश्यान्तरों द्वारा समय एवं घटनाओं के लम्बे फैलाव को अपने में समेट लिया है।

चरित्रांकन में मौलिकता है। मनोविश्लेषण का सुन्दर उपयोग किया गया है। लगभग सभी प्रमुख चरित्रों के मूल में आहत अहं और अपराध-बोध है। संजय के मन में भीष्म के साथ मिलकर गान्धारी के प्रति किए जानेवाले षड्यन्त्र में चुपचाप शामिल होने से उत्पन्न अपराध की भावना है। भीष्म स्वयं को सत्यवती का अपराधी मानते हैं। शकुनि को भीष्म के षड्यन्त्र में जान-बूझकर शामिल होने और अपनी बेटी को राजनीतिक लाभ के लिए बेच देनेवाले नीच पिता का पुत्र होने की कुंठा खा रही है। गान्धारी में अपने महासतीत्व का अहं और अपनी सन्तान के लिए कुछ न करने का अपराध-भाव है; तो धृतराष्ट्र के लिए गान्धारी की असाधारणता की ऊँचाइयाँ हीन-भाव और अपराध-बोध का कारण बनी हैं। दुर्योधन और दूसरे कौरव भी 'हीनता की भावना' और 'नपुंसक अहंकार' में जीते रहे हैं। नाटककार ने गान्धारी और धृतराष्ट्र के समानान्तर कुन्ती और विदुर के मौन-मूक प्रेम-सम्बन्ध के संकेत का अच्छा नाटकीय उपयोग किया है।

देश-काल के नाम पर नाटककार ने भाषा को संस्कृतनिष्ठ बोझिलता से आक्रान्त नहीं होने दिया है। उसमें एक खास तरह की सहज कवित्वपूर्ण आलंकारिकता है। संवाद गद्य में ही हैं लेकिन शब्दों का विशिष्ट संयोजन उन्हें एक प्रकार की लयात्मकता प्रदान करता है, जो गद्य और पद्य के बीच में से उभरती प्रतीत होती है। जैसे—

सबने चुप रहकर रास्ते को बना दिया एक अजगर।

मेरी आत्मा की देह पर आशंकाओं की लिजलिजी छिपकलियाँ अनायास ही क्यों चढ़ रही हैं? मन इस तरह विचलित क्यों होता है बार-बार?

सच्चाई का आभास तक नहीं है उसे, लेकिन आपके शब्द उस पर गिरे एक चट्टान की तरह।

सूक्ति अथवा सिद्धान्त वाक्यों का प्रयोग भी इस नाटक में रचनाकार ने बहुतायत से किया है। धृतराष्ट्र के अन्धेपन के सन्दर्भ में 'आँखों' का नाट्य-विडम्बनापूर्ण उपयोग कई जगह हुआ है। उदाहरण के तौर पर—आरम्भिक अंश में

दासी का गान्धारी से यह कहना कि ''आँख बिछाए बैठे होंगे बेचारे।'' या ''धीरे-धीरे धृतराष्ट्र की आँखों में ही दिखाई देने लगेगा तुम्हें अपना संसार।'' अथवा गान्धारी द्वारा दासी के सामने धृतराष्ट्र के काल्पनिक-चित्र में प्रस्तुत आँखों का विशद वर्णन—धृतराष्ट्र के अन्धेपन को और भी रेखांकित कर देता है। रंग-शिल्प में सादगी का रचनात्मक उपयोग हुआ है।

कोमल गान्धार शंकर शेष के लगभग सभी नाटकों से बेहतर रचना है। फिर भी इसमें कई स्थानों पर अनेक खटकनेवाली बातें भी दिखाई पड़ती हैं। गान्धार से गान्धारी के साथ आनेवाली अन्तरंग दासी का कोई-न-कोई नाम अवश्य होना चाहिए था। बहुत आत्मीय क्षणों में गान्धारी तक का उसे 'दासी' कहकर सम्बोधित करना बनावटी लगता है। पूर्वार्द्ध के अन्त में धृतराष्ट्र का प्रस्थान बहुत आकस्मिक एवं अस्वाभाविक प्रतीत होता है। 'उत्तरार्द्ध' में भीम के बारे में गान्धारी द्वारा संजय से कहे गए एक संवाद में ''उसके ताने व्यंग्य-भरी हँसी...।'' तक तो ठीक है लेकिन स्वयं आँखों पर पट्टी बाँधे रहनेवाली गान्धारी का उसकी आँखों से टपकनेवाले तिरस्कार—की बात करना उचित जान नहीं पड़ता।

अनेक स्थानों और प्रसंगों में अत्यन्त मार्मिक एवं प्रभावशाली होने के बावजूद इस नाटक की एक बड़ी सीमा यह भी है कि इसका केन्द्रीय चरित्र है—गान्धारी; परन्तु नाटक बार-बार अपनी इस धुरी से भटककर इधर-उधर घूमने लगता है। इससे उसकी अन्विति खंडित होती है और समग्र-प्रभाव की एकाग्रता भी पूरी तरह बनी नहीं रहती। फिर भी चरित्रांकन, समकालीन प्रासंगिकता के सन्दर्भ और अभिनव लयपूर्ण संवादों के गद्य-पद्यमय भाषा-प्रयोग इत्यादि की दृष्टि से यह एक उल्लेखनीय रचना है जिसे थोड़े-बहुत सम्पादन के बाद आसानी और असरदार ढंग से मंच पर प्रस्तुत किया जा सकता है/किया गया है।

अग्नि और बरखा : जटिल सम्बन्धों के अन्तर्विरोध

महाभारत के *'आदिपर्व'* (अनुक्रमणिका पर्व) के आरम्भ में ही उग्रश्रवा कहते हैं कि,

सर्वेषां कविमुख्यानामुपजीव्यो भविष्यति।
पर्जन्य इव भूतानामक्षयो भारतद्रुभः॥

अर्थात् संसार में जितने भी श्रेष्ठ कवि (रचनाकार) होंगे, उनके काव्य (रचना) के लिए यह *(महाभारत, पुराण-मिथक)* मूल आश्रय होगा। जैसे मेघ सम्पूर्ण प्राणियों के लिए जीवनदाता है, वैसे ही अक्षय भारत-वृक्ष है। सम्भवतः यही कारण है कि हमारे अधिकांश बड़े रचनाकार, और विशेषतः गिरीश कारनाड, बार-बार इस मूल अजस्र स्रोत की ओर लौटते हैं। इसलिए यह कतई संयोग नहीं है कि अपने नए और बहुचर्चित प्रशंसित नाटक **अग्नि और बरखा** *(अग्नि मत्तु मले)* का कथा-बीज *महाभारत* के वन-पर्व (अध्याय 135 से 138) की एक छोटी-सी अवान्तर कथा से ग्रहण करते हैं। यह गाथा वनवास काल में देशाटन करते यहाँ-वहाँ भटक रहे पांडवों को रैभ्य ऋषि के आश्रम के पास पहुँचने पर सन्त लोमश द्वारा सुनाई जाती है।

अपने कॉलेज के दिनों में महाभारत के एक संक्षिप्त अंग्रेज़ी संस्करण में पढ़ी ये कहानी गिरीश कारनाड के मन में समा गई और वे सैंतीस वर्षों तक इस कथा के विभिन्न अर्थों को आज के सन्दर्भ में नाटक के एक संगत ढाँचे में पिरो सकने की कोशिश में लगातार अपने आपसे जूझते रहे। सन् 1993 में अमरीका के मिन्यापोलिस के प्रसिद्ध गथरी थिएटर से इन्हें एक नया नाटक लिखने और उसे 1994 में एक रंगशिविर के अमेरिकी अभिनेताओं के साथ प्रस्तुत करने का चुनौतीपूर्ण निमन्त्रण मिला। इसी सन्दर्भ में उन्होंने पहले इस नाटक को कन्नड़ में और फिर अंग्रेज़ी में लिखा। उस अंग्रेज़ी अनुवाद से ही सुप्रसिद्ध रंगकर्मी रामगोपाल बजाज ने इसका हिन्दी अनुवाद किया जिसे दिल्ली के राष्ट्रीय नाट्य विद्यालय रंगमंडल ने कन्नड़-हिन्दी के विख्यात नाटककार-निर्देशक प्रसन्ना के निर्देशन में 28 मार्च, 1996 को कलात्मक सादगी के साथ प्रदर्शित किया। उसके बाद लगभग पन्द्रह लाख रुपए लगाकर बेंगलूर में अर्जुन सजनानी ने अंग्रेज़ी में इसकी भव्य और लोकप्रिय

प्रस्तुति की। अन्य भारतीय भाषाओं में हुए इसके अभिमंचनों के अतिरिक्त इसे फ़िल्म के पर्दे पर भी दिखाया गया।

ईर्ष्या, घृणा, प्रतिशोध, अभिशाप, वरदान, चमत्कार, षड्यन्त्र, विश्वासघात, अनैतिक देह-सम्बन्ध और हत्या की परम नाटकीय घटनाओं को यह नाटक एक करुण-कोमल, त्यागमयी और त्रासद प्रेम-कथा के बीच बड़ी कुशलता से पिरोकर प्रभावशीलता के साथ पेश करता है। निषाद-कन्या नित्तिलाई को छोड़कर इस नाटक के सभी पात्र और प्रमुख घटनाएँ चूँकि *महाभारत* की मूल लघु कथा से ही ली गई हैं इसलिए नाट्य-रचना उस पर आधारित होने का भ्रम पैदा करती हैं। परन्तु वास्तव में **अग्नि और बरखा** वस्तु-संरचना, व्याख्या, चरित्रांकन और उद्देश्य—सभी दृष्टियों से पूरी तरह एक मौलिक और श्रेष्ठ रचना है। *महाभारत* की उस मूल कथा और नाटक का तुलनात्मक अध्ययन-विश्लेषण करने पर स्पष्ट होता है कि नाटककार ने अपनी प्रतिभा एवं कल्पनाशीलता से उस कहानी में से जितने अर्थ खोजे हैं और उन्हें जिस जटिल ढाँचे गें बाँधा है—वह चमत्कार कोई बड़ा रचनाकार ही कर सकता है। यह अलग बात है कि इतना सब कुछ एक साथ समेटने के लालच में कुछ प्रसंग अस्पष्ट और अतार्किक/असंगत भी हो गए हैं। इसकी चर्चा यथास्थान बाद में करेंगे।

महाभारत के मुनि भारद्वाज और रैभ्य को **अग्नि और बरखा** में मित्र/सखा के बजाय भाई बना दिया गया है। इसका कारण सम्भवतः इन दोनों के बीच की ईर्ष्या को दो मित्रों के स्थान पर दो भाइयों के बीच पारिवारिक स्तर पर दिखाना है, जो अधिक स्वाभाविक है। इसी से विशाखा यवक्री के लिए पिता के मित्र की बहू के बजाय चचेरे भाई की पत्नी अर्थात् भाभी बन जाती है और उनका सम्बन्ध स्पष्टतः वर्जित या अनैतिक सम्बन्ध बन जाता है—जो कि गिरीश कारनाड के नाटकों का प्रिय विषय है। इससे यवक्री के प्रतिशोध और रैभ्य एवं परावसु के क्रोध को अधिक सुदृढ़ आधार मिलता है। मुनि भरद्वाज और उसके बेटे यवक्री/यवक्रीत का चरित्र दोनों रचनाओं में लगभग समान है। *महाभारत* का भरद्वाज यवक्री की हत्या के समय तक जीवित रहता है और उसकी चिता में प्रवेश कर आत्मदाह करता है, जबकि नाटक में वह रैभ्य एवं अन्य लोगों की उपेक्षा तथा अपमान के कारण पहले ही मर चुका है। पिता की यह मृत्यु बेटे यवक्री को हत्या लगती है और उसके क्रोध एवं प्रतिशोध को भड़काती है। इससे पिता के ज्ञान-सम्मान एवं अपने आत्मसम्मान और बल को सिद्ध करने के लिए उसका दस वर्ष तक वन में तपस्या करके इन्द्र से तत्काल वेदों का ज्ञान और अलौकिक शक्तियाँ प्राप्त कर समाज में प्रतिष्ठा पाना अधिक स्वाभाविक बन जाता है। *महाभारत* में रैभ्य के दोनों पुत्र परावसु और अर्वावसु (अरवसु), दोनों को महातपस्वी राजा द्वारा यज्ञ में नियुक्त

किया जाता है, जबकि नाटक में अतिक्रोधी तपस्वी महर्षि रैभ्य ईर्ष्यालु, अहंकारी, क्रूर और कामान्ध हैं। परावसु एवं अरवसु को क्रमशः वाममार्गी और मन्दबुद्धि बताया गया है। इसमें पिता के स्थान पर परावसु को यज्ञ का मुख्य पुरोहित—अध्वर्यु—बनाया जाता है। अरवसु इस नाटक का सर्वाधिक जटिल, संवेदनशील, सहज और मानवीय चरित्र है। उसके मन में कोई ईर्ष्या-द्वेष नहीं है, उसकी कोई महत्त्वाकांक्षा नहीं है। वह जात-पाँत और ऊँच-नीच में विश्वास नहीं करता। निषाद कन्या नित्तिलाई से सच्चा प्रेम करता है। जीवन में बस उसे पाना चाहता है, नाचना-गाना चाहता है और अभिनय करना चाहता है।

परन्तु नियति और परिस्थितियों की विडम्बना यह है कि उसकी ये सामान्य सहज-मानवीय इच्छाएँ भी पूरी नहीं होतीं। अरवसु और नित्तिलाई की यह त्रासद एवं करुण-कोमल प्रेम-कथा **अग्नि और बरखा** की केन्द्रीय कहानी है और महत्त्वपूर्ण तथ्य यह है कि ये पूरी तरह नाटककार की अपनी मौलिक परिकल्पना है। *महाभारत* में अकाल का कोई उल्लेख नहीं है और यज्ञ का अनुष्ठान करनेवाले महान प्रतापी राजा का नाम बृहद्द्युम्न है। जबकि नाटक में इसे दीक्षित राजा कहा गया है जो दस वर्ष के अकाल से छुटकारा पाने और मेघराज इन्द्र को प्रसन्न करने के लिए सात वर्षों से महायज्ञ करवा रहा है। इसी यज्ञ का मुख्य पुरोहित परावसु को बनाया गया है। अकाल, यज्ञ और अध्वर्यु के रूप में परावसु की नियुक्ति से ही नाटक के सभी चरित्र और कार्य-व्यापार किसी-न-किसी रूप में जुड़े हैं। इसी कारण अरावसु से पिता रैभ्य ईर्ष्यालु एवं कुंठित होते हैं, चाचा भरद्वाज अपमानित होकर मरते हैं। चचेरा भाई यवक्री क्रोध, घृणा, ईर्ष्या और प्रतिशोध की आग में जलते हुए दस वर्ष के लिए तपस्या के नाम पर जंगल की नरक यातना भोगता है और लौटकर षड्यन्त्र करके रैभ्य के पूरे परिवार और स्वयं अपने विनाश का भी कारण बनता है। परावसु की पत्नी विशाखा दाम्पत्य-सुख से वंचित हो जवानी में ही अकेलेपन की पीड़ा भोगने को अभिशप्त होती है। कुंठित श्वसुर से देह और मन की यातना सहती है। यवक्री की योजना की शिकार बनकर उसे स्वयं को समर्पित करके कलंकित हो जाती है। रैभ्य इसी कारण क्रोधित हो राक्षस के माध्यम से यवक्री को मरवा देता है और स्वयं बेटे परावसु के हाथों मारा जाता है। यवक्री की हत्या और उसके दाह संस्कार के कारण अरवसु अपने विवाह के लिए निषादों की पंचायत में समय पर नहीं पहुँच पाता और नित्तिलाई भी दुखी-अपमानित होकर किसी और से ब्याह करने पर मजबूर हो जाती है। परावसु पिता की हत्या के पाप/अपराध में सहज-विश्वासी भाई अरवसु को फँसाकर, उसे ब्रह्महत्या का दोषी और राक्षस कहकर, यज्ञ, समाज और स्वयं अपने जीवन से बहिष्कृत कर देता है। अरवसु अर्द्धविक्षिप्त हो जाता है, परावसु खुद को यज्ञ की अग्नि में समर्पित कर जल मरता है और निष्कलुष नित्तिलाई अपने पति के

हाथों मारी जाती है। इन सभी नाटकीय एवं त्रासद घटनाओं की सृष्टि गिरीश कारनाड ने ही की है।

महाभारत में रैभ्य मुनि की पुत्रवधु और परावसु की पत्नी का कोई नाम नहीं दिया गया है। उस किन्नरी के समान सुन्दर और शुभलक्षणा स्त्री को रैभ्य मुनि के आश्रम में देखकर कामदेव के वशीभूत यवक्री निर्लज्ज होकर अपनी सेवा करने को कहता है और उसके शाप से डरकर वह उसके पास चली जाती है। उसे एकान्त में ले जाकर यवक्री उससे रमण करता है। रैभ्य मुनि अपनी पुत्रवधु को रोते देख यवक्री को मारने के लिए अपनी एक जटा से पुत्रवधु के रूपवाली कृत्या और दूसरी जटा से त्रिशूलधारी भयानक राक्षस का आह्वान करते हैं। सुन्दरी के रूपवाली कृत्या यवक्री को मोहित कर उसे राक्षस से बचानेवाले अभिमन्त्रित जल से भरा उसका कमंडलु चुरा लेती है, तब राक्षस उसे मारने का प्रयत्न करता है। यवक्री उससे बचने के लिए पानी की तलाश में भागते हुए अपने पिता की कुटिया पर पहुँचता है। वहाँ उसका सेवक और कुटिया का (अन्धा) रक्षक अन्धक उसे न पहचानने के कारण वहीं पकड़ लेता है और तभी राक्षस उसका वध कर देता है। दुखी पिता भरद्वाज बेटे के साथ ही उसी चिता में जल जाते हैं।

इसी घटनाक्रम के तथ्यों को अपने नाटक में पिरोते हुए नाटककार कुछ उलझ गया है और कहीं-कहीं अस्पष्टता और विसंगति भी पैदा हो गई है। *महाभारत* के यवक्री रैभ्य मुनि के आश्रम में वैशाख मास में गया था, जहाँ वह परावसु की पत्नी को देखकर कामान्ध हो गया और उसने उससे रमण किया। वैशाख मास के आधार पर ही शायद गिरीश कारनाड ने उस स्त्री का नामकरण किया है—विशाखा। नाटक में रैभ्य कृत्या के आह्वान की बात तो करता है परन्तु अपनी जटा का बाल तोड़कर वह जिसको बुलाता है वह एक भयंकर ब्रह्मराक्षस ही है। मंच पर कृत्या कहीं उपस्थित नहीं होती। यवक्री को बचाने के लिए विशाखा स्वयं भागकर जाती है और अरवसु को भरद्वाज की कुटिया पर अन्धक के पास सावधान करने भेजती है। यवक्री की जीवन-रक्षा के लिए चिन्तित और आतुर विशाखा उसे बचाने और भगाने का हर प्रयत्न करती है। परन्तु तभी अचानक वह उसके एकमात्र रक्षा-कवच 'कमंडलु का जल नीचे गिराने लगती है।' क्यों? यवक्री क्रोध में उसे 'राक्षसी' भी कहता है। उसके भागने पर वह 'चैन की साँस लेती है।' और कहती है, 'यदि तुम्हें कुछ भी हो जाए तो मैं अपने को क्षमा नहीं कर सकूँगी।' तथा 'तुम एक दिन वहाँ सुरक्षित हो जाओ, फिर मैं प्रसन्न होकर उस बुड्ढे का चिता-प्रवेश देखूँगी।' क्यों? इसके बाद नाटककार कहता है, 'राक्षस का प्रवेश जो उसके (विशाखा के) पीछे खड़ा था।' क्या यहाँ *महाभारत* के साक्ष्य पर विशाखा के रूप में यह कृत्या ही है, जिसके कमंडलु चुराने और जल गिरा देने के बाद राक्षस सामने आकर निहत्थे यवक्री को मारने का प्रयत्न

करता है? लेकिन नाटककार इसका कहीं कोई संकेत नहीं देता। इसलिए यहाँ विशाखा का चरित्र असंगत और अन्तर्विरोधी लगने लगता है। कहीं यह नारी का तिरिया चरित्र तो नहीं है? या फिर मानवी विशाखा के भीतर छिपी राक्षसी (कृत्या)? लेकिन उसके चरित्र के इस दोहरेपन, द्वन्द्व या उसकी जटिलता रचना में कहीं स्पष्ट और रेखांकित नहीं होती। इसी प्रसंग में विशाखा के तीव्र आग्रह के बावजूद बलपूर्वक यवक्री कहता है कि, "मैं भागने नहीं आया यहाँ। मैंने इन्द्र पर विजय पाई है, जो देवताओं का भी स्वामी है। तुम होती कौन हो मुझे कुछ भी कहनेवाली?" और इसके तुरन्त बाद नाटककार का निर्देश है कि, "अचानक यवक्री भागने लगता है।" फिर प्रश्न उठता है—क्यों?

इसके अतिरिक्त, अन्हरा बाबा या अन्धक का चरित्र यूँ तो *महाभारत* में भी यवक्री को न पहचानने और कुटिया के बाहर कसकर पकड़ लेने (जिस कारण राक्षस उसे मार देता है) के प्रसंग में अस्वाभिक एवं असंगत-सा ही लगता है, परन्तु **अग्नि और बरखा** में तो यह और भी ज़्यादा अविश्वसनीय प्रतीत होने लगता है। नाटक में अन्हरा बाबा का कथन है कि, "मुझे सभी छकाने का जतन करते हैं और हर बार मैं ही छका देता हूँ। तुम आँखवाले जैसे नाक, कान, चेहरे से पहचानते हो, वैसे ही मैं पाँव की आहट से आदमी पहचान लेता हूँ।" यही नहीं, नाटक में इस दावे को दो उदाहरणों से सत्य प्रमाणित भी किया गया है। एक बार अरवसु अपनी चाल छिपाकर घुमावदार ढंग से आता है और दूसरी बार रीछ की चाल में—अन्धक दोनों बार फौरन उसे सही-सही पहचान लेता है। वह पूरी तरह सचेत और अनुभवी है। वह यवक्री को बचपन से जानता है, उसे प्रेम करता है, उसका सेवक है और सम्मान भी करता है। अरवसु पहले से सावधान भी कर गया है। फिर, वह ऐसा भयंकर धोखा कैसे खा सकता है? *महाभारत* और इस नाटक—दोनों जगह—ऐसा लगता है जैसे उसने यह गलती जान-बूझकर की है। लेकिन एक जायज़ और स्वाभाविक प्रश्न उठता है कि वह ऐसा क्यों करेगा? इसका कोई प्रत्यक्ष या परोक्ष कारण नाटककार ने कहीं नहीं दिया। परन्तु यदि गम्भीरता और गहराई से सोचें तो शायद *महाभारत* में इस प्रश्न के परोक्ष उत्तर को ढूँढ़ा जा सकता है। हो सकता है कुछ विद्वान इसे बाल की खाल निकालना अथवा दूर की कौड़ी मात्र ही समझें किन्तु मनोवैज्ञानिक दृष्टि से इसे खारिज नहीं किया जा सकता। महाभारत ने अन्धक को बार-बार 'शूद्र' कहा है। तत्कालीन समय और समाज में शूद्रों की दुर्दशा और दयनीय स्थिति से हम भली-भाँति परिचित हैं। अतः सम्भावना है कि अहंकारी ब्राह्मणों की चाकरी करते हुए उसे कभी या कई बार उनके दुर्व्यवहार, अन्याय और अत्याचार को चुपचाप सहना पड़ा हो। यवक्री जैसे दम्भी, क्रोधी, व्यग्र और दूसरों को दुख देकर या नीचा दिखाकर सुखी होनेवाले सबके प्रति घृणा से भरे व्यक्ति के साथ किसी शूद्र-सेवक के तो अपमानित

और पीड़ित होने की पूरी-पूरी उम्मीद की जा सकती है। अतः मनोविज्ञान और विशेषतः मनोविश्लेषण की दृष्टि से यह माना जा सकता है कि संस्कार और व्यवहार दोनों धरातलों पर उस शूद्र अन्धक के अवचेतन मन में ब्राह्मणों के प्रति दमित घृणा, क्रोध और प्रतिशोध की भावना रही हो। अपना ब्राह्मण-दम्भ छोड़कर निषाद-कन्या नित्तिलाई से प्रेम करनेवाले अरवसु के प्रति अपनत्व, स्नेह और सहानुभूति का भाव शायद इसीलिए हो। ऐसे में अवचेतन की दबी-घुटी प्रतिशोध भावना के अचानक जाग उठने पर, चेतन को बिना सूचित किए, उसका भ्रमवश या गलती से यवक्री को शत्रु समझकर रोकना और पकड़ना अस्वाभाविक तो नहीं माना जा सकता। परन्तु **अग्नि और बरखा** में *महाभारत* के अन्धक के चरित्र और उसके यवक्री को पकड़ने की घटना को तो ज्यों का त्यों ले लिया किन्तु उसके चरित्र की कुंठा और उसके व्यवहार के कारण के बारे में कोई सोच-विचार नहीं किया। कई असंगत और अस्वाभाविक कृत्यों के बारे में यूँ तो नाटककार ने यह कहकर छूट ले ली है कि, "...दैवी कार्यकलापों की व्याख्या मानवीय तर्कभूमि पर नहीं की जा सकती।" परन्तु **अग्नि और बरखा** के सभी क्रियाकलाप 'दैवी' नहीं हैं और मानवीय कार्यकलापों की व्याख्या तो केवल मानवीय तर्कभूमि पर ही की जा सकती है। इसीलिए हम यहाँ रैभ्य के एक बाल उखाड़कर धरती पर पटक देने से राक्षस की उपस्थिति, अभिमन्त्रित जल की शक्ति, यज्ञ-फल की वैज्ञानिकता, अपनी इच्छा से इन्द्रादि देवताओं का आना और वरदान देना जैसे प्रसंगों पर कोई प्रश्न नहीं उठा रहे क्योंकि ये प्रसंग सचमुच 'दैवी कार्यकलाप' की श्रेणी में आते हैं और उन्हें किसी सिद्धान्त या तर्क की कसौटी पर नहीं कसा जा सकता।

नाटक के आरम्भ और अन्त में प्रस्तुत कर्तानट और उसकी नाटक-टोली द्वारा 'इन्द्र विजय' लीला प्रस्तुत करने का प्रसंग पूरी तरह नाटककार की अपनी कल्पना पर आधारित है, जिसे नाटक में नाटक की युक्ति से नाटक की लीला को ऐसे दर्पण की तरह इस्तेमाल किया है जिसमें अरवसु अपनी वास्तविक छवि देखकर आत्म-साक्षात्कार कर पाता है और (शायद) आत्मग्लानि से भरकर स्वयं को यज्ञ की अग्नि में आहूत कर देता है। नाटककार ने यथार्थ, कल्पना एवं फैंटेसी को ऐसे बारीक और कलात्मक ताने-बाने में इतनी कुशलता से बुना है कि अतीत, वर्तमान और भविष्य की काल-विभाजक रेखाएँ कहीं अलग से दिखाई ही नहीं देतीं। पूरा नाटक एक प्रवाह के साथ तीव्र गति से बहता चला जाता है।

अग्नि और बरखा की एक सशक्त और महत्त्वपूर्ण विशेषता है इसका चरित्रांकन। *महाभारत* के इन सभी पात्रों को नाटककार ने स्वाभाविकता, तर्क और मनोविज्ञान की दृष्टि से मौलिक रूप में बड़ी सावधानी और कलात्मकता से गढ़ा है।

भरद्वाज मुनि के आत्मदाह और ज्येष्ठ पुत्र (अरवसु) के हाथों निरपराध पिता रैभ्य की शीघ्र हत्या के शाप को नाटककार ने छोड़ दिया है और उनके मूल चरित्र में कोई परिवर्तन न करके, उन्हें मंच से अनुपस्थित रखकर केवल सूच्य पात्र बना दिया है। *महाभारत* के रैभ्य मुनि देवोपम, अनुपम, कीर्तिवान, तपस्वी महर्षि होने के साथ-साथ अतिक्रोधी भी हैं। उनके 'अतिक्रोधी' रूप को आधार मानकर नाटककार ने यहाँ बूढ़े, पतले-दुबले किन्तु स्फूर्तिवान रैभ्य को ईर्ष्यालु, अहंकारी, कुंठित और कामुक बना दिया है जो अरवसु एवं विशाखा के पवित्र और निष्पाप देवर-भाभी सम्बन्ध पर सन्देह कर उन्हें लांछित करता है और स्वयं अपनी पुत्रवधु विशाखा को अपने कैंकड़ नाखूनों तथा बूढ़े पंजों से जब-तब खरोंचकर अपनी अतृप्त वासना को शान्त करता है। विशाखा और यवक्री के सम्बन्धों को जानकर विशाखा को गन्दी गालियाँ देकर और केश पकड़कर उसे घसीटता-पीटता है। राक्षस का आह्वान कर यवक्री की हत्या करवा देता है।

भरद्वाज-पुत्र यवक्री/यवक्रीत का चरित्र नाटक में भी लगभग *महाभारत* के इस चरित्र जैसा ही है। नाटककार ने केवल उसके और विशाखा के विवाहपूर्व प्रेम-सम्बन्ध की कल्पना की है जिससे उनके विवाहोत्तर देह-सम्बन्ध को स्वाभाविक आधार मिल सके और यवक्री बलात्कारी होने से बच जाए। इन्हीं सम्बन्धों के कारण विशाखा के व्यग्र होकर यवक्री को बचाने के प्रयत्न को भी तर्क की आधारभूमि मिल जाती है। यह अलग बात है कि विशाखा द्वारा समर्पण की सहमति के बाद भी यवक्री के मुँह से ये कहलवा कर कि "सौभाग्य की बात है कि तुमने समर्पण कर दिया। न करती तो बलात्कार करता मैं।" नाटककार ने *महाभारत* के बलात्कारी यवक्री के चरित्र को भी इसी में समाहित कर लिया है। विशाखा से अपने इस दैहिक सम्बन्ध/बलात्कार के माध्यम से यवक्री अरवसु को यज्ञ छोड़कर आने और अपने इस घोर अपमान का बदला लेने की चुनौती देना चाहता है और इसके लिए वह योजनाबद्ध तरीके से अरवसु और रैभ्य का इस्तेमाल करता है। यवक्री के इस पूरे षड्यन्त्र की कल्पना स्वयं नाटककार ने ही की है और *महाभारत* में वर्णित सारे घटनाक्रम को इसी में पिरो लिया है। यवक्री का सम्पूर्ण चरित्र स्वयं उसी के शब्दों में, 'ये जो मेरी ग्रन्थि है, यह जो मेरी घृणा है, यह जो विष है मुझमें—यही सब तो मैं हूँ।'

नाटक में परावसु का चरित्र भी *महाभारत* के परावसु जैसा है। बस यहाँ नाटककार ने उसे वाममार्गी बना दिया है। इसलिए वह अपने लक्ष्य की प्राप्ति के लिए पत्नी विशाखा के शरीर का मनचाहा इस्तेमाल करके उसे यातना देता है। अन्त में भी थोड़ा परिवर्तन है। नाटक में वह यज्ञ की अग्नि में समर्पित हो जाता है। जबकि *महाभारत* में अर्वावसु की तपस्या से प्रसन्न होकर सूर्य-अग्नि आदि देवता यज्ञ में उसका वरण और परावसु का निष्कासन करवा देते हैं। उन्हीं देवताओं के वरदान से अर्वावसु पिता, चाचा और

यवक्रीत को पुनः जीवित और परावसु को पापमुक्त करवा देता है।

विशाखा का चरित्र महत्त्वपूर्ण है और लगभग पूरी तरह नाटककार की कल्पना पर आधारित है। इसी के माध्यम से सदियों से स्त्री-जाति पर होनेवाले अन्याय, अत्याचार और उसके शोषण को रेखांकित किया गया है। निषिद्ध सेक्स और हिंसा की समस्या भी उसी के ज़रिए प्रस्तुत होती है। विशाखा निर्धन यवक्री से प्रेम करती थी। परन्तु यवक्री (दस वर्ष के लिए) तपस्या करने वन में चला गया और विशाखा का विवाह, उसकी अनिच्छा के बावजूद, यवक्री के ही सम्पन्न एवं सम्मानित चचेरे भाई परावसु से कर दिया गया। विवाह के एक साल बाद ही वाममार्गी परावसु पत्नी के शरीर को साधन बना उसे अपनी साधना के लिए इस्तेमाल करने लगता है। विशाखा की देह उसके 'सन्धानतन्त्र का यन्त्र' मात्र बनकर रह गई। वह इस नरक-यातना की अभ्यस्त हो भी नहीं पाई कि अरावसु सम्राट का निमन्त्रण पाकर उसे अकेला छोड़ महा-अग्नि सत्र का अध्वर्यु बनने चला गया। विशाखा का जीवन अनन्त प्रतीक्षा बनकर रह गया। इधर कुटिया में उसे बेबस और एकाकी पाकर क्रोधी और अतृप्तकाम बूढ़े श्वसुर रैभ्य ने उसे मारपीट कर अपनी वासना का शिकार बना लिया। सात वर्ष बीत गए किन्तु अरावसु एक बार भी मिलने नहीं आया। एक बार युवा देह-सम्बन्धों का उद्‌दाम सुख भोग चुकी विशाखा अपनी अतृप्त प्यास के साथ सूखकर लकड़ी हो गई। एक साँस फूँको कि धाँय-धाँय (धू-धू) जलने को तैयार बैठी विशाखा को जब पूर्व-प्रेमी यवक्री मिलता है और वन में अपनी तपस्या के दौरान भोगी यातना-कथा के साथ प्रेम-निवेदन करता है तो वह भी अपने विवाह के अनुभव तथा दुख-दर्द की कहानियाँ सुनाकर निःसंकोच उससे कहती है कि "मैं दूँगी तुमको, जो भी तुम चाहो। ले लो...लो मेरी काया।" तो इसमें कुछ भी अजीब और अस्वाभाविक नहीं लगता। परन्तु विशाखा यवक्री के शब्दों की प्यास, प्यार और फुसलानेवाले वाग्जाल का सत्य जानती है। वह अच्छी तरह समझती है कि सभी पुरुषों के लिए स्त्री अन्ततः भोग की वस्तु के अतिरिक्त कुछ नहीं है। तभी तो वह रोमानी प्रेम का स्वप्न-लोक रचते यवक्री को साफ-साफ कह देती है कि, "मेरा पति और तुम—उसने मेरी देह का एक भी रन्ध्र अछूता नहीं छोड़ा और तुमने भी यही समझा कि स्त्री अर्द्ध-विकसित वक्षों का एक जोड़ा भर है।" इसके बावजूद वह स्वयं को समर्पित करती है तो हल्का-सा सन्देह होता है कि यवक्री के झूठ को पहचाननेवाली विशाखा कहीं अपने अनैतिक देह-सम्बन्धों और स्वैच्छिक आत्मसमर्पण का औचित्य सिद्ध करने के लिए अपनी व्यथा-कथा के रूप में स्वयं भी तो झूठ नहीं बोल रही। इस सन्देह को आधार तब मिलता है जब विशाखा अपने पति अरावसु के सामने यवक्री के संग सोने की बात बेझिझक स्वीकार करती है और अपने श्वसुर रैभ्य पर अशालीन आचरण, अगम्यागमन और क्रूरता का आरोप

लगाती है। परावसु पिता की हत्या कर देता है तो वह उससे कहती है कि "अब तुम कभी नहीं जान सकोगे कि मैंने तुमसे झूठ कहा था या सच?" इसी प्रकार यवक्री को राक्षस से बचाने के प्रसंग में भी वह विचित्र व्यवहार करती है। उसे भरसक भगाना-बचाना भी चाहती है और उसके एकमात्र जीवन-रक्षक जल को फैलाकर उसे निहत्था और असहाय भी बना देती है, बिलकुल स्पष्ट नहीं होता कि वास्तव में उसका चरित्र क्या है और सचमुच वह क्या चाहती है? यवक्री उसे इसी दुविधा में 'राक्षसी' कहता है। उसके चरित्र की यह अस्थिरता-चंचलता देखकर रैभ्य उसे छिनाल...घिनौनी वेश्या (!) कहता है और बिना किसी राग-द्वेष तथा पूर्वाग्रह के नित्तिलाई विशाखा को ऐसी स्त्री बताती है जिसके सामने 'नागिन भी शरमा जाए।' इन तमाम मतों का आकलन करने पर यह सन्देह कहीं-न-कहीं पुष्ट होता है कि विशाखा का चरित्र इतना साफ और बेदाग तो नहीं ही है कि उसके शब्दों और व्यवहारों के अन्तरनिहित अर्थों-संकेतों की खोज किए बिना, उसके संवादों और क्रिया-कलापों के अन्तर्विरोधों को नज़रअन्दाज़ करके स्पष्ट और प्रकट अर्थों को ही पूरी तरह सच और सही मान लिया जाए, निश्चय ही विशाखा का चरित्र पेचीदा और जटिल है। इस सन्दर्भ में परावसु का यह कथन अत्यन्त महत्त्वपूर्ण और ध्यातव्य है कि ध्वनि तक बदले बिना शब्दों को दोहराने भर से उनमें, "अर्थों का एक नया ब्रह्मांड अवतरित हो जाता है। जैसा चाहो वैसा अर्थ-प्रपंच रच लो।" विशाखा के शब्दों में भी सम्भवतः कुछ ऐसा ही अप्रत्यक्ष अर्थ-प्रपंच रचा गया है। उसके अभिप्रेत को सीधी रेखा में समझना निष्कर्ष को अधूरा या गलत भी बना सकता है।

विशाखा के चरित्र में विविध रंग और उनकी हल्की-गहरी कई रंगतें हैं, जो उसे दिलचस्प और जटिल बनाती हैं। यह तो स्पष्ट ही है कि यवक्री का मुख्य उद्देश्य विशाखा का प्रेम या शरीर पाना ही नहीं है। वह तो अरावसु और उसके परिवार से प्रतिशोध की अपनी सोची-समझी योजना/चाल के अंग के रूप में विशाखा का इस्तेमाल भर करता है। ऐसा लगता है कि इस सच को जान लेने के बावजूद विशाखा के आत्म-समर्पण का मूल कारण उसके आहत-अपमानित स्त्रीत्व का ज़हरीली नागिन बनकर एक साथ अरावसु की यातना और उपेक्षा, रैभ्य के दुर्व्यवहार तथा यवक्री की धोखेबाजी का बदला लेना भी हो सकता है। वह अपने व्यक्तिगत सुख-भोग के लिए ही स्वयं पहल करके पहले यवक्री का इस्तेमाल करती है और फिर श्वसुर तथा पति के सामने निःसंकोच निर्लज्ज भाव से अपने इस कृत्य को स्वीकार करके पहले यवक्री और फिर रैभ्य की हत्या का कारण बनती है। विशाखा के इस रूप को स्वीकार कर लेने पर राक्षस से यवक्री के जीवन को बचाते-बचाते अचानक उसके कमंडलु से अभिमन्त्रित रक्षा-जल को गिरा देने जैसे उसके अन्तर्विरोधी व्यवहार को भी

तार्किक आधार मिल जाता है। धूर्त परावसु के बहकावे में आकर जब निर्दोष अरवसु पिता की हत्या का पाप अपने सिर लेने को तैयार हो जाता है, तब भी विशाखा उसे सचेत करते हुए कहती है कि, "अस्वीकार कर दो। उन्होंने अपने पिता की हत्या की है। वही प्रायश्चित्त करें। तुम इसमें मत उलझो।" अपने इस मानवी और दानवी के समावेशी एवं गूढ़ चरित्र के कारण ही एक ओर वह सदियों से असहाय, पीड़ित और पुरुष के शोषण की निरीह भोक्ता बेचारी नारी लगती है तो दूसरी ओर आज की बोल्ड, आत्मसम्मानी, चतुर और अपने पर होनेवाले अन्याय-अत्याचार के दोषी पुरुष से बदला लेनेवाली सबल आधुनिक स्त्री का प्रतिरूप भी बन जाती है।

विशाखा का यह रोचक नाटकीय और सशक्त चरित्र गिरीश कारनाड की मौलिक-नाट्य-प्रतिभा का प्रमाण है। परन्तु नाटक के दूसरे अंक के बाद उसे अचानक नाटक से ग़ायब करके रचनाकार ने उसके तथा पाठकों-प्रेक्षकों के साथ न्याय नहीं किया है। उसका चरित्र वास्तव में क्या है और वह कहाँ गई, उसका क्या हुआ—जैसे प्रश्न अनुत्तरित ही रह जाते हैं। एक अस्पष्टता तथा अधूरापन अन्त तक बना रहता है।

निषाद-कन्या नित्तिलाई का निश्छल, निर्मल, त्यागमय, संवेदनशील और अनन्य प्रेम भरा आकर्षक रूप मानव-मूल्यों का प्रतीक है। यह पूरी तरह नाटककार की उर्वर कल्पना पर आधारित है। वह सहज-सरल ब्राह्मण-पुत्र अरवसु से प्रेम करती है। दोनों के बीच ऊँच-नीच और जात-पाँत की कोई दीवार नहीं है। वे विवाह करने को तत्पर हैं। परन्तु चचेरे भाई यवक्री की आकस्मिक मृत्यु/हत्या के कारण उसका दाह-संस्कार करने के मानवीय कर्तव्यवश अरवसु समय पर नित्तिलाई के पिता से उसका हाथ माँगने निषादों की पंचायत में नहीं पहुँच पाता। इससे निराश, दुखी और क्रुद्ध होकर निषादराज अपनी बेटी का विवाह किसी अन्य निषाद युवक से करा देते हैं। अरवसु से सच्चा और अनन्य प्रेम करनेवाली नित्तिलाई पिता और परिवार के सम्मान तथा समाज की मर्यादा की रक्षा के लिए अपने प्रेम को भुलाकर सब कुछ चुपचाप स्वीकार कर लेती है। वह निष्ठापूर्वक पतिव्रत धर्म का पालन करती है। परन्तु दुर्भाग्य और परिस्थितियों के चंगुल में फँसकर अपमानित, तिरस्कृत, प्रताड़ित एवं अर्द्धविक्षिप्त हुए निर्दोष-निरीह अरवसु का दुखद समाचार पाकर, पति को छोड़ घर से चोरी-छिपे भागकर, उस तक पहुँच जाती है। अपनी सेवा से उसकी जीवन-रक्षा करने के साथ-साथ वह उसे आश्रय देनेवाले कर्तानट के परिवार की भी निःस्वार्थ सहायता करती है। अरवसु के साथ रहने के बावजूद वह मन-ही-मन अपने पति के प्रति सम्मान भावना रखती है। स्वयं को उसका अपराधी समझती है, और पतिव्रत धर्म का पालन करती है। अपनी जान पर खेलकर वह यज्ञ-मंडप की भीषण आग से

अरवसु को निकाल लाती है। तभी उसे ढूँढ़ने आए उसके भाई और पति भीड़ में उसे देख लेते हैं और वह सबके सामने वहीं पति के द्वारा बलि-पशु की तरह मार दी जाती है।

नित्तिलाई का व्यक्तित्व सबके प्रति मानवीय प्रेम, सहानुभूति, दया और करुणा से परिपूर्ण था। नाटक के अन्त में, इन्द्र से वरदान माँगते समय अरवसु नित्तिलाई के जीवन के बजाय राक्षस की मुक्ति का वरदान माँगता है और इस प्रकार अपनी प्रेमिका के जीवन के बजाय उसके गुणों को बचा लेता है। व्यक्तिगत सुख की अपेक्षा मानव-मूल्यों और जन-कल्याण की भावना का यह वरण ही देवों को प्रसन्न कर देता है। नित्तिलाई के बलिदान और अरवसु के त्याग के परिणामस्वरूप वर्षा होती है और दस वर्षों के अकाल का अन्त हो जाता है।

नित्तिलाई और अन्धक के बहाने नाटककार ने जातिवाद और ब्राह्मण बनाम दलित की शाश्वत एवं महत्त्वपूर्ण समस्या को भी उठाने का प्रयास किया है। निषाद राज का मानना है कि, ‘‘ऊँची जातिवाले मरद को हमारी औरतों के संग सोना तो अच्छा लगता है, किन्तु ब्याहने में जाति आ जाती है बीच में।’’ उधर अरवसु को लगता है कि ब्राह्मणत्व ही उसका सबसे बड़ा पाप है। यवक्री के दाह-संस्कार के बाद यदि श्वपच के कारण वह स्वयं को शुद्ध करने में समय न गँवाता तो नित्तिलाई उसे अवश्य मिल जाती। उसे यह भी लगता है कि अरावसु ने चूँकि उसे इस जाति-विरुद्ध प्रेम और विवाह करने से मना किया था, इसलिए उसी ने षड्यन्त्र करके अरवसु की राह में मुर्दे बिछा दिए। वह नित्तिलाई से स्पष्टतः कहता है कि ‘‘समझती नहीं तू कैसे व्यूह रचा है सबने! केवल इसीलिए कि मैं तुझे ब्याहना चाहता था, क्योंकि मैं अपना कुल, अपनी जाति, अपना जनम छोड़ने को तत्पर था।’’ उसका विश्वास है कि वह नित्तिलाई से ब्याह और अभिनय करने की चाह जैसी अपनी नैसर्गिक मानवीय इच्छाएँ पूरी न कर सके, इसीलिए यह सारा इन्द्रजाल रचा गया है। स्पष्ट है कि जातिगत अविश्वास, घृणा और हिंसाभाव दोनों पक्षों में समान रूप से मौजूद है—शक्तिशाली होने के कारण ब्राह्मणों में कुछ ज़्यादा और कमज़ोर होने के कारण दलितों-शूद्रों में कुछ कम। नित्तिलाई को भी इस जातिवाद की वेदी पर ही बलि चढ़ाया जाता है। यह समस्या आज भी हमारे समाज में, सारी आधुनिकता के बावजूद, किसी-न-किसी रूप में बनी हुई ही है।

महाभारत का अर्वावसु, ब्रह्मर्षि और ब्राह्मण शिरोमणि है जिसे राजा यज्ञ के लिए परावसु के साथ ही ससम्मान निमन्त्रित करता है। जबकि **अग्नि और बरखा** के परवसु को रचनाकार ने मन्दबुद्धि और हीन-भाव से ग्रस्त बना दिया है। वह मानता है कि वह कभी पिता-चाचा जैसा विद्वान नहीं बन सकता, यवक्री जैसी तप-साधना नहीं कर सकता और न कभी बड़े भाई परावसु की तरह राजकीय यज्ञ का संचालन करने

का सम्मान ही प्राप्त कर सकता है। अरवसु अपना अकेलापन भुला नहीं पाता। उसे हमेशा यह एहसास सालता है कि माँ उसे जन्म देते ही मर गई, पिता को उसके मरने-जीने की चिन्ता नहीं, भाभी अपने ही संसार में उलझी है, नित्तिलाई को छोड़ कोई संगी-साथी नहीं। ले-देकर एक भाई है जो सात वर्षों से घर-द्वार छोड़ दिन-रात राजकीय यज्ञ संचालन में लगा है। उसकी एक ही इच्छा है कि वह नाचे, गाए, अभिनय करे और नित्तिलाई को हमेशा के लिए पा ले। किन्तु दुर्भाग्य से या परिस्थितिवश उसकी ये सामान्य और सहज-स्वाभाविक मानवीय इच्छाएँ भी पूरी नहीं हो पातीं। परवसु की त्रासदी यह है कि वह अपने चचेरे भाई यवक्री का सम्मान करता है और कर्तव्यवश उसका दाह-संस्कार करने में हुए विलम्ब के कारण अपनी प्रेमिका नित्तिलाई को हमेशा के लिए खो देता है। भाभी का आदर करता है और सहानुभूतिवश उसके पानी से भरे कलश को उठाकर घर ले जाने के कारण पिता द्वारा भाभी से अनैतिक सम्बन्धों के लिए अकारण ही लांछित-अपमानित होता है। अपने बड़े भाई अरावसु पर अखंड विश्वारा और उसके प्रति अगाध प्रेम के कारण वह मानता है कि उसके लिए तो ''वही (परावसु) मेरी माँ, वही मेरे पिता-बन्धु, धात्री और गुरु-सखा। सब कुछ अकेले वही हैं मेरे लिए।'' ऐसे में यदि वही भाई विश्वासघात कर पिता की हत्या के अपने अपराध-पाप को धोखे से निश्छल-सरल छोटे भाई के सिर मढ़ दे और सार्वजनिक रूप से उसे ब्रह्महत्या का दोषी-राक्षस घोषित कर यज्ञ एवं समाज से बहिष्कृत करवा के पहचानने और भाई मानने से ही इनकार कर दे—तो अरवसु जैसे निश्छल भाई के निर्मल मन पर क्या बीतेगी—इसकी कल्पना भर ही की जा सकती है। अरवसु के मरणासन्न एवं अर्द्धविक्षिप्त-सा होने में ब्राह्मणों एवं सैनिकों द्वारा दी गई शारीरिक यातना के साथ इस विश्वासघात और अपमान का भी बहुत बड़ा हाथ है।

नाटक के अन्त में जब जीवन से पूरी तरह निराश होकर नित्तिलाई के शव को अपने कन्धों पर उठाए अरवसु स्वयं को यज्ञ की लपटों में झोंककर मरना चाहता है तो कैसी विडम्बना है कि लपटें शान्त हो जाती हैं और अकस्मात् इन्द्र प्रसन्न होकर उसे वरदान माँगने को कहते हैं। हतप्रद-सा अरवसु नित्तिलाई और उसके साथ मरे अपने पिता, भाई, चाचा और यवक्री सहित सभी सगे-सम्बन्धियों को भी जीवित करना चाहता है परन्तु राक्षस उसे अपने तर्कों में फँसाकर स्वयं मुक्त हो जाता है। मंच पर रह जाता है—नित्तिलाई के शव से लिपटकर बैठा—थका-हारा-टूटा और इस त्रासदी का नितान्त अकेला भोक्ता-अरवसु।

परन्तु चमत्कार तो यह है कि इस बेबस, मन्दबुद्धि, कमज़ोर, उपेक्षित, अपमानित और हर तरफ से थके, निराश, निर्बल और पराजित अरवसु को

नाटककार ने **अग्नि और बरखा** का नायक बना दिया है। राक्षस और राक्षस-वृत्तियों से भरे ऋषि-मुनियों वाले तथाकथित महान चरित्रों के इस नाटक में अकेला अरवसु ही है जो सहज, ईमानदार, संवेदनशील, प्रेम और करुणा से पूरित मनुष्य है। नित्तिलाई को पुनः जीवित करवाकर अपना व्यक्तिगत परम सुख प्राप्त करने के बदले उसकी आत्मा की सुख-शान्ति के लिए—मानवीय दया और करुणा को सर्वोपरि मानकर—उसका राक्षस को मुक्त करवाना वास्तव में इतना बड़ा त्याग और बलिदान है कि उससे देवता भी प्रसन्न होकर मूसलाधार वर्षा कर देते हैं। दस वर्षों का अकाल खत्म होता है और जन-समूह आनन्द से भर उठता है। समष्टिगत सुख एवं कल्याण के बदले व्यक्तिगत सुख का बलिदान ही वह मानव-मूल्य है, जिसकी स्थापना अरवसु के त्याग के माध्यम से होती है। राक्षस क्षमा नहीं कर सकता केवल यातना दे सकता है। देवता दुख और पीड़ा नहीं समझ सकते, वरदान और शाप ही दे सकते हैं। केवल मनुष्य ही है जो क्षमा और दया कर सकता है। अरवसु उसी मनुष्यता को प्रमाणित एवं स्थापित करता है। क्रोध, घृणा, प्रतिशोध और हिंसा के अग्निकुंड में जलती धरती पर प्रेम, दया और सहानुभूति की बरखा बनकर उसे शान्ति एवं आनन्द से भर सकता है। यही **अग्नि और बरखा** का उद्‌देश्य है, जो अरवसु के माध्यम से प्राप्त होता है और उसे नायकत्व प्रदान करता है।

परावसु का विश्वासघात सहज-विश्वासी अरवसु में अन्तर्द्वन्द्व पैदा करता है। उसमें प्रतिशोध-भावना उत्पन्न होती है, किन्तु नित्तिलाई उसे ऐसा करने से रोकती है। लीला-नाटक में प्रकटतः वृत्रासुर का मुखौटा पहनते ही मुखौटा जीवन्त होकर अरवसु पर हावी हो जाता है। वृत्रासुर की भूमिका में अरवसु हिंसक होकर, भाई (विश्वरूप) के हत्यारे-कपटी इन्द्र पर अप्रत्याशित आक्रमण कर वास्तविक यज्ञ-मंडप में घुसकर आग लगा देता है। अरवसु अपने धोखेबाज भाई अरावसु द्वारा संचालित अनुष्ठान एवं यज्ञ का ध्वंस कर देता है। नित्तिलाई धू-धू करके यज्ञ-मंडप से उसे निकाल लाती और प्यार से उसका मुखौटा उतार देती है। मुखौटा उतरते ही वह सहज होकर कहता है कि, "जाने मुझ पर क्या सनक सवार हो गई थी नित्तिलाई! अब कुछ भी स्मरण नहीं।"

मुखौटे के इस चमत्कारी खेल को मनोविश्लेषणात्मक दृष्टि से मानवीय स्तर पर भी समझा जा सकता है। अरवसु के अवचेतन में अपने विश्वासघाती हत्यारे भाई से बदला लेने और उसके अशुद्ध यज्ञ-अनुष्ठान को नष्ट करने की प्रबल भावना है। परन्तु चेतन स्तर पर ऐसा करके वह नित्तिलाई तथा स्वयं अपनी नज़रों में गिरना भी नहीं चाहता। अतः मुखौटे की आड़ लेकर उसका अवचेतन मन अपनी उस उद्‌दाम किन्तु दमित इच्छा को पूरा कर लेता है और उसके बाद सनक तथा विस्मरण का नाम

लेकर निर्दोष एवं मासूम भी बना रहता है। इस सन्दर्भ में अनियन्त्रित एवं आक्रामक हो गए वृत्रासुर को पकड़ने के लिए पीछा करते अंगरक्षकों से अरवसु का वह संवाद विशेष रूप से ध्यान देने योग्य है जब वह उन्हें सावधान करते हुए कहता है कि, "मैं ब्राह्मण हूँ। यदि तुमने मुझे रोका तो मैं आत्मघात कर लूँगा। तुम सबके सिर ब्राह्मण-हत्या का पाप लगेगा। मैं राक्षस हूँ। जो भी मेरे पथ में बाधा बनेगा, वध कर दूँगा, मैं उसका। कहाँ है इन्द्र...।" यह किसी सनकी या पगलाए व्यक्ति का नहीं अत्यन्त बुद्धिमान, सतर्क और सचेत व्यक्ति का संवाद है। उसे अपने ब्राह्मण होने के साथ-साथ राक्षस की भूमिका में अपने आक्रामक-हिंसक बनने का पूरा ज्ञान है और जो जान-बूझकर अपने इस दोहरे व्यक्तित्व का लाभ भी उठाना चाहता है। मंडप में आग लगाने और परावसु के सत्र को नष्ट-भ्रष्ट कर अपना बदला ले चुकने के बाद विस्मरण के नाम पर अपने इस कुकृत्य के उत्तरदायित्व से साफ बच निकलता है। चेतन-अवचेतन का यह खेल सचमुच दिलचस्प और अत्यन्त नाटकीय है। यथार्थ जीवन-नाटक के परावसु एवं अरवसु को लीला-नाटक के इन्द्र और वृत्रासुर के रूप में प्रस्तुत करके नाटक की सरंचना में वास्तविकता और कल्पना तथा कल्पना में वास्तविकता को जिस कुशलता एवं प्रभावशीलता से परस्पर गूँथकर प्रस्तुत किया है, वह रचनाकार के रंग-शिल्प पर अद्भुत अधिकार का प्रत्यक्ष प्रमाण है। **इन्द्र विजय** के नाटक में अरवसु को अभिनेता के रूप में पेश करके गिरीश कारनाड ने उसे दोनों कहानियों को जोड़ने की अटूट कड़ी की तरह प्रयोग किया है। इससे कथ्य और शिल्प में जो आन्तरिक अन्विति पैदा हुई है, वह इस रचना की एक अन्य प्रमुख विशेषता है।

महाभारत से प्राप्त एक लघु-कथा को एक पूर्णकालिक, आधुनिक, सुगठित एवं मौलिक नाट्य-रचना बनाने की सैंतीस वर्ष लम्बी रचनात्मक यात्रा के दौरान नाटककार ने प्रामाणिक देश-काल की सृष्टि के लिए उस समय के रंगमंच एवं समाज में प्रचलित नाट्य-रूढ़ियों, मर्यादाओं और मान्यताओं का जो गहन-गम्भीर अध्ययन-मनन किया, उनका अपनी इस रचना में प्रायः संगत एवं सार्थक प्रयोग किया है। परन्तु कहीं-कहीं ये जानकारी और ज्ञान का प्रदर्शन आरोपित भी लगता है। (जैसे नट को नीची जाति का समझा जाता था और वह किसी धार्मिक अनुष्ठान के निकट नहीं जा सकता था। वह वेदिका मंडप की ओर देखकर भी बात नहीं कर सकता था। नट जाति के लोग अपने मरनेवालों को जलाते नहीं गाड़ते थे। मुखौटों के धारण करने के विधि-विधान तथा दूसरे रीति-रिवाज़ों का भी संकेत देना या उल्लेख करना नाटक में ग़ैर-ज़रूरी है।) परन्तु लगता है कि इसके लिए स्वाभाविक अवसर न मिलने पर नाटककार ने ज़बरदस्ती मौका निकाला है और उसका कुछ

अतिरिक्त विस्तार भी हो गया है।

अकाल-मृत्यु की हिंसक परिस्थितियों के बीच में से अकाल से मुक्ति का मानवीय मार्ग निकालने की रचनात्मक प्रक्रिया में नाटककार ने कथा के सीमित फलक को व्यापक विस्तार दिया है। सामाजिक स्तर पर व्याप्त अकाल की भीषण समस्या के राजनीतिक-धार्मिक यज्ञ-अनुष्ठानपरक दैवी हल के स्थान पर दया, करुणा, प्रेम, त्याग और बलिदानपरक मानवीय समाधान पर बल दिया है। व्यक्तिगत प्रेम और पारिवारिक प्रतिशोध की कहानी को बहुआयामी नाट्य-कथा में रूपान्तरित करके रचनाकार ने अपने व्यापक मानवीय सरोकारों तथा अपनी मौलिक उद्भावना शक्ति को रेखांकित किया है।

काव्यात्मक, मितव्ययी रंग-भाषा, गहन अर्थगर्भी संवाद, सार्थक, विस्फोटक मौन, चमत्कारी दृश्यों-प्रसंगों का रहस्यमय संसार, यथार्थ और कल्पना का सृजनात्मक सामंजस्य, कसी हुई नाटकीय संरचना, जटिल चरित्रों का मोहक चित्रण, मिथक-पुराण के कथा-बीज का मौलिक विस्तार और उसकी आधुनिक-समकालीन व्यंजना-व्याख्या, सूखा झरना, खाली कलश इत्यादि का प्रतीकात्मक रोचक प्रयोग तथा कथ्य और शिल्प की आन्तरिक अन्विति जैसी अनेक विशेषताएँ हैं जो **अग्नि और बरखा** को समकालीन भारतीय रंग-परिदृश्य की एक महत्त्वपूर्ण रचना सिद्ध करती हैं।

गुलाम बादशाह-हस्तिनापुर : अतीत का उपपाठ

संस्कृति एवं इतिहास की दृष्टि, आलोचना की समझ और कवि की संवेदना लेकर नाट्य-रचना के क्षेत्र में उतरे नन्दकिशोर आचार्य ने ययाति, देवयानी और शर्मिष्ठा के पौराणिक मिथक पर आधारित अपने पहले ही नाटक **देहान्तर** से गम्भीर समीक्षकों और रंगकर्मियों का ध्यान अपनी ओर आकृष्ट कर लिया था। इसमें स्त्री-पुरुष के यौन-सम्बन्धों का अत्यन्त सूक्ष्म, मनोवैज्ञानिक और विडम्बनापूर्ण रूप बड़ी संयत और कुशल रंग-दृष्टि के साथ प्रस्तुत किया गया। **किमिदम् यक्षम्** व्यक्ति की अस्मिता की तलाश का दिलचस्प नाटक है, जो अतिकल्पना और यथार्थ तथा अतीत और वर्तमान को एक साथ लेकर चलने के कारण संरचना की दृष्टि से जटिल हो गया है। असहमति, विरोध तथा स्वतन्त्रता के प्रतीक लेखक तथा उसे खत्म करने के लिए कटिबद्ध शक्तियों के प्रतिनिधि नेता के शाश्वत संघर्ष की नाट्य-कथा को **पागलघर** में काफ़ी सूझ-बूझ के साथ असंगत शैली में उद्घाटित किया गया है। अरेबियन नाइट्स की एक कथा पर आधारित **जूते** परिस्थितिजन्य कारुणिक हास्य को लोकधर्मी लचीले रंग-शिल्प में प्रस्तुत करता है। **किसी और का सपना** काफी पहले अभिमंचित-प्रकाशित हो चुका हास्य-व्यंग्य का रोचक नाटक है।

सम्बन्धों की जटिलता, महत्त्वाकांक्षा, हिंसा, प्रतिशोध और मूल्यहन्ता राजनीति के कुत्सित रूप-रंग को साकार करता है इनका नया नाटक **ज़िल्ले सुब्हानी**। खिलजी वंश के मलिक काफूर से लेकर गाज़ी मलिक तक हत्या-दर-हत्या के इस इतिहासाश्रित रचना का केन्द्रीय चरित्र एक हिजड़ा है जो समलैंगिकता के पायदान से होकर सत्ता की आखिरी सीढ़ी तक पहुँचता है। इस बिन्दु पर यह नाटक दया प्रकाश सिन्हा के नाटक **सीढ़ियाँ** के काफ़ी निकट दिखाई देता है। नन्दकिशोर आचार्य के नए एकपात्री नाटक **बापू** में स्वतन्त्रता-संग्राम के अन्तिम दिनों में अपने ही साथियों-अनुयायियों के बीच महात्मा गांधी के लगातार शक्तिहीन एवं अकेले पड़ते जाने की पीड़ा और गांधीवाद के विघटन की प्रक्रिया के शुरू होने की व्यथा-कथा का मार्मिक चित्रण हुआ है। उक्त दोनों नाटकों की भाषा के रूप, चरित्र और तेवर का अन्तर नाट्य-भाषा पर रचनाकार की मज़बूत

पकड़ एवं समझ का प्रमाण है। यही प्रमाण हमें **गुलाम बादशाह** और **हस्तिनापुर** में भी स्पष्टतः दिखाई पड़ता है और महत्त्वपूर्ण बात यह है कि यह अन्तर केवल उर्दू-हिन्दी के शब्द-चयन तक ही सीमित नहीं है।

कथा-वैविध्य, चरित्रांकन की सूक्ष्मता, गहन नाटकीय विडम्बना, व्यंजनापूर्ण जीवन्त नाट्य-भाषा और प्रयोगशील रंग-दृष्टि के कारण नन्दकिशोर आचार्य समकालीन हिन्दी रंगकर्म के महत्त्वपूर्ण हस्ताक्षर हैं।

सत्ता अनिवार्यतः भ्रष्ट करती है और सियासत तथा हुकूमत का चरित्र किसी भी देश और काल में लगभग एक सा ही होता है—इस सत्य को बड़ी तीव्रता, प्रामाणिकता और खूबसूरती से रेखांकित करते हैं नन्दकिशोर आचार्य के दो नाटक **गुलाम बादशाह** तथा **हस्तिनापुर**। ईसा से दो सौ-चार सौ साल पहले के 'महाभारत' पर आधारित **हस्तिनापुर** हो या 1284-86 ई. के दौर का **गुलाम बादशाह**—यह सच दोनों से उभरता है कि राजनीति की अपनी ऐसी मजबूरियाँ और ज़रूरतें होती हैं कि वे शासक को इनसान नहीं रहने देतीं। और यह भी कि इतिहास अपने आपको चाहे कितनी बार और कितनी ही तरह से क्यों न दोहराता रहे—लेकिन हम उससे सीखते कभी कुछ नहीं हैं। खून की शुद्धता का सवाल हो या उत्तराधिकार का, षड्यन्त्र हो या खून-खराबा, औरत के इस्तेमाल का प्रश्न हो या उसके प्रति अन्याय-अत्याचार का, लड़ाई दो देशों-कौमों की हो या दो गुटों-पार्टियों की, भेद/ अन्तराल चाहे आपसी हो या राजा-प्रजा का—तब और अब में कोई फ़र्क़ दिखाई नहीं देता। किसी ने ठीक ही कहा है—"एक ही होता है लैलाए हुकूमत का मिज़ाज।" इस दृष्टि से संस्कृति, घटना, चरित्र, परिवेश, भाषा और समय इत्यादि की भिन्नताओं के बावजूद आचार्य के ये दोनों नाटक एक ही ज़मीन और भाव- बोध के नाटक हैं और अपने ही नियमों, सिद्धान्तों (?), अहंकारों, डरों, इरादों और सपनों के मकड़जाल में फँसे बादशाहों की गुलामी की त्रासदी को रेखांकित करते हैं।

गुलाम बादशाह सुलतान बल्बन के जीवन के अन्तिम लगभग दो वर्षों के नाटकीय घटनाक्रम पर आधारित है। बल्बन के पिता इल्बारी तुर्क अपने कबीले के खान थे। लेकिन मंगोलों ने बल्बन को गुलाम बनाकर बेच दिया। उसे सुलतान इल्तुतमिश ने खरीदा लेकिन सारी तरक्की के बावजूद रहा वह शम्सी शानदान का गुलाम ही। अपने दामाद सुलतान नासिरुद्दीन महमूद की हत्या करके खुद सुलतान बनने के बावजूद वह गुलामी उसके मन से निकल नहीं पाई। उसके चरित्र और व्यवहार की जटिलता उसके अन्तर्मन की इस कुंठा का ही परिणाम है। खुद बल्बन के ही शब्दों में, "हाँ, ये दरबार की शानो-शौकत, ये नंगी तलवारों के घेरे, उमरा के खौफ़ज़दा चेहरे, बाजार में लटकती हुई लाशें हमारी रूहानी

ज़रूरियात हैं फ़खरुद्दीन। बजूद ही बेमानी है इनके बिना।'' बाहर से इनसाफ़-पसन्द, बहादुर, पाक-साफ़ और अटूट तथा भीतर से घोर स्वार्थी, आत्मसीमित, चालाक, नफ़रत से भरे, टूटे-फूटे, अकेले और डरे हुए बल्बन के अन्तर्विरोधी चरित्र का मूल उसकी इस कुंठा में ही है। इसी की वजह से वह शम्सी खानदान के किसी भी व्यक्ति को कतई बर्दाश्त नहीं कर पाता—फिर वह व्यक्ति चाहे खुद उसकी अपनी इकलौती बेटी (नासिरुद्दीन की बेवा) ग़ज़ल बेगम हो या अपनी बहू (नासिरुद्दीन की बेटी) शहज़ादी बेग़म। यही नहीं, वह अपने बेटे बुकरा खाँ और पोते कैकुबाद को सिर्फ इसीलिए अपना उत्तराधिकारी बनाने के खिलाफ़ है क्योंकि वे नासिरुद्दीन के दामाद और नवासे भी तो हैं।

बल्बन ने विश्वासघात, षड्यन्त्र और हत्या के बल पर तख्त अपने लिए नहीं अपनी औलाद के लिए हासिल किया है। और विडम्बना यह है कि जिस तख्त के लिए उसे खुद अपनी बेटी को विधवा बनाना पड़ा, उसी तख्त के प्रति उसके बेटों की कोई दिलचस्पी नहीं है। मुहम्मद और बुगरा खाँ—दोनों बेटे—बल्बन से प्यार-घृणा के दोहरे रिश्ते से जुड़े हैं। वे बाप से मुहब्बत करते हैं और सुलतान से नफ़रत। इसी कारण बल्बन का जान से भी ज़्यादा प्यारा और बड़ा बेटा मुहम्मद जान-बूझकर मुल्तान चला जाता है अैर वलीअहद बनकर वापस दिल्ली जाने के बजाय मंगोलों से एक हारी हुई लड़ाई लड़कर खुदकुशी करना बेहतर समझता है। बुग़रा खाँ को भी साज़िशों पर टिकी हुकूमत से नफ़रत है क्योंकि वह इनसान को इनसान नहीं रहने देती। बुगरा खाँ के अनुसार राजनीति के इस अमानवीय रूप की ही यह विडम्बना है कि, ''कितना बदकिस्मत है वह बाप जिसे बेटे की जरूरत है पर उसे बुलाना उसकी सियासत को रास नहीं आएगा। और कितना बदकिस्मत है वह बेटा जो अपने भाई की मौत पर बाप से मिल तक नहीं सकता क्योंकि बाप सुलतान है।''

बुग़रा खाँ की मुश्किल यह भी है कि वह बाप से भी मोहब्बत करता है और बीवी से भी, लेकिन वे दोनों आपस में बेहद नफ़रत करते हैं। इन दोनों के बीच सतत तनाव और कशमकश में जीते बुग़रा खाँ को शायद इसीलिए गद्दी के मुकाबले सुख-शान्ति ज्यादा मूल्यवान लगती है। शहजादी बेग़म की विडम्बना यह है कि वह 'अपने वालिद के कातिल के लिए बददुआ भी नहीं कर सकती क्योंकि इससे उसके शौहर को तकलीफ होगी।'

यह भी भाग्य या परिस्थितियों की विडम्बना ही है कि मुहम्मद की मौत के बाद अत्यन्त विवशतावश बल्बन बुग़रा खाँ को वलीअहद बनाने का फैसला करता है तो बेटा ही उसे साफ़ इनकार कर देता है। मुहम्मद के बेटे कैखुसरो को राजगद्दी पर बिठाने की भरपूर इच्छा, कोशिश और जोड़-तोड़ के बावजूद, बल्बन की अन्तिम

इच्छा के विरुद्ध, गद्दी अन्ततः बुग़रा खाँ और शहजादी बेगम के बेटे और नासिरुद्दीन के नवासे कैकुबाद को ही मिल जाती है।

सम्बन्धों की जटिलता और परिस्थितियों की गुत्थियों के बीच चलती इनसानी कोशिश और नियति की यह जद्दोजहद बेहद नाटकीय एवं दिलचस्प बन पड़ी है। आम आदमी (पगली बुढ़िया, दुकानदार, आदमी, गुलाम), बुद्धिजीवी (अमीर खुसरो) तथा राजनीतिज्ञ (बल्बन, मुहम्मद, बुगरा खाँ, निजामुद्दीन, फ़खरुद्दीन, शहजादी बेगम वगैरह) के तीन धरातलों पर अलग-अलग और फिर भी भीतर से साथ-साथ चलता कार्य-व्यापार तत्कालीन जीवन को उसकी समग्रता में पेश करता है। खुसरो और पगली बुढ़िया का रोचक नाटकीय उपयोग लेखक ने किया है।

बारह प्रवेशों (दृश्यों) में विभक्त यह नाटक दिल्ली, मुल्तान और लखनौती के विविध स्थानों पर घटित होता है जिनमें प्रमुख हैं : दिल्ली में—बाजार, बल्बन का दरबार और कक्ष; मुल्तान में—खुसरो की आरामगाह और शहजादा मुहम्मद का कक्ष (?) तथा लखनौती में—बुगरा खाँ का महल। नाटक के कार्य-व्यापार का समय लगभग दो वर्ष है। बाईस-तेईस चरित्र हैं। परिवेश ऐतिहासिक है। इतिहास के विद्वान-विशेषज्ञ नाटककार नन्दकिशोर आचार्य ने दृश्य-बन्ध, वेशभूषा, रूप-सज्जा और संगीत सम्बन्धी कोई खास रंग-निर्देश नहीं दिए हैं। इन तमाम परेशानियों/कठिनाइयों के चलते **गुलाम बादशाह** अवश्य ही एक व्यय-साध्य एवं चुनौतीपूर्ण मौलिक हिन्दी नाटक है। चरित्रों के अनुकूल उर्दू भाषा का अत्यन्त समर्थ और प्रवाहपूर्ण रचनात्मक उपयोग लेखक ने किया है। रंगमंचीय-काव्य से समृद्ध प्रभावशाली संवाद और सुगठित संरचना इस नाट्यालेख की अन्य प्रमुख विशेषताएँ हैं।

राजनीति के शाश्वत चरित्र को रेखांकित करती अनेक खूबसूरत, पैनी और नाटकीय उक्तियों ने आलेख को समृद्ध किया है। खुसरो तथा हसन और मुहम्मद की बातचीत से उभरी फ़ारसी और हिन्दवी की बहस आज़ की अंग्रेज़ी और हिन्दी की समस्या की ओर भी इशारा करती है। खुसरो का यह कथन कि, "अपनी ज़बान की खुशबू का नाम ही शाइरी है, शहजादे। और ज़बान ही तहजीब है।" तथा "अवाम की ज़बान से नफरत करना अवाम से नफरत करना है।" समकालीन भाषा-राजनीति पर तीखा वक्तव्य है। अतिरंजना, अतिनाटकीयता और शब्दाडम्बर से बचते हुए रचनाकार ने जिस बारीकी और सहजता से ऐतिहासिक घटनाओं एवं जटिल चरित्रों को विश्लेषित-विवेचित किया है वह **गुलाम बादशाह** को सामान्य ऐतिहासिक नाटकों से अलग और खास रचना बनाता है।

छोटे-छोटे दृश्यों की योजना, स्थान और समय का फैलाव, बल्बन के अन्तर्मन की पीड़ा और असहायता को उद्घाटित करनेवाले प्रसंगों की कमी, मंच पर तीखे कार्य-व्यापार का अभाव और गौण पात्रों के बीच बल्बन की केन्द्रीय भूमिका का

दब जाना जैसी अनेक ऐसी कमजोरियाँ हैं जो फैज़ल अल्काज़ी निर्देशित 'रुचिका' के प्रदर्शन (दिल्ली : 24 फरवरी, 1992) में उभरकर आई थीं, परन्तु आलेख को पढ़ने पर जो उतनी शिद्दत से महसूस नहीं होतीं। अनेक स्थानों पर लेखक ने कविता की तरह सूक्ष्म संकेतों और हलके स्पर्शों के सहारे बात और चरित्र को इशारों से समझाने की कोशिश की है, जो रंगमंच के माध्यम के लिए कुछ कम उपयुक्त प्रतीत होती है।

नन्दकिशोर आचार्य का नाटक **हस्तिनापुर** महाभारत के तथाकथित महान चरित्रों और परम नाटकीय घटना-प्रसंगों के बहाने राजनीति के सनातन दोगलेपन, रक्त की शुद्धता और उत्तराधिकार के प्रश्न तथा धर्म, न्याय और नियम के नाम पर होनेवाले अनाचार, सम्बन्धों के सूक्ष्म एवं अव्यक्त रेशों के जाल और विशेष रूप से स्त्री पर होनेवाले प्रत्यक्ष-अप्रत्यक्ष अत्याचारों का रोचक एवं उत्तेजक उद्घाटन करता है। मनोवैज्ञानिक मानते हैं कि पत्नी और दासी/निजी सेवक के सामने दुनिया का कोई भी व्यक्ति महान नहीं होता। शायद इसीलिए नाटककार ने यहाँ विदुर की माँ शुभा की दृष्टि से महाभारत के तथाकथित आदर्श एवं महान चरित्रों की विसंगतियों और विडम्बनाओं को देखने-दिखाने की कोशिश की है—क्योंकि वह दासी भी है और पत्नी भी। कुरुवंश के धर्मशूरों का जितना ढोंगी, भीरु, स्वार्थी और घृणित रूप इसने देखा, जाना और भोगा है उतना सम्भवतः महाभारत के किसी दूसरे चरित्र ने नहीं। इसीलिए इसमें कटुता, घृणा और आक्रोश भरा है। इसका कारण बताते हुए वह कुन्ती से स्पष्ट कहती है कि, "तुमने देखा होता युवा सत्यवती का वैधव्य, अम्बा का देह-त्याग, अम्बिका का दुख, अम्बालिका का तिल-तिल गलना—तो तुम समझतीं कि भीष्म प्रतिज्ञा ने क्या किया है निर्दोष जीवनों के साथ। यह महाभारत युद्ध ही न हुआ होता यदि भीष्म अपनी प्रतिज्ञा से नहीं चिपट गए होते। विदुर राजा नहीं बन सका क्योंकि वह शूद्र है—क्या हो गया था इस मान्यता को जब दुर्योधन ने कर्ण को राजा बनाया?" उत्तराधिकार और रक्त की शुद्धता के प्रश्न पर शुभा सचमुच सत्यवती एवं भीष्म को हतप्रभ और निरुत्तर कर देती है। वह राजत्व को वंश-परम्परा के बजाय व्यक्ति के गुणों से जोड़कर देखती है और स्त्री के स्वतन्त्र व्यक्तित्व/अस्तित्व की पक्षधर है। शास्त्र-सम्मत नियोग-प्रथा के अन्तर्विरोधों और स्त्री की विवशताजन्य पीड़ा की भी प्रखर अभिव्यक्ति यहाँ हुई है।

महाभारत को पुनर्व्याख्यायित करते इस नाटक को लेखक ने उसकी मूल वक्ता-श्रोता शैली में ही प्रस्तुत किया है। पूरा नाटक विदुर के घर के एक ही दृश्य-बन्ध पर एक ही रात में शुभा और कुन्ती के वार्तालाप के रूप में घटित होता है। आरम्भ और अन्त में प्रसंगवश विदुर के भी कुछेक संक्षिप्त से संवाद हैं। परन्तु नाटककार ने चार फ़्लैशबैक दृश्यों से माध्यम से इस एकरस श्रव्यता को तोड़कर

जीवन्त दृश्यता में बदल दिया है। यद्यपि इन दृश्यों में भी है तो ज्यादातर वाद-विवाद ही, लेकिन नाटककार की स्त्री-पुरुष सम्बन्धों की सूक्ष्म दृष्टि, मौलिक व्याख्या (विशेषतः अम्बिका-भीष्म प्रसंग में), भाव-प्रवणता तथा स्थितियों को विश्लेषित करने की गहरी तार्किकता और 'देवर' शब्द की गलतफहमी के कारण, नियोग के लिए भीष्म का व्यग्र इन्तज़ार करती अम्बिका के सामने अचानक महामुनि व्यास के आ खड़े होने से उत्पन्न विडम्बना इत्यादि के कारण ये प्रसंग अत्यन्त जीवन्त एवं प्रभावशाली बन गए हैं। लेखक ने शुभा-व्यास के प्रसंग को शुभा-कुन्ती प्रसंग से कुशलतापूर्वक जोड़कर अतीत और वर्तमान की तरतमयता को रेखांकित कर दिया है। परन्तु क्षण भर के अन्तर से युवा शुभा का वृद्धा शुभा में बदलना अभिनेत्री के लिए सचमुच एक बड़ी चुनौती उपस्थित करता है—यह सत्य रामगोपाल बजाज निर्देशित, दिल्ली में 1993 में हुए इसके सराहनीय-चर्चित प्रदर्शन से भी रेखांकित हुआ।

रचनाकार में नाट्य-क्षणों को पकड़ने की अद्भुत क्षमता है। नाटक का आरम्भ लेखक ने धृतराष्ट्र और गान्धारी के हस्तिनापुर छोड़कर वनगमन करने के निर्णय की शाम से किया है। महाभारत कथा का यह एक निर्णायक और नाटकीय बिन्दु है। मूल कथा में यह निर्णय पांडव-राज्य में पन्द्रह वर्ष बिताने के बाद लिया जाता है और समस्त कुरुवंशियों के धृतराष्ट्र के साथ जाने का भी कोई उल्लेख वहाँ नहीं है। परन्तु नाटककार ने शुभा की स्वतन्त्रता को कुरुमुक्त राज्य में जीवन बिताने की अभिलाषा से जोड़कर देखने के कारण नाटक में इतना-सा परिवर्तन कर लिया है। अम्बिका की सन्तान के प्रति भीष्म की उदारता एवं पक्षधरता को उनके 'कोमल-भाव' से जोड़कर देखने जैसे प्रसंगों में लेखक ने आधुनिक मनोविश्लेषण के अवचेतन की दमित कामनावाले सिद्धान्त का रचनात्मक इस्तेमाल किया है।

'महाभारत' में विदुर की माँ (दासी) का पात्र तो निश्चय ही मौजूद है लेकिन **हस्तिनापुर** की शुभा का केन्द्रीय चरित्र पूरी तरह नाटककार नन्दकिशोर आचार्य की समृद्ध कल्पनाशक्ति एवं रचनात्मक प्रतिभा का सुखद प्रतिफल है। परन्तु रंग-मंचीय दृष्टि से उसकी केन्द्रीय भूमिका कठिनाई भी पैदा करती है। वह बहुत बूढ़ी है इसलिए ज्यादा चलना-फिरना या ज़ोर से बोलना उसके लिए सम्भव अथवा स्वभाविक नहीं है। इसका साथ देती है—कुन्ती। परन्तु वह मुख्यतः श्रोता की भूमिका में है और इसलिए उसके पास भी बोलने या करने को कुछ नहीं है। इसके अलावा कुन्ती कुरुवंश और हस्तिनापुर के इतिहास से भली-भाँति परिचित है। वह भुक्तभोगी है—कोई अपरिचित या बाहरी व्यक्ति नहीं। इसलिए शुभा के समक्ष उसका सर्वत्र और पूर्णतः मूढ़ श्रोता अथवा अज्ञानी प्रश्नकर्ता मात्र बने रहना भी बहुत संगत प्रतीत नहीं होता। इनके मुकाबले अम्बिका और भीष्म के चरित्र अधिक प्रखर हैं और

नाटक में गति एवं तनाव की सृष्टि करते हैं।

देहान्तर के बाद यहाँ एक बार फिर नाटककार ने बहुअर्थगर्भी रंगभाषा की समझ और जीवन्त संवाद लेखन की क्षमता को प्रमाणित किया है। नन्दकिशोर आचार्य ने **गुलाम बादशाह** (उर्दू) और **हस्तिनापुर** में (संस्कृतनिष्ठ) काव्यधर्मी, बिम्बात्मक, मितव्ययी, प्रवाहपूर्ण और तनाव वहन कर सकने में समर्थ नाट्य-भाषा का सफल प्रयोग किया है।

खंड-5

इक्कीसवीं सदी के नए नाटककार

हिन्दी नाटककारों की प्रजाति ख़त्म हो चुकी है। नाटककार को रंगकर्म से 'अलविदा' कहा जा चुका है। मौलिक हिन्दी नाट्य-लेखन का क्षेत्र बिलकुल बंजर और उजाड़ पड़ा है। नए और अच्छे मंचन-योग्य नाटकों के अभाव के कारण ही रंगकर्मियों को पुराने एवं बहुमंचित मौलिक अथवा अन्य भाषाओं के देशी-विदेशी अनुवादों को बार-बार अभिमंचित करना पड़ता है। यही नहीं, कहानियों-उपन्यासों के रूपान्तरण या उन्हें ज्यों-का-त्यों मंच पर उतारने के साथ-साथ जीवनी, संस्मरण, व्यंग्य-लेख, पत्र, डायरी और कविता जैसी विधाओं को मंच पर प्रस्तुत करने का प्रमुख कारण भी नए मौलिक रंग-नाटकों का अभाव ही है—पिछले लगभग पचास वर्षों से छाती पीट-पीटकर और दहाड़ें मार-मारकर हम ये सियापा लगातार करते रहे हैं। फिर भी, सच ये है कि हर चार-पाँच वर्ष के अन्तराल से कोई-न-कोई प्रबल सम्भावनापूर्ण नया नाटककार या नाटक रंगमंच पर चर्चित और प्रशंसित होकर हमारे इस सायास खड़े किए गए भ्रम को तोड़कर अनायास चुनौती खड़ी कर देता है।

लगभग सभी भारतीय भाषाओं में नई पीढ़ी के प्रतिभावान नाटककार-रंगकर्मी उभर रहे हैं। अपनी-अपनी भाषाओं में महत्त्वपूर्ण रंगमंचीय नए प्रयोग करके ये इक्कीसवीं सदी के नाट्यकर्म के प्रति उम्मीद और उत्साह जगाते हैं। परन्तु इसकी सही एवं प्रामाणिक जानकारी तब तक नहीं मिल पाती जब तक ये रचनाएँ हिन्दी या अंग्रेजी में अनूदित होकर प्रकाशित या प्रदर्शित नहीं हो जातीं। फिर भी, उनकी अपनी भाषाओं में किए गए प्रभावशाली नाट्य-प्रदर्शनों के माध्यम से भी राष्ट्रीय स्तर पर अपनी सम्भावनाओं को रेखांकित करने में किसी हद तक सफल हो ही जाते हैं। इनसे साक्षात्कार का सबसे सशक्त ज़रिया, अखिल भारतीय स्तर पर होनेवाले सरकारी, ग़ैर-सरकारी नाट्योत्सव होते हैं।

मराठी के ऐसे ही एक नाटककार-निर्देशक हैं—**मोहित तकलकर**। थिएटर के जुनून में एक पाँच सितारा होटल की बड़ी नौकरी छोड़कर पूना की पुरानी एवं प्रतिष्ठित नाट्य संस्था 'प्रोग्रेसिव ड्रमेटिक एसोसिएशन' से जुड़ गए। फ़िल्मों में पटकथा लेखन और सम्पादन करने के साथ-साथ सन् 2003 में अपने कुछ

कलाकार मित्रों के साथ मिलकर इन्होंने 'आसक्त' (पूना) नामक संस्था की स्थापना की। तब से अब तक ये 'नानेफक', 'छोटीआश्या सुतीत', 'फ्रिजमद्ध्ये थेव्लेला प्रेम', 'तू', 'मात्र रात्र', 'चर्से कोटि विसर भोले' तथा एक हिन्दी नाट्य-रूपान्तर 'बेड के नीचे रहनेवाली' जैसे प्रशंसनीय नाट्य-प्रदर्शन कर चुके हैं। अनेक समारोहों एवं प्रतियोगिताओं में मोहित तकलकर को सम्मानित और पुरस्कृत भी किया जा चुका है। **प्रकाश रमाकान्त वजरीकर** मराठी और कोंकणी दोनों भाषाओं के चर्चित युवा नाटककार हैं। इन्होंने मराठी में 'इथे इथे पाणी', 'बुरूज ढासलताना', 'जूनी काणी' तथा कोंकणी में 'आनी एक बुटो फुल्लो', 'घट्टाघ कोणांचे,' 'काणीतशी जुनीवपूण', 'साद अन्तर्मनाचो' और 'आणी एक प्रस्न पर्व'—ये सभी नाटक मंच पर सफलतापूर्वक खेले जा चुके हैं। श्रेष्ठ नाट्य-लेखन के लिए संगीत नाटक अकादमी के 'बिस्मिल्ला खाँ युवा पुरस्कार' से सम्मानित **मनसिवनी लता रवीन्द्र** ने मराठी में 'सिगारेट्स', 'अलविदा' और 'माइया वारणीचमं खुरंखुरं'—ये तीनों नाटक युवाओं की समस्याओं एवं उनके बदलते सरोकारों को बड़ी सच्चाई और ईमानदारी से प्रस्तुत किए हैं। इन्हें मुम्बई की नाट्य-संस्था 'ललित' ने सतीश अनवर के निर्देशन में अभिमंचित किया है। 'अलविदा' के लिए इन्हें 'मामा वरेरकर' पुरस्कार से अलंकृत किया जा चुका है। यही पुरस्कार 'सिगारेट्स' के निर्देशन के लिए सतीश अनवर को भी दिया जा चुका है। इन तीनों नाटकों के सौ से अधिक चर्चित प्रदर्शन हो चुके हैं।

गुजरात के भीषण दंगों पर आधारित **सौम्य जोशी** के गुजराती नाटक 'दोस्त, चोकस अहीं, नगर वस्तुन हतुम' स्वयं सौम्य जोशी के ही निर्देशन में प्रदर्शित किया गया है। सौम्य जोशी नाटककार, निर्देशक और अभिनेता भी हैं। यह इनके अदम्य साहस का ही प्रमाण है कि गुजरात में रहकर, गुजराती भाषा में और गुजरात के दर्शकों के सामने ये गुजरात के बर्बर नर-संहार को बेपर्दा कर सके।

हिन्दी में युवा पीढ़ी के नाटककारों में **योगेश त्रिपाठी** के 'हस्ताक्षर', 'मुझे अमृता चाहिए'; **श्रीकान्त किशोर** के 'अरण्य कथा', 'चाँद ज़मीन का टुकड़ा और मैं', 'हरसिंगार', 'मंगल डॉट कॉम'; **जयवर्द्धन** के 'हाय! हैंडसम', 'अर्जेंट मीटिंग'; **विभा रानी** के 'आओ तनिक प्यार करें', 'अगले जनम मोहे बिटिया ना कीजो'; **आसिफ़ अली** के 'काफ़्का', 'बादर मन देखो सपना' और 'शाहजहाँपुर की शहज़ादी' जैसे न मालूम कितने ऐसे नाटककार हैं जो तमाम भारतीय भाषाओं में अपनी-अपनी प्रतिभा और मौलिक रंग-दृष्टि के साथ कथ्य एवं शिल्प के स्तर पर इक्कीसवीं शताब्दी की चुनौतियों को स्वीकार करने के लिए कटिबद्ध हैं। यहाँ हम केवल चार ऐसे रचनाकारों की अपेक्षाकृत अधिक चर्चा कर रहे हैं, नाटककार के रूप में जिनका उदय सन् 2000 के बाद हुआ है।

ये उपलब्धिपूर्ण सम्भावनावाले ऐसे नाटककार हैं जो पिछले लगभग नौ-दस वर्षों में हमारे सामने आए हैं और जिनके लगभग सभी नाटक न केवल मंचित होकर चर्चित ही हुए हैं, बल्कि कई प्रतिष्ठित राष्ट्रीय नाट्य-समारोहों में ससम्मान आमन्त्रित भी किए गए हैं और प्रतियोगिताओं में पुरस्कृत एवं सम्मानित भी हुए हैं। परन्तु हम हिन्दीवालों का यह दुर्भाग्य है कि स्वयं अपनी रचनात्मक प्रतिभाओं को पहचानने के बजाय दूसरों द्वारा स्वीकृति मिलने के बाद ही उस ओर ध्यान देते हैं।

इक्कीसवीं सदी की नई पीढ़ी के अनेक नाटककारों की नई कृतियों के रंग-शिल्प पर मीडिया का स्पष्ट प्रभाव दिखाई पड़ रहा है। तीन अंकीय नाटकों की पद्धति और संकलन-त्रय की परम्परा समाप्तप्राय हो गई है और टी.वी. धारावाहिकों की पद्धति पर चौदह-पन्द्रह लगातार दृश्योंवाले नाटक ज़्यादा लिखे जा रहे हैं। मंच पर स्क्रीन का प्रयोग बढ़ता जा रहा है और इलेक्ट्रॉनिक मीडिया की अनेक युक्तियाँ नाटकों में इस्तेमाल की जाने लगी हैं। छायालोक का महत्त्व और समय की निरन्तरता का बोध नए नाटकों में स्पष्ट दिखाई देने लगा है। नाटकों की गति और लय आधुनिक संगीत की तरह तीव्र होती जा रही है। एक दृश्य का दूसरे में विलयन आम बात हो गई है। यथार्थवादी स्थूल दृश्य-बन्ध की अपेक्षा प्रतीकात्मक, सांकेतिक अथवा अमूर्त दृश्य-संयोजन पर बल है। विज्ञापन-लेखन का प्रभाव संवादों की चुटीली भाषा, शब्दों की मितव्ययिता, बिम्बों की प्रधानता और वाग्विदग्धता के रूप में दिखाई पड़ता है। मल्टी-मीडिया का असर भी नए नाटककारों पर पड़ रहा है।

हमें अच्छा लगे या न लगे, लेकिन बदलते समय के साथ-साथ नए नाटक का रूपाकार, मुहावरा और मिजाज तो बदलेगा ही। उसकी संरचना और प्रस्तुति-शैली भी निरन्तर बदल रही है। यदि नाटक और रंगमंच को ज़िन्दा रहना है, तो इसे समय के अनुरूप बदलना भी होगा और निरन्तर नए प्रयोग भी करने ही होंगे।

यहाँ हम ऐसे बहुसंख्य युवा नाटककारों/रंगकर्मियों में से केवल मीरा कान्त, नादिरा ज़हीर बब्बर, शाहिद अनवर और मानव कौल के नाट्य-कर्म की समीक्षा कर रहे हैं।

मीरा कान्त

पिछले लगभग एक दशक में छोटे-बड़े दस नाटक लिखकर—जिनमें से अधिकतर प्रकाशित, अभिमंचित, चर्चित एवं प्रशंसित भी हुए हैं—मीरा कान्त ने मौलिक हिन्दी नाट्य-लेखन के क्षेत्र में अपनी अलग पहचान और जगह बनाई है। इनके नाटक **ईहामृग** पर सेठ गोविन्द दास पुरस्कार और **नेपथ्य राग** पर साहित्य कला परिषद, दिल्ली की 'अखिल भारतीय मौलिक हिन्दी नाट्य-लेखन प्रतियोगिता' में प्रथम पुरस्कार जीतने के कारण 'मोहन राकेश सम्मान' भी प्राप्त हो चुका है। इनके 'ईहामृग' उज्जैन के 'कालिदास नाट्य समारोह' तथा 'नेपथ्य राग' को दिल्ली के 'भारत रंग महोत्सव' में प्रदर्शित हुए तो **बहती व्यथा सतीसर** जम्मू में, **भुवनेश्वर-दर-भुवनेश्वर** शाहजहाँपुर में तथा **काली बर्फ** दिल्ली में अभिमंचित किए गए। यशपाल के सुप्रसिद्ध उपन्यास 'दिव्या' का इनके द्वारा किया गया नाट्य-रूपान्तर 'रंग प्रसंग' में छपा और श्रीराम सेंटर, दिल्ली ने प्रस्तुत किया। फिल्म-लेखन, कहानी और उपन्यास-लेखन से अपने रचनात्मक जीवन की शुरुआत करनेवाली लेखिका ने अब स्वयं को मुख्यतः नाट्य-लेखन पर ही केन्द्रित कर लिया है। **हुमा को उड़ जाने दो, उत्तर-प्रश्न** तथा **अन्त हाज़िर हो** इनके तीन नए नाटक हैं।

नेपथ्य राग मीरा कान्त का एक गम्भीर और महत्त्वपूर्ण नाटक है। यह अतीत (इतिहास-पुराख्यान) और वर्तमान के बीच सतत बहती काल-सरिता के दो किनारों को जोड़नेवाले सेतु-सी एक आधुनिक नाट्यकृति है। इसका आरम्भ आज के उत्तर-आधुनिक युग की, अपने दफ्तर के पुरुष सहकर्मियों के असहयोगी व्यवहार से परेशान एवं दुखी, युवती मेधा और उसकी उच्चपदाधिकारी-अनुभवी माँ के संवाद से होता है। माँ उसे समझाने के लिए दृष्टान्त के रूप में पहली प्रतिभावान महिला ज्योतिषी खना के, केवल स्त्री होने के कारण, झेले गए दुख-दर्द और अपमान की कथा सुनाती है। चौथी-पाँचवीं शताब्दी के समृद्ध-सांस्कृतिक परिवेश और मालवगण-नायक चन्द्रगुप्त विक्रमादित्य तथा (उनके नवरत्नों में से एक रत्न) सुविख्यात जयोतिषाचार्य वराहमिहिर जैसे ऐतिहासिक पात्रों के बीच खना अपनी विलक्षण-बुद्धि, एकनिष्ठ जिज्ञासा तथा ज्ञान के आलोक से दीप्त प्रभावशाली व्यक्तित्व से सत्ता के केन्द्र तक

पहुँचने में सफल हो जाती है। विक्रमादित्य उसे अपनी राजसभा में एक सभासद के रूप में प्रतिष्ठित करना चाहते हैं। वह इस पद के सर्वथा योग्य और उपयुक्त है। परन्तु पुरुष समाज के प्रतिनिधि नवरत्नों का अहंकार एक स्त्री के अपने समकक्ष होने की सम्भावना मात्र से ही आतंकित और आहत हो जाता है। अपने सम्राट की इच्छा का सम्मान करने या उसके नाराज़ होने के दुष्परिणाम से डरकर, वे एक मूक सभापद के रूप में खना के राजसभा में प्रवेश को अपनी सहमति प्रदान करते हैं। इस सन्दर्भ में अत्यन्त दुर्भाग्यपूर्ण एवं त्रासद सत्य यह है कि नारी-सम्मान और उत्थान के घोषित समर्थक तथा स्वयं खना के गुरु एवं श्वसुर वराहमिहिर भी इस प्रसंग में तटस्थ रहकर कुटिल-चतुर नवरत्नों के षड्यन्त्र में शामिल हो जाते हैं। स्त्री के विदुषी रूप का यह अस्वीकार/निषेध प्रत्यक्ष रूप में तब से अब तक, एक सनातन सत्य की तरह परम्परा बनकर चला आ रहा है। ध्यातव्य है कि हमारे अपने ही समय में महिला प्रधानमन्त्री को गुड़िया या कठपुतली समझने की ग़लतफहमी और मजबूरी में ही स्वीकार किया गया था। आज इक्कीसवीं सदी की तमाम उदार-खुली वैचारिकता और समान अधिकारों-अवसरोंवाली जनतान्त्रिक स्वतन्त्रता-आधुनिकता के बावजूद स्त्रियों को आरक्षण की ज़रूरत है और किसी भी प्रमुख दल के प्रत्यक्षतः उससे असहमत न होने के बावजूद वर्षों से कोई-न-कोई तर्क, कारण या बहाना बताकर उस बिल को संसद में पेश तक नहीं किया जा सका है। प्रगतिशील-बौद्धिक पुरुष-समाज भी अपने विचारों और संस्कारों में तालमेल नहीं बैठा पाया है। हाँ, अपना वर्चस्व बनाए रखने के उसने स्त्री दमन एवं शोषण के नए तरीक़े ज़रूर सीख लिये हैं और उनके आक्रामक तेवरों तथा आन्दोलनों तक को अपने स्वार्थ एवं हित-रक्षण के पक्ष में इस्तेमाल कर रहा है। आज भी राज और समाज में, कुछेक अपवादों के बावजूद, स्त्री की वास्तविक स्थिति कमोबेश खना की नियति जैसी ही है।

इस निष्कर्ष पर बेशक विवाद हो सकता है और इसके विरुद्ध कई प्रमाण और उदाहरण भी दिए जा सकते हैं। लेकिन भारत/विश्व की कुल जनसंख्या के पचास प्रतिशत नारी समाज के मुक़ाबले वह संख्या निश्चय ही नगण्य जैसी ही होगी। वैसे भी, वास्तविक तथ्य या यथार्थ के मुक़ाबले रचना का सच हमेशा बड़ा होता है, बशर्ते उसे रचनाकार ने विश्वसनीय और प्रभावशाली रूप में प्रस्तुत किया हो। इस दृष्टि से **नेपथ्य राग** का कथ्य पूरी तरह प्रासंगिक और प्रामाणिक है।

जहाँ तक भाषा, संवाद, संरचना और शिल्प का प्रश्न है, आज के नाट्य-रचना परिदृश्य में 'नेपथ्य राग' को लगभग एक उपलब्धि कहा जा सकता है। आधुनिक पात्र-परिवेश प्रथम और अन्तिम (तेरहवें) दृश्य में मंच के केन्द्र में हैं और शेष ग्यारह दृश्यों में अतीत का परिवेश और चरित्र केन्द्र में रहते हैं। खना की कथा मंच

पर दृश्यात्मक रूप में प्रदर्शित होती है और मेधा तथा माँ पार्श्व में साक्षी-भाव से उसे देखती हैं। हम भारतीय चूँकि काल को चक्र और सतत प्रवहमान मानते हैं इसलिए व्यतीत और भविष्य के लिए एक ही शब्द (कल) का प्रयोग करते हैं। वर्तमान के दोनों सिरे इस काल के दोनों सिरों से अभिन्न एवं अविभाज्य रूप से जुड़े हैं। हम कालातीत अनुभव में विश्वास करते हैं। यही कारण है कि 'नेपथ्य राग' का कार्यव्यापार अतीत और वर्तमान में एक साथ चलता है। दोनों कालों में चरित्रों की निरन्तर उपस्थिति और सहज आवाजाही को नाटककार ने रचनात्मक सूझ-बूझ से एक ही सूत्र में पिरोया है। इसी तरह एक दृश्य का दूसरे दृश्य में विलयन भी किया गया है। पाँचवें दृश्य में खना के विवाह के अवसर पर उसकी अपनी माँ की जगह मेधा की माँ का पार्श्व से केन्द्र में जाकर चुनरी पहनाना भी नाटकीय और अर्थपूर्ण है। 'माँ' एक शाश्वत सत्य/तत्त्व है, जो किसी विशिष्ट देश-काल या व्यक्ति से बँधा नहीं। माँ की कोई उम्र नहीं होती और न उसके ममत्व की कोई सीमा होती है।

पहले दृश्य के वर्तमान में रखी 'गर्म चाय' मेधा और माँ के वॉक (अतीत की यात्रा) पर जाने से पहले ठंडी हो जाती है। खना की कथा शुरू करने से ठीक पहले माँ इसी ठंडी चाय का घूँट भरती है। खना और पृथुयशस के विवाह को अनुष्ठानात्मक न बनाकर प्रतीकात्मक एवं संक्षिप्त रखा गया है, ताकि यह उत्सवधर्मिता नाटक के मूल कार्यव्यापार की मन्थर-गति में बाधा न बने। दोनों के गुरु-गम्भीर चरित्र और परिस्थितियों को देखते हुए खना एवं पृथुयशस के दाम्पत्य-प्रेम को भी अत्यन्त संयमित और शालीन रूप में प्रस्तुत किया गया है—सब कुछ संकेतित और व्यंजित है। उत्सवधर्मिता (शोर-शराबा) और खुला सेक्स प्रदर्शन आज के हिन्दी रंगमंच की एक प्रमुख एवं ज़रूरी विशेषता बन गई है। इनकी पूरी गुंजाइश होने के बावजूद नाटककार ने इनसे बचकर साहस का परिचय तो दिया ही है—नाटक एवं पात्रों के मूल चरित्र की रक्षा भी की है। ग्यारहवें दृश्य में सम्राट द्वारा अचानक राजसभा के प्रातःकालीन सत्र बुलाए जाने के सन्दर्भ में वररुचि द्वारा यह पूछने पर कि "कोई आपातस्थिति तो नहीं है?" विक्रमादित्य का हँसकर यह कहना कि "नहीं...नहीं ऐसा कोई आपातकाल नहीं..." निश्चय ही भारतीय पाठकों-दर्शकों के मन में अपने समय के 'आपातकाल' (इमरजेंसी) के काले दौर की स्मृतियाँ भी जगा देगा।

सातवें दृश्य में, गौड़ प्रदेश की अतिवृष्टि से चिन्तित और दुखी सम्राट चन्द्रगुप्त का एक निर्धन-पुरुष के छद्म-वेश में कापित्थक गाँव में वराहमिहिर के घर जाने का प्रसंग जिज्ञासा और कुतूहल से भरा है। दर्शक जल्दी ही यहाँ चन्द्रगुप्त के वास्तविक रूप को पहचान लेंगे और आतुर प्रतीक्षा करेंगे कि वराहमिहिर उसे पहचान पाता है या नहीं? वराह द्वारा चन्द्रगुप्त की हस्तरेखाएँ

देखकर उसे तुरन्त पहचान लेना दर्शकों को सुखकर सन्तोष प्रदान करेगा कि वराहमिहिर के ज्योतिषाचार्य होने की बात नाटककार ने उन्हें पहले बताई थी, वह बिलकुल सच है। गौड़ प्रदेश की अतिवृष्टि के विवरण एवं लक्षण सुनकर वराहमिहिर का चुप रहना और बिना व्यक्ति एवं परिस्थिति को जाने-समझे खना द्वारा 'राजा की निश्चित मृत्यु' की भविष्यवाणी कर देना दर्शकों में भविष्य के प्रति उत्सुकता ही नहीं, आशंका और तनाव भी पैदा करेगा। आठवें दृश्य के आरम्भ में विक्रमादित्य को जीवित देखकर और गौड़ प्रदेश के क्षत्रप/राजा की मृत्यु का समाचार पाकर खना की अद्भुत प्रतिभा के प्रति प्रसन्न एवं आश्वस्त होंगे और उसके भविष्य के प्रति जिज्ञासु। यह नाटकीय और विडम्बनापूर्ण स्थितियों एवं भावों का उतार-चढ़ाव नाटककार ने पाठकों-दर्शकों को बाँधे रखने के लिए बड़ी समझदारी और सतर्कता से संयोजित किया है। दृश्य आठ के अन्त में स्त्री-पुरुष सम्बन्धों के बारे में खना और महादेवी के संवाद नारी की हीन स्थिति के सन्दर्भ में किसी सामान्य स्त्री और रानी में कोई अन्तर न होने की बात प्रस्तुत करते हैं। महादेवी स्वयं अपने पति की एकनिष्ठता के प्रति सन्देह व्यक्त करती है। नौवें दृश्य में वह अपनी ढलती उम्र के मुक़ाबले खना के युवा सौन्दर्य एवं प्रखर प्रतिभायुक्त सम्मोहक व्यक्तित्व को अपने लिए आसन्न संकट और चुनौती मानकर स्वयं को असुरक्षित महसूस करती है। यहाँ नाटककार ने विक्रमादित्य के अनिश्चित दुविधाग्रस्त मन के अन्तर्द्वन्द्व और महादेवी के शंकालु-ईर्ष्याग्रस्त एवं आशंकित मन का अत्यन्त सूक्ष्म, व्यंजनात्मक, सांकेतिक और मनोविश्लेषणात्मक चित्रण किया है। बारहवें दृश्य में बुझे-जले दीपक की प्रतीकात्मकता अच्छी है। यहाँ वराहमिहिर का अन्तर्द्वन्द्व, अपनी जटिल मानसिकता का निर्मम विश्लेषण, अपनी तटस्थता/कायरता के उलझे सूत्रों की पहचान तथा आत्म-ग्लानि का प्रस्तुतीकरण विचलित करनेवाला है। अन्तिम दृश्य में मंच के पीछे हाथ में प्रज्वलित दीपक लिये **खना** का मूर्तिवत् खड़े रहना और आगे मेधा, माँ और दादी के बीच खना के अन्त को लेकर संवाद एक सशक्त बिम्ब है। खना की ज़बान लोगों ने काटी या अपने परिवार एवं श्वसुर को अपमान से बचाने के लिए उसने स्वयं काट ली या फिर अपने नाम, सम्मान और अहंकार को बचाए रखने की खातिर उसके गुरु एवं श्वसुर वराहमिहिर ने? ये तीन वर्जन **रशोमन** की याद दिलाते हैं। अतीत के पूर्वाभास बादलों के गरजने तथा बिजली के चमकने से अन्त और उसी से आधुनिक दृश्य का आरम्भ और समापन आषाढ़ (वर्षा, जल, जीवन, रचनात्मकता, स्त्रीत्व का सम्मान) की अन्तहीन प्रतीक्षा का दिलचस्प प्रतीक बनकर 'नेपथ्य राग' के कथ्य को रेखांकित कर देता है।

कन्धे पर बैठा था शाप मूलतः **श्रूयते न तु दृष्यते** (सुना हुआ अनदेखा) नाम से

'समकालीन भारतीय साहित्य' में छपा था। यह नाटक महाकवि कालिदास के विडम्बनापूर्ण देहान्त की त्रासद-कथा पर आधारित है। यह आधार मुख्यतः सिंहलद्वीप में प्रचलित जनश्रुति का है—प्रामाणिक इतिहास का नहीं। यह नाटक कल्पना के सहारे तत्कालीन स्थितियों और चरित्रों के सामाजिक-मनोवैज्ञानिक अध्ययन-विश्लेषण का गम्भीर प्रयास करता है। सिंहलद्वीप के कविहृदय नरेश कुमारदास (धातुसेन) आर्यावर्त के महाकवि कालिदास के 'रघुवंशम्' से प्रभावित थे और कालिदास कुमार गुप्त के 'जानकीहरणम्' के प्रशंसक। कालिदास कुमारदास से मिलने सिंहलद्वीप गए। साधारण वेश में वह संयोग से उस गणिका कामिनी के यहाँ ठहरे जहाँ कुमारदास ने अपना एक अधूरा श्लोक 'कमले कमलोत्पत्तिः श्रूयते न तु दृष्यते' लिखकर टाँग रखा था और कामिनी से वादा किया था कि यदि वह उसे पूरा कर देगी तो उसकी इच्छानुसार नरेश उससे शादी कर लेंगे। कामिनी के लिए वह अधूरा श्लोक कालिदास ने अनायास ही 'बाले तव मुखाम्बुजे दृष्टमिन्दीवरद्वयम्' लिखकर पूरा कर दिया। आर्थिक दृष्टि से सम्पन्न एवं साहित्यिक-कलात्मक दृष्टि से सुसंस्कृत कामिनी ने, समाज से अपमानित-तिरस्कृत अपने गणिका रूप से मुक्त होकर, कुमारदास की पत्नी बनने के स्वप्न को पूरा करने के लिए, अपनी संरक्षिका/दासी राजम्मा के समझाने पर विष देकर, कालिदास को एक सामान्य विदेशी अतिथि समझकर मार दिया। सच का पता चलने पर ग्लानि और पश्चात्ताप में कामिनी ने भी विष पीकर आत्महत्या कर ली। कुमारदास ने अपने मित्र महाकवि कालिदास की अपने देश में यह दुर्भाग्यपूर्ण मृत्यु हुई देखकर उन्हीं की चिता में जलकर अपने प्राणों की भी आहुति दे दी। आठवें अंक/दृश्य में राजम्मा के एकालाप से नाटक समाप्त होता है जिसमें वह कामिनी के शव को सम्बोधित कर समस्त नारी जाति द्वारा सदियों से प्रवंचना, उपेक्षा और तिरस्कार का विषपान करते आने की विडम्बना को रेखांकित करती है।

मीरा कान्त के नारी-विमर्श का केन्द्रीय बिन्दु यह है कि, देश-काल चाहे कोई भी हो, बुद्धिमती-विदुषी स्त्री को पुरुष-समाज कभी सह नहीं पाता। 'नेपथ्य राग' में चौथी-पाँचवीं शताब्दी की खना हो या बीसवीं-इक्कीसवीं शताब्दी की मेधा, 'कन्धे पर बैठा था शाप' की विद्योत्तमा हो या कामिनी—सबकी ज़िन्दगी और नियति इसी अभिशाप से निर्धारित और परिचालित होती है। एक भिन्न स्तर पर 'ईहामृग' की स्नेहगन्धा, सिक्तछाया और सागरिका पुरुष की इच्छा और उसी के निर्णय से अवश सी बँधी हैं। आज के आक्रामक स्त्री-विमर्श और स्वच्छन्दतावादी आधुनिकता के बावजूद बुनियादी स्थिति में कोई मूलभूत परिवर्तन नहीं आया है। हाँ, समयानुसार पुरुष द्वारा स्त्री को अपने हक़ में इस्तेमाल करने के तरीक़े ज़रूर बदल गए हैं। त्रासदी की दृष्टि से 'कन्धे पर बैठा था शाप' एक विडम्बनापूर्ण करुण नाटक है

जिसके अन्त में कालिदास, कुमारदास और कामिनी—तीनों प्रमुख प्राप्त मर जाते हैं। कहा तो यह भी जाता है कि कुमारदास की पाँच रानियाँ भी उसी समय सती हो गई थीं। श्रीलंका के मातर प्रदेश में 'इठोदिवट्ट' स्थान पर उन सातों की समाधियाँ और उनकी याद में लगाए गए सात वट-वृक्ष आज भी मौजूद हैं।

यदि नाटक के अन्तिम आठवें अंक में एक पन्ने से भी छोटे राजम्मा के एकालाप को हटा दिया जाए तो यह तय करना मुश्किल है कि इस रचना का केन्द्रीय चरित्र कालिदास है या कामिनी? रचनाकार की सहानुभूति निश्चय ही गणिका कामिनी के साथ है। गणिका के जिस उपेक्षित, तिरस्कृत, अबला, बेबस और अभिशप्त जीवन की बात राजम्मा करती है, उसे नाटक की कामिनी प्रत्यक्षतः कभी कहीं नहीं झेलती। कामिनी गणिका न होकर एक सामान्य संवेदनशील स्त्री होती तब भी इन परिस्थितियों में उसका वही और वैसा ही अन्त होता जैसा इस नाटक में कामिनी का होता है। यह इस नाटक की सामर्थ्य भी है और सीमा भी। नाटक में कुछ छूटा हुआ सा भी लगता है, यदि लेखिका ने आलेख पर थोड़ी और मेहनत की होती और अन्तिम दृश्य के संवाद को नाटक के मूल कार्यव्यापार में पिरोया जा सका होता तो ये एक पूर्णकालिक बड़ा और अपेक्षाकृत अधिक महत्त्वपूर्ण नाटक बन सकता था। अपने वर्तमान रूप में भी, इधर के उल्लेखनीय नाटकों में से एक अच्छा प्रमुख नाटक तो यह है ही।

संग्रह का दूसरा लघु नाटक है—**मेघ प्रश्न**। कालिदास का सुप्रसिद्ध ग्रन्थ 'मेघदूतम्' जहाँ समाप्त होता है, वहाँ से मीरा कान्त अपने इस नाटक को शुरू करती हैं। आज के उत्तर-आधुनिक युग में उनका यह सोचना बिलकुल सही है कि 'साहित्य का एक प्रयोजन विस्मृत मानवीय संवदेनाओं व करुणा (तथा उपेक्षित चरित्रों की पीड़ा) को प्रकाश में लाना भी है।'

उनका यह प्रश्न भी जायज़ और ज़रूरी है कि अपनी प्रिया विद्युता से मिलन को आतुर चिरप्रतीक्षित मेघ की विरह-वेदना और मौन-व्यथा को महाकवि कालिदास क्यों महसूस नहीं कर सके? इसलिए मीरा कान्त ने 'मेघदूतम्' के उस अभिशप्त दूत मेघ को अपनी रचना का नायक बनाकर उसकी मर्मांतक व्यथा को अभिव्यक्ति दी है। 'अर्घ्य गीत' (मंगलाचरण) के बाद यह नाटक तीन अंकों से विभक्त है और दूसरे अंक के फ़्लैश-बैक को छोटे-छोटे तीन दृश्यों में प्रस्तुत किया गया है। परन्तु इस नाटक की सबसे बड़ी विडम्बना यह है कि लेखिका का लक्षित केन्द्रीय भाव केवल तीसरे अंक के अन्त में मेघ के डेढ़ पन्ने के एक स्वगत में ही व्यक्त होता है—शेष कथा तो यक्ष-यक्षिणी और कुबेर के इर्द-गिर्द ही घूमती है। वियोग के दुख के बाद ही यक्ष-यक्षिणी सुख का वास्तविक अर्थ एवं मूल्य जान पाते हैं और केवल सुखवन्ती अलकापुरी को त्यागकर सुख-दुख वाली मानव नगरी में बसने का निर्णय

लेते हैं। मानव-जीवन और मर्त्यलोक का यह महिमागान भी अच्छा लगता है किन्तु इसमें कोई ख़ास नाट्य-स्थिति या नाट्य-विडम्बना नहीं है और न ही संघर्ष और तनाव। अच्छा होता लेखिका भूमिका न लिखतीं क्योंकि उससे बनी अपेक्षा मूल नाटक पूरी नहीं करता और पाठक अन्त तक मेघ की अन्तर्वेदना को देखने की प्रतीक्षा ही करता रह जाता है। नाटककार का उद्देश्य दिलचस्प और महत्त्वपूर्ण है। बेहतर होता कि उन्होंने मेघ पर केन्द्रित एकल-नाटक लिखा होता—जिसकी समकालीन हिन्दी रंगमंच और प्रतिभावान अभिनेताओं में अत्यधिक माँग और ज़रूरत है।

संग्रह का तीसरा नाटक है—**काली बर्फ़**। मीरा कान्त कश्मीरी हैं और अपने जन्मस्थान से उन्हें बेहद प्यार है। इसीलिए यह कतई संयोग नहीं कि उनके नाटकों में किसी न किसी बहाने कश्मीर ज़रूर आ जाता है। 'काली बर्फ़' तो पूरी तरह कश्मीर के समकालीन हालात पर लिखा गया प्रासंगिक नाटक है, जो आतंकवाद से पीड़ित एवं विस्थापित लोगों के दर्द को बड़ी शिद्दत और संवेदना से प्रस्तुत करता है। कश्मीरी भाषा में 'क्रुहुन शीन' (काली बर्फ़) एक मुहावरा है जिसका अर्थ है—अनहोनी, जो कभी नहीं होती। लेखिका का विश्वास है कि कश्मीर की बर्फ़ वास्तव में काली नहीं हुई है। और 'बर्फ का यह दूर से दिखनेवाला कालापन ऊपर से उँड़ेला गया कालापन है, सत्प्रयासों की बारिश से निकट भविष्य में जिसके धुल जाने का सपना हर कश्मीरी के दिल में बसता है।'

श्रीकंठ वौखलू (टाठाजी) आतंकवाद में अपने बेटे-बहू को खो चुके हैं। उनकी छोटी जवान बेटी शारिका ने अपने प्रेमी और मंगेतर चमन को भी खो दिया है। अपनी धरती और अपने संगे-सम्बन्धियों को खो देने की पीड़ा के बावजूद दिल्ली में आ टिके टाठाजी का परिवार हौसले से हालात का सामना करते हुए जीने के संघर्ष में जुटा है। इतना कुछ खो चुकने के बाद भी अपने घर से निष्कासित एवं विस्थापित शरणार्थियों ने अपनी जिजीविषा, हिम्मत और उम्मीद नहीं खोई है—यही बात सबसे महत्त्वपूर्ण और ज़रूरी है। अतीत की स्मृतियों, वर्तमान की उजड़ी-वीरान ज़िन्दगी और भविष्य के आशावादी सपनों के ताने-बाने से बुना गया पन्द्रह दृश्यों का यह नाटक आद्यन्त वर्तमान और अतीत में आवाजाही करता है। इसके लिए लेखिका ने मंच पर एक ओर गिरे हुए चिनार के पेड़ के तने का, कश्मीर के फ़्लैश बैक के दृश्यों के लिए, बड़ा प्रतीकात्मक और खूबसूरत प्रयोग किया है। वर्तमान में से अतीत की स्मृतियाँ दृश्य बनकर उभरती हैं और फिर वह अतीत वर्तमान में विलय हो जाता है। यह दिलचस्प रंग-युक्ति कल और आज को जोड़कर आजकल में तब्दील कर देती है और समय के एक अनवरत-अखंड प्रवाह का एहसास दिलाती है। परन्तु मंच पर एक चिनार की छाया दिखाने भर के लिए स्क्रीन की आवश्यकता नहीं है। यह सच है

कि लेखिका का मन स्वर्णिम अतीत में अधिक रमता है; किन्तु 'भुवनेश्वर-दर-भुवनेश्वर' और 'काली बर्फ' लिखकर उसने यह भी प्रमाणित कर दिया है कि समकालीन जीवन के कटु यथार्थ, आज के चरित्रों के उलझे हुए मन, ज्वलन्त समस्याओं को गहराई से देखने-परखने की दृष्टि और आधुनिक जीवन की लय तथा बोलचाल की भाषा में उन्हें अभिव्यक्त करने की समझ और सामर्थ्य भी उसमें है।

हुमा को उड़ जाने दो और **उत्तर-प्रश्न** मीरा कान्त के नए नाटक हैं। पहले नाटक का स्रोत मुगलिया सल्तनत के आरम्भिक दौर के बाबर और अकबर के बीच का इतिहास है तो दूसरे नाटक का बीज महाकवि कल्हण के महाकाव्य 'राजतरंगिणी' से लिया गया है। इसके बावजूद ये मौलिक, प्रासंगिक, आधुनिक और महत्त्वपूर्ण नाट्य-कृतियाँ हैं। यथार्थ का जामा पहने नाटककार की कल्पनाशीलता आद्यन्त प्रामाणिकता का बोध कराती है। अपने उद्देश्य की पूर्ति के लिए रचनाकार ने अपने दोनों नाटकों के अन्त के लिए अतीत से पूरी छूट ली है। इसके बावजूद, दोनों नाटकों के अन्त पूरी तरह स्वाभाविक और पात्रों एवं घटनाओं की तार्किक परिणति प्रतीत होते हैं। पहले नाटक के देश-काल एवं चरित्रों के अनुकूल उर्दू का और दूसरे में संस्कृतनिष्ठ हिन्दी का इतना सर्जनात्मक रंग-प्रयोग किया गया है कि इस ओर कहीं पाठक का ध्यान ही नहीं जाता कि ये पात्र किसी भी और भाषा या तरीके से अपनी बात कह सकते थे। दोनों भाषाओं पर लेखक का इतना अधिकार है कि कोई भी शब्द पाठक/दर्शक और रचना के बीच अर्थ के लिए रुकने का अवकाश ही नहीं देता। रंग-शिल्प की कारीगरी इतनी सहज है कि वह प्रभावित तो करती है, लेकिन रचना से अलग होकर अपनी ओर ध्यान आकृष्ट नहीं करती।

हुमा एक ऐसा काल्पनिक पक्षी है, जिसके बारे में ये कहा जाता है कि जिस पर भी उसका साया पड़ जाता है, वह व्यक्ति भाग्यवान बन जाता है। बाबर ने इसीलिए इसी उम्मीद में अपने बेटे का नाम हुमायूँ रखा था। लेकिन नाम रखने से ही कोई खुशकिस्मत नहीं हो जाता। अपने नाम के विपरीत हुमायूँ एक ऐसा बदकिस्मत भाग्यवान है, जो जीते ही नहीं, मर जाने के बाद भी सुकून को तड़पता रहा। अपने बनाए नक्शे के मुताबिक बने मकबरे में दफ़्न होने से पहले हुमायूँ की लाश न जाने कहाँ-कहाँ और कितनी बार दफ़्न होने को तरसती-भटकती रही। सियासत और सुकून का रिश्ता शायद ऐसा ही है। इतिहासकारों के अनुसार वह मुगल साम्राज्य का सबसे अभागा बादशाह था। उसके नाम में ही नहीं जीवन और चरित्र में भी ऐसे अन्तर्विरोध थे, जो उसे आज के विभाजित मानसिकतावाले आदमी के बहुत नज़दीक ले आते हैं। एक ओर हुमायूँ एकान्तप्रिय, चिन्तक, ज्योतिष का ज्ञाता, मानवीय मूल्यों में आस्था रखनेवाला, प्रेमी और धार्मिक/आध्यात्मिक व्यक्ति

था और दूसरी ओर थीं एक मुग़ल सुलतान की राजनीतिक ज़िम्मेदारियाँ, अपेक्षाएँ और मजबूरियाँ। ये तय करना मुश्किल है कि हुमायूँ एक दानिशमन्द-संवेदनशील व्यक्ति था या एक भाग्यवादी सनकी सुलतान?

ऐसे दुविधाग्रस्त, विडम्बनापूर्ण और जटिल चरित्र को मीरा कान्त ने अपने नाटक का केन्द्रीय पात्र बनाया है। उसके अन्तर्द्वन्द्व का यह रूप द्रष्टव्य है—

"इस जिस्म को लोग हुमायूँ कहते हैं। हुमायूँ...कभी-कभी क्यों लगता है कि ये सिर्फ़ एक खोल है खोल। इस खोल में न जाने कितनी बेगानी आरज़ुएँ...जाने कितनी हसरतें ठूँस-ठूँसकर भर दी गई हैं, जिन्हें पूरा करते-करते एक जान थी जो छटपटाती रही। जैसे किसी ऊपरी असर में कदम बढ़ाता जाता हो। वो इरादे..वो फ़ैसले कभी अपने भी लगे पर थे ज़्यादातर पराए। बादशाह बाबर के। कौन हूँ मैं? हुमायूँ कि बाबर? या बाबर की अधूरी ख्वाहिशों को पूरा करनेवाला एक बेरूह पुतला? सिर्फ़ पुतला...बेरूह पुतला!" पारिवारिक, सामाजिक और राजनीतिक दायित्वों एवं महत्त्वाकांक्षाओं के चलते आदमी कभी इतनी दूर निकल जाता है कि प्यार, आत्मीयता, संवेदनशीलता और आत्मा की जरूरतें—व्यक्ति की नितान्त अपनी ख्वाहिशें अकेले-वीराने में छटपटाते-कसमसाते दम तोड़ने लगती हैं। इन दोनों अपेक्षाओं का लगातार द्वन्द्व व्यक्ति को भीतर-बाहर से तोड़ देता है।

हुमायूँ पर तो बाप द्वारा दी गई उधार की ज़िन्दगी का बोझ ही कम नहीं है, उस पर भाई कामरान की आँखें निकलवाने और मांडू की मासूम रिआया का तीन दिनों तक कत्लेआम करवाने का अपराध-बोध, चाँद-सितारों की गति से बँधी लगभग निश्चित अकाल मृत्यु का एहसास और दूसरी तरफ़ पूरे हिन्दुस्तान की बादशाहत जीतकर बेटे अकबर के सम्राट के रूप में गद्दी पर बैठा जाने की महत्त्वाकांक्षा। हुमायूँ ताउम्र इन्हीं दो पाटों के बीच लगातार पिसता रहा। परन्तु इस नाटक के वर्तमान में हुमायूँ कभी कहीं नहीं है। ऊपर उसके किताबघर के बन्द दरवाजे के भीतर लाश पड़ी है। और उसकी बीवी की ये विवशता है कि हरियाना-पंजाब की लड़ाई पर गए अकबर के लौट आने तक हुमायूँ की मृत्यु की ख़बर को किसी रास्ते बाहर निकलने से रोकना है। एक-आध दिन नहीं पूरे सत्रह दिन तक इस रहस्य को पोशीदा बनाए रखना है। इस काम में दो-तीन लोग ही हमीदा बानो के साथ हैं। ये हैं—हुमायूँ के दरबार का अत्यन्त विश्वसनीय अमीर तरग़ी बेग़ ख़ाँ, हमीदा बानो की बचपन की लगभग हमउम्र सखी/दासी/आमना और शाही हज्जाम सलीम।

नाटक राजनीति से ताल्लुक रखता है, इसलिए दरबारी सामन्तों-अमीरों के मन में सुलतान को लेकर शक-ओ-शुबहा, जासूसी, षड्यन्त्र और अन्दाजों-अनुमानों की पूरी गुंजाइश रचना में है। उनका ये मानना ग़लत नहीं है कि पूरी सल्तनत की बागडोर तरग़ी बेग़, हज्जाम और आमना के हाथों में आ गई है। तरग़ी बेग़ और मलिका-ए-

आलिया ने मिलकर या बादशाह को कैद कर लिया है या मरवा दिया है। पाँचवें अंक में आम रिआया के अलग-अलग वर्गों में सुलतान को इतने दिनों से न देख पाने को लेकर अफ़वाहें फैल रही हैं और कुछेक फ़ौजियों के मन में तो अन्देशा यहाँ तक है कि नमाज़ के बाद सुलतान हुमायूँ की जगह उनके हमशक्ल मुल्ला बेकसी को उनके भेस में पेश किया गया है। साधारण वेश में हुमायूँ की पीर बाबा से मुलाकात नाटकीय भी है, दिलचस्प भी और हुमायूँ की ख़ानाबदोश मौत की पेशनगोई भी। अन्तिम दृश्य में दरगाहवाले पीर बाबा का जुनून की हालत में अचानक ऐसे रास्ते से प्रवेश जो शायद वहाँ है ही नहीं और उनकी आमद और मौजूदगी का किसी को एहसास तक न होना—उन्हें एक ग़ैबी शख़्सियत और वक्त की आवाज़ बना देता है।

नाटक के पहले अंक में हमीदा बानो का दूसरों (कनीज़) की उपस्थिति में एकदम स्वाभाविक और सामान्य व्यवहार तथा उसी दृश्य के उत्तरार्द्ध में अपने बचपन की सखी और हमराज़ आमना के सामने एक सद्यः विधवा की तरह बेवा के स्वाभाविक दुख-दर्द को जीना—अभिनय के लिए एक बड़ी चुनौती है। लोबान की खुशबू भी उसकी साँस में बसी मृत्यु-गन्ध से मुक्त नहीं कर पाती। हुमायूँ के छोटे भाई कामरान की आँखें निकलने का दृश्य सचमुच दहशत पैदा करता है और हुमायूँ का लायब्रेरी की सीढ़ियों से गिरने से पहले उसकी छड़ी का सीढ़ियों से लुढ़ककर फ़र्श पर आ गिरना एक अर्थगर्भी प्रतीक बन जाता है। पूरा नाटक फ़्लैश-बैकों से पिरोया गया है। दो-एक जगह तो फ़्लैश-बैक के भीतर एक और फ़्लैश-बैक का रोचक प्रयोग हुआ है। पूरे नाटक के वर्तमान पर मौत के सोग और राज़ न खुल जाने के खौफ़ का स्याह साया छाया हुआ है। लेकिन फ़्लैश-बैक के जरिए हुमायूँ और हमीदा बानो के प्यार और रोमांस के लाल-गुलाबी रंगों को भी नाटककार ने बड़ी सूझ-बूझ से बिखेरा है। हुमायूँ और अफ़ीम के अटूट रिश्ते की वजह से उसके बचपन के अकेलेपन-ख़ालीपन और भावुक स्वभाव से जोड़कर अत्यन्त विश्वसनीय बनाया गया है।

इतिहास की दृष्टि से तथ्य ये है कि हुमायूँ की मौत के वक्त और उसके आस-पास उसकी कोई बीवी तो क्या शाही परिवार की कोई भी महिला दिल्ली में नहीं थी। नाटककार ने हुमायूँ की पत्नी हमीदा बानो (जो उस वक्त काबुल में थी) की दिल्ली में होने की कल्पना की है। उसकी सखी और हमराज़ आमना का यहाँ मलिका-ए-आलिया के साथ होना भी काल्पनिक है। शाही हज्जाम सलीम भी अर्द्ध-ऐतिहासिक एवं अपरिचित चरित्र है। 'हुमा को उड़ जाने दो' इन्हीं तीन लगभग काल्पनिक चरित्रों के इर्द-गिर्द बुना गया नाटक है। सोचकर देखें तो हुमायूँ के अन्तिम समय की त्रासदी को किसी भी अन्य पात्र की नज़रों से देखा-दिखाया नहीं जा

सकता था। इस अभागे-भाग्यवान की अन्तर्विरोधी, दुविधाग्रस्त और विडम्बनापूर्ण जिन्दग़ी का इससे ज़्यादा विश्वसनीय एवं प्रामाणिक साक्षी और कौन हो सकता है? अनेक ऐतिहासिक तथ्यों के इस्तेमाल के बावजूद रचना में मौजूद सत्य की यह कल्पना मीरा कान्त की है। इसलिए यह नाटक भी इतिहास का नहीं मीरा कान्त का ही है।

मीरा कान्त शायद ऐसी अकेली नाटककार हैं जिन्हें 'साहित्य कला परिषद' की राष्ट्रीय मौलिक नाट्य-लेखन प्रतियोगिता में दो बार प्रथम पुरस्कार मिला है। **नेपथ्य राग** के बाद 2009 में इन्हें **उत्तर-प्रश्न** के लिए 'मोहन राकेश सम्मान' से नवाज़ा गया है। इसका कथा-बीज कल्हण की सुप्रसिद्ध रचना 'राजतरंगिणी' से लिया गया है। इसका सम्बन्ध कश्मीर की पहली महिला शासक यशोमती से है, जो गोनन्दवंश की पुत्रवधू थी। जरासंध के अनुरोध पर महाराज गोनन्द मथुरा के युद्ध में शामिल हुए थे, जहाँ वह बलराम के गदा-प्रहार से स्वर्ग सिधार गए। उनके वध का प्रतिशोध लेने के लिए उनके पुत्र महाराज दामोदर ने, गान्धार में राजस्वयंवर में आमन्त्रित यदुवंशियों पर अचानक आक्रमण कर दिया। इस अयाचित युद्ध में कृष्ण के सुदर्शन चक्र से मृत्यु हो गई। विजेता कृष्ण ने पराजित कश्मीर का राजसिंहासन स्वर्गीय महाराज दामोदर की गर्भवती विधवा रानी यशोमती को सौंप दिया। रानी ने राज्य-भार कुशलता से सँभाला। राजकुमार के जन्म के पश्चात् उसका जातकर्म और राज्याभिषेक करवाकर बाल-नरेश के नाम पर मन्त्रिगणों ने मिलकर राजकाज सँभाला।

मीरा कान्त अपने नाटक के कथ्य के लिए उक्त कथा के अन्तिम दो वाक्यों को चुनती हैं। पूर्वकथा उद्घाटन के तौर पर संवादों में कही गई है और यह सूच्य-प्रसंग थोड़ा लम्बा भी हो गया है। विगत-प्रसंगों, कथाओं-अन्तर्कथाओं के समावेश से नाटक का आरम्भ कुछ शिथिल भी हो गया है। परन्तु एक बार यशोमती के राजगद्दी पर बैठ जाने के बाद, मन्त्रियों-सामन्तों-अधिकारियों के छिपे विरोध के बावजूद, अपने न्यायाधारित सुशासन के बल पर, कश्मीर-मंडल का प्रशासन और नाटक की गति दोनों पर रचनाकार का पूरा रचनात्मक अधिकार हो जाता है।

परन्तु पुरुष-सत्ता के लिए यह एकदम अपमानजनक और असह्य है कि एक तो स्त्री और दूसरे ऐसी स्त्री जो एक सामान्य तुच्छ सैनिक की पुत्री हो, न्याय के नाम पर छोटे-बड़े और सामान्य-विशेष का अन्तर ही भूल जाए। शासन की गरिमा एवं मर्यादा बनाए रखने के नाम पर महामात्य, धर्माध्यक्ष और सेनाध्यक्ष यशोमती को गद्दी से हटाने के लिए कूटनीतिक चाल चलते हैं। धर्माध्यक्ष के अनुसार, "(सेनाध्यक्ष से) धैर्य रखो वत्स...धैर्य रखो...जिस गर्भ के कारण यशोमती राजसिंहासन पर बैठकर हमें तुच्छ समझ रही हैं उस गर्भ से हम उसका अहंकार कुचल देंगे।" यह काम वे ज़ोर-ज़बरदस्ती और हत्या-षड्यन्त्र से न करके धैर्यपूर्वक 'नीति

निपुणता' से करना चाहते हैं।

धर्माध्यक्ष : जानते हैं सिंह विनम्र होकर, सर्प आलिंगन करके, पिशाच हँसकर और राजा प्रशंसा करके अपना शिकार करता है।

सेनाध्यक्ष : परन्तु जब राजा का ही शिकार करना हो तो?

धर्माध्यक्ष : राजा का शिकार राजा के तीर से ही किया जाएगा।

न्यायमन्त्री : अर्थात् प्रशंसा करके?

(धर्माध्यक्ष कुटिल मुस्कान के साथ न्यायमन्त्री को देखते हैं।)

महामात्य : परन्तु यहाँ शिकार राजा का नहीं, रानी का करना है।

धर्माध्यक्ष : प्रशंसा अधिक करेंगे...स्त्रियों को और चाहिए भी क्या?

परन्तु कल्हण की यशोमती और मीरा कान्त की यशोमती में अन्तर है। आज की यशोमती तुरन्त समझ जाती है कि "ये राजकुमार को राजसिंहासन पर बैठाने की आड़ में राजसत्ता हड़पने का कुचक्र चला रहे हैं। (व्यंग्य के साथ) ये नारी को मातृत्व के कर्तव्यों का पाठ पढ़ाकर गए हैं। एक स्त्री का स्वतन्त्र शासक रूप इन पुरुषों को एक आँख नहीं सुहाता...नहीं सुहा सकता...क्या मैं इस सच्चाई से अवगत नहीं हूँ! गान्धार में यही प्रश्न आपत्ति के रूप में मथुरा के महामन्त्री ने उठाया था—'राजसिंहासन पर स्त्री'। (व्यंग्य की मुस्कान के साथ) आज उसी की पुनरावृत्ति हो रही है।"

यशोमती जानती है कि एक स्त्री होने के बावजूद राजमाता भी इस स्त्री-विरोधी षड्यन्त्र में क्यों शामिल हैं? उनके लिए लिंग-भेद के साथ-साथ वर्ग-भेद भी कष्टकर लगता है। इसलिए वह आदर्शों और मर्यादाओं के झूठे जाल में नहीं फँसती। वह अपने अबोध बालक को न्याय, समता, सत्य और मानव-मूल्यों की बुनियाद पर अपना राज्य खड़ा करने के सपने देना चाहती है। इन सपनों को सच में बदलने के संस्कार देना चाहती है। वह कृष्ण की उदारता और महानता पर भी प्रश्नचिह्न लगाती है। वह मानती है कि कृष्ण यह अच्छी तरह जानते रहे होंगे कि उसके गर्भ में पुत्र पल रहा है। यदि इसकी जगह पुत्री होती तो क्यों वे यशोमती का राज्याभिषेक करवाते? वह हमारे समय की प्रधानमन्त्री इन्दिरा गांधी की तरह ही यह अच्छी तरह समझती है कि उसकी मृत्यु किसी भी रूप में कभी आ सकती है। इसलिए वह अपनी अन्तरंग सखी-सेविका सुहासिनी से कहती है कि, "सुहासिनी ध्यान से सुन...ऐसे में मेरा एक सन्देश इस बालक के वयस्क होने पर इसे ज़रूर पहुँचा देना। कहना कि तुम्हारी माँ न्याय के लिए, निर्बल वर्ग, स्त्री-शक्ति को अधिकार दिलाने के लिए तुम्हारे संस्कारवान होने तक सत्ता में रहना चाहती थी।" और वह अपने इस निर्णय की घोषणा भी करवा देती है कि, "महारानी का आदेश है कि राजकुमार का राज्याभिषेक अभी नहीं होगा। हमारी इस आज्ञा का उल्लंघन करनेवाले को दंड दिया जाएगा...

मृत्युदंड!...जाओ...महामात्य से कहना यह हमारा आदेश है...कश्मीर मंडल की महारानी महादेवी यशोमती की राजाज्ञा है ये।''

हुमा को उड़ जाने दो की तरह **उत्तर-प्रश्न** में भी नाटककार ने अतीत के स्थापित अन्त को अपनी तरह से बदला है और उसे आज के लिए प्रासंगिक एवं अर्थपूर्ण भी बनाया है। वासुदेव कृष्ण के चरित्र के इतने आयाम इससे पहले किसी एक नाटक में शायद ही देखने को मिले।

रंग-शिल्प की दृष्टि से अंक तीन में मुकदमे के दौरान न्यायमन्त्री और अभियुक्त समरसेन के संवादों का परस्पर गुम्फित होना और दोनों के प्रकाश-वृत्तों का एक-दूसरे में विलयन जैसी मुक्तियाँ रचनाकार की रंग-दृष्टि और कल्पनाशीलता के प्रत्यक्ष प्रमाण हैं।

स्त्री-विमर्श और नारी के सशक्तीकरण की दृष्टि से मीरा कान्त की भावना, सोच, समझ और नज़रिए में लगातार बदलाव आ रहा है। समय के साथ-साथ उनके सपने और सच भी बदल रहे हैं। 'नेपथ्य राग' की खना को लगा था कि, ''आषाढ़ आने में कई संवत्सर बीत जाएँगे...कई युग...यह नेपथ्य है...इसे मंच तक पहुँचने में समय लगेगा...कल्पान्त...कई युग...।'' उसकी आधुनिक नायिका मेधा ने भी स्त्री- विरोधी समय और समाज की व्यवस्था का विवश-स्वीकार कर लिया था। खना और मेधा नाटक के अन्त में भविष्य के प्रति प्रश्नाकुल और प्रतीक्षारत खड़ी रह गई थीं। 'अन्त हाजिर हो' में नाटककार का मोहभंग हो चुका है कि बिना कोई संघर्ष किए समय अपने आप बदल जाएगा। पारिवारिक सम्बन्धों में विश्वासघात का यह समसामयिक नाटक 'चाइल्ड एब्यूज़' की ज्वलन्त समस्या को उठाता है। शिल्पा और उसके रंगकर्मी साथी शिल्पा की छोटी बहन तनु की बीभत्स-स्थिति को बदलने के विचार-विमर्श करते हैं। लेकिन इससे पहले कि वे किसी हल पर पहुँचें, छोटी आत्महत्या कर लेती है और वे सब इस अन्त को मानने से इनकार कर देते हैं।

'हुमा को उड़ जाने दो' हुमायूँ की त्रासदी पर आधारित होने के बावजूद ये नाटक मुख्यतः उसकी बीवी हमीदा बानो का नाटक है। हुमायूँ का शव उसी कमरे के ऊपर की लायब्रेरी में पड़ा है और हमीदा को सत्रह दिनों तक उसकी मृत्यु की ख़बर को छुपाए रखना है। अपने अपार दुख पर नियन्त्रण करके सामान्य बने रहने का अभिनय करना पड़ता है। स्थिति को सँभाले रखने के लिए अपने दिल पर ही नहीं दिमाग़ को भी पूरी तरह काबू में रखना पड़ता है। इन असह्य भावनात्मक एवं बौद्धिक तनावों-दबावों को हमीदा बानो जिस आत्मविश्वास और ताकत का परिचय देती है—वह अपने आपमें स्त्री की समझ-बूझ, धैर्य और भावनात्मक शक्ति का बेहतरीन उदाहरण है। इस दृष्टि से मीरा कान्त अपने नए नाटक **उत्तर-प्रश्न** में वह स्त्री की पहचान,

शक्ति और योग्यता के प्रति और भी आस्थावान और आश्वस्त दिखाई देती हैं। इस नाटक की नायिका यशोमती बाहरी और भीतरी तमाम विरोधी ताकतों के सामने चट्टान की तरह दृढ़-संकल्प खड़ी दिखाई देती है। भविष्य चाहे जो भी हो, लेकिन अपने वर्तमान में तो वह मंच के बीचोबीच पूरे आत्मविश्वास और अदम्य साहस के साथ पुरुष वर्चस्व के समक्ष एक विकट चुनौती बनकर खड़ी है। वह स्त्री-विमर्श का एक बिलकुल नया आयाम लेकर उपस्थित है। यशोमती किसी व्यक्तिगत महत्त्वाकांक्षा अथवा सत्ता-लोलुपता के कारण राजसिंहासन पर बैठे रहना नहीं चाहती। उसका उद्देश्य तो राजकुमार की सही परवरिश के बहाने एक ऐसी भावी पुरुष पीढ़ी को बनाना है, जो असमानता पर टिकी इस मौजूदा व्यवस्था को बदल सके। वह अपने पुत्र और कश्मीर मंडल के भावी शासक को ऐसे संस्कार देकर बड़ा करना चाहती है जिनसे पुरुष मानसिकता में गुणात्मक अन्तर आए और स्त्री-पुरुष समान धरातल पर खड़े होकर मानव भविष्य को बनाने में परस्पर रचनात्मक सहयोग कर सकें। अपने अधिकारों के लिए स्त्री को अकेले ही संघर्ष न करना पड़े बल्कि पुरुष भी उसका साथी हो।

मीरा कान्त में विडम्बनापूर्ण स्थितियों और नाट्यगर्भी जटिल चरित्रों को खोजने और उनके इर्द-गिर्द एक भरा-पूरा परिवेश बनाने की प्रखर कल्पना शक्ति भी है। रंग-शिल्प, नाट्य-भाषा और व्यंजनापूर्ण प्रभावी संवाद लेखन पर इन्हें पर्याप्त अधिकार है। ऐतिहासिक-सांस्कृतिक नाटकों में संस्कृत के तत्समबहुल शब्दोंवाली परिनिष्ठित, काव्यात्मक, प्रवाहमयी हिन्दी और समकालीन परिवेश एवं चरित्रोंवाले नाटकों में आधुनिक मुहावरेदार हिन्दी-उर्दू मिश्रित बोलचाल की जीवन-भाषा का इन्होंने समान सफलता से रचनात्मक प्रयोग किया है। नाटकीय बिम्बों एवं प्रतीकों के सृजन में इन्हें महारत हासिल है।

परन्तु टी.वी. धारावाहिकों की तरह कथ्य को छोटे-छोटे दृश्यों/अंकों में लिखने की जगह उन्हें कार्य-व्यापार को तीन-चार अंकों में बाँधने और दो-एक दृश्य-बन्धों पर प्रस्तुत करने का रचनात्मक प्रयास करना चाहिए। उन्हें दूर तक जाने के लिए, जिसकी पूरी क्षमता-सम्भावना उनमें दिखाई देती है, धैर्य की बेहद ज़रूरत है। वह निश्चय ही हिन्दी के अच्छे मौलिक रंग-नाटकों की कमी को कुछ कम करने में उल्लेखनीय भूमिका निभा सकती हैं।

नादिरा ज़हीर बब्बर

प्रगतिशील लेखक संघ के संस्थापक-साहित्यकार सज्जाद ज़हीर की बेटी नादिरा ज़हीर बब्बर संस्कारवश लेखिका हैं और राष्ट्रीय नाट्य विद्यालय के निर्देशक रहे रंगकर्मी-गुरु इब्राहिम अल्काजी की शिष्या होने के कारण प्रशिक्षण, अध्ययन एवं अभ्यासवश अभिनेता-निर्देशक। पिछले दिनों इनके पाँच नाटकों का एकसाथ प्रकाशन हुआ। ये नाटक अपने सफल नाट्य-प्रदर्शनों के कारण पिछले दिनों छपने से पहले ही बहुचर्चित और प्रशंसित हो चुके हैं। आधुनिक रंगमंच पर अच्छे मौलिक हिन्दी नाटकों का अभाव (?) है और इस दृष्टि से नादिरा ज़हीर बब्बर जैसी प्रतिभावान रंगकर्मी- लेखिका के पाँच रंग-नाटकों का एक साथ आ जाना किसी घटना से कम नहीं है।

इन नाटकों से पहले नादिरा कई नाटकों के अनुवादों के अलावा सुविख्यात चित्रकार मकबूल फ़िदा हुसैन के जीवन पर आधारित **पेंसिल से ब्रश तक** तथा धर्मवीर भारती के 'कुनप्रिया' एवं 'अन्धायुग' पर आधारित **इतिहास तुम्हें ले गया कन्हैया** जैसे नाट्यालेख भी लिख चुकी हैं। इन्हें रूपान्तर मानकर नादिरा के मौलिक नाट्य-लेखन के पूर्वाभ्यास के तौर पर भी देखा जा सकता है। **दयाशंकर की डायरी** और **सकूबाई** एकल नाट्य हैं तथा अपने संवेदनशील कथ्य, मार्मिक चरित्रांकन प्रवाहमयी भाषा और आशिष विद्यार्थी एवं सरिता जोशी जैसे लोकप्रिय कलाकारों के जीवन्त अभिनय के कारण समकालीन हिन्दी रंगकर्म की उल्लेखनीय घटना कहे जा सकते हैं।

दयाशंकर यू.पी. के एक कस्बे फ़र्रुखाबाद का एक सामान्य-सा किन्तु महत्त्वाकांक्षी युवक है, जो अपनी तमाम सीमाओं के बावजूद, सोलह साल पहले एक कामयाब हीरो बनने का सपना लेकर मायानगरी मुम्बई में आया था। लेकिन आज भी वह एक मामूली क्लर्क से अधिक कुछ नहीं बन पाया। विपरीत आर्थिक-सामाजिक स्थितियाँ उसमें कुंठाएँ और हीन-भावनाएँ पैदा करती हैं। क्षतिपूर्ति के लिए वह सपनों की शरण में जाता है। चेतन पर अवचेतन के हावी होते जाने की प्रक्रिया के अन्त में वह स्वयं को 'किंग ऑफ़ नेपाल' समझने लगता है और पूरी तरह पागल हो

जाता है। दयाहीन-क्रूर महानगर के फ़ौलादी पंजों के बीच छटपटाता, दम तोड़ता दयाशंकर आखिर अपने गाँव और बूढ़ी माँ से ममता एवं रक्षा की गुहार लगाता है। चुनौतियों का सामना न करके जीवन में असफल हो जानेवाले निरीह व्यक्ति का अन्तिम सुरक्षा-कवच और निरापद आश्रय-स्थल यद्यपि माँ की कोख या गोद ही है—लेकिन ये वापसी सम्भव नहीं है।

हम सबके पाँव किसी के कन्धों पर हैं और हमारे कन्धों पर किसी और के पाँव हैं। इसलिए हम स्वयं भी दयाशंकर हैं और दयाशंकर बनानेवाले भी। सपनों को हकीकत में बदलने के लिए संघर्ष करना पड़ता है। जब हम संघर्ष नहीं करते, स्थितियों से समझौता कर लेते हैं, तो सपने हम पर हावी हो जाते हैं और हम दयाशंकर की तरह उन्हीं की काल्पनिक दुनिया में जीने लगते हैं।

लेकिन दयाशंकर ही की तरह कुछ सपने लेकर एक निम्नवर्ग की लड़की शकुन्तला भी गाँव छोड़कर मुम्बई आती है। यहाँ उसे घरेलू नौकरानी के रूप में **सकूबाई** बनना पड़ता है। अपने ही मामा द्वारा बलात्कृत होकर उसे सड़क पर आना पड़ता है। लेकिन वह विपरीत परिस्थितियों से समझौता न करके उनसे लड़ती है और जीतती है। अपनी पढ़ी-लिखी बेटी साइली की सफलता पर उसे गर्व होता है और वह महसूस करती है कि उसके जीवन-संग्राम से कुछ तो फ़र्क़ पड़ा है। अपनी बेटी की कविता दोहराते हुए वह कहती है कि 'अब अपने अच्छे दिन आ गए हैं। समय सर झुकाए खड़ा है। शर्मिन्दा है।' यह नाटक हमें उम्मीद देता है कि यदि हममें आत्म-विश्वास और साहस है तो समय और समाज को बदला भी जा सकता है। इसके विपरीत, पलायन का रास्ता छोटा और आसान लगता है लेकिन उसका परिणाम सकूबाई की छोटी बहन बासन्ती के त्रासद अन्त तक ले जाता है। जो झूठे सपनों के पीछे भागते-भागते वेश्यावृत्ति तथा आत्महत्या तक जा पहुँचती है। गरीबी निश्चय ही एक बड़ा अभिशाप है। यह दयाशंकर को मानवीयता के उस स्तर तक गिरा देता है जहाँ से उसे अपनी छोटी बहन की मौत पर इसलिए खुशी होती है कि यदि शादी के बाद मरती तो कितना पैसा बर्बाद हो जाता। इसी तरह अपने एड्स पीड़ित पति को बचाने का हर सम्भव प्रयत्न करने के बावजूद सकूबाई को लगता है कि 'गरीब के बीमार होने से अच्छा है उसका मर जाना।'

ये दोनों एकल-नाट्य हैं, जिन्हें चेतना-प्रवाह के लचीले किन्तु दिलचस्प शिल्प में बाँधा गया है। दृश्य प्रायः यथार्थ और अतिकल्पना तथा वर्तमान और अतीत के बीच बेरोकटोक आते-जाते हैं। लेखिका ने चरित्रों के विवरणात्मक-सूचनात्मक संवादों के बीच विभिन्न पात्रों-दृश्यों को अभिनीत करने के अनेक अवसर देकर नाटकीय रोचकता पैदा की है। दोनों चरित्र कार्यव्यापार एवं संवादों को अनौपचारिक-सहज-खिलन्दड़े

अन्दाज़ में पेश करते हैं। संवादों में प्रवाहमयता है और भाषा में काव्यात्मकता। 'दयाशंकर' में कई मार्मिक प्रसंग हैं तो 'सकूबाई' में उच्च/उच्च-मध्यवर्ग के सफ़ेदपोश पारिवारिक जीवन में व्याप्त विवाहेतर काम-सम्बन्धों और पत्नी-पीड़न को बेनकाब करते दृश्य और सन्दर्भ।

जी, जैसी आपकी मर्ज़ी में 'जी' (हाँ) कहनेवाली 'स्त्री' है और 'आपकी मर्ज़ी' का अर्थ है—'पुरुष की इच्छा'। समाज में विवाह-संस्था के आरम्भ होने से लेकर आज के उत्तर-आधुनिक युग तक पुरुष-स्त्री का सम्बन्ध कमोबेश स्वामी-सेवक के रिश्ते जैसा ही रहा है। परिस्थिति और परिवेश के साथ केवल उसका ऊपरी रंग-रूप ही बदला है। नादिरा बब्बर का मानना है कि जन्म से लेकर मृत्यु तक स्त्री को पुरुष पर निर्भर रहना पड़ता है। और सारी उम्र वह उसकी मर्ज़ी के मुताबिक कठपुतली की तरह नाचती है। हमारी धार्मिक मान्यताएँ, परम्पराएँ और सामाजिक रूढ़ियाँ स्त्री की इस दयनीय स्थिति और त्रासद नियति के लिए ज़िम्मेदार हैं। अपनी इस स्थापना को सिद्ध करने के लिए नादिरा ने बंगाली, मराठी, मुस्लिम और पंजाबी पृष्ठभूमि एवं संस्कारों की नौ-दस साल से लेकर अड़तीस-चालीस के बीच की उम्र की चार स्त्री-चरित्रों का इस्तेमाल किया है।

छुटकी दीपा राय जानती है कि केवल डॉक्टर और कानून के डर से वह गर्भ में ही मार डाले जाने से बच गई। लेकिन घर में हर कदम पर मार-पीट कर उसे यह अच्छी तरह समझा दिया गया कि वह लड़का नहीं करमजली लड़की है और उसे हर पल अपनी औकात में रहना चाहिए। इसकी दुर्गा दीदी मरती बेशक पीलिया से है, लेकिन मृत्यु का वास्तविक कारण तो परिवार द्वारा की गई उसकी उपेक्षा और समुचित इलाज का न होना ही है। इस नाटक की संरचना ओलम्पिक्स खेलों की रिले रेस की तरह है, जहाँ अपने हिस्से की दौड़ के बाद खिलाड़ी (धावक) मशाल दूसरे खिलाड़ी के हाथ में दे देता है। नाटकीय कार्य-व्यापार की यह मशाल दीपा से वर्षा पोटे के पास आती है। इसने माँ को पिता के हाथों पिटते भी देखा है और परित्यक्ता शोभा काकू को अपमान-तिरस्कार में घुट-घुटकर आत्महत्या करते भी। वर्षा-जिग्नेश-अमृत के सम्बन्धों के माध्यम से रूढ़िग्रस्त समाज के धनी युवा-वर्ग की तथाकथित आधुनिकता का घिनौना चेहरा और डरी हुई स्त्री का दर्द उजागर होता है। बारह-तेरह साल की कच्ची उम्र में अपने से दस साल बड़े वकील से ब्याही गई सुल्ताना का अपने पति द्वारा किया गया बलात्कार, बीस साल की उम्र तक लड़का न पैदा करने के जुर्म में चार बेटियों के साथ तलाक और घर से निकाला जाना, माँ और दो-दो भाइयों के होते बेसहारा होकर फुटपाथ पर रहना, दो बेटियों की मृत्यु, अपनी इज़्ज़त बचाने और भांजियों की शादियों के वक्त सम्भावित ज़िम्मेदारी से बचने के लिए भाइयों-भाभियों द्वारा सुल्ताना का एक विधुर-दकियानूस हकीम साहब से जबर्दस्ती

निकाह, उसकी बेटी सबीहा से दुश्चरित्र हकीम द्वारा बलात्कार, गुस्से से पगलाई सुल्ताना के हाथों हकीम की हत्या एवं जेल के बावजूद उसका आत्मसम्मान के लिए लड़ना और अन्ततः बच्चों की कामयाबी के साथ जीतना, दिलचस्प ही नहीं प्रेरणास्पद भी है।

लेकिन नाटक के चौथे चरित्र बबली टंडन की व्यथा-कथा के साथ लेखिका पुनः स्त्री-पीड़ा और बेबसी के स्थायी भाव पर लौट आती है। परम्परा और आधुनिकता के बीच फँसे उच्च-मध्यवर्गीय परिवार की पढ़ी-लिखी बबली भी बड़े खानदान के उच्च-पदस्थ सम्मानित पति के शराबी, दम्भी और चरित्रहीन व्यक्तित्व से छली जाकर दुखी-बेबस स्त्री की अभिशप्त नियति को ही प्राप्त होती है।

चार एकल-नाट्यों का यह कोलाज एक दिलचस्प रंग-प्रयोग है। चारों लड़कियाँ/स्त्रियाँ एक-दूसरे को पहचानती भले न हों, लेकिन एक-दूसरे को अच्छी तरह जानती ज़रूर हैं—क्योंकि स्त्री होने के नाते ये चारों पुरुष-वर्चस्ववाले क्रूर समाज में दर्द की एक ही डोर और उपेक्षा-अपमान की एक ही नियति से बँधी हैं। नाटक सवाल उठाता है कि ज़िन्दा भर रहने के लिए औरत का अन्धा, बहरा और गूँगा बन जाना क्यों ज़रूरी है? क्या उसके होने की एकमात्र सार्थकता पुरुष के अहं को तुष्ट करने और उसे सन्तुष्ट-सुखी बनाने में ही है? यह प्रश्न जायज़ भी है और ज़रूरी भी। लेकिन क्या इससे भी बड़ा और महत्त्वपूर्ण सच यह भी नहीं कि स्त्री इस परेशान करनेवाले सदियों पुराने 'नमूने' को उधेड़कर 'नया नमूना टिराई' करने के लिए लगातार कोशिश कर रही है। रफ़्तार और अनुपात चाहे कम हो, लेकिन फ़र्क़ तो निश्चय ही पड़ा है। इसलिए एक बड़ा प्रश्न यह भी है कि नाटक का अन्त दुख और निराशा से भरा क्यों? क्या सुल्ताना के विजयी-संघर्षवाले आशापूर्ण प्रसंग को अन्त मे रखने भर से नाटक के उद्देश्य एवं समग्र-प्रभाव में सकारात्मक अन्तर नहीं लाया जा सकता? चरित्रों की उम्र के क्रमिक विकास की दृष्टि से भी 26 साल की बबली को 38 साल की सुल्ताना से पहले ही आना चाहिए। चारों चरित्रों को जोड़ने की रंग-युक्ति दिलचस्प है।

सुमन और सना तथा **ऑपरेशन क्लाउडबर्स्ट** आतंकवाद और साम्प्रदायिक दंगों पर आधारित हमारे आज और समाज की ज्वलन्त समस्याओं के आईने हैं। आईना अच्छे-बुरे चेहरे को हू-ब-हू दिखाता है। लेकिन यथार्थ का यथातथ्य चित्रण बड़ी रचना नहीं बनाता। देर और दूर तक प्रभावित करनेवाली कृतियाँ तथ्य को सत्य बनाकर और यथार्थ की बाहरी ठोस परत को भेदकर ही पाठक-दर्शक के मन-मस्तिष्क को उद्वेलित कर पाती हैं। **सुमन और सना** जेहाद के नाम पर कश्मीरी और हिन्दुत्व के नाम पर गुजरात के सरकारी आतंकवाद की मारकाट और किसी तरह उस अग्नि कुंड से बच निकले हिन्दू-मुस्लिम शरणार्थियों की यकसाँ त्रासदी तथा अन्तहीन

अनिश्चित नियति को एक साथ पेश करता है। नाटक दो भागों में बँटा है। पहला हिस्सा जम्मू के बाहर कब्रिस्तान के कैम्प में रखे गए विस्थापित कश्मीरियों के जीवन पर केन्द्रित है। दूसरे भाग में अहमदाबाद के शाहआलम शरणार्थी शिविर में रह रहे गुजराती मुसलमानों की बदहाल ज़िन्दगी की तस्वीर है। कश्मीर की सुमन और गुजरात की सना एक छोटी मासूम लड़की के दो नाम हैं और ये निःसहाय लड़की है—इनसानियत। ये नाटक अपने ही घर में बेवजह मारे गए बेशुमार बेगुनाह लोगों के खून से लथपथ और अपने ही देश में शरणार्थी बन शिविरों में आतंक और यादों के साए में जीने को मजबूर आम लोगों की उपेक्षित-अपमानित ज़िन्दगियों की झलकियाँ पेश करता है। झलकियों को कोरस से जोड़ा गया है। लेकिन जुड़कर भी वह एक सुगठित नाटक नहीं बन पाता। न संरचना में कोई गति और उठान है और न चरित्रों की अलग पहचान ही प्रतिष्ठित हो पाती है। बेशक घटनाएँ सच्ची हैं और चरित्र वास्तविक लेकिन अख़बार, रेडियो, टी.वी. और कई फिल्मों में ये सारी घृणा, नृशंसता, अमानवीयता और दुख इतनी बार पढ़े, सुने और देखे जा चुके हैं कि उनका ये सपाट प्रस्तुतीकरण अब संवेदना और मन को उद्वेलित नहीं कर पाता।

पहले प्रकरण के अन्त में नन्द ऋषि और सूफ़ी-पीर शायरा *ललद्यत* के माध्यम से दूसरे प्रकरण के अन्त में भगवान कृष्ण को मंच पर लाकर फैंटेसी के ज़रिए वर्तमान के इस घुप्प अँधेरे में भविष्य की रोशन किरण की एक अविश्वसनीय-सी उम्मीद के साथ नाटक खत्म होता है।

पात्रों की इतनी भीड़ है कि उसमें सुमन और सना का चरित्र भी केन्द्रीय नहीं बन पाता। फ़्लैश बैक दृश्य काफ़ी बनावटी और कमज़ोर हैं।

'सुमन और सना' के मुकाबले असम के आतंकवाद पर आधारित **ऑपरेशन क्लाउडबर्स्ट** बेहतर नाटक है। आतंकवादियों के छोड़े हुए एक उजड़े-से कैम्प के एक ही दृश्य-बन्ध पर पूरे नाट्य-क्रियाकलाप को दिखाना और सामान्य असम निवासियों तथा हिन्दुस्तानी फ़ौज की अन्तर्निहित कुंठित भावनाओं की अनेक पर्तों को मंच पर सफलता से उद्घाटित कर देना लेखिका की कल्पनाशीलता एवं रंग-कुशलता का प्रमाण है। अलग-अलग धर्म, भाषा और प्रदेश के छह चरित्र भारतीय फौज का प्रतिनिधित्व करते हैं और पति एवं पुत्र को खो चुकी ग़रीब मोरोमी तथा उसकी बीमार बच्ची मातू असम निवासियों का। सबका चरित्रांकन स्पष्ट और गहरी अन्तर्दृष्टि से किया गया है। नाटक अल्फ़ा उग्रवाद को कश्मीर, ऑपरेशन ब्लू स्टार, चौरासी के दंगों, कारगिल, गुजरात और अमरीका-ईरान से जोड़कर देखता है और व्यापक सन्दर्भ में आतंकवाद के मूल कारणों एवं समस्याओं को खोजने का गम्भीर प्रयास भी करता है। मोरोमी के मन में भारतीय फ़ौज के प्रति घृणा,

भय, आक्रोश और अविश्वास के सही या गलत—अपने कारण हैं। तमाम खूबियों के बावजूद व्यक्तिगत-पारिवारिक जीवन और अविराम तनावग्रस्त ड्यूटी के कारण भारतीय सैनिकों के भी अपने असन्तोष, संशय और अन्तर्विरोध हैं। कुछ सच और झूठ दोनों ओर है। संवाद और सद्भाव से ही समाधान सम्भव है। मोरोमी का तर्क निराधार और बेमानी नहीं कि 'इंडिया में किसी को मालूम भी है कि नॉर्थ-ईस्ट में कितनी स्टेट पड़ती हैं। असम और मेघालय, शिलॉन्ग और इम्फ़ाल कहाँ हैं, कौन किसकी राजधानी है? आज़ादी के बाद किसी गवर्नमेंट ने इस तरफ़ ध्यान ही नहीं दिया। देखा भी नहीं।' ऐसी धारणाओं के पीछे भ्रष्टाचार, दुष्प्रचार और अफ़वाहों का भी बड़ा हाथ है। परिस्थितिवश उसका सामना भारतीय फ़ौज के ईमानदार, सच्चे न्यायप्रिय, संवेदनशील और मानवीय रूप से होता है। सत्य का यह साक्षात्कार उसकी पूर्वाग्रही सोच को आमूल-चूल बदल देता है। उनके प्राणों की रक्षा के लिए स्वयं को कुर्बान करनेवाले भारतीय सैनिकों के प्रति सम्मान और आभार व्यक्त करने के लिए दोनों माँ-बेटी 'शहीद पहाड़ी' पर आकर अन्त में श्रद्धांजलि अर्पित करना—यह पूरी तरह भावुकतापूर्ण, अतिनाटकीय और आदर्शवादी अन्त है। परन्तु इस प्रकार के नाटकों का ऐसा अन्त मजबूरी भी होता है और ज़रूरी भी। विभिन्न चरित्रों के अनुकूल नाटक में अंग्रेजी, पंजाबी, उर्दू, हरियाणवी, बांग्ला, मराठी और असमी भाषा के वाक्यों, शब्दों या अन्दाजे-बयाँ का सार्थक प्रयोग किया गया है। संवाद अत्यन्त चुटीले, संक्षिप्त और जीवन्त हैं तथा परिवेश विश्वसनीय। 'ऑपरेशन क्लाउडबर्स्ट' एक उपेक्षित किन्तु प्रासंगिक विषय पर एक ज़रूरी और प्रभावशाली नाटक है।

हम सभी जानते हैं कि हिन्दी नाटकों के अधिकांश निर्देशक अपनी तैयारी अंग्रेजी में ही करते हैं। लेकिन आलेख को छपवाते वक्त यदि निर्देश हिन्दी में कर दिए जाएँ या कम-से-कम उन्हें देवनागरी में ही छपवाया जाए तो अच्छा होगा। इस तरह के प्रस्तुत आलेखों का प्रकाशन एक अच्छी प्रवृत्ति है।

शाहिद अनवर

युवा रंगकर्मी और थिएटर एक्टीविस्ट शाहिद अनवर वामपन्थी विचारधारा के प्रतिबद्ध एवं प्रबुद्ध रचनाकार हैं। पटना विश्वविद्यालय से अंग्रेजी में एम.ए. करनेवाले शाहिद हिन्दी-उर्दू में समान अधिकार से कहानियाँ और नाट्य-समीक्षाएँ लिखते रहे हैं। यह मुख्यतः जवाहरलाल नेहरू विश्वविद्यालय छात्रों के नाट्य-दल 'बहरूप' के संस्थापक एवं सतत सक्रिय सदस्यों में शामिल रहे हैं। शाहिद अनवर ने अनेक महत्त्वपूर्ण भारतीय एवं विदेशी नाटकों के श्रेष्ठ अनुवाद/रूपान्तर भी किए हैं जिनमें महेश दात्तानी के **फ़ाइनल सोल्यूशन्स** तथा **डियर डायरी** बादल सरकार के 'तीसवीं शताब्दी' का **8/6,** डारियो फ़ो का **तो शेरनी ने कहा,** जसवीर सिंह भुल्लर की पंजाबी कहानी का हिन्दी नाट्य-रूपान्तर **रीछ गान,** असगर वजाहत की कहानी **नहीं चाहिए हमें** पर आधारित इसी नाम से नुक्कड़-नाट्य रूपान्तर, इन्दिरा पार्थ सारिथी के **औरंगजेब** और **कारेल चैपक** के **आर.यू.आर.** का अनुवाद प्रमुख हैं। ये सभी अनुवाद/रूपान्तर दिल्ली में विभिन्न नाट्य-संस्थाओं द्वारा मंचित किए जा चुके हैं।

शाहिद अनवर का पहला मौलिक नाटक **सूपना का सपना** सन् 2002 में लिखा और खेला गया। यह 2003 के 'भारत रंग महोत्सव' में भी प्रदर्शित हुआ। ज़मीदारीवाले जमाने के ग्राम्य परिवेश के इस नाटक का ईमानदार, गँवार और भोला/मूर्ख केन्द्रीय चरित्र सूपना को नक्सली करार देकर ठाकुर इसलिए फाँसी पर चढ़वा देता है क्योंकि उसे गरीब आदमी का आत्मसम्मान से जीना तो दूर अपनी इच्छा का सपना देखना भी गवारा नहीं है। **ग़ैर-ज़रूरी लोग** शीर्षक से इनके तीन नाटकों (ग़ैर-ज़रूरी लोग, सूपना का सपना, तो शेरनी ने कहा) का संग्रह उर्दू में 2004 तथा हिन्दी में 2005 में प्रकाशित हुआ। **हमारे समय में** शाहिद अनवर का नया नाटक है।

शाहिद अनवर एक प्रखर राजनीतिक नाटककार हैं। लेकिन नुक्कड़ नाटक करने के बावजूद वह अपने नाटकों में इसकी मुखर भाषणबाज़ी, नारेबाज़ी और सपाट- बयानी से बचते हुए अपने मन्तव्य को नाटक की स्थितियों, संरचना तथा उसके चरित्रों में बड़ी कलात्मकता से पिरो देते हैं। इनके ये तीनों मौलिक नाटक

अलग-अलग रूप-रंग और मुहावरे के बावजूद एक ध्रुवीय दुनिया के खतरों के प्रति दर्शक-पाठक को सावधान करते हैं। इनकी जीवन्त नाट्य-भाषा चरित्रों के अनुरूप कभी हरकत भरी बोली, कभी छद्म-बौद्धिकता का मुखौटा पहने अंग्रेजी और कभी बोलचाल की बहुअर्थगर्भी हिन्दी के विभिन्न रूप ग्रहण करती चलती है। इनकी वाग्विदग्धता इनके संवादों की जान है।

ग़ैर-ज़रूरी लोग यूँ तो सआदत हसन मंटो की सुप्रसिद्ध एवं बहुमंचित कहानी 'टोबा टेक सिंह' और 'बाबू गोपीनाथ', 'हतक', 'पैरन', 'आखरी सैल्यूट' एवं 'मम्मी' नामक छह कहानियों पर आधारित एक नाट्य-रूपान्तर ही है। लेकिन जिस तरह इन सभी कहानियों को हामिद जलाल के ज़रिए एक सूत्र में पिरोया है, वह किसी मौलिक रचना से कम नहीं है। 'ग़ैर-ज़रूरी लोग' का केन्द्र 'टोबा टेक सिंह' का नीमपागल चरित्र बिशन सिंह है। हामिद जलाल मंटो का भानजा और उसका अदबी वारिस होने के साथ-साथ वह कहानियों का सूत्रधार, स्वयं मंटो, और कई जगह (जैसे माधो) दूसरे चरित्रों की भूमिका भी निभाता है। क़लम और ज़िन्दगी की आपस में बन क्यों नहीं पाती? ये सवाल हामिद का भी है, मंटो का भी और हम सबका भी। ये सवाल अतीत का भी है, वर्तमान का भी और भविष्य का भी। मानवीय दृष्टि से कई ज़रूरी सवाल ऐसे हैं, जिनका जवाब कोई नहीं जानता, यानी सभी जानते हैं इसलिए उनका न पूछा जाना ही बेहतर है। इसीलिए हामिद जलाल बिशन सिंह से कहता है कि, ''...देखो अब मुझसे कुछ पूछना मत...मुझसे पूछना मत कि सौगन्धी जिस्म क्यों बेचती है...और अगर जिस्म बेचती है तो उसे माधो से प्यार कैसे हो गया? और माधो उससे प्यार करता था तो फिर उसको बग़ैर किसी हिचकिचाहट के धोखा क्यों देता था? रामलाल दलाली क्यों करता था?...और वह ऊँह करनेवाला सेठ क्या सौगन्धी से ज्यादा खूबसूरत था? मुझसे कुछ भी नहीं पूछना...मैं तो बस इतना जानता हूँ कि जब सौगन्धी की समझ में कुछ नहीं आया तो उसने अपने खा़रिशज़दा कुत्ते को गोद में उठाया, सागवान के चौड़े पलंग तक गई, कुत्ते को पहलू में लिटाया...और सो गई...(मौन) लेकिन बाबू गोपीनाथ तो वह भी नहीं कर सका ...क्योंकि उसके पास अपना न तो कुत्ता था और ना ही सागवान का कोई चौड़ा पलंग... ।'' ये मंटो ही है जो पीर के मज़ार और रंडी के कोठे में कोई फर्क नहीं समझता। बूढ़ी दल्लाला (मम्मी) के चरित्र के सामने तो सन्त-महात्मा भी बौने लगते हैं। दृश्य आठ में वाघा बॉर्डर के इस ओर रबनवाज़ है और उस तरफ रामसिंह। दोनों बचपन के लँगोटिया यार। दोनों की दोस्ती एक मिसाल है। लेकिन बरसों बाद मिले दोस्त की सूरत देखने के लिए जब रामसिंह सिर ऊँचा करता है तो एक बन्दूक की गोली बीच में आ जाती है क्योंकि वह 'भूल ही गया कि यह जंग है...जंग।' हामिद जलाल की मार्फ़त मंटो अपना मुल्क और उसमें अपनी जगह तलाशते हुए कहते हैं, ''दरअसल

मेरे मुल्क की वह आबादी, जो मोटरकारों में घूमती है, मेरा मुल्क नहीं...मेरा मुल्क वह है जिसमें मुझ जैसे बल्कि मुझसे भी बदतर मुफ़लिस बसते हैं और मेरी मुश्किल यह है कि यह आबादी इधर भी है (सरहद के उस पार का संकेत करते हुए)...और उधर भी...यहाँ भी है और वहाँ भी...इसलिए मेरे मुल्क का...मेरे अपने मुल्क का कोई नक्शा नहीं... ।'' शायद इसीलिए बिशन सिंह के साथ-साथ इस नाटक के सभी पात्र—ग़ैर- ज़रूरी लोग—'नो मैंस लैंड' के भीतर आ जाते हैं। इनके लिए न इस मुल्क में कोई जगह है न उस मुल्क में। विडम्बना यह है कि दोनों मुल्कों की सरहदें सिकुड़ती जा रही हैं और 'नो मैंस लैंड' का आकार बढ़ता जा रहा है। पूरा मंच अन्ततः 'नो मैंस लैंड' में बदल जाता है। लेकिन इसके बावजूद नाटककार को फ़ैज़ अहमद 'फ़ैज़' की तरह यह उम्मीद है कि—

''हम देखेंगे
लाज़िम है कि हम भी देखेंगे
वह दिन केः जिसका वादा है
जो लौह-ए-अज़ल पे लिक्खा है
जब ज़ुल्म-ओ सितम के कोहे गिराँ
रुई की तरह उड़ जाएँगे
...
जब ताज उछाले जाएँगे
जब तख़्त गिराए जाएँगे
...
उठेगा अनहलक का नारा
जो मैं भी हूँ और तुम भी हो
और राज करेगी ख़ल्क-ए-खुदा
जो मैं भी हूँ और तुम भी हो।''

आठवाँ दृश्य इस नाट्य-रूपान्तर के अन्य दृश्यों की समस्या और विषय से मेल नहीं खाता—हालाँकि नाटककार ने इसी दृश्य के माध्यम से ये दिखाया है कि किस तरह दो मुल्कों की आपसी जंग में सिपाही सियासत के ग़ैर-जरूरी लोगों की तरह युद्ध की आग में झोंक दिए जाते हैं। कश्मीर का सन्दर्भ नाटक को एक नया और बड़ा आयाम देता है। ये अलग बात है कि वह अन्य कहानियों से पूरी तरह मेल नहीं खाता। यूँ अपने आपमें ये कहानी और इसके चरित्र और संवाद बेहद मार्मिक हैं। रामसिंह और रबनवाज़ की पुरानी स्मृतियाँ 'उसने कहा था' की याद ताज़ा कर देती हैं और परस्पर दी गई गालियाँ शब्दकोश एवं भाषा विज्ञान को ग़ैर-ज़रूरी बना देती हैं। उनसे आत्मीयता और प्यार को वो बुलन्दी मिलती है जो और किसी भी

तरह मुमकिन नहीं थी। वहीं दोस्ती रामसिंह की मौत को गहरी त्रासदी का स्तर प्रदान करती है। उसी दोस्ती के कारण जंग रिश्तों और इनसानियत की हत्यारिन बना देती है। पैरन और ब्रज मोहन का नहूसत का रिश्ता, मम्मी की गज़ालत और पाकीज़गी, रखैल ज़ीनत के भविष्य को लेकर गोपीनाथ की चिन्ता, उनके रिश्तों की पवित्रता, सौगन्धी और माधो के विचित्र सम्बन्ध सभी प्रसंग एक बड़े मनोवैज्ञानिक सत्य और मानवीय सम्बन्धों की पेचीदगियों की ओर इशारा करते हैं। लेकिन हामिद जलाल और बिशन सिंह का बहुविध एवं नाटकीय इस्तेमाल सचमुच रूपान्तर की रचनात्मकता को लाजवाब सिद्ध करते हैं।

सूपना का सपना जिसे हबीब तनवीर ठीक ही 'सूपनवा का सपना' कहना ज़्यादा पसन्द करते थे, सिर्फ़ म्यूज़िकल होने के नाते ही नहीं बल्कि बाबू साहेब के सामने उसकी मामूली हैसियत एवं घसीटा, मंगलू, कन्छेदिया, प्रसादी इत्यादि के साथ उसके वर्ग-चरित्र की संगति भी अधिक बैठती है। काल-कोश और इतिहास पर केवल सत्ताधारियों का ही एकाधिकार रहा है। आम आदमी और सामान्य समाज को कभी उसके हाशिए पर भी जगह नहीं दी गई। सूपना अपने भोलेपन, बाकी इतिहास और दूसरी परम्परा की बात करने लगता है तो स्वभावतः भूचाल-सा आ जाता है। गाँव के मालगुज़ार बाबू साहेब ने अपने वंश का लेखा-जोखा और साजो-सामान कालकोश में बन्द करके ज़मीन में गड़वाने की योजना बनाई है, जिससे कि भविष्य में उनका समय 'सुवर्ण युग' कहा जा सके। परन्तु ठीक उसी समय सूपना ये सवाल उठा देता है कि इसमें 'हम सब' का नाम भी लिखा जाना चाहिए क्योंकि—

"हमरे बगैर हमरा जुग सुवर्ण जुग कैसे हो सकता है?" बाबू साहेब के परामर्शदाता और कर्ता-धर्ता सलाहीराम उसे डाँटकर ये कहता है कि, "तेरे बाप-दादा ने कौन कारनामा किया है रे?" तो दोनों पक्षों के बीच एक बहस छिड़ जाती है, जिसमें इतिहास के अन्याय और कालकोशों की बेईमानी स्पष्ट होने लगती है। बहस का ये अंश द्रष्टव्य है—

बाबू साहेब—अब हमरे खानदान के साथ खेतजुतवा सबका नाम भी जाएगा?

सूपना—नहीं...अउर लोग का नाम भी जाएगा।

सलाहीराम—अउर लोग?

सूपना—हाँ!...ई घसीटा का नाम भी जाएगा...एके बाप-दादा बर्तन नहीं बनाते तो अभियो ठेकरे में खा रहे होते हम लोग...ई जगनवा का नाम भी जाएगा। एकी तरह एके बाप-दादा भी बाल काटते थे। ई सोचनेवाली बात है कि अगर जगनवा के बाप-दादा नहीं होते तो ई गाँव में एक्को आदमी नहीं दिखाई देता...खाली भालू दिखाई देता...भालू...हम तो ई कहते हैं कि हम सबके बगैर ई जुग बैसिए है जैसे सूवर का गू...न लीपे का न पोते का।

बाबू साहेब—साले...हरामी...हमको सूवर का गू कहता है...हम बताते हैं का होता है सूवर का गू।

और ज़ाहिर है बाबू साहेब सूपना पर अपना कुत्ता टैगरवा (टाइगर) छोड़ देते हैं। नाटक में हँसी-मज़ाक के अनेक प्रसंग हैं, जैसे—सूपना के ब्याह का प्रसंग, बुधना का भगजोगनी प्रसंग, माया मास्टरनी, छटंकी-सूपना, सूपना का शहर से बाबू साहब बन के गाँव लौटना और टाइगर को काला चश्मा पहनाकर वापस भेजना...और उसे देखकर बाबू साहेब का आगबबूला होने जैसे व्यंग्य-हास्य और गँवई मजाक के कई प्रसंग हैं।

हल्के हँसी-मज़ाक और आपसी छेड़छाड़ से होता हुआ नाटक तब गम्भीर रूप ले लेता है जब पड़ोस के गाँवों से नक्सली हिंसा की खबर बाबू साहेब को मिलती है। भीतर से डरे हुए बाबू साहब गाँव में भाईचारे और शान्ति बनाए रखने की अपील करते हैं। तभी सूपना शहर से गाँव वापस आता है और उससे बेवजह भयभीत होकर एक षड्यन्त्र के तहत उसे नैक्सेलाइट करार देकर पुलिस से पकड़वाकर अन्ततः फाँसी के फन्दे तक पहुँचवा देते हैं।

नाटककार ने पुलिस तन्त्र की मक्कारी, बेईमानी, कमीनगी और क्रूरता को भी अच्छी तरह बेपर्दा किया है।

पहली नजर में ये नाटक चीन के सुप्रसिद्ध विचारक-रचनाकार लू शुन की कृति 'आ क्यू की सच्ची कहानी' से प्रभावित अथवा प्रेरित दिखाई देता है। लेकिन गहराई से पढ़ें-देखें तो ग़रीबी, मज़दूरी, शराबखोरी, मार-पिटाई, जागीरदारी व्यवस्था के अत्याचार से पीड़ित होकर अन्त में मर जाने जैसी स्थूल समानताओं के अलावा आ क्यू और सूपना में कोई ख़ास समानता नहीं है। सूपना अपने सीधे-सरल व्यक्तित्व के कारण विवाह के सन्दर्भ में मित्रों द्वारा मूर्ख बनाया जाता है और अपने मासूम अल्हड़पन के कारण माया मास्टरनी प्रसंग में पिटता भी है। लेकिन सूपना आ क्यू की तरह नीम-पागल नहीं है। सूपना ग़रीब है, सीधा है मगर आत्मसम्मानी, दृढ़-निश्चयी और संवेदनशील भी है। किसी हद तक वह जागरूक एवं आदर्शवादी भी है। उसके सीधेपन पर हँसी आती है और बेचारगी से सहानुभूति होती है। उसके अन्त से नाराज़गी नहीं, गुस्सा पैदा होता है। व्यवस्था (बाबू साहेब, दारोग़ा) की चालाकी, धोखेबाज़ी और ताकत के विरुद्ध कुछ करने की उत्तेजना पैदा होती है। इसकी समस्या चाहे कितनी ही सार्वभौमिक, सार्वकालिक और सनातन हो, लेकिन इसके चरित्र, उनकी भाषा और परिवेश की जड़ें बिहार के देहात की ज़मीन से बहुत गहराई से जुड़ी हैं।

दारोगा बाबू साहेब के कहने से सूपना के विरुद्ध एक पुख्ता केस बनाने में व्यस्त है और उसका मातहत पूछता है—

सिपाही—हो गया?

दारोग़ा—क्या अटके हुए टेपरिकॉर्डर की तरह बज रहे हो?...अरे कोई रेप केस है कि चोली-सलवार को सिल-बन्द किया और बस, केस खत्म!...सूली पर चढ़ाने से पहले एगो फन्दा तैयार करना पड़ता है। फिर उसको कसना पड़ता है। एकदम टाइट।

सिपाही—समझ गया।

दारोग़ा—का समझ गए?

सिपाही—यही कि गोली मारने से पहले चिल्लाना पड़ता है—'बचाओ! बचाओ!'

दारोग़ा—हाँ!

सिपाही—लेकिन एगो बात अभियो समझ में नहीं आई!

दारोगा—का?

सिपाही—आखिर बाबू साहेब जैसे लोगों को का जरूरत पड़ गई ई मरियल का इतना बन्दोबस्त करने की?

दारोगा—रिजरवेसन से आए हो का?

सिपाही—नहीं सर! एकदम परोपर (प्रॉपर) हैं।

दारोग़ा—फिर काहे नहीं समझते?...फन्दे के लिए एगो गर्दन चाहिए कि नहीं?

सत्ताधारी और पुलिस-तन्त्र के इस गठजोड़ और घिनौने-अमानवीय चरित्र पर इससे स्पष्ट टिप्पणी क्या हो सकती है? यूँ तो मुठभेड़ और जेलों के भीतर 'अपराधियों' के मरने की खबरें अब चौंकाती नहीं हैं। लेकिन केस बनाकर न्यायालय से सज़ा दिलवाने के खेल में भी कौन खिलाड़ी किसके इशारे पर क्या खेल खेल रहा है—ये कहना मुश्किल है।

सूपना का सपना का अन्त इतना मार्मिक, विडम्बनापूर्ण और प्रभावशाली है कि अपने आपमें एक पूरा नाटक ही कहा जा सकता है। जेलर द्वारा फाँसी से पहले सूपना से उसकी 'आखरी ख्वाहिश' पूछे जाने पर सूपना का सलाहीराम के साथ बैठकर एक बीड़ी पीने की इच्छा और उसे सुनाते हुए बनरसिया के कुत्तवा को दौड़ा-दौड़ाकर अधमरा करने, बेहया पऊदा और माई को याद करते हुए कहना कि—''आखिर हमारा कुसूर का था? यही न कि हम भी एगो सपना देखे थे कि हम भी अपना कालकोष गाड़ेंगे, लोग-बाग को बताएँगे कि हमरे जुग में खाली बाबू साहेब लोग नहीं थे, हम भी थे, मगर का हसर किया ससुरों ने हमरे सपने का। खैर! हमरा जो हसर हुवा सो हुवा...मगर हम एक बात जान गए हैं...कि बाबू साहेब लोग हमरे सपने से भी डरते हैं...और ई बात हमको तब समझ में आई जब...'

माधव सिंह—समय खतम हुआ!''

हमारे समय का सबसे बड़ा और दुखद सच ये है कि समय ख़त्म होने से पहले सत्ताधारी कभी अपना असली चेहरा नहीं देखने देता और अपनी दुस्सासिकता के बल पर जो वक्त से पहले उसका चेहरा पहचान लेता है तो

उसका समय वहीं खत्म कर दिया जाता है।

नाटककार हँसी को सहानुभूति और सहानुभूति को करुणा में बदलने की कला में प्रवीण है। तकनीक और सम्पादन में महारत का एक उदाहरण द्रष्टव्य है। अन्तिम दृश्य में मंच के बाएँ भाग में पुलिस-चौकी है। नाटककार का रंग-निर्देश है—'मंच के इस भाग में झटके से फ़ेड-आउट। दाएँ भाग में प्रकाश। जेल।' अन्त में प्रकाशित फाँसी का फन्दा और उसकी ओर जाता बेगुनाह सूपना—यह विचलित एवं उद्वेलित करनेवाला अन्त है।

...तो शेरनी ने कहा डारियो फ़ो के एकपात्री नाटक 'द स्टोरी ऑफ़ द टाइगर' का मुक्त अनुवाद है। युद्ध का एक घायल फौजी, जिसे उसके साथी अकेला छोड़कर आगे निकल गए हैं। वह अपनी जिजीविषा के बल पर आँधी-तूफान का सामना करते हुए और उफनती नदी को पार करके एक गुफ़ा में जा पहुँचता है। वह गुफ़ा एक शेरनी और उसके दो बच्चों की है। पेट में पानी भर जाने से एक बच्चा मर जाता है। शेरनी के थनों में दूध भरा हुआ है। वह फौजी को एक बच्चे की तरह अपना दूध पिलाती है और चाट-चाटकर उसका घाव भी ठीक कर देती है। परन्तु अन्ततः राजनीतिज्ञ और सामाजिक नेता उससे अपना काम निकलवाकर शेरनी को अजायबघर या चिड़ियाघर में बन्द करके नुमाइश और मनोरंजन की चीज़ बनाकर छोड़ देते हैं।

कथ्य की दृष्टि से डारियो फ़ो के अन्य नाटकों की तरह ये भी एक राजनीतिक-सामाजिक व्यंग्यात्मक कॉमेडी है। नाटककार हमें बताना चाहता है कि खूँखार जंगली जानवर तो इनसानी रिश्ते बना और निभा सकते हैं, लेकिन किसी आदमी से ऐसी उम्मीद नहीं की जा सकती। शिल्प की दृष्टि से यह एकपात्रीय एकालाप है। कहानी कहने और उसे अभिनीत करके दिखाने की दोहरी चुनौती इसमें है। इसे प्रदर्शित करने के लिए एक महान अभिनेता की दरकार है। एक ही कलाकार को शेरनी भी बनना है, उसका दूध पीनेवाला फौजी भी और शेरनी भी। उसके बच्चे से अपने रिश्ते भी अभिनीत करके दिखाने है। मांस पकाने की प्रक्रिया में सारी चीजों को इकट्ठा करना, गोश्त पकाना, उसके छोटे टुकड़े शेरनी के बच्चे की तरफ फेंकना, शेरनी का ममत्व, उसका डरना, हाँफना इत्यादि के साथ-साथ फ़ौजी साथियों, नेताओं और गाँव के लोगों तथा नकली शेर बनने जैसी कई भूमिकाएँ एक साथ एक ही अभिनेता को निभानी हैं। शायद यह बेहद मुश्किल चुनौती ही है कि सोलो परफ़ॉरमेंस की अत्यधिक लोकप्रियता के इस रंगमंचीय दौर में भी किसी भारतीय अभिनेता-निर्देशक ने इसे प्रस्तुत करने का साहस नहीं दिखाया है। यहाँ वास्तविक चुनौती भाषा की नहीं, अभिनय की है। शाहिद अनवर ने यहाँ बोलचाल की प्रवाहपूर्ण जीवन्त भाषा का प्रयोग किया है। वाचिक संवाद तो हैं ही, कोष्ठक के रंग-निर्देश भी उतने ही ज़रूरी एवं महत्त्वपूर्ण हैं।

शाहिद अनवर का नया नाटक **बी-थ्री** 2005 में अभिमंचित हुआ और 2007

में प्रकाशित। यह नाटक रैजीमेंटन ऑफ़ माइंड के भयंकर ख़तरों और परिणामों को रेखांकित करता है। नाटककार का मानना है कि फ़ासीवाद के कीटाणु हर समय हर जगह मौजूद रहते हैं। उन्हें पहचानना, नियन्त्रित करना या ख़त्म कर देना—हर प्रबुद्ध समाज की नैतिक और बुनियादी ज़िम्मेदारी होती है। हमारा आज का समाज भी इस तरह के कई प्रत्यक्ष या अप्रत्यक्ष ख़तरों से घिरा है और हमें इस चुनौती का साहस तथा सूझ-बूझ से मुकाबला करना है।

बी-थ्री का अर्थ है—'ब्लैक बोर्ड ब्रिगेड' यानी बी.बी.बी अर्थात् बी-थ्री।

नाटक का आरम्भ छात्रों के शोरगुल, हँसी-मज़ाक और अराजक व्यवहार से होता है। मीटिंग में कॉलेज प्रिंसिपल के मामूली विरोध के बावजूद डायरेक्टर सिद्धान्ततः यह मानते हुए भी कि गरीबों को हाई, हायर और हाइयेस्ट शिक्षा मिलनी चाहिए। व्यवहारतः उसका तर्क है कि, "जब होटल में खाना मुफ़्त नहीं मिलता, दुकान में कपड़ा मुफ़्त नहीं मिलता, देश में मकान मुफ़्त नहीं मिलता तो फिर कॉलेज में एजूकेशन मुफ़्त क्यों मिले?" उसे समाज-कल्याण, मानवीयता और उसके मूल्यों से कुछ लेना-देना नहीं है। वह कॉलेज को सिर्फ़ पैसा कमाने की एक दुकान भर समझता है। इसलिए वह अमरीकन, जापानी और इज़ाराइली निजी कम्पनियों के लिए कॉलेज के द्वार बेझिझक खोल देता है। चेयर, स्पांसरशिप और फ़ेलोशिप देकर याकी-सूवा (खाने की एक जापानी डिश) इवेंट मैनेजमेंट के नाम पर अमरीकी 'याकीज़ स्पेशल' (एक साबुन) और फ़ेलोशिप के बहाने इज़राइली अपने राडार का प्रचार करना चाहते हैं। कुल मिलाकर ये भारतीय बाज़ार पर कब्ज़ा करना चाहते हैं। पिछले दिनों हमारी केन्द्रीय साहित्य अकादमी ने जापानी व्यावसायिक कम्पनी सैमसंग द्वारा प्रायोजित रवीन्द्रनाथ टैगोर के नाम से सात साहित्यकारों को पुरस्कार बाँटे। यह हमारे आत्मसम्मान और स्वायत्तता पर सीधी चोट है। कल कोई कम्पनी 'भारतरत्न' को प्रायोजित करने लगेगी, तब हम क्या कहेंगे/करेंगे? साहित्य और अन्य कलाओं के क्षेत्र में उनकी भागीदारी/तानाशाही के लिए तो हमारी सरकार लगभग सहमति दे ही चुकी है। शाहिद अनवर के सूक्ष्म संवेदन-तंत्र ने पूँजीवादी हस्तक्षेप के पिछले दरवाज़े से घुसने के इस मोहक-निरापद षड्यंत्र को लगभग पाँच साल पहले ही पहचान लिया था। **बी-3** का यह दृश्य कल तक जो एक मज़ाकिया-सा हास्यास्पद प्रसंग/दृश्य मात्र लगता था, आश्चर्य होता है यह देखकर कि सिर्फ़ चार-पाँच साल के भीतर ही वह हमारे आज के सामने एक मोहक-षड्यंत्र के रूप में चुनौती बनकर खड़ा है। क्या **बी-3** हमें समय रहते ये चेतावनी नहीं दे रहा है कि हम जैसे भी हो, अपनी संस्कृति, कला, साहित्य और शिक्षा को इन चालाक विदेशियों के हाथों में जाने से बचा लें? इन्हें बाज़ार में नीलाम होने से रोकें। इनकी डालियाँ-पत्तियाँ ही नहीं, जड़ें ही काट देनी होंगी। ये प्रकारान्तर से पूँजीवादी साम्राज्यवाद है, जिसे हम

सहर्ष स्वीकार कर रहे हैं। यह इस नाटक का एक स्तर है।

दूसरे स्तर पर नाटक फ़ासीवाद की बुनियादी प्रक्रिया का खुलासा करता है। इतिहास का प्राध्यापक एस.पी. छात्रों को हिटलर और उसके क्रूर नरसंहार को अच्छी तरह समझाने के लिए हिटलर पर एक फिल्म दिखाता है। एस.पी. उन्हें बताता है कि देश की कुल जनसंख्या के केवल दस प्रतिशत जर्मन ही नाज़ी थे। इसके बावजूद उनके हाथों जर्मनी के लगभग एक करोड़ मर्द, औरत और बच्चे गैस चैम्बर में झोंक दिए गए और उनकी हड्डियों के चूरे से साबुन बना डाले गए। छात्रों को इस अध्ययन की सार्थकता एवं प्रासंगिकता समझाते हुए एस.पी. कहता है कि, "हिस्ट्री सिर्फ वह नहीं जो बीत गया, हिस्ट्री वह भी है जो बीत रहा है...जो 'बीत रहा है' उसको, जो 'बीत गया' उसकी चपेट से बचाने के लिए जरूरी है...।" इतिहास हमें सतर्क करता है कि जो वहाँ हुआ वह यहाँ न हो और जो तब हुआ वह अब न हो। छात्रों को यह अकल्पनीय लगता है कि आधुनिक प्रजातन्त्र और अभिव्यक्ति की पूरी स्वतन्त्रतावाले हमारे देश में भी ऐसा कुछ हो सकता है। वे यह मानने को तैयार नहीं कि 'यूनिटी, डिसिप्लिन और स्ट्रेंग्थ' का नारा, श्रेष्ठता के दम्भ और झूठे देश-प्रेम के नाम पर कहीं भी कभी भी उस कलंकित इतिहास को दोहराया जा सकता है।

अपने छात्रों को अपनी बात की सत्यता का एहसास कराने के उद्देश्य से एस.पी. एक प्रयोग करता है। वह खेल-खेल में उन्हें अनुशासन और एकजुटता का पाठ पढ़ाता है। कुछ ही दिनों में वह उन्हें मिलिटरी कमांड देता है और वे नए रँगरूटों की तरह उसे मानते हैं। पहले स्पीड ड्रिल, फिर फ़ोकस ड्रिल और फिर नोआएज़ ड्रिल के जरिए एस.पी. उन्हें 'यूनिफार्म कोड और बिहेवियर' के चंगुल में फँसा लेता है। खेल-खेल में वे सहर्ष उसकी कठपुतली बन जाते हैं। फिर वह उन्हें 'व्यक्ति' से 'संगठन' में बदल देता है। इस संगठन का नाम रखा जाता है—'बी-थ्री' और इसका नारा होता है 'गर्व ही गुण है (प्राइड इज़ द ओनली वर्च्यू)।' इसी क्रम में उनका एक सैल्यूट भी बन जाता है और उनके आई-कार्ड भी तैयार हो जाते हैं। छात्रों में अकेली ओसावरी है जो इस तरह मदारी का बन्दर बनने से असहमत है। वह 'गर्व ही गुण है' का नारा मानने से इनकार करती है क्योंकि वह 'गुरूर' और 'फ़ख़्र' का अन्तर समझती है। वह 'गर्व' की जगह 'गौरव' को सही मानती है। वह अपने सहपाठी टोकस द्वारा कार्ड बाँटे जाने का भी विरोध करती है और सबके सामने अपने आई-कार्ड के टुकड़े-टुकड़े कर देती है। उधर एस.पी. की पत्नी अनुषा भी उसे इस प्रयोग के ख़तरनाक परिणामों के प्रति आगाह करती है। उसे छात्रों का गिनी-पिग की तरह इस्तेमाल किए जाने पर एतराज़ है। ब्रिगेड का एक छात्र सत्संगी मनीषा की जासूसी करने लगता है क्योंकि अपने लीडर और उसकी पत्नी अनुषा को वह

संगठन का दायित्व मानता है। यहीं आकर एस.पी. को लगता है कि उसने एक भस्मासुर पैदा कर दिया है, जो अब उसके हाथों में भी नहीं है। जिन्हें वह फ़ासिज़्म समझाने चला था, अब वे खुद थर्ड राईक बन चुके हैं। एस.पी. फैसला करता है कि वह अपना प्रयोग यहीं बन्द कर देगा और छात्रों को सब कुछ सच-सच बता देगा। वह एक अर्जेंट मीटिंग बुलाता है और कहता है कि "...याद है आपने पूछा था : 'क्या सारे जर्मन नाज़ी थे?' और मैंने कहा था : 'नहीं, सिर्फ 10 प्रतिशत जर्मन नाज़ी थे'...'फिर यह कैसे हो गया?' आपका अगला सवाल था...यह कैसे हो गया, यही बताने के लिए मुझे यह एक्सपेरीमेंट करना पड़ा...मैंने इतिहास के नाम पर सिर्फ़ अतीत दिया और आप चुप रहे...अनुशासन के नाम पर अहंकार दिया और आप चुप रहे...संगठन के नाम पर संकीर्णता दी और आप चुप रहे...इसी चुप्पी की वजह से एक करोड़ मर्द, औरत और बच्चे गैस चैम्बर्स में झोंक दिए गए जबकि जर्मनी में नाज़ियों की तादाद सिर्फ़ 10 प्रतिशत थी...अब शायद आपको अपने सवाल का जवाब मिल गया होगा...इसलिए आज से..."

परन्तु जिन्न बोतल से बाहर निकल चुका है। सत्संगी ने बिग्रेड विरोधी नारे लगाने के 'अपराध' में ओसावरी को इमारत से नीचे गिरा दिया है। वह मर चुकी है और पुलिस सत्संगी को उसकी हत्या के जुर्म में हथकड़ी लगाकर ले जा रही है। दूसरों से अलग और बड़ा दिखने की ख्वाहिश ने उसे हत्यारा बना दिया है और दुर्भाग्य ये है कि उसे अपने इस कुकृत्य का अफ़सोस भी नहीं है। कैसी विडम्बना है कि ओसावरी अकेली थी, जो इस प्रयोग के खतरे और भयंकर परिणाम को समझ रही थी और उसी की हत्या कर दी गई।

बी-थ्री एक नाटक ही नहीं एक चेतावनी है, एक मुनादी है कि हिटलर कहीं भी, कभी भी पैदा हो सकता है, मगर उसे ताकत मिलती है जनता की खामोशी से। इसलिए यह हम सबकी—समाज—की ज़िम्मेदारी है कि हम अपने स्वतन्त्र विवेक से नारों, दलों, संघों, सेनाओं, समितियों और उनकी कारगुज़ारियों पर पैनी नज़र रखें और सामान्य जन एवं जनतन्त्र विरोधी ताकतों का, चाहे वह कितने ही लुभावने रूप में हों, मुखर विरोध करें। अब चुप्पी की नहीं, चीख की ज़रूरत है। हमें धर्म, भाषा, प्रदेश, जाति इत्यादि के नाम पर बाँटकर स्वयं सत्ताधारी बननेवालों के नापाक इरादों से बचने की ही नहीं, उनका मुकाबला करने की राजनीतिक समझ और नैतिक ताकत भी हममें होनी चाहिए। कुल मिलाकर दारियो फ़ो के एकल (जिसका अनुवाद भी शाहिद ने ही किया है) 'तो शेरनी ने कहा' से दो पंक्तियाँ यहाँ उद्धृत करना चाहता हूँ कि, "आपके लिए एक वार्निंग...ख़ालिस पॉलिटिकल वार्निंग...किसी शेर को कभी भुने हुए गोश्त का मज़ा न लगने दें।"

2004 में इनके नए नाटक **हमारे समय में** को साहित्य कला परिषद द्वारा

आयोजित 'अखिल भारतीय मौलिक हिन्दी नाट्य-लेखन प्रतियोगिता' में सर्वश्रेष्ठ नाटक का प्रथम पुरस्कार और 'मोहन राकेश सम्मान' प्रदान किया गया। फिर यह 'रंग प्रसंग' में भी प्रकाशित हुआ। इसे मुश्ताक काक के निर्देशन में श्रीराम सेंटर रंगमंडल द्वारा अभिमंचित किया गया। 'हमारे समय में' का दिल्ली में ही एक अन्य प्रस्तुतीकरण के. राजेन्द्रन के निर्देशन में 'नटवा' की ओर से भी किया गया। लेकिन लगता ये है जैसे आलेख की पूरी सम्भावनाओं का उद्घाटन होना अभी शेष है। यह नाटक महानगरीय परिवेश के मीडिया से जुड़े ग्लैमरस और बौद्धिक चरित्रों की आधुनिक जीवन-शैली के तनावों, संघर्षों, दबावों और अन्तर्विरोधों का जीवन्त प्रस्तुतीकरण करता है। आज के समाज, समय में पति-पत्नी/स्त्री-पुरुष सम्बन्धों के बदलते समीकरणों एवं मूल्यों का भी रोचक चित्रण नाटककार ने किया है। व्यावहारिक के.के. और सिद्धान्तवादी मुकुल का हालात से जूझते हुए परस्पर एक-दूसरे के ध्रुवों पर पहुँचना नाटकीय है। शाल्कि स्वयं यथार्थ के स्तर पर व्यावहारिक जीवन जीने के बावजूद पति मुकुल को क्रान्तिकारी-सिद्धान्तवादी और आदर्शों का कल्पना-पुरुष ही बनाए रखना चाहती है। मुकुल को वास्तविकता के धरातल पर उतरकर एक सामान्य जीवित व्यक्ति की तरह जीने की कोशिश करना उसका मोह-भंग करता है और अन्त में वह उसे छोड़कर चली जाती है। शरीर और आत्मा का सन्तुलित सामंजस्य ही अस्तित्व और जीवन है। इनमें से केवल किसी एक स्तर पर जी पाना सम्भव नहीं है। के.के. के ट्रेड यूनियन के सक्रिय कार्यकर्ता रहे पिता का रूस के पतन और लेनिन की मूर्ति को तोड़े जाने की ख़बर सुनकर जीवित लाश भर बनकर रह जाना, और फिर एक दिन अचानक अपने आप ठीक हो जाना और नाटक 'झंडा ऊँचा! झंडा ऊँचा!' के साथ समाप्त होता है। यह अन्त आकस्मिक अवश्य है, किन्तु नाटकीय विडम्बना से भरपूर भी है। यह विडम्बना चरित्रों की भी है, सम्बन्धों एवं स्थितियों की भी और सबसे ज़्यादा हमारे समय की भी। शाहिद अनवर एक प्रखर राजनीतिक नाटककार हैं, लेकिन नुक्कड़ नाटक करने के बावजूद वह अपने नाटकों में मुखर भाषणबाज़ी, नारेबाज़ी और सपाट-बयानी से बचते हुए अपने मन्तव्य को नाटक की स्थितियों, संरचना तथा उसके चरित्रों को बड़ी कलात्मकता से पिरो देते हैं। इनके ये मौलिक नाटक अलग-अलग रूप-रंग और मुहावरे के बावजूद एक ध्रुवीय दुनिया के ख़तरे के प्रति दर्शक-पाठक को सावधान करते हैं। इनकी जीवन्त नाट्य-भाषा चरित्रों के अनुरूप कभी हरकत भरी बोली, कभी छद्म-बौद्धिकता का मुखौटा पहने अंग्रेजी और कभी बोलचाल की बहुअर्थगर्भी हिन्दी के विभिन्न रूप ग्रहण करती चलती है। इनका वाग्वैदग्ध्य इनके संवादों की जान है। शाहिद अनवर के अनुवादों और मौलिक नाटकों में एक निश्चित दृष्टि एवं विचार है और वह विचार दर्शकों-पाठकों को नाटक समाप्ति के बाद भी विचार करने को बाध्य करता है।

मानव कौल

इक्कीसवीं सदी के रंगकर्म की एक और उम्मीद का नाम है—नाटककार-निर्देशक मानव कौल। तैराकी के राष्ट्रीय चैम्पियन रहे कश्मीरी मूल के इस युवा रंगकर्मी की शिक्षा-दीक्षा भोपाल में हुई। नौ वर्ष की उम्र में पहली बार एक नाट्य-प्रदर्शन देखा और मानव ने मन-ही-मन अभिनेता बनने का संकल्प कर लिया। अभिनेता के तौर पर भोपाल में बंसी कौल और आलोक चटर्जी तथा मुम्बई में सुनील शानबाग के साथ शानदार काम किया। लेकिन रंगमंच के व्याकरण और इसके जादू का गुर इन्होंने पं. सत्यदेव दुबे से सीखा। कई मंचीय नाटकों और कुछ फ़िल्मों में सफ़ल अभिनय करने के बाद इन्हें महसूस हुआ कि अभिनेता तो नाटककार के शब्दों और निर्देशक के निर्देशों की कठपुतली मात्र है। रंगकर्म की रीढ़ तो नाटककार ही है। इसलिए नई सदी के साथ ही इन्होंने अपने मन का और अपनी तरह का थिएटर करने के इरादे से मंच के सामने खड़े होने के बजाय मंच के पीछे जाने का फ़ैसला कर लिया। अपने कुछ मित्रों के साथ मिलकर 2004 में इन्होंने 'अरण्य' नामक संस्था की स्थापना की। इसके लिए मानव कौल ने अपना पहला मौलिक हिन्दी नाटक **शक्कर के पाँच दाने** लिखा और निर्देशित किया। अपने इस एकपात्री नाटक से ही इन्होंने हिन्दी के सशक्त सम्भावनापूर्ण नए नाटककार के रूप में अपनी पहचान बना ली। यह नाट्य-प्रदर्शन लोकप्रिय होने के साथ-साथ कई नाट्य-समारोहों में चर्चित और प्रशंसित भी हुआ।

इस नाटक का (अ) नायक राजकुमार अपने लगभग एक घंटे लम्बे एकालाप में अपने मामूली से गाँव और अतिसाधारण बोदे जीवन के बारे में बताता है। एक फ़िल्मी किस्म की माँ और उसका कवि भाई पुंडलीक, उसका स्कूली हीरो रघू, बूढ़ा राधे एवं एक अनाम ट्रकवाले दोस्त का वह आभारी है। इन्होंने बड़े अजीबो-ग़रीब कारणों से हमेशा इसकी सहायता की और संकटपूर्ण परिस्थितियों से उबारा। राजकुमार की ज़िन्दगी में इन पाँचों व्यक्तियों ने महत्त्वपूर्ण भूमिका निभाई है। अपने जीवन में प्रेम एवं माधुर्य लानेवाले इन पाँचों व्यक्तियों को राजकुमार 'शक्कर के पाँच दाने' कहता है। ऐसे सामान्य-साधारण से व्यक्ति से कविता लिखकर देना सचमुच असंगत और हास्यास्पद है। इस नाटक को अंग्रेज़ी में भी अभिमंचित किया जा चुका है।

मानव कौल का दूसरा नाटक **पीले स्कूटरवाला आदमी** गम्भीर और जटिल नाटक है। इसमें इनकी नाट्य-सृष्टि के अनेक तत्त्व बीज रूप में मौजूद हैं। अरस्तू की तरह मानव भी कहानी/कथानक को नाटक का आधार मानते हैं। इनका पक्का विश्वास है कि कहानी और उसके कहने की कला नाटक की बुनियादी चीज़ है। परन्तु इनके नाटकों में, और विशेष रूप से 'पीले स्कूटरवाला आदमी' में, कहानी को तोड़-तोड़कर फिर से एक नई तरतीब में पिरोने का प्रयास साफ़ दिखाई देता है। मानव कौल एब्सर्ड नाट्य शैली के नाटककार नहीं हैं, फिर भी इनके नाटकों में इस शैली का स्पष्ट प्रभाव साफ़ दिखाई देता है। विवेच्य नाटक में लाल कब पीताम्बर और बूढ़ा कब पिता बन जाता है—पता ही नहीं चलता? ये पात्र एक-दूसरे के प्रतिरूप हैं। अपने माँ-बाप के सम्बन्धों को लेकर लाल उलझन में है। एक अपराध-बोध एक चिरन्तन प्रश्न की तरह उसका पीछा करता है, "इन्दिरा गांधी की मृत्यु की ख़बर दादाजी को क्यों नहीं दी गई?" यही कुंठा है जिसके कारण पीताम्बर को लगता है कि वह कहानी और आगे नहीं लिख सकता क्योंकि उसे हर कहानी के हर पात्र में अपना बाप दिखाई देता है। उसकी हर कहानी उसकी माँ की कहानी होती है।

माँ और बाप के सम्बन्धों में कोई पेच है, जिसे सब अनदेखा करना चाहता है। माँ और बाप दोनों काले हैं और पुत्र गोरा। पिता अपने तईं तर्क गढ़ लेता है कि रात में पैदा होनेवाला बच्चा काले रंग का होता है और सुबह पैदा होनेवाला गोरा। उनको यह मानकर सुख मिलता है कि बेटे के गोरा होने का यही एकमात्र कारण है। इसी तरह पिता ने पीलिया और पीले रंगवाले स्कूटर का अभिन्न रिश्ता भी बना रखा है। जब तक वह पीले रंगवाला स्कूटर बेटे के पास है, उनका विश्वास है कि उसे कभी पीलिया नहीं हो सकता। लेकिन इस सन्दर्भ में बेटे के पास भी एक अलग किन्तु दिलचस्प कारण है। पीताम्बर के शब्दों में, "इस देश में आदमी कौन-से रंग का स्कूटर चला सकता है...पहले तो स्कूटर चलाते ही मिडिल क्लास का हो जाता है...वो हरे रंग का स्कूटर नहीं चला सकता, वो भगवे कलर का स्कूटर नहीं चला सकता, वो लाल रंग का स्कूटर नहीं चला सकता। तो वो कैसे बता सकता है कि मैं किसी का नहीं हूँ...पीला रंग बचा हुआ है इसलिए मैं पीला स्कूटर चलाता हूँ और मैं किसी की तरफ़ नहीं हूँ।"

नील का चरित्र प्रतीकात्मक है। वह आते ही लाल से कहती है—'कपड़े उतारूँ?' लाल के 'नहीं' कहने पर वह स्पष्टीकरण देती है, "अधिकतर तो तुम कपड़े उतरवाते ही हो इसलिए पूछ लिया।" अब यह नील सत्य की प्रतीक है, सेक्स की या अतीत के रहस्य की अपराध-बोध की या...कहना मुश्किल है! 'चील' का प्रतीकत्व भी इसी प्रकार का है।

चुस्त संवादों की भाषा की काव्यात्मकता मानव कौल के प्रायः सभी नाटकों

की एक प्रमुख विशेषता है। इनके बिम्ब भी प्रभावशाली हैं। पिता द्वारा कुदाली से सफ़ेद भविष्य के पहाड़ को काटना और उसकी मिट्टी पीछे—अतीत—में ढकेलना। पीछे अतीत के पहाड़ पर हरियाली का उग आना। यह मानव स्वभाव ही है कि, ''सारी घटनाएँ जो जीते वक्त कड़वी लगती थीं वो अतीत के पहाड़ पर जाकर घना पेड़ बन गई हैं, जो छाया देता है।''

पीले स्कूटरवाला आदमी की कहानी तो बेहद कम सुनने, देखने और दो-चार शब्द ही बोल पानेवाले-अकेले, उपेक्षित और अँधेरे बन्द कमरे में पड़े दादाजी की अलक्षित मौत के साथ ही खत्म हो गई थी। अब इस नाटक में जो कुछ भी है, वह उस कहानी की कतरनें भर हैं। यह रचना एक अपराध-बोधग्रस्त युवक की एब्सर्ड सी कहानी है, जो अतीत से बँधी और वर्तमान की दहलीज़ पर आकर ठिठक गई है। यह अतीत से मुक्त होकर कहानी को उसके तार्किक अन्त तक ले जाने की एक ऐसी शिद्दतभरी ईमानदार कोशिश है, जो एक अन्तहीन अन्त पर जाकर ख़त्म होती है।

बाली और शम्भू वृद्धाश्रम में रहनेवाले दो बूढ़ों की कहानी है, जिनकी जीवन दृष्टि और शैली एक-दूसरे से एकदम विपरीत है। परस्पर प्रतिलोम होने के बावजूद वे एक ही कमरे में साथ-साथ रहने के लिए बाध्य हैं। शम्भू अपने गौरवशाली अतीत में खोया एक गम्भीर किन्तु तुनकमिज़ाज व्यक्ति है, जबकि बाली जीवन को वर्तमान में भरपूर जी लेने को तत्पर एक खुशमिजाज़ व्यक्ति है। पूरा नाटक इन परस्पर विरोधी चरित्रवाले पात्रों की नोक-झोंक, तकरार और हास्य-व्यंग्य से बुना गया है। साथ रहते-रहते दोनों एक-दूसरे की आदत/ज़रूरत बन जाते हैं। नाटक का अन्त शम्भू की विडम्बनापूर्ण त्रासदी को एक संवेदनशील मानवीय करुणा में बदल देता है। वर्तमान में अतीत की आवाजाही को नाटककार ने बड़ी कुशलता एवं सहज-स्वाभाविकता से सँभाला है। 'पीले स्कूटरवाला आदमी' के दादाजी ही मानो बाली और शम्भू बनकर उस नाटक में वृद्धावस्था को झेलने और जीने का कोई सार्थक विकल्प तलाश करते हैं।

मानव कौल के नाटकों में स्मृति, मनोविज्ञान, दर्शन और विचार की अहम भूमिका है। इनका अगला नाटक **इल्हाम** एक कठिन और जटिल रचना है। मानव कौल सुप्रसिद्ध रचनाकार निर्मल वर्मा से तो अत्यन्त प्रभावित हैं ही, इस नाटक में तो नीत्शे, महर्षि रमण, रामकृष्ण परमहंस, काफ़्का और यू.जी. कृष्णमूर्ति जैसे विचारकों-रचनाकारों से भी प्रभावित दिखाई देते हैं। मानव के रचना-संसार की यह एक बड़ी विशेषता है कि इतने नाटकों में विचार अन्तःसलिला की तरह मौजूद तो रहता है, लेकिन कभी हावी या आरोपित नहीं होता। इल्हाम का अर्थ है—देववाणी, ईश्वरीय आदेश या पूरे सत्य का अन्तर्बोध। नाटक के नायक को एक दिन इल्हाम होता है कि उसमें और प्राकृतिक दुनिया में कोई भेद नहीं है। वह पेड़-पौधों से,

पशु-पक्षियों से तादात्म्य स्थापित कर लेता है और उनसे बातें करता रहता है। अपने आपमें डूबा यह नायक अपने मन का संसार भी रच लेता है और अपनी रची इस काल्पनिक (?) दुनिया में नाच-गाकर वह मस्त और आनन्दित भी रहता है। लेकिन प्रकृति से इस एकात्म के कारण यह सभ्य-सामाजिक दुनिया अप्रासंगिक हो जाती है और दुनिया की नज़र में वह असामान्य अथवा पागल बन जाता है। कभी भूत-प्रेत का साया समझकर उसे ओझा के पास ले जाया जाता है और कभी असामान्य/कुंठित समझकर मनोविश्लेषक के पास। परन्तु उसके सोच-विचार या आचरण का कोई तार्किक एवं विश्वसनीय कारण नहीं मिलता। नाटककार ने एक मनोविश्लेषक की तरह भगवान के इस असामान्य आचरण के लिए उसके अवचेतन/अतीत में कारण ढूँढ़ने का प्रयास किया है। चिड़िया से बात करनेवाले मल्लाह की हत्या, पिता द्वारा पिटाई और घर से भागकर दो वर्ष तक गायब हो जाना जैसी घटनाओं के सन्दर्भ इसी ओर संकेत करते हैं। यह सवाल बेहद जटिल है कि भगवान रोगी है, पागल है या अपने नैसर्गिक रूप में संवेदनशील मनुष्य? कहीं कुछ रासायनिक प्रक्रियाओं अथवा मानसिक दबावों के चलते वह अपने बचपन एवं शिशु रूप में तो नहीं चला गया—जहाँ सत्य और कल्पना में कोई भेद ही नहीं रह जाता? या फिर यह कोई आध्यात्मिक अनुभव? कहते हैं चीनी दार्शनिक कन्फ्यूशियस ने एक बार सपना देखा कि वह तितली बन गया है। सुबह उठकर वह पागलों की तरह सबसे पूछता फिरा कि वास्तव में वह क्या है—तितली या मनुष्य? उसे संशय था कि जिसे वह वास्तविक दुनिया समझ रहा है कहीं वह असल में एक लम्बा स्वप्न मात्र ही तो नहीं है?

आत्यन्तिक सत्य का निर्णय संख्या-बल से नहीं किया जा सकता। 'इल्हाम' भी सत्य के प्रश्न से जूझता है। कहीं ऐसा तो नहीं कि नाटक का असामान्य प्रतीत होनेवाला नायक (भगवान) ही वास्तव में सामान्य हो और सभ्य होने की लम्बी प्रक्रिया में हम सबने स्वयं को प्रकृति से काटकर असामान्य बना लिया हो? असामान्य सामान्य है या सामान्य असामान्य—इस चिरन्तन उलझे प्रश्न का उत्तर कौन दे सकता है? स्यादवाद के अनुसार तो कुछ भी सम्भव और सत्य हो सकता है! सच कुछ भी हो, लेकिन हम इस तथ्य को झुठला नहीं सकते कि मानव-विकास की इस लम्बी यात्रा में हमने अपना प्रकृत एवं नैसर्गिक स्वरूप दिया है। सभ्य होने की प्रक्रिया में हम क्रमशः अमानवीय और संवेदनहीन होते गए हैं।

परन्तु इस प्रश्न का उत्तर इतना सरल और सीधा नहीं है। भगवान एक शिशु जैसा सहज, सरल, निश्छल और मासूम बन गया है। एक वयस्क समझदार व्यक्ति की तरह वह जानता है कि 'देखने के लिए हम बड़ा ख़ूबसूरत आसमान देख सकते हैं—पर जीने के लिए हम उतना ही आकाश जी पाएँगे, जितने आकाश को

हमने अपने घर की खिड़की में से जीना सीखा है।' इसकी त्रासदी ये है कि घर की खिड़की के पार जाकर अनन्त आकाश को जीना चाहता है। वह एक उन्मुक्त चिड़िया की तरह स्वतन्त्र होना चाहता है, जिसे पैदा होने के बाद अपना पेड़ और घोंसला खरीदना नहीं पड़ता। वह जीवन-सत्य की ऐसी दहजीज़ पर खड़ा है जहाँ से उठाया गया एक कदम उसे इस पार भी ला सकता है और उस पार भी ले जा सकता है। उधर का अनिर्वचनीय जीवन संगीत उसे चरम आनन्द देकर अपनी ओर खींचता है। परन्तु वह भयभीत भी है कि कहीं ऐसा करने से उसका अतीत और वर्तमान दोनों ही हाथ से न छूट जाएँ। इसीलिए वह लौटने और वापस आने की आन्तरिक जद्दोजहद में फँसा हुआ है। एकालाप की नीरसता को तोड़ने के लिए नाटककार ने कॉमिक्स के लोकप्रिय पात्र चाचा चौधरी को भगवान के एकान्त में लाकर एक रोचक प्रयोग किया है। यहीं आकर भगवान आत्मस्वीकार करता है कि 'मैं सब नहीं जानना चाहता।' 'मैं इस पूरे आकाश का क्या करूँगा जिसमें उड़ना मैंने सीखा ही नहीं।' यदि भगवान को दुनिया के इस तरफ़ रहना है तो फिर उसे 'इल्हाम' की ज़रूरत ही क्या है? यहाँ तो हर छोटी चीज़ से भी काम चल जाता है...थोड़ा सच, थोड़ी खुशी, थोड़े सपने। अगर सम्पूर्ण चाहिए तो पूरी तरह उधर जाना पड़ेगा। हम किसी भी हालत में दोनों सुख एक साथ नहीं ले सकते। भगवान इस विभाजक रेखा के इसी ओर रहने का फ़ैसला करता है। उसकी इच्छा-शक्ति और मनोविश्लेषक की चिकित्सा की बदौलत वह 'सामान्य' हो जाता है। यह अलग बात है कि अब वह चिड़ियों से कभी वार्तालाप नहीं कर सकेगा और न ही वह गूँगे भिखारी (मोहन) से कभी बात कर पाएगा। उसे अपने विभ्रमों की दुनिया के बन्धन तोड़कर ही इधर आना पड़ेगा।

इल्हाम मानवीय चेतना की एक ऐसी रहस्यमय और परामनोवैज्ञानिक स्थिति है, जिसके बारे में निश्चित रूप से कुछ भी कह पाना फ़िलहाल सम्भव नहीं है। इस गम्भीर एवं महत्त्वपूर्ण रचना को पढ़ते हुए 'साहित्यिक चोर' की वह परिभाषा सही लगती है कि यह वह लेखक है 'जो नाटक लिखता है।'

2008 में प्रदर्शित मानव कौल का नाटक **ऐसा कहते हैं** एक संगीत नाटक है और उसे भी पर्याप्त लोकप्रियता प्राप्त हुई है। इसमें नाटककार ने अपनी लीक से हटकर एक नई ज़मीन तलाश करने की गम्भीर कोशिश की है।

'ऐसा कहते हैं' अजीबोगरीब एवं वैविध्यपूर्ण चरित्रों के आस-पास बुना गया एक दिलचस्प नाटक है। एक उजाड़ रेलवे स्टेशन से दूर एक युवक अपनी एक प्रेम-कहानी रचने के लिए प्रयत्नशील है। प्रश्न यह है कि क्या एक झूठे, एक पुलिसवाले, सर्कस से भागे दो बच्चों, आत्महत्या को तत्पर एक व्यक्ति और पैसों के लिए उसे बचाने को तैयार एक आदमी, नाचते-गाते कबूतरों के झुंड तथा एक

एकाकी कौए जैसे पात्रों को लेकर कोई प्रेम-कहानी लिखी जा सकती है? एक ऐसी कहानी जो सोचने-लिखनेवाले के अपने जीवन के विभिन्न प्रसंगों एवं सन्दर्भों से जुड़ती चली जाए। घटनाओं के कुछ ऐसे विषम टुकड़े, जो अंशों को जोड़कर पूरा करनेवाली किसी पहेली में पूरी तरह फिट नहीं बैठते—फिर भी हम उन टुकड़ों को सँभाले रखते हैं कि शायद किसी दिन हम उन्हें जोड़ने से सफल हो जाएँ। बिना प्रेम के ऐसे असम्बद्ध पात्रों को लेकर क्या कोई ऐसी रचना हो सकती है, जो एक प्रेम-कहानी ही नहीं बल्कि एक सुखद अन्तवाली प्रेम-कहानी भी हो। सामान्यतः ऐसा सोचना या होना असंगत और कल्पनातीत है। बिना किसी स्त्री चरित्र का नाटक और उसकी सुखद अन्तवाली प्रेम-कहानी—यह स्थापना ही अपने आपमें हास्यास्पद लगती है। लेकिन यह सम्भव है—लोक-कथाओं के सुखान्तक की तरह। लोग 'ऐसा कहते हैं' कि वास्तविक जीवन में भी ऐसा हो सकता है। जैसे इनके (लोक-कथा के पात्रों के) दिन फिरे वैसे ही सबके दिन फिरें। एब्सर्डिटीपसन्द मानव कौल के नाटक में तो कुछ भी हो सकता है।

अपने आगामी नाटक **नाल** में मानव कौल पुनः 'पीले स्कूटरवाला आदमी' के असंगत रंग-शिल्प की ओर लौटते लगते हैं। लेकिन इस बार सरोकार अधिक व्यापक एवं गम्भीर हैं। अपराध-बोध और पिता यहाँ भी हैं। लतीफ़े और पहेली के ज़रिए बड़ी एवं संजीदा बात कहने की वही कोशिश यहाँ भी है।

घोड़े को पालतू बनाने के लिए उसके पैरों में लोहे की नाल पहनाई जाती है। इसे घर में रखना शुभ माना जाता है। नाटक के आरम्भ में पूरब एक बेहद पुरानी 'नाल' को अपनी सभ्यता और संस्कृति का प्रतीक मानकर घर में सजाने के लिए ले आता है। उसका विचार है कि हमारा देश आरम्भ में मेहनतकश घोड़ों का देश था। फिर अपने-अपने घोड़ों के साथ क्रमशः आर्य, तुर्क, मुग़ल और अंग्रेज आए और हमारे घोड़ों को खच्चर कहने लगे। इसलिए आज देश की सबसे गम्भीर और ज्वलन्त समस्या घोड़ों की रक्षा करना और नाल बचाना है। लेकिन म्यूज़ियम में रखी पुरातन वस्तुओं की तरह इस नाल को छूना मना है, क्योंकि छूने के बाद वस्तुओं का जादू टूट जाता है और हमारी कल्पना मर जाती है। इसमें निधी(निधि) और पूरब पति-पत्नी हैं और मनु तथा रति प्रेमी-प्रेमिका। 'एवम् इन्द्रजित' के अमल-विमल-कमल भी हैं, लेकिन मुश्किल सवाल पूछने और हर चीज़ का कारण जानने को व्याकुल इन्द्रजित संन्यासी या चोर बनकर कहीं भाग गया है या मर चुका है। सारी दुनिया को गुलाम बनाकर बाज़ार में झोंक देनेवाले अमरीका पर व्यंग्य करते हुए नाटककार इंटरव्यू के लिए अमल-विमल-कमल के मुँह से कहलाता है कि—

अमल—मुझे पता है असल में उसे तो बस 'विचार मज़दूर' चाहिए।

विमल—ग़लत! एकदम ग़लत...। मुझे पता है...वो कहते हैं कि हमारी धरती

मज़दूर है...और सारे विचारों के अधिकार उनके पास सुरक्षित हैं। हम अगर चाहें भी तो अपने विचार अपनी धरती पर उगा नहीं सकते...क्योंकि फर्टिलाइज़र और पेस्टीसाइट...तो वो ही हमें देते हैं।

कमल—ग़लत! क्योंकि हिस्ट्री उन्होंने ही लिखी है, इसलिए वो हमारे बारे में हमसे ज़्यादा जानते हैं। इसलिए पहले वो हमें किसी भी चीज़ के लिए तैयार करते हैं, फिर हमें वो चीज़ देते हैं, जैसे—बर्गर...सेलफ़ोन...।

अमल—कपड़े...साहित्य...।

विमल—सेक्स...।

बादल सरकार के सुविख्यात नाटक **एवम् इन्द्रजित** का अपने ढंग से मौलिक इस्तेमाल लेखक-निर्देशक सत्यदेव दुबे ने अपने नाटक 'इंशा अल्लाह' में किया था, जिसमें बूढ़े की भूमिका मानव कौल ने निभाई थी। अलग सरोकारों के साथ 'एवम् इन्द्रजित' का वैसा ही प्रयोग मानव कौल ने अपने इस नए नाटक में भी किया है।

बाज़ार की चालबाज़ी और क्रूरता का उदाहरण बॉस द्वारा भेड़ और गड़रिए की पहेली में साफ़ दिखाई देती है। अब डिक्टेटर धर्म और मानवीय प्रेम इत्यादि के नाम पर भेड़ नहीं काटी जा सकती। क्योंकि बॉस के अनुसार—"यह सब गड़रिया सौ साल पहले कर सकता था, अभी बाज़ार पूरी तरह बदल चुका है। अभी तो गड़रिया...हर भेड़ के पास जाएगा और उससे कहेगा कि...तुम असल में भेड़ नहीं हो, शेर हो। बस फिर वह रोज़ भेड़ काटेगा...और हर भेड़ यही सोचेगी कि वो तो भेड़ है इसलिए कट रही है...मैं तो शेर हूँ...मैं कभी नहीं कटूँगा।" आज की अन्तर्राष्ट्रीय राजनीति, कूटनीति और स्थिति पर इससे ज़्यादा स्पष्ट वक्तव्य और क्या हो सकता है?

पति-पत्नी का रिश्ता ऊब, पुनरावृत्ति और झूठ का रिश्ता है। मनु एवं रति प्रेमी-प्रेमिका हैं। शादी से पहले 'सच-सच खेलते हैं' और परस्पर बेनकाब हो जाते हैं। मिस जैसवाल की दृष्टि में काला, बेचारा और गाना गानेवाला वेंकट ही नहीं बल्कि हमारा पूरा देश ही आदिवासी है।

मानव बेहद हल्के-फुल्के ढंग और बेतकल्लुफ़ अन्दाज़ में अत्यन्त गहरी और गम्भीर बात कहने की कला खूब जानते हैं। इनका रंगकर्म इक्कीसवीं सदी के प्रासंगिक, सार्थक और प्रोफ़ेशनल हिन्दी रंगकर्म के प्रति आश्वस्त करता है। तकनीक के स्तर पर इन्हें मीडिया की कोई भी युक्ति अथवा उपयोगी चीज़ ग्रहण करने में कोई संकोच नहीं है। इनकी रंग-यात्रा व्यक्ति, परिवार, समाज, देश और मानव-भविष्य के महत्त्वपूर्ण प्रश्नों की ओर अग्रसर है। इनका प्रयोगधर्मी एवं वैविध्यपूर्ण नाट्यकर्म इनके तेवर और अन्दाज़ से अपनी अलग पहचान और जगह बना रहा है।

इक्कीसवीं सदी में उभरे इन नाटककारों पर समग्र दृष्टि डालें तो यह साफ़

नज़र आता है कि स्त्री-पुरुष सम्बन्धों के नाटकों की वह परम्परा अब लगभग लुप्त हो चुकी है। जो नाटक स्त्री-पुरुष के रिश्तों के बारे में हैं भी, उनका उद्देश्य इस सम्बन्ध की पेचीदा गुत्थियाँ सुलझाने के बजाय स्त्री-विमर्श के विभिन्न आयामों एवं पहलुओं को उद्घाटित करना अधिक है। इन नए नाटककारों में अपने समय और समाज की ज्वलन्त समस्याओं को सीधे-सीधे सम्बोधित करने की जुर्रत है। कुछ नाटकों में आया ऐतिहासिक-पौराणिक प्रसंग-सन्दर्भ भी आज की विडम्बना को एक बृहत्तर आयाम देने के लिए है। पारिवारिक, सामाजिक, आर्थिक और राजनीतिक मूल्यों में आए या आ रहे बदलावों, आतंकवाद के प्रभावों और बाज़ारवाद के दबावों-तनावों के प्रति भी ये रचनाकार न केवल जागरूक हैं बल्कि आज की मानवता-विरोधी स्थितियों में अपने स्तर पर हस्तक्षेप भी कर रहे हैं।

●●●